Target Costing zur Ermittlung
der Preisuntergrenze

T0316449

Regensburger Beiträge zur betriebswirtschaftlichen Forschung

Herausgegeben vom Institut für Betriebswirtschaftslehre
an der Universität Regensburg

Otto A. Altenburger, Kurt Bohr, Jochen Drukarczyk,
Hans Jürgen Drumm, Harald Hruschka, Dirk Meyer-Scharenberg,
Gerhard Scherrer, Helmut Steckhan

Band 18

PETER LANG

Frankfurt am Main · Berlin · Bern · New York · Paris · Wien

Andreas Listl

Target Costing zur Ermittlung der Preisuntergrenze

Entscheidungsorientiertes Kostenmanagement
dargestellt am Beispiel der Automobilzulieferindustrie

PETER LANG
Europäischer Verlag der Wissenschaften

Die Deutsche Bibliothek - CIP-Einheitsaufnahme

Listl, Andreas:

Target Costing zur Ermittlung der Preisuntergrenze :
Entscheidungsorientiertes Kostenmanagement dargestellt am
Beispiel der Automobilzulieferindustrie / Andreas Listl. -
Frankfurt am Main ; Berlin ; Bern ; New York ; Paris ; Wien :
Lang, 1998
    (Regensburger Beiträge zur betriebswirtschaftlichen
    Forschung ; Bd. 18)
    Zugl.: Regensburg, Univ., Diss., 1997
    ISBN 3-631-33033-2

D 355
ISSN 1430-7375
ISBN 3-631-33033-2

© Peter Lang GmbH
Europäischer Verlag der Wissenschaften
Frankfurt am Main 1998
Alle Rechte vorbehalten.

Printed in Germany 1 2 4 5 6 7

Geleitwort

Die vorliegende Arbeit ist in engem Kontakt mit einem Unternehmen der Automobilzulieferindustrie, dem Geschäftsbereich Automobiltechnik der Siemens AG in Regensburg,
entstanden. Unternehmen dieses, aber auch anderer Industriezweige sehen sich regelmäßig
gezwungen, bereits vor Auftragsvergabe für ein im Detail noch zu entwickelndes Produkt mit
einem bestimmten mehrjährigen Lebenszyklus den Preis mit dem potentiellen, häufig sehr
mächtigen Kunden zu vereinbaren. Für die Preisverhandlungen äußerst wichtig ist in diesen
Fällen, den Grenzpreis zu kennen, ab dem der Auftrag abzulehnen ratsam scheint, weil seine
Annahme negative Auswirkungen auf den langfristigen Unternehmenserfolg erwarten läßt.
Über ein investitions- und kostentheoretisch fundiertes Preisschwellen-Konzept wird die
Ermittlung dieses Preislimits, bei der im Gegensatz zur traditionellen Berechnung der
statischen Preisuntergrenze von einer, weil Kapazität und Produktdesign noch nicht
feststehen, veränderbaren, d.h. managebaren Kostensituation auszugehen ist, vom Verfasser in
den Kostenmanagement-Prozeß des Target Costing eingebettet. Die dabei vorgestellte
konzeptionelle und methodische Ausgestaltung des Target Costing, das in die vier Module
Markt- und Strategieeinbindung, Zielkostenableitung, Zielkostenspaltung und Zielkostenerreichung eingeteilt wird, zeichnet sich durch entscheidungstheoretische Strenge und eine
große Bandbreite eingesetzter Verfahren und Instrumente aus und geht mit ihren vielen
innovativen Teilen weit über die bisher bekannte Literatur zum Target Costing hinaus. Trotz
der strengen theoretischen Orientierung bleiben die Ausführungen des Verfassers stets
anwendungsbezogen, was sich auch in den auf seiner Praxiserfahrung beruhenden
Überlegungen zur organisatorischen Umsetzung und Implementierung des Target Costing
sowie der abschließenden umfangreichen Fallstudie dokumentiert.

Wegen dieser strikten Praxisorientierung, aber auch wegen ihrer theoretischen Anregungen,
z.B. in Richtung eines stochastischen Target Costing, sollte diese bemerkenswerte Arbeit in
Praxis und Wissenschaft auf breites Interesse stoßen.

Regensburg, im November 1997   Kurt Bohr

Vorwort

Die vorliegende Arbeit wurde im Juni 1997 an der Wirtschaftswissenschaftlichen Fakultät der Universität Regensburg eingereicht und im November 1997 als Dissertation angenommen.

Nicht nur ein theoretisch geschlossenes, wissenschaftliches Konzept sollte dabei geschaffen werden, sondern auch ein praktisch unmittelbar anwendbares Instrumentarium. Um dieses Ansinnen mit Erfolg abschließen zu können, ist die Unterstützung von zwei Seiten erforderlich: Theorie und Praxis. Daher möchte ich mich auf der einen Seite ganz herzlich bei meinem Betreuungsausschuß bedanken: Herr Prof. Dr. Kurt Bohr hat diese Arbeit ermöglicht und in großzügiger Weise gefördert, inhaltlich wie auch durch hervorragende Arbeitsbedingungen. Meine Zeit als wissenschaftlicher Mitarbeiter an seinem Lehrstuhl für Betriebswirtschaftslehre, insbesondere Produktionsmanagement und industrielles Controlling war für mich eine echte Bereicherung. Herr Prof. Dr. Hans Jürgen Drumm hat sich - mit der Problemstellung bereits vor Entstehung der Arbeit vertraut - spontan zur Mitwirkung im Betreuungsausschuß bereiterklärt und die Arbeit mit hilfreichen Anregungen begleitet.

Auf der anderen Seite gilt mein Dank dem Bereich Automobiltechnik der Siemens AG, der sich auf diesen nach wie vor etwas ungewöhnlichen Weg einer Promotion eingelassen hat. So durfte ich meine Gedanken als freier Mitarbeiter einbringen sowie Probleme und Lösungsmöglichkeiten der Praxis bei der bearbeiteten Fragestellung kennenlernen und einarbeiten. Ich bedanke mich besonders bei Herrn Mache, Herrn Fischer, Herrn Weymann, Herrn Fröber, Herrn Armbruster und Herrn Wittig, die dies ermöglichten, sowie bei all den Mitarbeiterinnen und Mitarbeitern, denen ich in Schulungen und Projekten zur Last fiel.

Ich möchte mich herzlich bedanken bei Herrn Dr. Werner Seidenschwarz für die zahlreichen Anregungen und die wertvollen Diskussionen, bei meinen früheren und jetzigen Lehrstuhlkollegen Dipl.-Kfm. Jürgen Ferstl, Dipl.-Kfm. Michael Freitag, Dr. Katrin Judex, Dr. Hans Nagengast und Dr. Norbert Scherer sowie unserer „Chefsekretärin" Frau Elisabeth Schwirtz für die ausgesprochen angenehme Arbeitsatmosphäre und die fruchtbare Zusammenarbeit.

Eine Promotion kann aber nur begonnen und erfolgreich abgeschlossen werden, wenn das persönliche Umfeld stimmt. Mein besonderer Dank gilt daher meiner Mutter, die diese Arbeit leider nicht mehr erleben durfte, und meinem Vater, die mich selbstlos gefördert und auf den rechten Weg gebracht haben, meiner Frau, die mich in jeder Situation stärkt und mir mit Verständnis und Geduld den Rücken freihält, sowie meiner kleinen Tochter Magdalena, die - während der Bearbeitungszeit geboren - auf ihre ganz eigene Weise diese Arbeit geprägt hat.

Regensburg, im November 1997   Andreas Listl

Inhaltsverzeichnis

Abbildungsverzeichnis

Tabellenverzeichnis

Abkürzungsverzeichnis

AHP	Analytic Hierarchy Process
Anm.	Anmerkung
APT	Arbitrage Pricing Theory
APV	Adjusted Present Value
BAB	Betriebsabrechnungsbogen
BCG	Boston Consulting Group
BewG	Bewertungsgesetz
BFuP	Betriebswirtschaftliche Forschung und Praxis
bspw.	beispielsweise
bzgl.	bezüglich
bzw.	beziehungsweise
CAD	Computer Aided Design
CAPM	Capital Asset Pricing Model
d.h.	das heißt
DB	Deckungsbeitrag
DBW	Die Betriebswirtschaft
DCF	Discounted Cashflow
DM	Deutsche Mark
EDV	Elektronische Datenverarbeitung
EStG	Einkommensteuergesetz
et al.	et alteri
etc.	et cetera
evtl.	eventuell
F&E	Forschung und Entwicklung
f.	folgende
ff.	fortfolgende
FMEA	Fehlermöglichkeits- und -einflußanalyse
Fn.	Fußnote
GE	Geldeinheiten
GewStG	Gewerbesteuergesetz
ggf.	gegebenenfalls
Hrsg.	Herausgeber
i.d.R.	i.d.R.
i.S.v.	im Sinne von
IC	integrated circuit
inkl.	inklusive
JiT	Just in Time
KA	Kostenanteil
krp	Kostenrechnungspraxis
KStG	Körperschaftsteuergesetz
lmi	leistungsmengeninduziert
lmn	leistungsmengenneutral
LP	Lineare Programmierung

ME	Mengeneinheiten
Mio.	Millionen
Mrd.	Milliarden
MZM	Marktzinsmethode
n.o.S.	noch ohne Seiten
o.ä.	oder ähnliches
o.O.	ohne Ort
o.V.	ohne Verfasser
PIMS	Profit Impact of Market Strategies
QFD	Quality Function Deployment
RoI	Return on Investment
SGE	Strategische Geschäftseinheit
SMD	surface mounted device
SYPRO	Systematik für das produzierende Gewerbe
TG	Teilgewicht
u.a.	unter anderem
u.ä.	und ähnliches
u.U.	unter Umständen
USA	United States of America
usw.	und so weiter
VDA	Verband der Automobilindustrie e.V.
VDI	Verein deutscher Ingenieure
VE	Value Engineering
vgl.	vergleiche
vs.	versus
VStG	Vermögensteuergesetz
WiSt	Wirtschaftswissenschaftliches Studium
WISU	Wirtschaftsstudium
WZ-Nr.	Warenzeichen-Nummer
z.B.	zum Beispiel
z.T.	zum Teil
ZfB	Zeitschrift für Betriebswirtschaft
ZfbF	Zeitschrift für betriebswirtschaftliche Forschung
ZI	Zielkostenindex

1 Einführung in die bearbeitete Fragestellung

1.1 Erläuterung der Fragestellung

Relevance lost? Hat die Kostenrechnung ihre Relevanz verloren oder an Relevanz verloren? Per se sicher nicht! Auf die Dokumentation und Kontrolle des Betriebsgeschehens und die Entscheidungsunterstützung zur Lenkung desselben kann oder zumindest möchte kein Unternehmen verzichten, auf den Einsatz der Kostenrechnung dabei auch nicht. Trotzdem oder vielleicht gerade deshalb hat sich die Kostenrechnung in den letzten Jahren nach einer längeren Phase weitgehender konzeptioneller Starre verändert. Sie geriet unter den Einfluß verschiedener Strömungen, die dem veränderten dynamischen Unternehmensumfeld Rechnung tragen wollten: Wesentlich dabei sind die Prozeßorientierung, die Lebenszyklusorientierung und die Markt- oder Kundenorientierung. Die Prozeßorientierung zeigte, daß im Unternehmen letztlich alle Tätigkeiten dem Vollzug verschiedener abteilungsübergreifender Prozesse dienen. Um die Abläufe im Unternehmen verbessern zu können, müssen Abteilungsgrenzen überwunden werden, organisatorisch und auch in der Kostenrechnung. Eine andere Art von Grenzen will die Lebenszyklusorientierung überspringen: die der Abrechnungs- und Berichtszeiträume, die den Lebenszyklus der Produkte willkürlich durchtrennen. Schließlich wirkt die Marktorientierung in die Kostenrechnung, am deutlichsten dann, wenn der Markt dem Unternehmen Zielkosten vorgibt. Gerade am letzten Punkt, aber auch an den beiden ersten, wird die Entwicklung zum Kostenmanagement von Produkten und Prozessen deutlich. Geht es der Kostenrechnung vornehmlich um die Ermittlung von Kosten und deren Zurechnung auf verschiedene Bezugsobjekte, hat das Kostenmanagement die Beeinflussung und Gestaltung der Kosten zum Ziel. Dazu sind entscheidungsorientierte, steuerungsrelevante Kosteninformationen nötig, ohne die eine Kostengestaltung, damit ein Kostenmanagement undenkbar ist. Kostenrechnung unterstützt und ermöglicht damit Kostenmanagement.

Die vorliegende Arbeit richtet den Blick (auch) in die andere Richtung: Sie stellt die Frage, wie das Kostenmanagement bei der Erfüllung kostenrechnerischer Aufgaben unterstützen kann. Als einen ganz wesentlichen Ansatz des Kostenmanagements, als *den* produktorientierten Kostenmanagementansatz, greift sie dabei das Target Costing heraus, dem Marktorientierung als Kern inhärent ist und in das die beiden anderen Aspekte - Prozeß- und Lebenszyklusorientierung - integriert werden. Auf kostenrechnerischer Seite wird eine der klassischen entscheidungsorientierten Fragen der Kostenrechnung gewählt: die nach der Preisuntergrenze. Die Antwort auf diese Problematik befindet sich in einer konzeptionellen und methodischen Starre, der Stand der Diskussion weitestgehend auf dem Niveau der 60er und 70er Jahre. Und dies, obwohl die Preisuntergrenze per se nach wie vor Relevanz besitzt, welcher die vielfach immer noch vertretene Beschränkung auf die variablen Kosten klassischer Prägung aber nicht gerecht werden kann. Diese Arbeit möchte daher drei Fragen beantworten:

- Wie ist die Frage nach der Preisuntergrenze entscheidungsorientiert zu beantworten?
- Wie kann Target Costing konzeptionell und methodisch durchgängig ausgestaltet werden?
- Wie kann Target Costing bei der Beantwortung der Frage nach der Preisuntergrenze unterstützen?

Eine derartige Preisuntergrenze steht unter einem völlig neuen Fokus: Sie geht über die Frage nach einer entscheidungsorientierten Ausgestaltung hinaus, löst sich vom klassischen Kontext einer eingefahrenen Kostensituation und bezieht kostengestalterische Elemente mit ein. Es entsteht eine kostenmanagementbasierte Entscheidungsgröße. Target Costing wiederum geht über produktorientierte Kostengestaltung hinaus und wird in den Dienst der Entscheidungsunterstützung gestellt, es entsteht ein entscheidungsorientiertes Kostenmanagement. Diese Problemstellung wird in der vorliegenden Arbeit exemplarisch vor dem Hintergrund der Automobilzulieferindustrie beantwortet. Mit dieser Branche steht den vorgestellten Ansätzen ein hervorragendes Testfeld zur Verfügung. Der bestehende Kostendruck ist - nicht zuletzt wegen der volkswirtschaftlichen Bedeutung der Branche - durch allgemeine Medien und Populärwissenschaften auch einer breiteren Öffentlichkeit bekannt. Um im international eskalierenden Überlebenskampf nicht vorzeitig als einer der Verlierer zu enden, muß der unüberhörbaren Forderung nach einem leistungsfähigen, den Marktverhältnissen angepaßten produktorientierten Kostenmanagementansatz entsprochen werden. Auf der anderen Seite ist es auch erforderlich, vor dem Hintergrund dieser kostengestalterischen, i.d.R. erst in der Zukunft Früchte tragenden Maßnahmen seinen eigenen Kostenspielraum zu kennen, um in den Preisverhandlungen vor Auftragsvergabe negative Wirkungen auf den langfristigen Unternehmenserfolg zu vermeiden. Die Antworten auf die oben formulierten Fragen werden damit existentiell. Die vorliegende Untersuchung möchte sie geben.

1.2 Aufbau der Untersuchung

Um diesem Anspruch gerecht werden zu können, ist die Arbeit in folgende Kapitel untergliedert:

Nach diesem einführenden Kapitel folgen im zweiten Hintergründe und Ausgangssituation der Fragestellung. Dazu gehört zunächst die bisherige Behandlung des Problems „Preisuntergrenze" in der Literatur. Eine Einführung in den Industriezweig „Automobilzulieferer" soll dem Leser die Chance geben, den speziellen Hintergrund der bearbeiteten Problemstellung zu verstehen, nicht nur um den weiteren Ausführungen folgen, sondern auch um die volkswirtschaftliche Bedeutung der Fragestellung und die Übertragbarkeit auf andere Branchen erkennen zu können. Auf Basis einer Darstellung der typischen Ausgangssituation in der Angebotsphase können abschließend die Probleme einer Preisuntergrenzen-Ermittlung im Automobilzulieferbereich dargestellt werden, womit der Grundstock zur Lösung der Gesamtproblematik gelegt ist.

Das dritte Kapitel spannt das Rahmenkonzept zur Ermittlung der Preisuntergrenze mit Target Costing auf. Dazu wird zunächst die investitionstheoretische Ausrichtung des Ansatzes begründet und ausgeführt. Eine entscheidungs- und investitionstheoretische Preisuntergrenze wird aufgebaut, zu einem Preisschwellensystem ergänzt und mit dem Schema der Angebotskalkulation verbunden. Schließlich wird ausführlich geprüft, wie Target Costing die Preisuntergrenzen-Ermittlung in der Automobilzulieferindustrie unterstützen kann. Dazu wird auf Basis der Grundideen des Target Costing eine Einteilung in vier Kernmodule vorgestellt, die den weiteren Ausführungen zugrundeliegt. Nach einer allgemeinen Prüfung des Zusammenhangs von Target Costing und der Ermittlung der Preisuntergrenze wird auf Basis des zweiten Kapitels gezeigt, daß der vorgestellte Ansatz generell in der Automobilzuliefer-industrie einsatzfähig ist und sogar sehr gut zu ihr paßt, der spezielle Kontext des Serien-auftragsgeschäftes aber gerade zur Preisuntergrenzen-Ermittlung eine konzeptionelle Erweiterung verlangt. Um einen umfassenden Zielkostenmanagementansatz aufbauen zu können, folgt zum Abschluß des dritten Kapitels eine gründliche Analyse des Zusammenwirkens von Target Costing, Benchmarking sowie Prozeßkostenrechnung und -management.

Das vierte Kapitel widmet sich ausführlich der Frage, wie Target Costing methodisch auszugestalten ist, um nicht nur einen durchgängigen Kostenmanagementansatz darzustellen, sondern um auch die Ermittlung der Preisuntergrenze unterstützen zu können. Es setzt dabei auf dem Konzept der Preisschwellen sowie dem konzeptionellen Rahmen der vier Kern-module auf. So besteht das vierte Kapitel aus einer ausführlichen methodischen Darstellung der Markt- und Strategieeinbindung, der Zielkostenableitung, der Zielkostenspaltung und der Zielkostenerreichung.

Das fünfte Kapitel beleuchtet organisatorische Aspekte und die Anreizkomponente im Target Costing, deren Erörterung für die Umsetzung und den Erfolg des Ansatzes besonders wichtig erscheint. Dazu gehören zunächst ablauforganisatorische Aspekte, die zugleich das Zusammenwirken der Module untereinander zusammenfassen und externe Schnittstellen aufzeigen. Aufbauorganisatorische Überlegungen sollen die Anforderungen des Target Costing mit verschiedenen aufbauorganisatorischen Gestaltungsmöglichkeiten abgleichen. Nach Vorschlägen für leistungsfördernde Maßnahmen zur Unterstützung des Target Costing folgen abschließende Anmerkungen zur Organisation der Implementierung.

Das sechste Kapitel liefert eine durchgängige Fallstudie, angelehnt an ein realen Fall. Dabei werden sowohl alle vier Module als auch die organisatorischen Überlegungen exemplifiziert. Die Ausführungen sind vollkommen parallel zum vierten Kapitel aufgebaut und setzen auf der Konzeption des dritten Kapitels auf. An einem durchgängigen Beispiel wird verdeutlicht, wie Target Costing die Preisuntergrenzen-Ermittlung unterstützen kann.

Den Abschluß bildet das siebte Kapitel mit einem zusammenfassenden Überblick über die wesentlichen Ergebnisse und Inhalte der Arbeit.

2 Hintergründe und Ausgangssituation der Fragestellung

2.1 Überblick über die bisherige Behandlung des Problemkreises „Preisuntergrenze" in der Literatur

2.1.1 Systematisierungsansätze in der Literatur

Preisuntergrenzen sind kritische Werte: RAFFÉE definiert sie allgemein als „**jene Entgelthöhe, bei deren Unterschreiten der Verzicht auf eine Güterübertragung an Dritte zu einem bestimmten Zeitpunkt die Zielsetzung(en) des Entscheidungssubjektes besser erfüllt als der Vollzug der Güterübertragung.**"[1] Oder in den Worten von SCHULZ: „Sie ist die Grenze, bis zu der man mit dem Preis der Erzeugnisse heruntergehen kann."[2] Unter Preis läßt sich dabei „die Zahl der Geldeinheiten, die ein Käufer für eine Mengeneinheit des Gutes entrichten muß"[3], verstehen. Hinter dieser allgemeinen Definition der Preisuntergrenze verbergen sich verschiedene betriebliche Situationen und Fragestellungen. Auf den Fall der Produktion bezogen geben sie den Verkaufspreis an, bei dessen Unterschreitung es nicht vorteilhaft ist, die betrachtete Produktionsmenge eines bestimmten Produktes im Produktionsprogramm eines Unternehmens zu belassen oder dorthin aufzunehmen. Preisuntergrenzen werden bspw. relevant bei Entscheidungen über die vorübergehende oder auch dauernde Produktionseinstellung eines bestimmten Produktes oder des gesamten Betriebes wegen Preisverfalls, aber auch als Entscheidungsgrundlage für die Annahme oder Ablehnung von Zusatzaufträgen. Das sind Aufträge, die zusätzlich zum bereits geplanten Produktionsprogramm an das Unternehmen herangetragen werden. Aufgrund der Elementarität dieser Fragestellungen darf es nicht verwundern, daß die Anfänge der wissenschaftlichen Diskussion über die Inhalte und die Ermittlung von Preisuntergrenzen in der betriebswirtschaftlichen Literatur weit zurückreichen. Der 1927 erschienene Beitrag von CARL E. SCHULZ („Das Problem der Preisuntergrenze") zählt immer noch zur Basisliteratur in diesem Problemfeld.[4] Die Ansätze sind im Laufe der Zeit durch verschiedene Beiträge ergänzt und erweitert worden. Zu den Standardwerken gehören dabei die Arbeiten von

- HANS RAFFÉE („Kurzfristige Preisuntergrenzen als betriebswirtschaftliches Problem", 1961),
- HERBERT HAX („Preisuntergrenzen im Ein- und Mehrproduktbetrieb", 1961),
- HEINZ LANGEN („Dynamische Preisuntergrenzen", 1966),
- GÜNTHER BICKEL („Die Preisuntergrenze unter besonderer Berücksichtigung der Sorge um die Liquidität", 1966) und
- THOMAS REICHMANN („Kosten und Preisgrenzen", 1973).

Diese und sie ergänzende Schriften beleuchten die Thematik aus unterschiedlichen Blickwinkeln und in verschiedenen betrieblichen Situationen. Es ergeben sich verschiedene Arten von Preisuntergrenzen, deren Unterscheidung bzw. Einteilung in Abhängigkeit vom verwendeten Abgrenzungskriterium unterschiedlich ausfällt. Üblich sind folgende Einteilungen:

---

[1] Raffée, H. (1974), S. 145.
[2] Schulz, C. E. (1927), S. 359.
[3] Simon, H. (1992), S. 3.
[4] Schulz, C. E. (1927), S. 347ff.; vgl. dazu auch Hax, H. (1984), 23ff.

5

Stehen bei der angestellten Betrachtung erfolgswirtschaftliche Zielgrößen im Mittelpunkt, wird von erfolgs-, auch leistungswirtschaftlichen oder erfolgsorientierten Preisuntergrenzen gesprochen. Dominieren dabei Kostenerwägungen, entstehen kostenwirtschaftliche Preisuntergrenzen. Auf CARL E. SCHULZ geht die Unterscheidung in effektive und differentielle Preisuntergrenzen zurück: Die differentielle Preisuntergrenze wird ermittelt bei der Frage nach der Annahme von Zusatzaufträgen, während die effektive Preisuntergrenze angibt, wann eine Produktion nicht mehr wirtschaftlich ist, wann also eine Produktion oder ein Betrieb stillzulegen ist.[5] RAFFÉE verwendet statt dessen die Begriffe auftrags- und programmrelevante Preisuntergrenze, wobei bei der programmrelevanten nicht der ganze Betrieb, sondern auch nur ein Teil des Programms eingestellt werden kann.[6] Häufige Verwendung findet die Unterteilung in kurz- und langfristige Preisuntergrenze, wobei die Abgrenzung zwischen beiden äußerst kritisch ist. Einigkeit scheint darüber zu herrschen, daß es sich dabei nicht um in erster Linie von der Kalenderzeit abhängige Begriffe handelt. Eher zutreffend - wenn auch kritisiert und modifiziert - ist die Unterscheidung nach gegebenen und veränderlichen Potentialfaktorbeständen und damit der Abbaubarkeit von Fixkosten. Die ursprünglich verbreitete Auffassung, die langfristige Preisuntergrenze sei durch die gesamten Stückkosten, die kurzfristige durch die variablen Kosten charakterisiert, wird mittlerweile als entscheidungstheoretisch überholt angesehen. Dies werden die weiteren Ausführungen dieser Arbeit verdeutlichen. Auch bei einer entscheidungstheoretischen Fundierung kann aber das grundsätzliche Anliegen dieser Trennung in lang- und kurzfristig aufgegriffen werden. Eine langfristige Preisuntergrenze soll dann zeigen, bei welchem Preis der dauernde Bestand des Betriebes nicht beeinträchtigt wird. Die kurzfristige Preisuntergrenze soll die Frage „Produktion oder Nicht-Produktion" beantworten, ihre dauernde Realisierung greift aber die Substanz des Betriebes an, weil gemeinsame Ressourcen verzehrt werden, ohne daß hierfür ein Beitrag geleistet würde.[7]

Im Gegensatz dazu sind die liquiditätsorientierten bzw. finanziellen Preisuntergrenzen zu sehen, bei denen finanzwirtschaftliche Aspekte im Vordergrund stehen. Reichen die finanziellen Mittel nicht mehr aus, um die fälligen Verbindlichkeiten zu decken, gerät das Unternehmen in ein finanzielles Ungleichgewicht, die Termine der Kapitalüberlassung und der Kapitalbindung stehen in einem Mißverhältnis.[8] Auf dieser Basis können vor dem Hintergrund der Preisuntergrenze zwei Fragen unterschieden werden:[9] Erstens: Wie hoch muß der Preis mindestens sein, damit die Unternehmensliquidität nicht negativ beeinflußt wird? Zweitens: Wie hoch muß der Preis mindestens sein, damit das finanzielle Gleichgewicht des Unternehmens tatsächlich gewährleistet ist?

---

[5] Vgl. Schulz, C. E. (1927), S. 360.
[6] Vgl. Raffée, H. (1974), S. 146.
[7] Vgl. Raffée, H. (1961), S. 32ff.; Raffée, H. (1974), S. 146; Reichmann, T. (1973), S. 33ff.; Götzinger, M., / Michael, H. (1993), S. 205; Heinrich, D. (1989), S. 15.
[8] Vgl. Gutenberg, E. (1983), S. 458f.
[9] Vgl. Engeleiter, H.-J. (1965), S. 571.

2.1.2 Ergebnisse der Literaturdiskussion im Rahmen der dargestellten Systematisierung

2.1.2.1 Die kostenorientierte Preisuntergrenze

Die folgenden Ausführungen möchten zunächst einen einführenden Überblick geben über die wesentlichen Ergebnisse der Diskussion zur kostenorientierten Preisuntergrenze.[10] Kostenorientierte Preisuntergrenzen geben an, bei welchem Preis des betrachteten Objekts sich der Gesamtgewinn eines Unternehmens gegenüber der Nicht-Berücksichtigung des Objektes nicht verändert.

Diese Frage wird auch in der mikroökonomischen Literatur für das Einproduktunternehmen des Mengenanpassers untersucht, der sich einer unendlich elastischen Nachfrage gegenübersieht, der Preis ist also ein Datum. Wird von einer S-förmigen Gesamtkostenkurve ausgegangen, ergeben sich U-förmige Kurven der Gesamt-, Grenz- und variablen Kosten. Bei sinkendem Preis wird das Unternehmen kurzfristig die Produktion aufrechterhalten (bei einer entsprechenden Mengenanpassung gemäß der Bedingung Preis gleich Grenzkosten), bis das Minimum der variablen Kostenkurve erreicht ist, da bis dahin immerhin ein Teil der fixen Kosten gedeckt wird. Dieser Punkt wird als Betriebsminimum bezeichnet. Langfristig darf der Preis aber nur bis zum Minimum der Gesamtkosten sinken, weil das Unternehmen sonst dauerhaft Verluste macht und aus dem Markt ausscheidet. Derartige Überlegungen lassen sich ausdehnen auf konjekturale Preis-Absatzfunktionen und andere Marktformen. Auf eine weitergehende volkswirtschaftliche Analyse wird aber hier verzichtet.[11]

Diese Überlegungen werden vorangestellt, weil sie nicht nur im Ergebnis, sondern auch in den Denkansätzen zur Ermittlung der Preisuntergrenze eindeutige Parallelen zu den angerissenen rudimentären betriebswirtschaftlichen Ansätzen der kurz- und langfristigen Preisuntergrenze zeigen. Die betriebswirtschaftliche Literatur betont allerdings, daß die kostenorientierte Preisuntergrenze durch die gesamten Mehrkosten des Objektes, also den Nettokostenzuwachs bestimmt wird.[12] Das gilt für die effektive wie für die differentielle Preisuntergrenze. Damit kann die Preisuntergrenze grundsätzlich mit den Grenzkosten des Objektes gleichgesetzt werden. Das sind die Kosten, die durch das betrachtete Objekt zusätzlich entstehen oder ansonsten vermeidbar gewesen wären. Fixkosten, die unabhängig von der Entscheidung auf jeden Fall angefallen wären, bleiben bei der Preisuntergrenzenermittlung unberücksichtigt. Der Umfang der Grenzkosten und damit der kostenorientierten Preisuntergrenze hängt von der betrieblichen Situation und den mit ins Kalkül gezogenen Parametern ab. Nur im einfachsten Fall, wie er auch der oben skizzierten mikroökonomischen Analyse zugrundeliegt, entspricht er den variablen Kosten pro Stück (bei linearem Gesamtkostenverlauf den proportionalen Kosten). Das ist der Fall, in dem keine fixen Kosten zusätzlich entstehen oder wegfallen, keine Engpässe vorliegen und keine sonstigen (z.B. absatzseitigen) Verbundwirkungen auftreten, keine Lagerung erfolgen kann und das finanzielle Gleichgewicht nicht gestört ist. Diese Annahmen werden im folgenden sukzessive aufgehoben. Dabei manifestiert sich die Entwicklung zu ausgeprägtem Grenzkostendenken i.S.v. Denken in Gesamtkostenänderungen bzgl. der zugrundeliegenden Alternative.

---

[10] Zu einem ausführlichen Überblick über die bis dahin erschienene Literatur zu diesem Problemkreis vgl. Raffée, H. (1961), S. 32ff. und Reichmann, T. (1973), S. 15ff.
[11] Vgl. hierzu Raffée, H. (1961), S. 38ff.; Pack, L. (1973), 318ff.; Brösse, U. (1997), S. 215ff.
[12] Vgl. Schulz, C.E. (1927), S. 373.

Bei der Frage nach Weiterproduktion oder Stillegung („effektive" Preisuntergrenze) ist bspw. zu beachten, daß die Preisuntergrenze für eine Einheit nicht nur die stückvariablen Kosten enthält: Sie ist zu erhöhen um während der Stillstandsphase abbaubare Fixkosten - diese würden bei Nichtproduktion wegfallen - und zu vermindern um anfallende Stillstands- und Anlaufkosten - diese würden bei Nichtproduktion hinzukommen -, jeweils auf eine Mengeneinheit bezogen. Die Höhe der Preisuntergrenze hängt damit von der Länge des Zeitraums ab, für den die Preisflaute erwartet wird, da mit längerwerdendem Zeitraum ein immer größerer Anteil der Fixkosten abbaubar wird.[13]

Wesentlicher Einflußfaktor für die Höhe der Preisuntergrenze ist die Inanspruchnahme von Faktorengpässen. Maßnahmen zur Eliminierung oder zur Umgehung von Engpässen sind dem betrachteten Projekt zuzuordnen, ihre Kosten erhöhen die Preisuntergrenze. Lassen sich Engpässe nicht beseitigen oder ist dies nicht vorteilhaft,[14] so sind außer den zusätzlichen Kosten im obigen Sinne durch Verdrängen anderer Produkte oder Aufträge entfallende Deckungsbeiträge als Opportunitätskosten zu berücksichtigen. Bei *einem* Engpaß erfolgt dies über auf eine Engpaßeinheit bezogene Deckungsbeiträge, die relativen Deckungsbeiträge: Für die im Produktionsprogramm befindlichen Produkte werden die Stückdeckungsbeiträge durch die Engpaßbeanspruchung pro Stück dividiert. Das Produkt mit dem niedrigsten relativen Deckungsbeitrag wird verdrängt. Multipliziert man seinen relativen Deckungsbeitrag mit der Engpaßbeanspruchung pro Stück des verdrängenden Produkts, ergibt sich der Opportunitätskostensatz pro Stück des verdrängenden Produkts.[15] Bei mehreren Engpässen erfolgt die Ermittlung der Opportunitätskostensätze mit Hilfe diverser Operations-Research-Verfahren, in einfachen Fällen mit der linearen Programmierung (LP). Insbesondere HAX hat die Anwendbarkeit der linearen (auch mathematischen) Programmierung auf Grundfälle in diesem Problemkreis herausgearbeitet.[16] Zurückgehend auf SCHMALENBACH bezeichnet er den Nutzenentgang bzw. die Opportunitätskosten pro Engpaßeinheit als „Betriebswert". Die Vorgehensweise sei an einem kleinen selbstgewählten Beispiel erläutert.

Ein Betrieb kann drei Produkte (A, B und C) fertigen. Die Preise für die drei Produkte sind 23, 20 und 30 GE. Die variablen Kosten pro Stück ergeben sich zu 16, 15 und 21 GE. Die Stückdeckungsbeiträge betragen damit 7, 5 und 9 GE. Zur Fertigung sind drei Anlagen (1, 2 und 3) zu durchlaufen, die von den Produkten wie in der Tabelle angegeben beansprucht werden. Die Kapazitätsgrenzen der Anlagen sind ebenfalls angegeben (alle Angaben in Zeiteinheiten).

	Produkt A	Produkt B	Produkt C	Kapazität
Anlage 1	5	4	5	40
Anlage 2	2	2	4	20
Anlage 3	1	1	1	10

Tabelle 2-1: Angaben zum Beispiel der Betriebswertrechnung

---

[13] Vgl. zu diesem Abschnitt Schulz, C. E. (1927), S. 360ff.; Engeleiter, H.-J. (1965), S. 569f.; Schwellnuß, A. (1989), S. 187; Raffée, H. (1961), S. 59ff.; Raffée, H. (1974), S. 147f.; Reichmann, T. (1973), S. 38ff.; Reichmann, T. (1974), S. 21ff.; Langen, H. (1966), S. 653ff.; Layer, M. (1977), S. 205; Kilger, W. (1993), S. 844ff.

[14] Vgl. hierzu die in dieser Arbeit vorgestellte Verdrängungsrechnung.

[15] Vgl. z.B. Pack, L. (1973), S. 324ff.; Raffée, H. (1974), S. 148; Kilger, W. (1993), S. 845; Fischer, R. / Rogalski, M. (1995), S. 128ff.

[16] Vgl. Hax, H. (1961), S. 434ff.; Hax, H. (1973); Hax, H. (1974); dazu auch Pack, L. (1973), S. 325ff.

Aus diesen Daten läßt sich zur Maximierung des Gesamtdeckungsbeitrags ein lineares Programm formulieren, das mit dem Simplex-Algorithmus lösbar ist: Als optimale Lösung ergibt sich bei einem Zielfunktionswert von 60, daß von Produkt A 6 Mengeneinheiten, von Produkt B 0 ME und von Produkt C 2 ME herzustellen sind. Die Anlagen 1 und 2 bilden Engpässe. Aus Dualitätsüberlegungen oder durch iterative Anwendung des Simplex-algorithmus (dieser Weg würde im Unterschied zur Duallösung auch das Relevantwerden anderer Restriktionen erkennen) lassen sich die Betriebswerte errechnen. Sie ergeben sich hier für Anlage 1, 2 bzw. 3 zu 1, 1 bzw. 0. Würde also die Kapazität von Anlage 1 um eine Einheit sinken, ginge der Gesamtdeckungsbeitrag um eine Einheit zurück etc. Anlage 3 muß einen Betriebswert von 0 haben, da sie kein knapper Faktor ist. Die Preisuntergrenze für Produkt B errechnet sich wie folgt: die variablen Kosten von 15 sind um den verdrängten Deckungsbeitrag auf Anlage 1, nämlich 1*4, und um den auf Anlage 2, 1*2, zu erhöhen. Die Preisuntergrenze beträgt 21. Da der Preis nur 20 beträgt, ist B nicht im optimalen Produktionsprogramm.[17]

Für Kuppelproduktionen lassen sich ähnliche Programme mit analoger Aussagekraft der Ergebnisse formulieren.[18]

Im Rahmen dieser linearen Programme verwendet insbesondere REICHMANN den Begriff der relativen Preisuntergrenze. Darunter versteht er die Grenze, bis zu der der Preis sinken kann, ohne daß die Optimalität des ursprünglichen Produktionsprogramms verloren geht. Bei weiterem Absinken ist eine Produktionseinschränkung zugunsten anderer Produkte vorteilhaft. Derartige Sensitivitätsanalysen geben Aufschluß über die Stabilität der ursprünglich gefundenen Lösung. Bei Unterschreiten der absoluten Preisuntergrenze verschwindet das Produkt zumindest vorübergehend völlig aus dem Programm.[19]

In weiterer Ergänzung zu Überlegungen mit fester Absatzmenge wird die Einführung kritischer Preisfunktionen im Rahmen von LP-Problemen vorgeschlagen. Sie stellen den mindestens zu erzielenden Preis in Abhängigkeit von der Ausbringungsmenge des betrachteten Produkts oder Auftrags dar.[20]

Zusammenfassend läßt sich feststellen, daß es keine generelle kostenorientierte Preisunter-grenze gibt, eine Beschränkung auf die variablen Kosten ist nicht ausreichend. Vielmehr muß eine kostenorientierte Preisuntergrenze alle Kostenwirkungen der zu treffenden Entscheidung berücksichtigen. Wo der gesuchte kritische Preis liegt, hängt u.a. davon ab, ob Engpässe bestehen, ob Handlungsalternativen verdrängt werden müssen oder ob Engpässe eliminierbar sind.[21]

Als weiteres Problem erweisen sich die Gemeinkosten, die in den indirekten Bereichen oder durch Produktionsmittelverbund entstehen können. Bei isolierter Betrachtung eines Produktes dürfen sie nicht in der Preisuntergrenze berücksichtigt werden. Sie sind aber - zumindest zum

---

[17] Anm.: Diese Vorgehensweise zur Ermittlung des verdrängten Deckungsbeitrages ist nicht unproblematisch. Insbesondere das vorzeitige Relevantwerden anderer Nebenbedingungen oder die Ganzzahligkeitsbedingung der Mengenvariablen kann zu falschen Ergebnissen führen. Eine explizite Ermittlung verdrängter Deckungsbeiträge ist daher vorzuziehen.

[18] Vgl. Hax, H. (1974), S. 63ff.

[19] Vgl. Reichmann, T. (1973), S. 72, 93ff.; Reichmann, T. (1974), S. 23ff.; Reichmann, T. (1995), S. 162ff.; ebenso Hax, H. (1961), S. 435ff. Fischer, R. / Rogalski, M. (1995), S. 130f.

[20] Vgl. Hellwig, K. (1979); Hamann, K (1980), S. 4ff.

[21] Vgl. Riebel, P. (1994), S. 586. Auf die quantitativen Konsequenzen derartiger Probleme wird im konzeptionellen Teil dieser Arbeit genauer eingegangen.

Teil - vermeidbar, wenn bspw. mehrere Produkte gleichzeitig aus dem Produktionsprogramm genommen werden. Da eine eindeutige Ermittlung isolierter Preisuntergrenzen in diesen Fällen zwar möglich, aber u.U. nicht besonders aussagekräftig ist, wird die Ergänzung um Erlösuntergrenzen für mehrere Produkte oder Aufträge (Produkt- oder Auftragsbündel) vorgeschlagen. REICHMANN unterscheidet dabei die totale Erlösuntergrenze, bei deren Unterschreitung die Produktion aller Erzeugnisse eingestellt wird, und die partielle Preis- bzw. Erlösuntergrenze, deren Unterschreitung zur vorübergehenden Einstellung der Produktion einer oder mehrerer Produktarten führt.[22]

2.1.2.2 Ergänzungen zur kostenorientierten Preisuntergrenze

Die kostenorientierten Preisuntergrenzen lassen das finanzielle Gleichgewicht des Unternehmens außer acht, es wird davon ausgegangen, daß die Preisuntergrenze nicht durch Liquiditätsengpässe beeinträchtigt wird. In finanziell angespannten Situationen kann es allerdings sinnvoll sein, einen Auftrag mit relativ niedrigeren Preisen vorzuziehen, wenn die Zeitpunkte der Zahlungseingänge besser in die Finanzplanung passen, weil sie Liquiditätsprobleme vermeiden. Eine Berücksichtigung derartiger Faktoren als zu beachtende Nebenbedingung, insbesondere im Rahmen der oben kurz dargestellten LP-Probleme, wäre denkbar.[23]

Zuweilen wird aber auch die Bildung explizit finanzwirtschaftlicher, liquiditätsorientierter Preisuntergrenzen vorgeschlagen.[24] Das ist - allgemein gesprochen - der Preis, der das finanzielle Gleichgewicht aufrechterhält. Eine relativ einfache Ermittlung derartiger Preisuntergrenzen könnte über die Erfassung der ausgabewirksamen Kostenanteile erfolgen. Die die Preisuntergrenze bildenden Kosten müssen dabei in im Dispositionszeitraum ausgabenwirksame und nicht ausgabenwirksame aufgeteilt werden.[25] Hinzu kommen nach dem Vorschlag LANGENEGGERs, zumindest teilweise, ausgabennahe Kosten. Das sind Kosten, die durch Güterverbräuche entstehen, für die „bald" eine ausgabenwirksame Ersatzbeschaffung notwendig wird. Ein sogenannter Pagator soll den Grad der Ausgabennähe und damit der Ausgabenwirksamkeit einzelner Kostenarten abschätzen helfen. Wird ein Kostenbetrag nie ausgabenwirksam, nimmt der Pagator den Wert 0 an, ist er sofort ausgabenwirksam den Wert 10. Je näher also der Pagator bei 10 liegt, desto näher liegt der Zeitpunkt der Ersatzbeschaffung.[26]

Werden dabei nur die durch das Objekt zusätzlich ausgelösten Ausgaben berücksichtigt, entsteht eine komparative finanzielle Preisuntergrenze. Sie zeigt an, bei welchem Preis weder positive noch negative Wirkungen auf die Unternehmensliquidität entstehen, bei der die Liquiditätssituation also genau die gleiche ist wie bei der Alternative (Nicht-Produktion bzw. Stillegung). Da damit die Liquidität des gesamten Unternehmens nicht sichergestellt werden kann, wird die Erweiterung zu einer autonomen Preisuntergrenze vorgeschlagen. Diese löst sich von der Entscheidungsorientierung und dem Vergleich mit den finanziellen Wirkungen alternativer Verhaltensweisen und integriert in die Preisuntergrenze ausgabewirksame Fixkosten, die auch bei der Alternative anfallen. Doch auch diese Betrachtungsweise ist zur

---

[22] Vgl. Reichmann, T. (1995), S. 173; Raffée, H. (1974), S. 148.
[23] Vgl. Hax, H. (1961), S. 437ff.
[24] Vgl. den Überblick bei Raffée, H. (1961), S. 146ff.
[25] Vgl. Hax, H. (1961), S. 425ff.; Engeleiter, H.-J. (1965), S. 571; Heinen, E. (1972), S. 130ff.
[26] Vgl. Langenegger, E. (1978), S. 217ff.

Absicherung der Liquiditätslage durch das betrachtete Projekt als zu isoliert anzusehen. Sie vernachlässigen die vielfältigen Verbundwirkungen in der finanziellen Sphäre des Betriebes, wie z.B. Investitionsausgaben, Zahlungswirkungen in anderen Produktionsbereichen und außerhalb der Leistungssphäre, Kreditverhältnisse im Einkauf und Verkauf, Lagerzeit der Rohstoffe, der fertigen und der unfertigen Erzeugnisse usw. Durch Einführen einer Ceteris-Paribus-Klausel werden diese Liquiditätseinflüsse ausgeklammert, müssen aber in eine realistische Betrachtung integriert werden.[27]

Dies versucht BICKEL, wenn er vorhandene oder beschaffbare liquide Mittel zur Senkung der Preisuntergrenze einbezieht und verschiedene Arten liquiditätsbezogener Preisuntergrenzen unterscheidet: Bei der absoluten Liquiditätspreisuntergrenze werden keine vorhandenen liquiden Mittel in Anspruch genommen werden, d.h. alle benötigten Mittel werden im Preis erstattet. Bei der relativen Liquiditätspreisuntergrenze werden liquide Mittel und liquidierbare Vermögensteile voll oder zum Teil herangezogen. Die effektive Liquiditätspreisuntergrenze berücksichtigt zusätzlich die Möglichkeit der Darlehensaufnahme zur Schließung von Liquiditätslücken.[28] Einen ähnlichen Weg geht HEINEN, wenn er die autonome und komparative liquiditätsorientierte Preisuntergrenze durch Berücksichtigung liquiditätsmäßiger Spielräume (z.B. durch Verkauf von Grundstücken oder positive Liquiditätswirkungen aus anderen Projekten) modifiziert.[29]

Trotzdem ist damit nur ein Teil der vielfältigen Zahlungsbewegungen abgebildet und in der Preisuntergrenze berücksichtigt, das finanzielle Gleichgewicht damit insgesamt noch nicht gesichert. Eine hierfür adäquate Berücksichtigung unternehmensweiter Liquiditäts-konstellationen in Form von umfassenden Finanzplänen würde den Rahmen der bisherigen Preisuntergrenzenermittlung sprengen. Eigene liquiditätsorientierte Preisuntergrenzen, die das finanzielle Gleichgewicht sicherstellen sollen, werden aus diesen Gründen überwiegend als nicht praktikabel und nicht sinnvoll angesehen.[30]

Finanzpolitische Überlegungen sind nicht die einzigen Aspekte, die evtl. eine Ergänzung der kostenorientierten Preisuntergrenze in der bisher beschriebenen Form notwendig machen. Verschiedene absatzpolitische Aspekte können die Diskussion um die Höhe der Preisuntergrenze, kosten- wie liquiditätsorientiert, beeinflussen. RAFFÉE erweitert die kostenorientierte Preisuntergrenze um absatzwirtschaftliche Faktoren zu einer leistungswirtschaftlichen Preisuntergrenze. Zurecht betont er allerdings, daß Erlöseffekten bei anderen Aufträgen oder Produkten auch über den Ansatz von Opportunitätskosten Rechnung getragen werden kann. Eine entscheidungsorientiert ermittelte kostenorientierte Preisunter-grenze berücksichtigt diese Effekte also ohnehin. Einige der in Frage kommenden Aspekte seien kurz angesprochen.[31]

Zunächst einige Beispiele für absatzwirtschaftlichen Leistungsverbund: So kann ein auf die Preisuntergrenze abgesunkener Auftragspreis zur Folge haben, daß auch für zukünftige

---

[27] Vgl. Schulz, C. E. (1927), S. 375ff.; Raffée, H. (1974), S. 150f.; Reichmann, T. (1975), S. 464ff.

[28] Vgl. Bickel, G. (1966), S. 536ff.

[29] Vgl. Heinen, E. (1972), S. 130ff. sowie die Diskussion bei Zoller, H. (1988), S. 76ff.

[30] Vgl. Reichmann, T. (1973), S. 24f.; Reichmann, T. (1975), S. 467ff.; Kilger, W. (1993), S. 844; Raffée, H. (1974), S. 150f.; Hax, H. (1961), S. 427ff.; Hax, H. (1974), S. 68; Kurras, K. (1977), S. 69; Mayer, E. (1978), S. 282; Langenegger, E. (1978), S. 216ff.

[31] Vgl. Raffée, H. (1961), S. 101ff., 134ff.; Raffée, H. (1974), S. 148ff.; Hax, H. (1974), S. 68.

Projekte oder für Aufträge anderer Kunden auf derartige Preisreduktionen gedrängt wird. Bei Zusatzaufträgen („differentielle" Preisuntergrenze) müssen daher durch solche Kannibalisierungseffekte oder andere Erlösinterdependenzen auftretende Erlösminderungen bei anderen Aufträgen zur Preisuntergrenze des Zusatzauftrages hinzugerechnet werden. Umgekehrt ist es denkbar, daß das Nicht-Anbieten eines bestimmten Produktes, das für sich betrachtet nicht zu Preisen über der kostenorientierten Preisuntergrenze verkauft werden kann, negative Erlöswirkungen bei anderen Produkten zur Folge hat bzw. ein Auftrag Folgeaufträge mit positivem Deckungsbeitrag nach sich zieht. Derartige positive Erlöswirkungen vermindern die kostenorientierte Preisuntergrenze, es kommt zu einem kalkulatorischen Ausgleich. Besteht vollkommener Absatzverbund zwischen verschiedenen Produkten oder unterschiedlichen Aufträgen dergestalt, daß sie vom Kunden nur gemeinsam gekauft werden, so ist wiederum auf Erlösuntergrenzen für Produkt- oder Auftragsbündel überzugehen.[32]

Zu beachten sind außerdem negative Image-Effekte bzgl. der Produktqualität aufgrund des gesunkenen Preisniveaus: Der Kunde, der den Preis auch als Qualitätsindikator sieht, kann durch Preisnachlässe aufgrund von Preisuntergrenzenüberlegungen negative Rückschlüsse auf die Produktqualität ziehen, die sogar auf andere Produkte ausstrahlen und deren Erfolg schmälern können.

In Phasen von Verdrängungswettbewerb sind die Preisuntergrenzen zu vermindern um die stückbezogenen zusätzlichen Gewinne nach Wegfall von Konkurrenzunternehmen. Die Antizipation derartiger Marktbereinigungseffekte dürfte allerdings ein schwieriges Unterfangen sein, zumal bei Nichtexistenz von Markteintrittsbarrieren neue Unternehmen als Konkurrenten auftreten und die zusätzlichen Gewinne aufzehren können.

Besteht die Möglichkeit, hergestellte Produkte zu lagern und damit Produktion und Absatz zeitlich zu trennen, gewinnt die ertragswirtschaftliche Preisuntergrenze an Bedeutung. Sie ist der Preis zu einem bestimmten späteren Absatzzeitpunkt abzüglich der Kosten, die durch die Verkaufsverschiebung z.B. für Lagerung entstehen. Liegt diese Preisuntergrenze über der kostenwirtschaftlichen, so ist eine Produktion zum Entscheidungszeitpunkt auf jeden Fall sinnvoll. Die Höhe des Preises entscheidet über den Verkaufszeitpunkt: Liegt der Preis über der ertragswirtschaftlichen Preisuntergrenze, wird sofort verkauft, liegt er darunter (egal ob über oder unter der kostenwirtschaftlichen Preisuntergrenze), wird zum späteren Zeitpunkt verkauft. Liegt die kostenwirtschaftliche Preisuntergrenze über der ertragswirtschaftlichen, so verliert letztere an Relevanz: Der Verkaufszeitpunkt wird sicher nicht verschoben. Ob in diesem Fall produziert (und sofort verkauft) wird oder nicht, hängt wie gewohnt davon ab, ob der Preis über oder unter der kostenwirtschaftlichen Preisuntergrenze liegt. Voraussetzung dabei ist, daß die vom Unternehmen angebotene Menge den Preis nicht beeinflußt.[33]

Wenn KILGER auch im Rahmen seiner knappen Ausführungen zu langfristigen Preisuntergrenzen feststellt, daß hier die Anwendung der Investitionsrechnung erforderlich sei,[34] spielen investitionstheoretische Ansätze zur Preisuntergrenzenermittlung in der Literatur eine stark untergeordnete Rolle. KÜPPER geht explizit auf die Notwendigkeit ein, für mehrperiodige Aufträge Preisuntergrenzen mit Hilfe der Kapitalwertmethode zu ermitteln. Er dynamisiert die

---

[32] Vgl. Kilger, W. (1993), S. 850ff.; Raffée, H. (1974), S. 149; Laßmann, G. (1986), S. 133; Langen, H. (1966), S. 653, 656ff.
[33] Vgl. Raffée, H. (1974), S. 148f.; Bliesener, M.-M. (1977), S. 106ff.
[34] Vgl. Kilger, W. (1993), S. 875ff.

Betrachtungsweise, indem er die verschiedenen Zahlungen - für Forschung, Entwicklung, Anlagen usw. - auf einen Zeitpunkt abdiskontiert. Die Preisuntergrenze wird so festgelegt, daß der Kapitalwert aus abdiskontierten Einzahlungsüberschüssen abzüglich der Anschaffungsauszahlungen den Wert Null annimmt. Er erweitert seinen Ansatz auf den Fall, daß sich der Produktlebenszyklus bei identischen Zahlungen unendlich oft wiederholt. In diesem Fall nähert sich die dynamische Preisuntergrenze durch die aufgebaute Statik der traditionellen Vollkostengrenze.[35]

Außer bei KILGER und KÜPPER wird die investitionstheoretische Ermittlung von Preisuntergrenzen auch von anderen Autoren vorgeschlagen.[36] Die in diesen Beiträgen angerissenen Ansätze sind in puncto Umfang derartiger Preisuntergrenzen und investitionstheoretische Rechenverfahren überwiegend sehr oberflächlich, sie gehen nicht über die Forderung investitionstheoretischer Fundierung und eine Exemplifizierung unter eingeschränkten Bedingungen hinaus. Lediglich RIEZLER bemüht sich in seinem im Jahre 1996 veröffentlichten Beitrag um eine fundiertere und systematische Analyse, unter einem etwas anderen Fokus zuvor auch REICHMANN. Bevor untersucht werden kann, inwieweit derartige Ansätze die hier betrachtete Fragestellung beantworten können, ist die ihr zugrundeliegende Unternehmenssituation zu klären. Das ist Aufgabe des folgenden Abschnitts.

2.2 Einführung in den Industriezweig „Automobilzulieferer"

2.2.1 Begriffsdefinitionen und -abgrenzungen

Untersuchungsobjekt des vorliegenden Beitrags ist die Preisuntergrenzenermittlung in der Automobilzulieferindustrie. Nach der Eingrenzung des Begriffs Preisuntergrenze und einem Überblick über die bisherige Behandlung der Preisuntergrenzenproblematik in der Literatur ist nun zu klären, was unter der Automobilzulieferindustrie verstanden werden soll. Terminologische Grundlagen sind notwendig, um den Untersuchungsgegenstand auf eine definierte Basis zu stellen. Die folgenden Ausführungen möchten sich aber auf das Wesentliche beschränken. Ohne die verschiedenen in der Literatur verbreiteten Definitionen daher genauer vorzustellen und zu diskutieren, werden im folgenden die wesentlichen Kriterien herausgearbeitet, um schließlich in einer für die vorliegende Untersuchung sinnvoll erscheinenden Abgrenzung des Begriffs zu enden.

Zulieferer sind all jene, die Zulieferungen übernehmen. Zulieferungen sind eine noch genauer zu bestimmende Untermenge aller Waren- und Dienstleistungseingänge eines Unternehmens, so daß mit dieser Thematik ein spezieller Aspekt der betrieblichen Arbeitsteilung angesprochen ist. Neben dieser physischen Versorgung eines Abnehmers mit den Produkten des Zulieferers werden bisweilen auch diese Zulieferprodukte selbst als Zulieferungen bezeichnet. Während in Deutschland ein Großteil der Zulieferer rechtlich selbständig ist, sind

---

[35] Vgl. Küpper, H.-U. (1985), S. 41ff.; Küpper, H.-U. (1990), S. 89.

[36] Vgl. Engeleiter, H.-J. (1965), S. 567, 572ff.; Reichmann, T. (1973), S. 64ff.; Reichmann, T. / Fröhling, O. (1994), S. 324f.; Keil, A. (1990), S. 67ff., 128; Bosse, A. (1991), S. 105; Riezler, S. (1996), S. 218ff. SEICHT und DÄUMLER formulieren eine dynamische Stückkostenrechnung, ohne allerdings ihre Ansätze auf die Frage der Preisuntergrenze zu übertragen, vgl. Seicht, G. (1990), S. 324ff.; Däumler, K.-D. (1991), S. 36ff.

in den USA und in Japan die Zulieferer häufig kapitalmäßig und juristisch miteinander verflochten.[37] Als Wesensmerkmal sollten daher Zulieferungen aus einem zumindest wirtschaftlich selbständigen Unternehmen kommen. I.d.R. werden Zulieferungen auf Waren beschränkt, so daß Dienstleistungen nicht berücksichtigt werden. Von den Zulieferungen zu trennen sind Unterlieferungen und Vorlieferungen. Als Unterlieferungen bezeichnet man die vorübergehende Inanspruchnahme von externen Produktionskapazitäten zum Ausgleich von Kapazitätsengpässen. Vorlieferungen beinhalten Grundstoffe ohne oder mit nur geringer Bearbeitung durch den Vorlieferanten, die der Produktion beim Abnehmer vorausgehen und sie erst ermöglichen.[38]

Da Zulieferprodukte nach überwiegender Meinung direkt in das Produkt des beziehenden Unternehmens eingehen müssen, sind Betriebsstoffe und Werkzeuge keine Zulieferprodukte.[39] Auch nach Eingang in das herzustellende Produkt müssen die Zulieferteile noch als eigenständige Teile identifizierbar sein, d.h. sie dürfen keiner oder nur einer geringfügigen Weiterbearbeitung unterworfen werden. Besonders strittig ist die Frage, wie stark Zulieferungen auf den Abnehmer zugeschnitten sein müssen. Für GECK und PETRY bspw. ist dies keine Voraussetzung, so daß auch Norm- und Standardteile, die auch außerhalb der Automobilbranche zum Einsatz kommen, als Zulieferungen anzusehen sind. Für BÖTTCHER müssen Zulieferungen „ein den potentiellen Kundenkreis signifikant einschränkendes Maß an Spezifität aufweisen".[40] Teile, die bei verschiedenen Automobilherstellern in gleicher Weise zum Einsatz kommen können, sind nach dieser Definition Zulieferungen, allgemeine, branchenübergreifende Normteile hingegen nicht.

PETZOLD und andere Autoren nehmen eine Unterscheidung zwischen Zulieferteilen und Zubehör vor. Zubehör ist für das Endprodukt nicht zwingend erforderlich und damit in der „Normalausstattung" nicht enthalten, da das Produkt auch ohne Zubehörteile seiner zweckentsprechenden Verwendung zugeführt werden kann.[41] Ähnlich schwierig wie die Festlegung der zweckentsprechenden Verwendung dürfte folgerichtig die Abgrenzung zwischen Zulieferung und Zubehörteil sein. An der Zulieferer-Hersteller-Beziehung im hier verstandenen Sinne ändert diese Unterscheidung nichts.[42] Etwas anders verhält es sich bei der Definition von RIEKEN. Dieser hält fest, daß Zulieferteile direkt in die Produktion des Abnehmers eingehen, während Zubehörteile „nicht Bestandteile der Produktion eines industriellen Abnehmers sind, sondern vom Verbraucher nachgerüstet werden."[43] Der Vertrieb dieser Produkte erfolgt über den Handel und die Werkstätten, so daß hierfür nicht die beschriebene Zulieferer-Hersteller-Beziehung vorliegt.

Aus diesen Aspekten heraus werden Zulieferungen für die vorliegende Untersuchung durch folgende Voraussetzungen definiert:

• Zulieferungen kommen von externen, also zumindest wirtschaftlich selbständigen Unternehmen.

---

[37] Vgl. Sauer, K. (1990), S. 17; Hanke, J. (1993), S. 67
[38] Vgl. Abend, J. M. (1992), S. 9; Petzold, I. (1968), S. 23ff.; Eicken, H. v. / Femerling, C. (1991), S. 11.
[39] Vgl. Abend, J. M. (1992), S. 7ff. Anderer Ansicht ist hier SEMLINGER (vgl. Semlinger, K. (1989), S. 93f.), der sowohl Dienstleistungen als auch Werkzeuge oder Formen nicht ausschließt, sofern sie hochgradig produktspezifisch sind.
[40] Böttcher, H. D. (1990), S. 29
[41] Vgl. Petzold, I. (1968), S. 18ff.; Abend, J. M. (1992), S. 11
[42] Vgl. Sauer, K. (1990), S. 17; Hanke, J. (1993), S. 44.
[43] Rieken, L. (1995), S. 22.

- Es handelt sich um Waren, insbesondere Einzelteile, Komponenten oder Systeme.
- Sie gehen direkt in das herzustellende Produkt ein.
- Sie gehen direkt in die Produktion des Abnehmers ein.
- Sie bleiben als eigenständige Teile identifizierbar.

Es erfolgt keine definitorische Einschränkung auf Produkte, die auf einen bestimmten Kunden zugeschnitten sind, wenn auch die vorliegende Untersuchung von diesem für die zu bearbeitende Fragestellung kompliziertesten und interessantesten Fall ausgeht. Worin die Probleme in diesem Bereich genau liegen, wird Gegenstand noch folgender Ausführungen sein. Alle dort gewonnenen Erkenntnisse lassen sich ohne Probleme mit geringen vereinfachenden Modifikationen auf Standardteile übertragen, seien es automobilbezogene Standardteile oder allgemeine Normteile.

Als Automobilzulieferindustrie läßt sich die Gesamtheit aller Betriebe bezeichnen, die Zulieferteile im obigen Sinne fertigen und an Automobilhersteller liefern. Bei der Abgrenzung der Zulieferindustrie ist strittig, ob nur direkte Zulieferer zu erfassen sind, oder ob auch nachgelagerte Produktionsstufen, also Zulieferer der Zulieferer, deren Zulieferer usw. dazuzuzählen sind. Entsprechend unstimmig sind Statistiken zur näheren Beschreibung der Zulieferindustrie. Die vorliegende Untersuchung geht im wesentlichen von direkten Zulieferern aus. Wie für das Problem Spezial- versus Normteile gilt allerdings auch hier, daß die gewonnenen Erkenntnisse auf Sublieferanten übertragbar sind. Die noch näher herauszustellenden Probleme in diesem Feld übertragen sich sinngemäß von den direkten Zulieferern auf die Subzulieferer.

2.2.2 Volkswirtschaftliche Charakterisierung der deutschen Automobilzulieferindustrie

Um einen Eindruck von der volkswirtschaftlichen Bedeutung und der Struktur der deutschen Zulieferindustrie zu gewinnen, seien einige Strukturdaten genannt.[44] Dies erscheint in dieser Arbeit aus drei Gründen angebracht: Erstens wird die volkswirtschaftliche Bedeutung der Automobilzulieferindustrie deutlich und damit eine gewisse Existenzberechtigung der Arbeit vermittelt. Diese wird zweitens verstärkt durch die in diesem Kapitel aufzuzeigenden Preisprobleme der Branche, die Hintergrund der gesamten Arbeit sind. Drittens versuchen dieser und die folgenden Abschnitte, dem Leser sukzessive den Charakter der Automobil-zulieferindustrie zu vermitteln, der für das weitere Verständnis der Arbeit unerläßlich ist.

Problematisch ist das Unterfangen insofern, als bisher keine vollständigen amtlichen oder halbamtlichen Statistiken über diesen Bereich vorliegen. Unter der SYPRO-Nummer 3314 des Statistischen Bundesamtes[45] werden nur Unternehmen, Betriebe und Betriebsteile erfaßt, die ihrem wirtschaftlichen Schwerpunkt nach der „Herstellung von Teilen für Kraftwagen und -motoren" zuzurechnen sind. Statt dieser SYPRO wird ab dem Berichtsjahr 1995 die international geltende Klassifikation der Wirtschaftszweige WZ verwendet. Die WZ-Nr. 34.3 beschreibt die „Herstellung von Teilen und Zubehör für Kraftwagen und Kraftwagen-

---

[44] Vgl. hierzu auch Reiff, M. / Listl, A. (1996), S. 17ff.
[45] SYPRO = Systematik für das produzierende Gewerbe.

15

motoren". Für 1990 bis 1995 ergaben sich folgende Kennzahlen (die Angaben beziehen sich bis 1992 auf die alten Bundesländer):[46]

	1990	1991	1992	1993	1994	1995
Unternehmen	347	361	375	433	433	409
Betriebe	483	502	513	581	577	572
Beschäftigte (Betriebe)	277.385	276.728	266.571	251.870	234.850	246.260
Umsatz in Mio. DM	43.120	44.804	46.341	41.833	46.693	54.193

Tabelle 2-2: Statistische Kernzahlen zur SYPRO-Nummer 3314 bzw. WZ-Nr. 34.3

Bei diesen Angaben bleibt allerdings eine Reihe von Unternehmen und Betrieben anderer Branchen mit wesentlicher Bedeutung im Zulieferbereich unberücksichtigt, weil sie ihrem wirtschaftlichen Schwerpunkt entsprechend einem anderen Wirtschaftszweig zugerechnet werden. Dazu zählen bspw. Zulieferer aus dem Kunststoff-, Glas-, Stahl-, Batterie- oder Elektronikbereich. Derartige Verzerrungen müssen eliminiert werden. Eine entsprechende Untersuchung führte DOLESCHAL durch.[47] Der von ihm verwendete Zulieferbegriff scheint sich nach seinen etwas unklaren Anmerkungen mit der für diese Arbeit vorgenommenen Abgrenzung zu decken. Seine Zahlen beziehen sich auf 1988. Eine Aktualisierung der gesamten Datenbasis wäre allerdings mit einem Aufwand verbunden, der in keinem Verhältnis zu der hier verfolgten Absicht einer einführenden Übersicht stünde. DOLESCHAL untersuchte die anderen Branchen der SYPRO-Systematik auf ihre Relevanz für die Autozulieferbranche und kam dabei zu folgenden Erkenntnissen (die Zahlenangaben beziehen sich nur auf den Automobilzulieferbereich der jeweiligen Branchen!):

Branche	Betriebe	Beschäftigte	Umsatz in Mrd. DM
Eisen-Bleche-Metalle	709	89700	1,3
Kunststoffverarbeitung	960	108900	18,0
Textilindustrie	99	13346	0,2
Stahlverformung	601	51500	6,6
Kfz-Teileindustrie (Nr. 3314!)	433	260699	34,5
Gesenkschmieden	152	21860	3,4
Eisen- und Stahlgießereien	109	27500	4,3
Nicht-Eisen-Gießereien	72	29400	1,3
Gummiverarbeitung	211	78900	12,8
Lacke/Farben	82	6800	2,2
Kfz.-Elektrik u.a.	144	100000	11,3
Starterbatterien	25	11406	1,2
Flachglas	6	4600	0,9
Summe	3603	784611	98,0

Tabelle 2-3: Umfang der Automobilzulieferindustrie in 1988 nach DOLESCHAL

[46] Quelle: VDA (1995), S. 359ff.; VDA (1996), S. 244ff. nach Angaben des Statistischen Bundesamtes. Anm.: Die Diskrepanz in den Beschäftigten- und Umsatzzahlen ergibt sich aus dem wirtschaftlichen Schwerpunkt als Zuordnungskriterium.

[47] Doleschal, R. (1991), S. 36ff.

Neben Auskünften über die relative Bedeutung einzelner Branchen erscheint die Summenzeile besonders interessant. Die Untersuchung DOLESCHALS zeigt, daß für die Bundesrepublik Deutschland (für 1988) von etwa 3600 Automobilzulieferbetrieben bei über 780.000 Beschäftigten und einem Jahresumsatz von 98 Milliarden DM auszugehen ist. Trotzdem darf nicht unerwähnt bleiben, daß auch ganz andere Zahlen zum Umfang der deutschen Zuliefer-industrie genannt werden. Dabei ist stets zu beachten, ob nur Erstausstattungteile, ob auch nachgelagerte Zulieferstufen (mit einer entsprechenden Mehrfachrechnung im Umsatz) und welche Branchen berücksichtigt wurden.[48]

Neuere, weniger detaillierte Untersuchungen belegen, daß Umsatz und Beschäftigtenzahlen bis Anfang der 90er Jahre kontinuierlich gestiegen sind, um 1992/93 (Umsatz) bzw. 1991-94 (Beschäftigte) deutlich einzubrechen. Der Umsatzeinbruch ist mittlerweile wettgemacht, die Beschäftigtenzahlen erholen sich. Die Entwicklung des Fahrzeugabsatzes im Inland bringt dabei mäßige Impulse, die sich aber zunehmend beleben. Wachstumssegmente liegen hauptsächlich im Bereich der Elektronik, wie Komfort- oder Sicherheitselektronik.[49]

2.2.3 Strukturierung des Konglomerats Automobilzulieferindustrie

2.2.3.1 Potentielle Segmentierungsansätze

Ein differenzierterer Eindruck über den Charakter der Automobilzulieferindustrie ist möglich, wenn man sich um deren Strukturierung bemüht. Hierzu unterscheidet DOLESCHAL zwischen sieben verschiedenen Typen. Einteilungskriterien sind Konzernzugehörigkeit, Belegschafts-zahl und Automobilanteil am Gesamtumsatz. Die Einteilung zeigt die breite Palette von Unternehmenstypen, die im Auto-Zulieferbereich tätig sind. Dazu gehören internationale Großkonzerne, für die der Automobilumsatz nur nachrangige Bedeutung hat, wie Siemens, Thyssen, BASF, Bayer, Mannesmann etc. (Typ A), sowie solche, die vorrangig im Auto-mobilbereich tätig sind: Bosch, Hella, Kugelfischer, VDO, Continental, Michelin usw. (Typ B). Als Grenze gilt für DOLESCHAL dabei ein Umsatzanteil des Automobilbereichs von 30%. Betriebe mit 1000 bis 10.000 Beschäftigten (Typ C und D) und solche mit weniger als 1000 Beschäftigten (Typ E und F) werden ebenfalls nach dieser Umsatzmarke unterschieden. Den letzten Typ G bilden Betriebe mit weniger als 100 Beschäftigten und einem Kfz-Anteil von mehr als 50%.[50]

Etwa 63% der deutschen Zulieferbetriebe, so DOLESCHAL, haben weniger als 100 Mitarbeiter. Die 150 größten Zulieferer decken allerdings schon etwa 75% des gesamten Umsatzvolumens der deutschen Zulieferindustrie ab.

FIETEN betont die Unterscheidung in strategische Marktsegmente, wobei er vier Segmente sieht: Im Segment Standardprodukte finden sich technisch ausgereifte Zulieferprodukte, i.d.R. singuläre Teile wie Schrauben, Nieten u.ä. Zum Segment der technisch anspruchsvollen Teile, die keinen Patentschutz (mehr) genießen, gehören z.B. Pumpen, Schalter, Motoren, Reifen usw. Das Segment der innovativen Problemlösungen und der geschützten Zulieferprodukte ist von einer hohen Dynamik geprägt; definitionsgemäß ist hier nur eine temporäre Zugehörigkeit

---

[48] Vgl. Doleschal, R. (1989), S. 161 Fn. 20; Sauer, K. (1990), S. 110ff.
[49] Vgl. VDA (1996a), S. 33f.
[50] Vgl. Doleschal, R. (1989), S. 162ff.; Lamming, R. (1994), S. 73.

möglich. Beispiele sind bzw. waren elektronische Wegfahrsperren, ABS-Systeme, Schließsysteme u.ä. Im vierten Segment sieht FIETEN vormontierte komplexe Module und Systeme wie Klimaanlagen, Lenkeinheiten, Motormanagement-Systeme, Frontend usw.[51] Neben diesen Unterscheidungen werden eine Reihe anderer Segmentierungsansätze vorgestellt.[52] Die Vorschläge umfassen eindimensionale Ansätze - so ARTHUR D. LITTLE, der nach Funktionen (elektronisch, elektrisch, elektromechanisch, mechanisch, Karosserieteile) strukturiert - sowie diverse Matrizendarstellungen. Als Beispiel hierfür sei der Vorschlag von ABEND genannt, der nach „Wertschöpfungsstufe" (Teil - Komponente - System) bzw. „Fahrzeugspezifischer Anpassungsbedarf" (hoch - mittel - niedrig) unterteilt. Er geht damit einen ähnlichen Weg wie WILDEMANN, der nach technologischer Kompetenz und Leistungsumfang/Problemlösungskapazität Teilefertiger, Produktionsspezialisten, Entwicklungs- und Wertschöpfungspartnerschaften unterscheidet.[53] Angaben über den Umfang in den einzelnen Kategorien bspw. in Deutschland werden von ABEND dabei nicht gemacht. Allerdings wird der Versuch unternommen, die verschiedenen Zulieferungen in die sich ergebende Matrix einzuordnen und Entwicklungen anzudeuten. Es ergibt sich folgendes Bild:[54]

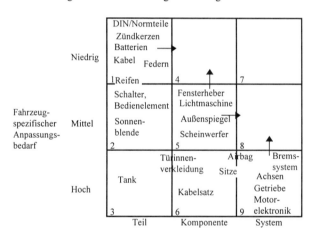

Abbildung 2-1: Segmentierung der Automobilzulieferindustrie nach ABEND

Die Felder 1 und 4 repräsentieren nach dieser Einteilung Standardprodukte, die Felder 2, 3, 5 und 6 spezielle Komponenten und die Felder 8 und 9 komplexe Systeme, Feld 7 bleibt separat als Systeme mit niedrigem Anpassungsbedarf.

---

[51] Vgl. Fieten, R. (1991), S. 66ff.

[52] Vgl. den Überblick bei Abend, J. M. (1992), S. 150 oder die Ansätze von Sauer, K. (1990), S. 105ff.

[53] Vgl. Wildemann, H. (1992b), S. 398ff.; Wildemann, H. (1993), S. 35ff.; siehe hierzu auch Dreher, C. et al. (1995), S. 116f.

[54] Abend, J. (1992), S. 163

2.2.3.2 Veränderungen in der Beschaffungsstruktur der Autohersteller

2.2.3.2.1 Veränderung der Beschaffungsphilosophien der Autohersteller

In den Jahren des Autobooms hat sich in der westlichen Automobilindustrie eine breit angelegte Zulieferstruktur mit einer großen Anzahl an Unternehmen insgesamt und einer großen Zahl an direkten Zulieferern an den Autohersteller aufgebaut, die sich unter den zunehmend schwierigen wirtschaftlichen Bedingungen nicht halten konnte. In Zeiten verhaltener gesamtkonjunktureller Entwicklungen, steigender Arbeitslosigkeit und Abgabenlast, anhaltender Dollarschwäche, weiter zunehmenden internationalen Konkurrenzdrucks insbesondere aus Japan, USA, Frankreich, Italien, Spanien und Süd-Korea und wachsenden weltweiten Überkapazitäten - derzeit steht einer weltweiten Kapazität von 40 Millionen Fahrzeugen jährlich ein Bedarf von 30 Millionen gegenüber -[55] sahen sich die deutschen Autohersteller einer zurückhaltenden Nachfrage und zunehmendem Konkurrenzangebot gegenüber. Die Entwicklung einiger Eckdaten der deutschen Automobilindustrie wird zur Verdeutlichung in einem eigenen Abschnitt kurz beleuchtet: Wenn auch der herbe Rückschlag in der europäischen Automobilproduktion von 1993 mittlerweile überkompensiert ist, ist noch keine spürbare Belebung beobachtbar.[56] Den daraus resultierenden Preis- und Leistungsdruck geben die Automobilhersteller nach wie vor nicht nur an interne Bereiche durch Verringerung der Fertigungstiefe, Maßnahmen zur Flexibilitätserhöhung, europa- und weltweite Standortverschiebungen etc. weiter, sondern auch und vielleicht gerade an ihre Zulieferer. Dies schlägt sich nicht nur in noch näher aufzuzeigenden Preisreduktionen für Zulieferteile nieder, sondern in einer zum Teil grundlegenden Änderung der Beschaffungsphilosophie der Autohersteller. Einige Trends, die sich dabei beobachten lassen, seien mit ihren strukturellen Auswirkungen kurz dargestellt.[57]

Zu diesen Entwicklungen gehört, daß zunehmend an Stelle einer Mehrzahl an Zulieferern für ein bestimmtes Teil oder eine bestimmte Komponente einige wenige das gesamte Volumen übernehmen. Im Extremfall wird nur ein einziger Lieferant ausgewählt. Für den letzten Fall hat sich der Begriff „single sourcing" eingebürgert. Schon 1988 waren bspw. nach VW-Angaben 70% der VW Golf-Teile „single sourced". Auch die Einkaufschefs von Ford und Mercedes-Benz geben weitestgehendes single sourcing explizit als Ziel an. Ende 1993 lag bei Opel der single sourcing-Anteil bei 91 Prozent, 98 Prozent werden angestrebt. Bei BMW werden 1997 80% des Einkaufsvolumens von einem Alleinlieferanten bezogen. Dabei „halten" sich allerdings die Autohersteller aus Sicherheitsgründen bisweilen einen „second supplier", der im wesentlichen der Risikobegrenzung dient und nur einen vergleichsweise kleinen Anteil am Kuchen erhält. Vielleicht ist dies die Erklärung dafür, daß wissenschaftliche Studien für 1995 erst einen single sourcing-Anteil von gut 20 Prozent feststellten sowie einen Anteil der Zweiquellenversorgung von etwa 60 Prozent. Die hohen Herstellerangaben legen nahe, daß gerne eine weite Fassung von single-source-Definitionen

---

[55] Vgl. Claassen, U. / Ellßel, R. (1997), S. 128.

[56] Vgl. Price Waterhouse (1993), S. 1ff.; Wildemann, H. (1992b), S. 395; Wildemann, H. (1993), S. 3; Eicken, H. v. / Femerling, C. (1991), S. 1ff.; VDAa (1996), S. 8f., 14f., 22f.

[57] Vgl. auch Reiff, M. / Listl, A. (1996), S. 49ff. Einen groben Überblick gibt auch Wolters, H. (1994), S. 22ff.

gewählt wird. Single-Sourcing scheint Bestandteil des Bildes von einer guten Beschaffungsphilosophie eines Autoherstellers zu sein.[58]
Die Gründe für diese Entwicklung können vielfältig sein. Dazu gehören ein deutlich
verringerter Koordinationsaufwand, daraus höhere Flexibilität und höhere administrative
Effizienz. Vor allem für Teile, die Just-in-Time geliefert werden, fällt dies ins Gewicht. In
Werkzeuge beim Lieferanten muß nur einmal investiert werden, die bezogenen Teile weisen
nicht nur die gleiche Spezifikation auf, sondern sie sind identisch. Außerdem werden
geringere Kosten erwartet durch die Nutzung von Skaleneffekten, geringere Transaktionskosten sowie den Aufbau enger partnerschaftlicher Beziehungen, die nur zu einem einzigen
Partner für ein bestimmtes Teil sinnvoll und in der erforderlichen Intensität aufbaubar
scheinen. Die Mitverantwortung der single-source-Lieferanten für die Qualität der Endpro-
dukte und damit der Zulieferteile soll die sicherste Qualitätsgarantie sein. Partnerschaftliche
Abstimmung und gegenseitige Unterstützung in Fertigungs- oder Logistikbelangen stellen
einen wesentlichen Beitrag zur Kostenreduktion in der gesamten Wertschöpfungskette dar. Im
Zuge dieser intensiveren Zusammenarbeit werden die Zulieferer auch zunehmend in den
Entwicklungsprozeß eines Automobils integriert. Durch diese Intensivierung der Kontakte
erhöhen sich für die Geschäftspartner auf beiden Seiten die vielfältigen Risiken einer zu
großen Abhängigkeit. Fehlen dem Automobilhersteller die Beschaffungsalternativen oder dem
Zulieferer die Absatzalternativen, so entfällt ein gewisser Marktdruck und damit „Argumente"
zur Vermeidung einer einseitig günstigen Preisgestaltung. Rettungsanker bleibt das Vertrauen
auf die Dauerhaftigkeit der guten Geschäftsbeziehung. Die Entwicklung der letzten Jahre
erweckt aber oftmals den Eindruck, daß der Leidensdruck in der Automobilbranche verstärkt
an die Zulieferer weitergegeben wird. Von einer harmonischen Zusammenarbeit kann in
vielen Fällen keine Rede sein. Die Stimmung der Zulieferer ist vielfach pessimistisch.
Trotzdem steigt die Zahl erfolgreicher Partnerschaften, die ein positives Beispiel für die
gesamte Branche abgeben können.[59]
Der durch diese Tendenz zum single-sourcing bedingte Strukturwandel verbunden mit einer
zumindest teil- oder ansatzweise vorhandenen Tendenz zu Zulieferpartnerschaften wird durch
einen zweiten wesentlichen Faktor gefördert. Wie einleitend kurz angedeutet gehen die
Autohersteller zunehmend den Weg **verringerter Fertigungstiefe**. Die Autohersteller
beschränken sich zunehmend auf ihre Kernkompetenzen. Als solche werden häufig Design,
Rohbau, Lackierung, Montage und Motoren angesehen, wenngleich die Kernkompetenzen
erst durch die unternehmensindividuelle Strategie definiert werden. Für VW bspw. bestand
1988 das Ziel, die Fertigungstiefe jährlich um ein Prozent zu verringern. Aufgrund der
vielfältigen Maße zur Angabe der Fertigungstiefe sind ohne Erklärung veröffentlichte
Prozent-Zahlen stets mit Vorsicht zu genießen. Der Trend bleibt aber eindeutig, woraus sich
für die Zulieferindustrie insgesamt neue Chancen durch eine Ausweitung des Beschaffungs-
spektrums ergeben. Die Gründe für einen häufigeren Ausgang von Make-or-Buy-Entscheidungen zugunsten des Fremdbezugs sind unterschiedlich, vor allem aber lohnintensive

---

[58] Vgl. Linden, F. A. / Rüßmann, K. H. (1988), S. 89ff., Doleschal, R. (1989), S. 156ff., Böttcher, H. D. (1990),
S. 113ff.; o.V. (1994b), S. 42f.; Abend, J. M. (1992), S. 98; Arthur Andersen & Co. / Wildemann, H.
(1988), S. 5ff. und 21; Price Waterhouse (1993), S. 11; Sauer, K. (1990), S. 61ff.; Traudt, H.G. (1997), S.
320.

[59] Vgl. Burt, D. N. (1990), S. 72ff.; Radermacher, K. (1994), S. 131ff.; Meinig, W. (1994), S. 211ff.; Sauer, K.
(1990), S. 253ff.; Dreher, C. et al. (1995), S. 119ff.; Wildemann, H. (1993), S. 5, 121f.

Montagen sind Hauptkandidaten für derartige Auslagerungen. Unterschiedliche Lohntarif-
gefüge und der geringere Overhead kleinerer Zulieferfirmen veranlassen die Autobauer zu
solchen Schritten.[60]
Statt selbst zahllose Einzelteile zu montieren, bezieht der Autohersteller von einem Systemlieferanten gesamte einbaufertige Module, bspw. die gesamte Türverkleidung mit Laut-
sprecher, Fensterheber etc., komplette Sitze mit Höhenverstellautomatik und Heizung oder die
gesamte Armaturentafel. Hierfür hat sich der Begriff **modular sourcing** eingebürgert.
Bestand früher ein Schiebedach bspw. aus 37 Einzelteilen, die eine 30-minütige Montage
verursachten und eine vorherige Funktionsprüfung unmöglich machten, wird jetzt ein
geprüftes System geliefert, das in wenigen Minuten eingebaut ist. Die Auslagerung derartiger
Systembaugruppen steht im wesentlichen hinter dieser Verringerung der Fertigungstiefe mit
einer deutlichen Verringerung der Zahl der Schnittstellen. Nach der Phase einer internen
Modularisierung durch Auslagerung von Bearbeitungsschritten in eigene Vormontagen (z.B.
für Türen oder Fahrwerk) folgt nun also eine Verlagerung der Fertigung von kompletten
Systemen auf Zulieferer. Über 90% der fahrzeugspezifischen Neuteile beim BMW Roadster
Z3 bspw. werden in 19 modularen Systemen von 18 Lieferanten geliefert. In das im Mai 1997
eröffnete US-Werk von Mercedes-Benz liefern zur Fertigung der M-Klasse insgesamt nur 65
Systemlieferanten, die Fertigungstiefe wird mit 20% angegeben.[61]
Aufgrund ihrer Größe, der Regelmäßigkeit ihres Bedarfs und ihrer wertmäßigen Wichtigkeit
sind die beschriebenen Komponenten bevorzugte Kandidaten für eine **Just-in-Time**-
Anlieferung. Die Gründe für eine derartige fertigungssynchrone Beschaffung sind vielfältig,
ebenso wie die Voraussetzungen für eine erfolgreiche Implementierung. JiT beeinflußt die
Lieferantenauswahl sowie die Standortentscheidungen der Zulieferer ebenso wie es den Trend
zum single sourcing verstärkt. Eine genauere Analyse würde allerdings der Zielsetzung dieser
Arbeit nicht entsprechen.
Auf der Suche nach preis- und leistungsgünstigen Lieferanten machen die Autobauer vor
Ländergrenzen nicht halt. Bei VW scheint eine Vorgabe zu bestehen, „daß etwa ein Viertel
der eingeholten Angebote von ausländischen Zulieferern stammen muß."[62] Grundsätzliche
Vorbehalte gegenüber ausländischen Zulieferern gehören vielfach der Vergangenheit an,
wenn auch technisch anspruchsvolle und qualitätsbestimmende Teile und Komponenten nach
wie vor überwiegend aus dem Inland bezogen werden. Der Trend zu „**global sourcing**"
erweitert die Palette potentieller Lieferanten und verstärkt damit den Preisdruck.
Qualitätsoffensiven ausländischer Anbieter bei günstigeren Kosten- und Währungs-
verhältnissen tragen dazu bei. Vor allem Importe von lohnintensiven Komponenten mit
geringem F&E-Aufwand lassen - so die allgemeinen Erwartungen - den Anteil ausländischer
Lieferungen im Durchschnitt auf über 25% im Jahre 1998 ansteigen. Auch das Inkrafttreten
des EG-Binnenmarktes trug zu einer Ausweitung der Bezüge aus dem Ausland bei.[63] Eine

---

[60] Vgl. Eicken, H. v. / Femerling, C. (1991), S. 5; Linden, F. A. / Rüßmann, K. H. (1988), S. 89ff.; Wildemann,
    H. (1993), S. 49ff.; o.V. (1995), S. 28; Wullenkord, A. / Reichmann, T. (1995), S. 375f.
[61] Vgl. Traudt, H.G. (1997), S. 316f.; o.V. (1997d), S. W1; Price Waterhouse (1993), S. 12ff.; Abend, J. M.
    (1992), S. 98ff.; BCG (1993), S. 25; Sauer, K. (1990), S. 52ff.; Wildemann, H. (1993), S. 58f.; zur
    genaueren Analyse vgl. Eicken, H. v. / Femerling, C. (1991), S. 31ff.
[62] Scientific Consulting Schulte-Hillen (1995), S. 24f.
[63] Vgl. Scientific Consulting Schulte-Hillen (1995), S. 5, 25; Wildemann, H. (1993), S. 88ff.

ausführliche Diskussion von Gründen und Hemmnissen für global sourcing liefern SAUER und BEDACHT.[64]

2.2.3.2.2 Strukturelle Veränderungen in der Automobilzulieferindustrie

Als Konsequenz dieser veränderten Beschaffungsphilosophien und dem damit einhergehenden harten Ausleseprozeß von Autoherstellerseite haben hunderte von Teile- oder Komponentenlieferanten mit ihrer Streichung von der Einkaufsliste der Autobauer zu rechnen. Gelingt es ihnen nicht, in diesem Preis- und Leistungskampf zu bestehen, rutschen sie in die Rubrik „Sublieferant" ab oder verschwinden aus dem Markt. Nur Unternehmen, die volumens-, preis-, technologie- und qualitätsmäßig sowie liefertechnisch den hohen Ansprüchen der Autobauer genügen, können auf der obersten Stufe des Zuliefersektors bestehen. Hierzu ist ein nicht unerheblicher finanzieller Vorleistungsaufwand erforderlich.

Insgesamt sind umfassende strukturelle Veränderungen in der Automobilzulieferindustrie im Gange: Der Trend zum single sourcing und das Ersetzen von vielen Teilelieferanten durch einen Systemlieferanten führen zu einer deutlichen Verringerung der direkten Zulieferer an den Autobauer. Ford Europa bspw. hat bis 1988 die Zahl der direkten Teilelieferanten von 2100 um 1000 reduziert. 1993 waren es noch 750, für 1994 wurde die Zahl 600 als Ziel angegeben. Porsche will die Zulieferzahl von 900 (in 1994) auf 300 senken, VW von 950 auf 100, Opel und Mercedes-Benz jeweils von 1100 auf 550, AUDI auf 200, BMW bis Ende der 90er Jahre von 900 auf etwa 450.[65]

Eine Untersuchung von Scientific Consulting Dr. Schulte-Hillen aus dem Jahre 1995 konnte diese Angaben überwiegend bestätigen.[66]

	1992	1995	1999/2000
Audi	ca. 1230	ca. 1190	ca. 650
BMW	ca. 1200	ca. 900	ca. 450
Ford	k.A.	ca. 2500	k.A.
Mercedes-Benz	ca. 1200	< 1000	< 1000
Opel	ca. 1500	ca. 1300	ca. 900
Porsche	ca. 900	ca. 800	ca. 300
Volkswagen	ca. 1550	ca. 1510	ca. 700

Tabelle 2-4: Entwicklung der Zahl der Direktzulieferer nach Scientific Consulting Dr. Schulte-Hillen

Bei den direkten Zulieferern kann es sich im wesentlichen nur um Systemlieferanten handeln, denen Komponentenlieferanten nachgelagert sind, die wiederum von Teilelieferanten versorgt werden. Dem japanischen Beispiel folgend findet damit auch in Deutschland ein Trend zur Pyramidenstruktur im Zulieferbereich statt. Dabei werden die Endhersteller von sehr wenigen direkten Zulieferern (in Japan etwa 150 bis 300) bedient. Die Unternehmen der ersten Zulieferstufe verfügen wieder über ihre Zulieferer usw. Toyota hatte bspw. 1987 168 direkte Zulieferer mit einer durchschnittlichen Beschäftigtenzahl von etwa 1800, auf der zweiten

---

[64] Vgl. Sauer, K. (1990), S. 71ff. bzw. Bedacht, F. (1995).
[65] Vgl. o.V. (1993), S. 36; o.V. (1994), S. 42f.; Haack, A. (1993), S. 63; BCG (1993), S. 33f.
[66] Scientific Consulting Schulte-Hillen (1995), S. 30

Zulieferstufe fanden sich 4700 mit durchschnittlich 54 Beschäftigten, auf der dritten 31.600 Unternehmen mit durchschnittlich nur 7 Beschäftigten.[67]

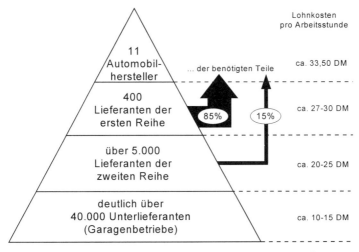

Abbildung 2-2: Zulieferpyramide in der japanischen Automobilindustrie[68]

Der auf der obersten Zulieferstufe herrschende Konkurrenzkampf ist mit dem eventuellen Abgleiten in tiefere Zulieferstufen nicht beendet, sondern setzt sich dort fort. Das Weiterbestehen von auf der ersten Stufe gescheiterten Unternehmen ist auf den unteren Stufen nicht gesichert. Verstärkt wird dies durch zunehmendem Konkurrenzdruck aus dem Ausland, insbesondere aus den USA und - mit z.T. erheblichen Kostenvorteilen - aus Japan. Aus diesen Gründen wird bis zum Ende des Jahrzehnts ein bedeutender Shake-Out erwartet. Von den gut über 3000 Zulieferern in Deutschland Anfang der Neunziger werden bis zur Jahrtausendwende nach Expertenmeinungen nur noch 500 bis 700 übrigbleiben. Besonders kleinere und mittelständische Unternehmen scheinen hiervon betroffen zu sein, da sie häufig nicht über die nötigen finanziellen Reserven und technologischen Ressourcen verfügen, es sei denn, sie sichern sich die Existenz in einer gefragten Nische.[69]

Ein potentieller Ausweg aus dem drohenden Ende ist das Eingehen von Kooperationen mit einem anderen Zulieferer, das immer mehr Verbreitung findet. Für viele Unternehmen ist der Weg der Globalisierung und der Übernahme umfassender Entwicklungsaufgaben nur mit einem Partner gangbar. Die Formen der Kooperation reichen mit zunehmendem Intensitätsgrad von Lizenzpartnerschaften und Projektarbeit über Joint Ventures bis zu Verschmelzungen. Die in der deutschen Zulieferindustrie bevorzugten Kooperationsfelder sind dabei Produktion, Forschung und Entwicklung, Beschaffung, Vertrieb und Logistik mit

---

[67] Vgl. Linden, F. A. / Rüßmann, K. H. (1988), S. 90 und 99ff.; Doleschal, R. (1989), S. 156ff.; Demes, H. (1989), S. 268ff.; Böttcher, H. D. (1990), S. 90f.; Abend, J. M. (1992), S. 101; Arthur Andersen & Co / Wildemann, H. (1988), S. 19; Price Waterhouse (1993), S. 10; Fieten, R. (1991), S. 59f.; Wullenkord, A. / Reichmann, T. (1995), S. 378.
[68] Eigene Darstellung in Anlehnung an Hess, J. (1992), S. 15.
[69] Vgl. Haack, A. (1993), S. 61; Arthur Andersen & Co / Wildemann, H. (1988), S. 21; Price Waterhouse (1993), S. 2

sinkendem Bedeutungsgrad der Produktion und zunehmendem von F&E. Beispiele für diese Praxis sind mittlerweile zahllos. Nicht nur Zulieferriesen wie Bosch, Siemens oder VDO sichern sich dadurch ihre internationale Präsenz, vor allem in Übersee und Japan, sowie technologische Konkurrenzfähigkeit, auch kleineren Firmen öffnet sich dadurch oftmals das Tor zur Überlebensfähigkeit.[70]

Die angesprochene zunehmende Internationalisierung der Zulieferindustrie zeigt sich nicht nur in zunehmender ausländischer Konkurrenz, die deutschen Zulieferer werden auch selbst zunehmend international präsent und tätig. Während bspw. der größte deutsche Kfz-Ausrüster, die Robert Bosch GmbH, schon seit 1906 in den USA vertreten ist und 1911 dort bereits mehr Magnetzünder fertigte als in Europa, zieht es mittlerweile fast alle, auch kleinere Unternehmen ins Ausland. Zum Teil folgen sie deutschen Autobauern - mittlerweile läuft jeder dritte Pkw mit deutschem Markenzeichen im Ausland vom Band -[71], die den Kontakt zu ihren deutschen Zulieferern aufrechterhalten wollen. Durch logistische Aspekte oder local content-Forderungen der Produktionsländer werden sie zur Produktionsverlagerung gezwungen. Als local content bezeichnet man den Liefer- oder Leistungsanteil, der von Anbietern des Nachfragerlandes erbracht werden muß. Zum Teil siedeln sie sich direkt bei ausländischen Autobauern an. Die angegebenen Gründe zwingen auch hier häufig zu einer Produktionsverlagerung, um ins Geschäft zu kommen. Vor allem lohnintensive Produktionen werden aber aus reinen Fertigungskostenüberlegungen in low cost- Länder verlagert, auch um den inländischen Markt kostengünstiger bedienen zu können.[72]

Die folgende Übersicht gibt einen Eindruck über die Verbreitung deutscher Zulieferer weltweit Anfang 1994. Berücksichtigung fanden dabei nur Fertigungsstandorte mit mehr als 15 Mitarbeitern.[73]

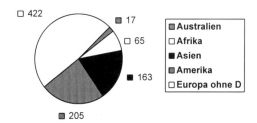

Abbildung 2-3: Fertigungsstandorte deutscher Zulieferer weltweit

Neuere Untersuchungen bestätigen diesen Trend. Vor allem Verlagerungen nach Osteuropa, Asien und in die USA sind dabei relevant. Es ist davon auszugehen, daß 1995 etwa 900 Werke deutscher Zulieferunternehmen im Ausland bestanden, bis zum Jahr 2000 wollen 50 Prozent der deutschen Zulieferer im Ausland produzieren.[74]

---

[70] Vgl. Linden, F. A. / Rüßmann, K. H. (1988), S. 108f.; Huth, W.-D. (1994), S. 50f.; o.V. (1994c), S. 46ff.; Price Waterhouse (1993), S. 4 und 24ff.; Wildemann, H. (1993), S. 32, 126ff.; VDA (1996a), S. 48.

[71] Vgl. VDA (1996a), S. 23, 46.

[72] Vgl. Linden, F. A. / Rüßmann, K. H. (1988), S. 93ff.; Hasenbeck, M. (1988), S. 120; Doleschal, R. (1989), S. 157f.; Sauer, K. (1990), S. 117ff.; Wildemann, H. (1993), S. 110ff.

[73] Quelle: o.V. (1994a), S. 36ff.

[74] Vgl. Scientific Consulting Schulte-Hillen (1995), S. 6, 31f., 42f.; o.V. (1996), S. 42.

Auf der anderen Seite ist zu beobachten, daß auch bei der ausländischen Konkurrenz der Internationalisierungstrend um sich greift. Er äußert sich z.B. in immer wieder auftauchenden Übernahmemeldungen deutscher Zulieferunternehmen durch ausländische Wettbewerber, insbesondere aus den USA.[75]

2.2.4 Die Automobilhersteller als Kunden der Zulieferindustrie

Die Preisuntergrenze ist eine absatzorientierte Entscheidungsgröße. Soll sie untersucht werden, muß der Absatzmarkt beschrieben und charakterisiert sein:
Der (potentielle) Markt der Zulieferanten ist klar abgesteckt. Er ist keine anonyme, bestenfalls in nach bestimmten Kriterien gebildete Kundengruppen untergliederte Masse, sondern durch die existierenden Automobilhersteller eindeutig definiert. Dabei ist auf Seiten der Automobilhersteller ein deutlicher Konzentrationsprozeß zu beobachten, der auch auf den bestehenden Verdrängungswettbewerb schließen läßt. Während 1964 noch 50 Unternehmen als Automobilhersteller in den Regionen Westeuropa, USA/Kanada und Japan tätig waren, sind es mittlerweile nur mehr 19; eine weitere Reduzierung wird erwartet.[76] Den Endkunden, also den Autokäufer, bedienen Zulieferunternehmen ggf. direkt oder indirekt über ein Händler- oder Werkstättensystem im Ersatzteilbereich oder in Form von Nachrüstsätzen. Damit ist aber ein Markt angeschnitten, insbesondere der sogenannte After-Market, der nicht Gegenstand der vorliegenden Untersuchung ist.[77]
Automobile oder Kraftwagen sind alle zwei- oder mehrspurigen Kraftfahrzeuge. Dazu gehören Personen-, Kombinations- und Nutzkraftwagen, z.B. Lastkraftwagen oder Omnibusse. Die folgende Übersicht zeigt für Deutschland die dabei bestehende dominante Rolle der Pkw und Kombi, verdeutlicht aber auch den herben Einbruch im Jahre 1993, von dem sich die deutsche Automobilindustrie allmählich erholt. Insbesondere die ausgeprägte Modelloffensive der letzten Jahre wird für den Anstieg der Gesamtnachfrage nach deutschen Fahrzeugen verantwortlich gemacht, der im wesentlichen von der ausländischen Nachfrage getragen wird, die mittlerweile fast 60 Prozent der inländischen Gesamtproduktion beträgt.[78]

In D produzierte Stück	1992	1993	1994	1995	1996
Personenkraftwagen	4.149.797	3.198.222	3.364.955	3.597.782	
Kombinationskraftwagen	713.924	596.269	728.730	762.453	
Nutzkraftwagen	330.221	237.309	262.453	307.129	
Insgesamt	5.193.942	4.031.800	4.356.138	4.667.364	4,843 Mio.

Tabelle 2-5: In Deutschland produzierte Kraftwagen[79]

Der oben eingegrenzten Zulieferindustrie steht damit ein Kundenkreis von großer wirtschaftlicher Bedeutung gegenüber. Diese sei exemplarisch an den Automobilherstellern in Deutschland mit ihrer besonderen Stellung innerhalb der Volkswirtschaft dargestellt. An die-

---

[75] Vgl. Scientific Consulting Schulte-Hillen (1995), S. 33.
[76] Wildemann, H. (1993), S. 21.
[77] Vgl. Abend, J. M. (1992), S. 11.
[78] Quelle: VDA (1996), S. 8ff.; VDA (1994), S. 12ff.; o.V. (1997a), S. W1; o.V. (1997b), S. W2; o.V. (1997c), S. W1.
[79] Darin nicht enthalten sind die im Ausland produzierten Kraftwagen deutscher Unternehmen (vgl. hierzu VDA (1994), S. 19 bzw. VDA (1996), S. 19).

ser Stelle sei darauf hingewiesen, daß unter Automobilindustrie und Autoherstellern nicht das gleiche zu verstehen ist. Automobilindustrie ist der Überbegriff und wird üblicherweise mit der SYPRO-Nr. 33: Straßenfahrzeugbau, Reparatur von Kraftfahrzeugen usw. bzw. der WZ-Nr. 34: Herstellung von Kraftwagen und Kraftwagenteilen gleichgesetzt. Zu dieser Rubrik gehören neben der erwähnten „Herstellung von Teilen (und Zubehör) für Kraftwagen und -motoren" (3314 bzw. 34.3) oder der „Reparatur von Kraftwagen, Fahrrädern; Lackierung" (3390) die „Herstellung von Kraftwagen und -motoren" (3311 bzw. 34.1). Die letzte Kategorie umfaßt die Automobilhersteller, die den hier relevanten Kundenkreis bilden.[80] Die kurze Übersicht beschränkt sich auf einige Zahlen, die für die hier beabsichtigte Darstellung der Marktdimensionen ausreichen.[81] Die weitergehende wirtschaftliche Bedeutung als Symbol des wirtschaftlichen Aufstiegs in der Nachkriegszeit und des allgemeinen wirtschaftlichen Wohlstands kann ebensowenig Gegenstand dieser Darstellung sein wie Kritikpunkte, z.b. Verkehrs-, insbesondere Umweltbelastungen. Die folgende Tabelle gibt einen Überblick über die Bedeutung der deutschen Automobilhersteller, der der SYPRO-Nr. 3311 bzw. der WZ-Nr. 34.1: Herstellung von Kraftwagen und -motoren entnommen ist:[82]

	1988	1990	1991	1992	1993	1994	1995
Unternehmen	30	34	35	38	47	44	55
Beschäftigte (Jahresschnitt)	539574	563100	570958	552047	511116	477935	475536
Umsatz (in Mio. DM)	158822	188047	215707	213381	179581	191833	207443

Tabelle 2-6: Statistische Kernzahlen zur SYPRO-Nummer 3311 bzw. WZ-Nr. 34.1[83]

Dieser Überblick zeigt die Bedeutung der Automobilhersteller sowie der Automobilindustrie insgesamt für die Volkswirtschaft Deutschlands. Die häufig zitierte Feststellung, daß jeder siebte Arbeitsplatz in Deutschland an der Automobilindustrie hängt, kann durchaus bestätigt werden, wobei dabei auch Arbeitsplätze durch Nutzung und Vertrieb der Fahrzeuge enthalten sind.[84]

2.3 Allgemeine Ausgangssituation während der Angebotsphase

2.3.1 Formen der Lieferanten-Einbindung in den Entwicklungsprozeß eines Automobils

Die Probleme einer Angebotskalkulatoin und damit auch der Preisuntergrenzenermittlung hängen wesentlich von der Ausgangssituation während der Angebotsphase ab. Zu dieser gehört die Form der Einbindung von Zulieferern in den Entwicklungsprozeß eines Automobils. Dazu werden verschiedene Möglichkeiten gesehen:[85]

---

[80] Vgl. Böttcher, H. D. (1990), S. 30ff.
[81] Vgl. ausführlicher Reiff, M. / Listl, A. (1996), S. 8ff.
[82] Quelle: VDA (1993), S. 361; VDA (1995), S. 263; VDA (1996), S. 246.
[83] Bis 1992 alte Bundesländer.
[84] Vgl. Radermacher, K. (1994), S. 112; VDA (1996a), S. 188.
[85] Vgl. zu den folgenden Ausführungen Baur, C. (1990), S. 206ff.; Price Waterhouse (1993), S. 16; BCG (1993), S. 42; Sauer, K. (1990), S. 191ff.; o.V. (1993), S. 36ff.

Der höchste Grad der Einbindung besteht bei gemeinsamen Entwicklungsprojekten von Autohersteller und Zulieferer, den sogenannten Kooperationsentwicklungen. In ständiger gegenseitiger Abstimmung wird versucht, das beiderseits vorhandene Know-how zu einer optimalen Gesamtlösung zusammenzuführen.

Daneben gibt es die Gruppe der Zulieferer, denen der Autohersteller die Entwicklung der zu liefernden Komponente oder des zu liefernden Systems überträgt. Diese Lieferanten müssen frühzeitig in den Entwicklungsprozeß eingebunden werden, nicht zuletzt auch deshalb, weil ihnen für ihre eigene Entwicklung entsprechend Zeit zur Verfügung gestellt werden muß. Da der Autobauer seine Anforderungen, nicht aber die konkrete technische Umsetzung vorgibt, spricht man hier von Black-Box-Entwicklung. Verbunden mit der Anfrage oder dem Auftrag beim Lieferanten ist ein mehr oder weniger umfangreiches Lastenheft, mit genauen Spezifikationen bzgl. zu erfüllender Funktionen und technischer Anforderungen an das Zulieferteil. Um einen reibungslosen Einsatz des Zulieferteils zu gewährleisten, ist es von Anfang an mit dem Fahrzeugkontext abzustimmen. Aus diesem Grund liefert der Autohersteller - sofern sie ihm schon bekannt sind - genaue Anforderungen bezüglich der Anbindung an die Peripherie, bspw. über Abmessungen, Temperaturverträglichkeit, Spritzwasserdichtigkeit, elektromagnetische Verträglichkeit usw. Der Rahmen für die Entwickler beim Zulieferer kann damit unter Umständen schon sehr eng gesteckt sein. Einhergehend mit fortschreitendem Entwicklungsprozeß beim Autohersteller können sich diese Anforderungen ändern, so daß der Zulieferer zu entsprechenden Reaktionen gezwungen ist. Reines Reagieren auf Kundenanfragen und Erfüllen von Kundenaufträgen kann allerdings zu technologischen Nachteilen gegenüber Konkurrenten führen, die durch eigene weiterreichende Forschung den Autobauern innovative Konzepte präsentieren können.

Vor allem bei Kooperationsentwicklungen kommt die Idee des simultaneous engineering zum Tragen, das für eine gemeinschaftliche, funktions- oder gar unternehmensübergreifende Entwicklung steht. Beide Formen der Einbindung ermöglichen die Reduzierung der Entwicklungstiefe. Voraussetzung dabei ist, daß die Zulieferer über das entsprechende F&E-Potential verfügen. Diese Formen der möglichst frühzeitigen Einbindung von Zulieferern in den Neuentwicklungsprozeß werden als „forward sourcing" bezeichnet.[86]

Ein weitaus geringerer Einbindungsgrad herrscht für die Lieferanten, die „built-to-print-Teile" liefern. Das sind Teile, die der Autohersteller selbst entwickelt hat. Mit den Konstruktionszeichnungen, den blue prints, wendet er sich an den Zulieferer, der dieses Produkt nach den Angaben des Autoherstellers zu fertigen hat. Die Zulieferer fungieren damit als verlängerte Werkbänke der Autohersteller. Da hierzu kein Entwicklungs-, sondern nur ein Fertigungsplanungsaufwand erforderlich ist, erfolgt i.d.R. keine intensive Einbindung in den Entwicklungsprozeß, obwohl sich durch wechselseitige Kommunikation technische Verbesserungen und Kosteneinsparungen ergeben könnten. Der Zeitpunkt der Vergabe muß so rechtzeitig sein, daß der Lieferant den Fertigungsprozeß planen und vorbereiten kann. Diese noch vor einigen Jahren stark verbreitete Form der „Einbindung" der Zulieferer wird zunehmend durch die beiden erstgenannten Formen verdrängt.[87]

Schließlich gibt es noch die Lieferanten von Standardteilen. Beispiel hierfür sind die Bremsflüssigkeit oder Befestigungsteile wie Schrauben oder Nieten. Die Aufgabe der

---

[86] Vgl. Scientific Consulting Schulte-Hillen (1995), S. 5; Wildemann, H. (1992b), S. 393.
[87] Vgl. Wildemann, H. (1992b), S. 394.

Entwicklung liegt hier allein beim Zulieferer. Vielfach gehen hier innovative Kräfte und Produktverbesserungen im wesentlichen vom Teilehersteller aus. Nur so kann er dem Konkurrenzdruck standhalten und sich durch Innovationsvorsprünge einen strategischen Vorteil verschaffen. Über ständige Kundenkontakte ist eine Abstimmung mit Entwicklungs-prozessen beim Autohersteller und seinen spezifischen Wünschen erforderlich. Mengen- und wertmäßig spielen sie nur eine untergeordnete Rolle.

Der Grad der Zusammenarbeit in der Entwicklungsphase hängt häufig mit der Wertschöpfungsstufe zusammen, auf der das zu liefernde Zulieferprodukt steht: Die Zusammenarbeit wird - pauschal gesprochen - intensiver, je komplexer das Zulieferprodukt ist. Für Einzelteillieferanten ist simultaneous engineering schwächer ausgeprägt als für Komponentenlieferanten, für diese wiederum schwächer als für Systemlieferanten. Mit der Zusammenarbeit in der Entwicklung drängt sich der bereits erwähnte Begriff der Partnerschaft auf. Hier fällt auf, daß die Zufriedenheit der Zulieferer mit der Partnerschaft mit den Autoherstellern davon abhängt, in welche Stufe das Zulieferprodukt einzuordnen ist.[88]

Nicht zuletzt wegen der zunehmenden Bedeutung der Systemzulieferung ist ein Trend zur Reduzierung der Entwicklungstiefe bei den Autoherstellern zu beobachten. Wie für den Bereich der Fertigung ist auch im Bereich der Entwicklung die zunehmende Konzentration auf die Kernkomponenten spürbar, während die übrigen Entwicklungsaufgaben an die Zulieferer vergeben werden. Damit soll vor dem Hintergrund kürzer werdender Modellzyklen und steigender Produktkomplexität eine Entlastung der Entwicklungskapazitäten der Autohersteller, eine Verkürzung der Entwicklungsdauer und die optimale Nutzung des Lieferanten-Know-hows erreicht werden.[89]

2.3.2 Kriterien zur Auswahl von Lieferanten

Aufgabe des Autoherstellers ist es, aus der mehr oder weniger großen Zahl an potentiellen Zulieferern weltweit den (oder die) auszuwählen, der seinen Zielen und Vorstellungen am besten entspricht. Vor Anfragen für bestimmte Teile oder Komponenten ist der Kreis der in Frage kommenden Zulieferer zu bestimmen. Idealerweise und in zunehmendem Maße erfolgt dies in einem interdisziplinären Team, das die Kompetenz der Zulieferer in puncto Technologie, Fertigung, Qualitätssicherung, Beschaffungswesen, Finanzkraft o.ä. zu prüfen hat. Bei Entscheidungen über die Vergabe bestimmter Aufträge muß der Autohersteller diese Parameter konkretisieren, i.d.R. anhand vorgestellter Vorkonzepte. Bei standardisierten Teilen genügt es, wenn die Zulieferer sozusagen ihre Kataloge mit entsprechenden Produktbeschreibungen beim Autohersteller abgeben. In den Angeboten bekommt er den vom Zulieferer angestrebten Preis mitgeteilt.[90]

Die vom Autohersteller vorzunehmende Wahl wird wesentlich von seinem Zielkatalog geprägt, der wiederum z.B. in Scoringmodellen zusammengeführt wird. Die Wichtigkeit der einzelnen Zielkriterien kann vom betrachteten Objekt abhängen: Für Sitze bspw. ist die Möglichkeit und Zuverlässigkeit einer Just-in-Time-Lieferung wesentlich bedeutender als für ein Airbag-Steuergerät. Auch hinsichtlich Preis und Qualität bspw. kann es durchaus zu unterschiedlichen Verhältnissen kommen: Während der eine Hersteller Zulieferer, die -

---

[88] Vgl. Meinig, W. (1994), S. 211.
[89] Wildemann, H. (1993), S. 70ff.
[90] Vgl. Burt, D. N. (1990), S. 74ff.

unabhängig vom Preis - nicht seinen hohen Qualitätsstandards genügen, aus dem Bewerber-kreis eliminiert, mögen andere schlechtere Qualität bei entsprechend geringeren Preisen akzeptieren. Eine klare allgemeingültige Gewichtung der Ziele wird es daher kaum geben. Trotzdem werden immer wieder Versuche unternommen, die wichtigsten Ziele und deren Rang zu identifizieren. In wechselnder Reihenfolge kristallisieren sich dabei Preis, Qualität und Liefertreue heraus. Wesentliche Qualitätskomponenten sind Leistungs- und Zuverlässig-keitsmerkmale. Liefertreue und damit verbunden eine hohe Logistikkompetenz gewinnen für JiT-fähige Teile und Komponenten zunehmend an Bedeutung. Gerade für Systemlieferanten wird die entwicklungstechnische Kompetenz zu einem wesentlichen Auswahlfaktor.[91]

Bei einer zunehmenden internationalen Standardisierung der Produktqualitäten kommt es vermehrt zu Preiskämpfen. Besteht zwischen den Herstellern in puncto Qualität, Zuverlässig-keit und technologischem Know-how kein erkennbarer Unterschied mehr, wird die Auftragsvergabe über den Preis entschieden.

2.3.3 Übliche Mengen- und Preisvereinbarungen

2.3.3.1 Quotenaufteilungen

Hat sich ein Autohersteller aufgrund der angegebenen Kriterien auf einen bestimmten Zulieferkreis festgelegt, hat er zu entscheiden, welche Quoten am Gesamtvolumen des Auftrags er dem einzelnen Lieferanten zugesteht. Der Trend zum single sourcing bewirkt, daß die Zahl der Lieferanten ab und die der vergebenen Quoten tendenziell zunehmen. Er wird sich auf eine derartige Quotenaufteilungen sowie auf Stückzahlprognosen beschränken, eine vertragliche Festlegung zu liefernder Mengen oder bestimmte Abnahmegarantien kann der Zulieferer nicht erwarten, so daß Nachfrageschwankungen direkt an die Zulieferer weitergegeben werden. Die Nachfrage nach Zulieferteilen wird damit zu einer derivativen Nachfrage, die direkt von der Nachfrage nach Automobilen bestimmter Versionen abhängt. Eingebettet in die immer mehr verbreiteten Liefersysteme auf Abruf (Just-in-Time) und DFÜ-Systeme (**Datenfernübertragung**) werden die Stückzahlen mit zunehmendem Zeitablauf immer genauer und erst kurz vor Produktion verbindlich. Bei stark rückläufiger Nachfrage besteht zudem die Gefahr, daß der Abnehmer, falls möglich, zu kapazitätsauslastender Eigenfertigung, stärkerer Konzentration auf Stammlieferanten oder Abdeckung aus dem Lagerbestand übergeht.[92]

Wollte man versuchen - in Vernachlässigung der angesprochenen weiteren Einflußfaktoren bei der Lieferantenauswahl - eine Preisabsatzfunktion aufzustellen, so ergäbe sich keine streng monoton fallende Mengen- bzw. Quotenkurve in Abhängigkeit vom geforderten Preis. Vielmehr ist aufgrund der Quoteneinteilung eine Treppenfunktion zu erwarten. Sprungstellen bilden jeweils die Konkurrenzpreise. Der Autohersteller bestimmt die Anzahl der Zulieferer und damit die Anzahl der Sprungstellen. Außerdem legt er fest, in welche Quoten das Gesamtvolumen aufgeteilt wird. Der Preis des Anbieters im Vergleich zu den Konkurrenz-preisen entscheidet damit, in welche Quotenkategorie der Anbieter fällt. Die folgende Abbildung zeigt ein Beispiel für die Gestalt einer derartigen Treppenfunktion.

---

[91] Vgl. Böttcher, H. D. (1990), S. 95ff.; Semlinger, K. (1989), S. 96ff.; Arthur Andersen & Co / Wildemann, H. (1988), S. 22; Wildemann, H. (1993), S. 44.

[92] Vgl. Otto, W. (1988), S. 14; Abend, J. M. (1992), S. 15f.

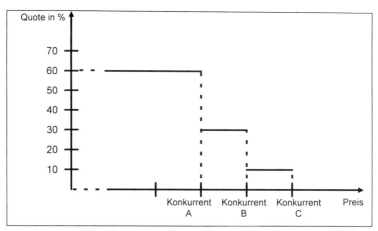

Abbildung 2-4: Treppenfunktion zur Quotenaufteilung

Verbunden mit dem angesprochenen Trend zum „single sourcing" wird die Anzahl der Sprungstellen immer kleiner. Im Extremfall des single sourcing gibt es keine Sprungstelle mehr. In diesem Fall nähert sich das Geschäft der Autozulieferer dem des Anlagengeschäfts. Wie dort sollte man dann besser von Preiszuschlagsfunktionen als von Preisabsatzfunktionen sprechen: (im wesentlichen) der Preis entscheidet, ob der Anbieter den Auftrag bekommt oder nicht. Die Frage nach dem „wieviel" wird damit zur Frage nach dem „ob". Auf EDELMANN geht die folgende Graphik zurück, die diesen Sachverhalt nochmals verdeutlicht. Dabei wird berücksichtigt, daß auch andere Faktoren außer dem Preis bei der Vergabe eine Rolle spielen, so daß in diesem Fall bei Preisgleichheit die Erfolgswahrscheinlichkeit 60% beträgt.

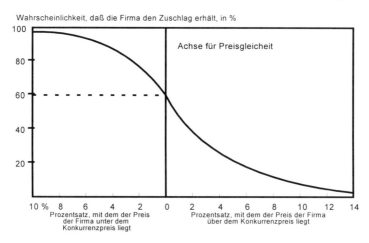

Abbildung 2-5: Erfolgswahrscheinlichkeit von Angeboten in Abhängigkeit vom Konkurrenzpreis[93]

---

[93] nach Edelmann, F. (1974), S. 105.

2.3.3.2 Vertragszeiten und Preisentwicklung

Der Trend zur Volumensvergabe an einen einzigen oder zumindest immer weniger Lieferanten und damit einer intensiveren und stabileren Zusammenarbeit in bestimmten Projekten bestätigt sich auch bei Betrachtungen über den Produktlebenszyklus eines bestimmten Fahrzeugs hinweg. Hier zeigt sich, daß zunehmend Zulieferverträge über den gesamten Lebenszyklus, also life time contracts, abgeschlossen werden. Besonders deutlich wird dies bei komplexeren oder innovativen Teilen und Komponenten sowie bei den Systemzulieferungen. Hier erscheint eine längerfristige Bindung schon aus dem Grund sinnvoll, daß die Autohersteller mit zum Teil erheblichen Mitteln in einen Zulieferer investieren. Zum einen unterstützen sie ihn bei Entwicklungsprojekten, zum anderen beteiligen sie sich an der Anschaffung von Spezialwerkzeugen und -fertigungsanlagen.[94]

Besondere Erwähnung bei der Darstellung des Verhältnisses zwischen Autoherstellern und Zulieferern verdient die Preisentwicklung der letzten Jahre. In Reaktion auf den beschriebenen Wettbewerbsdruck bei den Automobilherstellern geben diese einen spürbaren Preisdruck an ihre Zulieferer weiter. Die Strategie der Autohersteller ist dabei unterschiedlich: Die ganze Bandbreite von kooperativ bis erpresserisch scheint dabei ausgeschöpft zu werden. Wesentliches Ziel dabei ist stets die Verringerung der Preise.[95]

Dies macht sich in den Grundpreisen bemerkbar, die die Autohersteller den Zulieferern für das erste Jahr zubilligen wollen. Der Preisanstieg auf Zulieferseite ist in den letzten Jahren weit hinter dem Anstieg der Fahrzeugpreise - auch ausstattungsbereinigt - zurückgeblieben. Dies ist ein wesentlicher Grund dafür, daß auch die Umsatzrentabilität bei den Zulieferern in den letzten Jahren kontinuierlich abgenommen hat. Offensichtlich konnte die Automobilzulieferindustrie bislang auf den Preisdruck nicht mit entsprechenden Kostensenkungen reagieren. In den erwähnten life time contracts werden außerdem jährliche Preisdegressionen festgelegt, die eine Partizipation der Autohersteller an beim Zulieferer eingetretenen Kostensenkungen sicherstellen sollen. Außerdem sind die Zulieferer dadurch ständig zu Rationalisierungsmaßnahmen und Produktivitätssprüngen gezwungen.[96]

Die folgende Graphik belegt diese Überlegungen anhand eines Beispiels. Sie zeigt die Preisentwicklung eines elektronischen Motorsteuergerätes in den Generationen und über den Generationswechsel hinweg, wobei diese Preisentwicklung aufgrund der rasanten technischen Entwicklung im Elektronikbereich in dieser Dimension nicht als repräsentativ angesehen werden darf:

---

[94] Vgl. Böttcher, H. D. (1990), S. 111f.; Arthur Andersen & Co / Wildemann, H. (1988), S. 20; BCG (1993), S. 41; Eicke, H. v. / Femerling, C. (1991), S. 61.; Wildemann, H. (1993), S. 153f.

[95] Vgl. Dreher, C. et al. (1995), S. 117ff.

[96] Vgl. Otto, W. (1988), S. 14; Price Waterhouse (1993), S. 7f.; BCG (1993), S.

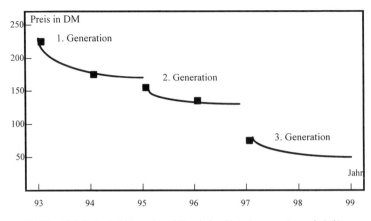

Abbildung 2-6: Preisentwicklung einer elektronischen Motorsteuerung (exemplarisch)

2.4 Probleme einer Preisuntergrenzenermittlung im Automobilzulieferbereich

2.4.1 Angebotskalkulation während der Angebotsphase

Vor dem Hintergrund dieses Preisdrucks ist die vorliegende Untersuchung zu sehen. Um die Gesamtproblematik der Fragestellung weiter verstehen zu können, seien die kalkulationsbezogenen Probleme des Anbieters knapp dargestellt. Dazu wird zunächst die Angebotskalkulation zeitlich in den gesamten Prozeß der Auftragsabwicklung mit dem Kunden eingeordnet.

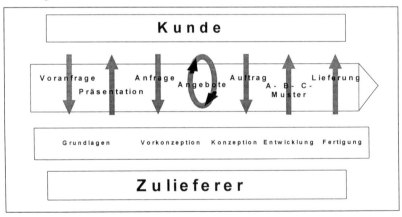

Abbildung 2-7: Relation Kunde-Zulieferer im Projektablauf

Die Übersicht zeigt schematisch die wesentlichen Phasen und Meilensteine im Verhältnis zum Kunden während eines Projektes. Dahinter stehen intern die einzelnen Abschnitte der

Umsetzung des Kundenwunsches. Eine allgemeingültige Abfolge kann es nicht geben. Zu unterschiedlich sind Verhandlungssituation, beteiligte Personen und Verhandlungsprämissen der einzelnen Unternehmen. Der geschilderte Ablauf kann aber als Ausgangspunkt für die weitere Untersuchung akzeptiert werden.

Um einen auf Kostendaten basierenden ersten Angebotspreis zu finden, hat der Kalkulator für das betrachtete Projekt die Kosten über die gesamte vertraglich festgelegte Lieferzeit abzuschätzen.[97] Als Projekt wird dabei die Lieferung eines bestimmten Systems, einer bestimmten Komponente oder eines bestimmten Teils über einen abgegrenzten Zeitraum verstanden. Die Fragestellung befindet sich damit auf einer beliebigen Zulieferstufe in der Automobilindustrie, der Kunde oder Abnehmer muß nicht unbedingt ein Autohersteller sein. Im folgenden wird - dem beschriebenen Trend entsprechend - davon ausgegangen, daß der Angebotsphase noch eine mehr oder weniger lange Entwicklungsphase folgt, in der der Kundenwunsch umgesetzt und zur Serienreife gebracht wird. Wie erwähnt lassen sich einfachere Fälle, bei denen die Entwicklung abgeschlossen ist oder das Produkt vor der Serienreife steht, ebenfalls mit den hier vorgestellten Instrumentarien behandeln. In diesen Fällen ergeben sich wesentliche Vereinfachungen in der Datenerhebung, aber ein wesentlich geringerer Spielraum bei der Parameterbeeinflussung.

Je weiter die Entwicklung fortgeschritten ist, desto geringer sind die Möglichkeiten der Kostenbeeinflussung. Dies quantifiziert die sogenannte 80/20-Regel: Sie besagt, daß in den ersten 20 Prozent des Produktentwicklungszyklus 80 Prozent der späteren kumulierten Gesamtprojektkosten festgelegt werden. Die in diesen Phasen auflaufenden Kosten sind deutlich geringer. Die Kurve des Kostenanfalls findet ihren deutlichen Anstieg erst in der Phase der Serienfertigung, wenn die Material- und Fertigungskosten für die Produkte anfallen.

Die Prognostizierbarkeit der Kosten im Rahmen der Angebotskalkulation hängt im wesentlichen von zwei Faktoren ab: Zum einen ist sie gekoppelt an die interne Determinierung der die Kosten beeinflussenden Parameter durch Festlegung der Gestaltung des Produkt und seiner Umsetzung, wobei die Prognostizierbarkeit der Determinierung zeitlich hinterherhinkt: Nicht jede Entscheidung bezüglich der zukünftigen Produkt- und Prozeßgestaltung läßt sich sofort in ihrer Kostenwirkung bewerten. Zum anderen steigt die Prognostizierbarkeit der Kosten mit zunehmender Prognostizierbarkeit der externen Einflußfaktoren. Diese verbessert sich tendenziell mit zunehmendem Zeitfortschritt. Die Prognostizierbarkeit ist damit der Kostendeterminierung nach- und dem Kostenanfall vorgelagert. Eng zusammenhängend mit der Prognostizierbarkeit der Kosten ist die Auswahl der Prognosemethoden oder -verfahren, die eingehender zu untersuchen ist.[98]

Drückt man die drei Parameter Kostendeterminierung, Kostenprognostizierbarkeit und Kostenauflauf in Prozent der gesamten Projektlebenszykluskosten aus, so ergibt sich qualitativ folgende Graphik:[99]

---

[97] Vgl. hierzu das noch erläuterte Konzept der Lebenszyklusrechnung.

[98] Vgl. Seidenschwarz, W. (1991a), S. 199; Kieninger, M. (1994), S. 540.

[99] Ähnlich: Becker, J. (1990), S. 353; Gröner, L. (1990), S. 374; Ehrlenspiel, K. (1992), S. 293; Rummel, K.D. (1992), S. 223.

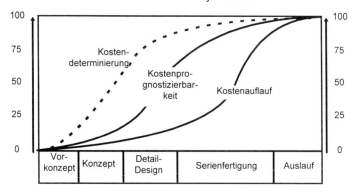

... in % der Produktlebenszykluskosten

Abbildung 2-8: Die 80/20-Regel

Im Rahmen einer Angebotskalkulation wird versucht, die Kosten eines Projektes, die zum Teil erst Jahre später anfallen werden, abzuschätzen. Die Phase der Angebotsabgabe(n) findet je nach Produkt zu unterschiedlichen Phasen des Entwicklungsprozesses statt. Die Basis der Angebotskalkulation bildet ein technisches Konzept, das sich entweder aus der Umsetzung konkreter Kundenforderungen oder aus allgemeinen, also von einer konkreten Kundenanfrage zunächst unabhängigen Forschungs- und Entwicklungsaktivitäten ergibt. Je weiter das Unternehmen zum Zeitpunkt der Abgabe des Angebots im Entwicklungsprozeß fortgeschritten ist, desto zuverlässiger sind die Daten, die der Kalkulator dem Angebot zugrunde legen kann. Technisches Know-how im Unternehmen und Innovationsgrad der Anfrage entscheiden damit über die Qualität, mit der der Kalkulator die späteren Kosten abschätzen kann. Unter Umständen bestimmt zudem die Zeit, die für die Angebotserstellung zur Verfügung steht, diese Qualität, da es zu kundenprovozierten Schnellschüssen kommen kann. „Um erfolgreich zu sein, muß es ein Kundenteam schaffen, in möglichst kurzer Zeit ein möglichst fundiertes und zugleich wettbewerbsfähiges Angebot zu erstellen."[100]

Unter Berücksichtigung der Projektgemeinkosten[101] und vergrößert um einen entsprechenden Gewinnzuschlag ergibt sich ein kalkulatorischer Preis, auf Basis dessen der potentielle Lieferant unter Beachtung absatzpolitischer Parameter und Strategien einen Angebotspreis an den Abnehmer weitergibt. Zu diesem Zeitpunkt wissen die Anbieter häufig noch nichts Konkretes über die Zahl oder die Preise ihrer Konkurrenten. Für die meisten Zulieferteile entsteht ein endgültiger Kundenpreis erst im Zuge der mehr oder wenig aufwendigen Preisverhandlungen. Es zeigt sich in dieser Vorgehensweise die für eine Marktwirtschaft typische Situation, bei der die Kosten Basis für eine erste Preisforderung oder Preisvor-

---

[100] Fouquet, K.P. (1997), S. 424.
[101] Die dabei auftretenden Probleme werden noch ausführlich erläutert.

stellung des Anbieters darstellen, der eigentliche Markt- oder Kundenpreis sich aber erst durch den Abgleich von Angebot und Nachfrage ergibt.[102] Aufgrund der oben gezeigten Kriterien entscheidet der Abnehmer, welche Lieferanten nach dieser ersten Runde weiter in Betracht gezogen werden. Wesentliche Rolle spielen dabei Preis und technisches Konzept. Der Abnehmer wird sich daher nach der ersten Runde an die verbleibenden Anbieter wenden, um eventuell auf Unzulänglichkeiten oder Änderungen im technischen Konzept aufmerksam zu machen. Wesentlicher Diskussionspunkt wird aber der abgegebene Preis sein. Der Abnehmer wird dem Anbieter seine Preisvorstellungen mitteilen, die, in Abhängigkeit von der Verhandlungsstrategie des Abnehmers, mit Konkurrenzangeboten untermauert werden. Technische Unterschiede werden je nach Abnehmer unterschiedlich gewürdigt und honoriert. Abnehmer, die in sehr harter Gangart möglichst niedrige Preise beim Zulieferer durchsetzen wollen, entkoppeln den Einkauf von ihren Entwicklungsabteilungen. Maßstab ist der niedrigste abgegebene Preis. Der Anbieter muß daraufhin entscheiden, ob er bereit ist, diesen Preis zu akzeptieren. Diese Preisverhandlungen können sich über mehrere Runden hinwegziehen.

2.4.2 Anforderungen an einen Ansatz zur Preisuntergrenzenermittlung

2.4.2.1 Charakterisierung und Systematisierung der Anforderungen

Um die Frage beantworten zu können, welcher Preis aus Kostensicht noch akzeptabel ist, muß der Anbieter seine Preisuntergrenze kennen. Die Ermittlung der Preisuntergrenze in der Automobilzulieferindustrie wird durch drei Problemfelder bestimmt, auf die die vorliegende Untersuchung einzugehen hat. Es ist **erstens** zu klären, wie ein problemadäquates Entscheidungsmodell aufgebaut sein muß, also welche Größen in welchem Umfang und welcher Form zur Ermittlung von Preisuntergrenzen heranzuziehen sind; damit wird eine konzeptionelle und rechnerische Basis gelegt. Es muß **zweitens** das Instrumentarium zur Verfügung stehen, das den Kalkulator in die Lage versetzt, die relevanten Größen zu ermitteln oder abzuschätzen. Es handelt sich dabei um planerische Methoden zur quantitativen Füllung des konzeptionellen, rechnerischen Rahmens. Schließlich müssen **drittens** eine systematische Konzeption und eine durchgängige Methodik vorhanden sein, um den Kostenspielraum bei der Umsetzung des Kundenwunsches auszunützen, Kostensenkungspotentiale realistisch zu antizipieren und deren Ausschöpfung einzuleiten. Dieser Spielraum wird aufgrund technischer Vorgaben des Kunden und nach Stand im Entwicklungsprozeß von Fall zu Fall unterschiedlich groß sein. Um aber eine Preisuntergrenze im Sinne dieser Arbeit gewinnen zu können, muß über ein marktorientiertes Kostenmanagement sichergestellt werden, daß dieser Spielraum erkannt und ausgenützt wird. Die Kostensituation ist dadurch in der vorliegenden Fragestellung nicht feststehend, sondern Maßnahmen zur Gestaltung und Beeinflussung der Kosten sind mit Gegenstand der Untersuchung. Die reinen Planungsmethoden werden dadurch in den Dienst einer frühzeitigen auftragsbezogenen Kostensteuerung gestellt.

---

[102] Vgl. hierzu z.B. Riebel, P. (1994), S. 204ff.

2.4.2.2 Konkretisierung der Probleme und Anforderungen

2.4.2.2.1 Überblick

Die folgende Übersicht zeigt die üblicherweise bei einer Angebotskalkulation im Automobilzulieferbereich auftretenden Probleme in den genannten drei Problemfeldern. Sie dient als Richtschnur für die folgenden Untersuchungen. Auf ihr basierend kann aufgrund der großen Schnittmenge von Angebotskalkulation und Preisuntergrenzenermittlung untersucht werden, wie sich derartige Probleme bei einer Preisuntergrenzenermittlung konkret äußern.

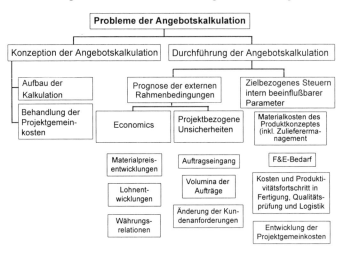

Abbildung 2-9: Probleme der Angebotskalkulation

2.4.2.2.2 Anforderungen an das Entscheidungsmodell als Rahmen der Preisuntergrenzenermittlung

Die einleitende Darstellung zum Thema Preisuntergrenze in der Literatur hat gezeigt, daß die Preisuntergrenzenermittlung auf einer Grenzkostensicht fußt. Relevant sind die erwarteten zukünftigen Kosten, die im Vergleich zur zur Diskussion stehenden Alternative zusätzlich anfallen und zum Dispositionszeitpunkt noch beeinflußbar sind.[103]

Die hier relevanten Alternativen sind Annahme oder Ablehnung des betrachteten Auftrags. Aus diesem Grund wird nicht die Preisuntergrenze für ein einzelnes Stück zu ermitteln sein, sondern für den gesamten Auftrag, die dann rechnerisch auf ein Stück zu beziehen ist. Die Preisuntergrenze für den gesamten Auftrag wird durch die Kosten bestimmt, die für den Auftrag zusätzlich entstehen. Darin inbegriffen sind die Kosten, die bei Ablehnung des Auftrags entfallen würden.[104]

Um der vorliegenden Fragestellung gerecht werden zu können, ist erstens zu klären, mit welchem Rechenkonzept die Preisuntergrenzenermittlung erfolgen soll. Um die Frage

---

[103] Vgl. Hummel, S. (1981), Sp. 969; Hummel, S. (1992), S. 79ff.
[104] Vgl. hierzu auch Hummel, S. (1981), Sp. 972.

beantworten zu können, sind die wesentlichen Charakteristika der Fragestellung mit den methodischen Ansätzen der Literatur für derartige Probleme abzugleichen. Insbesondere der mehrjährige Charakter der Fragestellung ist zu berücksichtigen. Die theoretischen Ansprüche nach einer optimalen Lösung können einen praktikablen Ansatz verhindern. Über zu treffende Vereinfachungen und Annahmen ist ein vor dem theoretischen Hintergrund akzeptables, aber praktikables Konzept zu finden. Es ist dann entscheidungsorientiert zu fragen, welche Kostenkategorien oder Kostenarten in welchem Umfang für die Preisuntergrenze heranzuziehen sind. Auch hier ist möglicherweise ein Kompromiß zwischen theoretisch einwandfreiem und praktikablem Vorgehen zu finden. Ziel ist ein entscheidungsorientiertes, insbesondere preisuntergrenzenorientiertes Angebotsschema.

Der Kalkulator soll mit der Ausfüllung dieses Rahmens über zwei Entscheidungsgrößen verfügen können: zum einen über den von ihm ermittelten Selbstkostenpreis, zum anderen über die Preisuntergrenze im Sinne der Grenzkosten des Auftrags. Die Differenz zwischen beiden ergibt sich aus dem ursprünglich eingerechneten Gewinn sowie aus den Kosten, die nicht direkt vom betrachteten Auftrag abhängen, ihm aber im Rahmen einer Vollkostenrechnung zugerechnet wurden. Durch diese Kalkulationsweise soll gesichert werden, daß alle im Unternehmen anfallenden Kosten gedeckt werden. In der Unmöglichkeit, echte Gemeinkosten dem Kalkulationsobjekt verursachungsgerecht zuzurechnen, und in dem Zwang, diese Gemeinkosten und einen Gewinn im Preis abzudecken, sieht RIEBEL das Dilemma der Preiskalkulation.[105] Damit ist die Diskussion am alten Konflikt zwischen Deckungsbeitrags- und Vollkostensicht angelangt: Jede Mark über der Preisuntergrenze leistet einen Beitrag zur Deckung der Gemeinkosten, werden hingegen alle Aufträge zur Preisuntergrenze angenommen, werden die Auftragsgemeinkosten nicht gedeckt. Für die vorliegende Frage, wie weit der Anbieter unter Kostenaspekten Preissenkungen folgen kann, ist zu diskutieren, welche Konsequenzen aus diesem Dilemma zu ziehen sind.

2.4.2.2.3 Quantitatives Abschätzen externer Parameter

Ist der Umfang der Preisuntergrenze geklärt und das Rechenschema definiert, so ist es mit Daten zu füllen. Der Kalkulator hat dazu die relevanten Kostenbestandteile zu ermitteln. Er steht dabei vor den beiden oben erwähnten Problemen: Zum einen ist seine Aufgabe geprägt von einer hohen Planungsunsicherheit. Er hat eine Reihe von vom kalkulierenden Unternehmen nicht beeinflußbaren Faktoren abzuschätzen. Zum anderen hat das Unternehmen bei der Umsetzung des Kundenwunsches in ein technisches Konzept und ein serienreifes Produkt einen gewissen dispositiven Spielraum, den es auszunützen und zu quantifizieren gilt.

Das erste angeschnittene Problem besteht in der Abschätzung vom Unternehmen nicht beeinflußbarer Faktoren, also von außen kommender Randbedingungen. Sie lassen sich unterteilen in allgemeine volkswirtschaftliche Faktoren (Economics) und projektbezogene Unsicherheiten.

Economics sind allgemeine volkswirtschaftliche Daten, deren Entwicklung die Ausprägungen der projektrelevanten Parameter beeinflußt. Zu den Economics zählen Preisentwicklungen in der jeweiligen Landeswährung sowie Währungsrelationen. Für zu kalkulierende Projekte relevante Preisentwicklungen auf der Kostenseite sind die Faktorpreisentwicklungen. Wesent-

---

[105] Vgl. Riebel, P. (1994), S. 237.

lichen Anteil dabei haben die Preise für Material, Lohn- und Gehaltsempfänger und Anlagen. Materialien sind - in einer weiten Fassung - alle Verbrauchsfaktoren. Dazu zählen alle direkt in das Produkt eingehenden Materialien, also alle Rohstoffe, Hilfsstoffe, Einzelteile und Komponenten, aber auch Material der inneren Verpackung. Diese Verbrauchsfaktoren bilden den absoluten Schwerpunkt im Materialbereich. Nach Bewertung ergeben sie die Materialeinzelkosten, da sie den Produkten direkt ohne Hilfsgrößen zugeordnet werden können.[106] Hinzu kommt aber noch eine Reihe von weiteren Materialien, die üblicherweise unter unterschiedlichen Kostenkategorien subsumiert werden und darin verschwinden. Dazu zählen Materialien für äußere Verpackungen (Sondereinzelkosten des Vertriebs oder Vertriebsgemeinkosten), Materialien für Modelle und allgemeine Forschungsaktivitäten (Sondereinzelkosten der Fertigung oder F&E-Kosten), Betriebsstoffe (Fertigungsgemeinkosten) oder Büromaterial (alle indirekten, also Gemeinkostenbereiche). Diese Kosten werden zumindest im hier betrachteten frühen Stadium einer Projektkalkulation überwiegend nicht einzeln, sondern pauschal geplant. Trotzdem sind Materialpreisentwicklungen in allen Bereichen zu verfolgen und zu berücksichtigen. Derartige Entwicklungen sind von einer Fülle von Marktfaktoren abhängig. Durch Nachfragemacht und Verhandlungsgeschick lassen sich Einkaufspreise zwar beeinflussen, einem allgemeinen Markttrend kann man sich aber nicht entziehen. Diesen Markttrend gilt es zu antizipieren.

Neben Materialpreisentwicklungen spielen Entwicklungen im Personalkostenbereich eine wesentliche Rolle. Zum einen sind dies Lohn-, zum anderen Gehaltsentwicklungen. Lohnkosten fallen an im Fertigungsbereich als Fertigungslohn, aber auch in nicht unmittelbar mit der Produktion in Beziehung stehenden Bereichen als Hilfslohn. Dazu zählen Löhne für Lagerungs-, Transport-, Reinigungs-, Kontrollarbeiten usw. Gehaltsempfänger finden sich in allen betrieblichen Bereichen. Ein Großteil dieser Kosten wird durch überbetriebliche tarifliche Vereinbarungen festgelegt und ist damit von allgemeinen volkswirtschaftlichen Entwicklungen abhängig. Darüber hinausgehende Vereinbarungen kann das Unternehmen selbst beeinflussen. Für den Kalkulator oder die Produktverantwortlichen können sie allerdings - je nach Unternehmensgröße - ebenso von außen kommend sein wie Tarifvereinbarungen.

Letzter hier angesprochener Kostenblock sind Preise für Fertigungs- und Forschungsanlagen. Das sind alle Anlagen, die zur Entwicklung und Herstellung der betrachteten Produkte erforderlich sind. Sind sie zum Zeitpunkt der Kalkulation noch nicht vorhanden oder müssen vorhandene Anlagen umgebaut oder ergänzt werden, so sind die dafür relevanten Auszahlungen zu antizipieren.

Neben sich verändernder Preise werden als volkswirtschaftliche Faktoren Währungsrelationen relevant: auf der Absatz-, der Fertigungs- und schließlich auf der Beschaffungsseite. Immer wenn nicht das gesamte Projekt in einer Währung abgerechnet wird, sind Wechselkursänderungen von Bedeutung. Dies ist bspw. der Fall, wenn der Zulieferer seine Produkte in ein anderes Land exportiert oder der Abnehmer in einer bestimmten Währung abrechnen möchte. Auf der Fertigungsseite spielen Währungsrelationen eine Rolle, wenn der Zulieferer seine Fertigung aus Kostengründen in low-cost-Länder verlagert, da dann zumindest Löhne und Gehälter in Fremdwährung zu bezahlen sind. Schließlich sind Währungsumrechnungen auf Beschaffungsseite von Bedeutung. Im Zuge des global sourcing

---

[106] Hilfsstoffe werden häufig als (unechte) Gemeinkosten behandelt und daher nicht als Materialeinzelkosten, vgl. Scherrer, G. (1991), S. 228.

werden Einkäufe weltweit und damit in unterschiedlichen Währungen getätigt. Für all diese Fälle ist eine Umrechnung in eine einheitliche Basiswährung vonnöten. Damit gehen Wechselkursänderungen direkt in die Kalkulation mit ein.

In indirekter Weise nimmt ein weiterer volkswirtschaftlicher Faktor Einzug in die Projektkalkulation, deren einen wesentlichen Anteil der projektbezogenen Unsicherheiten verkörpert: die Automobilnachfrage. Über die oben angesprochenen Quotenverträge, die keine genauen Stückzahlen als Abnahmemengen garantieren, sondern bestimmte Quoten am gesamten Auftragsvolumen des Abnehmers, ist die Auftragsmenge des Zulieferers von der Automobilnachfrage abhängig. Diese wiederum wird von einer Reihe von volkswirt-schaftlichen Daten beeinflußt, die damit indirekt auf das Mengengerüst des Zulieferers wirken. Handelt es sich bei dem Zulieferer um einen Hersteller von Zusatzausstattung, so hängt seine Auftragsmenge direkt von der Nachfrage nach diesen Ausstattungteilen ab. Die zugrundeliegende Auftragsmenge ist über Fixkostendegressionseffekte relevant. Zu denken ist hier vor allem an Vorlaufkosten für Entwicklung und Anlagen für den betrachteten Auftrag, die auf die einzelnen Produkteinheiten rechnerisch zu verteilen sind.

Neben diesen Nachfragefaktoren bestimmen andere vom Kunden abhängige Faktoren die Abnahmemenge beim Anbieter. Dies kann die Entscheidung des Autoherstellers sein, ob er das betrachtete Teil als Grundausstattung anbietet und damit der allgemeinen Autonachfrage oder als Zusatzausstattung einer direkten Nachfrage aussetzt. Doch nicht nur die Abnahmemenge ist (auch) vom Kunden abhängig. Die Gesamtheit der Kunden bzw. ihre Nachfrage hat wesentlichen Einfluß auf den zu ermittelnden Kostenbetrag: Können nämlich bestimmte Ressourcen von mehreren Aufträgen genutzt werden, so können die fixen Kosten wiederum auf eine höhere Mengenbasis umgelegt werden, es kommt zu Fixkosten-degressionen.

Der Kalkulator muß damit aufgrund der Tatsache, daß verschiedene Aufträge gemeinsam bestimmte Ressourcen nutzen, den zukünftigen Auftragseingang antizipieren. Die in diesem Punkt angesprochene Problematik wird im Laufe der Diskussion um das hier vorgestellte Rahmenkonzept nochmals eine wesentliche Rolle spielen.

Ein weiterer vom Kunden abhängender Unsicherheitsfaktor sind Änderungen in dessen technischen Anforderungen. Grundlage einer Kalkulation ist ein bestimmtes technisches Konzept, basierend auf einem bestimmten Anforderungskatalog des Kunden. Davon abhängig sind Planungen über Material- und Fertigungskosten, F&E-Kosten, Kosten für Spezialwerk-zeuge usw. Seit dem Zeitpunkt der ersten Anfrage ist der Kunde aber weiter in seinem Entwicklungsprozeß fortgeschritten. Erstreckt sich die Angebotsphase über einen längeren Zeitraum, also mehrere Wochen oder gar Monate, so besteht ständig die Gefahr mehr oder weniger umfangreicher technischer Änderungen des Kunden. Im Prinzip ist eine ständige Änderung der Kalkulation erforderlich. Ein Angebot kann sich immer nur auf ein bestimmtes Lastenheft beziehen. Zunehmend scheint es allerdings vorzukommen - eine Verallgemei-nerung ist hier selbstverständlich nicht möglich - daß es den Zulieferern schwer gemacht wird, die gesamten zusätzlichen Kosten aufgrund technischer Änderungen durch den Kunden auf diesen überzuwälzen. Dieses Risiko und diese Änderungen hat der Kalkulator zu antizipieren und zu integrieren.

2.4.2.2.4 Aspekte des Kostenmanagements bei der Preisuntergrenzenermittlung

Die bisher behandelten Faktoren, deren Entwicklung im Rahmen der Angebotskalkulation und der Preisuntergrenzenermittlung abgeschätzt werden muß, entziehen sich dem direkten Einflußbereich des anbietenden Unternehmens. Besondere Schwerpunkte der vorliegenden Untersuchung werden aber Parameter sein, bei denen das Unternehmen einen dispositiven Spielraum hat.

Bezüglich des Umfangs dieses Spielraums darf an die oben formulierte 80/20-Regel erinnert werden: Ist die Entwicklung bereits abgeschlossen, so kann an der *großen* Kostenschraube nicht mehr gedreht werden. Die Weichen für die weitere Kostenentwicklung des Projektes sind schon gestellt. Steht das Produkt kurz vor der Fertigung, steht im Prinzip schon das gesamte Kostengerüst. Kostenverbesserung sind i.d.R. allenfalls in kleinen Schritten möglich. Die Höhe der Preisuntergrenze ist demzufolge auch vom Stadium im Entwicklungsprozeß abhängig, in dem sich das Produkt gerade befindet. In den Fällen abgeschlossener Entwicklung unterscheidet sich die vorliegende Untersuchung von den bisher in der Literatur behandelten Fragestellungen zur Preisuntergrenzenermittlung durch die Folgen ihres mehrjährigen Charakters: Zukünftige Entwicklungen externer und interner Kostenparameter sind zu antizipieren, die kontinuierlichen Verbesserungsschritte zu steuern und ihre Kostenwirkungen abzuschätzen. Der hier schwerpunktmäßig betrachtete Fall ist allerdings der einer noch folgenden Entwicklungsphase. Damit ergeben sich für das kalkulierende Unternehmen zusätzliche Aufgaben und Möglichkeiten. Durch Kostenorientierung während der Entwicklungsphase ist es möglich, die Preisuntergrenze gegenüber statischen Betrachtungen weiter abzusenken.

Mit einem Rechenkonzept und einer reinen Darstellung von Prognosemethoden kann sich diese Arbeit daher nicht zufrieden geben. Will nämlich das Unternehmen abschätzen, wie weit es in Preisverhandlungen dem durch Kunden und Konkurrenz ausgelösten Preisdruck folgen kann, so darf es sich nicht auf reine Prognosearbeiten beschränken. Das Ergebnis wäre, eingebettet in einen für die Preisuntergrenzenermittlung geeigneten Rahmen, eine Preisgrenze *bei gegebenen Kostenverhältnissen*, weil das der Kalkulation zugrundeliegende Produktkonzept, das Fertigungskonzept, die Zulieferstruktur, bestimmte Entwicklungskapazitäten usw. determiniert sind. Ob damit allerdings der Kundenwunsch auf kostenoptimale Weise realisiert wird, ist damit nicht geklärt. Eine fundierte Analyse der Preisuntergrenze muß sich auch der Aufdeckung von Kostensenkungspotentialen, der Vermeidung von Over-Engineering etc. widmen. Als Over-Engineering bezeichnet man dabei die Entwicklung technisch einwandfreier Produkte, die allerdings über den Kundenwunsch und die Qualitätsanforderungen des Kunden hinausgeht und damit in Relation zur Preisbereitschaft zu überhöhten Kosten führt. Es ist ein unternehmensinterner Prozeß des systematischen Kostenmanagements zur kostenoptimalen Umsetzung des Kundenwunsches zu initiieren. Diese zieladäquate Steuerung interner Parameter ist das dritte Problemfeld, in das die reine Prognosearbeit eingebettet sein muß. Dieses Problemfeld ist vor allem deshalb interessant, weil die Angebotsphase nur einen kleinen Teil des gesamten Entwicklungsprozesses abdeckt.

Um die Komplexität der Angebotspreis- und Preisuntergrenzenermittlung, insbesondere deren Kostenmanagementdimension genauer darzustellen, sei ein erster Grobüberblick über einige wesentliche Kostenparameter und damit Ansatzpunkte zur Aufdeckung von Kostenreduktionspotentialen angeführt.

Die Entwickler und Konstrukteure beeinflussen in den ersten Phasen des Entwicklungsprozesses den Großteil der späteren Stückkosten. Sie tun dies durch Festlegung des Produktkonzeptes und des genauen Produktaufbaues. Zunächst werden dadurch die prinzipielle Funktionsweise des Produktes festgelegt und bestimmte technische Varianten zur Erfüllung des Kundenwunsches ausgewählt. Schon während der Konzept-, vor allem aber in der sich anschließenden Produktplanungsphase werden sämtliche in das Produkt eingehende Materialien und damit die Mengenkomponente der Materialeinzelkosten festgelegt. Alle Rohstoffe, Einzelteile oder Komponenten, die das Produkt später enthalten wird, werden hier bestimmt. Das umfassende Problem der kostengünstigsten Verwirklichung des Kundenwunsches geht damit weit über die angesprochene Prognose von Materialpreisentwicklungen hinaus. Dieser Prozeß darf kein rein interner sein, sondern er muß die eigenen Zulieferer integrieren und zu einem umfassenden Zulieferermanagement führen, das über intensive Preisverhandlungen zur möglichst weitreichenden Beeinflussung der Preiskomponente der Materialeinzelkosten hinausgeht. Gegenstand der Bemühungen im Zulieferbereich dürfen nicht nur die Einkaufspreise bestimmter Lösungen sein, wenn auch hier über erhebliche Kostenblöcke entschieden wird. Es gilt vielmehr, mit dem Know-how des Zulieferers diese Lösungen zu hinterfragen. Hinzu kommt die Optimierung der gesamten logistischen Prozesse vom Lieferanten bis in die eigene Fertigung.

Das verwendete Konzept beschreibt nicht nur die Produktgestalt, sondern grenzt auch den zu seiner Realisierung notwendigen Fertigungsprozeß ein. Das Produktlayout und die verwendeten Teile determinieren damit nicht nur die Materialkosten, sondern auch die erforderlichen Prozeßschritte in der Fertigung und damit in erheblichem Maße die Fertigungskosten.

Zwar sind die Fertigungsplaner durch das Produktlayout bei der Umsetzung in den Fertigungsprozeß eingeschränkt, die einzelnen Kostentreiber im Fertigungsbereich sind damit aber in aller Regel noch nicht definiert. Der Einsatz neuerer Fertigungsverfahren, besser abgestimmter Fertigungsprozesse, das Vermeiden fehlerträchtiger Arbeitsschritte usw. sind ständig zu überprüfende Ansatzpunkte für Kosteneinsparungen in der Fertigung bereits während der Konzeptionsphase. Darüber hinaus gilt es, Einsparungen durch Produktivitätssteigerungen nach Anlauf der Produktion zu antizipieren.

Bei technisch aufwendigen Produkten nehmen Qualitätsprüfungen einen enormen Kostenblock in Anspruch. Das Prüfungskonzept gewinnt bisweilen gleiche Bedeutung wie das Fertigungskonzept. Zum einen ist dabei wiederum zu untersuchen, ob die eigenen Qualitätsanforderungen sich mit denen des Kunden decken, zum anderen ist auch hier nach kostengünstigeren Alternativen zur Gewährleistung der geforderten Qualitätsstandards zu suchen.

Die Entwicklungskosten bilden einen nicht zu vernachlässigenden Anteil an den Gesamtkosten, wenngleich ihr Anteil gemessen an den in dieser Phase determinierten Kosten vergleichsweise gering ausfällt. Ihre Vorausberechnung bildet einen besonders schwierigen Punkt in der Kalkulation. Dabei bereiten nicht nur die angesprochenen Änderungen Probleme. Die Abschätzung, mit welchem Aufwand ein technisches Problem gelöst werden kann, ist grundsätzlich ein schwieriges Unterfangen. Zu zahlreich sind die Unwägbarkeiten im Rahmen eines Entwicklungsprozesses. Die Effektivität von Entwicklungsarbeit ist schwer abzuschätzen. Mangelnde Koordination des Entwicklungsprozesses kann allerdings auch zu

Doppelarbeiten oder zu anderen überflüssigen Tätigkeiten führen, so daß auch die Effizienz in Frage zu stellen wäre.

Die Darstellung relevanter Kostenblöcke hat sich damit Bereichen genähert, die zumindest teilweise nicht mehr in direktem Zusammenhang mit der Entwicklung und Fertigung des betrachteten Produktes stehen. Es handelt sich um Bereiche, die - evtl. neben den Entwicklungskosten - die Kosten „über Herstellkosten" ausmachen. I.d.R. handelt es sich um Verwaltungs- und Vertriebsgemeinkosten, hinter denen sich ein Konglomerat aus Kosten unterschiedlichster Bereiche und Funktionen verbirgt. Sie sind zwar zur Realisierung des betrachteten Projektes erforderlich, betreuen aber teilweise auch andere Projekte. Für eine entscheidungs- und kostenmanagementorientierte Preisuntergrenze ist es wichtig, die Wirkungen eines Projektes in diesen Bereichen zu kennen und zu quantifizieren. Dies ist schwierig, weil zahlreiche Verbundwirkungen bestehen und es bei derartigen Gemeinkosten-positionen oftmals an der nötigen Transparenz fehlt. Alle Formen von Gemeinkosten-management erfreuen sich daher zunehmender Beliebtheit. Der Zusammenhang zu einer proaktiven Kalkulation, die zukünftige Entwicklungen prognostiziert und Kostensenkungen initiiert, wird damit evident. Die Anknüpfung an ein aussagekräftiges und damit als Grundlage für Entscheidungen geeignetes System von Preisgrenzen wird mit Gegenstand des folgenden Kapitels sein.

3 Rahmenkonzept zur Ermittlung der Preisuntergrenze mit Target Costing

3.1 Investitionstheoretische Ausrichtung des Ansatzes

3.1.1 Grundsätzlicher Aufbau aus der Sicht der Investitionsrechnung

Die unternehmerischen und kalkulationsbezogenen Hintergründe, die den Charakter der hier behandelten Fragestellung wesentlich beeinflussen, sind in hinreichendem Umfang dargestellt, die Anforderungen an das vorzustellende Konzept beschrieben. In diesem Kapitel soll dieses Rahmenkonzept zur Ermittlung einer kostenmanagementbasierten Preisuntergrenze erarbeitet werden.

Ein wesentliches Charakteristikum der vorliegenden Entscheidungssituation ist die Tatsache, daß über die Vorteilhaftigkeit eines **mehrperiodigen** Projektes entschieden werden muß. Dieses mehrperiodige Projekt beginnt mit einer Reihe von finanziellen Vorleistungen bis zum Serien- und damit Liefereinsatz. Diese Phase ist im wesentlichen geprägt von Auszahlungen für Entwicklungen oder die Anschaffung von Maschinen und Werkzeugen. „Zuschüsse" des Abnehmers kompensieren nur einen kleinen Teil des gesamten Volumens. Die vorliegende Fragestellung steht damit nicht vor dem Hintergrund einer gegebenen Kapazitätssituation, sondern diese Kapazitätssituation ist weitgehend Dispositionsobjekt. Es folgt die Phase der Fertigung und Lieferung, in der die Umsatzerlöse durch laufende Auszahlungen z.B. für Material und Personal geschmälert werden. Trotzdem ist dies die Phase (positiver) Einzahlungsüberschüsse. Die Entscheidung über die Annahme des vorliegenden Auftrags zu einem bestimmten Preis ist damit eine **Investitionsentscheidung**.[107] Eine Investition ist, einfach gesprochen, eine Zahlungsreihe, die mit Auszahlungsüberschüssen beginnt, denen zu späteren Zeitpunkten Einzahlungsüberschüsse folgen. Die vorliegende Fragestellung ist damit eine Frage der Investitionsrechnung. Dies legen auch BOHR und KILGER nahe, wenn sie die Kostenrechnung als kurzfristige Rechnung auf der Basis vorhandener Betriebsmittel-kapazitäten bezeichnen, die von der Investitionsrechnung als langfristiges Instrument zur Kapazitätsplanung abzugrenzen sei.[108]

Man ist hier schnell bei der Diskussion über das Verhältnis von Kosten- und Investitionsrechnung angelangt, die an dieser Stelle nicht vertieft werden kann. Auf einige Punkte sei allerdings hingewiesen, die diese Diskussion selbstverständlich nicht ersetzen können. Durch die Langfristigkeit der Entscheidungssituation, die sich in ihrer Mehrperiodigkeit und vor allem in der Veränder- und Disponierbarkeit von Kapazitäten manifestiert, wird das Betrachtungsfeld zumindest der traditionellen Kostenrechnung verlassen. Die Investitionsrechnung stellt nicht auf periodenbezogene Kosten, sondern auf eine zeitpunktgenaue Erfassung von Zahlungen ab, also den Zu- oder Abfluß von Geld. KILGER begründet dies damit, daß „hier die Kapitalbindung genau erfaßt werden muß"[109]. Nach SCHMIDT liegt dies an der unmittelbaren Beziehung, in der die Zahlungen zu den finanziellen Zielen stehen, an denen die Vorteilhaftigkeit der Investitionen zu messen ist.[110] Als finanzielle Zielgrößen werden i.d.R. drei Wahlmöglichkeiten der langfristigen Gewinn-

---

[107] Vgl. Kruschwitz, L. (1995), S. 3ff.; Schmidt, R.H. / Terberger, E. (1996), S. 50ff.; Hax, H. (1993), S. 11.
[108] Vgl. Bohr, K. (1988), S. 1172; Kilger, W. (1993), S. 2 und 875.
[109] Kilger, W. (1993), S. 875.
[110] Vgl. Schmidt, R.H. / Terberger, E. (1996), S. 85ff.

maximierung genannt.[111] Möchte der Entscheidende in jeder Periode einen festen Betrag als Konsum entnehmen und sein Vermögen am Ende des Planungszeitraumes maximieren, kann man von Vermögensstreben sprechen. Möchte er die periodischen Entnahmen für Konsum maximieren bei einem gegebenen Endvermögen, liegt Entnahme- oder Einkommensstreben vor. Beim Wohlstandsstreben sollen periodische Entnahmen und Endvermögen möglichst groß sein. Zur Lösungsfindung ist eine Art Austauschregel zwischen den beiden Zielgrößen erforderlich. Es handelt sich dabei jeweils um Konsumeinkommensströme bzw. konsumierbares Vermögen, so daß nach bilanzrechtlichen Vorschriften gebildete Größen, z.B. der Bilanzgewinn, nicht als finanzielle Ziele geeignet erscheinen.

Die Investitionsrechnung verwendet mit den Zahlungen Größen, die per se eindeutig, beobachtbar, meßbar, objektiv nachprüfbar und wenig manipulierbar sind.[112] Die Tatsache, daß dabei nur die zusätzlichen, marginalen Zahlungen der Investition relevant sind, kommt der Fragestellung nach der Preisuntergrenze sehr entgegen, da diese auf der gleichen Prämisse beruht. Auch RIEBEL greift in seinem entscheidungsorientierten Kostenbegriff auf Zahlungen zurück: „Kosten sind die mit der Entscheidung über das betrachtete Objekt ausgelösten Ausgaben."[113] Aus diesem Grund wird zwar im folgenden der für die vorliegende Problemstellung übliche Begriff „Kosten" verwendet, die Verwendung von dahinter stehenden Zahlungsgrößen erscheint aber ausreichend begründet.

Es gibt verschiedene Möglichkeiten, den Rechenrahmen an die mehrperiodige Entscheidungssituation anzupassen. Es ist zu prüfen, welche davon die beste ist vor dem Hintergrund der praktischen betrieblichen Situation und dem Anspruch theoretischer Korrektheit.

Die erste Möglichkeit ist die Betrachtung einer repräsentativen Periode aus dem Lieferzyklus, für die nicht nur die anfallenden Ein- und Auszahlungen der Periode ermittelt, sondern der auch Anteile der zu deckenden Vorleistungsauszahlungen zugerechnet werden. Abgesehen von der Verrechnung der Vorleistungsauszahlungen ist dieses Verfahren nur bei sehr hoher Bedingungskonstanz und damit weitestgehender Identität der Einzahlungsüberschüsse in den einzelnen Perioden vertretbar. Die obigen Ausführungen dürften aber deutlich gemacht haben, daß die Dynamik der vorliegenden Fragestellung eine derartige Vorgehensweise unmöglich macht bzw. zu inakzeptablen Fehlern führte.

Die zweite Möglichkeit besteht darin, in einem ersten Schritt für jede Periode die anfallenden Ein- und Auszahlungen explizit zu planen. Eine derartige Übersicht zeigt regelmäßig, daß es keine repräsentative Periode gibt, anhand der auf das Gesamtergebnis oder die Vorteilhaftigkeit der Auftragsannahme geschlossen werden könnte. Aus diesem Grund werden in einem zweiten Schritt die ganzen Periodenzahlungen über einfache Summenbildung zusammengefaßt. Damit lassen sich kumulierte Ein- und Auszahlungen erkennen und bei Wahl der relevanten Faktoren auch eine Preisuntergrenze bestimmen. Dieses Verfahren kommt implizit der von MÄNNEL vorgeschlagenen Abgrenzung der Vorleistungen und Verrechnung als periodenbezogene Deckungslasten gleich, analog der Verrechnung von

---

[111] Vgl. Schneider, D. (1992), S. 65ff., Kruschwitz, L. (1995), S. 10ff., Schmidt, R.H. / Terberger, E. (1996), S. 45ff.

[112] Vgl. dazu Bohr, K. (1988), S. 1171.

[113] Riebel, P. (1994), S. 81, S. 389. Auf den Unterschied zwischen Ausgaben und Auszahlungen wird hier nicht weiter eingegangen. Er wird im folgenden vernachlässigt, so daß beide Begriffe synonym verwendet werden.

Abschreibungen.[114] Es läßt sich allerdings als statisch in dem Sinne bezeichnen, daß es den Zeitpunkt des Zahlungsanfalls nicht berücksichtigt.[115] Die zeitliche Struktur der Zahlungen bleibt außen vor. Es ist bspw. für diese Methode irrelevant, ob in den ersten vier Jahren 10 Mengeneinheiten und im fünften und letzten 160 oder ob in allen fünf Perioden 40 Einheiten abgesetzt werden können. Damit werden aber wesentliche Zinseffekte vernachlässigt: Es ist für die zu fällende Entscheidung nicht irrelevant, wann die Einzahlungen zu- und Auszahlungen abfließen. Früher zufließende Mittel können alternativ verwendet, zum Beispiel auf dem Kapitalmarkt angelegt werden und wachsen im Zeitablauf an. Oder anders gesprochen: Je später eine Geldeinheit zufließt, desto weniger wird sie wert. Dies berücksichtigt Möglichkeit 2 nicht. Wären alle Inputfaktoren über die Laufzeit konstant, könnte man diese Vorgehensweise akzeptieren. Man hätte dann aber auch in jeder der zahlungsmäßig identischen Perioden der Lieferphase eine repräsentative Periode gefunden. Kennt man die Bedingungskonstanz aufgrund früherer Erfahrungen, kann man sofort auf die einfachere Möglichkeit 1 gehen. Die betriebliche Praxis läßt wie gezeigt derartig einfache Lösungen i.d.R. nicht zu.

Selbst bei Bedingungskonstanz während der Lieferphase bleibt aber zu berücksichtigen, daß beide Möglichkeiten die Vorleistungen über die Laufzeit verteilen, ohne den Zeitpunkt der zugehörigen Auszahlung zu berücksichtigen. Das vernachlässigt - man beachte obige Argumentation - Zinseffekte. Bei Anlagen, Maschinen, Werkzeugen u.ä. wird dies - so könnte man meinen - durch den Ansatz kalkulatorischer Zinsen kompensiert. Wie spätere Ausführungen zur Erfassung einzelner Kostenkategorien allerdings zeigen, stellt der Ansatz von Abschreibungen und kalkulatorischen Zinsen nur eine Näherungslösung für die zinsadäquate periodenbezogene Berücksichtigung von Vorleistungsauszahlungen dar.

Aus diesen Gründen wird in diesem Ansatz einer dritten Möglichkeit der Vorzug gegeben. Wie in Möglichkeit 2 wird zunächst in einer mehrperiodigen Übersicht die Zahlungsstruktur des Projektes dargestellt. Die Konzentration dieser Daten auf aussagekräftige und entscheidungsrelevante Zahlen erfolgt nicht durch einfache Durchschnitts- oder Summen-bildung, sondern unter Beachtung der zeitlichen Struktur der Zahlungen. Derartige Verfahren werden i.d.R. als dynamisch bezeichnet.[116] Anschaffungsauszahlungen werden nicht über den Nutzungszeitraum verteilt, sondern explizit zum Zeitpunkt der zugehörigen Auszahlung erfaßt. Die Verdichtung der entstehenden Zahlungsreihe aus Anschaffungsauszahlungen und folgenden Einzahlungsüberschüssen erfolgt im zweiten Schritt mit Hilfe eines Kalkulationszinsfußes. Der Kalkulationszinsfuß ist der Zinssatz, mit Hilfe dessen die Zahlungen unterschiedlicher Perioden in einen einzigen Betrag zu einem bestimmten Zeitpunkt durch auf- oder abzinsen (-diskontieren) transformiert werden. Summen werden durch Barwerte ersetzt, Durchschnittswerte durch Annuitäten. Hierzu die Klärung einiger wichtiger Begriffe, die im folgenden immer wieder auftauchen:[117] Ein Barwert ist eine auf einen bestimmten Zeitpunkt (durch Auf- und/oder Abdiskontierung) verdichtete Zahlungsreihe. Der Ertragswert (auch Bruttokapitalwert) ist der Barwert der Einzahlungsüberschüsse, der Kapitalwert (auch Nettokapitalwert) der Ertragswert abzüglich

[114] Vgl. Männel, W. (1994), S. 110.
[115] Vgl. Blohm, H. / Lüder, K. (1995), S. 157ff. (insb. S. 166).
[116] Vgl. Kruschwitz, L. (1995), S. 44ff.
[117] Vgl. Schmidt, R.H. / Terberger, E. (1996), S. 126ff.; Schneider, D. (1992), S. 74ff.; Hax, H. (1993), S. 33ff.

der (eventuell auf den gleichen Zeitpunkt diskontierten) Anschaffungsauszahlungen. Eine Investition ist damit vorteilhaft, wenn der zugehörige Kapitalwert größer Null ist. Maßstab ist dabei die beste zur Verfügung stehende Alternative, deren Rendite als Kalkulationszinsfuß im Sinne von Opportunitätskosten zu verwenden ist. Eine Annuität ist eine für jede Periode gleich hohe Zahlung. Der Barwert der annuitätischen Zahlungsreihe entspricht dem Barwert der zugrundegelegten Zahlungsreihe. Man erhält die Annuität durch Multiplikation des Anfangskapitals bzw. des zugrundegelegten Barwertes mit dem Annuitätenfaktor, der aus der Theorie zur endlich geometrischen Reihe gewonnen wird. Ist die Annuität der Investition größer als die der relevanten Alternative, so ist die Investition vorteilhaft (bei gleicher Laufzeit und gleicher Anschaffungsauszahlung). Der interne Zins ist der Zinssatz, bei dessen Anwendung als Kalkulationszinsfuß der Kapitalwert den Wert Null annimmt. Übersteigt er die Rendite der besten Alternative, ist die Investition vorteilhaft. Die Interne-Zinsfuß-Methode wird trotz der ihr innewohnenden Schwächen und Probleme, z.B. der möglichen Nicht-Eindeutigkeit oder der möglichen Nicht-Existenz des internen Zinsfußes sowie der Verletzung der Wiederanlageprämisse, in der Praxis gerne als Beurteilungsmaßstab herangezogen. Für Rangfolgeentscheidungen technischer Alternativen kann sie aber zu falschen Ergebnissen führen.

Neben der Aufgabe, die relevante Zahlungsreihe aufzustellen, ist damit im gewählten Ansatz zusätzlich der Kalkulationszinsfuß festzulegen, der der Berechnung zugrundezulegen ist. Die Entscheidung für dieses Grundmodell und die folgenden Ergänzungen stehen vor dem Hintergrund der Komplexität der zugrundeliegenden betrieblichen Entscheidungssituation. Wollte man diese Komplexität im Entscheidungsmodell auch nur annähernd abbilden, so entzöge es sich der Praktikabilität und damit der betrieblichen Akzeptanz. „Die Aufgabe betriebswirtschaftlicher Theorie ist es deshalb, nach sinnvollen Vereinfachungen zu suchen. Das Dilemma besteht darin, daß mit jeder Vereinfachung die Gefahr einer Fehlentscheidung wächst."[118] Ziel ist eine praktikable Lösung unter Beachtung theoretischer Ansprüche. Die Aufhebung jeder gesetzten Vereinfachung ist als Herausforderung für weitergehende Untersuchungen zu sehen. Im folgenden wird untersucht, wie sich dieser vereinfachende Ansatz aus der Diskussion um die Verfahren zur Vorteilhaftigkeitsprüfung von Investitionen rechtfertigen und begründen läßt. Außerdem ist zu untersuchen und herauszuarbeiten, wie weitere entscheidungsrelevante Aspekte in diesem Ansatz berücksichtigt werden können.

3.1.2 Einordnung in die Diskussion um Verfahren der Investitionsrechnung

3.1.2.1 Abriß der Ansätze im Fall der Sicherheit

Als Bezugsbasis für die weiteren Ausführungen sei zunächst der Fall der Sicherheit betrachtet:[119] Alle Folgen der getroffenen Entscheidung sowie alle sonstigen die Entscheidung beeinflussenden Parameter lassen sich aufgrund vollständiger Information eindeutig bestimmen, die Wahrscheinlichkeit für das Eintreten der angegebenen Werte ist 1 bzw. 100%. Eine optimale Lösung aus allen zur Verfügung stehenden Alternativen im Investitions- und Finanzierungssektor ist grundsätzlich nur über einen vollständigen Vorteilvergleich möglich.

---

[118] Schneider, D. (1992), S. 72
[119] Vgl. zu den weiteren Ausführungen insb. Schneider, D. (1992), S. 65ff. und 102f.; Schmidt, R.H. / Terberger, E. (1996), S. 118ff., 167ff.

Dieser erfolgt durch simultane Planung in einem Totalmodell. Bei einem vollständigen Vorteilsvergleich ist es nicht notwendig, Zahlungen aus unterschiedlichen Zeitpunkten mit Hilfe eines Kalkulationszinsfußes vergleichbar zu machen und auf einen Zeitpunkt zu verdichten. Im Totalmodell ist ein Kalkulationszinsfuß überflüssig. Er ergibt sich als „Kuppelprodukt" mit dem optimalen Ergebnis, wie unten kurz erläutert wird. Alle Investitions- und Finanzierungsentscheidungen gehen mit den zugehörigen Zahlungsströmen in einen vollständigen Finanzplan ein, der die direkte Wirkung auf die finanziellen Ziele des Entscheidungsträgers aufzeigt. Die zahllosen dabei auftretenden Interdependenzen und denkbaren Alternativen, die Unendlichkeit des Planungshorizontes sowie massive rechentechnische Schwierigkeiten machen es praktisch unmöglich, ein Totalmodell aufzustellen. Zur Lösung der zu treffenden Entscheidung ist daher auf Partialmodelle überzugehen. SCHNEIDER unterscheidet zwischen kombinatorischen und klassischen Partialmodellen.[120] Sie werden im folgenden näher betrachtet, wobei aufgrund des obigen Vorschlags die Rolle des Kalkulationszinsfußes herauszustellen ist.

Kombinatorische Partialmodelle gehen explizit von der finanziellen Zielgröße des Entscheidenden aus, verwenden bzgl. einiger Handlungsalternativen aber pauschale Annahmen.

In einer *ersten Abstufung* beziehen kombinatorische Partialmodelle Kapitalmarktbeschränkungen ein. Dazu werden externe Finanzierungsmöglichkeiten mit ihren Höchstbeträgen explizit in das Modell aufgenommen. Es wird damit versucht, mit gewissen Vereinfachungen eine simultane Investitions- und Finanzplanung durchzuführen. Der Vollständigkeit halber sei in diesem Zusammenhang auch auf Planungsmodelle hingewiesen, deren Ziel eine simultane Investitions-, Finanzierungs- und Produktionsplanung ist. Es darf dazu auf die umfassende Übersicht bei KRUSCHWITZ verwiesen werden.[121] Bei der hier näher betrachteten simultanen Investitions- und Finanzplanung ist eine Menge von Investitionsobjekten und eine Menge von Finanzierungsmöglichkeiten gegeben. Gesucht ist die in Hinblick auf die finanziellen Ziele des Investors optimale Kombination aus Investitions- und Finanzierungsobjekten. Zur Lösung werden zwei Wege vorgeschlagen.

Als Repräsentant des ersten Weges diene das Verfahren von JOEL DEAN.[122] Dabei werden die betrachteten Investitionsobjekte nach fallendem internen Zinsfuß geordnet. Trägt man die Objekte in dieser Reihenfolge von links nach rechts in ein Koordinatensystem ein, das auf der Abszisse die Anschaffungsauszahlungen aufsummiert und auf der Ordinate den internen Zinsfuß zeigt, so entsteht die treppenförmig fallende Kapitalnachfragekurve. Ordnet man die Finanzierungsmöglichkeiten nach steigendem internen Zinsfuß und trägt sie in dieser Reihenfolge in das Koordinatensystem, so entsteht die treppenförmig steigende Kapitalangebotsfunktion. Auf der Horizontalen sind dabei die jeweiligen Finanzierungsvolumina aufzusummieren. Man dehnt nun das Investitions- und damit Finanzierungsvolumen (im Diagramm von links nach rechts) weiter aus, solange der interne Zins des zu realisierenden Investitionsobjektes größer oder gleich ist dem internen Zins der heranzuziehenden Finanzierungsmöglichkeit. In der graphischen Darstellung ist dies am

[120] Vgl. Schneider, D. (1992), S. 72ff.
[121] Vgl. Kruschwitz, L. (1995), S. 180ff.
[122] Vgl. die erste Erwähnung in Dean, J. (1951). Ferner die Darstellungen bei Keifer, R. (1970), S. 114ff.; Kruschwitz, L. (1995), S. 182ff.; Schmidt, R.H. / Terberger, E. (1996), S. 167ff. Allgemeiner: Hax, H. (1993), S. 62ff.

Schnittpunkt von Kapitalnachfrage- und -angebotsfunktion der Fall. Der sich an diesem Schnittpunkt ergebende Zinssatz wird als endogener Kalkulationszinsfuß oder cut-off-rate bezeichnet. Berechnet man für die Investitions- und die Finanzierungsobjekte deren Kapitalwerte auf Basis dieses endogenen Zinsfußes, so ergibt sich: Objekte, die nach obigen Überlegungen zu realisieren sind, weisen einen positiven Kapitalwert auf, sind also auch nach der Kapitalwertmethode vorteilhaft, Objekte, die abzulehnen sind, weisen einen negativen Kapitalwert auf, sie sind auch nach der Kapitalwertmethode unvorteilhaft. Wäre der endogene Kalkulationszinsfuß bekannt, könnte man ein simultanes Investitions- und Finanzproblem mit der Kapitalwertmethode lösen. Der endogene Zinssatz ergibt sich aber erst durch die Lösung des Problems. Die Kapitalwertmethode ist dann aber überflüssig. Könnte man den endogenen Zinssatz schätzen, wäre die einfachere Kapitalwertmethode ohne Kenntnis der optimalen Lösung anwendbar.

Der Modellansatz von DEAN ist allerdings, zumindest für den hier vorliegenden mehrperiodigen Fall, mit einigen Mängeln behaftet, die z.b. KRUSCHWITZ ausführlich darstellt.[123] Sie liegen nicht nur in Mängeln, die sozusagen aus der Internen-Zinsfuß-Methode importiert werden. Der Hauptkritikpunkt liegt darin, daß der Lösungsweg von DEAN eine optimale Lösung nicht sicherstellt. Unterschiedliche Laufzeiten der Objekte, z.B. durch vorzeitige Tilgung teurer Kredite, können nämlich suboptimale Lösungen bedingen.

Der zweite Weg ist die Anwendung linearer Programmierungsmodelle. Als häufig zitierte Beispiele seien die Modelle von ALBACH, HAX oder WEINGARTNER genannt, die hier allerdings nicht explizit dargestellt werden können.[124] Im gewählten Modellrahmen lassen sich für simultane Investitions- und Finanzplanungsaufgaben stets optimale Lösungen finden. In der linearen Zielfunktion ist das finanzielle Ziel des Investors festzuschreiben. Wie oben kann dies die Maximierung des (End-)Vermögens, der Entnahmen pro Periode oder eine Kombination aus beiden sein. In die endlich vielen linearen Nebenbedingungen sind zum einen Liquiditätsrestriktionen, zum anderen Projektmengenrestriktionen aufzunehmen. Erstere stellen sicher, daß sich in jeder Periode Einnahmen einschließlich Finanzmittelbestände und Kreditaufnahmen und Ausgaben einschließlich Entnahmen und Mittelanlagen decken. Die Projektmengenbedingungen stellen sicher, daß ein Objekt nicht öfter als möglich realisiert wird. Die Entscheidungsvariablen geben an, wie oft das jeweilige Projekt realisiert werden soll. Bei Nichtteilbarkeit der Objekte sind für die Variablen Ganzzahligkeitsbedingungen einzufügen, so daß ein Problem der (gemischt) ganzzahligen linearen Programmierung entsteht. Wie bei dem Modellansatz von DEAN können auch bei den linearen Programmierungsansätzen (ohne Ganzzahligkeitsbedingungen) endogene Kalkulationszinsfüsse bestimmt werden mit den oben dargestellten Konsequenzen. Dies ergibt sich aus der Dualitätstheorie, was hier nicht näher erläutert werden kann. Daher nur einige Hinweise: Bildet man einen Quotienten aus dem Dualwert der Liquiditätsbedingung der t-ten Periode und dem Dualwert der Liquiditätsbedingung der 0-ten Periode, gewinnt man einen relativen Dualwert. Dieser ist der für diese Periode relevante endogene Abzinsungsfaktor, aus dem sich

---

[123] Vgl. Kruschwitz, L. (1995), S. 194ff.
[124] Vgl. Schmidt, R.H. / Terberger, E. (1996), S. 175ff.; Kruschwitz, L. (1995), S. 197ff.; Keifer, R. (1970), S. 121ff.; Hax, H. (1993), S. 97ff.

auch der endogene Kalkulationszinsfuß ableiten läßt. Die Kalkulationszinsfüsse werden regelmäßig im Zeitablauf variabel sein.[125]

In einer *zweiten Abstufung* gehen kombinatorische Partialmodelle von einer einfacheren Form eines unvollkommenen Kapitalmarktes aus. Externe Finanzierungsmöglichkeiten werden nicht explizit berücksichtigt, sondern pauschal über die Annahme *unbeschränkter* Kreditaufnahmemöglichkeiten zu einem bestimmten Sollzinssatz. Die Unvollkommenheit des Kapitalmarkts äußert sich im Abweichen dieses Sollzinssatzes vom Habenzinssatz für die Anlage freier Mittel am Kapitalmarkt. Durch die Existenz zweier verschiedener Zinssätze auf dem Kapitalmarkt werden Zielfunktion, Finanzierungs- und Tilgungsstruktur relevant. Die Zielfunktion entscheidet, welche Transformationen vorzunehmen sind, um von der gegebenen Zahlungsreihe zur Zielzahlungsreihe zu kommen. „Aufwärts"transformationen in spätere Perioden werden durch Anlage freier Mittel am Kapitalmarkt zum Habenzinssatz vorgenommen, „Abwärts"transformationen in frühere Perioden durch Kreditaufnahme zum Sollzinssatz. Bei vollständiger Eigen- und bei Mischfinanzierung entsteht eine eigen-finanzierte Zahlungsreihe. Da die betrachtete Alternative die Anlage auf dem Kapitalmarkt ist, ist als Kalkulationszinsfuß der Habenzins heranzuziehen. Der Ertragswert gibt dann an, welcher Betrag auf dem Kapitalmarkt angelegt werden muß, um die gleiche Zahlungsreihe zu generieren. Ist er größer als die Anschaffungsauszahlung des Investitionsobjektes, so ist das Objekt vorteilhaft. Die Finanzierungszahlungsreihe bei Mischfinanzierung - also empfangene Kredite, Zins- und Tilgungszahlungen - ist vor Transformation in die Zielzahlungsreihe explizit in den Finanzplan aufzunehmen. Der Einfluß von Zielfunktion, Finanzierungs- und Tilgungsstruktur auf die Vorteilhaftigkeit von Projekten gemessen am Kapitalwert liegt auf der Hand, z.B. für den Fall, daß der Habenzins kleiner ist als der Sollzins.

1. Je größer der Strom der aufgrund der Zielfunktion in frühere Perioden zu transformierenden Zahlungen, desto kleiner der Kapitalwert.

2. Je größer der Fremdmittelbetrag (bei vergleichbarer Tilgungsstruktur) desto kleiner der Kapitalwert.

3. Je später die Tilgungszahlungen desto kleiner der Kapitalwert.

Bei vollständiger Fremdfinanzierung werden keine eigenen Mittel zur Objektfinanzierung herangezogen. Die Mittelanlage auf dem Kapitalmarkt ist damit keine Alternative. Der Ertragswert ist auf Basis des Sollzinses zu errechnen. Er gibt dann nämlich an, welcher Kredit zum gegebenen Sollzins mit der gegebenen Zahlungsreihe bedient werden kann. Zielfunktions- oder tilgungsstrukturbedingte Transformationen zum Habenzins sind explizit im Finanzplan zu berücksichtigen. Bezüglich ihrer Auswirkungen auf Kapitalwert und Vorteilhaftigkeit lassen sich ähnliche Aussagen wie oben formulieren.

Im Unterschied zu diesen kombinatorischen Partialmodellen gehen die klassischen Partialmodelle nicht von der finanziellen Zielgröße oder Zielzahlungsreihe des Entscheidenden aus. Vielmehr werden Entscheidungen auf Basis finanzieller Ersatzzielgrößen getroffen. Dazu gehören neben dem internen Zins die bereits angesprochenen Größen Kapitalwert und Annuität.

---

[125] Vgl. zu derartigen Ansätzen der linearen Programmierung und zur Ableitung endogener Kalkulationszinssätze aus den Dualvariablen Franke, G. / Laux, H. (1968), S. 740ff.; Grob, H.L. (1982), S. 381ff.

Um die Kapitalwert- oder die Annuitätenmethode ohne Komplikationen anwenden zu können, wird in den klassischen Modellen von einem vollkommenen Kapitalmarkt ausgegangen. Er ist durch die Identität von Soll- und Habenzins charakterisiert. In diesem Fall stimmt die optimale Lösung bei Anwendung klassischer Partialmodelle mit der bei expliziter Einbeziehung der Zielfunktion überein. Alle Transformationen der gegebenen Zahlungsreihe zu einer beliebigen Zielzahlungsreihe erfolgen nämlich zum gleichen Kalkulationszinsfuß. Auf vollkommenem Kapitalmarkt ist die Zielfunktion für die Entscheidung irrelevant. Gleiches gilt für die Finanzierungs- und Tilgungsstruktur. Kalkulationszinsfuß und Fremdkapitalkostensatz stimmen überein, der Kapitalwert der Finanzierungszahlungsreihe ist daher unabhängig von der Tilgungsstruktur Null. Finanzierungs- und Tilgungsstruktur sind also für die Entscheidung irrelevant. Die Investitions-, Finanzierungs- und Ausschüttungs- oder Entnahmepolitik lassen sich damit unabhängig voneinander festlegen, eine simultane Planung ist in diesem Fall nicht erforderlich. Dies wird im Separationstheorem von FISHER festgehalten.[126]

In den klassischen Partialmodellen wird zunächst von einem zeitlich invarianten Alternativvertragssatz ausgegangen. Die Berücksichtigung eines periodisch schwankenden Kalkulationszinsfußes wäre aber kein größeres Problem.[127]

3.1.2.2 Konsequenzen dieser Diskussion für den hier zu wählenden Ansatz

Wie ist nun die hier vorgeschlagene und noch weiter zu präzisierende Möglichkeit 3 in diese Diskussion einzuordnen? Welche Vereinfachungen werden durch die Diskussion der Literatur nahegelegt?

Zunächst gilt es festzuhalten, daß es sich beim hier vorgestellten Ansatz wie bei den zuletzt dargestellten Ansätzen um ein **zeitliches Partialmodell** handelt. Dies zeigt sich daran, daß lediglich ein Teil des gesamten Handlungszeitraumes des Unternehmens explizit ins Kalkül gezogen werden. Der Betrachtungszeitraum umfaßt, wie oben dargestellt, eine Vorlaufphase, die für Entwicklung, Anschaffung erforderlicher Maschinen etc. zu nützen ist, sowie die Lieferphase. Unter Umständen ist eine Nachlaufphase zu ergänzen, in der der Zulieferer Ersatzteile zur Verfügung zu stellen hat. Es wird also eine Lebenszyklus- (oder life-cycle-) Betrachtung für das vorliegende Projekt angestellt.

Der Ansatz folgt damit den Erfordernissen der praktischen Gegebenheiten wie der theoretischen Forderung nach einer Lebenszyklusrechnung (life cycle costing). Das Konzept des life cycle costing ist ursprünglich für den Bereich der Investitionsgüter entwickelt worden. Die Forderung besteht darin, nicht nur die Anschaffungskosten des Gutes in das Vorteilhaftigkeits- oder Kostenkalkül des Nutzers einzubeziehen, sondern alle laufenden Betriebs- und die Folge- und Entsorgungskosten, um schließlich auch in einem Optimierungskalkül von Herstellerseite den trade-off zwischen Anschaffungs- und allen späteren Folgekosten unter Einbeziehung der Leistungs- und Zeitparameter zu enden. Derartige Lebenszyklusbetrachtungen können damit von Hersteller- wie von Kundenseite angestellt werden. Sie sind zudem übertragbar auf Konsumgüter (z.B. ein Automobil), bei denen den Anschaffungskosten im Lebenszyklus ebenfalls laufende Betriebs-, Wartungs-,

---

[126] Vgl. Schmidt, R.H. / Terberger, E. (1996), S. 97ff.
[127] Vgl. Kruschwitz, L. (1995), S. 68f.

Instandhaltungs-, Entsorgungskosten u.ä. folgen. In weiterer Abwandlung dieser ursprünglichen Ansätze läßt sich auch die Forderung erheben, für Gesamtprojekte mit einer längeren Produktionsphase vieler Produkte derartige Lebenszyklusrechnungen aufzustellen, um die Gesamtsicht über Vorlauf-, Nachlauf- und laufende Kosten zu gewinnen. Dieser Ansatz ist hier relevant. Außerdem lassen sich Varianten des life cycle costing kreieren, indem Lieferantenlebenszyklen, Kooperationslebenszyklen o.ä. aufgestellt werden. Der Übergang zur Investitionsrechnung ist dabei zumindest fließend, da auch im Rahmen des life cycle costing die Verwendung von Auszahlungen statt Kosten sowie die Verdichtung der Periodengrößen über Diskontierung zu Kapitalwerten gefordert wird.[128]

Die Folgen für nachfolgende oder parallel laufende Projekte sind unter Beachtung noch zu erläuternder entscheidungsorientierter Prinzipien in diese Betrachtung zu integrieren. Die Gesamtsicht über alle existierenden oder geplanten Projekte hinweg ist unter Anschluß an die strategische Unternehmensplanung herzustellen, wie unten noch gezeigt wird.

Außerdem verwendet das Modell die Vereinfachung, nur Jahreszeiträume zu betrachten. Der Kalkulationszinsfuß ist damit ein Jahreszinssatz. Es wird keine Verzinsungsenergie verwendet, da aus Vereinfachungsgründen nicht von kontinuierlichen Zahlungsströmen ausgegangen wird. Von allen Zahlungen eines Jahres wird also unterstellt, daß sie am letzten Tag der Periode anfallen. Damit kann man allerdings nicht zu vernachlässigende Fehler begehen, da man eine unterjährige Verzinsung nicht berücksichtigt: Eine Zahlung am 01.01.02 wird so behandelt, als ob sie am 31.12.02 anfiele, also ein Jahr später als eine Zahlung vom 31.12.01, die eigentlich nur einen Tag eher anfällt. Unter Umständen empfiehlt es sich daher, zumindest für wertmäßig größere Kostenpositionen diesen Fehler durch den Ansatz unterjähriger Zinsen zu kompensieren.

Der vorgestellte Ansatz stellt zum zweiten ein sachliches Partialmodell dar. Die obigen Ausführungen haben gezeigt, daß die Abbildung der Realität in einem (zeitlichen und sachlichen) Totalmodell nicht möglich ist. Die vorgestellten kombinatorischen Partialmodelle erster Abstufung - der Ansatz von DEAN sowie lineare Programmierungsansätze - erscheinen in der vorliegenden komplexen betrieblichen Situation nicht sinnvoll einsetzbar. Zu groß sind die praktischen Schwierigkeiten beim Versuch, die vorgeschlagenen Modelle zu formulieren. Dies liegt auch daran, daß es für die einzelnen Investitionsobjekte keinen gemeinsamen Entscheidungszeitpunkt gibt. Die einzelnen Anfragen laufen zu völlig unterschiedlichen Zeitpunkten ein und lassen sich auch nicht in einen Entscheidungszeitpunkt verlagern. I.d.R. ist also gar nicht über ein Investitionsprogramm, sondern nur über ein einzelnes Investitionsobjekt zu entscheiden. Eine Gegenüberstellung und gleichzeitige Planung von Investitions- und Finanzierungsobjekten wird in den seltensten Fällen möglich sein.

Die in der vorliegenden Entscheidungssituation zu beantwortende Frage ist zudem nicht die nach der Vorteilhaftigkeit bei einer *festgefahrenen* Datenkonstellation. Vielmehr ist für *alternative* Datenkonstellationen die Frage nach der Vorteilhaftigkeit zu stellen. Die Variabilität der Datenreihen ergibt sich wie ausführlich erläutert durch unternehmensexterne

---

[128] Vgl. Riezler, S. (1996), S. 98ff., 134ff.; Fischer, T.M. (1993a), S. 277f.; Fischer, T.M. (1993c), S. 157ff.; Fischer, T.M. (1995), S. 24f.; Fröhling, O. / Spilker, D. (1995), S. 102ff.; Rückle, D. / Klein, A. (1994), S. 337ff.; Männel, W. (1993), S. 74f.; Männel, W. (1994), S. 109f.; Back-Hock, A. (1992), S. 703ff.; Wübbenhorst, K.L. (1992), S. 245ff.; Fröhling, O. (1994b), S. 261ff. sowie den umfassenden Überblick über Entwicklung und verschiedene Ansätze der Lebenszykluskostenrechnung bei Zehbold, C. (1996), insb. S. 77ff., deren Ansatz allerdings nicht auf investitionstheoretische Beine gestellt wird.

Einflüsse wie auch durch die Möglichkeit, einen Großteil der relevanten Daten unternehmens-intern selbst beeinflussen zu können. In den erwähnten Modellen könnte dies nur durch iterative Anwendung der Verfahren aufgefangen werden, was die Vorgehensweise weiter verkomplizieren würde. Gegen das Verfahren von DEAN sprechen zudem die angedeuteten systemimmanenten Schwächen, die die Suche nach Alternativen nahelegen.

Der hier vorgeschlagene Ansatz wird aus diesen Gründen mit Barwerten und demzufolge mit einem Kalkulationszinsfuß arbeiten, der die zu ermittelnde Zahlungsreihe verdichtet. Läge ein vollkommener Kapitalmarkt vor oder würde von einem solchen ausgegangen - wie dies die klassischen Partialmodelle tun -, wären verschiedene Fragen schnell beantwortet: Als Kalkulationszinssatz ist stets der Einheitszinssatzes des Kapitalmarktes heranzuziehen. Zielfunktion, Finanzierungs- und Tilgungsstruktur wären irrelevant und müßten nicht weiter berücksichtigt werden.

Die Problematik besteht aber darin, daß i.d.R. kein vollkommener Kapitalmarkt vorliegt, so daß die Methoden der klassischen Partialmodelle nur optimale Lösungen in einem stark vereinfachten Abbild der Realität ermitteln können. Zum einen werden - wie oben gezeigt - durch die Nichtexistenz eines vollkommenen Kapitalmarktes Zielfunktion des Entscheidenden sowie Finanzierungs- und Tilgungsstruktur für die Entscheidung relevant. Nur durch eine explizite Berücksichtigung dieser Faktoren im Finanzplan kommt man in diesen Fällen immer zu einer optimalen Lösung. Wird die Zielfunktion nicht explizit durch Transformation der gegebenen Zahlungsreihe in die Zielzahlungsreihe berücksichtigt, führt dies in drei Fällen zum richtigen Ergebnis:

1. Es ist von keiner bestimmten Zielfunktion auszugehen; der Entscheidende gibt sich mit jeder Zahlungsstruktur und damit dem Kapitalwert als Ersatzzielgröße zufrieden.
2. Die Zielzahlungsreihe stimmt (zufällig) mit der gegebenen Zahlungsreihe überein.
3. Alle Transformationen von der gegebenen Zahlungsreihe zur Zielzahlungsreihe werden mit dem als Kalkulationszinssatz verwendeten Zins vorgenommen.

In allen anderen Fällen müßten eigentlich Korrekturen vorgenommen werden. Das Problem, die Ziele verschiedener Personen oder Interessengruppen zu einer Zielfunktion zusammen-zuführen, würde durch diese Vereinfachung umgangen.

Für die Berücksichtigung unterschiedlicher Kapitalstrukturen und damit der Finanzierungs-zahlungsreihe lassen sich ähnliche Aussagen ableiten: Eine Vernachlässigung der Finanzierungsfrage führt nur zu einem korrekten Ergebnis, wenn der (Netto-) Kapitalwert der Finanzierungszahlungsreihe den Wert Null annimmt, wenn also Verschuldungszinssatz und Kalkulationszinsfuß übereinstimmen. In allen anderen Fällen begeht man einen Fehler, den man durch Berücksichtigung der Kapital- und Tilgungsstruktur im Finanzplan beheben kann, sofern sich Fremdmittel überhaupt konkreten Projekten zuordnen lassen.

In seiner einfachsten Ausprägung kann der Ansatz damit als klassisches Partialmodell ausgestaltet werden und von einem vollkommenen Kapitalmarkt ausgehen. Gibt man diese Annahme zugunsten eines unvollkommenen Kapitalmarkts auf, entsteht ein kombinatorisches Partialmodell zweiter Abstufung. Zielfunktion, Finanzierungs- und Tilgungsstruktur werden relevant und sind im vollständigen Finanzplan zu berücksichtigen. Die kombinatorischen Partialmodelle erster Abstufung werden für das vorliegende Problem als nicht geeignet angesehen.

Diese Modelle vernachlässigen in der dargestellten Form einige wichtige Sachverhalte: steuerliche Aspekte, Fragen der Unsicherheit, Einflüsse inflatorischer Entwicklungen oder nichtflacher Zinsstrukturen. In Ergänzung des Grundansatzes ist daher zu untersuchen, wie derartige Aspekte im investitionstheoretischen Ansatz berücksichtigt werden können, d.h. die Wirkungen auf Zahlungsreihe und Wahl des richtigen Kalkulationszinsfußes sind darzustellen. Eine praktikable Regelung ist hier vonnöten, so daß Vereinfachungen vorzunehmen sind. „Richtig" heißt damit richtig im gewählten Modellrahmen.[129]

3.1.2.3 Berücksichtigung steuerlicher Aspekte

Die bisherigen Überlegungen gingen davon aus, daß keine Steuern zu entrichten sind. Dies entspricht nicht der betrieblichen Praxis. Die Frage ist nun, ob Steuern die Entscheidung beeinflussen, und wenn ja, wie sie im investitionstheoretischen Ansatz berücksichtigt werden können.

Frage 1 soll anhand eines kleinen Beispiels beantwortet werden. Dabei geht es nicht nur darum, daß Steuern den finanziellen Erfolg eines Investitionsobjektes absolut vermindern, sondern ob durch die Erhebung von Steuern die relative Vorteilhaftigkeit eines Investitionsobjektes beeinflußt wird. Die Einführung von Steuern hat nämlich zwei konträre Wirkungen: Zum einen den Zahlungseffekt, der kapitalwertsenkend wirkt, da die Einzahlungsüberschüsse der einzelnen Perioden durch die Steuern vermindert werden. Unterliegt die beste Alternative, deren Rendite als Kalkulationszinsfuß zu verwenden ist, ebenfalls der Besteuerung, so vermindert sich zum anderen der Kalkulationszinsfuß (Zinssatzeffekt). Dies wirkt kapitalwerterhöhend und damit dem ersten Effekt entgegen. Überwiegt Effekt 1, so sinkt der Kapitalwert und ein vor Steuern vorteilhaftes Investitionsobjekt wird nach Steuern u.U. unvorteilhaft, überwiegt Effekt 2, bleibt die Vorteilhaftigkeit erhalten, der Kapitalwert steigt, ein ursprünglich unvorteilhaftes Investitionsobjekt wird u.U. vorteilhaft. Nur für den Fall, daß sich beide Effekte zufälligerweise aufheben, ist die Einführung einer Steuer für die Höhe des Kapitalwerts irrelevant. Damit zu dem angekündigten

Beispiel:
Gegeben sei das folgende Investitionsobjekt mit Anschaffungsauszahlung A_0 in t_0 und Einzahlungsüberschüssen b_t für die einzelnen Perioden t_1 bis t_3. Es wird von einem vollkommenen Kapitalmarkt ausgegangen, auf dem ein Zinssatz i von 10% gilt.

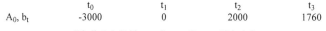

	t_0	t_1	t_2	t_3
A_0, b_t	-3000	0	2000	1760

Tabelle 3-1: Zahlungsreihe vor Steuern (Beispiel)

Es ergibt sich ein Kapitalwert vor Steuern K_0 von -24,79, das Investitionsobjekt ist damit im Vergleich zur Kapitalmarktanlage nicht vorteilhaft.

Es sollen nun Steuerwirkungen berücksichtigt werden. Dabei wird vom sogenannten Standardmodell ausgegangen, das sich in kurzer Form wie folgt charakterisieren läßt: Es existiert ein vollkommener Kapitalmarkt mit Zinssatz i, wobei nun eine allgemeine proportionale Gewinnsteuer mit Steuersatz s erhoben wird. Steuerbemessungsgrundlage (BGr.) sind die Einzahlungsüberschüsse der Periode abzüglich Abschreibungen (AfA_t) und

---

[129] Vgl. Keifer, R. (1970), S. 77ff.; Schneider, D. (1992), S. 102.

Zinszahlungen. Die Steuer (St_t) ist in der jeweiligen Periode sofort zu entrichten. Negative Bemessungsgrundlagen führen zu einer Steuererstattung (Negativsteuer). Das betrachtete Objekt wird über drei Perioden linear abgeschrieben. Es wird eigenfinanziert. Der Steuersatz s beträgt 50%.

Der Zahlungseffekt schlägt sich wie folgt nieder:

	t_0	t_0	t_0	t_0
A_0, b_t	-3000	0	2000	1760
(AfA_t)		(1000)	(1000)	(1000)
(BGr.)		(-1000)	(1000)	(760)
St_t = - s BGr.		500	-500	-380
$b_{t,s}$	-3000	500	1500	1380

Tabelle 3-2: Finanzplan nach Steuern (Beispiel)

Zu bewerten ist die Netto-Zahlungsreihe der $b_{t,s}$ in der letzten Zeile. Da im Standardmodell auch die Alternative Kapitalmarktanlage besteuert wird, reduziert sich der Kalkulationszinsfuß nach Steuern i_S auf $(1-s) * i$ (hier $0,5*0,10 = 0,05$). Damit ergibt sich im vorliegenden Beispiel ein Kapitalwert nach Steuern K_0^S von 28,83. Aus einem vor Steuern unvorteilhaften wird ein nach Steuern vorteilhaftes Investitionsobjekt.

Der im Beispiel exemplarisch dargelegte Effekt wird - auf DIETER SCHNEIDER zurückgehend - bisweilen als Steuerparadoxon bezeichnet. Diese Bezeichnung ist insofern verwirrend oder gar unkorrekt, als sie vom Zahlungseffekt auf den Gesamteffekt schließt. Unter Beachtung des Zinseffektes ist die Erscheinung allerdings keineswegs paradox.[130]

Das Beispiel zeigt, daß sich eine vor Steuern getroffene Entscheidung bei Berücksichtigung von Steuereffekten ändern kann. Von einer Entscheidungs-Irrelevanz der Besteuerung kann also grundsätzlich nicht ausgegangen werden. Ansätze in der Literatur untersuchen, in welchen Fällen ex ante von einer Steuerinsensitivität in dem Sinne gesprochen werden kann, daß Vor-Steuer- und Nach-Steuer-Entscheidung übereinstimmen. Eine Darstellung derartiger Untersuchungen würde hier zu weit führen.[131]

Die damit begründete Ansicht, Steuern in investitionsrechnerischen Kalkülen zu berücksichtigen, läßt sich in verschiedenen Ansätzen umsetzen. Der von der tatsächlichen Optimalität der gefundenen Lösung her unproblematischste Ansatz ist der in obigem Beispiel gezeigte. Er ermittelt in einem vollständigen Finanzplan explizit die Steuerzahlungen und damit die Nettozahlungsreihe, die dann mit Hilfe eines steuerkorrigierten Kalkulationszinsfußes zum Kapitalwert nach Steuern verdichtet wird. Zu beachten bleibt, daß im beschriebenen Standardmodell, das einen vollkommenen Kapitalmarkt nach Steuern darstellt, wie beim vollkommenen Kapitalmarkt ohne Steuern Finanzierungs- und Tilgungsstruktur sowie Zielfunktion irrelevant sind. Mit dieser Konzeption eines vollständigen Finanzplans läßt sich die Berücksichtigung von Steuereffekten auch problemlos in Betrachtungen integrieren, die von unterschiedlichen Soll- und Habenzinssätzen ausgehen (unvollkommener Kapitalmarkt).

Das Standardmodell beruht auf einigen vereinfachenden Prämissen, die nicht der Unternehmensrealität entsprechen. Aus diesem Grund soll knapp dargestellt werden, wie

---

[130] Vgl. Schierenbeck, H. (1993), S. 367f.; Adam, D. (1997), S. 154ff.
[131] Vgl. z.B. König, R. (1997), S. 42ff.; Steiner, J. (1983), S. 280ff.

obige Überlegungen auf das deutsche Steuersystem übertragen werden können. Es wäre verwegen, mit dem Ziel anzutreten, in wenigen Zeilen das deutsche Steuersystem beschreiben zu können. Einige für das Gesamtverständnis wichtige Punkte seien allerdings angesprochen. Dabei hat man sich auf die Steuerarten zu konzentrieren, deren Höhe von projektspezifischen Daten abhängt, also Einzahlungsüberschüssen, Anschaffungsauszahlungen, Finanzierungs- und Tilgungsstruktur. Relativ unproblematische Steuern wie die Umsatzsteuer werden nicht weiter ausgeführt, da sie schnell als zusätzliche Auszahlungen in die Zahlungsreihen integriert werden können. Von den üblicherweise als Kostensteuern betrachteten Steuerarten werden im folgenden nur einige Substanzsteuern explizit betrachtet.[132]

In Abhängigkeit von der Bemessungsgrundlage ist zwischen Ertrags- und Substanzsteuern zu unterscheiden. Zu den Ertragsteuern gehören für natürliche Personen die Einkommensteuer, für juristische die Körperschaftsteuer und in beiden Fällen die Gewerbeertragsteuer. Ihnen ist gemeinsam, daß sie am wirtschaftlichen Erfolg in Form von Ertrag bzw. Gewinn anknüpfen. Substanzsteuern sind Gewerbekapital-, Vermögen- und Grundsteuer.[133] Bemessungsgrundlage ist keine Erfolgsgröße, sondern die jeweils unterschiedlich definierte Substanz des Unternehmens. Auf eine Berücksichtigung der Substanzsteuern kann eher verzichtet werden, da „Investitionsentscheidungen noch weniger 'substanzsteuersensitiv' als 'ertragsteuersensitiv' sind.“[134]

Die Einkommensteuer ist von natürlichen Personen zu entrichten (§1 EStG). Das bedeutet, daß Einzel- und Personengesellschaften selbst nicht einkommensteuerpflichtig sind, sondern die Eigentümer der Unternehmen den Steuerbilanzgewinn als „Einkünfte aus Gewerbe- betrieb“ versteuern müssen.[135] Auf das zu versteuernde Einkommen wird ein linear- progressiver Tarif angewandt (§32c EStG).[136]

Die Körperschaftsteuer besteuert den aufgrund köperschaftsteuerlicher Regelungen modifizierten Steuerbilanzgewinn von Kapitalgesellschaften, also juristischen Personen. Dieses zu versteuernde Einkommen ist bei Thesaurierung, also Gewinneinbehaltung, mit dem Tarifsatz, bei (teilweiser) Ausschüttung mit dem Ausschüttungssatz zu versteuern (§§23, 27 KStG).[137] Die entrichtete Körperschaftsteuer ist auf die Einkommensteuerschuld der Anteilseigner anrechenbar, so daß Doppelbelastungen vermieden werden.

Die Gewerbeertragsteuer wird ebenfalls auf den Steuerbilanzgewinn erhoben, der allerdings um Hinzurechnungen erhöht und Kürzungen vermindert wird (§7 GewStG). Besondere Erwähnung verdient dabei die Bestimmung, daß die Hälfte der Zinsen für Dauerschulden

---

[132] Vgl. Drukarczyk, J. (1996b), S. 28ff.; Mellwig, W. (1989), S. 35ff.; Kilger, W. (1993), S. 431ff.; Schierenbeck, H. (1993), S. 361.

[133] Nach Einreichen dieser Arbeit hat der Bundestag am 11.9.1997 und der Bundesrat am 26.9.1997 die Grundgesetzänderungen zur Abschaffung der Gewerbekapitalsteuer verabschiedet. Damit ist der Weg frei für die Abschaffung der Gewerbekapitalsteuer.
Die Vermögensteuer ist seit dem 1.1.1997 ausgesetzt, da sie vom Bundesverfassungsgericht als in dieser Form nicht verfassungskonform angesehen wurde (Entscheidung vom 22.6.1995, 2 BvL 37/91). Das Gesetz besteht weiterhin, sie wird aber nicht erhoben. Es könnte sein, daß mit einer Reform der Einkommen- und Köperschaftsteuer die Vermögensteuer die Verfassungskonformität wiedergewinnt und wieder eingesetzt wird.

[134] Blohm, H. / Lüder, K. (1995), S. 122.

[135] Auf die restlichen sechs Einkunftsarten und die Ermittlung des zu versteuernden Einkommens mit Abzug verschiedener einkommensteuerrechtlicher Minderungen wird hier nicht eingegangen.

[136] Mit einem effektiven Spitzensteuersatz von derzeit 47%. Die Steuertarife sind ein wesentlicher Diskussionspunkt bei der aktuellen Debatte über die Steuerreform.

[137] Der Tarifsatz beträgt derzeit 45%, der Ausschüttungssatz 30%.

hinzuzurechnen ist (§8 Nr.1 GewStG). Die Gewerbeertragsteuer vermindert die Bemessungs-grundlage für Einkommen- und Körperschaftsteuer und auch ihre eigene, da sie eine „durch den Betrieb veranlaßte Aufwendung" darstellt (§4(4) EStG). Die Gewerbeertragsteuerschuld ergibt sich durch Multiplikation der Bemessungsgrundlage mit der Steuermeßzahl (im Normalfall 0,05) und dem Hebesatz, der von der Gemeinde festgelegt wird (häufig auf 300 bis 400) (§§11, 16 GewStG). Die Abzugsfähigkeit der Gewerbeertragsteuer von ihrer eigenen Bemessungsgrundlage kann auch implizit im Gewerbeertragsteuersatz berücksichtigt werden:[138]

$$s_{GE} = \frac{\text{Steuermeßzahl} * \text{Hebesatz}}{100 + \text{Steuermeßzahl} * \text{Hebesatz}} = \frac{\text{Hebesatz}}{2000 + \text{Hebesatz}}$$

Die Berücksichtigung dieser Ertragsteuern in der Investitionsrechnung ist mit einer Reihe von Problemen verbunden, die kurz angesprochen seien. Zum einen ist festzustellen, daß eine einwandfreie Ermittlung der durch ein Projekt zusätzlich entstehenden Steuerbelastungen nur durch eine Veranlagungssimulation möglich ist: Es müßte also die Steuerbelastung mit und ohne Projekt auf Basis der gesamtunternehmerischen Situation ermittelt und verglichen werden. Nur so können verzerrende Besonderheiten, die eine isolierte Betrachtung unmöglich machen, aufgefangen werden. Zu denken ist hier an negative Bemessungsgrundlagen durch Verluste der Periode oder interperiodale Verlustausgleiche, unterschiedliche Steuersätze aufgrund nichtkonstanter Tarifverläufe oder die Ausschöpfung von Freigrenzen und Freibeträgen. Zum zweiten ist zu beachten, daß die im Rahmen der Investitionsrechnung ermittelten Einzahlungsüberschüsse nicht den Bemessungsgrundlagen für die Ertragsteuern entsprechen, sondern modifiziert werden müssen (z.B. vermindert um Abschreibungen) und sich zudem steuerspezifisch unterscheiden. Als drittes Problem erweist sich, welche Ertragsteuern berücksichtigt werden sollen. Besonders problematisch ist dabei das Verhältnis von Unternehmer und Unternehmen: Bei Personengesellschaften sind die Steuersätze der Eigentümer relevant, die aber aufgrund unterschiedlicher persönlicher Verhältnisse voneinander abweichen können, so daß für die Diskontierung der Gesamtzahlungsreihe ein einheitlicher Steuersatz zu finden ist. Bei Kapitalgesellschaften spielt die Frage der Ausschüttung eine Rolle: Wird Gewinn (teilweise) ausgeschüttet, werden wegen des Anrechnungsverfahren die individuellen Steuersätze der Anteilseigner relevant. Für Publikumsgesellschaften, bei denen die Anteilseigner beliebig austauschbar sind, erscheint eine Beschränkung auf unternehmensbezogene Ertragsteuern sinnvoll. Wird Gewinn thesauriert, wird der unternehmensbezogene Körperschaftsteuersatz relevant.[139]

Als wesentliche Substanzsteuern wurden Vermögen- und Gewerbekapitalsteuer genannt. Die Grundsteuer wird nicht weiter verfolgt. Der Vermögensteuer unterliegt das nach dem Bewertungsgesetz ermittelte Gesamtvermögen natürlicher und juristischer Personen. Auch wenn die Vermögensteuer derzeit nicht erhoben wird, bleibt sie in den folgenden Ausführungen enthalten. Zu beachten ist dabei die volle Abzugsfähigkeit von Betriebsschulden vom Vermögen. Der bestimmte Freibeträge übersteigende Betrag ist zu 75% anzusetzen (§117a (1) BewG). Der Tarifsatz beträgt 1% für natürliche Personen (0,5% bei Betriebsvermögen), 0,6% für juristische Personen (§10 VStG). Die Vermögensteuer ist keine

---

[138] Vgl. Mellwig, W. (1989). S. 37; Drukarczyk, J. (1996b), S. 29.
[139] Vgl. Kruschwitz, L. (1995), S. 110ff.; Mellwig, W. (1989), S. 40f.; Holzapfel, A. (1994), S. 69f.

abzugsfähige Betriebsausgabe, vermindert also die Bemessungsgrundlage der Ertragsteuern nicht. Die Bemessungsgrundlage der Gewerbekapitalsteuer unterscheidet sich von der der Vermögensteuer durch Hinzurechnungen und Kürzungen. Wesentliche Hinzurechnungen ist - analog zur Gewerbeertragsteuer - die Hälfte der betrieblichen Dauerschulden. Der Gewerbekapitalsteuersatz ergibt sich als Produkt von Steuermeßzahl (0,2 %, §13(2) GewStG) und Hebesatz der Gemeinde. Die Gewerbekapitalsteuerzahlung kürzt die Bemessungsgrundlage der Ertragsteuern.

Für eine adäquate Berücksichtigung dieser steuerlichen Überlegungen bietet sich eine Einbindung in einen vollständigen Finanzplan an. Um von einer Veranlagungssimulation absehen zu können, bietet sich die Zugrundelegung folgender vereinfachender Annahmen an:

- Bemessungsgrundlage für die Ertragsteuern sind die Einzahlungsüberschüsse abzüglich der Abschreibungen der Periode
- Bemessungsgrundlage für die Substanzsteuern sind die Anschaffungsauszahlungen abzüglich der kumulierten Abschreibungen
- alle Freibeträge sind voll ausgeschöpft
- Steuertarife verlaufen proportional
- Steuerzahlungen erfolgen sofort.

Diese Annahmen ermöglichen eine vergleichsweise problemlose Ermittlung der jeweiligen Steuerzahlungen und ihre Berücksichtigung im Finanzplan. Soll die sich ergebende Nettozahlungsreihe zu einem Kapitalwert verdichtet werden, so ist ein steuerkorrigierter Kalkulationszinsfuß heranzuziehen. Unterliegt die Alternative den gleichen steuerlichen Regelungen, ergibt sich dieser wie folgt:[140]

$$i_s = i(1 - s_E) - s_S$$

mit i_s = Zinssatz nach Steuern

i = Zinssatz vor Steuern

s_E = kombinierter Ertragsteuersatz

s_S = kombinierter Substanzsteuersatz

Ist die Alternative die Anlage auf dem Kapitalmarkt, ergibt sich daraus:[141]

$$i_{A,s} = i_A(1 - s_{GE})(1 - s_K) - s_{GK}(1 - s_{GE})(1 - s_K) - 0{,}75 s_V$$

Anlagezinsen (Zinssatz vor Steuern i_A) unterliegen der Gewerbeertrag- und der Körperschaftsteuer mit den Sätzen s_{GE} bzw. s_K, wobei die Gewerbeertragsteuerzahlung die Bemessungsgrundlage der Körperschaftsteuer kürzt. Außerdem ist auf das Finanzvermögen Gewerbekapitalsteuer mit dem Satz s_{GK} zu entrichten, die die Bemessungsgrundlagen von Gewerbeertrag- und Körperschaftsteuer kürzt. Das Finanzvermögen unterliegt zudem zu 75% der Vermögensteuer mit Satz s_V.

Liegt die Alternative in der Tilgung von Dauerschulden (Zinssatz vor Steuern i_V), sind die hälftigen Hinzurechnungen bei den Gewerbesteuern zu beachten. Es ergibt sich damit:[142]

$$i_{V,s} = i_V(1 - 0{,}5 s_{GE})(1 - s_K) - 0{,}5 s_{GK}(1 - s_{GE})(1 - s_K) - 0{,}75 s_V$$

---

[140] Vgl. Holzapfel, A. (1994), S. 120f.; Betge, P. (1995), S. 102ff.
[141] Vgl. Drukarczyk, J. (1996b), S. 37.
[142] Vgl. Drukarczyk, J. (1996b), S. 38.

3.1.2.4 *Ergänzungen für den Fall der Unsicherheit*

All diesen Überlegungen liegt die Annahme sicherer Erwartungen zugrunde. Die hier betrachtete betriebliche Situation ist aber durch eine hohe Planungsunsicherheit gekennzeichnet, die sich nie ganz beseitigen läßt. Es stellt sich die Frage, wie man diese Unsicherheit im Modellansatz berücksichtigen kann.

Die Unsicherheit äußert sich darin, daß verschiedene Umweltzustände für möglich gehalten werden. Lassen sich diesen Zuständen Wahrscheinlichkeiten zuordnen, spricht man von Risiko, im anderen Fall von Ungewißheit. Der Fall der Ungewißheit wird hier nicht weiter verfolgt. Die Diskussion der verschiedenen in diesen Fällen üblichen Entscheidungskriterien erscheint an dieser Stelle nicht notwendig oder hilfreich.[143]

Die Einstellung zum Risiko läßt sich durch die Kategorien risikoneutral, risikofreudig und risikoavers beschreiben. Kann von Risikoneutralität ausgegangen werden, ist die Situation der Unsicherheit nicht weiter problematisch. In diesen Fällen können nämlich die Erwartungswerte der Zahlungen in den einzelnen Perioden mit dem *sicheren* Zinssatz abdiskontiert werden. Ist der Entscheidende nicht risikoneutral, so darf nur das *Sicherheitsäquivalent* mit dem sicheren Zinssatz abdiskontiert werden. Das Sicherheitsäquivalent ist die sichere Zahlung, die der Entscheidende genauso hoch schätzt wie die gegebene unsichere Zahlungsverteilung über mehrere Umweltzustände. Bei Risikofreude ist das Sicherheitsäquivalent definitionsgemäß größer als der Erwartungswert, bei Risikoaversion kleiner. Die Ableitung des Sicherheitsäquivalentes aus einer gegebenen Zahlungsverteilung kann nur mit Angaben des Entscheidenden über seine Risikoeinstellung erfolgen, die sich bei ausreichender Information in seine Risikonutzenfunktion verdichten lassen. Bei der risikoadäquaten Kapitalwertermittlung gibt es neben der Abdiskontierung von Sicherheitsäquivalenten mit dem sicheren Zinssatz noch eine zweite Möglichkeit. Sie diskontiert die Erwartungswerte der Wahrscheinlichkeitsverteilungen bei Risikoscheu mit dem um einen Risikozuschlag erhöhten sicheren Zinssatz, bei Risikofreude mit dem um einen Risikoabschlag verminderten. Das Risiko wird hier also nicht durch Korrekturen der bewerteten Zahlungen, sondern durch Anpassung des Kalkulationszinsfußes berücksichtigt.[144]

Für den i.d.R. unterstellten Fall der Risikoscheu seien die Überlegungen etwas präzisiert. Zur Ermittlung dieses Risikozuschlags ist zu unterscheiden zwischen Investitions- und Finanzierungsrisiko. Das Investitionsrisiko (business risk) ist das Risiko, das dem Investitionsobjekt als solchem anhaftet, unabhängig von der Finanzierungsstruktur. Das Finanzierungsrisiko (financial risk) entsteht dadurch, daß Fremdmittelgebern - zumindest teilweise - sichere Zahlungen aus der Wahrscheinlichkeitsverteilung abgetreten werden, so daß sich das bestehende Risiko auf eine schmälere Eigenkapitalbasis konzentriert. MODIGLIANI/MILLER untersuchen die Auswirkungen des Finanzierungsrisikos auf den sogenannten durchschnittlichen Kapitalkostensatz sowie auf die geforderte Rendite des Eigenkapitals.[145] Ihre Ausführungen sind kompatibel mit den Erkenntnissen des CAPM (Capital Asset Pricing Model), das zusätzlich unter bestimmten Annahmen die Auswirkungen

---

[143] Vgl. Saliger, E. (1993), S. 80ff.; Bamberg, G. / Coenenberg, A.G. (1996), S. 107ff.
[144] Vgl. z.B. Drukarczyk, J. (1996b), S. 55ff.
[145] Vgl. Modigliani, F. / Miller, M.H. (1958), S. 261ff.

des Investitionsrisikos auf die geforderte Rendite quantifiziert.[146] Die Ableitungen des CAPM beruhen auf Gedanken der Risikodiversifikation, die in der Wertpapier-Portefeuilletheorie dargestellt wird. Die hier zu bearbeitende Fragestellung läßt eine fundierte Behandlung der angeschnittenen Ansätze nicht zu. Es muß auf die angegebene Literatur verwiesen werden. Die wesentlichen Ergebnisse sind aber trotzdem zu beschreiben, weil sie den begrüßenswerten Versuch darstellen, den Risikozuschlag zu entpauschalisieren, indem er unter bestimmten Voraussetzungen exakt quantifiziert wird.[147]

Das CAPM untersucht auf Basis bestimmter Annahmen[148] (im wesentlichen Risikoscheu der Anleger bei vollkommener Markttransparenz und vollkommenem Kapitalmarkt ohne Steuern, Einperiodenfall und Normalverteilung der Renditen) den Risikobeitrag einer einzelnen Aktie zum Marktportfeuille, das als Folge der Annahmen von allen Marktteilnehmern gehalten wird, und damit die für sie zu fordernde Risikoprämie. Das CAPM berücksichtigt die Tatsache, daß die zu beurteilende Aktie im Risikoverbund mit den übrigen Aktien steht. Dabei stellt man fest, daß das unternehmensindividuelle unsystematische Risiko im Rahmen des Marktportfeuilles wegdiversifiziert und somit die relevante Risikomenge durch das systematische Risiko bestimmt wird. Dieses systematische Risiko wird durch die Kovarianz zwischen betrachteter Aktie und Marktportfeuille quantifiziert. Als für eine Aktie j zu fordernde Rendite r_j^* ergibt sich aus den Überlegungen des CAPM:[149]

$$r_j^* = i + \frac{\overline{r}_M - i}{\sigma_M^2} \operatorname{cov}(\widetilde{r}_j, \widetilde{r}_M) = i + \lambda \operatorname{cov}(\widetilde{r}_j, \widetilde{r}_M) = i + (\overline{r}_M - i)\beta_j$$

mit

i: sicherer Zinssatz

$\overline{r}_M$: erwartete Rendite des Marktportfeuilles

σ_M^2: Varianz des Marktportfeuilles

$\operatorname{cov}(\widetilde{r}_j, \widetilde{r}_M)$: Kovarianz zwischen der Rendite der Aktie und der des Marktportfeuilles

Unter Hinzunahme der Überlegungen von MODIGLIANI/MILLER lassen sich in diese Überlegungen, die von der Annahme der Eigenfinanzierung ausgingen, Wirkungen von Fremdkapital integrieren. Auf Basis ihrer Arbitragebeweise leiten sie unter den gesetzten Annahmen für das Grundmodell (keine Steuern) ab, daß die geforderte Eigenkapitalrendite $\overline{k}_j^F$ mit steigendem Verschuldungsgrad linear ansteigt.[150]

---

[146] Vgl. Sharpe, W.F. (1964), S. 425ff. oder den Überblick bei Kruschwitz, L. / Schöbel, R. (1987), S. 67ff.; Kruschwitz, L. / Milde, H. (1996), S. 1118ff.; Brealey R.A. / Myers, S.C. (1996), S. 156ff.; Klien, W. (1995), S. 112ff.

[147] Alternativ zum CAPM wird auf Basis ähnlicher Annahmen die Arbitrage Pricing Theory (APT) entwickelt. Sie geht davon aus, daß die von einem Wertpapier zu fordernde Rendite durch verschiedene (makroökonomische) Risikofaktoren generiert wird, die (durch Linearkombination) zu verdichten sind. Zu genaueren Ausführungen und empirischen Überprüfungen vgl. z.B. Lockert, G. (1996) mit der dort angegebenen Literatur oder die Einführung bei Brealey R.A. / Myers, S.C. (1996), S. 190ff.; Klien, W. (1995), S. 134ff.

[148] Vgl. Kruschwitz, L. / Schöbel, R. (1987), S. 67f.; Schierenbeck, H. (1993), S. 381ff.; Drukarczyk, J. (1993), S. 234ff.; Adelberger, O. (1981), S. 102f.; Klien, W. (1995), S. 112ff.

[149] Vgl. Drukarczyk, J. (1993), S. 239.; Adelberger, O. (1981), S. 103; Schmidt, R.H. / Terberger, E. (1996), S. 351; Kruschwitz, L. / Schöbel, R. (1987), S. 69f.

[150] Vgl. Drukarczyk, J. (1993), S. 133; Drukarczyk, J. (1996b), S. 124ff.; Schmidt, R.H. / Terberger, E. (1996), S. 256ff.

$$\bar{k}_j^F = \bar{k}_j + (\bar{k}_j - i)\frac{F}{E}$$

Die bei Eigenfinanzierung geforderte Rendite $\bar{k}_j$ wird bei MODIGLIANI / MILLER als gegeben angenommen, sie ergibt sich (z.B.) aus obiger CAPM-Formel als das r_j^*. F ist der Marktwert des Fremdkapitals, der im Falle der Unmöglichkeit eines Ausfalls dem Nominalwert entspricht, E der Marktwert des Eigenkapitals. Diese Abgeltung des Finanzierungsrisikos ist plausibel, da sich das gleiche Gesamtrisiko der unsicheren Zahlungen auf eine schmälere Basis konzentriert. Die Eigenkapitalgeber müssen nämlich annahmegemäß sichere Zahlungen an die Fremdkapitalgeber abtreten. Der durchschnittliche Kapitalkostensatz ist (in diesem Fall des Grundmodells) unabhängig vom Verschuldungsgrad so hoch wie die bei Eigenfinanzierung zu fordernde Rendite $\bar{k}_j$, der gesamte Unternehmenswert ist unabhängig vom Verschuldungsgrad immer gleich hoch.[151]

In Anlehnung an die für die Unternehmensbewertung vorgeschlagenen Verfahren der Discounted Cash-flow-Methoden (DCF-Methoden) lassen sich drei Verfahren zur Ermittlung des Kapitalwerts des Eigenkapitals unterscheiden:[152] Die erste Methode ist die Diskontierung der Zahlungen an die Eigenkapitalgeber mit der geforderten Eigenkapitalrendite (Equity-Methode). Werden die gesamten erwarteten Einzahlungsüberschüsse abdiskontiert, so ist dazu der durchschnittliche Kapitalkostensatz heranzuziehen, vom sich ergebenden Gesamtwert ist der Marktwert des Fremdkapitals abzuziehen (Entity-Methode). Die Ermittlung der geforderten Eigenkapitalrendite und - außer in Ausnahmefällen wie dem Grundmodell - des durchschnittlichen Kapitalkostensatzes setzt die Kenntnis des Marktwerts des Eigenkapitals bzw. des Marktwertverhältnissses von Fremd- und Eigenkapital voraus (siehe obige Formel). Der Marktwert des Eigenkapitals soll aber gerade ermittelt werden, so daß nach Substituten zu suchen ist: Als Notlösung können bilanzielle Werte verwendet werden, oder es wird von einer langfristig konstanten Ziel-Kapitalstruktur ausgegangen, oder es wird die Berechnung iterativ durchgeführt. Als grundsätzliche Alternative bietet sich die dritte Methode an (adjusted present value, APV-Ansatz): Dabei wird zunächst der Gesamtwert des Unternehmens bzw. Investitionsobjektes bei reiner Eigenfinanzierung ermittelt, um dann werterhöhende Faktoren der Fremdfinanzierung (z.B. die im folgenden beleuchteten Steuervorteile) zu berücksichtigen und den sich ergebenden Gesamtwert um den Wert des Fremdkapitals zu kürzen.

Auf Basis der Überlegungen des CAPM läßt sich auch der zweite Weg zur Berücksichtigung der Unsicherheit einschlagen, der das Sicherheitsäquivalent mit dem sicheren Zinssatz abdiskontiert. Nach einigen Umformungen ergibt sich das Sicherheitsäquivalent SÄ gemäß:[153]

$$S\ddot{A} = \bar{b} - \lambda \operatorname{cov}(\tilde{b}, \tilde{r}_M), \quad \lambda = \frac{\bar{r}_M - i}{\sigma_M^2}$$

mit $\bar{b}$ und $\tilde{b}$ als Erwartungswert bzw. Verteilung der Einzahlungsüberschüsse

Bei einer Anwendung des CAPM auf Sachinvestitionen sind die bei der Herleitung der Beziehungen gesetzten Annahmen zu beachten. Diese führten u.a. dazu, daß alle

---

[151] Eine Ausweitung auf den Fall der Risikoteilung aufgrund unsicheren Fremdkapitals ist möglich. Vgl. z.B. Kruschwitz, L. / Milde, H. (1996), S. 1127ff.

[152] Vgl. Drukarczyk, J. (1996b), S. 142ff.

[153] Vgl. Kruschwitz, L. / Schöbel, R. (1987), S. 71; Drukarczyk, J. (1993), S. 262; Schmidt, R.H. / Terberger, E. (1996), S. 365.

Marktteilnehmer das Marktportefeuille halten. Ist dies nicht der Fall, wird das unsystematische Risiko nicht wegdiversifiziert, die CAPM-Formel ist dann nicht anwendbar, es bleibt die Anwendung einer Risikonutzenfunktion.

Die Überlegungen von MODIGLIANI/MILLER und des CAPM lassen sich erweitern auf verschiedene Steuerfälle, z.B. auf den oben erläuterten Fall des deutschen Steuersystems unter den genannten vereinfachenden Annahmen - sie bleiben dabei voll kompatibel.[154] Ziel ist ein investitionstheoretisches Modell, das Unsicherheit, unterschiedliche Kapitalstrukturen und Steuern berücksichtigt. Zur Vereinfachung wird dabei Vollausschüttung unterstellt. Im Fall ohne Steuern wurden die gesamten Einzahlungsüberschüsse aufgeteilt auf Eigen- und Fremdkapitalgeber. Der Gesamtwert des Unternehmens oder Projektes und der durchschnittliche Kapitalkostensatz blieben also unverändert, weil das Gesamtrisiko gleich blieb. Da die Positionen der Fremdkapitalgeber annahmegemäß sicher sind, muß die geforderte Rendite der Anteilseigner mit zunehmendem Fremdkapitalanteil steigen. Werden nun Steuern erhoben, ändert sich die Situation grundlegend: Die Einzahlungsüberschüsse sind zunächst um die Steuerzahlungen zu vermindern bei gleichem Risiko. Hinzu kommt aber eine sichere Steuersubvention durch den Staat, die dadurch entsteht, daß die (annahmegemäß sicheren) Fremdkapitalzinsen steuerlich abzugsfähig sind. Dies führt zu einem Marktwertzuwachs, weil die Anteilseigner zwar Zinsen für entsprechende private Fremdmittel[155] von ihrer privaten Steuerschuld auch abziehen können, aber Entlastungen bei rein betrieblichen Steuern entfallen, so daß die private Steuersubvention entsprechend kleiner ausfällt. Der Steuervorteil entspringt - wegen der Annahme der Vollausschüttung und dem Anrechnungsverfahren - also nicht der Einkommen- oder Körperschaftsteuer, sondern den übrigen betrachteten Steuern. Im Vergleich zur Eigenfinanzierung des Unternehmens oder Projektes steigt in den Fällen der Verschuldung der gesamte Marktwert um diese abdiskontierten Steuervorteile. Der Steuervorteil einer Verschuldung auf Unternehmensebene im Vergleich zu einer gleich hohen Verschuldung auf Privatebene beträgt pro Periode:[156]

$$F(\frac{1}{1-s_U} 0,75s_v - 0,5s_{GK}s_{GE} + 0,5is_{GE} + 0,5s_{GK})(1-s_I),$$

s_U: Körperschaftsteuersatz, s_I: privater Einkommensteuersatz

Dieser sichere Steuervorteil ist mit dem sicheren Zinssatz nach privaten Steuern, $i(1-s_I)$, abzudiskontieren, der resultierende Betrag erhöht gemäß APV-Ansatz den Wert des Eigenkapitals bei reiner Eigenfinanzierung.

Die Übertragung des Steuervorteils auf zu fordernde Eigenkapitalrendite in Abhängigkeit vom Verschuldungsgrad (zur Anwendung der Equity-Methode) und durchschnittlichen Kapitalkostensatz (zur Anwendung der Entity-Methode) bedarf einiger mathematischer Operationen, auf die hier verzichtet wird. Die dazu benötigte zu fordernde Rendite bei Eigenfinanzierung ergibt sich aus den skizzierten Überlegungen zum CAPM, die allerdings an die steuerliche Situation anzupassen sind. Alternativ ist es möglich, die CAPM-Formel direkt

---

[154] Vgl. Adelberger, O. (1981), S. 107f.; Drukarczyk, J. (1993), S. 243ff., 269ff.

[155] Die Aufnahme dieser Fremdmitteln im Fall des unverschuldeten Unternehmens ist erforderlich, damit der Anleger in seiner Gesamtposition das gleiche Investitions- und Finanzierungsrisiko hält wie im Fall des verschuldeten Unternehmens ohne private Verschuldung, vgl. Drukarczyk, J. (1993), S. 136, 181ff.

[156] Vgl. Drukarczyk, J. (1993), S. 182f.; Drukarczyk, J. (1996b), S. 137. Es wird dabei angenommen, daß der private Anleger nur einkommensteuerpflichtig ist, also insbesondere keine Vermögensteuer bezahlt.

auf den Verschuldungsfall anzupassen durch ein β^F, das das β des unverschuldeten Unternehmens um Wirkungen der Kapitalstruktur modifiziert.[157]

Unter dem gesetzten Annahmenkranz läßt sich damit der Kalkulationszinsfuß bei Unsicherheit für verschiedene Kapitalstrukturen vor dem Hintergrund des deutschen Steuersystems finden. Eine Übertragung auf andere Investitionsobjekte ist nur unter restriktiven Annahmen möglich:

1. Das Investitionsobjekt muß das gleiche Investitionsrisiko aufweisen.
2. Es muß mit der gleichen, über die Laufzeit konstanten Kapitalstruktur realisiert werden.

Die bisherigen Ausführungen gingen von der Annahme aus, daß ein vollkommener Kapitalmarkt vorliegt. Hebt man diese Annahme dergestalt auf, daß von einem unvollkommenen Kapitalmarkt ausgegangen wird, auf dem zwei verschiedene sichere Zinssätze für Anlagen und Kredite herrschen, so ändern sich die Ergebnisse: Es existieren nun zwei verschiedene Marktportefeuilles, eines für die Anleger, die sichere Mittel anlegen, und eines für die, die sich verschulden; jeder wählt nach seinen Präferenzen. Von einer linearen Kapitalmarktlinie kann also nicht mehr ausgegangen werden. Entsprechend lassen sich nun auch zwei verschiedene Gleichgewichtsrenditen für nicht effiziente Positionen herleiten. Weichen Anlage- und Verschuldungszinssatz nicht stark voneinander ab, so kann der Unterschied in den Renditen eventuell vernachlässigt werden. Wie sich allerdings nachweisen läßt, bleibt das Modell auch bei gravierenderen Unvollkommenheiten robust. In bestimmten Fällen ist der sichere Zinssatz bei der Ermittlung der geforderten Rendite durch die Rendite eines Portefeuilles zu ersetzen, dessen Kovarianz mit dem Marktportefeuille Null ist.[158]

Auf eine weitere Analyse der Konsequenzen der Aufhebung der einzelnen Annahmen wird hier verzichtet.[159]

Die angestellten Überlegungen zeigen, wie man unter bestimmten Voraussetzungen den Risikozuschlag bei Unsicherheit und Risikoscheu ermitteln kann. Daneben gibt es aber auch noch andere Möglichkeiten für den Umgang mit Problemen der Unsicherheit in der Investitionsrechnung. Einige seien in der gebotenen Kürze angesprochen.[160]

Neben dem vorgestellten gibt es noch pauschalere Korrekturverfahren, die bei Risikoscheu den sicheren Zinssatz um einen Risikozuschlag erhöhen. Dessen Ermittlung erfolgt häufig in relativ pauschaler Manier; die Bestimmung der Höhe des Risikozuschlages als das wesentliche Problem wird damit grob vereinfacht.

Die Sensitivitätsanalyse möchte den Zusammenhang zwischen Inputgrößen (z.B. Preise oder Kalkulationszinsfuß) und Outputgrößen des Rechenmodells (z.B. Kapitalwert) transparenter machen. Dazu kann man zum einen die Frage stellen, wie stark bestimmte Input-Größen sich verändern dürfen, ohne daß die betrachteten Outputgrößen vorgegebene Werte unter- oder überschreiten, z.B. der Kapitalwert den Wert Null (Verfahren der kritischen Werte). Zum anderen kann man untersuchen, wie stark sich Outputgrößen bei gegebener Veränderung

---

[157] Vgl. Drukarczyk, J. (1993), S. 183ff., 192f., 279; Drukarczyk, J. (1996b), S. 139ff.; 190ff.

[158] Vgl. Drukarczyk, J. (1993), S. 252; Adelberger, O. (1981), S. 112.; Francis, J.C. / Alexander, G.J. (1986), S. 118ff.; Black, F. (1972), S. 450f.

[159] Vgl. z.B. Adelberger, O. (1981), S. 109ff.; Kruschwitz, L. / Schöbel, R. (1987), S. 71f.

[160] Vgl. Blohm, H. / Lüder, K. (1995), S. 248ff.; Keifer, R. (1970), S. 138ff.; Kruschwitz, L. (1995), S. 268ff.; Schierenbeck, H. (1993), S. 370ff.; Adam, D. (1997), S. 335ff.; Brealey R.A. / Myers, S.C. (1996), S. 239ff.; Hax, H. (1993), S. 122ff.

bestimmter Inputgrößen verändern. Im Unterschied zur Szenarioanalyse wird bei der Sensitivitätsanalyse i.d.R. nur ein Parameter isoliert ceteris paribus variiert.

Ziel einer Risikoanalyse ist es, eine Wahrscheinlichkeitsverteilung für das Entscheidungskriterium, z.B. den Kapitalwert, zu gewinnen. Dabei unterscheidet man analytische Verfahren, die die Verteilung rechnerisch ermitteln, und simulative Verfahren (Monte-Carlo-Simulation). Auf Basis der gewonnenen Wahrscheinlichkeitsverteilung kann der Entscheidungsträger in Abhängigkeit von seiner Risikoeinstellung festlegen, ob er das Projekt durchführt oder nicht. Auf die Darstellung weiterer entscheidungstheoretischer Verfahren zur Entscheidung unter Unsicherheit, insbesondere Risiko, wird verzichtet, weil sie zur Lösung des hier behandelten Problems nichts beitragen können. Das gleiche gilt für den Ausbau linearer Programmierungsansätze zum Chance-Constrained Programming (CCP), bei dem der Erwartungswert der Zielgröße maximiert wird unter bestimmten Nebenbedingungen zum finanziellen Gleichgewicht, die mit bestimmten Wahrscheinlichkeiten eingehalten werden müssen.[161]

3.1.2.5 Anmerkungen zum Fall der Inflation und zu nichtflachen Zinsstrukturen

Die bisherigen Überlegungen haben keine Rücksicht darauf genommen, daß die in der Zahlungsreihe festgehaltenen Zahlungen i.d.R. einer Geldentwertung unterliegen. Es stellt sich daher die Frage, ob die Existenz von Inflation in den investitionsrechnerischen Kalkülen explizit berücksichtigt werden sollte. Dazu sei der reale und der nominale Kapitalwert einer Zahlungsreihe miteinander verglichen für den Fall eines vollkommenen Kapitalmarkts ohne Steuern und bei Sicherheit. Der nominale Kapitalwert ergibt sich bekanntermaßen gemäß:

$$K_0 = -A_0 + \sum_{t=0}^{n} b_t (1+i)^{-t},$$

mit K_0 = (Netto–)Kapitalwert

A_0 = Anschaffungsauszahlung

b_t = Einzahlungsüberschuß in Periode t

i = Kalkulationszinsfuß

n = Ende des Betrachtungszeitraums

Soll der reale Kapitalwert ermittelt werden, sind die Zahlungen zu deflationieren auf das Preisniveau in t_0 (durch Division durch den Faktor 1+g pro Periode) sowie als Kalkulationszinsfuß der reale Zins (i_R)auf dem Kapitalmarkt heranzuziehen. Das ist der interne Zins der Finanzanlagen, der sich ergibt, wenn alle Zahlungen deflationiert werden. Für den Fall einer gleichbleibenden Geldentwertungsrate g errechnet er sich wie folgt:[162]

$$i_R = \frac{i-g}{1+g} \text{ aus } 1 + i_R = \frac{1+i}{1+g}$$

Ersetzt man den realen Zinssatz in der Formel für den realen Kapitalwert, so erkennt man, daß der nominale und der reale Kapitalwert in diesem Fall übereinstimmen: Sowohl im Zähler als auch im Nenner jedes Summanden wird die gleiche Division (mit dem kumulierten

---

[161] Vgl. Blohm, H. / Lüder, K. (1995), S. 308ff.; Perridon, L. / Steiner, M. (1995), S. 137ff.
[162] Vgl. Adam, D. (1997), S. 176f.; Brealey R.A. / Myers, S.C. (1996), S. 116ff.; Blohm, H. / Lüder, K. (1995), S. 138f.

Deflationierungsfaktor) vorgenommen, die sich kürzen läßt. Auf eine Deflationierung der Zahlungen und die Ermittlung des realen Zinssatzes kann daher verzichtet werden. Wird von zeitlich schwankenden Inflationsraten ausgegangen, so ist zuerst explizit der reale interne Zinsfuß der Finanzanlage zu ermitteln, der dann als Kalkulationszinsfuß dient. In diesen Fällen weichen realer und nominaler Kapitalwert voneinander ab. Die Annahme gleichbleibender Inflationsrate, z.B. in Höhe des Durchschnitts der erwarteten jährlichen Inflationsraten kann nur als Näherung akzeptiert werden.[163]

Die Überlegungen ließen sich auf den Steuerfall und auf den Fall der Unsicherheit übertragen, worauf an dieser Stelle aufgrund der analogen Ergebnisse verzichtet wird.[164]

Die bisherigen Überlegungen haben außerdem unterstellt, daß der Zinssatz unabhängig von der Laufzeit der Anlage oder des Kredits immer gleich hoch ist, man spricht dann von flacher Zinsstruktur. In der Realität liegt aber eine nichtflache Zinsstruktur vor, d.h. der Zinssatz ist laufzeitabhängig. Dies darf nicht verwechselt werden mit der angedeuteten variablen Zinsstruktur, bei der sich die Zinssätze im Zeitablauf ändern, aber nach wie vor laufzeitunabhängig sind, so daß eine periodenweise retrograde Abdiskontierung mit dem in der jeweiligen Periode gültigen Zinssatz erforderlich wird.

Da Totalmodelle, die Probleme nichtflacher Zinsstrukturen erfassen könnten, nicht praktikabel sind, wird in den letzten Jahren versucht, die Marktzinsmethode, ein aus dem Banken-Controlling stammendes Verfahren, auf Sachinvestitionen zu übertragen. Dieser Versuch soll im folgenden skizziert werden. Der Vorschlag hat eine intensive Diskussion ausgelöst, die hier nur angedeutet werden kann.[165]

Bei der Marktzinsmethode (MZM) werden die Einzahlungsüberschüsse ihrem zeitlichen Anfall entsprechend mit unterschiedlichen Zinssätzen bewertet. Dazu wird ein fristenkongruentes Opportunitätsgeschäft auf dem Kapitalmarkt konstruiert, das zur selben Zahlungsreihe führt wie die Sachinvestition. Fristenkongruent bedeutet, daß Einzahlungsüberschüsse der t-ten Periode einer Finanzanlage im Entscheidungszeitpunkt bis zur t-ten Periode entspringen. Die Sachinvestition ist vorteilhaft, wenn die für das Opportunitätsgeschäft notwendige Auszahlung höher ist als die Anschaffungsauszahlung der Sachinvestition, die Differenz entspricht dem Kapitalwert nach der MZM. Die Ermittlung des Kapitalwerts nach MZM kann beschleunigt werden durch Ermittlung laufzeitabhängiger Zerobond-Abzinsungsfaktoren. Dieser Kapitalwert kann zu Beginn der Investition realisiert werden, indem die Vorzeichen des Opportunitätsgeschäfts umgedreht werden. Die Einzahlungsüberschüsse werden für Zins- und Tilgungszahlungen verwendet. Damit kann ein Kredit bedient werden, der um den Kapitalwert nach MZM höher ist als die Anschaffungsauszahlung der Sachinvestition.

An diesem Konstrukt werden die wesentlichen Eigenschaften der MZM deutlich. Sie geht insbesondere von einem vollkommenen Kapitalmarkt aus, zu dem das Unternehmen freien Zugang hat und auf dem Soll- und Habenzinsen einer bestimmten Fristigkeit übereinstimmen.

---

[163] Vgl. Blohm, H. / Lüder, K. (1995), S. 140f. ; Schneider, D. (1992), S. 380f.

[164] Vgl. Blohm, H. /Lüder, K. (1995), S. 141; Schneider, D. (1992), S. 384ff.

[165] Vgl. zu den folgenden Grundprinzipien und die angedeutete Diskussion z.B. Schierenbeck, H. / Marusev, A.W. (1990), S. 790ff.; Rolfes, B. (1992), S. 120ff.; Rolfes, B. (1993), S. 697ff.; Adam. D. et al. (1993), S. 3ff.; Adam, D. et al. (1994), S. 115ff.; Adam, D. (1997), S. 277ff. oder Djebbar, J.-F. (1996), S. 354ff. und die dort angegebene Literatur.

Durch die vorgenommene fristenkongruente Finanzierung wird als Grenzerfolg nur der auf den Entscheidungszeitpunkt bezogene Vorteil der Sachinvestition gegenüber einer fristenkongruenten Kapitalmarktanlage gezeigt. Erfolge durch Fristentransformation, also ein Abweichen der tatsächlichen Finanzierung von der fristenkongruenten (z.B. durch jährlich revolvierende Kreditaufnahme), wird nicht berücksichtigt, da dieser Vorteil auch ohne Sachinvestition realisierbar wäre. Daran entzündet sich der Kernpunkt der Diskussion. Es wird heiß diskutiert, ob damit der eigentliche Wert der Investition gezeigt wird oder ob aufgrund der Annahme einer risikoscheuen (da im Entscheidungszeitpunkt bis zum Laufzeitende realisierten) und unrealistischen Finanzierung vorteilhafte Projekte totgerechnet werden.

Neben diesem Kritikpunkt und anderen systemimmanenten Schwächen sind die bis dato vorgeschlagenen Erweiterungen der Martkzinsmethode auf die oben beschriebenen Fälle eines unvollkommenen Kapitalmarkts, unterschiedliche Kapitalstrukturen, auf den Steuerfall, auf den Fall der Unsicherheit und den der Inflation noch sehr rudimentär.[166] Bis dieser vom Prinzip her begrüßenswerte Ansatz auf Sachinvestitionen durchgängig übertragbar ist, erscheint daher noch Einiges an investitionstheoretischer Forschung erforderlich.

3.2 Entwicklung eines Preisschwellenkonzeptes

3.2.1 Umfang und Charakter der gesuchten Preisuntergrenze

Die bisherigen Ausführungen haben die investitionstheoretische Ausrichtung des Ansatzes begründet und aufgezeigt. Dieser Rahmen ist nun weiter zu konkretisieren: Es ist zu zeigen, welchen Charakter die hier zu ermittelnde Preisuntergrenze vor dem Hintergrund der eingangs vorgestellten Ansätze der Literatur einnimmt. Insbesondere der Umfang der Preisuntergrenze ist zu klären und zu präzisieren.

Die Preisuntergrenze ist ein kritischer Preis, ein Grenzpreis. Sie gibt an, wie weit ein anbietendes Unternehmen den Preissenkungsversuchen des Kunden maximal folgen kann, ohne sich gegenüber der möglichen Alternative zu verschlechtern. Diese Form der Preisuntergrenze ist streng entscheidungsorientiert. Die hier betrachteten Alternativen sind Annahme und Ablehnung des zugrundeliegenden Auftrags.

Der hier vorgestellte Ansatz beantwortet die Frage erfolgsorientiert. Die zu vermeidende Verschlechterung gegenüber der Alternative, also der Ablehnung des Auftrags, wird an Erfolgsgrößen gemessen. Die Preisuntergrenze ist erreicht, wenn sich der Gesamtgewinn bei Annahme und der bei Ablehnung die Waage halten. Die Mehrjährigkeit der Situation zwingt zu einer Kompression der Periodengewinne zu einem Kapitalwert bzw. der Preisuntergrenze zu Annuitäten. Würde der Verkaufspreis diese Schranke nach unten durchbrechen, verschlechterte sich der Gesamtgewinn. Liquiditätsaspekte werden im hier vorgestellten ersten Schritt nicht explizit berücksichtigt. Eine Anbindung an die Finanz- und Liquiditätsplanung ist allerdings nötig: Die Gegenüberstellung von Mittelzu- und -abflüssen in Stärke und Zeitpunkt ist zur Sicherstellung des finanziellen Gleichgewichts elementar. Dieses Problem wird hier ausgelagert, es wird keine liquiditätsorientierte Preisuntergrenze

---

[166] Vgl. Wimmer, K. (1993), S. 781f.; Djebbar, J.-F. (1996), S. 357ff

ermittelt. Da der vorgestellte Ansatz aber investitionstheoretisch geprägt ist und solche Zahlungswirkungen für den Beschaffungs-, Produktions- und Absatzbereich explizit darstellt, dürfte eine gute Basis für eine liquiditätsorientierte Multi-Projekt-Betrachtung gegeben sein. Der explizite Zahlungsbezug der herangezogenen Erfolgsgrößen trägt wesentlich dazu bei. Rein zeitlich gesehen ist die zu findende Preisuntergrenze i.d.R. eine langfristige. Dies ist durch die hier zugrundegelegte mehrjährige Lieferzeit des Projektes bedingt, die wiederum erst nach einigen Jahren - nämlich nach der Entwicklungsphase - beginnt. Im entscheidungstheoretischen Sinne langfristig ist die Preisuntergrenze hier insofern, als die Kapazitäten als variabel angesehen werden können. Mit der langfristigen Preisuntergrenze im herkömmlichen Sinn darf die Preisuntergrenze hier allerdings nicht verwechselt werden. Diese will die langfristige Überlebensfähigkeit des Betriebes durch Ansatz der Vollkosten sicherstellen. Die angestellten Überlegungen haben allerdings ein Grenz- und damit Teilkostenkonzept erzwungen. Von einer Unterscheidung in kurz- und langfristige Preisuntergrenze wird daher im weiteren Verlauf Abstand genommen und die hier zu ermittelnde Preisuntergrenze nur vor dem Hintergrund eines konkreten Entscheidungskontexts gesehen.[167] Bisweilen wird in der Literatur der Einbezug absatzwirtschaftlicher Überlegungen empfohlen. Einige der eingangs erwähnten Aspekte sind für die Automobilzulieferindustrie i.d.R. nicht relevant oder von stark untergeordneter Bedeutung: Rückschlüsse sinkender Preise auf einen sinkenden Qualitätsstandard bspw. sind aufgrund der Spezifikationen der Abnehmer und ihrer direkten Qualitätstests i.d.R. auszuschließen. Spekulationen über Marktpreisentwicklung und daraus folgende Lagerhaltungsstrategien sind aufgrund der vertraglichen Fixierung der Preise und der Mengenvorstellungen über die Laufzeit überflüssig.

Einige Faktoren sind aber durchaus relevant. Dazu zählen die Wirkungen auf Folgeaufträge. Zu schnelles nachgiebiges Verhalten in den Preisverhandlungen bis auf die Preisuntergrenze kann zu einem allgemeinen Abfall des Marktpreisniveaus, damit zu Kannibalisierungseffekten für Folgeaufträge und zu andauernden Deckungslücken führen. Eine quantitative Berücksichtigung in einer Auftragspreisuntergrenze wird aber als zu problematisch angesehen, als daß sie im vorliegenden Ansatz explizit Berücksichtigung finden sollte. Andererseits kann der Verdrängungswettbewerb über Preise an der Preisuntergrenze zum dauerhaften Wegfall von Konkurrenten und damit zu größerem preispolitischen Spielraum führen. Unter Umständen kann es daher sogar sinnvoll sein, die erfolgsorientierte Preisuntergrenze zu unterschreiten. Dies muß allerdings wiederum durch Multi-Projekt-Rechnungen abgesichert werden, die die langfristige Vorteilhaftigkeit solcher strategischen Überlegungen belegen.

Bezugsobjekt der vorliegenden Entscheidungssituation ist der Auftrag. Gesucht ist also eine Preisuntergrenze für diesen Auftrag. Die Preisuntergrenze für den Auftrag muß aber in einer stückbezogenen Größe ausgedrückt werden, da die Preise zum Kunden hin immer Stückbezug haben. Der Barwert der Auftragseinzelkosten inklusive der Stückeinzelkosten des Auftrags ist damit unter Beachtung der Zeitstruktur auf ein Stück herunterzubrechen. Der Aggregation der Stückeinzelkosten zur Integration in die Auftragspreisuntergrenze sowie der Disaggregation dieser Auftragsgröße in eine Stückgröße liegt immer ein bestimmtes Mengengerüst zugrunde, vor dessen Hintergrund die ermittelte Preisuntergrenze zu sehen ist.

---

[167] Ähnlich Bertsch, L. H. (1990), S. 245.

Die Preisuntergrenze ist erreicht, wenn die Grenzkosten des Auftrags seine Grenzerlöse übersteigen würden. Wegen der fehlenden Marginalität der in den vorliegenden Fällen betrachteten Erfolgsgrößen sollte eigentlich von Differenzkosten bzw. -erlösen gesprochen werden.[168] Im folgenden wird aber der üblichere Begriff der Grenzbetrachtungen beibehalten. Unter die heranzuziehenden Grenzkosten fallen die durch den Auftrag zusätzlich entstehenden sowie die bei Ablehnung wegfallenden Kosten. Dies sind die für die zu treffende Entscheidung relevanten Kosten. Oder, um mit dem Identitätsprinzip von RIEBEL zu sprechen, die Preisuntergrenze wird von den Kosten im Sinne von Auszahlungen bestimmt, die auf die gleiche Entscheidung, also den identischen dispositiven Ursprung zurückzuführen sind wie das Bezugsobjekt, also der Auftrag.[169] Dieser dispositive Ursprung ist die Annahme des Auftrags. Kosten, die bis zum Entscheidungszeitpunkt der Auftragsannahme für den Auftrag entstanden sind, sind irreversibel vordisponiert und damit für die Preisuntergrenze nicht relevant. In einer Bezugsobjekthierarchie im System der relativen Einzelkosten im Sinne RIEBELS wird die Preisuntergrenze daher durch die Summe bzw. den Barwert der aggregierten Stückkosten des Auftrags sowie durch die Summe bzw. den Barwert der Auftragseinzelkosten determiniert.

Dieser ausgeprägten Grenzkostenargumentation wird bisweilen vorgeworfen, daß sie zu suboptimalen Entscheidungen führe, z.B. zu einer enorm kostentreibenden Komplexität im Fertigungsbereich. Dies ist aber kein Vorwurf gegen das Grenzkostenprinzip, sondern eine Folge der unvollständigen Erfassung der Grenzkosten. Durch eine Entscheidung entstehende Variantenkosten bspw. sind in die Grenzkosten mit einzubeziehen. Die dem Bezugsobjekt im Sinne des Identitätsprinzips zuzuordnenden Kosten sind daher durch Durchschreiten der Kette an Folgeentscheidungen zu ermitteln. Dazu ist die der Entscheidung zur Annahme eines Auftrags folgende Wirkungskette zu betrachten.[170] Hierbei stößt man schnell an praktische Grenzen, so daß nach vereinfachenden Ansätzen zu suchen ist. Nur wenn aber alle erfolgsrelevanten Folgen der Annahme eines Auftrages quantitativ erfaßt werden, ist eine entscheidungstheoretisch richtige Preisuntergrenze gefunden. Es werden damit auch solche Kosten relevant, für die die Annahme des Auftrags nur indirekter bzw. mittelbarer dispositiver Ursprung und damit Kostenentstehungsgrund ist. Dies entspricht der weiten Auslegung des Identitätsprinzip, die KILGER in seiner Kritik zum Identitätsprinzip fordert. Das hier vorgeschlagene Vorgehen ist damit konform mit dem Verursachungsprinzip, das solche mittelbaren Wirkungen mit berücksichtigt.[171]

Wie die einleitenden Überlegungen zur Preisuntergrenze gezeigt haben, ist eine Berücksichtigung von entgangenen Deckungsbeiträgen bei Engpässen erforderlich. Dabei sind Deckungsbeiträge heranzuziehen, die durch eine anderweitige Nutzung des knappen Potentials entgehen, weil der betrachtete Auftrag andere Verwendungsmöglichkeiten verdrängt. Bei Zugrundelegung des wertmäßigen Kostenbegriffes werden diese „Kosten der

---

[168] Vgl. hierzu den Ansatz von HOLZWARTH bzgl. einer Differenzzahlungsrechnung, die die entscheidungs-relevante Zahlungsreihe als Differenz der Zahlungsreihe mit und der Zahlungsreihe ohne dieser Handlungsalternative ermittelt, um bestehende Verbundwirkungen quantifizieren zu können (Vgl. Holzwarth, J. (1993), S. 172ff.). Aufgegriffen bei Ossadnik, W. / Maus, S. (1995), S. 153ff.; Riezler, S. (1996), S. 110. Zur historischen Entwicklung von Begriff und Idee der Differenzzahlungen vgl. Holzwarth, J. (1993), S. 199ff.
[169] Zum Identitätsprinzip vgl. Riebel, P. (1994), S. 75ff. und 627.
[170] Vgl. Riebel, P. (1994), S. 423ff.
[171] Vgl. Kilger, W. (1993), S. 4f. und 83.

entgangenen Gelegenheit" als Opportunitätskosten berücksichtigt.[172] Sie sind damit in den dem Auftrag zuzurechnenden Kosten enthalten und automatisch Bestandteil der Preisuntergrenze. RIEBEL lehnt auf Basis seines entscheidungsorientierten Kostenbegriffs die Einbeziehung entgangener Deckungsbeiträge als Kostenbestandteil ab und behandelt sie als Größen eigener Art. Richtigerweise fordert aber auch er eine Berücksichtigung bei der Ermittlung der Preisuntergrenze.[173] Ob nun die entgangenen Deckungsbeiträge als Größen eigener Art in die Preisuntergrenze eingehen sollen oder als Opportunitätskosten und damit als Kostenbestandteil, ist ein Theoriestreit, der hier nicht weiter vertieft wird.

Die hier vorgestellte Konzeption paßt auch in die Überlegungen von BOHR. Auch ZOLLER greift in seiner Preisuntergrenzen-Ermittlung für die Bauwirtschaft auf den folgenden Umfang der Kosten einer Entscheidung zurück.[174] BOHR sieht als finanziellen Nachteil einer Entscheidung und damit als Kosten, die zur Beurteilung der Vorteilhaftigkeit des betrachteten Objektes heranzuziehen sind, vier Faktoren:

1. wegfallende unmittelbare Einzahlungen
2. (hinzukommende - wegfallende unmittelbare Auszahlungen)
3. (hinzukommende - wegfallende mittelbare Auszahlungen)
4. (wegfallende - hinzukommende mittelbare Einzahlungen)

Unmittelbare Zahlungen sind direkt im Partialmodell erfaßte Zahlungen, mittelbare die durch die Entscheidung im Rest des Entscheidungsfeldes ausgelösten. Die mittelbaren Bestandteile der oben angeführten Kategorien an finanziellen Nachteilen bezeichnet BOHR als Opportunitätskosten. Sie entstehen durch Verdrängungen im Rest des Entscheidungsfeldes und ergeben sich damit aus der Notwendigkeit, die Vorteilhaftigkeitsbeurteilung in einem Partialmodell durchführen zu müssen.[175]

3.2.2 Berücksichtigung von Engpässen in der Preisuntergrenze

Nimmt der betrachtete Auftrag Engpässe in Anspruch, so besteht neben der Verdrängung der Alternative vielfach, gerade im hier betrachteten Fall eines langen Planungshorizontes, die Möglichkeit, diese Engpässe zu eliminieren. Sind die Alternativen verdrängbar, also noch nicht vertraglich fixiert, und Engpässe eliminierbar, müssen Vergleichs- oder Verdrängungsrechnungen erstellt werden. Diese haben die Frage zu beantworten, ob eine Verdrängung von Alternativen durch die Engpaßbeanspruchung oder eine Eliminierung des Engpasses durch kapazitätserhöhende Maßnahmen sinnvoller ist. Da diese Fragestellung in der Literatur nicht weiter vertieft wird,[176] sei die Lösungskonzeption für einige einfache Beispiele erläutert:

---

[172] Vgl. Kilger, W. (1993), S. 3.
[173] Vgl. Riebel, P. (1994), S. 383f., S. 389f., S. 411ff. und S. 589ff.
[174] Vgl. Zoller, H. (1988), S. 123ff. sowie die dort angegebenen Beispiele für jeden Kostenbestandteil.
[175] Vgl. Bohr, K. (1988), S. 1174ff.
[176] Auch RIEZLER bzw. HOLZWARTH, die sich beide ansonsten sehr genau mit dem Problem gemeinsamer Zahlungen beschäftigen (vgl. Riezler, S. (1996), S. 152ff. bzw. Holzwarth, J. (1993), S. 176ff.), ignorieren diesen Aspekt völlig.

Beispiel 1:
Eine Reihe von Aufträgen konkurriert um das Teil x: Jeder Auftrag benötigt ein Stück von x, von dem allerdings nur noch ein Teil auf Lager liegt, welches nicht anderweitig verwendet werden kann. Weitere Engpässe bestehen nicht.
Da hier ein Engpaß vorliegt, ist die Entscheidung nach dem relativen Deckungsbeitrag zu fällen, was in diesem Fall aufgrund gleicher Produktionskoeffizienten zum gleichen Ergebnis führt wie das Rechnen mit dem absoluten Deckungsbeitrag: Ist kein Teilezukauf möglich, ist der Auftrag mit dem größeren Deckungsbeitrag zu wählen. Relevant sind dabei nur Aufträge mit positivem Deckungsbeitrag. Als entgangener Deckungsbeitrag ist für die Preisuntergrenze jeweils der höchste Deckungsbeitrag der übrigen, zu verdrängenden Aufträge zu berücksichtigen.
Es sei nun eine Engpaßeliminierung durch Teilezukauf zu einem Preis von 100 GE je Teil x möglich. Es stellt sich nun die Frage, ob ein Teilezukauf oder die Verdrängung eines Auftrags bei Maximierung des Deckungsbeitrags als Zielsetzung vorzunehmen ist. Zunächst sind die Aufträge nach fallenden Deckungsbeiträgen zu sortieren. Der Auftrag mit dem höchsten Deckungsbeitrag wird auf jeden Fall realisiert. Beträgt für die übrigen Aufträge der Deckungsbeitrag jeweils mindestens 100 GE, so können solche Aufträge einen Teilezukauf tragen: Im Vergleich zur Ablehnung des Auftrags ergibt sich ein Deckungsbeitragszuwachs von (DB(Auftrag) - 100). Aufträge, deren Deckungsbeitrag 100 GE unterschreitet, werden abgelehnt (bis auf den insgesamt ersten mit dem größten Deckungsbeitrag). Solange es einen Auftrag gibt, dessen Deckungsbeitrag mindestens 100 GE beträgt, ist in der Preisuntergrenze für diesen Engpaß ein Betrag von 100 GE zu berücksichtigen, da ein Auftrag aus dem Programm fällt, wenn sein Deckungsbeitrag die Kosten für den Teilezukauf nicht mehr abdecken kann. Liegen alle Deckungsbeiträge unter 100 GE, so bildet - wie im Ausgangsfall - der höchste Deckungsbeitrag der übrigen, also verdrängten Aufträge den Beitrag für die Preisuntergrenze.

Beispiel 2:
Im Unterschied zu Beispiel 1 sei nun davon ausgegangen, daß **zwei** Teile des Typs x auf Lager seien. Dies hat zur Folge, daß zwei Aufträge sicher angenommen werden - positiven Deckungsbeitrag unterstellt. Für die Ermittlung ändert sich prinzipiell nichts: Ist der Deckungsbeitrag der ersten beiden Aufträge in der gebildeten Rangfolge jeweils mindestens 100 GE, so müssen die verdrängten Aufträge die Engpaßeliminierung tragen können, also einen Deckungsbeitrag von mindestens 100 GE aufweisen können. Ist der Deckungsbeitrag des zweiten Auftrags in der Rangfolge kleiner 100 GE, so kommt eine Engpaßeliminierung nicht in Frage. Vielmehr muß ein Auftrag mindestens auf Rang zwei landen und damit den dritten Auftrag verdrängen. Da die Aufträge nach fallenden Deckungsbeiträgen sortiert sind und damit der Deckungsbeitrag des dritten Auftrags nicht größer sein kann als der des zweiten, wird die Preisuntergrenze gegenüber Beispiel 1 tendenziell fallen.

Beispiel 3:
Ist im Unterschied zu Beispiel 1 ein Teileverkauf möglich, bspw. zu einem Preis von 80 GE, so hat der Auftrag mit dem höchsten Deckungsbeitrag mit der Alternative „Verkauf von Teil x" zu konkurrieren, da die Annahme des Auftrags mit der Verdrängung dieser Alternative verbunden ist. Der betrachtete Engpaß ist daher im Unterschied zu Beispiel 1 nicht mit mindestens 0, sondern mit mindestens 80 zu berücksichtigen. Gleiches gilt analog für Beispiel 2.

Derartige Überlegungen lassen sich auch auf mehrere Engpässe erweitern, wobei die Schritte der Problemlösung stets die gleichen bleiben: Zunächst sind die Aufträge in eine Reihenfolge fallender Vorteilhaftigkeit zu bringen. In einfachen Fällen könnte dies über ein lineares Programm erfolgen. Für die Aufträge, die ohne Engpaßeliminierung verdrängt würden, ist zu prüfen, ob sie die Engpaßeliminierung tragen können. Als Beitrag für die Preisuntergrenze ist das Minimum aus den Kosten der Engpaßeliminierung und dem Deckungsbeitrag der besten, gerade noch verdrängten Alternative heranzuziehen. Die Aufträge, die in die noch vorhandene Restkapazität eingeplant werden, müssen gegebenenfalls mit der Alternative „Abbau der vorhandenen Restkapazität" konkurrieren. Ihre Preisuntergrenze kann daher maximal auf den Erlös bei Abbau der Restkapazität sinken.

Bei einer großen Zahl an Engpässen und durch diese Knappheitssituation bedingten hohen Interdependenzen ist es u.U. schwierig oder mit zu hohem Aufwand verbunden, die beste i.S.v. gesamtoptimale Lösung zu finden. In diesen Fällen empfehlen sich Pauschalannahmen zur Ermittlung der Opportunitätskosten im Sinne von Zahlungswirkungen im Rest des Entscheidungsfeldes, mit deren Hilfe man versucht, die Entscheidungssituation möglichst gut abzubilden. Eine derartige Pauschalannahme ist die Revisionshypothese, die von BOHR / SCHWAB vorgestellt wird.[177] Sie geht davon aus, daß jede Entscheidung dadurch rückgängig gemacht (revidiert) wird, daß die ursprüngliche Situation soweit wiederhergestellt wird, daß jede andere Alternative realisiert werden kann. Dahinter steht ein Separationstheorem, wonach für alle Produktionsfaktoren ein vollkommener Faktormarkt existiert, so daß von den tatsächlich verdrängten Deckungsbeiträgen abstrahiert werden kann. Knappe Faktoren werden daher zu Marktpreisen bewertet, nicht knappe mit Null, da sie keiner alternativen Verwendungsmöglichkeit entzogen werden, eine Wiederbeschaffung auf dem Faktormarkt ist damit nicht erforderlich. Für die knappen Faktoren wird daher unterstellt, daß der verdrängte Deckungsbeitrag pro entzogener Faktoreinheit gerade dem Marktpreis dieser Faktoreinheit entspricht. Diese Annahme führt, wie die oben dargestellten einfachen Beispiele verdeutlichen dürften, nicht immer zur optimalen Lösung, kann aber in kompliziert gelagerten Fällen in Ermangelung eines Totalmodells als gute Näherungslösung akzeptiert werden.

Bis jetzt wurde davon ausgegangen, daß die von einem Auftrag benötigten Kapazitäten aller Art genau in den Mengen beschaffbar sind, in denen sie benötigt werden. Die Betrachtungen sollen nun auf den Fall ausgedehnt werden, bei dem nicht teilbare Ressourcen vorliegen. Damit angesprochen ist das Problem der sprungfixen Kosten. Für den hier vorliegenden Fall, daß die Aufträge die Bezugsobjekte bilden, entstehen sprungfixe Kosten für die Faktoren, die von mehreren Aufträgen gemeinsam genutzt werden. Aus diesem Grund nehmen einige Kostenpositionen mit der Hereinnahme zusätzlicher Aufträge nicht kontinuierlich zu, sondern bleiben bis zu einer gewissen Kapazitätsgrenze konstant, um dann zu einem Kostensprung anzusetzen. Beispiele liegen häufig im Bereich Betriebsmittel oder Personal. Ein Sachbearbeiter bspw. kann eine bestimmte Anzahl an Aufträgen bearbeiten, wird diese Anzahl überschritten und kann oder soll sie nicht durch innerbetriebliche Verlagerungen oder Überstunden kompensiert werden, so ist ein weiterer Sachbearbeiter einzustellen. Bestimmte Fertigungsanlagen sind häufig so dimensioniert, daß mehrere Aufträge darauf gefertigt werden können usw. Damit stellt sich die Frage, wie derartige Positionen in die Preisuntergrenze einfließen müssen. Die Beantwortung ist davon abhängig, ob sukzessiv oder simultan über mehrere Aufträge entschieden wird.

---

[177] Vgl. Bohr, K. / Schwab, H. (1984), S. 150ff.; Bohr, K. (1988), S. 1176ff. Auch ZOLLER übernimmt diesen Vorschlag für seine baubetriebliche Preisuntergrenze, vgl. Zoller, H. (1988), S. 148ff.

Wird die Preisuntergrenze für einen bestimmten Auftrag ermittelt, ohne auf parallel zur Diskussion stehende oder nachfolgende Aufträge Rücksicht zu nehmen, so sind zwei Fälle zu unterscheiden. Wird für den Auftrag auf vorhandene Restkapazitäten zurückgegriffen, so ist dieser Produktionsfaktor nicht in der Preisuntergrenze zu berücksichtigen, da die Entscheidung für seine Anschaffung schon längst getroffen ist. Ist keine Restkapazität mehr vorhanden, muß zusätzliche Kapazität geschaffen werden. Da andere Aufträge unberücksichtigt bleiben, hat der betrachtete Auftrag alleine die gesamten Anschaffungs- und laufenden Auszahlungen zu tragen; die Beträge gehen voll in die Preisuntergrenze ein.

Wird simultan über mehrere Aufträge entschieden, so ist zunächst - wie oben erläutert - über eine Vergleichs- oder Verdrängungsrechnung zu bestimmen, welche Aufträge die Restkapazität in Anspruch nehmen sollen. Für die verbleibenden ist genauso zu verfahren wie im Fall, in dem keine Restkapazität mehr vorhanden ist: Es ist zu prüfen, ob die Kosten zur Schaffung zusätzlicher Kapazitäten gedeckt werden können. Im Unterschied zu den oben angeführten Beispielen sind nun allerdings Auftragsbündel aus den deckungsbeitragsstärksten verbleibenden Aufträgen zu bilden. Es sind so viele Aufträge zusammenzufassen wie nach der kapazitätserweiternden Maßnahme bearbeitet werden können. Die hinter der kapazitätserweiternden Maßnahme stehenden Kosten können nur dem gesamten Auftragsbündels zugeordnet werden, eine Aufteilung auf die einzelnen Aufträge ist entscheidungstheoretisch nicht zulässig. Trotzdem kann - analog zu obiger Verdrängungsrechnung - die Wirkung auf die Preisuntergrenze der einzelnen Aufträge festgestellt werden, wie das folgende Beispiel verdeutlicht.

Ein Fertigungsplaner könne annahmegemäß höchstens fünf Aufträge bearbeiten, d.h. fertigungstechnisch einplanen und betreuen. Von den vorhandenen Fertigungsplanern seien alle voll ausgelastet bis auf einen, der im Moment drei Aufträge betreut. Die Kosten für einen Fertigungsplaner betragen 100 GE. Es sei die Preisuntergrenze für fünf verschiedene Aufträge A bis E zu bestimmen, deren Deckungsbeiträge 100, 80, 60, 40 und 10 GE betragen. Zunächst sind die Aufträge in der Reihenfolge fallender Deckungsbeiträge zu sortieren. Aufträge mit negativem Deckungsbeitrag wären zu eliminieren. Die beiden Aufträge mit Rang eins und zwei, also A und B, werden sicher angenommen und vom vorhandenen Fertigungsplaner betreut. Für die übrigen drei Aufträge ist zu prüfen, ob sie als Auftragsbündel die Kosten für einen zusätzlichen Fertigungsplaner tragen können. Die Deckungsbeiträge dieser drei Aufträge dürfen daher in Summe nicht unter die Kosten für den Fertigungsplaner sinken, sonst ist das gesamte Auftragsbündel C, D, E abzulehnen. Die Summe der Deckungsbeiträge von C, D und E beträgt hier 110, so daß ein zusätzlicher Fertigungsplaner einzustellen ist. Die Preisuntergrenze für die einzelnen Aufträge ist aufgrund dieser Überlegungen leicht anzugeben: Der Deckungsbeitrag eines bestimmten Auftrages darf ceteris paribus so weit sinken, bis die Deckungsbeitragssumme im Auftragsbündel C, D, E 100 GE erreicht, also um 10 GE. Als Beitrag zur Preisuntergrenze von C bspw. für die Position Fertigungsplaner ergibt sich damit ceteris paribus die Differenz aus den zusätzlichen Kosten von 100 GE und der Summe der Deckungsbeiträge der restlichen Aufträge des Auftragsbündels (D und E), hier 40 + 10. Käme nach Abschluß der Überlegungen und Beschaffung eines zusätzlichen Fertigungsplaners ein weiterer Auftrag F hinzu, der bisher nicht ins Kalkül gezogen wurde, so findet die Position Fertigungsplaner für die Preisuntergrenze von F keine Berücksichtigung, da der Auftrag F auf vorhandene Kapazitäten zurückgreift, um die er mit keinem anderen Auftrag konkurriert.

Verallgemeinert bedeutet dies bei simultanen Entscheidungen, daß die oben abgeleiteten Regeln im Prinzip weiter gültig bleiben, allerdings einige Besonderheiten zu beachten sind: Als Beitrag zur Preisuntergrenze ist wie bisher das Minimum aus den Kosten der Verdrängung und den Kosten der Engpaßeliminierung heranzuziehen. Die Kosten der Verdrängung werden relevant, wenn eine Eliminierung nicht vorteilhaft ist, andernfalls sind die Kosten der Eliminierung heranzuziehen. Dies stellt die Minimumbildung sicher. Die Kosten der Verdrängung entsprechen dem Deckungsbeitrag der gerade noch verdrängten Alternative. Die heranzuziehenden Kosten der Eliminierung werden im hier vorliegenden Fall nicht teilbarer Ressourcen im Unterschied zu oben gebildet aus der Differenz zwischen den Gesamtkosten der Eliminierung und der Summe der Deckungsbeiträge des Restes des Auftragsbündels. Bei der Bildung der Auftragsbündel im Falle eines Engpasses ist zu beachten, daß die Reihung nach dem relativen Deckungsbeitrag u.U. zu Fehlern führen kann. Dies ist dann der Fall, wenn eine unausgelastete Restkapazität bleibt, weil der Kapazitätsbedarf des nächsten Auftrags diese Restkapazität übersteigt. Es ist dann zu prüfen, ob es nicht andere Auftragsbündel gibt, die die Kapazität weitreichender ausnützen und zu einer besseren Lösung führen als die nach dem relativen Deckungsbeitrag.

Für viele praktische Fälle nimmt die Engpaßsituation und die Inanspruchnahme nicht teilbarer Ressourcen Dimensionen an, deren Abbildung in einem Totalmodell nicht möglich ist. Für diesen Fall sind wiederum vereinfachende Annahmen nötig. Eine Vernachlässigung derartiger Kosten würde zu einer Unterschätzung der Preisuntergrenze mit u.U. fatalen Folgen führen. In Anlehnung an die beschriebene Revisionshypothese wäre bspw. denkbar, die Kosten der Erweiterung anteilig den betrachteten Aufträgen anzulasten. Es wird damit unterstellt, daß der Ressourcenverbrauch durch einen bestimmten Auftrag anteilig revidiert werden kann. Dies gilt allerdings nur für Engpässe. Reicht die vorhandene Kapazität zur Bearbeitung der Aufträge aus und kann diese Kapazität nicht abgebaut werden, ist nach wie vor der Wert Null anzusetzen.[178] Jede Aufteilung ist zunächst willkürlich, da die eigentlich anzusetzenden Kosten von den Deckungsbeiträgen der übrigen Aufträge des Auftragsbündels abhängen. Als eine Form der Verteilung wäre denkbar, den Zeitanteil, den ein bestimmter Auftrag von der Kapazität der Ressource benötigt, als Anteil an den Gesamtkosten der Erweiterung heranzuziehen. Geht man im obigen Beispiel davon aus, daß alle fünf Aufträge ein Fünftel der Kapazität eines Fertigungsplaners benötigen, so hieße dies, für jeden Auftrag 20 GE in die Preisuntergrenze einzurechnen. Die obige Lösung zeigt, daß man damit Auftrag E ablehnen würde, obwohl dies nicht dem Optimum entspricht. Die Anwendung derartiger vereinfachenden Annahmen kann also durchaus zu einer Abweichung vom Optimum führen.

Ein analoges Vorgehen könnte man einschlagen, wenn zwar nicht simultan über mehrere Aufträge entschieden wird, aber man davon ausgeht, daß zukünftige Aufträge die betrachtete Ressource mitbenutzen oder nach Beendigung des laufenden Projektes weiterbenutzen werden. Im Fall der Mitbenutzung nicht voll ausgelasteter Ressourcen entstehen positive mittelbare Zahlungswirkungen, die beim betrachteten Auftrag zu berücksichtigen sind: Könnte der spätere Auftrag aufgrund fehlender Ressourcen nicht ausgeführt werden, so entsprechen diese Zahlungswirkungen dem zusätzlichen Deckungsbeitrag des späteren Auftrags. Würde die Leistung auf anderen eigenen Anlagen erbracht, so sind die ersparten

---

[178] So im Ergebnis auch Riezler, S. (1996), S. 154, Holzwarth, J. (1993), S. 193.

Auszahlungen im laufenden Betrieb und außerdem evtl. erzielbare Veräußerungserlöse beim Abbau nicht benötigter Ressourcen anzusetzen. Würde die entsprechende Leistung fremdbezogen, so sind die wegfallenden Auszahlungen zu berücksichtigen. Für den Fall der Weiternutzung sind die gesparten Investitionsauszahlungen zu berücksichtigen, als weitere Alternative kommt der Verkauf der Anlage in Frage. Insgesamt kann es damit zu äußerst komplexen Situationen kommen, die eine vereinfachende Lösung erfordern. So wäre für den Fall der Mitnutzung denkbar, von einer bestimmten Normalauslastung der Ressource auszugehen und dem betrachteten Auftrag nur Kosten in Höhe des Zeitanteils an der Normalkapazität anzulasten. Dieses Vorgehen ist mit der Gefahr verbunden, daß die eingeplanten zukünftigen Aufträge nicht oder nicht in dem geplanten Umfang an das Unternehmen vergeben werden, so daß ein zu geringes Kostenvolumen abgedeckt wird. Für den Fall der Weiternutzung können Restverkaufserlöse angesetzt werden, die im Fall der Eigenweiternutzung zu fiktiven Restverkaufserlösen werden.[179]

3.2.3 Gründe für die Notwendigkeit der Erweiterung der absoluten Preisuntergrenze

Wird der eben diskutierte Rahmen mit konkreten Inhalten gefüllt, so ist eine theoretisch einwandfreie absolute Preisuntergrenze gefunden. Praktische Schwierigkeiten werden den Anwender dazu veranlassen, einige Kompromisse oder Vereinfachungen einzugehen, so daß vereinfachungsbedingte Fehler auftreten können. Es stellt sich nun allerdings die Frage, ob damit ausreichende Informationen für die Entscheidungsträger bei in Preisverhandlungen nachlassenden Preisen zur Verfügung gestellt werden können. Die Situation stellt sich wie folgt dar: Ausgangspreis war ein auf Vollkostenbasis oder unter Berücksichtigung von Deckungsvorgaben ermittelter Selbstkostenpreis einschließlich Gewinnspanne. Dem steht nun eine auf Grenzkostenbasis ermittelte Preisuntergrenze gegenüber, die dem Entscheidungsträger angibt, wie weit er aus Kostensicht maximal mit dem Preis nachgeben kann. Jede über diese absolute Preisuntergrenze hinausgehende Geldeinheit stellt einen Vorteil gegenüber der Nichtannahme des Auftrags dar: Sie bildet einen Beitrag zur Deckung der irreversibel vordisponierten Auszahlungen und der gemeinhin als Gemeinkosten bezeichneten Auszahlungen für übergeordnete Bezugsobjekte. Auch wenn die intensiv geführte Diskussion um Deckungsbeitrags- und Vollkostensicht an dieser Stelle nicht in ihrer vollen Breite und Tiefe wiedergegeben werden kann, seien einige Aspekte angeführt, weil sie einen zusätzlichen Informationsbedarf in der vorliegenden Fragestellung begründen. Sie greifen die Grundidee der traditionellen langfristigen Preisuntergrenze auf, die das langfristige Bestehen des Unternehmens sicherstellen wollte. Auf die Darstellung in anderen, insbesondere abrechnungstechnischen Bereichen liegender Gründe für die Ergänzung von Grenzkostendaten wird verzichtet.[180]
Die meisten Unternehmen sind auf längerfristiges Überleben ausgerichtet. Zumindest für den hier relevanten Unternehmenskreis kann dies unterstellt werden. Geht nun ein Unternehmen in seinen Preisentscheidungen immer bis an die Preisuntergrenze, hat es - für die einzelnen Aufträge isoliert betrachtet - entscheidungstheoretisch unter den genannten Vereinfachungen

---

[179] Vgl. Riezler, S. (1996), S. 155ff.
[180] Vgl. hierzu Kilger, W. (1990), S. 680.

korrekt gehandelt, sofern Erlös- und andere Interdependenzen ins Kalkül gezogen wurden. Trotzdem wird es Verluste einfahren und sein dauerhaftes Fortbestehen gefährden. Dies liegt daran, daß die Auszahlungen, die über die für die einzelnen Aufträge relevanten Auszahlungen hinausgehen, nicht abgedeckt sind. Die betragsmäßig hohe Bedeutung der (Auftrags-) Gemeinkosten sowie die i.d.R. relativ geringe Zahl von Ausgleichsmöglichkeiten führen dazu, daß schon das einmalige Wegbrechen von von einem Auftrag erwarteten Deckungsbeiträgen zu empfindlichen Deckungslücken führen kann. Ein durch die Preisuntergrenzeninformation bedingtes zu schnelles Zurückweichen der Preisforderungen kann daher zu fatalen Folgen führen. Es wird auf diese „gefährliche Lücke" sowie die Gefahren „ruinöser Konkurrenz" und „ungerechtfertigter Preissenkungen" hingewiesen. Die Kritiker der Deckungsbeitragssicht heben auch heute noch gerne die preisruinösen Wirkungen von „Deckungsbeitragsgeschäften" für andere Kunden und Folgeaufträge hervor.[181] Die Beschränkung der Preisrückzugsinformationen auf die absolute Preisuntergrenze kann daher nicht absolut befriedigen, auch wenn sie theoretisch einwandfrei ermittelt wurde und trotz aller Kritik die letzte Rückzugslinie bleibt. An den Versuchen, einen möglichst hohen Preis durchzusetzen, darf der Ansatz nichts ändern. Parallel sollten daher noch näher zu definierende Informationen mitgeführt werden, die Auskünfte über zugedachten Deckungsbedarf und aktuellen Deckungsbeitrag einbringen.

Die obigen Überlegungen zeigen, daß Auszahlungen zwar dem Auftrag zuordenbar sein können, aber für die Preisuntergrenze irrelevant, da sie irreversibel vordisponiert sind. Dies liegt an der Veränderungen der auftragsbezogenen dispositiven Ursprünge im Zeitablauf. Hierzu zwei kleine **Beispiele:**

- Im Entscheidungszeitpunkt der Annahme eines Auftrags sind in der Preisuntergrenze Auszahlungen für projektspezifische Entwicklungsleistungen anzusetzen, die zur Realisierung dieses - und zur Vereinfachung zunächst nur dieses - Auftrags benötigt werden. Mit zunehmendem Zeitfortschritt ist immer mehr Entwicklungsleistung getan, so daß die hierfür angefallenen Auszahlungen für die Preisuntergrenze nicht mehr relevant sind.

- Im Entscheidungszeitpunkt der Annahme eines Auftrags sind in der Preisuntergrenze Auszahlungen für Spezialmaschinen anzusetzen, die annahmegemäß zur Realisierung nur dieses Auftrags benötigt werden. Sind die Maschinen unwiderruflich bestellt, werden ihre Anschaffungsauszahlungen irrelevant. Statt dessen ist ein Verkaufserlös, den man sich durch die Produktion und damit die Verwendung der Maschinen entgehen läßt, zu berücksichtigen.

Die Konsequenz ist ein Absinken der Preisuntergrenze durch erfolgte Vorleistungen und durch zunehmende irreversible Vordisponierung im Zeitablauf.[182] In diesem Zusammenhang wird oft von sunk costs gesprochen, wobei darunter teilweise nur die bereits angefallenen Kosten,[183] teilweise aber auch zusätzlich die irreversibel vordisponierten Kosten verstanden werden.[184] Aufgrund dieser Begriffsunbestimmtheit wird im folgenden explizit die jeweils

---

[181] Vgl. zu dieser Diskussion Kilger, W. (1993), S. 860ff.; Riebel, P. (1994), S. 35ff., 204ff.; Schäfter, U. (1982), S. 58ff.; Bollmann, P. (1983), S. 475f.; Reichmann, T. et al. (1990), S. 61 oder die verschiedenen Referate und Diskussionsbeiträge in Chmielewicz, K. (1983).

[182] Vgl. zu derartigen Überlegungen Riebel, P. (1994), S. 661ff.

[183] Vgl. Hummel, S. (1981), Sp. 972.

[184] Vgl. Riebel, P. (1994), S. 661; Riezler, S. (1996), S. 159f.

gemeinte Form der Irrelevanz angesprochen. In Preisnachverhandlungen kann aus der Logik der Grenzkostensicht mit dem Preis immer weiter nachgegeben werden. Um den Überblick über die gesamten ursprünglichen Auftragseinzelkosten nicht zu verlieren, sind die irrelevant gewordenen Bestandteile als solche auszuweisen und fortzuführen.[185]

Im vorliegenden Fall wird aber ein weiterer Aspekt wichtig, der dem Kostenmangementgedanken des Ansatzes entspringt. Läßt sich aufgrund des Marktdrucks der ursprünglich kalkulierte Vollkostenpreis oder Preis inklusive Deckungsvorgaben nicht realisieren, so werden bestimmte Kostenblöcke - und zwar die nicht relevanten - aus der Betrachtung ausgeklammert bis mit der Preisuntergrenze das Limit für weitere Preiszugeständnisse erreicht ist. Da im vorliegenden Fall die Höhe der Kosten beeinflußbar ist, ist es auch die Preisuntergrenze. Durch Kostensenkungsbemühungen kann sie gegenüber einer statischen Betrachtung, die von einem festgefahrenen Kostengerüst ausgeht, abgesenkt werden. Die Kostenverantwortlichen müssen aber häufig, so zeigt die allgemeine Erfahrung, auch einen Kostensenkungsdruck spüren, um entsprechende Maßnahmen einzuleiten. Solange ein bestimmtes Kostengerüst als tragbar angesehen wird, sind Veränderungen vom „freiwilligen" Engagement der Verantwortlichen abhängig. Wird allerdings bei Kostenschwierigkeiten dazu übergegangen, bestimmte Kostenblöcke aus den Betrachtungen herauszunehmen, entsteht der gewünschte Kostendruck erst, wenn die Preisuntergrenze des eingeschlagenen Konzeptes erreicht ist. Damit wird aber kein Beitrag zur Deckung der Gemeinkosten geleistet. Aus diesem Grund muß die Information, daß die vollen Selbstkosten unterschritten bzw. zugeteilte Deckungsvorgaben angetastet werden, weitergegeben werden, um Deckungsdruck aufzubauen. Dies manifestiert sich in der retrograden Kalkulation des Target Costing, die die weiteren Ausführungen der Arbeit noch wesentlich prägen wird. Sie leitet aus dem jeweiligen Verkaufspreis die Vollkosten ab, die man sich zur Erreichung des Preises und eines gewünschten Gewinns leisten darf. Im nächsten Schritt bringt sie den Anteil der Auftragsgemeinkosten in Abzug, der durch das betrachtete Projekt abgedeckt werden soll, um so die Auftragseinzelkosten zu ermitteln, die man sich erlauben darf. Das ist der Maßstab für die Kostenverantwortlichen. Der Marktdruck wird damit an sie weitergegeben: Ziel ist die Senkung der Auftragseinzelkosten und damit der hier betrachteten Preisuntergrenze, um langfristig Gewinne und nicht „nur" Deckungsbeiträge zu sichern. Diese Form der retrograden Kalkulation darf nicht verwechselt werden mit der retrograden Kalkulation der Deckungsbeitragsrechnung. Diese bringt von den Umsatzerlösen die jeweiligen Kostenträgereinzelkosten in Abzug, um so die Deckungsbeiträge für die Kostenträgergemeinkosten zu ermitteln.[186] Bei der retrograden Kalkulation im Rahmen des Target Costing werden abzuziehender und zu ermittelnder Betrag ausgetauscht. Während also das Fragen nach der Preisuntergrenze bei festgefahrenen Kostengefügen ein reaktiver Prozeß des Zurückschraubens des Deckungsbeitrages darstellt, wird hier ein Ausnutzen des kostenmäßigen Spielraums zur proaktiven Absenkung der Preisuntergrenze eingeschlagen. Dazu sind Vollkosteninformationen im Sinne der Einbeziehung von Deckungsvorgaben relevant und erforderlich. Eine genauere Darstellung des Systems der retrograden Kalkulation sowie ihres Zusammenhangs zur Preisuntergrenzenermittlung wird im Zuge der Diskussion um das Target Costing erfolgen.

---

[185] Ähnlich Laßmann, G. (1986), S. 134f.
[186] Vgl. Riebel, P. (1994), S. 47.

Aus diesen Gründen wird eine Erweiterung der Preisuntergrenze um zusätzliche Informationen empfohlen. An der theoretischen Richtigkeit der entscheidungsorientierten Preisuntergrenze als letzte Rückzugslinie ändert dies selbstverständlich nichts. Die Notwendigkeit ihrer Ergänzung erscheint aber ausreichend begründet. Die Form dieser Erweiterung sowie dabei zusätzlich auftretende Probleme sind Gegenstand der folgenden Ausführungen.

3.2.4 Überführung in ein problemadäquates Angebotskalkulationsschema

Die eben geführte Diskussion begründete den Erweiterungsbedarf der Preisuntergrenze um weitere Informationen in Form von Preisschwellen.[187] Sinn und Zweck dieses Preisschwellensystems ist die Vorbereitung der Entscheidung über die Vorteilhaftigkeit eines zur Vergabe stehenden Auftrags aus Kostensicht. Diesen Zweck hat das System gemeinsam mit der Angebotskalkulation als solcher, die nur einen ersten Startpreis für die Verhandlungen vorgeben, nicht aber den späteren Marktpreis vorwegnehmen kann. Die Forderung nach einem Preisschwellensystem sollte sich daher in der Ausgestaltung des Angebotskalkulations- schemas niederschlagen, um eine einheitliche Entscheidungsbasis zur Verfügung zu stellen. Zwei parallele Systeme sind überflüssig. Um einen direkten Anschluß an die Preisuntergrenzenermittlung ergänzt um Preisschwellenaussagen sicherzustellen, sollte eine entscheidungsorientierte Angebotskalkulation im Aufbau der obigen Argumentation folgen.

Die Preisschwellensystematik wird zunächst als Cost-Plus-Kalkulation vorgestellt, es wird damit im ersten Schritt der Konzeption der üblichen Kalkulationsschemata gefolgt. Sie ist um eine retrograde Kalkulation im Rahmen des Target Costing zu ergänzen. Die bereits angedeuteten, in einem späteren Abschnitt folgenden Ausführungen zur retrograden Kalkulation werden zeigen, daß Cost-Plus- und retrograde Kalkulation im hier vorgestellten Schema genau spiegelbildlich aufgebaut sind, so daß sie problemlos ineinander übergeführt werden können.

Die Preisuntergrenze wird im hier vorgestellten Ansatz durch zwei kostenorientierte Preisschwellen ergänzt. Die Erweiterung der Preisuntergrenze um auftragsspezifische Kosten, die bereits angefallen oder irreversibel vordisponiert sind, führt zur Preisschwelle 2. Die Bezeichnung dieser Preisschwelle mit 2 statt mit 1 erscheint sinnvoll, da man bei sinkenden Preisen vom Kostenpreis inklusive Gemeinkostenanteilen ausgehend diese Preisschwelle erst als zweite erreicht. Ihr vorgeschaltet ist die Preisschwelle 1. Sie umfaßt zusätzlich zur Preisschwelle 2 die dem Auftrag zugeteilten Gemeinkostenbeiträge. Die Form der Zuteilung von Gemeinkosten auf Aufträge wird im Exkurs zum Ende dieses Abschnitts beleuchtet. Die Unterscheidung in Preisschwelle 1 und 2 ist sinnvoll, da für eine nachkalkulierende Projektabrechnung der aktualisierte Umfang der Preisschwelle 2 die relevante Beurteilungsbasis darstellt.

Diese beiden Preisschwellen und die Preisuntergrenze bilden die kostenmäßigen Rückzugs- oder Verteidigungslinien in den Preisverhandlungen mit dem Kunden. Fällt der Preis unter eine der jeweiligen Grenzen, geht - bildlich gesprochen - ein neues rotes Warnlicht an bis zur Empfehlung, weiteren Kostensenkungen nicht mehr zu folgen. Wird der ursprünglich ermittelte Kostenpreis unterschritten, müssen zuerst die eingeplanten Gewinnerwartungen

---

[187] Zum Begriff der Preisschwellen vgl. Plinke, W. (1985), S. 86f.

zurückgeschraubt werden - bei Realisierung der unterstellten Kostenstruktur. Ist der eingerechnete Gewinn aufgezehrt, so ist die Preisschwelle 1 erreicht. Bei weiterem Absinken des Preises werden die zugeteilten Gemeinkostenbeiträge angegriffen bis Preisschwelle 2 erreicht ist. Diese besteht aus den gesamten Auftragskosten, von denen allerdings ein Teil nicht (mehr) relevant ist. Mit der Preisuntergrenze sind die relevanten Auftragskosten erreicht, die alle relevanten Kosten der unteren, insbesondere der Stückebene beinhalten. Einem weiteren Absinken des Preises darf aus Kostensicht unter den getroffenen Annahmen nicht gefolgt werden. Kongruiert das Schema zur Angebotskalkulation mit diesen Überlegungen, so ergibt sich - bei Betrachtung nur einer Periode - der folgende Grobaufbau. Die Rechnung kann stückbezogen und kumuliert aufgebaut sein.

	Relevante Stückeinzelkosten
+	Relevante Auftragseinzelkosten
=	Preisuntergrenze
+	Irrelevante ursprünglich auftragsspezifische Kosten
=	Preisschwelle 2
+	Gemeinkostenzuteilungen
=	Preisschwelle 1
+	Gewinnvorstellungen
=	Kostenorientierter Angebotspreis

Tabelle 3-3: Problemadäquates Grobschema zur Angebotskalkulation

Hinter diesem Schema steht eine Bezugsobjekthierarchie im RIEBELschen Sinne. Sie sieht auf der untersten Ebene die einzelnen Stücke, die im Rahmen von Aufträgen herzustellen sind. Die Aufträge bilden die nächste Ebene in der Hierarchie. Kosten von Stellen, die allgemeine administrative Aufgaben wahrnehmen oder mehrere Aufträge betreuen, ohne daß die Kosten dem Identitätsprinzip entsprechend den Aufträgen zuzuordnen wären, fallen ab der dritten Ebene an. Diese Ebenen repräsentieren den gesamten Hierarchieoberbau, in dem die nur für Preisschwelle 1 heranzuziehenden Auftragsgemeinkosten anfallen. Eine genauere Betrachtung dieser Ebenen erfolgt im Exkurs zur Behandlung der Gemeinkosten.

Den größten Verbreitungsgrad für die Angebotskalkulation hat die Zuschlagskalkulation. Dies zeigte sich nach eigenen Recherchen ebenso wie in umfangreicheren Untersuchungen, die Eingang in die Literatur gefunden haben.[188] Im Bereich der Automobilzulieferindustrie wird der Verbreitungsgrad schon daran deutlich, daß Automobilhersteller im Rahmen der Preisverhandlungen vielfach konkrete Vorstellungen darüber äußern, welche Zuschlagssätze sie ihren Zulieferern in welcher Höhe im Regelfall zubilligen wollen. Aus diesem Grund sei der vorgestellte Grobaufbau mit dem Standardschema der Zuschlagskalkulation verglichen. Für die differenzierte Zuschlagskalkulation läßt sich dieses Schema wie folgt darstellen.

---

[188] Vgl. Hauer, G. (1994), S. 37 mit weiteren Verweisen.

	Materialeinzelkosten	
+	Materialgemeinkosten (in % der Materialeinzelkosten)	
=		Materialkosten
+	Fertigungseinzelkosten	
+	Fertigungsgemeinkosten (in % der Fertigungseinzelkosten)	
+	Sondereinzelkosten der Fertigung	
=		Fertigungskosten
=		Herstellkosten
+		Verwaltungskosten (in % der Herstellkosten)
+		Vertriebskosten (in % der Herstellkosten)
+		Sondereinzelkosten des Vertriebs
=		Selbstkosten

Tabelle 3-4: Grundschema der differenzierten Zuschlagskalkulation

Dieses Schema bleibt unberührt davon, ob die Kalkulation als Grenz- oder Vollkostenkalkulation aufgebaut ist. Eine Verfeinerung und Verbesserung der differenzierten Zuschlagskalkulation durch eine Bezugsgrößenkalkulation ändert am grundsätzlichen Aufbau der Selbstkostenpreisermittlung ebenfalls nichts.[189]

Ein Vergleich der beiden Schemata zeigt zwei wesentliche Unterschiede: Zum einen werden die unterschiedlichen Prinzipien, denen die beiden Systeme im Aufbau folgen, deutlich. Bestimmend beim Preisschwellensystem ist das Objektprinzip: Das Schema folgt in seinem Aufbau in erster Linie den Bezugsobjekten der Kalkulation. Die zur Realisierung der Bezugsobjekte, in erster Linie also der Aufträge, nötigen Tätigkeiten bleiben zunächst im Hintergrund. Die Verrichtung ist also nur zweitrangig. Bei der Zuschlagskalkulation hingegen folgt der Aufbau dem Verrichtungsprinzip, indem die einzelnen Funktionsbereiche bzw. die in ihnen anfallenden Kosten explizit den Kalkulationsaufbau bestimmen. Der Übergang vom verrichtungsorientierten Zuschlagsschema zum objektorientierten Preisschwellensystem wird zu analogen Schwerpunktverschiebungen im Rahmen der Unternehmensorganisation anregen. Eine ausführlichere Diskussion derartiger Überlegungen wird an entsprechender Stelle im Zuge dieser Arbeit geführt.

Zum anderen fällt auf, daß im Preisschwellensystem keine Zuschlagssätze auftauchen, während sie wesensmäßig zur Zuschlagskalkulation gehören. Dies läßt sich wie folgt erklären: Steht die Zuschlagskalkulation vor dem Hintergrund einer Vollkostenrechnung, so dienen die Zuschlagssätze der Verrechnung der gesamten Kostenstellenkosten, also beschäftigungsfixer wie -variabler. Kostenstellenkosten sind dabei die Kostenträgergemeinkosten.[190] Als Kostenträger fungieren dabei traditionellerweise i.d.R. nicht die Aufträge als solche, sondern

---

[189] Vgl. Scherrer, G. (1991), S. 284 und S. 402; Kilger, W. (1990). S. 682ff.
[190] Vgl. Scherrer, G. (1991), S. 348

ein einzelnes herzustellendes oder hergestelltes Stück. Derartige Zuschlagssätze passen nicht in das System der Preisschwellen, da sie auftragsrelevante und auftragsirrelevante Kostenbestandteile vermischen. Vollkostenzuschläge sind allenfalls als eine Möglichkeit zum Ausbau der Preisschwelle 2 zur Preisschwelle 1 zu sehen. Die damit verbundenen Probleme und der bewertende Vergleich dieser Möglichkeit mit denkbaren Alternativen werden im unten folgenden Exkurs angeschnitten. Steht die Zuschlagskalkulation hingegen vor dem Hintergrund einer Grenzkostenrechnung, zeigt sich die inhaltliche Annäherung beider Systeme. In einer ausgebauten und differenzierten Form, wie sie die flexible Grenzplankostenrechnung bietet, werden trotz unterschiedlichen Aufbauprinzips Gemeinsamkeiten deutlich. In Grenzkostenrechnungen werden über die Zuschlagssätze nur beschäftigungsabhängige Kostenstellenkosten auf die Kostenträger verrechnet.[191] Gestaltet man dieses System inhaltlich so aus, daß als Kostenträger die Aufträge gesehen werden und hinter den Beschäftigungsvariationen Annahme oder Ablehnung von Aufträgen stehen, dienen die Zuschlagssätze nicht der Verrechnung auftragsirrelevanter Kosten. Vielmehr bilden sie einen Indikator für die Veränderung von Kosten, die dem Kostenträger „Auftrag" nicht direkt als Einzelkosten im Sinne der Grenzplankostenrechnung zugerechnet werden, die sich aber mit der Annahme des Auftrags verändern. Sie gewinnen damit den Charakter von Kostenkennziffern, die für eine schnelle und eine - dem Wirtschaftlichkeitsprinzip entsprechend - hinreichend genaue Erfassung von auftragsrelevanten Kosten in den indirekten Bereichen sorgen. Beide Systeme benötigen zudem Regeln über die Behandlung der Auftragsgemeinkosten, die weder in die Preisuntergrenze oder die Preisschwelle 2 noch in die Grenzkostenkalkulation im oben abgegrenzten Sinne Eingang finden. Da diese ergänzenden Informationen im Rahmen des Preisschwellensystems gefordert worden sind, seien im nun folgenden Exkurs die Möglichkeiten der Berücksichtigung der Auftragsgemeinkosten kurz diskutiert.

3.2.5 Exkurs: Möglichkeiten der Berücksichtigung der Auftragsgemeinkosten für die Preisschwelle 1

Die Auftragsgemeinkosten sind für die Ermittlung der Preisuntergrenze nicht relevant. Die Notwendigkeit ihrer Berücksichtigung, hier im Rahmen der Preisschwelle 1, ist oben erläutert worden: Zum einen wird darin eine wichtige Information für den Entscheidungsträger über die Auskömmlichkeit verschiedener Preise gesehen, zum anderen werden derartige Gemeinkosteninformationen im Rahmen der retrograden Kalkulation im Target Costing benötigt, nicht zuletzt um Deckungsdruck aufzubauen. Aus diesen Gründen wird die Legitimation abgeleitet, im Rahmen dieser Untersuchung zur Preisuntergrenze in der gebotenen Knappheit darzustellen, wie die Auftragsgemeinkosten auf die Aufträge zugeordnet werden können. Eine verursachungsgerechte Verteilung kann es definitionsgemäß nicht geben. Jeder Vorschlag ist daher nur ein denkbarer Kompromiß. Welcher Weg eingeschlagen wird, ist Sache der Entscheidungsträger. Einige Punkte, die dabei Beachtung verdienen, seien kurz dargestellt.

---

[191] Vgl. Kilger, W. (1990), S. 57; Scherrer, G. (1991), S. 398f.

Im wesentlichen lassen sich zwei Formen der Verteilung von Auftragsgemeinkosten auf die Aufträge unterscheiden. Dies ist zum einen die Zuteilung auf der Basis diverser prozentualer Zuschlagssätze, zum anderen die Verteilung von Absolutbeträgen.

Das Prinzip der Verteilung über Zuschläge besteht darin, die zuzuteilenden Auftragsgemeinkosten über die Multiplikation einer festzulegenden Umlagegröße mit einem bestimmten Prozentsatz zu ermitteln. Als Umlagegrößen und damit Zuschlagsbasen kommen bspw. die im System der Zuschlagskalkulation vorgestellten Kostengrößen in Frage. Die Umlagegrößen sind im Prinzip willkürlich wählbar, da keine Umlagegröße einen verursachungsgerechten bzw. dem Identitätsprinzip entsprechenden Bezug zwischen Auftrag und Auftragsgemeinkosten herstellen kann. Bestünde ein solcher Bezug, so wären die zugehörigen Kosten keine Auftragsgemeinkosten. Eine prozentuale Erfassung derartiger Kosten wäre dann keine Verteilung aufgrund irgendwelcher Umlagegrößen, sondern eine Ermittlung von Auftragseinzelkosten mit Hilfe von Bezugsgrößen. Unterstellt wird dabei ein proportionaler Zusammenhang zwischen Bezugsgröße und zu ermittelndem Kostenumfang. Ob damit eine der Realität entsprechende Abhängigkeit und damit ein zulässiger Weg zur schnellen Ermittlung der Auftragseinzelkosten und damit der Preisuntergrenze gefunden ist, ist im Einzelfall zu prüfen.

Die Verteilung der Gemeinkosten über Zuschläge ist allerdings mit Gefahren oder Annahmen behaftet, die die Anwendung dieses Verfahrens als problematisch erscheinen lassen. Grundproblem ist die künstliche Proportionalisierung von Fixkosten. Der Ansatz über Zuschlagssätze führt nur dann zu einer exakten Deckung der Auftragsgemeinkosten, wenn sich die in der Planung unterstellten Ausprägungen der Planumlagegrößen und der auf sie bezogenen Planauftragsgemeinkosten im Ist bestätigen oder zufälligerweise in gleichem Maße verändern. Die Zuschlagssätze werden nämlich gebildet durch Division der geplanten Auftragsgemeinkosten pro Zeiteinheit, in den hier betrachteten Fällen mehrjähriger Planung i.d.R. pro Jahr, durch die geplante Ausprägung der Umlagegröße. Ansonsten kommt es bei quantitativen Veränderungen der Umlagegröße zu Beschäftigungsabweichungen und damit zu Unter- oder Überdeckungen, wenn die Gemeinkosten entsprechend im Preis umgesetzt werden können. Um zumindest größere Fehler zu vermeiden, sind bei der auch im Automobilzuliefergeschäft vorliegenden Auftragsfertigung gegenüber der ursprünglichen Planung wegfallende bzw. hinzukommende Aufträge zu berücksichtigen. Fallen Aufträge aus dem Programm heraus, so ist die Höhe der Umlagegrößen entsprechend zu vermindern, damit die sich ergebenden höheren Zuschläge den Wegfall über die anderen Aufträge kompensieren. Kommen Zusatzaufträge ins Programm, also sich nicht in der ursprünglichen Planung befindliche Aufträge, können und müssen die Höhe der Umlagegröße angehoben und damit die Zuschlagssätze gesenkt werden, wenn nicht bewußt eine Überdeckung generiert und damit Gewinnverschleierung betrieben werden soll. Werden Kostengrößen als Umlagegrößen verwendet, kommt es ebenfalls zu Verrechnungsfehlern, wenn sich die zugrundegelegte Preis- und/oder Mengenkomponente verändert. In der praktischen Anwendung des Zuschlagssystems kommt das Problem hinzu, daß die Zuschlagssätze häufig auf der Basis vergangener Daten ermittelt werden. Dies geschieht über die Abrechnung der vergangenen Periode, deren Daten für Zwecke der Vorkalkulation allenfalls normalisiert werden.[192] Eine Betrachtung der

---

[192] Normalisieren bedeutet, daß die Kosten- und Zuschlagssätze auf Basis der Mittelwerte aus einer bestimmten Anzahl von Vorperioden ermittelt werden, vgl. Scherrer, G. (1991), S. 70.

zukünftigen Entwicklung erfolgt häufig nur für das nächste Jahr. Für eine in die Zukunft gerichtete Angebotskalkulation, wie sie für die Automobilzulieferindustrie vorgestellt wurde, sind die Zuschlagssätze damit nur bei Bedingungskonstanz bezüglich der herangezogenen Größen bzw. gleichförmiger Weiterentwicklung geeignet. Eine derartige Konstanz darf allerdings vor allem vor dem Hintergrund der eingangs geschilderten Veränderungen stark angezweifelt werden. Das von seiner Systematik häufig als kurzfristiges Zahlenwerk aufgebaute interne Rechnungswesen muß daher für die Zwecke der Angebotskalkulation in der Automobilzulieferindustrie ausgebaut werden.[193]

Einen Ausweg aus diesen allein verrechnungstechnisch bedingten Abweichungen bzw. Neuermittlungen von Zuschlagssätzen bietet die Verteilung der Auftragsgemeinkosten auf die Aufträge über Absolutbeträge in Form von Deckungsbudgets bzw. Deckungsvorgaben.[194] Mit Hilfe dieser Deckungsbudgets werden die Plankosten derjenigen Ebenen, in denen keine Umsatzerlöse und damit Deckungsbeiträge erwirtschaftet werden, - das sind hier die Auftragsgemeinkosten - den Deckungsträgern - hier also den Aufträgen - zugeordnet. Eine analoge Aufteilung des angestrebten Gesamtunternehmensgewinns unter Beachtung der Unternehmensstrategie bzw. der Einordnung ins Unternehmensportefeuille ist denkbar.[195] Dieser Verteilungsprozeß läßt sich anhand eines simplen Topfmodells verdeutlichen:

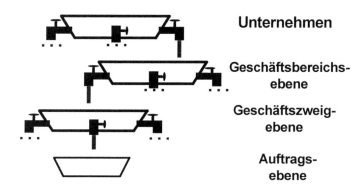

Abbildung 3-1: Topfmodell zur Gemeinkostenverrechnung

Das Topfmodell zeigt die verschiedenen hierarchischen Ebenen eines Unternehmens, die in ihrer Struktur und Anzahl unternehmensabhängig sind. Der genaue Aufbau muß daher an die unternehmensindividuelle Organisationsstruktur angepaßt werden. Im dargestellten Beispiel-fall ist ein Unternehmen in verschiedene Geschäftsbereiche aufgeteilt, die wiederum in

---

[193] Vgl. zu ähnlichen Anforderungen im industriellen Anlagengeschäft Laßmann, G. (1986), S. 137

[194] Vgl. Riebel, P. (1994), S. 381, S. 475ff.; Im Unterschied zu KILGER wird hier stärker die Deckungsvorgabe über Absolutbeträge und weniger über Prozentzuschläge betont, vgl. Kilger, W. (1990), S. 860ff. Den Weg der absoluten Deckungsvorgaben gehen z.B. auch Back-Hock, A. (1992), S. 710f.; Riezler, S. (1996), S. 151ff.; Zehbold, C. (1996), S. 143ff.

[195] Vgl. Fischer, R. / Rogalski, M. (1994), S. 59; Fischer, R. / Rogalski, M. (1993), S. 240

verschiedene Geschäftszweige eingeteilt werden. Auf Unternehmens- und Geschäftsbereichs-ebene finden sich verschiedene Stabsfunktionen ohne direkten Kontakt zur Auftrags-abwicklung auf der operativen Ebene. Die hier anfallenden Kosten sind daher regelmäßig Auftragsgemeinkosten. Einer genaueren Untersuchung bezüglich des Einzel- oder Gemeinkostencharakters bedarf es auf der Geschäftsbereichs- und der Geschäftszweigebene. Im Topfmodell finden nur die Auftragsgemeinkosten Berücksichtigung. Das Unternehmen, jeder Geschäftsbereich und jeder Geschäftszweig bildet ein Bezugsobjekt in der Bezugsobjekthierarchie und verfügt über seinen eigenen Topf. In ihn fließen zunächst die Einzelkosten des Bezugsobjektes. Für das Unternehmen sind dies - um ein paar Beispiele zu nennen - unter anderem die Kosten des Zentralvorstandes oder des zentralen Rechnungswesens, für den Geschäftsbereich die Kosten der verschiedenen Stabsfunktionen, für den Geschäftszweig Kosten für die kaufmännische Leitung usw. Es entsteht eine stufenweise Deckungsbeitragsrechnung, die Summe der Inhalte aller Töpfe ist das Unternehmensgesamtdeckungsbudget. Seine explizite Ermittlung durch Aggregation der Deckungsbudgets der verschiedenen Ebenen und anschließende Rückverteilung[196] erscheint - zumindest für die hier vorliegende Fragestellung - überflüssig, wenn die unteren Ebenen selbständig am Markt operierende Teilbereiche sind.

Den Töpfen ab Ebene zwei fließen über den auf sie gerichteten Hahn der übergeordneten Ebene Gemeinkosten der oberen Hierarchieebenen zu. Es handelt sich also um einen Top-Down-Ansatz zur Verteilung von Gemeinkosten. Dadurch landen alle Auftragsgemeinkosten als Teildeckungsbudgets auf Geschäftszweigebene, da diese in unserem Fall die Ebene ist, auf der Aufträge abgewickelt und Angebotskalkulationen erstellt werden. Auf dieser Ebene sind die Auftragsgemeinkosten, egal ob Geschäftszweigeinzelkosten oder von oben zufließende Auftragsgemeinkosten, über die dort erwirtschafteten Deckungsbeiträge abzudecken. Dazu verteilen die Geschäftszweigverantwortlichen „ihren" Topf nach von ihnen festzulegenden Kriterien auf die von ihnen betreuten erwarteten Aufträge.

Wie weit die einzelnen Hähne aufgedreht werden, hängt vom verwendeten Umlageschlüssel ab. Dazu gibt es verschiedene Möglichkeiten. Eine richtige Zuordnung im Sinne von verursachungsgerecht kann es nicht geben, sonst lägen keine Auftragsgemeinkosten vor. Auf die Gruppe der prozeßorientierten Umlagegrößen wird im Rahmen der Ausführungen zur Prozeßkostenrechnung genauer eingegangen. Dabei wird auch deutlich werden, inwieweit die Prozeßkostenrechnung mit ihrem Anspruch einer verursachungsgerechteren Kalkulation bei der Identifikation der Kostenwirkungen von Entscheidungen und damit der Trennung von Auftragseinzel- und Auftragsgemeinkosten helfen kann, daß sie die verbleibenden Auftragsgemeinkosten aber ebenfalls umlegt. Sie sind prinzipiell anwendbar, wenn die Bezugsobjekte Prozesse übergeordneter Hierarchieebenen in Anspruch nehmen. Gerade im Falle einer stärkeren Prozeßorientierung als dies das bis dato verwendete Organisationsexempel suggerieren mag - diese könnte z.B. einem Business Process Reengineering entspringen - gewinnt dieses Verfahren an Relevanz. Über die Definition passender Maßgrößen zur Prozeßerfassung werden den Bezugsobjekten anteilig Prozeßkosten zugeschlüsselt.[197] Daneben gibt es eine Gruppe marktorientierter Umlagegrößen, die sich an

---

[196] Vgl. Fischer, R. / Rogalski, M. (1994), S. 60.; Fischer, R. / Rogalski, M. (1993), S. 242; Fischer, R. / Rogalski, M. (1995), S. 131ff.

[197] Inwieweit dies „verursachungsgerecht" ist, wird ebenfalls noch ausführlich diskutiert.

der Belastbarkeit bzw. Tragfähigkeit der Bezugsobjekte im weiteren Sinne orientiert. Umlagegrößen dieser Art sind Umsätze oder Deckungsbeiträge. Kostenorientierte Umlagegrößen, wie Materialeinzelkosten, Auftragseinzelkosten oder ähnliches sind ebenfalls denkbar. Neben starren Umlageverfahren sind somit auch flexible Mechanismen denkbar, die bewußt auf absatzpolitische Strategien und Marktgegebenheiten reagieren.[198]
Eine Anpassung der Deckungsbudgets der einzelnen Aufträge auf eine veränderte Auftragslage, insbesondere den Wegfall ursprünglich eingeplanter Aufträge, bleibt den Geschäftszweigverantwortlichen auch bei dieser Systematik nicht erspart, da sie sonst ihren Topf nicht leeren können. Dieses System weist allerdings eine deutlich höhere Transparenz über den Stand der Gemeinkostendeckung auf als das Zuschlagssystem, das die Gemeinkosten über die Zuschlagssätze mit den Umlagegrößen mitatmen läßt. Dieses Mitatmen läßt sich vermeiden, wenn die Zuschlagssätze regelmäßig an veränderte Auftragsvolumina angepaßt werden. Die Errechnung der Zuschlagssätze stellt dann aber gegenüber dem Topfkonzept einen Zusatzaufwand dar. Die Ermittlung von Zuschlagssätzen erscheint allerdings von Vorteil, wenn ein Geschäftszweig aufgrund seiner Größe z.B in mehrere Geschäftsfelder mit eigenen Kalkulatoren unterteilt ist, ohne eine weitere Ebene im Topfkonzept einzuführen. Der einzelne Kalkulator hat dann nicht den Überblick über den gesamten Auftragsbestand des Geschäftszweiges, so daß ihm ein Prozentsatz als Richtschnur für einen ersten Gemeinkostenansatz dienen kann. Das Gemeinkostencontrolling auf Geschäftszweigebene durch Abgleich von geplanten und kalkulierten Gemeinkosten muß allerdings sichergestellt sein, um die dargestellten Probleme zu vermeiden.

3.2.6 Inhaltliche Präzisierung von Preisuntergrenze und Preisschwellen

Die Inhalte der einzelnen Preisschwellen sind nun konzeptionell soweit beschrieben, daß eine inhaltliche Präzisierung möglich und angebracht ist. Dabei werden die wesentlichen Kostenkategorien auf ihre Zugehörigkeit zu den verschiedenen Preisschwellen hin untersucht. Die folgende Analyse orientiert sich in ihrem Aufbau analog zum obigen Vergleich auf Darstellungen, wie sie zur Erläuterung der Inhalte der Positionen der Zuschlagskalkulation gebracht werden.[199]
Relativ unproblematisch ist die Einordnung der Materialeinzelkosten. Die ins Endprodukt eingehenden Materialien bilden i.d.R. Stückeinzelkosten. Kosten für während der Produktion anfallenden Abfall können je nach technischen Gegebenheiten als Stück- oder Auftragseinzelkosten erfaßt werden, produzierter Ausschuß als Auftragseinzelkosten.
Die Fertigungslöhne bilden i.d.R. Auftragseinzelkosten. Ihre Betrachtung als Stückeinzelkosten in Form von Fertigungseinzelkosten ist seit längerem kritisiert worden und entspricht nur mehr bei reiner Akkordentlohnung den theoretischen Ansprüchen der Zurechenbarkeit. Aufgrund der Auftragsorientierung der vorliegenden Fragestellung ist diese Frage hier i.d.R. unproblematisch. Im folgenden sind keine Fertigungsstückkosten vorgesehen. Der Charakter der im Fertigungsbereich anfallenden Gehälter ist im Einzelfall zu analysieren. Betreut der Gehaltsempfänger nur den betrachteten Auftrag, handelt es sich um Auftragseinzelkosten, in

---

[198] Vgl. Laßmann, G. (1986), S. 136; Fischer, R. / Rogalski, M. (1994), S. 60f.; Fischer, R. / Rogalski, M. (1994), S. 242f.
[199] Vgl. Scherrer, G. (1991), S. 191ff.; Kilger, W. (1990), S. 231ff. Eine Checkliste relevanter Ein- und Auszahlungen findet sich bei Riezler, S. (1996), S. 193ff.

allen anderen Fällen um Auftragsgemeinkosten, die vereinfachend z.B. über die anteilige Arbeitszeit auf die Aufträge verteilt werden könnten. Sind die für die Fertigung des Auftrags erforderlichen Kapazitäten in Form von Arbeitskräften fest vordisponiert, so sind die Löhne und Gehälter nicht mehr relevant. Dies ist z.b. der Fall, wenn vorhandene Arbeitskräfte, für die keine anderweitige Beschäftigungsmöglichkeit besteht, nicht entlassen, sondern für diesen Auftrag eingeplant werden. Zum Zeitpunkt der Entscheidung über die Annahme eines Auftrags dürften Fertigungslöhne und -gehälter allerdings regelmäßig noch nicht vordisponiert sein.

Sondereinzelkosten der Fertigung bilden selten Stückeinzelkosten - ein Beispiel hierfür sind stückzahlabhängige Lizenzgebühren - vielmehr Auftragseinzelkosten. Dies gilt für Bau- oder Schaltpläne, Modelle und Muster ebenso wie für Formen, Spezialwerkzeuge und Forschungs- und Entwicklungsleistungen. Aufgrund ihrer nicht nur quantitativ hohen Bedeutung werden Kosten für Forschungs- und Entwicklungsleistungen und Spezialwerkzeuge gesondert ausgewiesen. Da i.d.R. nicht unerhebliche Vorleistungen erforderlich sind, um überhaupt für einen bestimmten Auftrag anbieten zu können, sind häufig vor allem im Forschungs- und Entwicklungsbereich zum Entscheidungszeitpunkt bereits auftragsspezifische Kosten angefallen.

Neben den Sondereinzelkosten der Fertigung werden die Sondereinzelkosten des Vertriebes den Stücken oder Aufträgen direkt zugeordnet. Dazu gehören Skonti, Rabatte und Boni, die aber auch als Erlösschmälerungen bei den Umsatzerlösen berücksichtigt werden können. Auftragsübergreifende Boni sind Auftragsgemeinkosten. Verpackungsmaterial ist in den Materialkosten enthalten, wenn es als innere Verpackung anzusehen ist, die Kosten für äußere Umverpackung sind Gemeinkosten für eine bestimmte Anzahl von Stücken; sie werden als Auftragsgemeinkosten erfaßt. Weitere Stück- oder Auftragseinzelkosten sind Frachtkosten und Provisionen.

Neben diesen in üblichen Schemata als Kostenträgereinzelkosten erfaßten Kosten gibt es die Kostenstellenkosten. Die damit üblicherweise erfaßten Kostenkategorien werden im folgenden kurz dargestellt, nachdem die Grundtypen der normalerweise gebildeten Kosten-stellen kurz vorgestellt worden sind. Im Anschluß daran wird für die verschiedenen Kosten-stellentypen die Einordnung ihrer Kosten in die verschiedenen Preisschwellenkategorien diskutiert.

Aus dem oben angeführten allgemeinen Schema der Zuschlagskalkulation kann man die üblicherweise gebildeten Kategorien der Hauptkostenstellen ablesen. Es sind dies Material-, Fertigungs-, Verwaltungs- und Vertriebskostenstellen. Hauptkostenstellen sind dadurch gekennzeichnet, daß die in ihnen anfallenden Kosten - primär wie sekundär - direkt auf die Kostenträger (Produkte, Aufträge) weiterverrechnet werden. Primär sind Kostenstellenkosten, wenn sie im Rahmen der Kostenartenrechnung der betrachteten Kostenstelle zugeordnet worden sind, während sekundäre Kostenstellen im Zuge der innerbetrieblichen Leistungsverrechnung von Hilfskostenstellen auf die betrachtete Kostenstelle verrechnet worden sind. Hilfskostenstellen verrechnen ihre Kosten direkt oder über andere Hilfskostenstellen auf Hauptkostenstellen und damit nur indirekt auf die Kostenträger.[200]

---

[200] Vgl. z.B. Scherrer, G. (1991), S. 345ff.

Materialkostenstellen sind im Bereich Einkauf, Wareneingang und Lager für Roh-, Hilfs-, Betriebsstoffe und fremdbezogene Fertigteile zu sehen. Der Begriff Fertigungskostenstelle kann als selbstsprechend angesehen werden. Der Zergliederungsgrad des gesamten Produktionsprozesses und die Aggregation von Fertigungskostenstellen zu Meister- und Fertigungsbereichen hängt von den Produktionsgegebenheiten des Betriebes ab. Verwaltungskostenstellen werden für die Unternehmens- oder Bereichsleitung, zentrale Planungsabteilungen, Rechnungswesen- und Rechtsabteilungen gebildet. Wesentliche Kostenstellen im Bereich Vertrieb (im weiteren Sinne) liegen im Marketing, der Werbung, bei Verkaufs-, Verpackungs- und Versandabteilungen sowie Ausgangslagern. Neben diesen i.d.R. als Hauptkostenstellen betrachteten Kostenstellen können eine Reihe von Hilfskostenstellen eingerichtet werden. Beispiele hierfür sind die Fertigungs- und Qualitätsplanung, Kostenstellen für betriebliche Gebäude, Energie- oder Transportkostenstellen, Instandhaltung und Instandsetzung oder Kostenstellen im sozialen Bereich wie Kantinen.

Diesen Kostenstellen werden im Zuge der Kostenartenrechnung die Kostenstellenkosten zugeordnet. Im folgenden seien diese Kostenarten im Überblick angesprochen, um die Kostenstellenkosten einer eingehenderen Untersuchung bezüglich ihrer Relevanz für die Preisuntergrenze unterziehen zu können. Die wichtigsten Kostenarten sind:

- Personalkosten
- Betriebsmittelkosten
- Kapitalkosten
- Hilfs- und Betriebsstoffe
- Energie

Personalkosten sind die an die im Unternehmen beschäftigten Mitarbeiter gezahlten Löhne und Gehälter sowie die Lohnnebenkosten für gesetzliche, tarifvertragliche oder freiwillige soziale Leistungen.

Als Kosten der Betriebsmittel werden Abschreibungen und Kosten für Wartung und Reparatur angeführt. Betriebsmittel sind Gebäude, technische Anlagen und Maschinen. Über die Abschreibungen soll der Werteverzehr der Betriebsmittel abgebildet werden. Während die Wartung der Aufrechterhaltung der Funktionstüchtigkeit dient, sollen mit Hilfe von Reparaturen bereits eingetretene Störungen in der Funktionstüchtigkeit beseitigt werden.

Für die Finanzierung dieser Betriebsmittel ist Kapital erforderlich. Für die dafür ansetzbaren Kapitalkosten gibt es unterschiedliche Einbeziehungskonzeptionen.[201] Aus dem hier vorgestellten investitionstheoretisch fundierten Ansatz ergibt sich folgende Behandlung der Kapital- in Verbindung mit den Abschreibungskosten: Wird ein Betriebsmittel anläßlich oder wegen einer Auftragsannahme angeschafft - die zugehörigen Betriebsmittelkosten sind also Auftragseinzelkosten - so wird die zugehörige Anschaffungsauszahlung zeitpunktgenau erfaßt und in der Zahlungsreihe berücksichtigt. Eine Berücksichtigung von Abschreibungen und Kapitalkosten in Form von kalkulatorischen Zinsen auf das eingesetzte Eigenkapital erübrigt sich damit. Zinsen für eingesetztes Fremdkapital werden im Finanzplan explizit erfaßt. Möchte man die Anschaffungsauszahlungen auf die Laufzeit oder die Lebensdauer des Betriebsmittels verteilen, so geschieht dies durch Multiplikation der Anschaffungsauszahlung

---

[201] Vgl. z.B. Scherrer, G. (1991), S. 260ff.

mit dem entsprechenden Annuitätenfaktor $\dfrac{(1+i)^n i}{(1+i)^n - 1}$ (mit n: Nutzungsdauer, i: Kalkulations-

zinsfuß). Statt dieser sich ergebenden Annuität (Ann) kann als Näherungslösung der sog.
Kapitaldienst herangezogen werden, der sich als Summe von linearer Abschreibung und
kalkulatorischen Zinsen ergibt:[202]

$$Ann \approx \frac{A_0}{n} + \frac{A_0}{2} i$$

Für die in praktischen Fällen relevanten Ausprägungen der Parameter n und i kann die
Abweichung der Näherungslösung von der Annuität akzeptiert werden, wodurch Kosten-
rechnungsdaten für die Investitionsrechnung einsetzbar werden. LÜCKE zeigt außerdem, wie
die kalkulatorischen Zinsen zu berechnen sind, so daß zahlungsorientierte (investitionsrechnerische) und erfolgsorientierte (kostenrechnerische) Rechnungen zum gleichen Ergebnis
kommen, die kalkulatorischen Zinsen somit eine Ausgleichsfunktion wahrnehmen (LÜCKE-
Theorem).[203] An der Notwendigkeit, die Auszahlungszeitpunkte für die Finanzplanung
festzuhalten, ändert dies allerdings nichts. Da aus Vereinfachungsgründen eine Zahlungsreihe
aufgestellt wird, in der alle Zahlungen am Periodenende anfallen, sind unterjährige
Verzinsungen nicht berücksichtigt. Um die dadurch entstehenden Fehler zu korrigieren,
können die während des Jahres anfallenden Auszahlungen für angeschaffte Gegenstände des
Anlagevermögens sowie die Bestände im Umlaufvermögen entsprechend auf das
Periodenende aufdiskontiert werden. Unter Umständen wird dies (zumindest zum Teil) bereits
durch in der Kostenrechnung angesetzte kalkulatorische Zinsen erledigt.[204]
Die letzten angesprochenen Kostenarten sind Hilfs- und Betriebsstoffe und Energie.
Hilfsstoffe sind Materialien von untergeordneter Bedeutung, die direkt in das Produkt
eingehen. Betriebsstoffe gehen nicht in das Produkt ein, sondern werden bei seiner
Herstellung verbraucht, z.B. Öle oder Fette. Energie ist die Fähigkeit, Arbeit verrichten zu
können, Energiearten z.B. Strom oder Dampf.

Für die Einordnung dieser Kostenstellenkosten in das vorgestellte Preisschwellensystem sei
zunächst auf einige bereits dargestellte Grundsätze zurückgegriffen. Sind Kostenstellenkosten
auf den gleichen dispositiven Ursprung zurückzuführen wie der Auftrag, so handelt es sich
um Auftragseinzelkosten. Wird sukzessive über verschiedene Aufträge entschieden, sind
somit die Kosten heranzuziehen, die durch die Entscheidung „Auftragsannahme" entstehen
(hierzu zählen auch entgangene Einzahlungen aus einem Kapazitätsabbau) bzw. bei
Auftragsablehnung weggefallen wären (Fall 1, Einzelkosten im weiten Sinne RIEBELS). Wird
simultan über verschiedene Aufträge entschieden und beanspruchen diese Aufträge Engpässe,
die trotz des i.d.R. langen Vorlaufs nicht eliminierbar sind, so ist der Deckungsbeitrag der
besten verdrängten Alternative in die Preisuntergrenze mit einzubeziehen (Fall 2). Als
Alternative ist dabei auch der Abbau von Kapazitäten ins Kalkül zu ziehen. Ist der Engpaß
eliminierbar, so sind die bei Behandlung der Vergleichs- bzw. Verdrängungsrechnung
hergeleiteten Grundsätze heranzuziehen (Fall 3). Ist die Engpaßsituation zu unübersichtlich,

---

[202] Vgl. Hax, H. (1985), S. 15., Blohm, H. / Lüder, K. (1995), S. 157ff.
[203] Vgl. Lücke, W. (1955), S. 312ff.; als Sekundärquelle z.B. Adam, D. (1997), S. 62ff.
[204] Eine ausführliche Analyse einer investitionstheoretisch korrekten Berücksichtigung von Zinsen in der
Kosten- und Leistungsrechnung findet sich bei Küpper, H.-U. (1991), S. 5ff., zusammengefaßt bei Scherrer,
G. (1992), S. 1012ff.

so hat man sich mit Vereinfachungen zu helfen, wie sie die Revisionshypothese darstellt. Gleiches gilt für die Berücksichtigung nicht teilbarer Ressourcen bei der Simultan-entscheidung über die Annahme mehrerer Aufträge. Die hierfür nötigen Auszahlungen sind - sofern nicht irreversibel vordisponiert - nur in die Preisuntergrenze des relevanten Auftrags-bündels einzubeziehen. Die Existenz vieler nicht teilbarer Ressourcen, die durch unterschiedliche Auftragsbündel in Anspruch genommen werden, kann auch hier zu vereinfachenden Annahmen zwingen.

Diese Ausführungen verdeutlichen, daß es im Bereich der genannten Kostenstellen zu mittelbaren und unmittelbaren Zahlungswirkungen kommt, die als Kosten der Entscheidung, als Auftragseinzelkosten zu behandeln sind. Die mittelbaren entstehen immer dann, wenn Alternativen verdrängt werden, es sind dann die entgangenen Deckungsbeiträge als Auftragseinzelkosten heranzuziehen. Darüber hinaus *können* die oben angesprochenen Arten der Kostenstellenkosten als unmittelbare Auszahlungen im Kalkül zu berücksichtigen sein, sie *können* also Auftragseinzelkosten sein. Dies wird im folgenden untersucht.

Die Zuordnung als unmittelbare Auftragseinzelkosten ist vorzunehmen durch eine fallweise Anwendung der Grenz- oder Differenzüberlegungen: Wie würden sich diese Kosten verändern, wenn der Auftrag angenommen würde? Aus dieser Überlegung heraus entstehen nur dann (unmittelbare) Auftragseinzelkosten, wenn für den betrachteten Auftrag zusätzliche Faktoren angeschafft oder vorhandene ständig erneuert werden. Für die genannten Kostenarten ergibt sich dazu folgendes Bild:

Die Auszahlungen für in den Fertigungskostenstellen eingesetzte Hilfsstoffe sind grundsätzlich unmittelbare Auftragseinzelkosten, sie werden im folgenden unter Materialkosten subsumiert. Keine unmittelbaren Auszahlungen entstehen in den Fällen, in denen vorhandene Reserven genutzt werden. Für Betriebsstoffe und Energie gilt das gleiche. Hier ist zusätzlich fallweise zu untersuchen, inwieweit die höhere Beschäftigung den Verbrauch dieser Faktoren steigert. U.U. ist diese Information aus den Grenzkostensätzen der Grenzplankostenrechnung zu gewinnen. Allgemeine Betriebsstoff- und Energiekosten zur auftragsunabhängigen Aufrechterhaltung der Betriebsbereitschaft sind Auftragsgemeinkosten. Für die übrigen Kostenarten (Personal-, Betriebsmittel- und Kapitalkosten) sind die gleichen Prinzipien anzuwenden: Es entstehen unmittelbare Auftragseinzelkosten, wenn Kapazitäten erweitert werden (z.B. durch Kauf zusätzlicher Anlagen) oder wenn abgebaute oder abbaubare Kapazitäten erneuert werden (z.B. durch die Verlängerung von Arbeitsverträgen, die ausgelaufen sind oder kündbar wären).

Aus diesen kostenartenbezogenen Überlegungen läßt sich auf allgemeinem Niveau zumindest tendenziell eine Grobeinteilung für die verschiedenen Kostenstellen vornehmen: Die Logistikkosten für Eingangs- und Ausgangslogistik im Sinne von Kosten für Lagerung und Transport werden aus den Materialgemeinkosten bzw. den Vertriebskosten herausgelöst.[205] Zusammen mit den übrigen Kosten im Materialbereich (insb. für Bestellungen, Wareneingangsprüfung, Lieferantenauswahl) sowie den Kosten der Fertigung bilden sie projektnahe Kosten, die tendenziell eher Auftragseinzelkosten darstellen. Ausnahmen bilden bspw. Kosten für von mehreren Aufträgen in Anspruch genommene Arbeitnehmer, Gebäude oder technische Anlagen. Kosten im Bereich Vertrieb sind zwar

---

[205] Die Gründe werden im Rahmen der Betrachtungen zum Prozeßkostenmanagement deutlich.

ebenfalls projektnah, doch dürfte i.d.R. nicht zuletzt wegen der weitgehenden Nichtteilbarkeit von Personalkosten eine Tendenz zu Auftragsgemeinkosten vorliegen. Ausnahmen bilden Reisekosten, die im Zuge der Auftragsakquisition entstehen und damit Auftragseinzelkosten sind. Verwaltungskosten sind in den meisten Fällen projektfern und damit Auftragsgemeinkosten.

Zur weiteren Konkretisierung seien die bisherigen Ergebnisse in einem Beispiel verdeutlicht. Dazu werden alle Erkenntnisse in einem Kalkulationsblatt zusammengefaßt, das neben der Ermittlung der Preisuntergrenze in Ergänzung auch der Ermittlung eines kostenorientierten Angebotspreises dient.

Dem Beispiel liegt eine Anfrage für ein Steuergerät XY zugrunde, das über fünf Jahre hinweg ab 1999 mit bestimmten Stückzahlen geliefert werden soll. Zudem ist die erwartete Preisentwicklung für das Produkt eingetragen, die für die Abschätzung der Deckungsbeiträge und als Basis einer retrograden Kalkulation im Rahmen des Target Costing benötigt wird. Es wird von jährlichen Preisdegressionen in Höhe von 4% ausgegangen.

Zunächst werden die Kosten für elektronisches und mechanisches Material ermittelt, wobei Hilfsstoffe mit enthalten sind. Die entsprechenden Beträge werden als Stückeinzelkosten ausgewiesen. Im Bereich Material wird noch mit einem Ausschuß gerechnet, der als Auftragseinzelkosten erfaßt wird.

Der Bereich Fertigung/Qualitätssicherung ist vielschichtig: Zunächst wird festgestellt, daß der Auftrag auf den für diesen Zeitraum bereits beschafften Maschinen gefertigt werden könnte. Zu einer Verdrängung anderer Aufträge käme es dadurch nicht. Als Kosten für diese Maschinen können daher dem Auftrag als Einzelkosten nur die Kosten für Energie, Betriebsstoffe und zusätzliche Wartungsaufgaben, die sich aus der höheren Kapazitätsauslastung ergeben, zugerechnet werden. Außerdem ist für die Fertigungsdurchführung zusätzliches Personal einzustellen. Die Wartungsarbeiten werden von einem externen Unternehmen erledigt, das seine Leistungen stundenweise verrechnet. Zur Deckung der gesamten Betriebsmittel- und Kapitalkosten der in Anspruch genommenen Fertigungsanlagen werden dem Auftrag während der Lieferung DM 200.000,- jährlich als Deckungsbudget zugeordnet. Der Betrag ergab sich gemäß der zeitlichen Inanspruchnahme der Fertigungsanlagen. Zu Prüfungszwecken müßte eine Prüfmaschine für DM 1,5 Mio. angeschafft werden, die nach Ablauf des Lieferzeitraums wertlos ist. Die Betreuung der Maschine könnte von einer vorhandenen Arbeitskraft mit übernommen werden. Im laufenden Angebotsprozeß mußten Muster hergestellt werden, für deren Fertigung DM 20.000,- anfielen. Für die Fertigung sind noch einige Spezialwerkzeuge erforderlich, die in 1997 bzw. 98 beschafft werden müßten.

Im Bereich Logistik sind die Kosten für einen Arbeitnehmer, der bei Nichtannahme des Auftrages in einen anderen Unternehmensbereich verlagert würde, anzusetzen. Außerdem werden unterjährige Zinsen für unfertige und fertige Erzeugnisse sowie Material in Ansatz gebracht. Beide Positionen bilden Auftragseinzelkosten. Beiträge für die vorhandene beanspruchte Infrastruktur werden als Deckungsbudget zugeteilt.

Als Auftragseinzelkosten für Entwicklungsleistungen fallen bis zum Lieferbeginn Kosten für die Umsetzung des Kundenwunsches an. Die dafür nötigen Entwickler würden bei Nichtannahme des Auftrages abgebaut. Nach dem Lieferstart sind noch Leistungen der Entwickler zur Betreuung des Serienanlaufs und der Einarbeitung von Änderungen am

Produktdesign nötig. Um überhaupt zu einem angebotsfähigen Konzept zu kommen, waren Entwicklungsvorleistungen in Höhe von TDM 500 (Vorlauf) bzw. 100 (1997) nötig, die bereits angefallene Projekteinzelkosten darstellen. Als Beitrag für die Forschungsabteilung und Grundlagenentwicklung sind ab Lieferstart Deckungsbudgets abzuführen.

Im Vertrieb sind Reisekosten und Kosten für Präsentationsunterlagen angefallen (TDM 30) und würden bei Weiterverfolgung des Auftrags noch anfallen (je TDM 10 in 1997 und 1998). Die übrigen Kosten des Vertriebs sind nicht von diesem Auftrag abhängig. Als Beitrag zur Deckung der Kosten der Vertriebsinfrastruktur und der allgemeinen Kundenbetreuung werden Deckungsbudgets verrechnet.

Die Verwaltungskosten werden fast ausnahmslos über Deckungsbudgets verrechnet, da eine Kostenwirkung dieses Auftrags nicht gesehen wird. Einzige Ausnahme bilden Kosten zur Durchführung von Angebotskalkulationen. Dazu ist ein Mitarbeiter nötig, der eigentlich wegen des schrumpfenden Geschäfts teilweise andere Aufgaben übernehmen sollte. Die Wirkungen bei Annahme des Auftrags können nicht exakt nachvollzogen werden, es wird aber davon ausgegangen, daß in diesem Bereich ein Engpaß entstehen wird. Aus diesem Grund setzt man vereinfachend anteilige Kosten entsprechend dem Zeitbedarf an.

3.2.7 Konkrete Ausgestaltung des Angebotskalkulationsschemas

Diese Informationen werden in einem Kalkulationsblatt gesammelt, für das sich exemplarisch folgendes Bild ergeben kann.

Dazu vorweg einige rechentechnische Erläuterungen: Die dunkel hinterlegten Felder müssen vom Bearbeiter eingeben werden, die übrigen Felder werden vom Tabellenkalkulationsprogramm automatisch errechnet. Die Tabelle bietet damit eine geeignete Basis zur Durchführung von Sensitivitätsanalysen, in denen Parameter aller Art, z.B. Mengen, Preise, der Kalkulationszinssatz etc., (isoliert) variiert und deren Wirkung auf Barwerte und Annuitäten quantifiziert werden können.

Die Summenspalte wurde aus ergänzend informatorischen Gründen eingefügt. Wichtig ist die Barwertspalte. In ihr werden die Zahlungen der entsprechenden Zeile auf einen Zeitpunkt komprimiert. Als Bezugszeitpunkt wurde der Lieferbeginn (1999) festgelegt. Auf Basis der oben angestellten Überlegungen wurde der Kalkulationszinsfuß zu 10 % p.a. festgelegt. Er setzt sich zusammen aus dem sicheren Zinssatz und einer Risikoprämie. Bei der Ermittlung der Risikoprämie wurde den Gedanken des CAPM entsprechend der ß-Faktor des Unternehmens herangezogen. Hinter einer Übernahme des ß-Faktors steht die Annahme, daß Finanzierungs- und Investitionsrisiko des Projektes mit denen des Gesamtunternehmens übereinstimmen. Nach Überprüfung des Investitionsrisikos des Projektes wurde die Annahme beibehalten. Der Barwert ist ein Vorsteuer-Barwert, Probleme der Kapital- und Tilgungsstruktur sind ausgeklammert. Der Barwert wird in der nächsten Spalte in eine uniforme Zahlungsgröße über den gesamten Lieferzeitraum umgerechnet. Während der Barwert eine Gesamtzahl über das gesamte Volumen darstellt, ist die Annuität hier stückbezogen errechnet. Die genaue Berechnung wird im Anschluß erläutert.

| Projekt | **Steuergerät XY** | | | | | | Stand: | 31.05.1997 | | KZF (in %) | | 10 |

Alle Wertangaben in DM

Jahr	Vorlauf	97	98	Lieferbeginn 99	2000	2001	2002	2003	Summe	Barwert	Annuität	%
Stück (in Tsd.)				50	100	100	120	110	480	388,84		
Preis				110,00	105,60	101,40	97,30	93,40			100,99	
Umsatz (TDM)				5.500,00	10.560,00	10.140,00	11.676,00	10.274,00	48.150,00	39.269,80		

(1) Stückeinzelkosten

	Vorlauf	97	98	99	2000	2001	2002	2003	Summe	Barwert	Annuität	%
Material, elektr.				60,00	55,00	50,00	45,00	44,00	23.740,00	19.495,12	50,14	53%
Material, mech.				6,00	6,00	5,00	5,00	5,00	2.550,00	2.085,12	5,36	6%
Material pro Stück				66,00	61,00	55,00	50,00	49,00	26.290,00			
Materialausz. gesamt (TDM)				3.300,00	6.100,00	5.500,00	6.000,00	5.390,00	26.290,00	21.580,24	55,50	59%
DB I (TDM)				2.200,00	4.460,00	4.640,00	5.676,00	4.884,00	21.860,00	17.689,56	45,49	

(2) Projekt-/Auftragseinzelkosten (TDM)

	Vorlauf	97	98	99	2000	2001	2002	2003	Summe	Barwert	Annuität	%
Material				15,00	30,00	30,00	25,00	20,00	120,00	99,51	0,26	0%
Fertigg./Qual.			1.500,00	300,00	500,00	400,00	500,00	400,00	3.600,00	3.383,99	8,70	9%
Logistik			200,00	200,00	200,00	200,00	200,00	200,00	1.000,00	833,97	2,14	2%
Werkzeuge		100,00	200,00						300,00	341,00	0,88	1%
Entwicklung		2.000,00	2.000,00	500,00	300,00	100,00			4.900,00	5.475,37	14,08	15%
Vertrieb		10,00	10,00						20,00	23,10	0,06	0%
Kalkulation		15,00	15,00	5,00					35,00	39,65	0,10	0%
Summe		2.125,00	3.725,00	1.020,00	1.030,00	730,00	725,00	620,00	9.975,00	10.196,59	26,22	28%
DB II		-2.125,00	-3.725,00	1.180,00	3.430,00	3.910,00	4.951,00	4.264,00	11.885,00	7.492,97	19,27	

Preisuntergrenze: 81,72

Jahr	Vorlauf	97	98	99	2000	2001	2002	2003	Summe	Barwert	Annuität	%
(3) Vordisponierte und bereits angefallene Projektkosten (TDM)												
Fert./Qual.	20,00								20,00	26,62	0,07	0%
Logistik												
Entwicklung	500,00	100,00							600,00	786,50	2,02	2%
Vertrieb	30,00								30,00	39,93	0,10	0%
Kalkulation												
Summe	550,00	100,00							650,00	853,05	2,19	2%
DB III	-550,00	-2.225,00	-3.725,00	1.180,00	3.430,00	3.910,00	4.951,00	4.264,00	11.235,00	6.639,92	17,08	2%

Preisschwelle II: 83,92

Jahr	Vorlauf	97	98	99	2000	2001	2002	2003	Summe	Barwert	Annuität	%
(4) Zugeteilte Deckungsbudgets (TDM)												
Anl./Infrastr.				400,00	400,00	400,00	400,00	400,00	2.000,00	1.667,95	4,29	5%
Forschung				100,00	100,00	100,00	100,00	100,00	500,00	416,99	1,07	1%
Verwaltung				300,00	300,00	300,00	300,00	300,00	1.500,00	1.250,96	3,22	3%
Vertrieb		50,00	50,00	100,00	100,00	100,00	100,00	100,00	600,00	532,49	1,37	1%
Summe		50,00	50,00	900,00	900,00	900,00	900,00	900,00	4.600,00	3.868,38	9,95	
DB IV=Gewinn	-550,00	-2.275,00	-3.775,00	280,00	2.530,00	3.010,00	4.051,00	3.364,00	6.635,00	2.771,54	7,13	11%

Preisschwelle I: 93,86

	Vorlauf	97	98	99	2000	2001	2002	2003	Summe	Barwert	Annuität	%
Gesamtkosten	550,00	2.275,00	3.775,00	5.220,00	8.030,00	7.130,00	7.625,00	6.910,00	41.515,00	36.498,26	93,86	100%
Gesamtgewinn	-550,00	-2.275,00	-3.775,00	280,00	2.530,00	3.010,00	4.051,00	3.364,00	6.635,00	2.771,54	7,13	
Gewinn kum.	-550,00	-2.825,00	-6.600,00	-6.320,00	-3.790,00	-780,00	3.271,00	6.635,00				

Interner Zinsfuß: 18,90%   Umsatzrentabilität: 7,06%

Die Ermittlung der stückbezogenen Annuitäten erfolgt durch Division des Barwerts der betrachteten Wertgröße durch den Barwert des Liefervolumens, der aus diesem Grund mit errechnet wird.[206] Die Preisannuität bspw. ergibt sich wie folgt (p_t und x_t sind dabei Preis bzw. Menge in der Periode t, $\bar{p}$ der annuitätische Preis, i der Kalkulationszinsfuß).

$$\text{Barwert ursprüngliche Zahlungsreihe} = \text{Barwert uniforme Zahlungsreihe}$$

$$p_0 x_0 + \frac{p_1 x_1}{1+i} + \ldots + \frac{p_n x_n}{(1+i)^n} = \bar{p} x_0 + \frac{\bar{p} x_1}{1+i} + \ldots + \frac{\bar{p} x_n}{(1+i)^n}$$

$$p_0 x_0 + \frac{p_1 x_1}{1+i} + \ldots + \frac{p_n x_n}{(1+i)^n} = \bar{p}\left(x_0 + \frac{x_1}{1+i} + \ldots + \frac{x_n}{(1+i)^n} \right)$$

$$\bar{p} = \frac{\text{Barwert ursprüngliche Zahlungsreihe}}{\text{Barwert Stückzahlen}}$$

Stehen die Preise der einzelnen Perioden in einem bekannten funktionalen Zusammenhang, so läßt sich außer der annuitätischen Preisuntergrenze auch die Preisuntergrenze für das erste Jahr errechnen und daraus die für die Folgejahre.[207] Vermindert sich z.B. der Absatzpreis der Periode t (p_t) in der Folgeperiode um einen (u.U. periodisch variierenden) Prozentsatz sav_{t+1} (in $t+1$ zu gewährende Savings der Periode $t+1$ in Prozent von p_t, mit $sav_0 = 0$), d.h. $p_{t+1} = p_t(1 - sav_{t+1})$, so errechnet sich die Preisuntergrenze der ersten Periode PUG_0 (mit zu oben analogem Beweis) gemäß:

$$PUG_0 = \frac{\text{Barwert der relevanten Auszahlungen}}{\text{modifizierter Barwert Stückzahlen}}$$

$$= \frac{\displaystyle\sum_{t=0}^{n} \frac{a_t}{(1+i)^t}}{\displaystyle\sum_{t=0}^{n} x_t \frac{\prod_{i=0}^{t}(1 - sav_i)}{(1+i)^t}}$$

Die Preisuntergrenzen der Folgeperioden ergeben sich automatisch gemäß obiger Rekursionsformel. Angewendet auf die Daten dieses Beispiels ergibt sich für PUG_0 (bei der angenommenen jährlichen Preisdegression von 4%):

$$PUG_0 = \frac{21.580,24 + 10.196,59}{50 + \dfrac{100 \cdot (1 - 0,04)}{1 + 0,10} + \dfrac{100 \cdot 0,96^2}{1,1^2} + \dfrac{120 \cdot 0,96^3}{1,1^3} + \dfrac{110 \cdot 0,96^4}{1,1^4}}$$

$$= \frac{31776,83}{357,02} = 89,00$$

Daraus ergeben sich für die Preisuntergrenzen der folgenden Perioden:

PUG_0	PUG_1	PUG_2	PUG_3	PUG_4
89,00	85,44	82,02	78,74	75,59

---

[206] Vgl. Seicht, G. (1990), S. 327; Däumler, K.-D. (1991), S. 41f.
[207] Vgl. Riezler, S. (1996), S. 219, der allerdings in seiner Rechnung die Menge der Periode 0 vergißt.

92

Die letzte Spalte der Kalkulationsübersicht gibt Angaben zur Kostenstruktur, indem sie jede einzelne Kostenposition in Beziehung setzt zu den gesamten Kosten.
Die einzelnen Deckungsbeiträge sind wie folgt definiert:

	Umsatz
-	Stückeinzelkosten
=	DB I
-	Auftragseinzelkosten (ohne Stückeinzelkosten)
=	DB II
-	Vordisponierte und angefallene Projektkosten
=	DB III
-	Zugeteilte Deckungsbudgets
=	DB IV = Gewinn

Tabelle 3-5: Deckungsbeitragsstruktur im Preisschwellensystem

Die Preisuntergrenze sowie die Preisschwellen ergeben sich wie oben ausführlich erläutert. Zur Ableitung eines kostenorientierten Angebotspreises kann die Gesamtkostenannuität um die Gewinnvorstellung pro Stück erhöht werden.

Als Abschluß werden Gesamtkosten und Gesamtgewinn bei Eintritt des erwarteten Preises dargestellt. Der Barwert des Gesamtgewinns entspricht in dieser Konzeption dem Nettokapitalwert des Projektes. Das Projekt ist unter Einbeziehung der zugeordneten Gemeinkosten vorteilhaft, wenn der Nettokapitalwert positiv ist, damit ist auch die angegebene Umsatzrentabilität positiv (sie wurde ermittelt durch Division des Gesamtgewinnbarwerts durch den Umsatzbarwert) und der interne Zinsfuß größer als der Kalkulationszinssatz.

3.3 Konzeptionelle Grundlagen eines marktorientierten Zielkostenmanagements im Rahmen der Preisuntergrenzenermittlung

3.3.1 Aufbau des Abschnitts

Im vorangegangenen Kapitel wurde der kosten- bzw. investitionsrechnerische Rahmen vorgestellt, der zur Ermittlung der Preisuntergrenze sowie bestimmter Preisschwellen heranzuziehen ist. Die vorliegende Fragestellung erfordert die Ergänzung um Kostenmanagementüberlegungen. Dazu werden in diesem Abschnitt beginnend die Grundideen des Target Costing vorgestellt. Diese werden konkretisiert in den Kernmodulen des Target Costing. Auf Basis dieser Erläuterungen ist zu untersuchen, wie Target Costing und die Frage nach der Preisuntergrenze zusammenhängen. Die Übertragung der Überlegungen auf die Automobilzulieferindustrie mündet in ein Konzept mit strategischem und operativem Target Costing. Es wird abschließend erläutert, wie Benchmarking und Prozeßkostenmanagement das Target Costing unterstützen können. Die konkrete methodische Ausgestaltung des einzusetzenden Instrumentariums ist Gegenstand eines eigenen Kapitels.

3.3.2 Einführung in die Grundideen des Target Costing

3.3.2.1 Ursprüngliche Ansätze des Target Costing

Darstellungen über die Konzeption oder einzelne Bausteine des Target Costing sind in der Literatur relativ neu. Erst seit Beginn der 90er Jahre lassen sich Beiträge deutscher und amerikanischer Autoren zu diesen Themen finden. Die dabei geschilderten Ansätze beruhen auf Darstellungen japanischer Autoren, die in der 80er Jahren zum ersten Mal über die englischsprachige Literatur Philosophie und Grundideen des Target Costing, wie sie in japanischen Unternehmen schon seit 1963 mit zunehmender Perfektion gelebt werden, der westlichen Betriebswirtschaftslehre vermittelten.[208] Empirische Studien über den Verbreitungsgrad von Target Costing in der japanischen Industrie zeigen, daß es vor allem in vergleichsweise montageintensiven Unternehmen der High-Tech-Industrie eingesetzt wird, insbesondere der Automobilindustrie (dort zu 100%), der Elektroindustrie, im Maschinenbau und der Feinmechanik. In den Bereichen Chemie / Pharmazie, Nahrungsmittel oder Stahl liegt der Anteil der Target Costing einsetzenden Unternehmen unter einem Drittel, im Papierbereich findet es überhaupt keine Anwendung.[209]

Eine einheitliche Auffassung über die Schwerpunkte und Ausgestaltungsparameter von Target Costing läßt sich dabei nicht feststellen, selbst der Begriff Target Costing wird nicht durchgängig verwendet.[210] Einheitlicher Fixpunkt ist dabei stets die Aussage, daß es sich bei Target Costing um ein Kostenmanagementsystem handelt und nicht um ein Kostenrechnungssystem. So z.B. SAKURAI „ [...] target costing can be defined as a cost management tool for reducing the overall cost of a product over its entire life cycle with the help of the production, engineering, R&D, marketing, and accounting departments."[211] oder TANI / KATO „ [...] it is a comprehensive cost and profit management system [...] "[212]. Kostenmanagement zeichnet sich aus durch das Ziel der Kostengestaltung durch Steuerung der Kostenbestimmungsfaktoren. Es geht um eine aktive Beeinflussung im wesentlichen von Kostenniveau und -struktur. Aufgabe der Kostenrechnung hingegen ist in diesem Zusammenhang im wesentlichen das Aufzeigen der Kostensituation und der Auswirkungen von Kostenmanagementmaßnahmen, also die Bereitstellung entscheidungsrelevanter Informationen.[213] Das charakteristische und auch namensgebene an Target Costing ist dabei, daß es sich an Zielkosten orientiert. „Es steht nicht mehr die Frage im Vordergrund 'Was **wird** ein Produkt kosten?', sondern 'Was **darf** ein Produkt kosten?'"[214] Oder: „It's got to sell for x, let's work backwards to make sure we can achieve it."[215]

---

[208] Vgl. Tani, T. / Kato, Y. (1994), S. 192; Tani, T. et al. (1996), S. 80.

[209] Vgl. Tani, T. / Kato, Y. (1994), S. 196f., die eine Untersuchung von SAKURAI aus dem Jahre 1984 beschreiben, sowie Horváth, P. et al. (1993d), S. 23ff. bzw. (inhaltsgleich) Abel, P. et al. (1995), S. 149ff., die die Ergebnisse einer Studie von KOBAYASHI aus dem Jahre1992 wiedergeben. Zu ersten empirischen Ergebnissen über die Verbreitung des Target Costing in Deutschland vgl. Franz, K.-P., Kajüter, P. (1997), S. 389f.

[210] Vgl. Seidenschwarz, W. (1993a), S. 6ff.; Rösler, F. (1996), S. 12.

[211] Sakurai, M. (1989), S. 41. Ähnlich Sakurai, M. (1990), S. 48.

[212] Tani, T. / Kato, Y. (1994), S. 193. Ähnlich Kato, Y. (1993), S. 36.

[213] Vgl. Dellmann, K. / Franz, K.-P. (1994), S. 17ff.; Franz, K.-P. (1992a), S. 127; Franz, K.-P. (1992b), S. 1492; Männel, W. (1992), S. 289, Niemand, S. (1992), S. 118.

[214] Seidenschwarz, W. (1991a), S. 199; Seidenschwarz, W. (1991b), S. 193.

[215] Worthy, F.S. (1991), S. 50.

Die verschiedenen Darstellungen der japanischen Autoren stehen stets vor dem Hintergrund eines bestimmten Unternehmenskontextes. Dies kann nicht verwundern, da Target Costing in Unternehmen entstanden ist und von dort von der Wissenschaft aufgegriffen wurde. Entsprechend unterscheiden sich die Schwerpunkte in den einzelnen Beschreibungen. Aus diesen unterschiedlich geprägten Überlegungen heraus lassen sich verschiedene Ansätze des Target Costing in Japan identifizieren, die im folgenden als markt-, ingenieurs- und produktfunktionsorientiert bezeichnet werden. Diese Systematisierung geht zurück auf SEIDENSCHWARZ, wie auch die Bezeichnungen für die einzelnen Arten der Zielkostenableitung, die im folgenden beschrieben werden.[216] Beides ist seither von einer Reihe von Autoren übernommen worden.[217] Auf diesen Ausführungen basiert auch die folgende Zusammenfassung:

Die Darstellung des **marktorientierten Ansatzes** geht zurück auf HIROMOTO, der 1988 als erster japanischer Autor auf Target Costing aufmerksam gemacht hat. Marktorientiert ist dieser Ansatz insofern, als er die Ausrichtung aller Kostenmanagementbemühungen an Zielkosten verlangt, die aus dem Markt abgeleitet sind. Dies erfolgt dadurch, daß zunächst in einer retrograden Kalkulation von einem wettbewerbsfähigen Marktpreis der gewünschte Zielgewinn (= Target Profit oder Target Margin) abgezogen wird; die sich ergebenden Kosten werden als Allowable Costs, als vom Markt erlaubte Kosten bezeichnet. Sie werden den in einer progressiven Kalkulation ermittelten Drifting Costs gegenübergestellt, worunter die Standardkosten nach momentanem Verfahrens- und Technologiestand des Unternehmens verstanden werden. Basis dabei bilden i.d.R. die Kosten des Vorgängerprodukts unter Beachtung von Prozeß- und Verbrauchsfaktoränderungen, die für das betrachtete Produkt in Aussicht stehen. I.d.R. liegen die Drifting Costs (deutlich) über den Allowable Costs, woraus sich eine Ziellücke (Target Gap) ergibt. Im letzten Schritt werden daher die endgültigen Target Costs (Zielkosten) festgelegt, die zwischen den Allowable und den Drifting Costs liegen. HIROMOTO geht dabei nicht genauer auf die Auswahl im genannten Intervall unter Berücksichtigung der vorliegenden Unternehmens- und Wettbewerbsposition und der Unternehmensstrategie ein, sondern schlägt vor - unabhängig von der Entscheidungssituation -, sich auf die Mitte zwischen beiden Kostenbeträgen festzulegen. Diese Form der Zielkostenermittlung wird als **Market into Company** bezeichnet, im Japanischen als „Genka Kikaku". Dem Charakter von Target Costing entsprechend sind diese Überlegungen in eine Produktlebenszyklusbetrachtung zu integrieren. Von einem „Diktat des Marktes"[218] kann nur insofern gesprochen werden, als die Allowable Costs eine wesentliche Determinante im Rahmen der Zielkostenableitung darstellen. Die endgültige Festlegung der Target Costs läßt aber einen gewissen vom Markt gelösten Spielraum zu, der auch motivationale Gesichtspunkte zu berücksichtigen hat, so daß auch bei dieser Vorgehensweise nicht allein der Markt die Zielkosten bestimmt.

Neben der Marktorientierung werden bei HIROMOTO das Kostenmanagement der frühen Phasen sowie das dynamische Kostenmanagement als Hauptfunktionen des Target Costing genannt. Die Konzentration auf die frühen Phasen des Produktentstehungsprozesses ergibt

---

[216] Vgl. Seidenschwarz, W. (1991a), S. 199f.; Seidenschwarz, W. (1993a), S. 5ff., S. 116ff.; Seidenschwarz. W. (1994c), S. 34.

[217] Vgl. z.B. Horváth, P. et al (1993d), S. 10f.; Burger, A. (1994), S. 11ff.; Buggert, W. / Wielpütz, A. (1995), S. 78ff.

[218] Buggert, W. / Wielpütz, A. (1995), S. 83.

sich als Konsequenz der 80/20-Regel, an die an dieser Stelle nochmals erinnert werden darf. Die Dynamik des Kostenmanagementsystems äußert sich in der Zielkostenerreichung sowie in der Festlegung weiterer Kostenreduktionsvorgaben für die späteren Phasen des Produktlebenszyklus. HIROMOTO unterscheidet zwischen der Phase der Zielkostenfestlegung für das Gesamtprodukt und der Phase der Zielkostenerreichung, in der aber auf den unteren Ebenen des Gesamtproduktes Zielkosten festgelegt werden. Auf eine genauere Darstellung des Target Costing-Prozesses sowie Verfahren der Zielkostenspaltung auf den unteren Ebenen in der Gesamtproduktstruktur wird (leider) verzichtet. Vom strengen Grundsatz der Marktorientierung weicht HIROMOTO ab, wenn er einen weiteren Ansatz zur Ableitung der Zielkosten vorstellt, der i.d.R. als **Out of Competitor** bezeichnet wird. Dabei werden als Zielkosten die Kosten der Konkurrenz, z.B. des besten Wettbewerbers für ein vergleichbares Produkt herangezogen. Dadurch wird zumindest ein Bezug zum Absatzmarkt hergestellt, wenn auch die direkte Kundensicht fehlt. Die Bedeutung der Anbindung strategischer Überlegungen bei der Festlegung der eigenen Zielkosten wird bei diesem Vorgehen wieder besonders deutlich, da die Zielkostenfestlegung sich explizit an der Wettbewerbssituation orientiert. Problematisch erscheint die Auswahl des Vergleichsunternehmens sowie vor allem die Beschaffung der relevanten Daten. Zudem ist ein gewisser imitatorischer Effekt zu beachten, der u.U. bewirkt, daß man dem Kostenniveau, das der Wettbewerber setzt, ständig hinterhereilt und damit immer nur Zweitbester bleibt (unter Kostenaspekten). Für ein zukunftorientiertes Kostenmanagement erscheint dieser Vorschlag nur unter sehr statischen Marktverhältnissen geeignet.

Die Ansätze von SAKURAI und MONDEN beziehen sich schwerpunktmäßig auf die im Unternehmen herrschende technologische Situation, weshalb sie von SEIDENSCHWARZ als **ingenieursorientiert** bezeichnet werden.

SAKURAI sieht als wesentliche Aufgabe die Senkung der Gesamt-(Standard-) Kosten eines Produktes über seinen gesamten Produktlebenszyklus. Dazu hebt er wiederum die Bedeutung eines frühzeitigen Kostenmanagements hervor. Zudem betont er die Integrationsfunktion des Target Costing, indem es den Einsatz verschiedener Kostenmanagement-Instrumente bündelt.[219] Für die Zielkostenfestlegung sieht SAKURAI zunächst drei Methoden: Neben dem beschriebenen Market into Company, der „Urform des Target Costing"[220], beschreibt er einen Ansatz, an dem die Innenorientierung der gesamten Konzeption SAKURAIs besonders deutlich wird. Dabei werden die Zielkosten von den eigenen Ingenieuren festgelegt, auf Basis ihres Wissens und ihrer Erfahrung sowie unter Berücksichtigung der vorhandenen Betriebsmittel und produkt- und fertigungstechnischer Faktoren. Hierfür hat sich die Bezeichnung **Out of Company** eingebürgert. Im Unterschied zum Market into Company, das unter Einsatz der Gewinnplanung ein Top-Down-Ansatz ist, stellt dies einen Bottom-up-Ansatz dar, also eine Additionsmethode. Marktorientiert ist dieser Ansatz nur, wenn jeder der am Zielkostenfestlegungsprozeß beteiligten Mitarbeiter Markttransparenz besitzt und sich bei der Zielkostenfestlegung am Markt orientiert. Der Erfolg dieser Vorgehensweise hängt damit in erheblichem Maße von der Eigeninitiative der Beteiligten ab. Ein Kombination beider Ansätze zum **Into and out of Company** bildet bei SAKURAI die dritte, damit insgesamt die vierte Methode. Dabei werden Gewinnplanung und Kostenerfahrung im Prozeß der

---

[219] Vgl. hierzu das angegebene Zitat sowie Sakurai, M. (1989), S. 40ff.
[220] Seidenschwarz, W. (1993a), S. 13.

Zielkostenfestlegung zusammengeführt: Es handelt sich um eine dem Gegenstromprinzip folgende Methode, die die vom Markt erlaubten Kosten mit den aus dem Unternehmen abgeleiteten Zielkosten abgleicht und daraus die Zielkosten festlegt. Gefahren dieses Ansatzes bestehen zum einen in der möglichen Dominanz der internen Kostensituation, die den Marktbezug aufweicht, zum anderen in langwierigen, nicht wertschöpfenden Zielvereinbarungsdiskussionen, die das Time to Market-Ziel scheitern lassen können. Wie diese Verfahren im Rahmen der Ableitung von Allowable und/oder Target Costs konkret einzusetzen sind, bleibt dabei offen. Hinzu kommt eine weitere Methode, die eine gewisse Ähnlichkeit zum Out of Company aufweist, nämlich **Out of Standard Costs**, ebenfalls eine Additionsmethode. Dabei werden die Zielkosten durch Senkungsabschläge aus den aktuellen Standardkosten abgeleitet. Der Abschlag richtet sich nach Kosten der Konkurrenz, offensichtlichen Kostensenkungspotentialen oder pauschalen Erfahrungswerten. Aufgrund des fehlenden Marktbezugs wird diese Methode lediglich als Hilfsform für unterstützende Bereiche vorgeschlagen, z.B. für das Softwaremanagement.

Der Ansatz von MONDEN leitet die Zielkosten über die mittelfristige Gewinnplanung ab (Market into Company), betont aber die endgültige Festlegung der Target Costs unter motivationalen Gesichtspunkten. Es folgt die Phase der Kostenplanung, in der die Marktorientierung allerdings nur mehr eine untergeordnete Rolle spielt. So erfolgt die Zielkostenspaltung auf Basis der Kostenstrukturen und Kostenstandards bei bestehenden Produkten. Die Zielkosten werden dabei in einzelne Kostenelemente bis auf Teileebene heruntergebrochen. Die von MONDEN detailliert beschriebenen vier Phasen während der Kostenplanung sind geprägt von durchgängigen und frühzeitigen Value-Engineering-Aktivitäten. Diese werden unterstützt durch eine intensive Einbindung der Zulieferer. Durch den Anschluß einer Phase der Kostenverbesserung, unter der letzte Maßnahmen zur Zielkostenerreichung sowie Maßnahmen zur Kostenverbesserung über die Zielkosten hinaus subsumiert werden, tritt auch bei MONDEN der dynamische Aspekt des Kostenmanagements in den Vordergrund.

Als **produktfunktionsorientiert** lassen sich die Ansätze von TANAKA und von YOSHIKAWA ET AL. bezeichnen, da bei beiden die Ansätze des Zielkostenmanagements explizit an den Produktfunktionen anknüpfen.

TANAKA betont die Marktorientierung und das Kostenmanagement der frühen Phasen als zentrale Funktionen des Target Costing. Die Marktorientierung zieht sich dabei durch alle Phasen des Kostenmanagements, die TANAKA beschreibt. Als flankierende Werkzeuge beschreibt er daneben noch eher innenorientierte Ansätze.[221]

Zur Zielkostenbestimmung beschreibt TANAKA zwei Verfahren: die Subtraktionsmethode, die dem Market into Company entspricht, und die Additionsmethode (= Out of Company). Diese Zielkosten werden in den beschriebenen fünf Stufen des Target Costing immer weiter heruntergebrochen, so daß der ganze Prozeß durchgängig mit Zielkosten begleitet wird. Ausgangspunkt ist dabei eine Marktstudie, die die vom Kunden als relevant erachteten Produktfunktionen identifizieren und ihnen Bedeutungsgrade aus Kundensicht zuweisen soll. In Abhängigkeit von der ersten Stufe der Zielkostendekomposition unterscheidet TANAKA zwei Methoden: die Komponenten- und die Funktionsbereichsmethode. Bei der

---

[221] Vgl. Franz, K.-P. (1992a), S. 132f.; Franz, K.-P. (1992b), S. 1501ff.

Komponentenmethode wird die Funktionsorientierung in den Hintergrund gestellt, da hier die Zielkosten sofort auf technische Komponenten verteilt werden. Sie wird daher für Fälle empfohlen, die primär technologieorientiert zu behandeln sind, weil sie z.B. nur einen geringen Grad an Innovation aufweisen. Die Funktionsbereichsmethode hingegen verteilt die Zielkosten zunächst auf die Produktfunktionen, und zwar gemäß den Bedeutungsgraden, die in der Marktstudie ermittelt wurden. Über die Bedeutungsgrade, die die einzelnen Komponenten für die technische Umsetzung der Funktionen aufweisen, werden die Zielkosten dann weiter heruntergebrochen auf die Komponenten. Die geschätzten Kosten der Komponenten werden den so ermittelten Zielkosten gegenübergestellt und durch Division zu einem Zielkostenindex (im Original value index, daher bisweilen auch Wertindex)[222] verdichtet. Diese Zielkostenindizes werden in das Zielkostenkontrolldiagramm eingetragen, woraus sich konkrete Anregungen für die Phase der Kostenverbesserung ergeben. Die Funktionsweise wird anhand des Beispiels eines Tintenschreibers konkretisiert. Sie wird in späteren Teilen der Arbeit explizit herausgegriffen, da sie einen wesentlichen Aspekt eines marktorientierten Zielkostenmanagements darstellt. Trotzdem ist die Darstellung des gesamten Zielkostenspaltungsprozesses bei TANAKA nicht durchgängig, teilweise lückenhaft oder unzureichend.

Der Ansatz von YOSHIKAWA ET AL. unterscheidet sich konzeptionell nicht wesentlich von dem TANAKAS. Die über einen Market-into-Company-Ansatz ermittelten Gesamtzielkosten werden auch hier gemäß ihrem Bedeutungsgrad auf die Produktfunktionen verteilt. Instrumentelle Unterstützung für den weiteren Spaltungsprozeß geben YOSHIKAWA ET AL. allerdings nicht. Die Kostenverbesserungen basieren in erster Linie auf einer umfassenden Funktionsanalyse. Erwähnenswert ist zudem der Einsatz von Kostentableaus, der später ausführlicher aufgegriffen wird.

3.3.2.2 Charakteristika von Target Costing

Aus diesen Darstellungen heraus lassen sich die wesentlichen Charakteristika von Target Costing herausarbeiten, die es im Zuge der weiteren Ausführungen auf Basis der vorhandenen Literatur zu konkretisieren, auszubauen, zu ergänzen und zur Beantwortung der hier vorliegenden Fragestellung zu modifizieren gilt:[223]

1. Target Costing ist ein Kostenmanagementsystem und kein Kostenrechnungssystem. Es bedarf vielmehr der Kostenrechnung als informatorischer Basis, um kostengestalterisch eingreifen zu können.

2. Target Costing ist ein strategisches Kostenmanagementsystem. Damit ist zum einen gemeint, daß es die Sphäre eines kurzfristig und im operativen Bereich agierenden Kostenmanagementsystems verläßt. Ein wesentlicher Teil der Ressourcenverbräuche ist unter diesem Aspekt der Verlängerung des Planungshorizontes als disponibel anzusehen. Zum anderen wird dadurch der explizite Strategiebezug des Target Costing deutlich. Dieser äußert

---

[222] Vgl. Franz, K.-P. (1992a), S. 133; Franz, K.-P. (1992b), S. 1503.

[223] Etwas abweichende Charakterisierungen finden sich bei Sakurai, M. (1989), S. 41; Horváth, P. (1991), S. 81; Seidenschwarz, W. (1991a), S. 198f., Seidenschwarz, W. (1993a), S. 79ff.; Seidenschwarz, W. (1993b), S. 32f.; Seidenschwarz, W. (1994c), S. 35; Hahn, D. (1993), S. 110, Stolze, J. (1993), S. 24f.; Niemand, S. (1992), S. 119; Niemand, S. (1996), S. 39ff.; Becker, W. (1993b), S. 286; Götze, U. (1993), S. 381ff.; Kieninger, M. (1994), S. 542; Claassen, U. / Hilbert, H. (1993), S. 141.

sich in der Einbeziehung strategischer Preise, dem Anschluß an die strategische Gewinnplanung sowie die explizite Berücksichtigung wettbewerbsstrategischer Faktoren.[224]

3. Die Kostenmanagementaktivitäten orientieren sich an Zielkosten, die durch eine Zielkostenspaltung auf die unteren Ebenen der Produktstruktur heruntergebrochen werden. Für die Ermittlung der Zielkosten existieren verschiedene Verfahren: Market into Company, Out of Company, Into and out of Company, Out of Standard Costs und Out of Competitor.

4. In seiner Rein- oder Urform ist Target Costing streng markt- und kundenorientiert.[225] Die Marktorientierung zeigt sich im wesentlichen in drei Aspekten: zum einen in einer retrograden Kalkulation, die die Zielkosten aus dem Marktpreis abzüglich eines Zielgewinns ermittelt (Market into Company), zweitens in einer Zielkostenspaltung, die sich an den Bedeutungsgraden der einzelnen Parameter aus Sicht des Marktes oder der Kunden orientiert, und nicht zuletzt in einer Phase der Produktdefinition und Kostenverbesserung, die explizit die Anforderungen des Kunden gemäß der Marktanalysen im Entwicklungsprozeß berücksichtigt. Target Costing bewirkt damit eine Steuerung aller wertschöpfenden Unternehmensprozesse vom Markt heraus.

5. Gegenstand der Kostenmanagementmaßnahmen sind die gesamten Kosten eines Produktes über seinen gesamten Lebenszyklus hinweg. Es erfolgt ein ständiger Abgleich von Target Costs und Drifting Costs.

6. Target Costing ist damit ein Ansatz, der zunächst auf der Vollkostensicht beruht.[226] Dies führt im Rahmen der retrograden Kalkulation und der Zielkostenspaltung zu Problemen, die es zu identifizieren und zu diskutieren gilt.

7. Target Costing konzentriert die Maßnahmen der Kostengestaltung auf die frühen Phasen der Produktgestaltung. Die 80/20-Regel zeigt, daß nur dieser Ansatz für ein umfassendes Kostenmanagement sinnvoll ist, da nur in den frühen Phasen die nötigen Freiheitsgrade für eine wirksame Kostenbeeinflussung bestehen. *„Lieber frühzeitig Kosten mit robusten Zahlen marktzieladäquat gestalten, als später Kosten detailgetreu verwalten.“*[227]

8. Target Costing ist ein dynamisches System: Es begleitet den gesamten Produktentstehungsprozeß - mit Schwerpunkt auf den frühen Phasen - mit dem Ziel, die Erreichung der Zielkosten sicherzustellen. Darüber hinaus setzen sich die Bestrebungen einer ständigen Kostenverbesserung über den Fertigungsstart hinaus fort, indem bspw. an das Cost Kaizen übergeben wird.[228] Außerdem ist Target Costing insofern dynamisch, als es ständig Veränderungen insbesondere auf der Marktseite sofort in die Überlegungen mit einbezieht.

9. Target Costing fordert den Einsatz eines interdisziplinären Teams, um unter Einbezug aller betrieblichen Funktionen das vorhandene Know-how in den Prozeß integrieren und die dazu erforderlichen Schritte des Target Costing ergreifen zu können.

Vor allem wegen der Punkte 1 bis 3 erscheint unter besonderer Betonung des Aspektes der Marktorientierung (vgl. Punkt 4) eine Übersetzung des Begriffs Target Costing mit „Marktorientiertes Zielkostenmanagement“ angebracht.[229] Die bisweilen gewählte

---

[224] Vgl. Seidenschwarz, W. (1991b), S. 192; Horváth, P. (1990), S. 178ff.; Horváth, P. (1991), S. 75ff.; Seidenschwarz, W. (1993a), S. 69ff.

[225] Vgl. hierzu auch Tani, T. / Kato, Y. (1994), S. 200.

[226] Vgl. Horváth, P. / Seidenschwarz, W. (1992), S. 144.

[227] Seidenschwarz, W. (1994a), S. 74.

[228] Vgl. hierzu die Überlegungen im Rahmen der Zielkostenerreichung.

[229] Vgl. auch Seidenschwarz, W. (1993a), S. 1ff.; Tani, T. et al. (1996), S. 80; Schimank, C. (1994), S. 25.

Übersetzung „Zielkostenrechnung"[230] ist abzulehnen, da sie Target Costing nicht vollständig beschreibt. Die Begriffsvariation „Target Cost Management"[231] ist überflüssig und verkennt die inhaltliche Bedeutung des Begriffs Target Costing. Target Costing ist so gesehen Target Cost Management. Der neuerdings vorgeschlagene Begriff „Target Management"[232] möchte der Tragweite des Ansatzes im Sinne einer durchgängigen marktorientierten Unternehmensführung Rechnung tragen, verliert allerdings durch eine sehr weite Fassung den Fokus des Ansatzes aus dem Auge, der nach wie vor im marktorientierten *Kosten*management besteht. Trotzdem: „But it is not just a cost reduction technique, it is part of a comprehensive strategic profit management system."[233]

Nach Schilderung dieser Charakteristika könnte der Einwand erhoben werden, daß Target Costing nur ein neuer, moderner Begriff für auch in der deutschen Unternehmenspraxis gängige oder zumindest vorhandene Methoden sei. Dies könnte bekräftigt werden durch zwei Beispiele aus der deutschen Unternehmenspraxis, die sicherlich nicht mit der neuen Target Costing-Welle entstanden sind. Zum einen wäre hier das Beispiel Volkswagen zu nennen, der in den dreißiger Jahren unter der Prämisse entwickelt werden sollte, daß sein Verkaufspreis 990 Reichsmark nicht überschreitet. Begründet wurde diese Limitierung mit der Knappheit an Devisen, die für den Kauf ausländischer Güter und Lizenzen zur Verfügung standen. Der Entwicklungsprozeß war folgerichtig nicht nur technisch geprägt, sondern auch kostenmäßig. So wurde die Seilzugbremse einer hydraulischen vorgezogen, weil sie um 25 Reichsmark billiger war. Ein anderes Beispiel liefert Seidensticker. Hier wurde eine Hemdenkollektion den Außendienstmitarbeitern vorgelegt, bevor sie endgültig „designed" wurde. Es sollte der Preis abgeschätzt werden, zu dem sich diese Kollektion verkaufen läßt. Erst dann wurde festgelegt, mit welchem Aufwand die einzelnen Modelle produziert werden sollen.[234]

Diese Beispiele sind wohl nicht repräsentativ für alle Entwicklungsprojekte der letzten Jahrzehnte. Aber selbst wenn sie es wären, bleibt zum Target Costing noch ein Unterschied, der zeigt, daß es sich nicht um „alten Wein in neuen Schläuchen" handelt. Aus den Schilderungen der japanischen Autoren wird schnell klar, mit welcher Intensität und Konsequenz Target Costing dort betrieben wird. Dies zeigt sich in dem unbedingten Willen, die ermittelten Zielkosten zu erreichen bei einer durchgängigen und konsequenten Ausrichtung aller Unternehmensbereiche an den Markterfordernissen und einer Konzentration auf die frühen Phasen. Die Ableitung der Zielkosten ist stark marktorientiert, die Zielkosten werden am Kundenwunsch, an der Wertschätzung der Funktionen orientiert und vor allem auf Komponenten heruntergebrochen. Diesen Unterschied bestätigt auch eine US-amerikanische Untersuchung, die Target Costing-ähnliche Methoden in US-amerikanischen Unternehmen entdeckte, „but none [...] apply them with the intensity and dedication of the Japanese"[235]. In den meisten Fällen handelt es sich um Insellösungen und Einzelansätze, die nicht als Target Costing im Sinne einer umfassenden und geschlossenen Konzeption verstanden werden dürfen.[236]

---

[230] Peemöller, V.H. (1993), S. 375; Krogh, H. (1992), S. 260; Betz, S. (1995), S. 609; Vikas, K. (1996), S. 18..

[231] Fröhling, O. (1994a), S. 421; Klingler, B.F. (1993), S. 200.

[232] Seidenschwarz, W. et al. (1997), S. 104.

[233] Kato, Y. (1993), S. 36.

[234] Vgl. Franz, K.-P. (1993), S. 124f., Winter, H. (1994), S. 47f.; Deutsch, C. (1992), S. 67.

[235] Worthy, F.S. (1991), S. 48.

[236] Vgl. Franz, K.-P. (1993), S. 125; Niemand, S. (1992), S. 122, Seidenschwarz, W. (1991a), S. 198; Horváth, P. / Seidenschwarz, W. (1992), S. 142f.; Gaiser, B. / Kieninger, M. (1993), S. 55.

3.3.3 Die Kernmodule des Target Costing

Die geschilderten Grundideen, die Philosophie des Target Costing gilt es nun zu konkretisieren. Dies wird im folgenden versucht, indem die Target Costing-Konzeption den gezeigten Ansätzen der Literatur entsprechend in folgende vier Kernmodule untergliedert wird.[237]

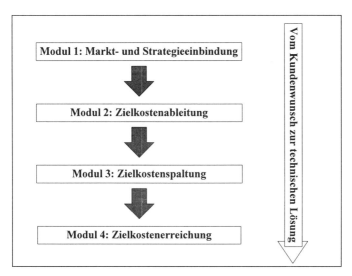

Abbildung 3-2: Die vier Kernmodule im Target Costing

Parallel zu diesen vier Modulen steht die Umsetzung des Kundenwunsches in einer konkreten technischen Lösung. Dadurch soll die Notwendigkeit zum Ausdruck gebracht werden, daß Kostenmanagement-Aktivitäten im Rahmen des Target Costing und die technische Entwicklungsarbeit eng zusammenhängen müssen, ohne daß aus der Abbildung genaue zeitliche Zusammenhänge ersichtlich wären. Der gesamte entwicklungstechnische Prozeß ist von Target Costing-Aktivitäten zu begleiten, zum Teil sogar durch sie mit vorzubereiten. Daraus ergeben sich weitreichende Konsequenzen für die einzusetzende Methodik sowie die aufbau- und ablauforganisatorische Integration von Target Costing, denen jeweils ein eigenes Kapitel gewidmet wird.

Im folgenden wird das Augenmerk auf Ziele und Inhalte der genannten vier Module gelegt. Aspekte der technischen Umsetzung werden dabei an den entsprechenden Stellen eingeflochten. Der Überblick ist allgemeiner, konzeptioneller Art, d.h. Modifikationen aufgrund der vorliegenden Fragestellung sowie die methodische Umsetzung erfolgen später, wenngleich die wesentlichen Ansatzpunkte der Methodik durch die Konzeption vorgezeichnet werden: Die Konzeption bildet den Rahmen für die Methodik und prägt damit die Gliederung

---

[237] Vgl. zu Grundstruktur und Phasen des Target Costing Seidenschwarz, W. (1993a), S. 140ff.; Seidenschwarz, W. (1991b), S. 199; Seidenschwarz, W. (1994a), S. 75; Buggert, W. / Wielpütz, A. (1995), S. 58ff.

der späteren methodischen Ausführungen, sie reißt Fragen und Probleme an, die die Methodik beantworten muß.

Das **Modul 1** stellt die Einbindung marktlicher Gegebenheiten und Überlegungen der strategischen Positionierung in die Kostenmanagementüberlegungen sicher. „Target Costing beginnt mit der Beschaffung von Marktinformationen."[238] Für RÖSLER „wird Target Costing zu einer spezifischen Ausprägung des Führungsansatzes Marketing."[239] Dazu erscheinen die folgenden Schritte von entscheidender Bedeutung.[240]

Zunächst ist der Absatzmarkt, auf dem das Unternehmen oder die Geschäftseinheit operiert, zu identifizieren, abzugrenzen und in Marktsegmente einzuteilen. Im nächsten Schritt ist zu klären, in welchen Segmenten das Unternehmen anbieten möchte, d.h. die Zielmarktsegmente und ggf. die Zielkunden sind festzulegen. In den Zielsegmenten ist eine strategische Positionierung vorzunehmen, wobei wettbewerbsstrategische Überlegungen eine wesentliche Rolle spielen. Die Rolle der Wettbewerber mit ihren Positionen und Strategien in den einzelnen Segmenten und im gesamten Markt ist dabei explizit zu berücksichtigen.

Für die einzelnen Segmente sind nun die Kundenanforderungen zu ermitteln. Kundenanforderungen beziehen sich dabei vor allem auf die Produktfunktionen und evtl. die technischen Produktmerkmale, aber auch auf Service und Zeit (Time to Market). Stärken-Schwächen-Analysen der eigenen Produkte gegenüber den Wettbewerbsprodukten unterstützen dabei die strategische Positionierung sowie die Kostenmanagementansätze des Target Costing (vgl. hierzu die später diskutierte Rolle des Benchmarking). Auf Basis der sich ergebenden Produktqualitätsprofile sind die Zielpreise für die einzelnen Segmente festzulegen. Die Zielpreise richten sich nach den in den einzelnen Segmenten erzielbaren Marktpreisen. Preis-Mengen-Wirkungen sind dabei explizit zu berücksichtigen und mit der strategischen Positionierung abzugleichen. Ergänzt um die zugehörige Absatzplanung sowie eine mittelfristige Ergebnisplanung bilden die Marktpreise einen wesentlichen Input-Faktor für eine marktorientierte Ausgestaltung von Modul 2.

Im **Modul 2** werden die Zielkosten für das Gesamtprodukt abgeleitet. Wie der Überblick über die japanischen Quellen zu Target Costing gezeigt hat, gibt es dazu verschiedene Möglichkeiten, die bereits erläutert sind:[241] Market into Company, Out of Company, Into and Out of Company, Out of Competitor und Out of Standard Costs. Neben diesen aus der japanischen Literatur stammenden Ansätzen werden weitere Methoden kreiert, Out of Value Chains[242] und Out of Optimal Costs[243], auf die nicht weiter eingegangen wird. In Konsequenz der Forderung nach strenger Marktorientierung wird in deutschen Literaturbeiträgen überwiegend vom Market into Company ausgegangen. Dem folgt der hier vorgestellte Ansatz, wenn er zunächst als Arbeitshypothese das Market into Company für die Zielkostenableitung

---

[238] Horváth, P. et al. (1993d), S. 7.

[239] Rösler, F. (1996), S. 200.

[240] Vgl. hierzu die Ansätze bei Buggert, W. / Wielpütz, A. (1995), S. 58ff.; Laker, M. (1993), S. 61f., Gaiser, B. / Kieninger, M. (1993), S. 62ff.; Jakob, F. (1993), S. 164f.; Seidenschwarz, W. (1993a), S. 88ff.; Seidenschwarz, W. (1994a), S. 75; Seidenschwarz, W. et al. (1997), S. 105f. (dort wird von Marktvorbau gesprochen). RÖSLER bleibt trotz der eben zitierten Ansicht bei der Markt- und Strategieeinbindung sehr blaß.

[241] Vgl. hierzu auch Seidenschwarz, W. (1991a), S. 199f., Niemand, S. (1992), S. 119f.; Hahn, D. (1993), S. 110; Fröhling, O. / Wullenkord, A. (1991), S. 71f.

[242] Vgl. Buggert, W. / Wielpütz, A. (1995), S. 87f.

[243] Vgl. Burger, A. (1994), S. 49f.

zugrundelegt, um diese Entscheidung im Rahmen der methodischen Ausführungen genauer zu begründen.

Ergebnis dieser Methoden sind Zielkosten auf Gesamtproduktebene. Diese Zielkosten sind in der Systematik des Target Costing auf die unteren Ebenen in der Produktstruktur herunterzubrechen. Eine Zielkostenvorgabe auf Gesamtproduktebene ist zu undifferenziert, um daraus effektive Maßnahmen des Kostenmanagements zur Zielerreichung ansetzen zu können. Dieser Vorgang der Zielkostenspaltung wird im **Modul 3** erfaßt.[244] Es kristallisieren sich dabei drei Kernfragen heraus:

1. Was ist zu spalten?
2. Worauf ist zu spalten?
3. Wie ist zu spalten?

Frage 1 bildet den Anschluß an das Modul 2. Die am Ende des Moduls 2 stehenden Zielkosten auf Gesamtproduktebene bilden einen wesentlichen Input-Faktor für die Zielkostenspaltung. Sie beinhalten aber Kosten, die zum Teil nur willkürlich auf z.B. Baugruppen heruntergebrochen werden können. Je weiter man daher mit der Zielkostenspaltung fortschreitet, je tiefer man also in die Produktstruktur eintaucht, desto mehr Kostenanteile lassen sich nicht weiterspalten, bleiben sozusagen auf höheren Ebenen der Produktstruktur „hängen". Dieser Zusammenhang ist bisher in der Literatur nicht ausreichend problematisiert worden. Die Frage „Was ist zu spalten?" bedarf daher im methodischen Teil dieser Arbeit einer genaueren Untersuchung.

Frage 2 sucht die Zuordnungsobjekte der Zielkostenspaltung. Als Abgrenzungskriterium bieten sich alle Charakteristika an, die eine konkrete Maßnahmenebene im Entwicklungsprozeß beschreiben. Üblicherweise wird daher an der funktionalen und physischen Struktur des betrachteten Produkts angeknüpft. Andere Ebenen der Zielkostenspaltung werden zwar genannt, aber nicht operationalisiert.[245]

Frage 3 sucht nach den Spaltungsmechanismen. Ein Angebot der Literatur dazu ist teilweise vorhanden, es ist aber auszubauen und in eine umfassende Methodik zu integrieren. Basis der meisten Überlegungen bilden die bereits kurz vorgestellten Methoden von TANAKA: die Komponenten- und die Funktionsbereichsmethode. Erste Wahl bildet die Funktionsbereichsmethode, da sie an den Anforderungen des Kunden anknüpft und damit explizit marktorientiert ist. Grundannahme dabei ist, daß sich Nutzenwert und Kostenanteil einer bestimmten Komponente entsprechen sollten. Damit wird wiederum deutlich, daß der Kundennutzen in den Denkkategorien der Kostengestaltung des Target Costing an oberster Stelle steht.[246]

Das **Modul 4** konzentriert sich auf die Zielkostenerreichung. Es geht dabei um die Ausrichtung der Produktkonzeption und der Produktentwicklung auf die Target Costs. Dabei werden die Zielkosten dem aktuellen Kostenstand gegenübergestellt. Der aktuelle Kostenstand ergibt sich aus den Kostenplanungen auf Basis der in der jeweiligen Entwicklungsphase diskutierten Produkt- und Fertigungskonzepte. Proaktiv wird im Sinne eines antizipativen Controlling versucht, mit jeder Maßnahme die Weichen auf „Zielkosten-

---

[244] Statt Zielkostenspaltung wird auch von Dekomposition gesprochen, vgl. z.B. Horváth, P. / Seidenschwarz, W. (1992), S. 145; Hieke, H. (1994), S. 499; Zehbold, C. (1996), S. 229; Rösler, F. (1996), S. 30f.

[245] Vgl. Seidenschwarz, W. (1993a), S. 156.

[246] Vgl. Seidenschwarz, W. (1994c), S. 36; Seidenschwarz, W. (1994b), S. 176.

erreichung" zu stellen. Den Leitfaden im Zielerreichungsprozeß kann das bereits erwähnte Zielkostenkontrolldiagramm bilden, das den engen Marktbezug der Kostenstruktur sicherstellen soll.

Wie obige Charakterisierung des Target Costing gezeigt hat, konzentrieren sich die Kostenmanagementaktivitäten - auf der 80/20-Regel basierend - auf die frühen Phasen im Entwicklungsprozeß. Diese frühen Phasen werden daher von einem intensiven „Kostenforechecking" begleitet. Beim Kostenforechecking geht es darum, alle entwicklungsbezogenen Maßnahmen auf ihre Zielkostenadäquanz hin zu überprüfen.[247] Es ist zu untersuchen, ob die Zielkostenerreichung bereits sichergestellt ist oder ob weiterreichende Maßnahmen angestoßen werden müssen. Dadurch sollen spätere, damit meist aufwendige und teuere Änderungsprozesse und Zeitverluste vermieden werden. Durch dieses proaktive Vorgehen mit kurzen Feedback-Zyklen wird verhindert, daß ein Produkt technikgetrieben entwickelt wird ohne Rücksicht auf die Kostenwirkungen. Ein kostengetriebenes „Abspecken" eines zu teuren Produkts ist häufig nicht möglich oder mit einem unverhältnismäßig großen Aufwand verbunden.[248]

Trotz dieser Vorgehensweise kann eine Zielkostenlücke bleiben. Die Aktivitäten münden in diesen Fällen in einen frühen „Kostenknetprozeß", in dem mit verschiedenen kostensenkenden Maßnahmen versucht wird, diese Lücke zu schließen.[249]

Die hier angeführten Gedanken erinnern an die Intentionen der entwicklungsbegleitenden Kalkulation. Die dabei entwickelten Methoden spielen eine wesentliche Rolle im Zielerreichungsprozeß. Sie dienen als Kosteninformationssysteme der Prognose der Kostenwirkungen konstruktiver Maßnahmen und damit der Ermittlung des aktuellen Kostenstandes. Die Vorgehensweisen und Anwendungsvoraussetzungen dieser Verfahren werden im methodischen Teil dieser Arbeit ebenso zu analysieren sein wie die Rolle der Wertanalyse als funktionsbezogene Methode der Kostensenkung. Da dem gesamten Entwicklungsprozeß Zielkostenvorgaben auf Maßnahmenebene beigegeben werden, an denen die Entwicklungsaktivitäten gemessen werden, beschreibt der hier vorgestellte Ansatz fast einen Wandel von der entwicklungsbegleitenden Kalkulation zur kalkulationsbegleitenden Entwicklung.

Die Beziehung zwischen Modul 3 und Modul 4 ist keine einseitige. Vielmehr bestehen Feedbackschleifen, die im Laufe des Entwicklungsprozesses entstehen. Eine Zielkostenspaltung auf Baugruppenebene ist nämlich erst möglich, wenn die Baugruppen festgelegt sind. Dies erfolgt aber erst in der Konzeptionsphase. Die Zielkosten für die Funktionen und eventuell die Hauptbaugruppen müssen dazu aber bereits vorliegen. Ein tieferes Eintauchen in die Methodik des Target Costing wird diesen Zusammenhang verdeutlichen.

---

[247] Vgl. Seidenschwarz, W. (1993a), S. 186ff.; Seidenschwarz, W. (1994b), S. 170; Seidenschwarz, W. (1994a), S. 81; Seidenschwarz, W. (1996), S. 754; Seidenschwarz, W. et al. (1996), n.o.S.; Gleich, R. (1994), S. 48; Claassen, U. / Hilbert, H. (1993), S. 147.

[248] Vgl. Seidenschwarz, W. (1994a), S. 81f., Seidenschwarz, W. (1993a), S. 186f.

[249] Vgl. Hahn, D. (1993), S. 110, Seidenschwarz, W. (1993a), S. 160ff.

3.3.4 Der Zusammenhang von Target Costing und der Ermittlung der Preisuntergrenze

3.3.4.1 Kritik an der bisherigen Behandlung in der Literatur

Die obigen Ausführungen gaben einen ersten Überblick über die grundsätzliche Konzeption von Target Costing, Begriff und Problematik der Preisuntergrenze sind geklärt. Dieses Kapitel will nun zeigen, wie das Konzept des Target Costing mit der Frage nach der Preisuntergrenze zusammenhängt, was im wesentlichen aus zwei Gründen erforderlich ist. Zum einen ist der Zusammenhang nicht so offensichtlich, daß seine Erörterung überflüssig wäre, zum anderen gibt die Literatur bislang keinen zufriedenstellenden Hinweis, worin er bestehen könnte.

Bislang werden Target Costing und Preisuntergrenze nach Kenntnis des Autors lediglich an drei Stellen in der Literatur in Verbindung gebracht. SEIDENSCHWARZ greift in seinem ersten Beitrag zum Target Costing die Frage nach der Preisuntergrenze auf, als er den Vollkostencharakter von Target Costing diskutiert.[250] FREIDANK folgt der knappen Argumentation von SEIDENSCHWARZ in einem ähnlichen Kontext.[251] HIEKE schließt seinen Überblick zum Target Costing mit einer kurzen Abschlußbemerkung zu diesem Zusammenhang.[252] Diese Beiträge helfen für die Klärung des Zusammenhangs nicht viel weiter, wie im folgenden erläutert wird.

SEIDENSCHWARZ behauptet, „ [...] daß die kurzfristige Preisuntergrenze, die aus der Deckungsbeitragsrechnung hervorgeht, diesen Kurzfristcharakter nur noch „offiziell", nicht mehr aber real besitzt."[253] Der extrem starke Kundendruck auf wettbewerbsintensiven Märkten führe - so die Begründung - dazu, daß strategisch relevante Ressourcenpotentiale dadurch abgebaut würden, was die Marktposition eines Unternehmens schwäche.[254] Damit wird ein altbekanntes und in den Ausführungen zur Preisuntergrenze bereits erläutertes Argument gegen die Deckungsbeitragsrechnung aufgegriffen. Wenn die einem Kalkulationsobjekt im Rahmen einer Deckungsbeitragsrechnung nicht zugerechneten Kosten bei den Preisüberlegungen bewußt außen vor bleiben, so sind die Grundsätze der Deckungsbeitragsrechnung nicht verstanden oder angewendet worden. Diese Gefahr besteht in der Tat, die Kritiker der Deckungsbeitragsrechnung weisen ständig auf sie hin. Bleiben mehrere oder alle Aufträge bzw. Produkte aufgrund sinkender Preise mit ihren Deckungsbeiträgen unter den gesamten Gemeinkosten, so wird die Substanz angegriffen, das Unternehmen macht nämlich Verlust. Wie erläutert kann die Einführung von Deckungsbudgets diesen Anwendungsfehler verhindern. Beruht die Verlustentstehung nicht auf einer Fehlanwendung der Deckungsbeitragsrechnung, sondern auf einer zu ungünstigen Kostenposition, so gibt die Deckungsbeitragsrechnung auch hierzu frühzeitige Hinweise durch einen Abgleich von Deckungsbudgets und Deckungsbeiträgen. Der Begriff der kurzfristigen Preisuntergrenze wurde in den obigen Ausführungen bereits problematisiert und zugunsten eines entscheidungsorientierten Preisuntergrenzenbegriffs aufgegeben. Richtig und wichtig ist der Hinweis von SEIDENSCHWARZ, daß diese Gefahr durch die „Kostenstrukturverschiebungen hin zu den indirekten Unternehmensbereichen"[255] verstärkt

---

[250] Vgl. Seidenschwarz, W. (1991a), S. 201f.
[251] Vgl. Freidank, C.-C. (1994), S. 236f.
[252] Vgl. Hieke, H. (1994), S. 502.
[253] Seidenschwarz, W. (1991a), S. 201.
[254] Vgl. Seidenschwarz, W. (1991a), S. 201f.
[255] Seidenschwarz, W. (1991a), S. 202.

wird. Daraus sind zwei Konsequenzen zu ziehen, die in den Ausführungen zur Preisuntergrenze bereits dargelegt wurden. Zum einen wird die Bedeutung offensichtlich, die die Berücksichtigung von Kostenwirkungen in den indirekten Bereichen für eine korrekte Ermittlung einer entscheidungsorientierten Preisuntergrenze aufweist. Die Preisuntergrenze muß sich von starren und vielfach pauschalen Aufteilungen in fixe und variable Kosten, wie sie vielen Ansätzen der Deckungsbeitragsrechnung inhärent sind, trennen. Zum anderen wird erneut die Bedeutung einer Ausweitung der Preisuntergrenzenbetrachtung durch Preisschwellen deutlich, wie sie im vorliegenden Ansatz vorgeschlagen werden, um auch die Auftragsgemeinkosten in die Entscheidung mit einzubeziehen.

Damit ist aber die Brücke zum Target Costing noch nicht geschlagen. Nach SEIDENSCHWARZ verändert Target Costing dieses von ihm kritisierte Denken: „Deshalb sind Allowable Costs die - vom Markt bestimmte - Preisuntergrenze."[256] In dieser Äußerung - vor allem der darin enthaltenen Parenthese - liegt der Schlüssel zur Interpretation. Die Allowable Costs geben an, wie weit die gesamten Kosten eines Produktes (oder Auftrages) inkl. zugeteilter Deckungsbudgets steigen dürfen, ohne daß der geplante bzw. gewünschte Gewinn (Target Profit) angegriffen wird. Sie bilden damit eine *vom Markt abgeleitete Kostenobergrenze*. Diese ist, wie korrekt betont wird, situations- weil wettbewerbs- und strategieabhängig. Übersteigen die tatsächlichen bzw. erwarteten Kosten die Allowable Costs, greifen sie den geplanten Gewinn an, der zum Aufbau von Ressourcenpotentialen verwendet werden könnte. Übersteigen sie gar den Preis, entsteht (Produkt-)Verlust. Unter dem Begriff „Preisuntergrenze" untersucht SEIDENSCHWARZ damit eine völlig andere Frage. Auf Auftragsebene würde sie lauten: „Wie weit dürfen die vollen Kosten des Auftrags steigen, ohne daß der Zielgewinn angegriffen wird?" Zur Ermittlung der (kostenmäßigen) Preisuntergrenze wird aber die Frage „Wie weit darf der Preis sinken, ohne daß der Auftrag nicht mehr angenommen wird, weil der Preis die Auftragseinzelkosten unterschreitet?" gestellt. Diese andere Sichtweise resultiert aus der Philosophie des Target Costing, das aus dem Markt heraus fragt, was ein Produkt kosten darf, ohne Rücksicht darauf, was es kosten wird. Die Preisuntergrenze ist aber definitionsgemäß eine nach den erläuterten Kriterien gebildete Kostensumme, die aus dem Unternehmen heraus gebildet wird. Sie ist immer nur ein Teilkostenbetrag, weil in sie nur die Kosten einbezogen werden dürfen, die auf die Entscheidung, den Auftrag anzunehmen, zurückzuführen sind. Das Argument von SEIDENSCHWARZ, wonach die genannte Kostenstrukturverschiebung es nicht mehr erlaube, „daß man die dort anfallenden Kosten (insbesondere die indirekten fixen Kosten) außer acht läßt"[257], läuft damit für den Umfang der Preisuntergrenze ins Leere. Sie sind zwar über Preisschwellen zu berücksichtigen, die Preisuntergrenze *muß* sie aber außer acht lassen, sofern sie nicht von der Entscheidung, den betrachteten Auftrag anzunehmen, „ausgelöst" werden. Sie ist somit im Gegensatz zu den Allowable Costs grundsätzlich ein Teilkostenbetrag. Nur für den theoretischen Extremfall, daß ein Auftrag alle Kosten des Unternehmens auslöst und der Zielgewinn gleich Null ist, können daher Allowable Costs und Preisuntergrenze zusammenfallen. Zusätzlich ist zu berücksichtigen, daß in die Preisuntergrenze Deckungsbeiträge verdrängter Aufträge einzustellen sind. Diesen Aspekt können die Allowable Costs nicht abbilden, da sie nicht innenorientiert sind.

---

[256] Seidenschwarz, W. (1991a), S. 202.
[257] Seidenschwarz, W. (1991a), S. 202.

FREIDANK erwähnt den von ihm gesehenen Zusammenhang zwischen Preisuntergrenze und Target Costing nur knapp. Er erläutert die Herleitung der „vom Markt erlaubten Kosten" [...], die wiederum die langfristige Preisuntergrenze des betrachteten Erzeugnisses repräsentieren."[258] Der Inhalt seiner Ausführungen sowie der Hinweis auf die hier bereits analysierten Aussagen von SEIDENSCHWARZ bestätigen die obige Interpretation. Werde in der Entwicklung bereits deutlich, daß „die realisierbaren Zielkosten [...] den Plan-Zielverkaufspreis voraussichtlich dauerhaft überschreiten, dann liegt [...] die strategische Entscheidung nahe, das betrachtete Erzeugnis erst gar nicht in das Fertigungsprogramm aufzunehmen."[259] Von den begrifflichen Unreinheiten abgesehen - unter Berücksichtigung eines strategischen Zielgewinns müßte FREIDANK in Konsequenz seiner Argumentation die vom Markt erlaubten Kosten und nicht den Zielpreis als Maßstab heranziehen - wird auch hier die Rolle der Allowable Costs als marktgegebene Kostenobergrenze deutlich. Die Verwendung des Begriffs „Preisuntergrenze" kann nur verwirren. Im Unterschied zu SEIDENSCHWARZ spricht FREIDANK von den vom Markt erlaubten Kosten als der *langfristigen* Preisuntergrenze. In der begrifflichen Tradition der langfristigen Preisuntergrenze werden damit zwei Vollkostengrößen gegenübergestellt, die die Basis für langfristige, strategische Entscheidungen bei der Auftragsannahme bilden sollen. Abgesehen von den bereits dargestellten Nachteilen, die eine langfristige Preisuntergrenze dieser Prägung als Entscheidungskriterium aufweist, bleibt das Problem, daß FREIDANK eine Markt- und eine Unternehmensgröße gleichsetzt. An der Funktion der Preisuntergrenze als kostenmäßiges „Ausstiegssignal" ändert sich somit nichts. Sie bleibt notwendig, ist aber durch entsprechende Preisschwellen zu ergänzen.

Die gleiche Argumentation ließe sich für die Aussage von HIEKE wiederholen: „Die Zielkostenkonzeption orientiert sich an den **vom Markt erlaubten Kosten**, welche die **strategische Preisuntergrenze** bilden, die der Markt selbst vorgibt und die daher zumindest nicht mehr ausschließlich produktionsbedingt ist."[260] Nochmals: Der Markt kann keine Preisuntergrenze vorgeben, er gibt eine erfolgsorientierte Kostenobergrenze vor, die Preisuntergrenze kommt aus der Kostensituation des Unternehmens. Es werden zwei verschiedene Dinge vermischt, ohne sie zu einer Synthese zu führen. Diese Synthese wird im folgenden Abschnitt vorgenommen.

3.3.4.2 *Nutzung des Target Costing für die Preisuntergrenzenermittlung*

Wie kann aber nun Target Costing zur Ermittlung der Preisuntergrenze genutzt werden? Die Preisuntergrenze kommt aus dem Unternehmen und bildet einen kostenmäßigen Maßstab für den Marktpreis. Target Costing kommt retrograd aus dem Markt (zumindest bei den außenorientierten Verfahren), so daß die Allowable Costs einen Marktmaßstab für die Kosten des Unternehmens bilden. Die Allowable Costs können keine Preisuntergrenze sein, da sie erstens eine unternehmensexterne Größe bilden und zweitens wegen ihres Vollkosten-charakters i.d.R. Kostenbestandteile enthalten, die dem Bezugsobjekt willkürlich zugeordnet werden. Durch die beiden unterschiedlichen Konzeptionen, der bottom up-Ermittlung der

---

[258] Freidank, C.-C. (1994), S. 236f.
[259] Freidank, C.-C. (1994), S. 237.
[260] Hieke, H. (1994), S. 502.

Preisuntergrenze und der retrograden und damit top down-Vorgehensweise im Target Costing, läßt sich ein Gegenstromverfahren aufbauen, das die beiden Konzeptionen vereinigt. Zur Verdeutlichung wird die Frage „Wie weit darf der Preis sinken, ohne daß der Auftrag nicht angenommen wird?" modifiziert zu „Kann der Auftrag zum Preis x angenommen werden?" Bei einer feststehenden Kostensituation ist x mit der (starren) Preisuntergrenze zu vergleichen; hier kann Target Costing keine Verbesserung bieten. Ist die Kostensituation hingegen noch nicht festgefahren, v.a. weil die Frage vor einem längerfristigen Hintergrund steht, bei dem Kapazitäten, Produktgestalt und damit Kostensituation noch nicht feststehen, kann das angedeutete Gegenstromprinzip einsetzen. Der Preis x wird eingesetzt in die retrograde Kalkulation des Target Costing. Über die genannten Module wird schließlich versucht, die ermittelten Zielkosten zu erreichen. Dazu erfolgt im Rahmen des Moduls 4 (Zielkostenerreichung) die bottom up-Gegenrechnung auf Basis einer bestimmten Produkt- und Prozeßstruktur. Der Zielkostenabgleich zeigt, ob die Zielkosten mit diesem Konzept erreicht sind.

Die Forderung nach Erreichung der Zielkosten ist schärfer als die, daß der Preis über der Preisuntergrenze liegt, da die erste Forderung zusätzlich verlangt, daß bestimmte Auftragsgemeinkosten mit abgedeckt sind und der Zielgewinn erreicht wird. Eine Nichterreichung der Zielkosten besagt also noch nicht, daß die kostenmäßige Preisuntergrenze erreicht ist. Das Erreichen der Zielkosten ist hinreichende, aber nicht notwendige Bedingung dafür, daß der Preis über der Preisuntergrenze liegt. Durch die retrograde Kalkulation des Target Costing wird Deckungsdruck aufgebaut und damit Druck zur Senkung der Preisuntergrenze. Über die bottom-up Gegenrechnung wird eine Einordnung des Preises x in das Preisschwellensystem möglich. Veränderungen im Preis gehen in eine neue top down-Rechnung ein.

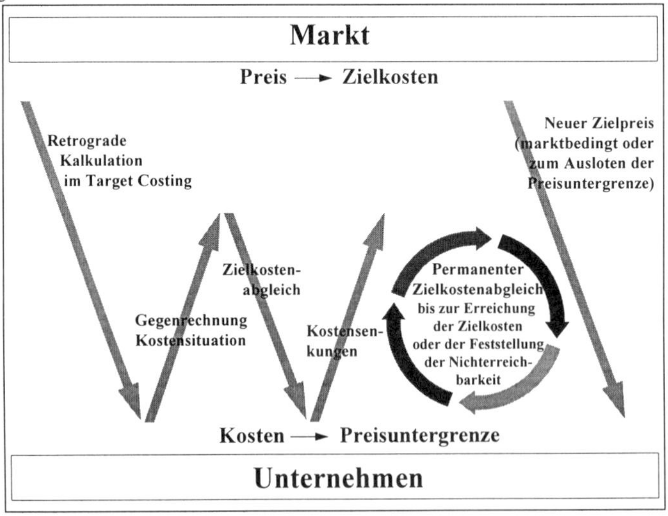

Abbildung 3-3: Gegenstromprinzip zum Ausloten der Preisuntergrenze mit Target Costing

Der Nutzen von Target Costing für die Ermittlung der Preisuntergrenze liegt nun in den gezielten Maßnahmen des Kostenmanagements, die von Target Costing ausgehen. Target Costing bricht die Zielkosten gemäß der Produktstruktur herunter auf die Maßnahmenebene und damit auf mehrere kleinere Ziele. Die Entwicklungstätigkeiten werden frühzeitig auf diese Zielkosten ausgerichtet, so daß sich von vornherein ceteris paribus eine niedrigere Preisuntergrenze ergibt, sofern die Zielkosten unter den Standardkosten liegen. Für jedes der definierten Gestaltungobjekte wird zudem ein Zielkostenabgleich vorgenommen. Dadurch wird es möglich abzuschätzen, wo die ursprünglich ermittelten Kosten weiter gesenkt werden können. Auf diese Weise kann differenziert beurteilt werden, ob der angesetzte Preis eine Erreichung der resultierenden Zielkosten zuläßt bzw. wie er ins Preisschwellensystem einzuordnen ist. Es entsteht damit ein entscheidungsorientiertes Kostenmanagement, das über die Gestaltung der Produktkosten hinausgeht. Durch den gezielten Kostenknetprozeß wird die Preisuntergrenze ständig abgesenkt, es erfolgt damit ein aktives Eingreifen in die Höhe der Preisuntergrenze. Die Eingabe immer niedrigerer Preise in die retrograde Kalkulation mit den folgenden Maßnahmen des Zielkostencontrolling baut zusätzlichen Kostendruck auf, verbessert die Aussagefähigkeit, wie weit der Preis sinken darf, bis eine weitere Anpassung der Kosten nicht mehr möglich ist, und ermöglicht dadurch das Ausloten der Preisuntergrenze, einer kostenmanagementbasierten Preisuntergrenze. Voraussetzung für das reibungslose Funktionieren dieses Gegenstromes ist die Kompatibilität zwischen der retrograden Kalkulation und der bottom up-Gegenrechnung im Preisschwellensystem. Die späteren Ausführungen zur Methodik des hier vorgestellten Ansatzes haben dies sicherzustellen.

Der Ansatz möchte aber bewußt an Target Costing als *marktorientiertem* Zielkostenmanagement anknüpfen. Das bedeutet, daß nicht ein Mechanismus zur retrograden Kalkulation und zur Zielkostenspaltung aus dem Konzept herausgelöst und im Gegenstrom mit der Zielkostenerreichung beliebig oft durchlaufen wird. Vielmehr wird die Frage nach der Preisuntergrenze eingebettet in den gesamten Prozeß des Target Costing und damit eher zum Kuppelprodukt von Target Costing als zu dessen Hauptzweck. Ausgangspunkt des Gegenstroms bleibt damit der antizipierte Marktpreis, der i.d.R. anspruchsvoll genug ist, um seine Kosten-Schmerzgrenze, seine bottom-line, zu finden. Der Marktpreis kann und muß durchaus angepaßt werden, wenn sich unerwartete Marktpreisveränderungen ergeben. Dies sollte aber marktgetrieben erfolgen und weniger aufgrund fiktiver Preisvorgaben.

Abschließend sei noch auf einen angenehmen Seiteneffekt hingewiesen, der beim umfassenden Arbeiten mit Target Costing für die Preisuntergrenzenermittlung u.U. entstehen kann. Er bezieht sich auf die Ermittlung von Deckungsbeiträgen, die in Engpaßsituationen zusammen mit anderen Aufträgen verdrängt werden. Hier kann Target Costing aufgrund der intensiven Diskussion der Kostensituation für die einzelnen Aufträge fundierte Aussagen über deren Ergebnissituation machen. Die Bestimmung der verdrängten Deckungsbeiträge kann dadurch erleichtert werden, sofern die angesprochene Kompatibilität gegeben ist.

3.3.5 Target Costing zur Preisuntergrenzenermittlung in der Automobilzulieferindustrie

3.3.5.1 Generelle Eignung des Ansatzes für die Automobilzulieferindustrie

Nachdem hinreichend begründet erscheint, daß Target Costing die Ermittlung der Preisuntergrenze unterstützen kann, stellt sich nun die Frage, ob Target Costing für die Ermittlung der Preisuntergrenze in der Automobilzulieferindustrie herangezogen werden kann. Dazu werden zunächst die oben herausgearbeiteten Charakteristika des Target Costing auf die dargestellte Geschäftssituation der Automobilzulieferindustrie projiziert, um dann die konzeptionelle Ausgestaltung bzw. Modifizierung der formulierten Kernmodule für diese Fragestellung vorzunehmen.

Ein Kostenmanagementsystem paßt zur Automobilzulieferindustrie: Der geschilderte Wettbewerbsdruck äußert sich auch in einem Preisdruck, der letztendlich in einen Kostendruck mündet. Hinzu kommt die erläuterte Unterstützung bei der Ermittlung der Preisuntergrenze, die vor diesem Hintergrund eine wichtige entscheidungsunterstützende Größe darstellt. Als strategisches Kostenmanagementsystem kann Target Costing in der Automobilzulieferindustrie in vielen Fällen seine volle Wirkung entfalten. Wenn auch in Abhängigkeit des betrachteten Zulieferprodukts und der Form der Einbindung des Zulieferers in den Entwicklungsprozeß unterschiedliche Grade der Gestaltungsfreiheit beobachtet werden können, ist dieser im allgemeinen als hoch zu bezeichnen. Die Veränderung in den Beschaffungsphilosophien der Autohersteller, insb. deren sinkende Entwicklungstiefe trägt dazu bei, daß sich der Bereich einer sinnvollen Anwendung von Target Costing zunehmend ausweitet.

Der enge Kontakt zu den Kunden sowie der dabei entstehende direkte oder indirekte Kontakt zu den Wettbewerbern ermöglicht eine unmittelbare Ableitung langfristiger Preisentwicklungen unter Berücksichtigung wettbewerbsstrategischer Faktoren. Hier machen sich die Vorteile einer vergleichsweise hohen Markttransparenz aufgrund abgegrenzter Marktverhältnisse bemerkbar. Die Zielkosten werden konsequenterweise in einem Market into Company-Prozeß abgeleitet, den man für konkrete Projekte sogar als **Customer into Company** bezeichnen könnte. Als flankierende Methode kann zur Wettbewerbsabsicherung ergänzend das Out of Competitor herangezogen werden.

Die strenge Marktorientierung des Target Costing kommt dem Automobilzuliefergeschäft sehr entgegen. Die vom Kunden gewünschten und geäußerten Preis-, Termin- und Qualitätsvorstellungen bilden die wesentlichen Determinanten im Automobilzuliefergeschäft, so daß ein Kostenmanagement, das die Marktorientierung explizit fordert, sich hier gut einpaßt. Eine kundenorientierte retrograde Kalkulation, eine Zielkostenspaltung, die sich an den Gewichten des Kunden orientiert, sowie ein am Kundenwunsch ausgerichteter Entwicklungsprozeß mit Zielkostenvorgaben trifft somit auf fruchtbaren Boden.

Das Denken in Lebenszykluskosten harmoniert mit einem mehrjährigen Serienauftragsgeschäft wie der Autozulieferung. Aufgrund der angesprochenen Tendenz zu mehrjährigen Liefervereinbarungen unter Beachtung einer vorausgehenden Entwicklungsphase wird die explizite Planung und Steuerung der Kosten und Erlöse über den Lebenszyklus gefördert. Ein Eruieren der preislichen Schmerzgrenzen, die sich in Preisschwellen und der Preisuntergrenze operationalisieren lassen, wird dadurch für die Automobilzulieferindustrie möglich. Die Abgrenzung des Planungszeitraums ist aufgrund der antizipierbaren Lieferzeit vergleichsweise unproblematisch. Das Ersatzteilgeschäft läßt sich integrieren, wird aber i.d.R. gesondert behandelt.

Die Kostenmanagementaktivitäten des Target Costing beziehen sich auf die frühen Phasen der Produktentstehung. Diese liegen in der Automobilzulieferindustrie in, teilweise vor der Angebotsphase. Selbst für Produkte, die nach Auftragsvergabe erst noch eine längere Entwicklungsphase durchlaufen, liegen zu diesem Zeitpunkt das Konzept und Teile der Detailentwicklung i.d.R. schon fest, da sie die Basis für das Angebot bilden. Dies kommt einer Unterstützung der Preisuntergrenzenermittlung, die in der Angebotsphase relevant ist, durch das Target Costing sehr entgegen.

Target Costing ist ein dynamisches, den gesamten Produktentstehungsprozeß begleitendes System mit Schwerpunkt auf den frühen Phasen. Veränderungen in den Rahmenparametern werden dabei laufend mit eingearbeitet. Dies ist eine wichtige Voraussetzung für den Einsatz im Automobilzuliefergeschäft, da der Zulieferer ständig Änderungen, die sich durch das simultaneous engineering im Entwicklungsprozeß beim Autohersteller ergeben, einzuarbeiten hat.

Der Einsatz eines interdisziplinären Teams vor, während und nach der Angebotsphase ist für den Markterfolg eines Autozulieferers essentiell. Die Forderung von Target Costing nach multifunktionaler Zusammenarbeit kann hier nur förderlich sein.

Target Costing ist damit in der Automobilzulieferindustrie hervorragend einsetzbar und kann für die Preisuntergrenzenermittlung herangezogen werden.

3.3.5.2 Konzeptionelle Ausgestaltung der vier Kernmodule in der Automobilzulieferindustrie

Die Geschäftsspezifika der Automobilzulieferindustrie sowie der Anspruch einer Nutzung des Target Costing für die Preisuntergrenzenermittlung erfordern eine spezielle Ausgestaltung der formulierten Kernmodule. Dies soll im folgenden in konzeptioneller Form geschehen, bevor sich das Augenmerk auf die methodische Ausgestaltung richtet.

Die Untersuchung der Charakteristika von Target Costing für die Automobilzulieferindustrie hat eines deutlich gemacht: Die frühen Phasen des Entwicklungszyklus, in denen Target Costing ansetzt, liegen zumindest teilweise in der Angebotsphase. Die Art des Produktes und die Beschaffungsphilosophie des Abnehmers entscheiden, welcher Anteil der frühen Phasen mit dem Eintritt in die Angebotsphase bereits abgelaufen ist bzw. welcher Anteil erst nach Autragsvergabe stattfindet. Als grobe Regel kann gelten: Je komplexer, innovativer und kundenspezifischer ein Zulieferprodukt ist, desto weiter verschieben sich die frühen Phasen in Relation zum Angebotsprozeß nach hinten. Beispiele hierfür seien die Motorelektronik, das Cockpit, der Kabelsatz u.ä. Lediglich für Standardprodukte, die keine kundenspezifischen Modifikationen erfahren, z.B. Batterien, Glühbirnen oder Zündkerzen, können die frühen Phasen bei Eintritt in den Angebotsprozeß bereits abgelaufen sein.

Dies hat zwei Konsequenzen: Liegen erstens wesentliche Kostengestaltungs- und -beeinflussungspotentiale nach der Auftragsvergabe, wird die exakte Ermittlung der Preisuntergrenze durch zusätzliche Planungsunsicherheiten erschwert, die auch in der Frage zu sehen sind, inwieweit diese Potentiale genützt werden können, d.h. zu welchem Erfolg die Kostenmanagementaktivitäten kommen werden. Liegen zweitens die frühen Phasen zumindest teilweise vor dem Beginn der Angebotsphase, so sind für ein Target Costing im

Angebotsprozeß die Einflußmöglichkeiten eingeschränkt. Damit sind auch die Möglichkeiten zu einer Absenkung der Preisuntergrenze durch Kostenmanagementaktivitäten begrenzt. Um das volle Potential nutzen zu können, sind die Target Costing-Aktivitäten nach vorne zu ziehen gemäß der Maxime: Je früher Target Costing beginnt, desto größer sind die Einflußmöglichkeiten und damit die Erfolgschancen. Daraus ergibt sich eine Zweiteilung des Target Costing, in der Automobilzulieferindustrie und anderen Branchen mit ähnlichen Charakteristika. Für das kundenprojektspezifische Target Costing erscheint der Begriff "Operatives Target Costing" angebracht, für das kundenprojektübergreifende, geschäftsbereichbezogene "Strategisches Target Costing", wenn sich dieses auch an der Grenze zum Taktischen bewegt, diese in Teilen auch überschreitet.[261] [262]

Dieser Zweiteilung entsprechend unterscheiden sich die Ausprägungen der Kernmodule. Das strategische Target Costing bildet den Vorbau für die Kundenprojekte und operiert daher auf einer höheren Aggregationsebene. Es möchte marktsegmentbezogen marktgerechte Kostenstrukturen schaffen. Das operative Target Costing setzt an einem konkreten Kundenprojekt an, baut auf den Arbeiten und Ergebnissen des strategischen Target Costing auf, konkretisiert sie und aktualisiert die Annahmen und Möglichkeiten des strategischen Target Costing. Der Übergang vom strategischen zum operativen Target Costing ist ein kontinuierlicher, wie insbesondere die zusammenfassende Prozeßdarstellung zum Target Costing für Automobilzulieferer zeigen wird. Mit dem ersten Signal des Vertriebs für ein neues Kundenprojekt sollte dieser Übergang eingeläutet werden. Nur so ist es möglich, wiederum in den frühen Phasen eines Kundenprojektes mit dem Target Costing zu beginnen, um eine umfassende Kostenbeeinflussung zu ermöglichen. Wird Target Costing erst mit der offiziellen Kundenanfrage oder gar mit der Auftragserteilung begonnen, ist wertvolle Zeit und damit wertvoller Kostenbeeinflussungsspielraum verloren, da die Konzeption häufig bereits in Vorverhandlungen festgelegt wird.

Der geschilderte Zusammenhang läßt sich wie folgt visualisieren:

---

[261] Vgl. zu den Ebenen der Planung z.B. Pfohl, H.-C. (1981), S. 122ff.; Zahn, E. (1989), Sp. 1086ff.; Hentze, J. et al. (1993), S. 55ff.

[262] Diese Unterscheidung findet sich auf Anregung des Autors mittlerweile auch in der Literatur: vgl. Seidenschwarz, W. (1995), S. 113, Listl, A. (1996), S. 137.

Abbildung 3-4: Strategisches und operatives Target Costing

Besondere Unterschiede zwischen strategischem und operativem Target Costing ergeben sich im Modul 1, das für den Markt- und Strategieeinbezug sorgt. Dies resultiert daraus, daß sich das strategische Target Costing über einzelne Kundenprojekte hinweg mit einer ganzen Produktgruppe oder strategischen Geschäftseinheit beschäftigt, während sich das operative Target Costing auf ein konkretes Kundenprojekt bezieht. Das Modul 1 ist daher im strategischen Target Costing marktorientiert, im operativen kundenprojektorientiert.

Die Vorgehensweise im strategischen Target Costing entspricht im wesentlichen dem allgemeinen Vorgehen im Modul 1, wie es bei der Beschreibung der Kernmodule des Target Costing bereits angerissen worden ist. Die dort vorgestellten Punkte seien daher im folgenden konkretisiert in Form von Aufgaben und Fragen, die im Rahmen des Moduls 1 im strategischen Target Costing zu bearbeiten und zu beantworten sind. Dabei lassen sich vier Komplexe identifizieren:[263]

1. Abgrenzung und Strukturierung des relevanten Marktes und Beschreibung der Marktsituation
2. Anbindung an die Produktstrategie
3. Beschreibung der Markt- bzw. Kundenanforderungen und Anbindung an die Technologiestrategie
4. Übergang zur Zielkostenableitung durch Verdichtung der markt- und strategiebezogenen Input-Faktoren

Im **Komplex 1** sind in diesem Zusammenhang folgende Fragen zu beantworten:

• Wie läßt sich der Markt abgrenzen und benennen?

---

[263] Vgl. alternativ den knappen Überblick bei Seidenschwarz, W. et al. (1997), S. 106f.

- Wie läßt er sich einteilen und in Marktsegmente strukturieren?
- Wer sind die potentiellen und die aktuellen Kunden?
- Wie läßt sich die Wettbewerbssituation für die betrachtete Produktgruppe beschreiben?

Das Verhalten auf dem für eine Produktgruppe definierten Markt hängt ab von der für die Produktgruppe gewählten Strategie. Der **Komplex 2** umfaßt alle Fragen der Anbindung der Produktstrategie:

- Auf welcher Ebene in der Zulieferstruktur wird operiert: System-, Komponenten- oder Teilegeschäft?
- Was sind die Zielmarktsegmente, was sind in den Zielmarktsegmenten die Zielkunden?
- Wie sind diese Zielmarktsegmente und die Zielkunden in das eigene Produktportfolio einzuordnen?
- Welche Wettbewerbsstrategie wurde gewählt?

Dabei ist es unerheblich, ob die Produktgruppe selbst eine strategische Geschäftseinheit bildet oder ob sie dies zusammen mit anderen Produktgruppen tut. Die dort formulierten und abgeleiteten Normstrategien bilden einen ganz wesentlichen Inputfaktor für das Target Costing.

Da sich das strategische Target Costing mit einer ganzen Produktgruppe befaßt, hängt die Strategieeinbindung enger an der Strategieformulierung als beim operativen Target Costing. Die Produktgruppe ist einzubinden in die gesamte strategische Ausrichtung des Unternehmens im Zusammenspiel mit den anderen Projekten und Produktgruppen. Es ist vielfach sogar denkbar, daß Strategieüberlegungen bzw. das Formulieren konkreter produktbezogener Strategien erst aus dem Target Costing heraus angeregt bzw. angestoßen werden. Nicht zuletzt die gewählte Bezeichnung "**Strategisches** Target Costing" soll dies zum Ausdruck bringen. Trotzdem wurde für beide Arten des Target Costing der Begriff Strategie**einbindung** gewählt, weil es zu hoch gegriffen erschien, die Strategieformulierung als integrativen Bestandteil des Target Costing zu sehen.

Hinter dem **Komplex 3** steht zunächst die Devise "Der Kunde ist nur für das bereit zu zahlen, was er will!". Aus diesem Grund sind die Fragen zu beantworten:

- Was sind die technischen Marktanforderungen in den einzelnen Segmenten von Seiten der Kunden, wie sind diese gewichtet?
- Welche gesetzlichen Anforderungen bestehen?
- Wie konkret sind diese Anforderungen und wie stark gefestigt?

Bei Ermittlung der Kundenanforderungen ist von entscheidender Bedeutung, ob es sich bei dem geäußerten Kundenwunsch um einen exotischen Sonderwunsch oder um eine Grundanforderung handelt, die von allen erhoben wird. Die zukünftigen gemeinsamen Forderungen aller Zielkunden bilden den Schwerpunkt für das strategische Target Costing, da hierdurch die Vorentwicklungsressourcen am effektivsten eingesetzt werden können. Hinzu kommen Kostenvorteile, die durch Standardisierungen über Kundenprojekte hinweg realisiert werden können, wenn die Standardisierung frühzeitig eingeleitet wird.

- Welchen Preis sind die Kunden bereit, für die Erfüllung dieses technischen Kundenwunsches zu bezahlen?
- Welcher Anspruch wird an die konkrete Umsetzung des Kundenwunsches und an die produktbegleitenden Dienstleistungen gestellt? (hier sei an die geschilderten

Zusammenhänge zwischen Kundenvorstellungen und Kostentreiberanalysen und -verwertungen im Rahmen prozeßorientierter Kalkulationen erinnert!)

Die Umsetzung der geäußerten Kundenwünsche erfordert eine Anbindung an die eigene Technologiestrategie:

- Wie läßt sich die derzeit zur Umsetzung des Kundenwunsches verwendete Technologie einordnen.
- Kann die derzeit verwendete Technologie für Zukunftsprojekte noch sinnvoll eingesetzt werden?
- Wann ist die aktuelle Technologie wie abzulösen?

Das Modul 2, die Zielkostenableitung, erfordert Einiges an Input aus dem Modul 1. Diesen Übergang soll der **Komplex 4** sichern. Hierzu sind folgende Fragen zu beantworten:

- Sind alle Markt- und Strategiedaten zur Ableitung des Zielpreises und des Zielvolumens für jedes Marktsegment verfügbar?
- Ist die Ableitung des strategischen Zielgewinns für jedes Marktsegment möglich?

Ohne diese Basis ist eine marktorientierte Zielkostenableitung nicht möglich, ohne entsprechende Strategieeinbindung wird sie eine Farce.

Für das operative Target Costing ist "nur" an diesen Vorarbeiten anzuknüpfen, indem das relevante Projekt zunächst strategisch in die vorgenommene Marktsegmentierung eingeordnet wird. Diese Einbindung ist zu konkretisieren durch die Beschreibung der projektbezogenen Wettbewerbssituation und die Umsetzung der Wettbewerbsstrategie in eine konkrete Angebotsstrategie. Während damit die Fragenkomplexe 1 und 2 in ihrem Umfang stark schrumpfen, bleiben die Fragen der Komplexe 3 und 4 in der beschriebenen Form erhalten, sind allerdings auf das Kundenprojekt zu beziehen.

Aus jedem Kundenprojekt ergeben sich wichtige Informationen für das strategische Target Costing. Es kann überprüft werden, ob die vorgenommene Segmentierung, die ermittelten Zielpreise und Volumina, die zugrundegelegten Kundenanforderungen, die unterstellte Wettbewerbssituation usw. noch Gültigkeit besitzen. Damit fließen Information aus dem strategischen Target Costing in das operative und umgekehrt, woraus ein ständiger Informationszyklus entsteht.

Für die anderen drei Module sind die Unterschiede nicht so groß. Sie ergeben sich im wesentlichen aus der Tatsache, daß das strategische Target Costing einen ganzen Markt in den einzelnen Marktsegmenten bearbeitet, so daß alle Vorgaben marktsegmentspezifisch und losgelöst von konkreten Kundenprojekten sind, während sich das operative Target Costing auf ein konkretes Kundenprojekt richtet.

Für das Modul 2, die Zielkostenableitung, bedeutet das, daß das strategische Target Costing bei Anwendung des Market into Company in seiner retrograden Kalkulation von einem marktsegmentspezifischen Preis ausgeht und davon einen Zielgewinn für das gesamte Marktsegment abzieht. Das operative Target Costing hingegen legt den Preis und das Volumen zugrunde, die für ein Kundenprojekt zu erwarten sind, und zieht davon den von diesem Projekt erwarteten Zielgewinn ab.

Zielkostenspaltung und Zielkostenerreichung, also die Module 3 und 4, laufen parallel zum Entwicklungsprozeß. Dessen Verhältnis zum Angebotsprozeß in Abhängigkeit vom Produkt und von der Beschaffungsphilosophie wurde bereits erläutert. Im operativen Target Costing wird das gesamte Produkt zugrundegelegt, wie es vom Kunden gewünscht wird. Dem strategischen Target Costing kann im wesentlichen nur der Teil des Produkts unterzogen werden, der relativ kundenprojektunabhängig ist. Dies wurde bereits bei der Differenzierung der Kundenanforderungen begründet. Zu Beginn der Angebotsphase werden die Kundenforderungen konkretisiert, angepaßt bzw. ergänzt und ins operative Target Costing überführt. Die in der Angebotsphase erzielten Ergebnisse dienen auch der Ermittlung der Preisuntergrenze. Wird der Auftrag erlangt, wird das operative Target Costing in der evtl. folgenden Entwicklungsphase fortgeführt. Auch hier zeigt sich wieder die Rückkopplung aus dem operativen ins strategische Target Costing: Zeigt sich beispielsweise in den operativen Target Costing-Projekten, die auf dem strategischen Target Costing aufsetzen, daß bei einer bestimmten vordeterminierten Komponente stets eine deutliche Lücke zwischen Zielkosten und geplanten Kosten besteht, so deutet dies auf eine systematische Schwäche in der Vorentwicklung, damit dem strategischen Target Costing hin.[264] Weitere (geringfügige) Unterschiede zwischen operativem und strategischem Target Costing in den Ausprägungen der Module 3 und 4 liegen in der methodischen Ausgestaltung.

3.3.6 Das Target Costing flankierende Konzepte

3.3.6.1 Bedeutung des Abschnitts

Target Costing ist ein ausbaubares und ständig verbesserbares System. Um ein umfassendes marktorientiertes Kostenmanagement aufzubauen, wird vorgeschlagen, Target Costing durch Benchmarking und Prozeßkostenmanagement zu ergänzen.[265]
Die folgenden Abschnitte sollen daher zeigen, was unter den beiden angesprochenen Konzepten zu verstehen ist und wo Ansatzpunkte für eine sinnvolle Ergänzung von Target Costing gesehen werden können. Benchmarking und Prozeßkostenrechnung/-management sind dazu nicht dem Target Costing unterzuordnen und zu reinen Methoden zu degradieren. Sie stellen eigenständige Konzepte dar, die zwar den modularen Aufbau von Target Costing nicht prägen, aber in alle Module hineinwirken. Die Berührungspunkte dieser Konzepte nehmen vielfach auch methodischen Charakter an, so daß die folgenden Ausführungen an der Schnittstelle von Konzept und Methodik gut positioniert erscheinen.

3.3.6.2 Die Rolle des Benchmarking im Target Costing

3.3.6.2.1 Definition und Systematisierung des Benchmarking

Benchmarking ist ein kontinuierlicher Prozeß, bei dem Produkte, Dienstleistungen sowie Prozesse und Methoden betrieblicher Funktionen intern oder mit externen Unternehmen verglichen werden, um Möglichkeiten für Verbesserungen der eigenen Produkte oder Abläufe

---

[264] Vgl. zu diesem Beispiel Rösler, F. (1996), S. 150.
[265] Vgl. Seidenschwarz, W. (1991a), S. 201; Seidenschwarz, W. (1994a), S. 76, 78f.; Seidenschwarz, W. (1994b), S. 165; Seidenschwarz, W. (1994c), S. 37; Cervellini, U. (1994), S. 70; Horváth, P. et al. (1993d), S. 27; Horváth, P. / Seidenschwarz, W. (1992), S. 144; Horváth, P. et al. (1996b), S. 139; Kieninger, M. (1994), S. 543; Zillmer, D. (1992), S. 287; Reckenfelderbäumer, M. / Paul, M. (1994), S. 148f.; Neubauer, C. (1993), S. 157.

116

zu finden. Dazu sind nicht nur die Unterschiede aus dem Vergleich heraus aufzudecken, sondern vor allem die Ursachen für diese Unterschiede. Der Vergleich ist immer mit Unternehmen oder Einheiten vorzunehmen, die das betrachtete Objekt hervorragend beherrschen, also mit der „best practice". Nur wenn man sich an den „Klassenbesten" mißt, kann man selbst zum Besten der Besten aufsteigen, wenn man es nicht schon ist. Dies spiegelt sich auch im japanischen Wort für Benchmarking wider: dantotsu, das Bemühen, der „Beste der Besten" zu sein. Der Begriff Benchmarking stammt von „bench marks", die im angelsächsischen Sprachraum ursprünglich Markierungen und Referenzpunkte für geographische Vermessungen, z.B. zur Bestimmung von Höhenlinien, oder zur Gezeiten-bestimmung bezeichneten, dann aber zunehmend für alle Arten von Meßpunkten verwendet wurden, an denen sich andere ausrichten konnten.[266]

Die Methode wurde im wesentlichen vom US-amerikanischen Unternehmen Xerox geprägt, das 1979 durch erhebliche Kostenprobleme und eine daraus resultierende katastrophale Wettbewerbsposition veranlaßt wurde, nach Kostenverbesserungen zu suchen.[267]

In einem ersten Schritt versuchte man, über das Zerlegen des Konkurrenzproduktes den Ursachen auf die Spur zu kommen. Dies erfolgte im Rahmen eines Reverse Product Engineering, dessen genaueren Aufbau es später eingehender zu erläutern gilt. Als man feststellte, daß die hierbei identifizierten Nachteile den Kostenunterschied nicht vollständig erklären konnten, untersuchte Xerox die gesamte Wertkette auf die wesentlichen kostenverantwortlichen Faktoren hin und stieß auf den Logistikprozeß. Zunächst bestellte Xerox beim Konkurrenten Kodak einen Kopierer, analysierte die Verpackung und verfolgte die ganze Kette an Versandorten bis zum Herstellort zurück.[268]

Nach Abschluß dieser Untersuchung stellte man sich die Frage, warum man die Analyse eigentlich auf die eigene Branche beschränkt, wo doch andere Branchen mit ähnlichen Problemen und Aufgaben zurechtkommen müssen und hierfür Methoden entwickelt haben. Aus diesem Grund suchte man branchenübergreifend nach dem Unternehmen mit dem besten Versandprozeß und stieß auf den Sportartikelversender L.L. Bean. Dieses Unternehmen war für den Vergleich bestens geeignet, da es im Bereich Versand das gleiche Problem zu bewältigen und mit großen Anstrengungen einen exzellenten Versandprozeß entwickelt hatte, da dieser für den Geschäftserfolg von essentieller Bedeutung war.[269]

Mittlerweile ist das Benchmarking zu einer festen Größe in den Managementpraktiken der USA geworden, was nicht zuletzt seine wichtige Rolle bei der Beurteilung von Unternehmen zeigt, die sich für den Malcolm Baldrige National Quality Award der USA bewerben. Dies ist ein seit 1987 vom Staat ausgeschriebener und vom Präsidenten verliehener Preis für Unternehmen mit exzellenten Leistungen im Total Quality Management nach exakt festgelegten Bewertungs- und Beurteilungsrichtlinien. In Europa wurde 1992 mit den European Quality Award ein vergleichbarer Preis geschaffen, der bspw. die Anforderungen für eine Zertifizierung nach DIN ISO 9000ff. bei weitem überschreitet, in Japan existiert für diese Zwecke der Deming-Preis.[270]

---

[266] Vgl. Camp, R. C. (1994), S. 13-15; Kleinfeld, K. (1994), S. 19; Horváth, P., / Herter, R. N. (1992), S. 5, 11; Rau, H. (1995), S. 19; Rau, H. (1996), S. 26ff.

[267] Vgl. Horváth, P., / Herter, R. N. (1992), S. 4; Rau, H. (1996), S. 27ff.

[268] Vgl. Horváth, P., / Herter, R. N. (1992), S. 5.

[269] Vgl. Camp, R. C. (1994), S. 51f.; Herter, R. N. (1992), S. 254.

[270] Vgl. Horváth, P., / Herter, R. N. (1992), S. 4-6; Burckhardt, W. (1995), S. 16.

Diese Historie wurde deshalb so ausführlich beschrieben, weil sie die verschiedenen Facetten und Entwicklungsstufen von Benchmarking verdeutlicht, so daß sich auf ihr aufbauend eine Systematisierung des Benchmarking erarbeiten läßt. Diese erscheint anhand der Parameter Benchmarkingobjekt, Zielgröße und Vergleichspartner sinnvoll, woraus sich der folgende morphologische Kasten ergibt:[271]

Parameter	Ausprägung des Parameters		
Objekt	Produkte	Methoden	Prozesse
Zielgröße	Kosten	Qualität	Kundenzufriedenheit	Zeit
Vergleichs-partner	andere Geschäfts-bereiche	Konkurrenten	gleiche Branche	andere Branche

Tabelle 3-6: Systematisierung des Benchmarking

Die Objekte werden gelegentlich erweitert um das Benchmarking für Käufe und Bezüge. Der regelmäßige Vergleich verschiedener Lieferantenangebote sowie die permanente Suche nach neuen Einkaufsquellen gehört allerdings zum Standardinstrumentarium des Einkaufs. Eine Neuerung kann in einem gemeinsam mit dem Lieferanten durchgeführten Benchmarking der Zulieferprodukte und Zulieferprozesse gesehen werden.[272]

Der Vergleich mit anderen Geschäftsbereichen des eigenen Unternehmens wird als internes Benchmarking bezeichnet. Entsprechend wird für die anderen Bereiche von wettbewerbsorientiertem und von funktionalem Benchmarking gesprochen (letzteres für die Untersuchung einer bestimmten Tätigkeit oder Aufgabe, bei Analysen über Branchengrenzen hinweg wird auch der Begriff generisches Benchmarking verwendet). Beim übertragenden Benchmarking werden ähnliche, aber nicht gleiche Prozesse oder Verfahren aus anderen Branchen zum Vergleich herangezogen.[273]

Ein Instrument des Produktvergleichs in Kostenhinsicht unter Einbezug der Kundenzufriedenheit ist das Product Reverse Engineering[274], auch Reverse Product Engineering[275] oder einfach Reverse Engineering[276]. Dabei wird das eigene Produkt einem Konkurrenzprodukt gegenübergestellt, um dann in mehreren Stufen die Kostenunterschiede zwischen beiden Produkten zu finden: Sind Kostenunterschiede durch Konstruktionsnachteile, Leistungsunterschiede mit und solche ohne Preisprämie durch den Kunden identifiziert, erhält man die Gesamtkosten des Konkurrenzprodukts bei Herstellung in der eigenen Fabrik.[277] Häufig wird die Analyse noch ausgedehnt auf eine Effizienzanalyse, die Kostenlücken durch unterschiedliche Faktorkosten und unterschiedliche Prozeßeffizienz aufdeckt, so daß auf insgesamt fünf Stufen der Kostenunterschied zwischen eigenem und Konkurrenzprodukt erklärt wird.[278]

---

[271] Herter, R. N. (1992), S. 255.

[272] Vgl. Kleinfeld, K. (1994), S. 24.; Seidenschwarz, W. / Niemand, S. (1994), S. 267; Listl, A. (1996), S. 138.

[273] Vgl. Burckhardt, W. (1995), S. 16; Pieske, R. (1994), S. 20; Camp, R. C. (1994), S. 77. Watson, G. H. (1993), S. 106ff.; Hoffjan, A. (1995), S. 159f.; Rau, H. (1996), S. 41ff.

[274] Vgl. Seidenschwarz, W. (1994b), S. 166f.

[275] Vgl. Horváth, P., / Herter, R. N. (1992), S. 5; Herter, R. N. (1992), S. 254.

[276] Vgl. Kleinfeld, K. (1994), S. 23.

[277] Vgl. Kleinfeld, K. (1994), S. 23.

[278] Vgl. Seidenschwarz, W. (1994b), S. 166f.

Zu beachten ist dabei, daß das Product Reverse Engineering weit über eine Produktimitation hinausgeht, weil es Ursachen für Kostenunterschiede sucht, diese mit den eigenen Bedingungen und Strategien abgleicht, um schließlich Nach- und Vorteile aufzuzeigen und konkrete Verbesserungsschritte einzuleiten. Dies wird unterstützt durch das Benchmarken von Hauptbaugruppen unabhängig von der Branche (z.B. den Vergleich von Flachbaugruppen eines Telefonherstellers mit denen eines Videogeräteherstellers).

3.3.6.2.2 Ablauf des Benchmarking

Die obigen Ausführungen sind noch nicht darauf eingegangen, wie das Benchmarking im einzelnen abläuft. Auf Basis der Ausführungen von CAMP, der den Benchmarking-Prozeß bei Xerox ausführlich beschreibt,[279] hat sich auch in der deutschen Literatur ein Standardprozeß herauskristallisiert, der drei Hauptphasen unterscheidet: die Vorbereitung, die Analyse und die Umsetzung. Dabei wird betont, daß das Benchmarking - man erinnere sich auch an die eingangs gebrachte Definition - ein kontinuierlicher Prozeß ist und daher ständig wiederholt werden muß. Ansonsten läuft man Gefahr, eine alte Best Practice Spitzenleistung zu praktizieren, die mittlerweile zum Standard gehört oder längst überholt ist. Die drei Phasen lassen sich stichwortartig wie folgt konkretisieren:[280]

1. Planung und Vorbereitung: Gegenstand des Benchmarking, Bildung des Benchmarking-Teams, Leistungsbeurteilungsgrößen, Leistungsermittlung in der eigenen Organisation, Vergleichsunternehmen, Informationsquellen

2. Analyse: Leistungslücke, Ursachen der Leistungslücke

3. Umsetzung: Ziel und Strategien, Aktionspläne, Implementierung, Fortschrittskontrolle, Wiederholung des Benchmarking

Es würde am Ziel der vorliegenden Arbeit vorbeischießen, auf die einzelnen Prozeßschritte genauer einzugehen. Aus diesem Grund seien die folgenden Ausführungen auf das Nötigste beschränkt, um die Schritte zumindest kurz anzureißen.

Bei der Auswahl des Benchmarking-Gegenstandes ist zu beachten, die Untersuchung welchen Objekts die Ausprägung der betrachteten Zielgröße am meisten beeinflußt. Sinnvollerweise konzentriert sich Benchmarking auf die Bereiche, in denen man den größten Aufholbedarf bzw. die größten Verbesserungschancen sieht. Eine Marktorientierung des gesamten Unternehmens durch Benchmarking sowie die Sicherstellung der Umsetzung ist nur möglich, wenn das Benchmarking nicht durch wenige Benchmarking-Spezialisten durchgeführt wird, sondern durch ein Benchmarking-Team, das sich multifunktional aus sechs bis acht Spezialisten im betrachteten Vergleichsobjekt zusammensetzt. Benchmarking darf niemals angegangen werden, ohne die eigenen Abläufe bzw. Produkte en detail zu kennen. Der Strukturierung dienen die Leistungsbeurteilungsgrößen, die dann auch dem späteren Vergleich zugrundegelegt werden. In Orientierung an die zugrundeliegende Zielgröße lassen sich insbesondere finanzielle, zeitliche und mengenmäßige Leistungsbeurteilungsgrößen finden. Die potentiellen Vergleichspartner wurden ebenfalls bereits angesprochen. Nochmals

---

[279] Vgl. Camp, R. C. (1994).

[280] Vgl. Herter, R. N. (1992), S. 256; Kleinfeld, K. (1994), S. 21; Camp, R. C. (1994), S. 21; Rau, H. (1996), S. 79ff.; Niemand, S. / Scholl, K. (1995), S. 103ff.; Watson, G. H. (1993). S. 82ff.; Horváth, P. et al. (1996b), S. 186.

zu betonen bleibt, daß eine zunehmende Ausweitung des betrachteten Horizontes i.d.R. zwar mit einem zunehmendem zeitlichen und finanziellen Aufwand verbunden ist, dafür aber auch größere Erfolge verspricht. Bezüglich der Informationsquellen gibt es eine Fülle an primären und sekundären Quellen, zu denen eine zunehmende Zahl an Datenbanken gehört, die speziell für die Verwendung als Informationsquellen von Benchmarkingaktivitäten konzipiert wurden. Auch die Bedeutung der PIMS-Datenbank wird dabei stark betont. Werden Daten bei anderen Unternehmen eruiert, so ist auf die Wechselseitigkeit der Informationsbeschaffung zu achten. Nur in einem Geben und Nehmen („do ut des") können i.d.R. fundierte und wahrheitsgetreue Informationen besorgt werden. Ein branchenübergreifender Informationsaustausch birgt nicht nur den Vorteil einer branchenunabhängigen Spitzenleistung in sich, er ist zudem leichter und aufrichtiger als ein Informationsaustausch zwischen Konkurrenzunternehmen. Die Suche und Auswertung der Quellen ist auf den Untersuchungsgegenstand zu fokussieren. Ein planloses Sammeln und Zusammentragen aller beschaffbaren Informationen wird kaum zum Erfolg führen. Eine häufig nicht vollständig genutzte Quelle sind die eigenen Mitarbeiter, bei einem Wettbewerbervergleich bspw. die Vertriebsmitarbeiter, die über ihre Kunden i.d.R. über hervorragende indirekte Wettbewerberinformationen verfügen.[281]

Der erste Schritt im Rahmen der Analyse ist die Ermittlung der Leistungslücke anhand der Leistungsbeurteilungsgrößen. Eine Schließung negativer Leistungslücken ist nur möglich, wenn man die Ursachen hierfür kennt, so daß die Ursachenanalyse eine entscheidende Rolle spielt. Damit wird ein Kern des Benchmarking angesprochen, nämlich das Aufzeigen von konkreten Wegen zur Verbesserung, das über das Aufzeigen von Defiziten hinausgeht. Benchmarking fragt nicht nur danach, *was* andere Unternehmen besser machen, sondern *wie* sie es besser machen.

Damit aus diesen Wegen auch konkrete Verbesserungen resultieren, müssen sie im Unternehmen umgesetzt werden. Hierzu sind die Ziele und Strategien festzulegen und mit konkreten Aktionsplänen zu hinterlegen. Den Erkenntnissen des Behavio(u)ral Accounting entsprechend sei auf die motivierende Wirkung der über Benchmarking gewonnenen Ziele hingewiesen:[282] Sie sind anspruchsvoll und realistisch zugleich, da sie am best of best orientiert, somit bei anderen beobachtet und nicht willkürlich festgelegt sind. „Benchmarking schafft Aufgeschlossenheit für Quantensprünge sowie die Beseitigung historisch gewachsener Barrieren durch Lernen am Beispiel und durch Anregung zu Analogieschlüssen."[283] Zu den Aktionsplänen gehören konkrete Maßnahmen mit Terminen und Verantwortlichkeiten, die eine Durchsetzung der Pläne gewährleisten. Im Rahmen der Fortschrittskontrolle ist zum einen zu überprüfen, ob die einzelnen Maßnahmen zu den festgesetzten Zeitpunkten ergriffen worden sind, zum anderen, ob sie auch die gewünschte oder erwartete Veränderung der Leistungsbeurteilungsgrößen gebracht haben.[284]

---

[281] Vgl. Kleinfeld, K. (1994), S. 21; Burckhardt, W. (1995), S. 16; Pieske, R. (1994), S. 23; Pieske, R. (1995), S. 26; Camp, R. C. (1994), S. 94ff., 341ff.; Watson, H. G. (1993), S. 65; Rau, H. (1996), S. 136f.; Heyder, B. / Werther, K. (1996), S. 570ff.

[282] Behavioral Accounting möchte Erkenntnisse über die Beziehungen zwischen Unternehmensrechnung und menschlichem Verhalten in eine verhaltenssteuerungsorientierte Kosten- und Erlösrechnung integrieren, vgl. hierzu mit weiteren Nachweisen Schweitzer, M. / Küpper, H.-U. (1995), S. 550ff.; Küpper, H.-U. / Weber, J. (1995), S. 22ff.

[283] Kleinfeld, K. (1994), S. 20.

[284] Vgl. Herter, R. N. (1992), S. 257f.; Kleinfeld, K. (1994), S. 20; Horváth, P., / Herter, R. N. (1992), S. 7.

Eine Wiederholung des Benchmarking ist i.d.R. mit geringerem Aufwand verbunden als eine Erstdurchführung, da die Mitarbeiter mit der Methode vertraut sind, Kontakte zu anderen Unternehmen gepflegt und nicht geknüpft und die Daten lediglich aktualisiert werden müssen. Zu beachten bleibt aber, daß sich die Best Practice-Struktur durch das Auftreten neuer Spitzenreiter verändert haben kann.[285]

Die Probleme und Hürden, die eine erfolgreiche Durchführung von Benchmarking verhindern, sind vielfältig. Hierzu zählen die falsche Auswahl der Vergleichspartner, die falsche Besetzung des Benchmarking-Teams, die unstrukturierte Informationsbeschaffung, unzureichende und zu undetaillierte Quellen, die Scheu vor Transparenz der eigenen Abläufe, die Angst vor einem Rechtfertigungszwang bei Leistungsnachteilen oder die fehlende Bereitschaft zu Veränderungen verbunden mit dem „not-invented-here-Syndrom".[286]

Diese Ausführungen zeigen, daß der Übergang vom Benchmarking zu klassischen Konkurrenzanalyse fließend ist, sich aber trotzdem einige charakteristische Unterschiede ausmachen lassen. Während sich die Konkurrenzanalyse als Informationsinstrument im wesentlichen auf die Beschreibung von derzeitigen und zukünftigen Aktivitäten der Konkurrenz sowie deren Stärken und Schwächen beschränkt, ist das genaue Untersuchen der Ursachen und das Implementieren der gefundenen Verbesserungsansätze essentieller Bestandteil des Benchmarking-Prozesses. Nur der Vergleich mit den Besten reicht nicht aus, wenn man besser werden will. Noch wichtiger erscheint aber die Tatsache, daß Benchmarking nicht an Branchengrenzen haltmacht, sondern branchenunabhängig für einen bestimmten Prozeß o.ä. den „Klassenprimus" ausmacht. Nur so ist es möglich, die Konkurrenz zu überholen und nicht nur mit ihr gleichzuziehen. Darin ist die wesentliche Neuerung und damit der Zusatznutzen von Benchmarking zu sehen. Der heute nahezu industrieweit eingesetzte Strichcode stammt bspw. aus der Lebensmittelindustrie und wurde von Japanern, die ihn auf ihren Benchmarkingbesuchen in den USA entdeckten, auf andere Bereiche übertragen.[287]

3.3.6.2.3 Unterstützung von Target Costing durch Benchmarking

Nachdem die Grundzüge des Benchmarking dargelegt worden sind, kann der Frage nach der Rolle des Benchmarking im Target Costing nachgegangen werden. Dabei können im wesentlichen zwei Kategorien an Berührungspunkten gesehen werden. Zum einen kann der Target Costing-Prozeß selbst Objekt eines Benchmarking sein. Zum anderen können die erläuterten Module des Target Costing durch Benchmarking unterstützt werden.

Der erste Aspekt erfolgt durch Untersuchung der gesamten Target Costing-Konzeption, der einzelnen Prozeßschritte, der eingesetzten Instrumente, der Einbindung in Aufbau- und Ablauforganisation oder die softwaremäßige Umsetzung des Target Costing-Prozesses. Die wesentliche Zielgröße dürfte dabei die Qualität des Prozesses sein, die sich in der methodischen Fundierung und in der Einbindung in bestehende Konzeptionen, aber auch im Grad der Zielkostenerreichung für die einzelnen Projekte zeigt. Hinzu kommen zeitliche Aspekte, wie der Beginn des Prozesses vor dem Hintergrund der 80/20-Regel, die Intensivphasen und das Ende. Auch der Kostenaspekt spielt eine Rolle, vor allem wenn es um

---

[285] Vgl. Herter, R. N. (1992), S. 258.
[286] Vgl. Burckhardt, W. (1995), S. 15ff.; Camp, R. C. (1994), S. 10ff.
[287] Vgl. Horváth, P., / Herter, R. N. (1992), S. 5; Kleinfeld, K. (1994), S. 19; Burckhardt, W. (1995), S. 15.

die zusätzlichen Aufgaben geht, die auf die Mitarbeiter zukommen, die Implementierungs-strategie oder um die DV-Unterstützung. Als Benchmarking-Partner kommen zum einen unternehmensinterne Geschäftseinheiten in Frage. Dies erscheint allerdings nur sinnvoll, wenn der Target Costing-Prozeß bereits einige Zeit umgesetzt und in den Einheiten unabhängig voneinander verbessert worden ist. In der Einführungsphase von Target Costing können allenfalls Umsetzungsgrade miteinander verglichen werden, da i.d.R. von einer einheitlichen Konzeption ausgegangen wird. Größere Fortschritte sind aber auch hier nur durch den Vergleich mit anderen Unternehmen zu erwarten. Als Benchmarking-Partner kommen hierbei in Deutschland nach Ansicht des Autors vor allem die Automobilhersteller in Frage sowie Siemens. Weltweit sind weiterhin die japanischen „Erfinder" von Target Costing geeignete und gefragte Partner, hier vor allem Toyota, Nissan, Honda und Hitachi.

Hinzu kommt der zweite Block, die Einbindung des Benchmarking anderer Objekte in den Target Costing-Prozeß in Gestalt der vier Module, was im folgenden untersucht wird.

Das Modul 1 ist die Markt- und Strategieeinbindung. Diese kann verständlicherweise nur unter Einbeziehung von Informationen über die Wettbewerber vollzogen werden - nicht zuletzt die PORTERschen Wettbewerbsstrategien oder der Outpacing-Ansatz belegen dies.[288] Die obigen Überlegungen zum Benchmarking dürften aber gezeigt haben, daß nicht jeder Einbezug von Wettbewerberinformationen als Benchmarking bezeichnet werden kann. Die Bedeutung des Benchmarking als Informationsquelle wird relevant bei einem Strategiereview im Sinne einer Überprüfung und Anpassung der Markt- und Technologiestrategien. Hier sind Informationen über Kosten-, Technologie- und Kundenzufriedenheitsvergleiche heranzu-ziehen, die einem Benchmarking entspringen.

Etwas differenzierter ist die Analyse im Modul 2, der Zielkostenableitung, anzugehen. Die innenorientierten Verfahren scheiden aufgrund ihrer Konzeption als Ansatzpunkte für Benchmarkingergebnisse aus. Beim außenorientierten Verfahren des Market into Company werden zwar Markt- und damit auch Wettbewerberdaten verarbeitet, indem ein Zielpreis und ein Zielgewinn festgelegt werden, es erscheint aber zu weit hergeholt, hierin Ergebnisse des Benchmarking zu sehen. Etwas anders verhält es sich für das Out of Competitor. Dieses Verfahren ist explizit auf Wettbewerberdaten ausgerichtet. Benchmarking-Objekt ist das Produkt, Zielgröße die Kosten und Vergleichspartner der beste Wettbewerber. Es bleibt aber zu beachten, daß für die Ermittlung der Gesamtkosten des besten Wettbewerbers alleine der gesamte Benchmarking-Prozeß inklusive Leistungslückenbestimmung, Ursachenanalyse und Implementierung der Verbesserungsansätze nicht erforderlich ist. Steht aber bereits in diesem Stadium ein Benchmarking hinter dem Wettbewerbervergleich, entstehen für die folgenden Module positive Effekte.

Für das Modul 2 bleibt aber noch ein zweiter Aspekt zu beachten. Er betrifft die bereits angedeutete und im methodischen Teil der Arbeit noch zu vertiefende Vorgehensweise der retrograden Kalkulation, die von den gesamten Zielkosten einen Beitrag zu den Kosten abzieht, die nicht aus dem Produktteam heraus gesteuert werden können. Auch diese Kosten müssen einem Kostenmanagement unterzogen werden, wenn dies auch nicht aus einem produktorientierten Target Costing heraus erfolgen kann. Das folgende Kapitel wird hierzu untersuchen, inwieweit die Prozeßkostenrechnung bzw. das Prozeßkostenmanagement hierzu

---

[288] Vgl. hierzu die Ausführungen zur methodischen Ausgestaltung von Modul 1.

122

einen Beitrag leisten kann. Es wird sich zeigen, daß Kostenbestandteile bleiben, für die kein direkter Produktbezug und damit kein produktorientierter Marktbezug hergestellt werden kann. Hierzu gehören bspw. Kosten für Verwaltungstätigkeiten oder Konzernleitungen. Ein Marktbezug für diese Kostenbestandteile ist nur über ein Benchmarking möglich.[289]

Im Modul 3, der Zielkostenspaltung, setzt sich die Rolle des Benchmarking aus dem Modul 2 fort. Analog zum Out of Competitor kann als Basis der Zielkostenspaltung die Kostenstruktur eines Wettbewerberprodukts, z.B. die des besten Wettbewerbers, herangezogen werden. Das Zusammenspiel dieses Verfahren mit den übrigen Methoden der Zielkostenspaltung wird zu erläutern sein. Ein durchgängiger Benchmarking-Prozeß mit Ursachenanalyse und Implementierung ist allerdings auch hier nicht erforderlich.

Die wesentlichen Berührungspunkte zwischen Target Costing und Benchmarking können im Modul 4, der Zielkostenerreichung, gesehen werden. Target Costing stellt selbst „nur" den Rahmen zur Ermittlung detaillierter Zielkosten und zur Zielkostenerreichung zur Verfügung. Die Vorgabe von Zielkosten bietet aber noch keine Lösungsmöglichkeiten zur Erreichung der Zielkosten an; Target Costing muß daher in diesem Punkt von anderen Konzepten unterstützt werden. Eines der unterstützenden Konzepte stellt das Benchmarking dar. Da es sich in diesem Zusammenhang in erster Linie mit Kostenvergleichen zu beschäftigen hat, spielt das Cost Benchmarking die wesentliche Rolle. Dieses wird daher auch als ein wesentlicher Baustein im strategischen Kostenmanagement gesehen. Unter Anwendung der oben dargestellten Vorgehensweise spielen die

- Identifikation der wesentlichen kostentreibenden Faktoren,
- die Bestimmung der Kostenstrukturen der Vergleichsbetriebe sowie
- die Untersuchung der Ursachen von Kostenunterschieden

eine entscheidende Rolle im Cost Benchmarking. Ansonsten sind alle Varianten des Benchmarking relevant: Die Benchmarking-Objekte können Produkte, Prozesse, Technologien, Dienstleistungen usw. sein, die Vergleichspartner umfassen die gesamte erläuterte Bandbreite. Hinzu kommt die bereits erwähnte Benchmarking-Unterstützung der eigenen Zulieferer im Rahmen eines umfassenden Zulieferer-Cost-Engineering.[290]

3.3.6.3 Unterstützung des Target Costing durch Prozeßkostenrechnung und Prozeßkostenmanagement

3.3.6.3.1 Kurzbeschreibung der Ansätze

3.3.6.3.1.1 Grobüberblick über die Prozeßkostenrechnung

Die Idee für eine Prozeßkostenrechnung[291] in der heute bestehenden Form stammt nicht aus der betriebswirtschaftlich-theoretischen Forschung, sondern aus der Unternehmenspraxis, die für die Entwicklung der Prozeßkostenrechnung die wesentlichen Impulse gab. Die Wiege der Prozeßkostenrechnung dürfte wohl bei der Siemens AG stehen, die 1975 unter dem Begriff „Prozeßorientierte Kostenrechnung" ein Pilotprojekt zur Reformierung der Kostenrechnung

---

[289] So auch Seidenschwarz, W. (1994a), S. 75; Dittmar, J. (1996), S. 191.

[290] Vgl. Niemand, S. / Scholl, K. (1995), S. 104; Hoffjan, A. (1995), S. 155, 160; Coenenberg, A. G. et al. (1994), S. 16ff.

[291] Zu synonymen Begriffen vgl. Coenenberg, A. G. / Fischer T. M. (1991), S. 21f.; Glaser, H. (1992), S. 275f.; Fischer, T.M. (1993c), S. 190f.; Küting, K. / Lorson, P. (1995), S. 87.

startete. 1982 führte die W. Schlafhorst AG & Co ebenfalls ein selbstentwickeltes Prozeßkostenrechnungssystem ein.[292]

Ende der 80er Jahre erhielt die Prozeßkostenrechnung neue Impulse durch Beiträge aus den USA von COOPER, JOHNSON und KAPLAN, die unter dem Begriff „Activity-Based Costing" diesen Ansatz verfeinerten.[293] Da allerdings in den USA die Erfassung und Verrechnung der Fertigungskosten bei weitem nicht so ausgereift war wie in Deutschland (es wurde i.d.R. eine Lohnzuschlagskalkulation verwendet), konzentrierte sich das Activity Based Costing auf den Fertigungsbereich, da dort Lohnzuschlagssätze von mehreren hundert Prozent die Regel wurden. Hier konnte es in Deutschland nicht Fuß fassen, da mit der Grenzplankostenrechnung und anderen ausgereiften Kostenrechnungssystemen moderne und leistungsstarke Verfahren eingesetzt waren.[294]

Auch in Deutschland stieg allerdings das Interesse an der Prozeßkostenrechnung, da Wissenschaft und Unternehmenspraxis - aufgerüttelt von Studien wie der von MILLER und VOLLMANN, die den steigenden Anteil der Gemeinkosten in den indirekten Bereichen aufzeigten - nach einem Kostenrechnungssystem suchten, das der gestiegenen Bedeutung dieser Kostenbestandteile „besser" gerecht wird. Die Zunahme planender, steuernder und überwachender Tätigkeiten in den Bereichen Forschung und Entwicklung, Beschaffung und Logistik, Produktionsplanung und -steuerung, Qualitätssicherung, Auftragsabwicklung, Vertrieb und Service ist für diesen Anstieg der Gemeinkosten verantwortlich. Die Gründe liegen überwiegend in einer zunehmenden Automatisierung der Fertigung bei einer hohen Geschwindigkeit der Veränderung in Produkt- und Fertigungstechnologien sowie einem höheren Druck der Märkte nach einer starken Variation des Produktprogramms und einer Verkürzung der Produktlebenszyklen. Diese Kostenstrukturverschiebungen führen zu falschen Signalen für strategische Entscheidungen, sofern sie auf Kostendaten basieren, die diese Kostenbestandteile auf Basis wertabhängiger Bezugsgrößen wie z.B. der Herstellkosten verrechnen. Hauptziel ist damit die „verursachungsgerechtere" Verrechnung der Gemeinkosten im Vergleich zur traditionellen Zuschlagskalkulation, bei der durch die relativ undifferenzierte Behandlung der Gemeinkosten für die Produkte ein Kostenbild entsteht, das der tatsächlichen Ressourceninanspruchnahme häufig nur völlig unzureichend entspricht.[295] Der Grund hierfür liegt im wesentlichen darin, daß die traditionellen Kostenrechnungssysteme in ihrer Entwicklung vor dem Hintergrund eines vergleichsweise statischen Umfelds mit relativ konstanten Beschaffungs- und Absatzmarktkonstellationen standen und auf die direkten Fertigungsbereiche ausgerichtet waren, weil dort zu jener Zeit der Großteil der Kosten anfiel. Der Einsatzbereich der Prozeßkostenrechnung wird in Deutschland daher in den indirekten Bereichen gesehen. Ziel ist eine Verrechnung der Gemeinkosten auf Basis der tatsächlichen Inanspruchnahme betrieblicher Ressourcen, um

- als Entscheidungsinstrument über eine strategische und damit auch langfristig ausgelegte Kalkulation zu einer Optimierung des Produktionsprogramms und der Preisgestaltung und

---

[292] Vgl. Fröhling, O. (1992), S. 724f.; Ziegler, H. (1992), S. 304ff.; Franz, K.-P. (1990), S. 113; Horváth, P. et al. (1993), S. 611; Horváth, P. / Mayer, R. (1995), S. 59.

[293] Vgl. Johnson, H.T. / Kaplan, R.S. (1987), insb. S. 234ff.; Cooper, R. / Kaplan R.S. (1988), S. 96ff.; Cooper, R. (1990), S. 210ff.; Cooper, R. / Kaplan R.S. (1991), S. 87ff.; Cooper, R. (1992), S. 361ff.;

[294] Vgl. Miller, J. G. / Vollmann, T. E. (1985), S. 142ff.; Horváth, P. et al. (1993), S. 610ff.; Horváth, P. / Mayer, R. (1989), S. 214ff.; Horváth, P. / Mayer, R. (1995), S. 60f.

[295] Vgl. hierzu das Beispiel für den Materialgemeinkostenbereich bei Warnick, B. (1992), S. 56ff.

- als Rationalisierungsinstrument zur Optimierung der Prozeßstruktur und des Ressourceneinsatzes in den indirekten Bereichen zu führen.[296]

Diese Arbeit läßt keinen Raum für eine detaillierte Analyse und Kritik an der Prozeßkostenrechnung. Die erhobene Forderung oder Behauptung, daß Target Costing nur mit Unterstützung der Prozeßkostenrechnung sinnvoll eingesetzt werden kann, zwingt aber zu einem kurzen Überblick.

Die Prozeßkostenrechnung bedient sich wie die übrigen Kostenrechnungssysteme einer Kostenarten-, Kostenstellen- und Kostenträgerrechnung, stellt damit kein neues Kostenrechnungskonzept dar. Sie orientiert sich an den betrieblichen Prozessen, indem sie kostenstellenbezogene Teilprozesse bewertet und dokumentiert, die zu kostenstellenübergreifenden Hauptprozessen zusammengefaßt werden. Teilprozesse sind dabei jeweils „eine Kette homogener Aktivitäten einer Kostenstelle"[297]. Die Prozeßkostenrechnung deutscher Prägung setzt also bewußt auf den vorhandenen Kostenstellen auf. Homogen bedeutet in diesem Zusammenhang, daß das gebildete Aktivitätenbündel aus Aktivitäten besteht, die sich in Ablauf und Ressourceninanspruchnahme nicht wesentlich unterscheiden und daher durch den gleichen Kosteneinflußfaktor, der Maßgröße, beschreiben lassen.[298]

Aktivitäten, auch Tätigkeiten genannt, sind die kleinsten in sich geschlossenen Handlungseinheiten eines Unternehmens, die Ressourcen verbrauchen und mit einem konkret meßbaren Ergebnis enden. Basis der Prozeßkostenrechnung ist die Erfassung, Strukturierung und Analyse aller Tätigkeiten in den betrachteten Unternehmensbereichen. Bei dieser Tätigkeitsanalyse gilt es nicht nur, durch Befragungen und Beobachtungen die Aktivitäten zu identifizieren, sie sind auch kostenmäßig zu bewerten. Kosten für nichtrepetitive und nichtprozeßbezogene Tätigkeiten werden als prozeßunabhängig bezeichnet. Ziel und Endergebnis der Auswertung der Tätigkeitsanalyse ist zum einen die Identifikation und Beschreibung der Hauptprozesse, zum anderen die Bestimmung der Prozeßkostensätze. Dazu wird untersucht, ob die in der Tätigkeitsanalyse gebildeten Teilprozesse ganz oder teilweise von dem Leistungsvolumen der Kostenstelle abhängen, in der sie ablaufen. Sind sie - mengen- oder variantenbezogen - vom Leistungsvolumen abhängig, werden sie als leistungsmengeninduziert (lmi) bezeichnet, im anderen Fall als leistungsmengenneutral (lmn).[299] Die lmi-Prozesse werden unter Beachtung der sachlichen, insbesondere der kostenmäßigen Zusammenhänge zu meist kostenstellenübergreifenden Hauptprozessen verdichtet, so daß im Endeffekt eine Prozeßhierarchie entsteht: Ein Hauptprozeß entsteht durch Bündelung von Teilprozessen, die sachlich eng zusammenhängen. Dies zeigt sich durch Verwendung des gleichen Kosteneinflußfaktors oder von Kosteneinflußfaktoren, die (idealerweise) in proportionaler Form voneinander abhängen. Hinter den Hauptprozessen stehen damit Kostentreiber (Cost Driver), die als Meß- oder Bezugsgrößen den Ressourcenverbrauch und damit die Kostenverursachung für den betrachteten Hauptprozeß beschreiben sollen und daher

---

[296] Vgl. Horváth, P. et al. (1993), S. 610ff.; Coenenberg, A. G. / Fischer T. M. (1991), S. 21, 31; Freidank, C.-C. (1993), S. 387f.; Glaser, H. (1992), S. 276; Horváth, P. / Mayer, R. (1989), S. 214ff.; Horváth, P. / Renner, A. (1990), S. 100f.; Fröhling, O. (1992), S. 736.; Wäscher, D. (1991), S. 70f.; Reckenfelderbäumer, M. (1995), S. 78ff.

[297] Horváth, P. / Mayer, R. (1993), S. 17.

[298] Vgl. Glaser, H. (1992), S. 287; Coenenberg, A. G. / Fischer, T. M. (1991), S. 31; Mayer, R. / Glaser, H. (1991), S. 297; Ossadnik, W. / Maus, S. (1995), S. 147f.
Eine Systematisierung denkbarer Tätigkeiten geben Coenenberg, A. G. / Fischer T. M. (1991), S. 25f.

[299] Die Begriffe gehen zurück auf Horváth/Mayer, vgl. Horváth, P. / Mayer, R. (1989), S. 216.

als Bemessungsgrundlage für die Verrechnung von Kosten auf Kostenträger fungieren. Der Kostentreiber kann somit mit den Maßgrößen der im Hauptprozeß enthaltenen Teilprozesse übereinstimmen, sollte aber zumindest in einem annähernd proportionalen Verhältnis zu ihnen stehen. Sinn dieser Verdichtung ist eine Vereinfachung der Kalkulation, die Erhöhung der Gemeinkostentransparenz betrieblicher Abläufe sowie die verdichtete Information über Kostenstrukturen in den Gemeinkostenbereichen mit den zugehörigen Bestimmungsfaktoren. Aus Praxisprojekten wird berichtet, daß in den meisten Fällen 7 bis 10 Kostentreiber genügen, um 80% des Gemeinkostenvolumens zu beschreiben.[300]

Jedem Kostenträger werden über Prozeßkostensätze die Kosten derjenigen Hauptprozesse zugeordnet, die er in Anspruch genommen hat. Dabei ist die Prozeßkostenrechnung i.d.R. als Plankostenrechnung auf Vollkostenbasis konzipiert. Der Prozeßkostensatz wird ermittelt durch Division der Prozeßkosten durch die Prozeßmenge. Begonnen wird mit der Ermittlung der Teilprozeßkostensätze, die dann zu Hauptprozeßkostensätzen verdichtet werden.[301]
Zur Ermittlung der (Teil-)Prozeßkosten sind umfangreichere und damit häufig genauere Verfahren wie die analytische Kostenplanung auf Basis technisch-kostenwirtschaftlicher Analysen (eine häufig verwendete Vereinfachung liegt hier in der analytischen Planung der Personalkosten und der anschließenden Verteilung der anderen Kostenarten proportional zu den Personalkosten) ebenso denkbar wie einfachere Methoden, wie z.B. die Verwendung der für den betrachteten Prozeß benötigten Mannjahre im Betrachtungzeitraum als Verteilungsschlüssel für die Kosten aller Kostenarten. Die Prozeßmengen können ebenfalls auf verschiedene Arten ermittelt werden, die hier aber nur angedeutet werden können: In der *Engpaßplanung* wird am Engpaß, z.B. dem Absatz, angeknüpft, um dann die zur Ausschöpfung dieses Engpasses notwendigen Teilprozeßmengen in allen anderen Kostenstellen zu ermitteln. Die *Planung auf Basis der Kapazität* der betrachteten Kostenstelle ermittelt das maximal bewältigbare Prozeßvolumen in der betrachteten Kostenstelle.[302]
Die durch Division von lmi-Teilprozeßkosten und Teilprozeßmenge ermittelbaren lmi-Teilprozeßkosten werden i.d.R. um die lmn-Teilprozeßkosten erweitert, da diese nicht Hauptprozessen zugeordnet werden können. Diese Erweiterung erfolgt durch proportionale Verteilung auf die lmi-Teilprozeßkosten. Alternativ denkbar wäre aber auch die Sammlung der lmn-Teilprozeßkosten in einer kostenstellenübergreifenden Sammelposition, die dann über prozentuale Zuschläge auf die Summe aus Einzelkosten und verrechneten Prozeßkosten verteilt würde.[303] Die ermittelten Teilprozeßkostensätze werden in Anknüpfung an die Prozeßhierarchie zu Hauptprozeßkostensätzen verdichtet. Dies erfolgt durch Summation der Teilprozeßkosten zu den Hauptprozeßkosten, die dann durch die Hauptprozeßmenge zu dividieren sind. Bei der Summation ist zu beachten, daß für alle Prozesse vom gleichen Mengengerüst ausgegangen wird. Liegen bspw. in einer Kostenstelle 100 Einheiten eines bestimmten Teilprozesses zugrunde und in einer anderen Kostenstelle 200 bei gleicher

---

[300] Vgl. Horváth, P. / Mayer, R. (1989), S. 216ff.; Horváth, P. / Renner, A. (1990), S. 102ff.; Horváth, P. / Mayer, R. (1995), S. 62ff.; Glaser, H. (1992), S. 277ff.; Freidank, C.-C. (1993), S. 391; Neubauer, C. (1993), S. 101ff.; Küting, K. / Lorson, P. (1995), S. 92ff.
[301] Vgl. Horváth, P. / Renner, A. (1990), S. 102; Coenenberg, A. G. / Fischer, T. M. (1991), S. 28; Freidank, C.-C. (1993), S. 389; Reckenfelderbäumer, M. (1995), S. 93ff.
[302] Vgl. hierzu z.B. Kilger, W. (1993), S. 335ff.
[303] Vgl. Coenenberg, A. G. / Fischer, T. M. (1991), S. 30f.

Maßgröße, so ist - wie auch das Ausgleichsgesetz der Planung nach GUTENBERG[304] zeigt - für die Festlegung der Hauptprozeßmenge und die Ermittlung der Hauptprozeßkosten ein Abgleich vorzunehmen, der sich am Engpaß ausrichtet. Stimmen die Kosteneinflußfaktoren für die gebündelten Teilprozesse (Maßgrößen) und den Hauptprozeß (Kostentreiber) überein, läßt sich der Hauptprozeßkostensatz durch Addition der Teilprozeßkostensätze ermitteln. Bei verschiedenen, proportionalen Maßgrößen der gebündelten Teilprozesse ist der Proportionalitätsfaktor einzuarbeiten.[305]

Wie erwähnt werden den Kostenträgern, i.d.R. den Produkten, die Kosten der Gemeinkostenbereiche über die tatsächlich in Anspruch genommenen Prozesse zugerechnet, woraus eine höhere „Verursachungsgerechtigkeit" der Kalkulation im Vergleich zu traditionellen Verfahren abgeleitet wird. Exoten werden mit vergleichsweise höheren Kosten belastet, Standardprodukte mit vergleichsweise niedrigeren. Dabei ergeben sich die Prozeßstückkosten durch Multiplikation der von einer bestimmten Produktmenge beanspruchten Kostentreiberausprägung mit dem zugehörigen Prozeßkostensatz und durch Division dieses Betrags durch die betrachtete Produktmenge.[306]

In Abwandlung dieser Vorgehensweise berücksichtigt die Variantenkalkulation die Tatsache, daß ein Teil der Prozeßkosten vom Produktvolumen, ein anderer aber von der Zahl der Varianten abhängt. Deshalb wird geschätzt oder beobachtet, welcher prozentuale Anteil der gesamten Prozeßkosten volumen- und welcher variantenabhängig entsteht. Das genauere Vorgehen bleibt etwas diffus, so daß dieses Verfahren heftiger Kritik ausgesetzt wurde.[307] Die Summe der Produktmengen über alle Varianten stimmt mit dem gesamten Produktvolumen überein. Der produktmengenabhängige Teil der Prozeßkosten wird wie oben beschrieben den Produkten direkt zugerechnet, der variantenabhängige im ersten Schritt den Varianten, durch Division dieser Prozeßkosten der Variante durch die Produktmenge der jeweiligen Variante den Produkten.[308]

Werden alle Gemeinkosten über derart ermittelte Prozeßkostensätze verrechnet, wird von prozeßanaloger (auch prozeßspezifischer) Kalkulation gesprochen. Da allerdings, wie oben kurz erläutert, ein Teil der Gemeinkosten nicht auf repetitive Tätigkeiten zurückzuführen ist, so daß keine Prozeßkostensätze der erläuterten Form gebildet werden können, ist dieses Vorgehen eher als theoretisches Referenzmodell zu sehen. Das andere Extrem im Rahmen der Kalkulationsformen der Prozeßkostenrechnung bildet eine prozeßorientierte Zuschlagskalkulation. Hier werden die Prozeßkosten auf Basis von Zuschlagssätzen verrechnet, die aber an Prozessen orientiert und nach Prozessen aufgebaut sind. Die Zuschlagssätze werden für verschiedene Produktgruppen differenziert, um die unterschiedliche Prozeßstruktur, die die einzelnen Produktgruppen in Anspruch nehmen, kostenmäßig zu berücksichtigen. Dieses Verfahren wird nur dann als akzeptabel angesehen, wenn die Produkt- und Prozeßkostenstruktur sowie die Prozeßmengen in den Produktgruppen nur geringen Schwankungen

---

[304] Vgl. Gutenberg, E. (1983), S. 164.
[305] Vgl. Horváth, P. / Renner, A. (1990), S. 102ff.; Glaser, H. (1992), S. 279ff.; Franz, K.-P. (1990), S. 118ff.; Mayer, R. (1991), 85ff.
[306] Vgl. Horváth, P. / Mayer, R. (1989), S. 215f.; Horváth, P. / Renner, A. (1990), S. 104; Coenenberg, A. G. / Fischer, T. M. (1991), S. 35.
[307] Vgl. Glaser, H. (1992), S. 284.
[308] Vgl. Horváth, P. / Mayer, R. (1989), S. 218f.; Horváth, P. / Mayer, R. (1995), S. 77ff.; Freidank, C.-C. (1993), S. 398ff.; Neubauer, C. (1993), S. 109ff.

unterworfen sind. Da beide Extrema nur unter eingeschränkten Bedingungen durchführbar sind bzw. den Anforderungen der Prozeßkostenrechnung genügen, wurden Mischformen, also Kombinationen dieser Vorgehensweisen entwickelt.[309] Diese verrechnen die Kosten als wichtig angesehener Hauptprozesse über Prozeßkostensätze. Kosten, die über diesen Weg nicht verrechnet werden können, weil für sie keine sinnvollen Prozesse gebildet werden können oder sollen, weil sie nicht als wichtig angesehen werden oder der Ermittlungs- und Pflegeaufwand zu groß erscheint, werden über prozentuale Zuschläge abgedeckt. Dabei kann wiederum die prozeßorientierte (Zuschlags-)Kalkulation zum Einsatz kommen.[310]

Im Unterschied zur klassischen Zuschlagskalkulation nach dem bereits beschriebenen Standardschema werden im wesentlichen drei strategische Informationsvorteile der Kalkulation in der Prozeßkostenrechnung (mit der prozeßanalogen Kalkulation als „Reinform") gesehen: der Allokations-, der Komplexitäts- und der Degressionseffekt.[311] Da in der Prozeßkostenrechnung die Gemeinkosten nach der Inanspruchnahme von Prozessen und nicht - wie in der traditionellen Zuschlagskalkulation - in Prozent wertmäßiger Zuschlagsbasen wie Materialeinzelkosten oder Herstellkosten auf die Produkte verrechnet werden, ergeben sich andere kostenrechnerische Allokationen auf die Kostenträger. Aufgrund dieser Zuordnungsbasen erscheint die prozeßanaloge Kalkulation im Vergleich zur Zuschlagskalkulation stärker an den Quellen der Kostenverursachung orientiert und damit verursachungsgerechter. Neben diesem Allokationseffekt durch Verteilung der Gemeinkosten nach der Inanspruchnahme betrieblicher Ressourcen berücksichtigt die prozeßanaloge Kalkulation die Tatsache, daß zunehmende Komplexität durch höhere Produkt-, Varianten- und Teilevielfalt zu höheren Kosten führt. In der prozeßanalogen Kalkulation haben komplexe Produkte höhere Gemeinkosten zu tragen als Standardprodukte, so daß die in der Zuschlagskalkulation häufig zuschnappende Komplexitätsfalle umgangen werden kann. Als letzter Effekt wird der Degressionseffekt betont: Stückkostendegressionen entstehen in diesem Zusammenhang durch Verteilung eines bestimmten Betrages an Prozeßkosten auf höhere Stückzahlen. Produkte, die weniger Prozesse einer bestimmten Art in Anspruch nehmen, weil pro Prozeß mehr Produkteinheiten betreut werden, müssen auch weniger Gemeinkosten pro Stück tragen. Der im Fertigungsbereich schon lange berücksichtigte Auflagendegressions- effekt wird damit auf die indirekten Bereiche übertragen.

Die Mängel der Prozeßkostenrechnung ergeben sich hauptsächlich aus der Tatsache, daß eine verursachungsgerechte Verrechnung aller traditionell als Gemeinkosten bezeichneten Kosten nicht möglich ist. Alle vorgenommenen Schlüsselungen sind mit Fehlern behaftet, weil sie entweder Fixkosten proportionalisieren oder die tatsächliche Kostenverursachung übergehen.

---

[309] COENENBERG / FISCHER bezeichnen diese Kombinationen als prozeßorientierte Produktkalkulation (vgl. Coenenberg, A. G. / Fischer, T. M. (1991), S. 34), die nicht mit der prozeßorientierten Zuschlagskalkulation verwechselt werden darf, ZIEGLER spricht von der kombinierten prozeßorientierten Kalkulation (vgl. Ziegler, H. (1992), S. 308), KÜTING /LORSON von der gemischt prozeßorientierten Zuschlagskalkulation (vgl. Küting, K. / Lorson, P. (1995), S. 88, 95f.), Fröhling verwendet wieder andere Begriffe (vgl. Fröhling, O. (1994b), S. 186ff.); diese Abgrenzungen sind also von einer extrem unheitlichen Begriffsverwendung in der Literatur gekennzeichnet!

[310] Vgl. Coenenberg, A. G. / Fischer, T. M. (1991), S. 31, 34;.; Franz, K.-P. (1990), S. 127; Braun, S. (1994), S. 90ff.; Freidank, C.-C. (1993), S. 391.

[311] Vgl. Coenenberg, A. G. / Fischer, T. M. (1991), S. 32f.; Fröhling, O. (1992), S. 734f., Fröhling, O. (1994b), S. 171ff.; Fischer, T.M. (1993c), S. 213ff.; Braun, S. (1994), S. 111ff.

Der Prozeßkostenrechnung wird von ihren Kritikern eine fünffache Schlüsselung bzw. Proportionalisierung vorgeworfen:[312]

1. Die Verteilung der Personalkosten auf die Teilprozesse auf Basis des jeweiligen Zeitaufwandes („Mann-Jahre")
2. Die Umlage der übrigen Kostenstellengemeinkosten auf die Teilprozesse proportional zu den Personalkosten des Prozesses.
3. Die proportionale Umlage der lmn-Teilprozeßkosten auf die lmi-Teilprozeßkosten.
4. Die Schlüsselung aller Prozeßkosten (inkl. lmn-Kostenbestandteile der lmi-Teilprozesse und der lmn-Teilprozeßkosten) durch Division durch die Prozeßmenge.
5. Die Unterstellung einer proportionalen Beziehung zwischen Kosteneinflußgröße und Produktmenge.

Hinzu kommen für die lmi-Prozesse die erwähnte Verrechnung von Kosten, die nicht über Prozesse verteilt werden können, sondern geschlüsselt auf Basis von Zuschlägen auf Wertbasen, sowie weitere Schlüsselungen bei der Trennung in volumen- und variantenabhängige Anteile der Gesamtkosten, so daß auch der Vorwurf einer neunfachen Schlüsselung erhoben wird.[313]

Ein zentraler Vorwurf ist damit die häufig fehlende, aber unterstellte doppelte Proportionalität, die vorliegen müßte, wenn die Prozeßkalkulation zu korrekten Ergebnissen führen soll: zum einen die Proportionalität zwischen dem Kosteneinflußfaktor (Maßgröße bzw. Kostentreiber) und den Kosten, zum anderen die Proportionalität zwischen Kosteneinflußfaktor und Produkt- (oder Varianten-) Menge. Hinzu kommen die üblichen Planungs- und Schätzungenauigkeiten, die hier vor allem im Bereich der Prozeßmenge, der gesamten Prozeßkosten sowie des Anteils der lmn-Bestandteile und der variantenabhängigen Kosten liegen.[314]

Ein umfassender und detaillierter Vergleich der Prozeßkostenrechnung mit der Grenzplankostenrechnung ist hier nicht möglich, er ist auch nicht Ziel der Arbeit.[315] Der Vollständigkeit halber werden im folgenden nur die wesentlichen Unterschiede genannt, ohne sie eingehender zu diskutieren. Die Grenzplankostenrechnung ist ursprünglich auf den Fertigungsbereich ausgerichtet, Kosten der indirekten Bereiche werden über Zuschläge auf Basis wertmäßiger Größen verrechnet. Es wird aber auch versucht, sie auf die indirekten Bereiche auszudehnen durch Definition von Bezugsgrößen für die Kostenstellen des Gemeinkostenbereichs: Anzahl Bestellungen, Anzahl geprüfte Rechnungen, Anzahl Buchungen, Anzahl bearbeitete Kundenaufträge usw. Diese Bezugsgrößen werden allerdings nur zur Kostenkontrolle herangezogen und nicht zur Kalkulation, da sich nicht ohne weiteres erkennen ließe, für welche Erzeugnismengen die hinter diesen Bezugsgrößen stehenden Leistungen erbracht würden.[316] Im Unterschied zur Prozeßkostenrechnung werden diese auch nicht zu

[312] Vgl. Glaser, H. (1992), S. 287f.; Fröhling, O. (1992), S. 727f.; Glaser, H. (1995), S. 117ff.

[313] Vgl. Fröhling, O. (1994b), S. 245f.; Fröhling, O. (1992), S. 731; Glaser, H. (1992), S. 280.

[314] Vgl. Glaser, H. (1992), S. 279, 287; Franz, K.-P. (1990), S. 116; Ossadnik, W. / Maus, S. (1995), S. 149f.; Reckenfelderbäumer, M. (1995), S. 102ff.

[315] Vgl. zu dieser Diskussion Horváth, P. (1993a), S. 614ff.; hierzu die Stellungnahme von Altenburger, O. A. (1994) sowie die Replik von Horváth, P. / Mayer, R. (1994); außerdem: Kilger, W. (1993), S. 101ff.; Franz, K.-P. (1990), S. 127ff.; Fischer, T.M. (1993c), S. 240ff.; Neubauer, C. (1993), S. 115ff.; Müller, H. (1994), S. 117f.

[316] Vgl. Kilger, W. (1993), S. 327.

kostenstellenübergreifenden Prozessen mit ihren Kostentreibern verdichtet, so daß eine sehr hohe Zahl an Bezugsgrößen verbleibt. Dem Hauptvorwurf an die Prozeßkostenrechnung, der Proportionalisierung fixer Kosten, ist die Grenzplankostenrechnung hingegen nicht auszusetzen, da sie die fixen Kostenstellenkosten isoliert. Die Fristigkeit der Planung und der weiteren Betrachtungen bei der Grenzplankostenrechnung ist nicht strategisch und langfristig, sondern kurzfristig, i.d.R. auf ein Jahr bezogen.[317]

Die Prozeßkostenrechnung kann damit die Stärken ihrer Konzeption ausspielen, wenn in einem bestimmten Bereich und im betrachteten (langen) Planungshorizont zumindest in engen Grenzen von der geschilderten doppelten Proportionalität ausgegangen werden kann. Ist diese Bedingung nicht erfüllt, können die Informationen der Prozeßkostenrechnung in dieser Form nur sehr eingeschränkt zur Entscheidungsunterstützung herangezogen werden, da sie dann im Prinzip die gleichen Verzerrungen beinhaltet, die sie an bestehenden Verfahren kritisiert. Diese Vor- und Nachteile will die hier herauszuarbeitende Konzeption nützen und berücksichtigen, wenn sie die retrograde Kalkulation des Target Costing aufbaut und damit nach der geeigneten kostenrechnerischen Basis des Target Costing sucht.

3.3.6.3.1.2 Prozeßkostenrechnung versus Prozeßkostenmanagement

Auf den Unterschied zwischen Kostenrechnung und Kostenmanagement allgemein ist bereits eingegangen worden. Die dort formulierten Unterschiede und wechselseitigen Beziehungen lassen sich auf die Begriffe Prozeßkostenrechnung und Prozeßkostenmanagement vor dem Hintergrund obiger Ausführungen übertragen:

Die Prozeßkostenrechnung will das Unternehmensgeschehen im Sinne des Ressourcenverbrauchs abbilden durch Identifikation von Prozessen und deren Kosteneinflußfaktoren. Den Schwerpunkt bildet dabei die Gemeinkostenentstehung in den indirekten Bereichen. Die anfallenden Kosten werden soweit möglich auf die definierten Prozesse verrechnet und schließlich über die Prozeßkostensätze auf die Produkte. Über die Erfassung und Verrechnung von Kosten geht das Prozeßkostenmanagement hinaus: Es versucht, die Gemeinkosten zu steuern und zu senken durch Analyse und Gestaltung der Prozesse, insbesondere ihrer Kosteneinflußfaktoren. Basis dieser Kostenmanagementaktivitäten bilden die Daten aus der Prozeßkostenrechnung. Im Prinzip zieht das Prozeßkostenmanagement die Konsequenzen aus den Signalen und Effekten, die die Prozeßkostenrechnung liefert: Vermeidung teurer Prozesse, Reduzierung beanspruchter Prozeßmengen, Senkung der Prozeßkostensätze. Das Prozeßkostenmanagement bildet damit einen wesentlichen Bestandteil des Prozeßmanagements, womit die Schnittstelle zum Business Process Reengineering definiert ist. Das Prozeßmanagement ist die umfassende Analyse und Gestaltung der Prozesse eines Unternehmens mit dem Ziel, diese schnell, kostengünstig und mit hoher Qualität ablaufen zu lassen. Als weitere Bausteine des Prozeßmanagements können daher neben dem Prozeßkostenmanagement das Prozeßzeitmanagement, das Prozeßqualitätsmanagement, die Prozeßablaufgestaltung und die Prozeßwertschöpfungsoptimierung gesehen werden.[318]

Es darf aber nicht unerwähnt bleiben, daß die Durchführung der Prozeßkostenrechnung selbst bereits zu Rationalisierungsmaßnahmen und damit Einsparungen bei den abzubildenden Prozessen führen kann. Dies ist insbesondere eine Folge der Tätigkeitsanalyse: Sie kann

---

[317] Vgl. Freidank, C.-C. (1993), S. 388; Mayer, R. / Glaser, H. (1991), S. 297.
[318] Vgl. Horváth, P. (1994), S. 485ff.; Mayer, R. (1991), S. 94.

organisatorische Schwächen und Ineffizienzen in den Abläufen oder sogar unnötige Prozesse aufdecken und enttarnen und damit systemimmanent einen Beitrag zum Prozeßkostenmanagement leisten.[319]

Der Vorteil eines Prozeßkostenmanagements auf Basis der Prozeßkostenrechnung gegenüber anderen Ansätzen zum Gemeinkostenmanagement, wie dem Zero-Base-Budgeting oder der Gemeinkostenwertanalyse, wird im wesentlichen in seiner Kontinuität als permanentes Steuerungsinstrument gesehen, während die anderen Verfahren einmalige Sonderaktionen darstellen.[320]

3.3.6.3.2 Einsatzfelder von Prozeßkostenrechnung und Prozeßkostenmanagement im Target Costing

Nach diesen Ausführungen ist die Grundrichtung der potentiellen Einsatzbereiche von Prozeßkostenrechnung und Prozeßkostenmanagement im Target Costing ziemlich offensichtlich. Target Costing braucht ein Kostenrechnungssystem, da es auf die Bereitstellung von Kosteninformationen angewiesen ist, und es braucht Unterstützung bei der Erreichung der abgeleiteten Zielkosten, also Unterstützung im Kostenmanagementbereich. Hier kann man mit Prozeßkostenrechnung und Prozeßkostenmanagement ansetzen. Die folgenden Ausführungen möchten dies konkretisieren und ergänzen.

Das Modul 1 stellt vor diesem Hintergrund nicht das wesentliche Einsatzgebiet für Prozeßkostenrechnung und Prozeßkostenmanagement dar. Die Erläuterungen zur Abgrenzung dieses Moduls machen dies offensichtlich. Trotzdem sind auch hier einige Aspekte von Interesse, die in fünf Punkten zusammengefaßt seien:

1. Der Markteinbezug besteht im wesentlichen aus Informationen über Marktpreise, Kundenanforderungen und die Wettbewerbssituation in den einzelnen Marktsegmenten. Die Beziehung zur Prozeßkostenrechnung ist hier eine wechselseitige: zunächst ist festzuhalten, daß im Modul 1 aus den Kundenanforderungen heraus eine Reihe von Kosteneinflußfaktoren zu quantifizieren ist, sofern eine Kalkulation auf Basis von Prozeßkostensätzen eingesetzt wird. Hierzu gehören produktbezogene Faktoren wie geforderte Herstellverfahren, der Umfang von Qualitätstests in der eigenen Produktion, die geforderte Kennzeichnung von Produkten oder die geforderte Verpackung, außerdem produktbegleitende Dienstleistungen wie Montage, Logistik oder der Umfang der geforderten oder gewünschten After Sales Unterstützung (Wartung, Schulung etc.) und schließlich kunden- bzw. projektbezogene Faktoren. Das sind bspw. die Art der Entwicklung, insbesondere die Zusammenarbeit mit dem Kunden, die Betreuungsintensität oder die Intensität der Marktbearbeitung, die z.B. die Vertriebsprozesse wesentlich beeinflussen. Hinzukommen können wettbewerberorientierte Faktoren, die z.B. Dauer und Intensität von Angebotsprozessen oder den Umfang von Werbeprozessen beeinflussen. Die Liste derartiger Faktoren ließe sich nahezu beliebig verlängern, so daß der aus Modul 1 nötige Input für die Prozeßkostenrechnung gezeigt ist.

2. Mit derartigen Prozeßkostendaten als Basis kann das Prozeßkostenmanagement aber auch Input für das Modul 1 geben: So lassen sich prozeßorientierte Kundenkennzahlen definieren, die die Kunden- oder Projektbeschreibung und -klassifizierung oder auch die Strategie-

---

[319] Vgl. Freidank, C.-C. (1993), S. 392.; Glaser, H. (1992), S. 277; Horváth, P. / Mayer, R. (1989), S. 216; Horváth, P. / Mayer, R. (1989), S. 216.; Seidenschwarz, W. (1994b), S. 176f.

[320] Vgl. Ziegler, H. (1992), S. 317.; Mayer, R. / Glaser, H. (1991), S. 301, 303; Horváth, P. / Mayer, R. (1995), S. 75ff.

formulierung unterstützen und so die strategische Preis- und Kundenpolitik wesentlich mitgestalten können. Zu denken ist hier z.b. an die Betreuungsintensität, an gewünschte Zusatzleistungen, Varianten- oder Sonderwünsche oder an die Änderungsfrequenz bei technischen Anforderungen. Sie können die Fixierung der Kundenanforderungen und des Zielpreises sowie die Steuerung des Kundenverhaltens ganz wesentlich beeinflussen.

3. Neben diesen Kennzahlen ist der Aufbau einer Kundenprofitabilitätsmatrix denkbar wie sie KAPLAN vorschlägt: Die Kunden werden dabei eingeordnet nach den Nettopreisen, die bei ihnen erzielt werden können, und den kundenspezifischen Kosten. Den eindimensionalen Weg geht WITT, wenn er ermittelt, wie prozeßteuer einzelne Kunden sind, und hiernach ein Kundenranking bildet. Der Einbezug derartiger Kundenportfolios oder Ranglisten kann die Kennzahlen ergänzen und damit auch die Formulierung des Zielpreises sowie den Fokus der späteren kundenorientierten Kostenmanagementaktivitäten wesentlich prägen.[321]

4. Im Target Costing eines konkreten Projektes selbst sind allerdings häufig auch strategische Entscheidungen zu treffen, die über den Horizont des betrachteten Projektes hinausgehen (zu denken ist hier vor allem an das Strategische Target Costing, das unten von wesentlicher Bedeutung sein wird). Auch hierfür sind Bereiche denkbar, in denen Prozeßkostenrechnung und Prozeßkostenmanagement eine Rolle spielen: Neben den bereits angedeuteten Aspekten der Klassifizierung und Auswahl von Marktsegmenten oder Kunden spielen Prozeßkosten-informationen auch eine Rolle bei der Festlegung der damit verbundenen Marktbearbeitungs-strategien (Vertriebswege, Werbemaßnahmen, Kundenbetreuung etc.) oder inkrementaler Innovationsstrategien, indem sie auf Fragen wie nach den Einführungskosten eines neuen Produktes oder einer neuen Funktion Antwort geben. Hinzu kommen Informationen, die strategische Maßnahmen am physischen Produkt betreffen, die aber Auswirkungen auf den Gemeinkostenbereich haben. Beispiele sind die Entwicklung von Gleichteilen, Fragen des Fremdbezugs oder der Eigenfertigung oder die Strategien in der Fertigungstechnologie. Derartige strategische Produktgrundsatzentscheidungen spielen eine wesentliche Rolle in den frühen Phasen des Prozesses der Zielkostenerreichung (Modul 4).

5. Hinter den Prozeßkostensätzen steht ein erheblicher Personalanteil. Über die Bestimmung der Inanspruchnahme bestimmter Prozeß- bzw. Kostentreibermengen im Rahmen einer strategischen Kalkulation kann auch frühzeitig der Personalbedarf für ein bestimmtes Projekt über seinen Lebenszyklus hinweg abgeleitet werden. Hierdurch kann die Kapazitäts-, insbesondere die Personalplanung aus dem Target Costing heraus unterstützt werden.

Das Modul 2 dient der Ableitung der Zielkosten aus dem Marktpreis unter Berücksichtigung der Ergebnisplanung. Für die überwiegend und auch hier vertretenen außenorientierten Verfahren der Zielkostenableitung sind interne Kosteninformationen nur für die evtl. als erforderlich erachtete Korrektur markt- oder konkurrenzbezogener Zielwerte relevant. Eines muß allerdings beim Aufbau der retrograden Kalkulation in jedem Fall berücksichtigt werden: Die retrograde Kalkulation muß voll kompatibel sein zum internen Kalkulationsschema, mit Hilfe dessen die Drifting Costs ermittelt werden. Nur so kann ein Zielkostenabgleich sinnvoll durchgeführt werden. Aus diesem Grund muß das Modul 2 auf die Ausgestaltung des bottom up-Systems des Moduls 4 Rücksicht nehmen und umgekehrt. Die angestellten Überlegungen

---

[321] Vgl. Seidenschwarz, W. (1991c), S. 68ff.; Witt, F.-J. (1993), S. 79ff.

zu den Vor- und Nachteilen der Prozeßkostenrechnung sind dabei einzuarbeiten. Es ist außerdem zu zeigen, wie sich die Synthese zur Frage nach der Preisuntergrenze bilden läßt. Das Modul 3 dient der Zielkostenspaltung. Dabei wurden drei Kernfragen formuliert: Was ist worauf und wie zu spalten? Für die letzte (Teil-)Frage spielen Prozeßkostenrechnung und Prozeßkostenmanagement keine Rolle, wie die methodischen Ausführungen hierzu zeigen werden. Für die Frage nach dem „Was" der Zielkostenspaltung ist direkt an das Modul 2 anzuknüpfen. War auch dort zu beachten, daß top down- und bottom up-Kalkulation im Aufbau zusammenpassen, so setzt sich dies hier fort. Die Zielkosten für die einzelnen Spaltungsebenen müssen in ihrem Inhalt so definiert werden, daß sie für die Gegenrechnung der Standardkosten ein inhaltsadäquates Maß bilden. Der Inhalt kann davon abhängen, ob die Prozeßkostenrechnung eingesetzt wird. Auch die Frage nach dem „Worauf" hängt vom verwendeten Kostenrechnungssystem ab: Es können sinnvollerweise nur Zielkosten für die Objekte gebildet werden, denen auch Kosten zugeordnet werden können. Auf diese Weise lassen sich bspw. Zielkosten für physische Bestandteile des Produkts definieren. Liegen allerdings auch Prozeßkosteninformationen vor, so können auch Zielkosten für Prozesse abgeleitet werden. Dies bildet die Basis für eine umfassende und gezielte Kostenbeeinflussung mit dem Ziel der Zielkostenerreichung.

Diese ist Inhalt des Moduls 4. Die hier liegenden Anknüpfungspunkte von Prozeßkostenrechnung und Prozeßkostenmanagement sind auch Gegenstand der vorhandenen Target Costing-Literatur.[322] Dabei lassen sich drei Aspekte erkennen:

Zunächst kann die Prozeßkostenrechnung zur Ermittlung der Drifting Costs herangezogen werden, so daß die Prozeßkostenrechnung das dem Target Costing zugrundeliegende Kostenrechnungssystem darstellt. Dies bietet sich insbesondere an für Unternehmen mit hohen Gemeinkostenanteilen. Das sind häufig Unternehmen der High-Tech-Branchen mit ihrem hohen Wettbewerbsdruck und kurzen Produktlebenszyklen, die wiederum als Haupteinsatzgebiete des Target Costing gesehen werden. Bei Vorhandensein entsprechender Prozeßkostensätze ließen sich alle Gemeinkosten für Vorleistungs-, Betreuungs-, Abwicklungs- und Produktänderungsprozesse über den beschriebenen Weg der Prozeßkostenrechnung ermitteln und einem Projekt zurechnen.

Das Prozeßkostenmanagement bietet Ansätze zur Erreichung der Zielkosten eines Produktes oder Projektes, und zwar über zwei Wege:

Zum einen über die verminderte Inanspruchnahme von Prozessen, z.B. durch Verminderung der internen Änderungen, die Reduzierung der Lieferanten-, Teile- oder Variantenzahl oder die Vermeidung teurer Prozesse zugunsten billigerer. Ein Beispiel hierfür wäre die Verwendung mehrerer Standardteile statt eines einzigen, neu zu entwickelnden und einzuführenden Komplettmoduls. Dieses Beispiel zeigt, daß ein vollständiger Alternativenvergleich inklusive der Wirkungen im Gemeinkostenbereich durch zusätzliche Teile, eine zusätzliche Variante oder eine zusätzliche Fertigungsstufe oftmals nur mit Prozeßkosteninformationen durchgeführt werden kann. Dieser Aspekt ist sowohl in den ersten Phasen des Target Costing-Prozesses relevant als auch in den späteren: In den ersten Phasen werden in Alternativenkalkülen die Produktgrundsatzentscheidungen getroffen: Variantenzahl,

---

[322] Vgl. Seidenschwarz, W. (1991c), S. 64ff., Seidenschwarz, W. (1994c), S. 37; Seidenschwarz, W. et al. (1996), n.o.S.; Niemand, S. (1996), S. 69ff.; Gaiser, B. / Krause, G. (1995), S. 28f.; Freidank, C.-C. (1993), S. 394ff.; Freidank, C.-C. (1994), S. 236ff.; Mayer, R. (1993), S. 77ff.; 64; Kieninger, M. (1994), S. 553ff.; Reckenfelderbäumer, M. (1995), S. 181ff.; Rösler, F. (1996), S. 67ff

Fertigungstiefe, Vertriebsstrategien usw. Die späteren Phasen dienen der Kostenreduktion durch unterschiedliche Produktausgestaltung auf Basis der getroffenen Grundsatzentscheidungen. Vor dem Hintergrund der gezeigten Proportionalisierungen, die bei der Ermittlung der Prozeßkostensätze gegebenenfalls auftreten können, wird dieses Vorgehen problematisch, wenn dadurch Kostenreduktion gezeigt werden, die nicht eintreten können, weil eine Kostenremanenz dies verhindert.[323]

Neben dieser Beeinflussung der Kosten eines Projektes über die Stellgröße „in Anspruch genommene Prozeßmenge" ist zum anderen eine Kostenbeeinflussung über die Höhe der Prozeßkostensätze möglich. Bei gleicher Prozeßmenge erfolgt dies über die Beeinflussung der gesamten Prozeßkosten und damit der hinter den Kosten stehenden Ressourcenverbräuche unter Beachtung der identifizierten Kostentreiber und Maßgrößen. Diese Form der Kostenreduktion knüpft aber am Prozeß an und erfolgt damit im Endeffekt auf Kostenstellenebene bzw. über mehrere Kostenstellen hinweg, sofern nicht dem Prozeß eine organisatorische Einheit entspricht, wie dies im Rahmen der prozeßorientierten Organisation gefordert wird. I.d.R. wird sie daher nur produktübergreifend möglich sein, so daß aus dem Produktprojekt heraus nur Hinweise oder Anregungen zur Kostenreduktion kommen können. Die Kostenbeeinflussung durch Bereinigung oder grundlegende Restrukturierung von Prozessen kommt der Erreichung der Zielkosten entgegen, kann aber nur bei sehr produktnahen Prozessen aus einem Target Costing-Projekt heraus gesteuert werden. Prozeßkostenmanagement ist also kein vollständiges Element von Target Costing (umgekehrt natürlich auch nicht), es bestehen allerdings die gezeigten Berührungspunkte.[324]

---

[323] Vgl. Glaser, H. (1992), S. 286; Mayer, R. / Glaser, H. (1991), S. 298; Cervellini, U. (1994), S. 67-69, 71; Franz, K.-P. (1994), S. 129f.; Seidenschwarz, W. (1991c), S. 66ff.; Seidenschwarz, W. (1994b), S. 175.; Mayer, R. (1991), S. 81ff.

[324] Vgl. Coenenberg, A. G. / Fischer, T. M. (1991), S. 35; Striening, H.-D. (1988), S. 164ff.; Cervellini, U. (1994), S. 70; Seidenschwarz, W. (1993b), S. 45ff.; Seidenschwarz, W. (1994b), S. 174.

3.3.6.4 Zusammenfassung der Zusammenhänge

Die folgende Abbildung möchte die geschilderten Zusammenhänge zwischen Target Costing, Benchmarking und Prozeßkostenrechnung bzw. Prozeßkostenmanagement zusammenfassen.

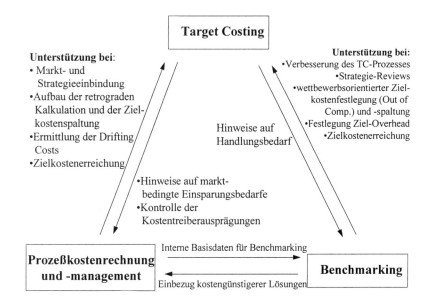

Abbildung 3-5: Zusammenhang Target Costing - Prozeßkostenrechnung / Prozeßkostenmanagement - Benchmarking

135

4 Die methodische Ausgestaltung von Target Costing zur Preisuntergrenzenermittlung in der Automobilzulieferindustrie

4.1 Aufbau und Einordnung des Kapitels

Das vorangegangene Kapitel hat den konzeptionellen Rahmen für die Ermittlung der Preisuntergrenze in der Automobilzulieferindustrie mit Hilfe von Target Costing gesetzt. Es sollte dabei geklärt werden, welche Fragen in den einzelnen Modulen beantwortet werden sollen, damit das Modul seine ihm übertragenen Aufgaben erfüllen kann (Frage nach dem "Was ist zu beantworten?"). Dieses Kapitel will auf dieser Basis den Rahmen füllen mit konkreter Methodik in den vier Target Costing-Modulen, also Instrumentarien, damit diese Fragen beantwortet werden können (Frage nach dem "Wie kann es beantwortet werden?"). „Target Costing ist nicht nur eine Philosophie, es bedarf auch standardisierter Abläufe und Methoden."[325]

Die Frage nach der Preisuntergrenze kann im Prinzip in jeder Phase des Produktentstehungs- bzw. Produktlebenszyklus gestellt werden. Für die Entscheidungsunterstützung von großer Bedeutung ist sie aber nur bis zur Auftragsvergabe, hauptsächlich in der Angebotsphase. Die Angebotsphase wird eingeläutet durch eine Kundenanfrage, mit der spätestens (!) auch das strategische Target Costing in das operative übergeht. Sie überführt die kundenprojektübergreifenden Betrachtungen des strategischen Target Costing in die kundenprojektbezogenen des operativen Target Costing. Die Preisuntergrenzenermittlung steht somit in der kontinuierlichen Übergangsphase dieser beiden Target Costing-Ausprägungen, so daß eine Analyse der Preisuntergrenzenermittlung ohne Betrachtung dieser beiden Arten nicht sinnvoll erscheint.

Dazu sind vor dem Hintergrund obiger Ausführungen zwei Wege möglich: Zum einen wäre es denkbar, das Kapitel zweizuteilen in Ausführungen zum strategischen und zum operativen Target Costing, wobei in den Teilen jeweils die vier formulierten Module des Target Costing behandelt werden. Der andere Weg besteht darin, die vier Module zu beschreiben und für jedes Modul die Wandlung vom strategischen zum operativen Target Costing darzustellen. Es sei kurz begründet, warum der zweite Weg eingeschlagen wird.

Art des Produktes und Beschaffungsphilosophie des Abnehmers wurden als die beiden wesentlichen Parameter identifiziert, die darüber entscheiden, wie die Angebotsphase in den Produktentstehungszyklus zeitlich einzuordnen ist. Die Target Costing-Aktivitäten konzentrieren sich - vor dem Hintergrund der 80/20-Regel - auf die frühen Phasen der Produktentstehung. In einem Extrem sind bei Kundenanfrage allenfalls konzeptionelle Vorüberlegungen angestellt - dies gilt für komplexe innovative und ganz kundenspezifische Produkte -, im anderen Extrem ist das Produkt bereits in Fertigung, wie dies für Katalogteile der Fall sein kann. Im ersten Fall beginnen die Target Costing-Aktivitäten mit der Anfrage, im zweiten sollten sie schon längst abgeschlossen sein, die Frage nach der Preisuntergrenze ist in diesem zweiten Fall eine kostenrechnerische, Kostenmanagementansätze bleiben im Prinzip außen vor. Im Kontinuum zwischen diesen beiden Extrempolen liegen alle Fälle einer Automobilzulieferung, für die die Frage nach der Preisuntergrenze gestellt wird. Es läßt sich daher nicht allgemeingültig sagen, was in der Übergangsphase vom strategischen zum operativen Target Costing, die für die Preisuntergrenzenermittlung von großer Bedeutung ist, bereits erledigt sein sollte. Die methodische Ausgestaltung des gesteckten konzeptionellen

---

[325] Listl, A. (1996), S. 138.

Rahmens kann in dieser Zweiteilung also nur tendenziell vorgenommen werden, weil sie extrem vom betrachteten Sachverhalt abhängt. Schon aus diesem Grund erscheint es sinnvoll, die Methodik für jedes Modul durchgängig darzustellen und die Einordnung in die Bereiche strategisches oder operatives Target Costing wo sinnvoll nur tendenziell vorzunehmen.

Hinzu kommt ein zweiter Grund: Die Unterschiede zwischen beiden Target Costing-Arten sind im wesentlichen konzeptioneller Art, weniger methodischer. Dies zeigt sich für das Modul 1, in dem die Unterschiede etwas größer sind, ebenso wie in den anderen Modulen: Die unterschiedliche Ausgestaltung rührt im wesentlichen stets daher, daß im strategischen Target Costing ein abgegrenzter Markt mit Marktsegmenten und dahinterstehenden potentiellen Kunden betrachtet wird, im operativen Target Costing hingegen ein konkretes Kundenprojekt. Daraus resultieren zwar - wie sich zeigen wird - auch Unterschiede in der Art der verwendeten Methoden, in erster Linie aber solche in der konkreten Ausgestaltung und Fokussierung gleicher Methoden mit erheblichen Wechselwirkungen zwischen beiden Target Costing-Arten. Aus diesem Grund würde ein Vorgehen, das strategisches und operatives Target Costing strikt trennt, ständig wiederholen und den Blick auf die eigentliche Methodik verstellen.

Aus diesem Grund wird der zweite Weg eingeschlagen, der die einzelnen Module vorstellt und dabei auf Veränderungen oder Verschiebungen in der Ausgestaltung, die durch eine Kundenanfrage oder frühere Kundensignale ausgelöst werden, eingeht. Die Ausführungen schließen sich damit in Aufbau und Inhalt dem konzeptionellen Teil an und vertiefen die dort formulierten Ansätze.

Es darf an dieser Stelle erwähnt werden, daß die folgenden methodischen Ausführungen vor dem eingangs dargestellten Hintergrund der Automobilzulieferindustrie zu sehen sind. Nicht zuletzt die Trennung in strategisches und operatives Target Costing in der hier vorgestellten Form haben dies bereits verdeutlicht. Zudem sind die Ausführungen fokussiert auf die Bereiche in den einzelnen Modulen, die für die Ermittlung der Preisuntergrenze von besonderer Bedeutung sind. Die Ganzheitlichkeit des vorgestellten Ansatzes für ein markt-orientiertes Zielkostenmanagement in der Automobilzulieferindustrie wird darunter nicht leiden. Zudem konnte in verschiedenen umsetzungsbezogenen Gesprächen in anderen Branchen festgestellt werden, daß dieser Ansatz problemlos auf andere Branchen übertragbar ist.

4.2 Die methodische Ausgestaltung der Markt- und Strategieeinbindung

4.2.1 Intention des Kapitels

Im konzeptionellen Teil der Arbeit wurde vorgeschlagen, Target Costing mit "Marktorientiertes Zielkostenmanagement" wiederzugeben. Damit sollte die herausragende Bedeutung einer durchgängigen Marktorientierung zum Ausdruck gebracht werden. Diese schließt eine explizite Strategieeinbindung bei der Formulierung der Ausgangsparameter für Target Costing mit ein. Im Modul 1 muß die Methodik geschaffen werden, die dies ermöglicht. Dieses Modul mit seiner Methodik wird mit aufgenommen, obwohl es über die engen Grenzen eines Kostenmanagementansatzes und einer kostenorientierten Preisuntergrenzenermittlung hinausgeht. Damit soll vermieden werden, daß strategische Target Costing-Projekte ins Leere laufen und verpuffen, weil ihnen die marktseitige und strategische Basis fehlt, und daß operative Target Costing-Projekte daran scheitern, daß die eigene Position und die Wünsche des Kunden nicht verstanden oder falsch eingeschätzt wurden. Schließlich soll vermieden werden, daß Target Costing zur Ermittlung der Preisuntergrenze auf Rechenmechanismen reduziert wird, die mit marktorientiertem Kostenmanagement nicht mehr viel zu tun haben. Dadurch wird es zudem möglich, den Betrachtungshorizont der Preisuntergrenze über Kostenaspekte hinaus auf strategische Überlegungen auszudehnen.

Wie erwähnt spielt die Strategieformulierung und die Marktbestimmung im strategischen Target Costing eine größere Rolle als im operativen, dort ist der Einbezug bereits formulierter Strategien bedeutender. Trotzdem wird hier nicht der Weg gegangen, eine fundierte Analyse verschiedenster Methoden der strategischen (Marketing-)Planung vorzustellen und zu diskutieren. Dies würde an der Intention des Moduls vorbeigehen und zudem den Rahmen dieser Arbeit sprengen. Es wird daher nur in vergleichsweise rudimentärer Form auf verschiedene für das Modul 1 von Target Costing relevante Methoden hingewiesen, die darauf basierenden Möglichkeiten einer Markt- und Strategieeinbindung werden dargestellt. Im Aufbau folgen die Ausführungen dem im konzeptionellen Teil formulierten Fragenkatalog.

4.2.2 Beschreibung der Markt- und Wettbewerbssituation

Der Fragenkomplex 1 basiert auf der vorgenommenen Marktabgrenzung. Hierzu können Kriterien herangezogen werden, wie sie auch für die Marktsegmentierung diskutiert werden, weil sich der gesamte Absatzmarkt häufig hierarchisch strukturieren läßt. Erwähnenswert erscheint an dieser Stelle der Ansatz von ABELL, der ein dreidimensionales Beschreibungsschema zur Bestimmung bzw. Abgrenzung des für ein Unternehmen relevanten Marktes entwickelt hat. Als die drei Faktoren sieht er das Kundenproblem, die Technologie (im weitesten Sinne) sowie die Kundengruppe. Im Einzelfall ist zu prüfen, welcher der Faktoren bei der Abgrenzung dominant wird oder ob alle drei gleichermaßen zur Abgrenzung heranzuziehen sind. Beim Faktor 1 (Kundenproblem) wird das Produkt als Bündel von Eigenschaften gesehen, das ein bestimmtes Kundenproblem löst, also bestimmte Funktionen aus Kundensicht erfüllen muß. Beim Faktor 2 steht die Frage im Vordergrund, mit welcher Technologie bestimmte Kundenprobleme gelöst werden, der Faktor 3 richtet das Hauptaugenmerk auf die Kundengruppe. Auch an diesen Faktoren zeigt sich - aus dem erwähnten Grund - die Nähe zur Bestimmung von Marktsegmenten.[326]

Hintergrund der Marktsegmentierung ist die Tatsache, daß es vielfach nicht möglich ist, allen Kunden gleichermaßen zu dienen. Zu hohe Zahl der Kunden, räumliche Entfernungen oder Unterschiede in den Kundenwünschen sind hierfür verantwortlich. Strategisches Marketing hat sich daher zunehmend zum STP-Marketing entwickelt: segmenting, targeting, positioning (Marktsegmentierung, Zielmarktfestlegung, Positionierung). Die in der Konsumgüterindustrie verwendeten Methoden der Marktsegmentierung sind für industrielle Produkte wie die Automobilzulieferprodukte weitestgehend ungeeignet: demographische Trennvariablen (wie Alter, Geschlecht, Ausbildung), psychographische (wie Lebensstil oder soziale Schicht) oder verhaltensbezogene (wie Markentreue oder Stadium der Kaufbereitschaft) erscheinen denkbar unpassend. Allenfalls die geographische Trennung erscheint gemeinsam, wobei sich die

---

[326] Vgl. Abell, D.F. (1980), insb. S. 169ff. oder die Darstellungen bei Kreikebaum, H. (1993), S. 72; Servatius, H.-G. (1985), S. 104ff.

Dimensionen allerdings unterscheiden können: Während im Konsumgütermarkt kleinere Einheiten eine Rolle spielen, wie Ballungszentren, Postleitzahlgebiete oder Bundesländer, erscheint für die Automobilzulieferindustrie in ihrer Globalisierung vielfach eine kontinentale oder länderorientierte Einteilung der Märkte angebracht. Doch auch hier lassen sich genügend Beispiele nennen mit einer regionalen, da autoherstellerbezogenen Orientierung. Zusätzlich denkbar ist das Nutzenangebot als verhaltensbezogene Trennvariable. Hierbei werden die Kunden nach dem Nutzen klassifiziert, den sie in einem bestimmten Produkt suchen.[327] Für den industriellen Markt werden zusätzliche Faktoren relevant, einen allgemeinen Überblick hierzu gibt z.B. KOTLER.[328] Eine Analyse der Automobilzulieferindustrie zeigt aber, daß die gezeigten drei Faktoren von ABELL sehr gut zur Markt- und zur Marktsegmentabgrenzung herangezogen werden können. Es kann hierbei nicht der Anspruch der Allgemeingültigkeit erhoben werden, doch erscheint folgendes Vorgehen durchaus plausibel: Auf der obersten Stufe der Abgrenzung erscheint das hinter einem Produkt stehende *Kundenproblem* dominant. Bei einer weiten Fassung des Kundenproblems - als Kunden werden hier die Automobilhersteller gesehen - läßt sich der komplette Raum der Zulieferprodukte aufspannen: Reifen, Fahrzeugelektronik, Innenausstattung usw.[329] Dies läßt sich verfeinern durch Konkretisierung des Kundenwunsches: Denkbare Reifenmarktsegmente sind Reifen für Standard-Pkw, für Rennwagen, für Flugzeuge, für Lkw und für landwirtschaftliche Nutzfahrzeuge. Hieraus lassen sich oftmals entsprechende Kundengruppen ableiten. Auf der nächsten Ebene ist eine Segmentierung nach der *eingesetzten Produkttechnologie* denkbar. Ein Beispiel hierfür wäre die Einteilung in mechanische oder elektrische Fensterheber, Sitzversteller oder Schiebedachöffner, mechanische oder elektronische Schließsysteme oder ähnliches. Diese Einteilung erscheint allerdings nur auf den oberen Ebenen der Zulieferpyramide einsetzbar: Für den Lieferanten des gesamten Fensterhebesystems kann es durchaus einen Markt für mechanische und einen für elektrische Hebesysteme geben. Der Lieferant für den Fensterhebemotor an den Hersteller des gesamten Fensterhebesystems wird aber eher selten auch der Lieferant für den Drehhebel sein, so daß sich auf dieser Ebene die Einteilung abnehmerseitig erübrigt. Hier wirkt die eingesetzte Technologie sozusagen zulieferertrennend. Dieses Beispiel zeigt auch, daß der geschilderte Trend zu einer Zulieferpyramide mit System-, Komponenten- und Teilelieferanten durchaus Auswirkungen auf die Marktstruktur haben kann. Trotzdem bleibt die Technologie ein wichtiges Trennkriterium, da im nächsten Schritt eine Segmentierung nach *technischen Ausprägungen* denkbar ist: Für Fensterhebemotoren ist dies das Anzugsmoment, für Motorsteuerungen Hubraum und Zylinderzahl der zu steuernden Motoren. Auf der nächsten Ebene erscheint bereits eine Einteilung nach *Kunden* angebracht. Diese können eventuell zu Kundengruppen zusammengefaßt sein. Kriterien hierfür können geographische sein wie die Zusammenfassung nach Ländern oder Kontinenten oder rechtliche wie die Zusammenfassung von Unternehmen des gleichen Konzerns.

Eine Segmentierung ist somit auf Basis der verschiedensten Trennvariablen möglich. Einige Anforderungen an eine sinnvolle Segmentierung sollten allerdings beachtet werden. Die gebildeten Segmente müssen meßbar und klar voneinander abgrenzbar sein, von der Größe

---

[327] Vgl. Kotler, P. / Bliemel, F. (1992), S. 409ff.
[328] Vgl. Kotler, P. / Bliemel, F. (1992), S. 432.
[329] Vgl. hierzu die eingangs vorgenommene Segmentierung der Zulieferindustrie.

und vom Gewinnpotential ausreichend groß, für das Unternehmen erreichbar und bearbeitbar und schließlich über einen möglichst langen Zeitraum hinweg stabil. Der letzte Punkt ist vor allem deshalb wichtig, weil jede Segmentierung zu organisatorischen Konsequenzen im Unternehmen führt, die nicht ständig geändert werden können.[330]

Auf diese Weise entsteht eine hierarchische Strukturierung des gesamten Marktes der Automobilzulieferindustrie. Bis auf die letzte Ebene kann jedes Marktsegment wieder als Markt aufgefaßt und in Marktsegmente eingeteilt werden. Ein abschließendes Beispiel möge dies verdeutlichen.

Einen Teil des gesamten Marktes bildet die elektronische Unterstützung des Fahrzeugbetriebs (Kriterium: Kundenwunsch). Hierzu gehört das elektronische Motormanagement (Kriterium: Kundenwunsch), das in verschiedenen Technologien realisiert werden kann: konventionelle Leiterplatte, Hybrid-Technologie, flexible Leiterplatte u.ä. (Kriterium: Produkttechnologie). Das Gesamtspektrum läßt sich einteilen in Steuerungen für kleinere und größere Motoren, bestimmt nach Anzahl der Zylinder und Hubraum des Motors (Kriterium: technische Ausprägungen). Auf der nächsten Stufe wird bereits nach Kunden differenziert, wobei die Kunden zusammengefaßt sind nach Kontinenten, in den Kontinenten nach Konzernen (Kriterium: Kunden / Kundengruppen).

Basis für eine weitere Bearbeitung der Segmente ist eine entsprechende Marktanalyse. Darunter ist die Untersuchung der Eigenschaften, Strukturen und Veränderungen auf (Teil-)märkten und Marktsegmenten zu verstehen. Wesentliche Aspekte hierbei sind Marktvolumen und Marktwachstum, Marktanteile der auftretenden Unternehmen einschließlich des eigenen Marktanteils sowie bisherige und erwartete Preisentwicklungen. Diese Parameter lassen sich durch eigene Beobachtungen und Befragungen bei den Kunden eruieren. Da es sich bei der Nachfrage in der Automobilzulieferindustrie um eine derivative Nachfrage handelt, empfiehlt es sich auch, die Prognosen an den Nachfrageprognosen nach den Automobilen der einzelnen Automobilhersteller zu orientieren.[331]

Besonderes Augenmerk verdient die Konkurrenzsituation: Eine intensive Konkurrenten-analyse sollte zumindest auf folgende Fragen Antwort geben: Wer sind die Konkurrenten, was sind deren Ziele und Strategien, wo liegen deren Stärken und Schwächen und wie reagieren sie auf "Angriffe"? Die erste Frage ist i.d.R. relativ leicht zu beantworten, die Automobil-zulieferindustrie kann als relativ transparente Branche bezeichnet werden. Für diese und auch die weiteren Fragen können wertvolle Hinweise - neben den bei der Diskussion des Benchmarking bereits kurz angesprochenen Informationsquellen - vor allem von den eigenen Vertriebsmitarbeitern kommen. Diese verfügen teilweise über direkten Kontakt zum Konkurrenten, vor allem aber über den Kunden über wertvollen indirekten Kontakt. Werden diese Informationen bewußt wahrgenommen und dokumentiert, entsteht schnell ein umfassen-des und klares Bild über die Konkurrenzsituation. Gerade wegen der beschriebenen Dynamik in diesem Bereich sollte aber der Markt ständig beobachtet werden: Insbesondere Verhaltens-weisen der Konkurrenten in der Umstrukturierungsphase sind entscheidend, um nicht ungewollt in Abhängigkeiten von ehemaligen Konkurrenten zu geraten, die z.B. zum

---

[330] Vgl. Kotler, P. / Bliemel, F. (1992), S. 435.
[331] Vgl. Gälweiler, A. (1986), S. 374ff.; Kreikebaum, H. (1993), S. 68ff.

Systemlieferanten aufgestiegen sind, während man sich selbst auf die Komponentenebene konzentrierte.[332] Ein wesentliches Verfahren, das sich ebenfalls der Marktanalyse zuordnen läßt, ist die Branchenstrukturanalyse nach PORTER. PORTER identifiziert fünf Wettbewerbskräfte, deren Ausprägungen die Charakterisierung der Wettbewerbsintensität einer Branche ermöglichen und damit die Basis für Aussagen zum Gewinnpotential, aber auch für die Auswahl der Wettbewerbsstrategie bilden, um die Branchenstruktur zu seinen Gunsten auszunützen oder zu gestalten. Die folgende Übersicht zeigt diese fünf Kräfte, die wiederum durch verschiedene Parameter, die auszugsweise genannt sind, determiniert werden.[333]

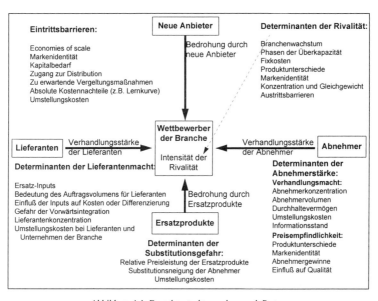

Abbildung 4-1: Branchenstrukturanalyse nach Porter

Die zur Beurteilung der zukünftigen Marktsituation zu beachtenden Rahmenbedingungen lassen sich i.d.R. nicht eindeutig prognostizieren. Ein eindeutiges und sicher eintretendes Zukunftsbild läßt sich daher nicht entwerfen. Diesem Aspekt will die Szenario-Technik gerecht werden, indem sie verschiedene mögliche und plausible Zukunftsbilder aufstellt, die sich bei alternativen Entwicklungen der Einflußgrößen bzw. Rahmenbedingungen, also einem bestimmten Annahmenbündel, ergeben können. Zudem wird der Entwicklungspfad zu diesen Szenarien als hypothetische Folge von Ereignissen aufgezeigt, in den auch plötzliche Störereignisse eingebaut werden können. Unsicherheiten können dadurch zwar nicht beseitigt werden, die Szenariotechnik zeigt den Entscheidungsträgern aber deutlich mögliche

---

[332] Vgl. Kotler, P. / Bliemel, F. (1992), S. 331ff.; Porter, M.E. (1990), S. 78ff.; Gälweiler, A. (1986), S. 370ff.
[333] Vgl. Porter, M.E. (1990), S. 25ff.; Graphik in Anlehnung an Kreikebaum, H. (1993), S. 67.

Entwicklungen, auf die man vorbereitet sein muß und mit entsprechenden Maßnahmen und Strategien reagieren kann.[334]

Von großer Bedeutung ist hierbei auch das möglichst frühzeitige Erkennen von Bedrohungen und Chancen, um schnell Maßnahmen zur Abwehr von Gefahren und zur Nutzung von Potentialen ergreifen zu können. Dies ist die Aufgabe einer (eigenorientierten) strategischen Frühaufklärung oder Früherkennung. Dabei lassen sich drei Entwicklungsstufen unterscheiden, wobei die verwendeten Begriffe sich teilweise unterscheiden: *Frühwarnsysteme* sind orientiert an Hochrechnungen und Kennzahlen und dienen hauptsächlich der Signalisierung von Bedrohungen (auch Frühaufklärungssystem der ersten Generation). *Früherkennungssysteme* suchen zusätzlich nach latenten Chancen und Gelegenheiten unter Verwendung ausgewählter vorauseilender Indikatoren, beschränken sich aber i.d.r. auf ein bestimmtes Beobachtungsfeld (auch Frühaufklärungssystem der zweiten Generation). Bei der *Frühaufklärung* ("Strategisches Radar") steht neben dem systematischen Erkennen von Gefahren und Chancen die Entwicklung von Maßnahmenpaketen zu deren Abwehr bzw. Nutzung im Mittelpunkt (auch Frühaufklärungssystem der dritten Generation). Wesentlich geprägt wurde die Entwicklung von ANSOFF durch die Entwicklung seines Konzepts der schwachen Signale. Über diese schwachen Signale, schlecht definierte und unscharf strukturierte Informationen, sollen nur vermeintlich plötzlich eintretende Diskontinuitäten in Form von Strukturbrüchen oder Sprüngen in der Entwicklung schon vorher erkannt werden. Hintergrund ist die Vorstellung, daß Diskontinuitäten eben nicht zufällig ablaufen, sondern sich durch diese schwachen Signale ankündigen. Ziel ist die frühzeitige Einleitung von Maßnahmen, auch wenn noch ein vergleichsweise hoher Grad an Ungewißheit besteht. Im Rahmen eines strategischen Radars versucht das Scanning das gesamte Umfeld abzutasten und schwache Signale herauszufiltern. Ist ein schwaches Signal empfangen, geht es beim Monitoring darum, das aufgespürte Phänomen näher und dauerhafter zu beobachten, um das Signal auswerten zu können.[335]

4.2.3 Anbindung an die Produktstrategie

Auf Basis der im Komplex 1 vorgenommenen Segmentierung und Beschreibung der Wettbewerbssituation kann die Strategieeinbindung im Komplex 2 vorgenommen werden. Diese beginnt mit der Bestimmung der Zielmarktsegmente, da die Ebene in der Zulieferstruktur, auf der das Unternehmen operieren möchte, in diesem Stadium bereits festgelegt sein sollte. Die dabei fixierte Stoßrichtung ist in die folgenden Überlegungen zu integrieren. Bei der dazu notwendigen Beurteilung der verschiedenen Marktsegmente erscheinen drei Faktoren von besonderer Bedeutung: Größe und Wachstum eines Segments, seine strukturelle Attraktivität sowie Zielsetzungen und Ressourcen des Unternehmens.[336]

---

[334] Vgl. Geschka, H. / Hammer, R. (1992), S. 314ff.; Kreikebaum, H. (1993), S. 95ff.; Bea, F.X. / Haas, J. (1995), S. 262ff.

[335] Vgl. Ansoff, H.I. (1976), S. 129ff. sowie die ausführlichen Darstellungen bei Krystek, U. / Müller-Stewens, G. (1992), S. 338ff.; Krystek, U. (1990), S. 68ff.; Hammer, R. (1995), S. 221ff.; Dunst, K.H. (1983), S. 145ff.; Bea, F.X. / Haas, J. (1995), S. 269ff.; Welge, M.K. / Al-Laham, A. (1992), S. 148ff.; Hammer, R. (1988), S. 171ff.; Klausmann, W. (1983), S. 41ff.

[336] Vgl. Kotler, P. / Bliemel, F. (1992), S. 436ff.

Der erste Faktor bildet nicht nur eine wesentliche Basis für eine Einordnung eines Segments in ein Geschäftsfeldportfolio, zusammen mit den anderen Faktoren bildet er auch eine wesentliche Basis für die Auswahl von Marktsegmenten. Dabei sind Aussagen, die nur große und wachstumsstarke Segmente auswählen, zu undifferenziert. Ein großes Segment kann bspw. für ein Unternehmen durchaus unattraktiv sein, wenn es bspw. stark umkämpft ist und nur mit einem finanziellen Aufwand zu bedienen ist, der die Ressourcen des Unternehmens übersteigt.

Zur Beurteilung der strukturellen Attraktivität ist eine Anknüpfung an die bereits beschriebene Branchenstrukturanalyse nach PORTER sinnvoll. Einige Aussagen, die im Rahmen dieser Ausführungen nur tendenziellen Charakter haben können, mögen dies verdeutlichen: Nicht attraktiv erscheinen Segmente, die bereits von zahlreichen und äußerst aggressiven Konkurrenten besetzt sind. Dies gilt auch für Segmente, in die gerade neue Konkurrenten mit erheblichen Ressourcen eindringen und in denen keine Markteintrittsbarrieren (z.B. Restriktionen in der Beschaffungsphilosophie der Abnehmer) bestehen, die diese Unternehmen an ihrem Vorhaben hindern könnten. Wird ein Marktsegment von Substitutions-produkten erheblich bedroht, sinken Gewinn- und Wachstumschancen und damit die Attraktivität des Segments. Das Marktsegment für mechanische Fensterheber ist hierfür ein gutes Beispiel. Als unattraktiv gelten auch Segmente, in denen die Käufer eine besondere Marktmacht besitzen. Eine zu enge Auslegung dieses Faktors würde allerdings den Kreis der attraktiven Marktsegmente in der Automobilzulieferindustrie stark einschränken. Problema-tisch sind zudem Segmente, in denen andere Zulieferer eine besondere Marktmacht besitzen. Segmente, die unter Berücksichtigung dieser beiden Faktoren anstrebenswert erscheinen, müssen erst daraufhin untersucht werden, ob ein Einstieg oder Verbleib in diesem Segment Philosophie und Zielsetzungen fördert und ob das Unternehmen über die Ressourcen verfügt, um in dem Segment erfolgreich zu sein, bzw. diese aufbauen möchte.[337]

Es sind verschiedene Ergebnisse dieses Bewertungs- und Auswahlprozesses denkbar. Die folgende Übersicht möchte verschiedene Möglichkeiten aufzeigen. Als zwei wesentliche Kriterien der Marktsegmentierung wurden verschiedene Kunden sowie verschiedene Produkte herausgegriffen, die einzelnen Bezeichnungen erscheinen selbstredend, so daß auf sie nicht weiter eingegangen wird.

Diese Möglichkeiten lassen sich auf die nächste Ebene der Marktsegmentierung, in der einzelnen Produkte nach technischen Parametern differenziert werden, übertragen. Einige Muster der Zielmarktbestimmung werden allerdings für die Automobilzulieferindustrie problematisch: Dies gilt vor allem für all die Möglichkeiten, die einem Kunden nur ein bestimmtes technisches Spektrum liefern und Verbundwirkungen ignorieren. Zulieferer, die einem Autohersteller bspw. nur Motorsteuerungen für die Mittelklasse anbieten und das übrige Spektrum nicht abdecken können, sind unter Umständen von vornherein unattraktiv. Teilweise werden auch Pakete geschnürt, in denen Aufträge in attraktiven - weil z.B. volumensstarken - Bereichen nur in Verbindung mit ungeliebten Segmenten - z.B. für Nischenprodukte (Sportwagen o.ä.) - vergeben werden.

---

[337] Auf den Aufbau einer Zielhierarchie wird hier verzichtet.

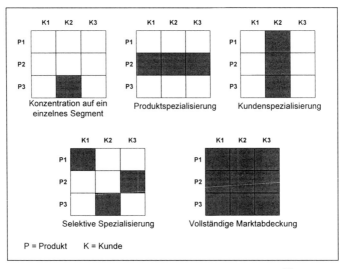

Abbildung 4-2: Alternative Festlegung der Zielmarktsegmente[338]

Ehe eine Strategieeinbindung möglich ist, ist zunächst zu klären, welche Strategietypen zugrundegelegt werden. Dabei werden im folgenden drei verschiedene Unterscheidungskriterien gewählt. Durch Kombination der Parameter Produkt und Markt, die jeweils mit dem Attribut alt (i.S.v. vorhanden) bzw. neu versehen werden, lassen sich Strategien formulieren, die in die Denkweise der eben vorgenommenen Zielmarktsegment-Auswahl passen. Nach der Entwicklungsrichtung und dem Mitteleinsatz lassen sich Strategien wählen, die im Rahmen von Portfolioansätzen diskutiert werden. Schließlich bestimmt die Relation zum Wettbewerb über verschiedene Wettbewerbsstrategien.[339]

Die Kategorisierung nach dem ersten Kriterium wurde geprägt durch Veröffentlichungen von ANSOFF Mitte der 50er Jahre. ANSOFF nimmt die erwähnte Kombination vor und kommt dabei zu den folgenden unterschiedlichen Strategien.[340] Diese Klassifizierung kann eine erste Basis für die strategische Stoßrichtung im strategischen Target Costing bzw. die strategische Einordnung im operativen Target Costing darstellen.

---

[338] Graphik in Anlehnung an Kotler, P. / Bliemel, F. (1992), S. 439.
[339] Vgl. Kreikebaum, H. (1993), S. 52.
[340] Vgl. Ansoff, H.I. (1957), S. 114ff. oder die Darstellung bei Kreikebaum, H. (1993), S. 53.

Märkte Produktlinie	Vorhandene Märkte	Neue Märkte
Vorhandene Produkte	**Markt- durchdringung**	**Markt- entwicklung**
Neue Produkte	**Produkt- entwicklung**	**Diversifikation** **horizontal vertikal lateral**

Abbildung 4-3: Strategietypen nach ANSOFF

Die zweite Kategorie bilden Normstrategien, die im Rahmen eines Portfolioansatzes abgeleitet werden. An dieser Stelle ist weder eine breite noch eine tiefe Darstellung verschiedener Geschäftsfeldportfolioansätze möglich, von einer Analyse oder Bewertung ganz zu schweigen. Einige überblicksartige Andeutungen müssen genügen.[341]
Die Konzeption eines Geschäftsfeldportfolios läßt sich in vier Schritte untergliedern:

1. Die Bildung der Elemente des Portfolios, die hier als strategische Geschäftseinheiten (SGE) bezeichnet werden.
2. Der Aufbau eines Beurteilungsraumes, üblicherweise in der Form einer Matrix.
3. Die Einordnung der SGE's in die Matrix nach dem herrschenden Ist-Zustand (status quo).
4. Die Ableitung von Normstrategien.

Die Bildung von strategischen Geschäftseinheiten durch Zergliederung des Gesamtunternehmens ist eine schwierige Aufgabe. Einige Grundregeln lassen sich allerdings finden: Eine SGE ist eine organisatorische Einheit, die selbständig für eine bestimmte Geschäftsfeld-Ressourcen-Kombination verantwortlich ist. Das Geschäftsfeld ist dabei so abzugrenzen, daß die SGE von anderen SGE's weitestgehend unabhängig ist, also eine eigene Marktaufgabe, eigene Wettbewerber usw. aufweist. Eine Orientierung an der gebildeten Marktsegmentierung ist daher durchaus denkbar, ohne daß SGE und Marktsegment deckungsgleich sein müßten. Vor allem die geschilderte Kombination aus Produkt- und Marktkriterien wird immer wieder als Abgrenzungsmöglichkeit genannt. Die Untersuchung der Unabhängigkeit im eigenen Unternehmen wird erleichtert durch die Analyse der Wertkette nach PORTER (value chain), die die Unternehmensaktivitäten unterteilt in primäre und unterstützende. Für verschiedene potentielle Geschäftseinheiten kann auf dieser Basis untersucht werden, wo es Überschneidungen gibt und ob diese eine Trennung in eigene strategische Geschäftseinheiten zulassen.[342]

---

[341] Vgl. zu den Portfolioansätzen ausführlich z.B. Hinterhuber, H.H. (1996), S. 146ff.; Dunst, K. H. (1983), S. 94ff.; Hahn, D. (1992), S. 223ff.

[342] Vgl. Dunst, K. H. (1983), S. 56ff.; Hammer, R. (1995), S. 130ff.; Hahn, D. (1992), S. 221ff.; Porter, M. E. (1992), S. 62ff.; Kreikebaum, H. (1993), S. 93ff.

Auf die Boston Consulting Group geht das Marktwachstum-Marktanteil-Portfolio zurück. Das Konzept basiert in der Vertikalen (Marktwachstumsrate) auf dem Konzept des Produktlebenszyklus, auf der Horizontalen (relativer Marktanteil, bezogen auf den stärksten Konkurrenten) auf dem Erfahrungskurvenkonzept, auf die hier aber nicht näher eingegangen wird.[343] Durch die Einteilung der beiden Faktoren in hoch und niedrig entsteht die in der folgenden Abbildung gezeigte Vierfeldermatrix.[344] Die Graphik zeigt zugleich die Normstrategien, die sich auf die Zielgröße Cashflow konzentrieren und daher als Strategien des Mitteleinsatzes zu sehen sind. Ziel ist dabei ein finanzielles Gleichgewicht von Cashflow-Entstehung und Cashflow-Verwendung im Gesamtportfolio. Das Konzept beschränkt sich damit auf den unternehmensinternen Kapitalmarkt.

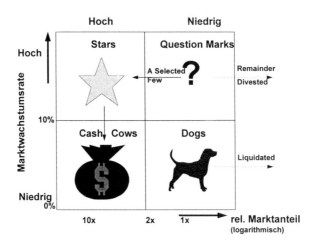

Abbildung 4-4: Geschäftsfeldportfolio von Boston Consulting Group

McKinsey kritisierte an diesem Konzept u.a. die zu grobe Feldereinteilung sowie die geringe Aussagekraft der Beurteilungskriterien und entwickelte ein Marktattraktivität-Wettbewerbsvorteil-Portfolio (auch Branchenattraktivität-Geschäftsfeldstärken-Portfolio). Beide Faktoren werden wiederum durch eine Anzahl weiterer Faktoren näher bestimmt, wodurch die Aussagekraft der Matrix erhöht werden soll.[345]

---

[343] Vgl. zum Produktlebenszykluskonzept z.B. Kreikebaum, H. (1993), S. 74ff.; Dunst, K. H. (1983), S. 65ff.; Hammer, R. (1995), S. 155ff. und zum Erfahrungskurvenkonzept z.B. Hedley, B. (1992a), S. 177ff.; Kreikebaum, H. (1993), S. 77ff.; Hammer, R. (1995), S. 144ff.; Dunst, K. H. (1983), S. 68ff.; Kreilkamp, E. (1987), S. 334ff.

[344] Vgl. Hedley, B. (1977), S. 12ff.; Hedley, B. (1992b), S. 191ff.; Kreikebaum, H. (1993), S. 88f.

[345] Vgl. hierzu ausführlich Hinterhuber, H.H. (1996), S. 148ff.; Dunst, K. H. (1983), S. 100ff.; Hammer, R. (1995), S. 179ff.; Kreikebaum, H. (1993), S. 90f.

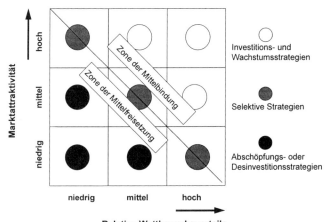

Abbildung 4-5: Geschäftsfeldportfolio von McKinsey

Der dritte angesprochene Strategietyp sind die Wettbewerbsstrategien, die einem Unternehmen eine vorteilhafte Position im Wettbewerb verschaffen sollen. Basis zahlreicher Überlegungen zu diesem Gebiet sind die drei generischen Wettbewerbsstrategien, wie sie von PORTER definiert wurden: Kostenführerschaft, Differenzierung und Spezialisierung.[346] Die Kostenführerschaft zielt ab auf eine konsequente Ausnutzung des Erfahrungskurven-effektes, die zu einem dauerhaften und umfassenden Kostenvorsprung und damit zu einem wirksamen Schutz gegen alle fünf gezeigten Branchentriebkräfte führen soll. Das Risiko dieser Strategie wird in der Vernachlässigung der Produkt- und Marktorientierung sowie in einem Verlust des Kostenvorsprungs durch technologische Veränderungen gesehen. Die Differenzierungsstrategie zielt darauf ab, sich in einem oder mehreren Punkten gegenüber der Konkurrenz eine Einzigartigkeitsposition aufzubauen. Daraus soll sich unter anderem auch ein höherer Kostenspielraum ergeben, der aufgrund höherer Entwicklungs- oder Marketingkosten auch notwendig erscheint. Risiken liegen in der Hochpreisakzeptanz sowie in schnellen Nachahmern, die Differenzierungsvorteile zunichte machen können. Die Spezialisierung ist im Unterschied zu den anderen beiden Strategien auf ein bestimmtes Marktsegment bezogen, in dem dann wiederum Kostenführerschaft oder Differenzierung angestrebt wird, so daß die beiden ersten Strategien als Grundstrategien gesehen werden können und sich deren Risiken entsprechend übertragen. Auch eine Kombination der beiden Strategien innerhalb der Spezialisierungsstrategie ist möglich, was allerdings der Fokussierungshypothese wider-spricht: Nach dieser sind Kostenführerschaft und Differenzierung unvereinbar. PORTER sieht Unternehmen, die diese beiden Strategien kombinieren, als zwischen den Stühlen sitzend. Er begründet dies mit einer Kurve, die den RoI (Return on Investment) als vom Marktanteil abhängige Variable sieht.[347]

---

[346] Vgl. Porter, M. E. (1990), S. 62ff.
[347] Vgl. Porter, M. E. (1990), S. 71ff. Diese Kurve steht in einem gewissen Widerspruch zu Erkenntnissen der PIMS-Studie, die zum einen von einer positiven Korrelation von Marktanteil und RoI ausgeht (wobei

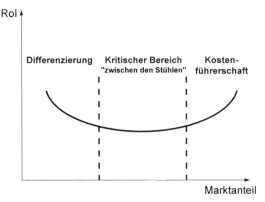

Abbildung 4-6: Zusammenhang zwischen Marktanteil und RoI nach PORTER

Da Target Costing ein Kostenmanagementkonzept darstellt, könnte man zu dem Schluß kommen, daß Target Costing nur sinnvoll einzusetzen ist in Unternehmen, die eine Kostenführerschaft anstreben.[348] Dies erscheint allerdings zu kurz gegriffen, wie auch die Untersuchungen im japanischen Target Costing-Umfeld belegen.[349] PORTER selbst betont, daß in der Differenzierungstrategie die Kosten zwar nicht primäres Ziel seien, trotzdem aber keinesfalls ignoriert werden dürften.[350] Auf diese Weise ist ein Dilemma vermeidbar, in das viele Unternehmen, die die Differenzierungsstrategie einseitig verfolgen, häufig geraten: die Technologiefalle. Da diese Unternehmen sich ständig neu differenzieren müssen, weil ihre Eigenartigkeit ständig von Nachahmern und neuen Produktmerkmalen bedroht wird, werden sie immer mehr in Marktnischen gedrängt, bis sie sich im Endeffekt selbst aus dem Markt hinausmanövrieren. Durch enormen vor allem finanziellen Aufwand werden die Standards immer höher getrieben und der Kundennutzen immer weiter gesteigert, bis sich diesen Nutzen nur noch ein erlesener und vor allem kleiner Kreis leisten kann. Bei Vernachlässigung der Kostenseite wird der Preisunterschied zu den Konkurrenten und Nachahmern so groß, daß dem Unternehmen über die Preis- und damit Volumenskomponente der Markt wegbricht. Gerade der Automobilzuliefermarkt eignet sich hervorragend zur Beobachtung dieses Phänomens. Zur Vermeidung eines von einem breiteren Markt nicht (mehr) benötigten Funktionsumfangs kann Target Costing durchaus einen wertvollen Beitrag leisten.

Die grundsätzlichen Überlegungen zum Target Costing dürften aber deutlich gemacht haben, daß es die Preis- und die Nutzenkomponente gleichermaßen betont.[351] Vor dem Hintergrund der Fokussierungshypothese der generischen Strategien sowie der ihnen innewohnenden Risiken wird ihre Relevanz für die strategische Einbindung im Target Costing in Frage

---

allerdings nur der relevante Markt betrachtet wird) und zum anderen zeigt, daß der Marktanteil zwar einen der wichtigsten Einflußfaktoren auf den RoI darstellt, aber nur etwa 20% der Unterschiede im RoI erklärt, vgl. Kreilkamp, E. (1987), S. 382ff., 417ff.

[348] Vgl. Fröhling, O. (1994a), S. 421.

[349] Vgl. z.B. Kato, Y. (1993), S. 36f. In Andeutungen wohl gleicher Meinung Dambrowski, J. (1992), S. 281; Neubauer, C. (1993), S. 157f.

[350] Vgl. Porter, M. E. (1990), S. 66.

[351] Kritisch hierzu Riezler, S. (1996), S. 93f.

gestellt. Statt dessen wird im Zusammenhang mit Target Costing der Outpacing-Ansatz von GILBERT und STREBEL genannt.[352] Darunter verstanden wird der Wechsel der Schwerpunkt-setzung zwischen der Schaffung zusätzlichen Produktnutzens und der Reduzierung der Produktkosten (i.s.v. Prozeßkosten für Entwicklung, Konstruktion, Produktion, Marktbearbei-tung und Vertrieb) in Abhängigkeit von der Wettbewerbssituation mit dem Ziel, die Wettbewerber abzuhängen, "outzupacen". Eine strategische Handlungsweise ist daher nicht als endgültig anzusehen, sondern hat darauf Rücksicht zu nehmen, daß sich das Wettbewerbsumfeld ändert. Die Outpacing-Strategien bauen also auf den generischen Strategien auf, wie auch die folgende Graphik verdeutlicht. Dabei läßt sich die Steigerung des Produktwerts als Differenzierungs- und die Senkung des Produktkostenniveaus als Kostenführerschaftsstrategie bezeichnen. Der Ansatz ist allerdings insofern dynamisch, als er in Abhängigkeit von Veränderungen der Wettbewerbssituation von der einen Strategie auf die andere wechselt. Der Aspekt der Technologiefalle wird ebenfalls nochmals verdeutlicht.[353]

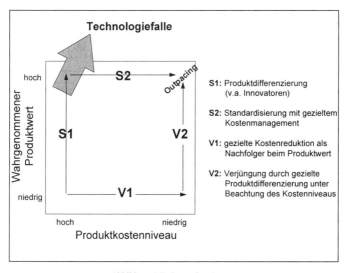

Abbildung 4-7: Outpacing-Ansatz

Auffällig bei diesem Ansatz ist, daß im ersten Schritt durchaus Extrempositionen angestrebt werden, die dann aber durch einen Strategiewechsel zu verlassen sind, um nicht ins Abseits zu geraten. Ziel ist die Outpacing-Strategie im engeren Sinne, die den Kunden einen hohen Kundennutzen bei gleichzeitig niedrigen Kosten bietet, ausgehend von niedrigen Kosten oder einem hohen Nutzenniveau. Für innovative Produkte ist es nach GILBERT und STREBEL charakteristisch, daß sie aufgrund der ihnen innewohnenden Neuartigkeit einen hohen Kundennutzen verkörpern, so daß zuerst die Präferenzstrategie einzuschlagen ist. Der

[352] Vgl. Seidenschwarz, W. (1993a), S. 99ff.; Seidenschwarz, W. (1993b), S. 37ff.Seidenschwarz, W. (1994a), S. 76f. Zum Outpacing-Ansatz vgl. Gilbert, X., / Strebel, P. (1985), S. 33ff.; Gilbert, X:, / Strebel, P. (1987), S. 31ff.; Gilbert, X. / Strebel, P. (1989), S. 19ff.; Kleinaltenkamp, M., S. 31ff.;
[353] Vgl. Gilbert, X. / Strebel, P. (1987), S. 32; Seidenschwarz, W. (1993a), S. 103; Kleinaltenkamp, M. (1987), S. 31ff.

Zeitpunkt des Strategiewechsels kann durchaus als Problem angesehen werden. Wird die reine Fokussierungshypothese beim Outpacing verlassen, bleiben doch noch wesentliche Fokussierungstendenzen. Ist die Outpacing-Strategie im engeren Sinne erreicht, kommt es schnell zu einer Patt-Situation, weil es zwischen den Wettbewerbern kaum mehr Wettbewerbsunterschiede gibt. Aus dieser Situation ist ein Weg zu finden, der durch eine Hintereinanderfolge zweier oder gar mehrerer Outpacing-Prozesse beschrieben werden kann.[354]

Aus diesem Grund kann es nicht verwundern, wenn die wettbewerbsstrategischen Ansätze im Zeitalter des lean management ständig weiterentwickelt werden. Dieses betont schließlich die gleichzeitige Beachtung des magischen Dreiecks Kosten-Zeit-Qualität.

So ist der Ansatz der integrierten Kosten- und Leistungsführerschaft nach BECKER zu erwähnen, der für eine **simultane** Verfolgung der Ziele Kosten- und Leistungsführerschaft plädiert und damit der Fokussierungshypothese widerspricht. In einer einseitigen Fokussierung auf einen Aspekt sieht er erhebliche Gefahren für die Unternehmensstabilität. Im obigen Diagramm würde sich dieser Ansatz somit auf einer breiten Diagonalen nach rechts oben bewegen.[355]

Schließlich sei der Ansatz des Time-Cost-Quality Leadership (TCQL) angesprochen, wie ihn ROLAND BERGER formuliert, der damit alle drei Faktoren einbezieht.[356] Es sollen alle drei kundenrelevanten Größen Zeit, Kosten und Qualität gemeinsam optimiert werden, wobei besonders die Rolle des Mitarbeiters als der Erfolgsfaktor des Unternehmens betont wird. Dadurch sollen die gegenseitig unterstützende Wirkung zwischen den drei Faktoren sowie die Simultanitätspotentiale ausgenützt werden und sich auch in einer simultanen Strategie niederschlagen, die sich in einer wohlabgestimmten Balance, einer Harmonisierung dieser drei Faktoren manifestiert. Insgesamt werden sieben Erfolgsfaktoren als kennzeichnend für den Ansatz angesehen:

- Kundenorientierte Ziele für alle drei Faktoren mit dem Ziel, dem jeweils besten Wettbewerber überlegen zu sein
- Gliederung der Wertschöpfung als Abfolge von überschaubaren Prozessen
- Eigenverantwortung der Mitarbeiter
- Qualifizierung aller Mitarbeiter in Problemlösungs- und Kommunikationstechniken, Teamarbeit und Informationstechnologie
- Motivation und ständige Information der Mitarbeiter über Ziele, Ergebnisse und Position des Unternehmens
- Überlagerung der funktionalen Abteilungsorganisation durch eine Prozeßorganisation
- Einbeziehung der gesamten Wertschöpfungskette.

Die Konzeption von Target Costing ist also strategisch flexibel, nicht von vornherein auf einen bestimmten Strategietyp oder einen bestimmten Ansatz eingeschränkt. Trotzdem zeigt die Konzeption des Target Costing, daß es auf eine simultane Berücksichtigung der drei "magischen" Faktoren eingerichtet ist: Kosten über die Ableitung, Spaltung und Umsetzung von Zielkosten, Qualität über eine explizite und durchgängige Verfolgung der Markt- bzw. Kundenanforderungen und Zeit über eine Betonung der frühen Phasen mit dem Ziel einer schnellen und abteilungsübergreifenden Produktumsetzung. Es ist ureigenste Aufgabe eines

---

[354] Vgl. Kleinaltenkamp, M. (1987), S. 48ff.
[355] Vgl Becker, W. (1993a), S. 16; Becker, W. (1993b), S. 281.
[356] Vgl. Berger, R. / Hirschbach, O. (1993), S. 136ff.

jeden Unternehmens, sich den passend erscheinenden Ansatz auszuwählen und sich strategisch zu positionieren. Diese Positionierung bildet den Rahmen für die weiteren Target Costing-Aktivitäten.

4.2.4 Kundenanforderungen und Technologiestrategie

Der Komplex 3 dient der Ermittlung der Kundenanforderungen an das Produkt und die produktnahen Prozesse sowie dem Abgleich dieser Forderungen mit der eigenen Technologie-strategie. Dabei sind verschiedene Möglichkeiten zur Einteilung der Kundenanforderungen denkbar. Es ist möglich, nur eine dieser Möglichkeiten wahrzunehmen, die verschiedenen Einteilungen können aber auch parallel vorgenommen und zueinander in Beziehung gesetzt werden.

Die Kundenanforderungen können ausgedrückt werden in Anforderungen an die Eigen-schaften (= Merkmale) des angebotenen Leistungsbündels. Hierbei ist - nach dem Produktmodell von MYERS / SHOCKER - eine Einteilung in objektive (characteristics) und subjektive Eigenschaften (benefits und imageries) möglich.[357] Characteristics sind objektiv wahrnehmbare und meßbare Produkteigenschaften, benefits entstehen durch die Benutzung eines Produkts und können daher von Kunde zu Kunde verschieden sein, ebenso wie imageries, psychologisch bedingte Nutzenempfindungen bezüglich eines bestimmten Images, die für den Kunden aus der Benutzung eines Produktes entstehen. Im Bereich der Automobilzulieferindustrie waren lange Zeit die characteristics von entscheidender Bedeutung: Die Kunden griffen aktiv in die technische Produktgestalt ein, wenn sie nicht schon vorher von ihnen determiniert war. Mittlerweile werden Zulieferern zunehmend Funktionsanforderungen zur Umsetzung übertragen, relativ unabhängig von der konkreten technischen Ausgestaltung. Die benefits rücken daher zunehmend in den Vordergrund. Die in früheren Jahren teilweise zu beobachtende Wirkung von imageries, auch im Bereich der Industriegüter wie der Automobilzulieferindustrie, wird durch den zunehmenden Kostendruck weitestgehend verdrängt: Namen und Marken spielen dort per se kaum mehr eine Rolle, außer sie sind Garant für eine zuverlässige und den Qualitätsansprüchen entsprechende Umsetzung des Kundenwunsches.

Daneben ist die Einteilung der Eigenschaften in objekttechnische und verrichtungstechnische möglich. Objekttechnische Eigenschaften beziehen sich auf das physische Produkt, verrichtungstechnische auf die mit dem physischen Produkt verbundenen Dienstleistungen.

Eine andere Form der Erfassung der Kundenanforderungen ist die Suche nach den Funktionen des Produktes/Leistungsbündels, wenngleich der Übergang zwischen diesen beiden Kategorisierungen fließend ist: Während Eigenschaften (Merkmale) die Frage beantworten, was ein Produkt hat oder beinhaltet, sind Funktionen das, was ein Produkt macht oder ausführt. Als Faustregel könnte gelten: Die Beschreibung der Eigenschaften besteht aus Substantiven, während die Beschreibung der Funktionen jeweils (mindestens) ein Substantiv und ein Verb enthält.[358]

Eine Einteilung der Funktionen ist möglich - auf Basis des wertanalytischen Gedankengutes - in Gebrauchsfunktionen, die quantifizierbar und für den Gebrauch eines Produkts notwendig

---

[357] Vgl. Myers, J.H. / Shocker, A.D. (1981), S. 211ff.
[358] Vgl. Hoffmann, H. (1979), S. 31.

sind, und in Geltungsfunktionen, die prestigeorientiert, nur subjektiv wahrnehmbar und daher nur subjektiv quantifizierbar sind. Die Funktionen lassen sich dabei jeweils in einer hierarchischen Ordnung weiter untergliedern, so daß ein Funktionsbaum entsteht. Dieser Einteilung ähnlich, da wohl aus der Wertanalyse entstanden, ist die Unterscheidung in harte und weiche Faktoren, die in der japanischen Marktforschung und darauf basierend im japanischen Target Costing weit verbreitet ist. Harte Funktionen sind objektive Gebrauchsfunktionen auf der Basis mechanischer Komponenten, während die weichen Funktionen die Annehmlichkeits- und Wertfunktionen umfassen und damit auf Komfort, Ästhetik und Image abzielen.[359] Zurückgehend auf KANO lassen sich die Anforderungen außerdem einteilen in Basis-, Leistungs- und Begeisterungsanforderungen, die sich jeweils durch degressive, lineare und progressive Zunahme der Kundenzufriedenheit bei zunehmender Ausprägung auszeichnen. Basisanforderungen schaffen auch bei hohem Erfüllungsgrad keine Kundenzufriedenheit, es wird lediglich Unzufriedenheit vermieden. Leistungsanforderungen beeinflussen die Kundenzufriedenheit in linearer Abhängigkeit von ihrem Erfüllungsgrad. Begeisterungsanforderungen steigern die Kundenzufriedenheit ganz erheblich, ihr Fehlen führt aber nicht zu Unzufriedenheit, weil diese Anforderungen vom Kunden nicht erwartet, i.d.R. sogar vor dem Erscheinen des Produktes nicht gekannt werden.[360] Diese Unterteilung wird auch für die Kategorisierung der Kundenanforderungen im Rahmen des Target Costing vorgeschlagen.[361] Diese Einteilung kann durchaus wertvolle Hinweise bei der Suche nach Kundenzufriedenheit in Abgrenzung von der Konkurrenz geben, vor allem im Konsumgüterbereich erscheint sie elementar. Über dieses Niveau geht ohnehin nur der Ansatz von RÖSLER hinaus, der diese Kategorisierung explizit in die Zielkostenspaltung integriert.[362] Für den hier untersuchten Bereich der Automobilzulieferindustrie hat sie sich aber als sehr unpraktikabel herausgestellt. Da sich derartige Aspekte i.d.R. ohnehin in der Kundengewichtung oben formulierter Anforderungen niederschlagen, wird auf diese Einteilung im folgenden verzichtet, der Ansatz von RÖSLER aber im Rahmen der Zielkostenspaltung genauer diskutiert.

Um die Funktionsbereichsmethode durchführen zu können, sind die Kundenanforderungen zu gewichten. Eine Methode hierzu ist die Conjoint-Analyse, die auch im Zusammenhang mit der Zielkostenspaltung beim Target Costing immer wieder erwähnt wird.[363]

Die Conjoint-Analyse (auch Conjoint-Measurement, Verbundmessung, konjunkte Analyse mit teilweise abweichender Eingrenzung) ist ein dekompositionelles Verfahren, da es versucht, auf Basis durch Befragung erhobener Gesamtnutzenprofile den Beitrag einzelner Komponenten des Untersuchungsgegenstandes zum Gesamtnutzen zu ermitteln. Dabei wird davon ausgegangen, daß sich der Gesamtnutzen additiv aus den Teilnutzenwerten ergibt. Die

---

[359] Vgl. Hoffmann, H. (1979), S. 34f.; Jehle, E. (1991), S. 290f.; Seidenschwarz, W. (1991b), S. 202f.; Horváth, P. / Seidenschwarz, W. (1992), S. 145ff.

[360] Vgl. Kano, N. et al. (1984), S. 39ff. Japanische Originalquelle, zitiert nach Rösler, F. (1995), S. 216 bzw. Rösler, F. (1996), S. 108.

[361] Vgl. Claassen, U. / Hilbert, H. (1993), S. 145f.; später Rösler, F. (1995), S. 216ff.; Rösler, F. (1996), S. 107ff.; Seidenschwarz, W. (1995), S. 120ff.; Seidenschwarz, W. et al. (1996), n.o.S.; Seidenschwarz, W. et al. (1997), S. 109.

[362] Vgl. Rösler, F. (1995), S. 217ff.; Rösler, F. (1996), S. 113ff.

[363] Vgl. Seidenschwarz, W. (1993a), S. 199ff.; Buggert, W. / Wielpütz, A. (1995), S. 72ff.; Horváth, P. / Seidenschwarz, W. (1992), S. 145; Bauer, H.H. / Herrmann, A. (1993), S. 239f.; Götze, U. (1993), S. 383; Rösler, F. (1996), S. 123ff.

Conjoint-Analyse besteht aus fünf Schritten, die im folgenden in der nötigen Kürze beschrieben seien.[364]

Im **ersten Schritt** sind die Eigenschaften und die Eigenschaftsausprägungen zu bestimmen. Dies ist vielfach ohne Einbezug der Kunden möglich, eine vorgeschaltete Kundenbefragung kann allerdings Klarheit über die relevanten Eigenschaften bringen. Bei der Auswahl der Eigenschaften ist auf einige Punkte zu achten: Die Eigenschaften müssen relevant, vom Hersteller beeinflußbar, voneinander unabhängig (sonst entsteht ein Widerspruch zur Additivitätshypothese) und realisierbar sein. Besonders wichtig ist, daß es sich um keine Ausschlußkriterien handelt, die nur eine bestimmte Eigenschaftsausprägung zulassen, sowie daß die Eigenschaften in einer kompensatorischen Beziehung zueinander stehen (auf nichtkompensatorische Conjoint-Modelle wird hier nicht eingegangen): Die schlechtere Ausprägung bei einer Eigenschaft kann durch die bessere bei einer anderen kompensiert werden. Aus erhebungstechnischen Gründen ist es erforderlich, die Anzahl der Eigenschaften und ihrer Ausprägungen zu begrenzen.

Im **zweiten Schritt** ist das Erhebungsdesign festzulegen: Dies erfolgt durch Bestimmung der Stimuli, die den Befragten vorgelegt werden. Diese entstehen durch Kombination verschiedener Eigenschaftsausprägungen, wobei zwischen zwei Methoden der Stimuli-Definition unterschieden wird. Die Profilmethode kombiniert je eine Ausprägung aller Eigenschaften, während die Zwei-Faktor-Methode (auch Trade-Off-Analyse) jeweils nur zwei Eigenschaften heranzieht und deren Ausprägungen kombiniert, wodurch unter Umständen der Realitätsbezug zum eigentlichen Produkt verloren gehen kann. Allerdings ist bei der Profilmethode zu beachten, daß sie schnell an ihre Grenze stoßen kann, da die Befragten i.d.R. nicht viel mehr als vier Eigenschaften vergleichen können. Die Zahl der Stimuli kann durch verschiedene plausible oder mathematisch-statistische Verfahren verringert werden, um zu einer erhebungstechnisch realisierbaren Zahl zu gelangen.

Im **dritten Schritt** sind die Stimuli zu bewerten. Dies erfolgt durch eine Rangreihung der Stimuli durch die Befragten, indem jeder Stimulus einen bestimmten Rangwert erhält.

Nach diesen drei Schritten ist die Datenerhebung abgeschlossen, die Datenauswertung kann beginnen. Dazu werden im **vierten Schritt** die Nutzenwerte geschätzt. Unter der Annahme der Additivität ergibt sich der Nutzen eines Stimulus durch Addition der Teilnutzenwerte der jeweiligen Eigenschaftsausprägungen. Diese sind so zu wählen, daß die resultierenden Gesamtnutzenwerte der Stimuli möglichst gut ihren empirisch ermittelten Rangwerten entsprechen. Dieses Problem wird üblicherweise mit der Varianzanalyse gelöst.

Wird davon ausgegangen, daß die Befragten die Abstände zwischen den einzelnen Rangwerten als äquidistant ansehen, besitzen die Rangwerte nicht mehr ordinales Skalenniveau, sondern können als metrisch angesehen werden. Die Lösung im Schritt 4 kann damit durch die metrische Varianzanalyse erfolgen: Werden z.B. für sechs Stimuli die Rangwerte 6 (für den "besten" Stimulus) bis 1 vergeben, ergibt sich ein Durchschnittsrang von 3,5. Der Teilnutzen einer bestimmten Merkmalsausprägung ergibt sich bei diesem Verfahren aus der Durchschnittseinschätzung, die diese Ausprägung erfahren hat, (hierzu werden die Rangwerte der Stimuli, in denen die Ausprägung vorkommt, addiert und durch die

---

[364] Vgl. Backhaus, K. et al. (1994), S. 503ff.; Schubert, B. (1991), S. 154ff.; Fröhling, O. (1995), S. 505ff.; Bauer, H.H. / Herrmann, A. (1993), S. 2397ff.; Bauer, H.H. et al. (1994), S. 83ff.; Theuerkauf, I. (1989), S. 1180ff.

Anzahl dieser Rangwerte dividiert) abzüglich des Durchschnittsrangs von 3,5. Der Gesamtnutzen eines Stimulus ergibt sich als Summe aus Durchschnittsrang und auf diese Weise ermittelte Teilnutzenwerte der enthaltenen Eigenschaftsausprägungen.

Läßt man die Annahme der Äquidistanz fallen, liegt ordinales Skalenniveau vor, so daß die monotone Varianzanalyse zur Anwendung kommt, ein iteratives Verfahren, dessen Darstellung den Rahmen hier sprengen würde.

Im **fünften Schritt** sind die Teilnutzenwerte zu normieren, d.h. es sind ein Nullpunkt und gleiche Skaleneinheiten zu bestimmen. Der Nullpunkt wird festgelegt durch den geringsten Nutzenbeitrag, so daß von allen Teilnutzen der geringste Teilnutzenwert der jeweiligen Eigenschaft zu subtrahieren ist. Der auf diese Weise korrigierte maximale Teilnutzenwert je Eigenschaft entspricht der Spannweite der Teilnutzenwerte i.S.v. größter Teilnutzenwert minus kleinster Teilnutzenwert. Die Skaleneinheit wird determiniert durch den Maximalwert des Wertebereichs. Dieser ergibt sich aus der Summe der maximalen Teilnutzenwerte je Eigenschaft (nach Korrektur) über alle Eigenschaften hinweg. Durch Division der Teilnutzen (nach Subtraktion des geringsten Teilnutzens) durch diesen Wert ergeben sich die normierten Teilnutzen. Die Gesamtnutzen der Stimuli liegen nach dieser Normierung im Intervall 0 bis 1. Ist der Preis eine der betrachteten Eigenschaften, so können Nutzenunterschiede in Preisdifferenzen umgerechnet werden. Daraus lassen sich maximal mögliche Preisaufschläge für Verbesserungen bei bestimmten Eigenschaften ermitteln.

Für die weiteren Target Costing-Aktivitäten besonders wichtig ist die relative Wichtigkeit einer Eigenschaft für den Gesamtnutzen eines Produkts. Die Bedeutung, die Veränderungen in der gewählten Merkmalsausprägung auf Präferenzverschiebungen haben, hängt ab von der Spannweite der Nutzenwerte der einzelnen Eigenschaften. Wie sich leicht beweisen ließe, entspricht die Wichtigkeit damit dem maximalen normierten Teilnutzenwert, der bei dieser Eigenschaft erzielt werden kann. Dieser ist identisch mit der Spannweite der Eigenschaft dividiert durch die Summe der Spannweiten über alle Eigenschaften. Aufgrund der Normierung ist die Summe der Gewichte 1.

Eine Aggregation über mehrere Personen hinweg ist möglich durch einfache Durchschnittsbildung der normierten Teilnutzen oder aber durch Interpretation der verschiedenen Auskunftspersonen als Wiederholung des Untersuchungsdesigns.

Eine Alternative zur Gewinnung von Eigenschaftsgewichten ist der Analytic Hierarchy Process (AHP), der im Zusammenhang mit Target Costing erstaunlicherweise nie erwähnt wird, obwohl er durchaus eine Alternative zur Conjoint-Analyse darstellen kann.[365] Lediglich der paarweise Vergleich als solcher wird kurz angerissen.[366] Aus diesem Grund seien die Grundzüge des AHP, der im wesentlichen von THOMAS L. SAATY entwickelt wurde, im folgenden dargestellt:[367]

---

[365] Einen ausführlichen Vergleich der beiden Verfahren, insbesondere in puncto Validität, liefert Tscheulin, D.K. (1992). Die Ergebnisse der Validitätstests sind zusammengefaßt in Tscheulin, D.K. (1991), S. 1267ff.

[366] Vgl. Dittmar, J. (1996), S. 183f.

[367] Vgl. zum AHP Saaty, T. L. (1980); Saaty, T. L. (1987), S. 157ff.; Saaty, T. L. / Vargas, L. G. (1984), S. 513ff.; Haedrich, G. et al. (1986), S. 120ff.; Harker, P. T. (1989), S. 3ff.; Nauck, A. (1983); Zahedi, F. (1986); Weber, K. (1993), S. 73ff.

Im Unterschied zur Conjoint-Analyse ist der AHP ein kompositionelles Verfahren, da er versucht, aus direkt erfragten merkmalsspezifischen Beurteilungen Gesamtpräferenzen abzuleiten. Dabei wird der folgende Weg beschritten:

Im **ersten Schritt** wird das zu untersuchende Problem in seine grundlegenden Komponenten zerlegt und in Form einer Hierarchie strukturiert. Annahme im Grundmodell des AHP ist dabei, daß die gewonnenen Komponenten zu Ebenen zusammengefaßt werden können, wobei die Elemente einer Ebene voneinander unabhängig sind und nur Wirkungszusammenhänge von unten nach oben bestehen. Im hier vorliegenden Fall könnte die Hierarchie so aussehen, daß auf der obersten Ebene der Gesamtnutzenwert als Zielgröße steht, auf der zweiten Ebene die verschiedenen nutzenstiftenden Produkteigenschaften, die in einer Zwischenebene genauer beschrieben sein könnten, und auf der untersten Ebene die vom Unternehmen festzulegenden technischen Merkmale.

Im **zweiten Schritt** sind die Prioritäten auf den einzelnen Ebenen zu bestimmen, dies erfolgt durch einen paarweisen Vergleich: Jedes Element wird mit jedem anderen Element der gleichen Ebene verglichen. Der Vergleich richtet sich auf die relative Bedeutung der beiden Elemente im Hinblick auf ein Bezugselement, das in der nächsthöheren Ebene liegt und von diesen beiden Elementen beeinflußt wird. Eine zuverlässige Eruierung dieser Faktoren ist i.d.R. nur unter intensiver Einbeziehung der Kunden möglich. Ansonsten besteht die Gefahr, daß interne Annahmen über die Wünsche der Kunden zugrundegelegt werden, die nicht den wahren Kundenwünschen entsprechen. Dabei wird i.d.R. eine 9-Punkte-Skala verwendet, wobei höhere numerische Werte eine zunehmende Dominanz des ersten gegenüber dem zweiten Element verkörpern. Die Ergebnisse werden zusammengefaßt in je einer Matrix, die unter diesen Voraussetzungen positiv, quadratisch und reziprok ist. Diese Matrix ist konsistent im Sinne einer kardinalen Konsistenz, die über eine reine Transitivität hinausgeht, wenn für alle Elemente a der Matrix gilt: $a_{ij}a_{jk} = a_{ik}$.

Im **dritten Schritt** ist jede Matrix umzurechnen in einen Gewichtungsvektor, der die relative Bedeutung der einzelnen Elemente für das zugrundeliegende Bezugsobjekt ausdrückt. Für eine konsistente Matrix läßt sich das Gewicht eines Zeilenobjektes durch Division eines beliebigen Elements der Zeile durch die Spaltensumme ermitteln. Dies gilt auch für quantitative Kriterien, die maximiert werden sollen (bei Minimierung als Ziel sind die Reziprokwerte entsprechend zu normieren). Für inkonsistente Matrizen, und davon ist in realistischen Fällen auszugehen, wird für die Berechnung auf die Eigenwertmethode zurückgegriffen, deren Erläuterung hier zu weit führen würde. Zur Lösung existieren Computerprogramme oder Näherungsverfahren.

Vor der Synthese der berechneten Gewichtungsvektoren ist im **vierten Schritt** zu überprüfen, ob die Inkonsistenzen in einem akzeptablen Rahmen bleiben. Hierzu werden auf dem Eigenvektor basierende Kennzahlen gebildet, für die Grenzwerte definiert wurden.

Im **fünften Schritt** sind alle Ebenen bis auf die oberste und die unterste zu eliminieren, um die relative Bedeutung der Elemente der untersten Ebene in Relation zur obersten Ebene zu gewinnen. Hierzu bedient man sich des „principle of hierarchic composition": Die Ebenen werden dabei von oben nach unten, beginnend mit der zweiten und endend mit der vorletzten, eliminiert. Dies geschieht durch Addition aller Gewichte eines Elements einer bestimmten Ebene über alle Bezugsobjekte der übergeordneten Ebene hinweg, und zwar gewichtet mit der Priorität des jeweiligen übergeordneten Elements. Auf diese Weise wird die Ebene eliminiert, die eben als übergeordnet bezeichnet wurde.

Dieses Grundverfahren wurde in verschiedenen Punkten erweitert, z.B. auf den Fall der Rückkopplung zwischen den Ebenen, so daß ein Netzwerk entsteht, das mit der „Super-Matrix-Technik" gelöst werden kann.

Neben diesen strukturierten Verfahren läßt sich eine "weichere" Methode einsetzen, die dem japanischen Target Costing-Kontext entstammt: die "Hand-am-Markt-Forschung". Darunter wird die laufende und intensive Marktbeobachtung verstanden, die alle relevanten Informationen aus Kunden- und Wettbewerberäußerungen sowie Kundenbefragungen sammelt und analysiert. Nachteilig an dieser Methode können sein der systemimmanente reaktive Charakter sowie die Konzentration auf angestammte Geschäftsfelder.[368]

Die vom Kunden geäußerten technischen Anforderungen sind immer in Relation zum Preis zu sehen, den er dafür bereit ist zu bezahlen. Zu seiner Ermittlung sind verschiedene Verfahren denkbar:
Hierzu gehört die Befragung von Experten, wobei vor allem an die eigenen Vertriebsmitarbeiter zu denken ist. Auch hier zeigt sich die Nähe zur "Hand-am-Markt-Forschung". Preisexperimente beobachten Veränderungen im Käuferverhalten bei systema-tischen Preisvariationen. Da sich ein dazu nötiger Testmarkt in der Automobilzulieferindustrie i.d.R. nicht aufbauen läßt, scheidet dieses Verfahren hier aus. Die Beobachtung vergangener Marktdaten mit einer folgenden Ableitung von Funktionsparametern auf der Basis ökonometrischer Methoden erfordert eine hohe Bedingungskonstanz und ist daher nur sehr eingeschränkt einsetzbar. Schließlich ist eine explizite Einbeziehung der Kunden möglich. Neben einer direkten Befragung, die auch in der Automobilzulieferindustrie an der Gefahr unrealistischer, da opportunistischer Aussagen leidet, ist die Integration in die Eigenschaften denkbar, die den Kunden im Rahmen einer Conjoint-Analyse zur Bewertung vorgelegt werden (indirekte Kundenbefragung). Dadurch ist es möglich, nicht nur das gesamte Preisniveau zu ermitteln, sondern Preissteigerungen, die die Kunden bereit sind, für die Verbesserung einer bestimmten Eigenschaft in Kauf zunehmen.[369]

Neben diesen direkten Produkteigenschaften ist eine weitere Kategorie an Kundenforderungen zu eruieren, die im Rahmen der Ausführungen zum Prozeßkostenmanagement angesprochen wurden. Es geht um die Anforderungen, die die Kunden an die Art der Umsetzung ihres Wunsches oder an die Betreuung über das eigentliche Produkt hinaus stellen. Dieser Aspekt ist besonders wichtig für Branchen mit direktem Einzelkundenkontakt, wie dies für die Automobilzulieferindustrie der Fall ist. Die Ermittlung dieser Faktoren ist nicht nur dann wichtig, wenn dadurch Kostentreiber für eine prozeßorientierte Kalkulation zu bestimmen sind. Sie ist schon deshalb von besonderer Bedeutung, weil dadurch zum einen die Auswahl von Zielkunden wesentlich unterstützt wird und zum anderen das eigene Verhalten einem bestimmten Kunden gegenüber sensibilisiert und gesteuert werden kann. Dies ist erforderlich zur kosteneffizienten Gestaltung und Verbesserung der Schnittstelle Kunde-eigenes Unternehmen, aber auch für einen erfolgreichen Abschluß der eigenen Vertriebsbemühungen. Einige Faktoren, die zum Teil von WITT in seinem Kundenranking[370] vorgestellt werden, mögen dies verdeutlichen: Ablauf des Angebotsprozesses, Ablauf des Entwicklungsprozesses,

---

[368] Vgl. Buggert, W. / Wielpütz, A. (1995), S. 77f.
[369] Vgl. Simon, H. (1992), S. 109ff.; Simon, H. (1995), S. 40ff.; Schmalen, H. (1995), S. 36ff.
[370] Vgl. Witt, F.-J. (1993), S. 82.

Intensität der kaufmännischen und technischen Kundenbetreuung, Kosten für Kulanz und Gewährleistung, Anzahl und Zeitpunkt der Änderungen im Kundenwunsch während der Entwicklung und während der Serienphase, Anzahl der (unerwarteten) Kundenbesuche zur Einkaufspreisanalyse, Zahlungsmoral, Form und Verlauf der Lieferabrufe usw. Aus diesen Faktoren läßt sich beliebig eine Reihe von Kennzahlen formulieren, die einen schnellen Eindruck über die Attraktivität eines Kunden geben sowie über die bevorzugte Stoßrichtung für eigene Verbesserungsbemühungen in Zusammenarbeit mit dem Kunden.

Diese Analyse kann ergänzt und ausgebaut werden durch eine Kundenprofitabilitätsmatrix, wie sie bei den Überlegungen zur Einbindung des Prozeßkostenmanagements bereits erwähnt wurde.

Auf dieser Basis läßt sich ein Kundenportfolio aufbauen, das - analog zum Branchenattraktivitäts-Geschätsfeldstärken-Portfolio - die Kunden einordnet nach eigener Stärke beim Kunden und Kundenattraktivität. Die Kundenattraktivität wird dabei determiniert durch die eben diskutierten Faktoren, die eigene Stärke beim Kunden durch Marktanteile, Quotenanteile der letzten Aufträge, Resonanz bei Konzeptwettbewerben usw. In einem derartigen Kundenportfolio läßt sich ein wichtiges Instrument zur Auswahl der Zielkunden und Steuerung des eigenen Verhaltens den Kunden gegenüber sehen. Die im Geschäftsfeldportfolio hergeleiteten Normstrategien sind dabei entsprechend zu übertragen.[371]

Die vom Kunden präferierten oder gar geforderten technischen Eigenschaften - produkt- wie prozeßtechnologisch - sind abzugleichen mit der eigenen Technologiestrategie. Es gibt einige Konzeptionen zur Bestimmung der Technologiestrategie und damit zu deren Einbeziehung in den Target Costing-Prozeß. Wie bei den Geschäftsfeldportfolios muß auch hier ein grober Überblick mit einigen Andeutungen genügen.

Basis vieler Überlegungen sind Technologieentwicklungsmodelle, wie der Technologie-lebenszyklus, der analog zum Produktlebenszyklus aufgebaut ist. ARTHUR D. LITTLE formuliert auf dieser Basis fünf Technologiekategorien: Neue Technologien finden noch keine kommerzielle Anwendung, ihre Förderung ist mit einem hohen Investitionsrisiko verbunden. Schrittmachertechnologien befinden sich im frühen Entwicklungsstadium und bilden zum Teil die zukünftigen Wettbewerbpotentiale. Schlüsseltechnologien bestimmen die gegenwärtige Wettbewerbssituation, während Basistechnologien elementar sind, von allen beherrscht werden müssen und keinen Wettbewerbsvorteil in sich bergen. Verdrängte Technologien sind bereits substituiert. Nicht alle Technologien durchlaufen diesen gesamten Zyklus, einige werden bereits in früheren Stadien substituiert.[372]

Auf den Grundgedanken dieses Lebenszyklus basierend entwickelte MCKINSEY ein S-Kurvenkonzept, das die Leistungsfähigkeit einer Technologie - unter einigen durchaus nicht unproblematischen Annahmen - in Abhängigkeit vom kumulierten F&E-Aufwand zeigt.[373]

Die S-Kurve zeigt in einem idealisierten Verlauf verschiedene Phasen der Zunahme der Leistungsfähigkeit einer Technologie - zunächst wird von einer zunehmenden Grenzrate des F&E-Outputs ausgegangen, dann von einer abnehmenden - sowie deren Grenzen. Norm-

---

[371] Vgl. Homburg, C. / Demmler, W. (1995), S. 13.
[372] Vgl. Servatius, H.-G. (1985), S. 118ff.; Wolfrum, B. (1990), S. 97ff.
[373] Vgl. Wolfrum, B. (1990), S. 101ff.; Servatius, H.-G. (1985), S. 133ff.

strategien für die kritische Übergangsphase, der Diskontinuität durch den Technologiesprung von der alten auf die neue Technologie, fehlen.[374]

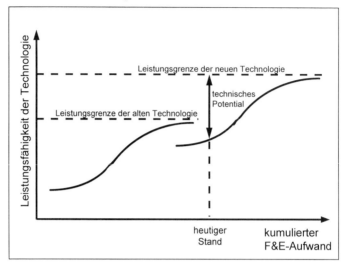

Abbildung 4-8: S-Kurven-Konzept von McKinsey

In Analogie zu den Geschäftsfeldportfolios wurden auch für die Technologiefelder Portfolios entwickelt. Dazu gehört der Ansatz von PFEIFFER ET AL., die als interne Größe die Ressourcenstärke, als externe die Technologieattraktivität heranziehen. Diese wird durch Faktoren wie die interne und externe Akzeptanz, die Anwendungsbreite, das Weiterentwicklungspotential usw. näher definiert. Eine Dynamisierung des Ansatzes erfolgt durch die Einbeziehung künftig konkurrierender Technologien und die darauf basierende Relativierung der eigenen Position. Über die Ausprägungen gering-mittel-hoch entsteht eine Neun-Felder-Matrix mit den bekannten Normstrategien (Investitions-, Selektions- und Desinvestitionsstrategien analog zum beschriebenen Produktportfolio von MCKINSEY).[375]

Ein Hauptvorwurf an dieses Konzept ist die fehlende Marktdimension. Dem will das Portfolio von MCKINSEY abhelfen. Dabei wird ein Technologieportfolio über die Dimensionen relative Technologieposition und Technologieattraktivität (wesentlich geprägt von der S-Kurve) sowie ein Marktportfolio mit analogen Variablen aufgebaut. Die beiden Portfolios werden verdichtet über die Formulierung der Parameter Technologie- und Marktpriorität.[376]

Der umfassendste Ansatz stammt von ARTHUR D. LITTLE, der über Strategien zum Mitteleinsatz hinausgeht. Die Integration der Technologie- und der Marktsicht erfolgt durch den Aufbau einer Neun-Felder-Matrix, die auf der Abszisse die technologische und auf der Ordinate die Wettbewerbsposition aufzeigt. Für jeden Abschnitt im Lebenszyklus der Industrie wird eine eigene Matrix aufgebaut mit unterschiedlichen Strategieempfehlungen.

---

[374] Vgl. Wolfrum, B. (1990), S. 106ff.

[375] Vgl. Pfeiffer et al. (1991), S. 79ff., insb. S. 94; Pfeiffer, W., / Dögl, R. (1992), S. 254ff.; Hahn, D. (1992), S. 232ff.

[376] Vgl. Servatius, H.-G. (1985), S. 135ff.

Diese reichen von Rückzug, Kooperation über Akquisition bis zur eigenen Entwicklung. Diese läßt sich strukturieren nach dem Technologieverhalten in aktiv und reaktiv sowie nach dem gewählten Spektrum der Technologien einer Industrie in voll und selektiv. Daraus ergeben sich für die eigene Technologieentwicklung die Strategiealternativen Führerschaft (aktiv-voll), Nischenstrategie (aktiv-selektiv), Präsenz (reaktiv-voll) und Rationalisierung (reaktiv-selektiv).[377]

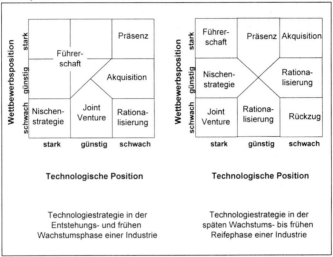

Abbildung 4-9: Technologie-Portfolio nach A.D. LITTLE

4.2.5 Übergabeparameter für die Zielkostenableitung

Der Komplex 4 identifiziert und quantifiziert die Markt- und Strategieparameter, die für die Zielkostenableitung erforderlich sind. Dazu sind alle Markt- und Strategiedaten so aufzubereiten, daß die Bestimmung der ersten drei wesentlichen Parameter einer retrograden Kalkulation ermöglicht wird: Zielpreis, Zielvolumen, Zielgewinn.

Die Aufbereitung der folgenden Daten erscheint dazu erforderlich:

- Für welchen Markt, für welches Marktsegment, für welchen Kunden oder für welches Kundenprojekt sollen die Zielkosten abgeleitet werden? Wie ist der Markt / das Marktsegment bestimmt bzw. abgegrenzt, was sind die wesentlichen Charakteristika?
- Handelt es sich um einen wettbewerbsintensiven Bereich? Wie läßt sich das Wettbewerberverhalten beschreiben? Wie ist die eigene Wettbewerbspostition?
- Wie ist das betrachtete Objekt in das Produktportfolio einzuordnen?
- Welche Wettbewerbsstrategien wurden für das betrachtete Objekt gewählt?
- Welche Kundenanforderungen stehen hinter der betrachteten Basisversion, welche Varianten sind zu betrachten?
- Welche Preisvorstellungen hat der Kunde? Von welchem Marktvolumen ist auszugehen?
- Werden verschiedene Marktszenarien in Betracht gezogen?

---

[377] Vgl. Sommerlatte, T. / Deschamps, J.-P. (1986), S. 61ff.; Servatius, H.-G. (1985), S. 126ff.

Für die Ableitung des Zielpreises und des Zielvolumens sind dabei gleichermaßen folgende Informationen relevant: das betrachtete Objekt, das Wettbewerberverhalten insbesondere im Preisbereich, die Normstrategie aus dem Produktportfolio, die eigene Wettbewerbsstrategie, das hinter dem Preis stehende Produkt als Bündel von Kundenanforderungen, das zum Preis gehörende Volumen, die Preisvorstellungen des Kunden sowie die Frage nach den Marktszenarien.

Um den Zielgewinn ableiten zu können, müssen folgende Faktoren bekannt sein: neben dem betrachteten Objekt und seine Einordnung ins Gesamtunternehmen die Wettbewerbsintensität in diesem Bereich inklusive der eigenen Wettbewerbsposition und der Wettbewerbsstrategie, die Normstrategien aus dem Produktportfolio sowie die Relevanz verschiedener Marktszenarien.

Der folgende Abschnitt zur Zielkostenableitung wird zu klären haben, wie diese Daten zu verarbeiten sind.

4.3 Die Durchführung der Zielkostenableitung

4.3.1 Eignung der bekannten Verfahren

Auf Basis dieser Markt- und Strategiedaten können die Zielkosten für das betrachtete Objekt abgeleitet werden, wozu Modul 2 dient. Das betrachtete Objekt hängt dabei von der Art des Target Costing ab: Im strategischen Target Costing sind Zielkosten zu bestimmen für Produktgruppen, aufgeteilt in Marktsegmente, im operativen für ein konkretes Kundenprojekt. Das Kundenprojekt kann fallweise durchaus verschiedene Ausprägungen annehmen: Es kann sich um eine ganz bestimmte Komponente handeln oder um ein komplettes System, es kann sich aber auch um verschiedene Produkte handeln, die gleichzeitig angeboten werden. Da dann Produktbündel angeboten werden, spricht man auch von Preisbündelung (price bundling).[378] Dabei kann es sich um gleichartige Produkte handeln, z.B. um ein für den Lieferanten attraktives Volumenmodell und ein häufig unattraktives Nischenmodell (die Initiative geht hier i.d.R. vom Abnehmer aus), oder um verschiedenartige Produkte, z.B. ein für den Kunden technologisch attraktives und ein preislich eher unattraktives Produkt (die Initiative geht hier i.d.R. vom Lieferanten aus).[379] Diese Unterschiede im Betrachtungsobjekt haben Auswirkungen auf den konkreten zahlenmäßigen Inhalt der einzelnen Punkte der Zielkostenableitung, nicht aber auf den Charakter der einzelnen Schritte der Zielkostenableitung.

Zur Ableitung der Zielkosten sind verschiedene Verfahren denkbar, die bei der allgemeinen Diskussion von Target Costing bereits dargestellt worden sind. Dies war erforderlich, um den konzeptionellen Rahmen des Ansatzes aufbauen und in die Target Costing-Diskussion einordnen zu können. An dieser Stelle methodischer Überlegungen ist zunächst zu beantworten, welches dieser Verfahren für die vorliegende Fragestellung zu verwenden ist.

---

[378] Vgl. hierzu den Überblick bei Simon, H. (1992), S. 425, 442ff.

[379] Als Beispiel wird von Bosch berichtet: „So unterbreitet Bosch nach wie vor Paketangebote. Wer die begehrten High-Tech-Produkte des Hauses haben will, der muß auch Lichtmaschinen, Starter oder Scheibenwischer abnehmen. Das Junktim zwischen High-Tech und Massenware funktioniert so lange, wie Bosch-Entwickler die Spitze der Fahrzeugtechnik mitdefinieren und die Me-too-Produkte zumindest Anschluß an die internationalen Preisführer halten." Hoffmann, K. / Linden, F.A. (1997), S. 60.

Hierzu sei auf die eingangs geschilderte Situation zurückgegriffen, der sich Unternehmen der Automobilzulieferbranche typischerweise gegenübersehen. Zunächst läßt sich beobachten, daß die Abnehmer, z.B. die Autohersteller, i.d.R. sehr genaue Vorstellungen über die Funktionen des Zulieferprodukts vorbringen. Zum Teil manifestiert sich dieses Anforderungsprofil in konkreten Konstruktions- oder gar Fertigungsvorgaben, zum Teil und in zunehmendem Maße in detaillierten Funktionsanforderungen (hier sei an die verschiedenen Formen der Einbindung von Zulieferern in den Entwicklungsprozeß erinnert). Diese gilt es vom Zulieferer zu erfüllen, wobei Eigeninitiative der Zulieferer keinesfalls ausgeschlossen ist. Diese bezieht sich zwar in den meisten Fällen auf die technische Ausgestaltung bereits vom Abnehmer formulierter Funktionsanforderungen oder auf Zusatzfunktionen von untergeordneter Bedeutung, aber auch auf völlig neuartige Funktionen bestehender Produkte oder gar neue Produkte mit eigenem Funktionsumfang. Diese generelle Dominanz der vom Kunden explizit formulierten Anforderungen für die weit überwiegende Zahl der Angebote der potentiellen Zulieferer bewirkt, daß zum einen die verschiedenen Angebote vom Funktionsumfang sehr nahe beieinanderliegen und damit für den Abnehmer gut vergleichbar sind, zum anderen aber auch, daß eine Differenzierung vom Konkurrenten über die Produktfunktionen schwierig ist. Eine Preispolitik vor dem Hintergrund des eigenen angebotenen Funktionsumfangs - wie sie auf einem anonymen Markt üblich ist - scheidet aus diesem Grund in den meisten Fällen aus. Der Abnehmer in der Automobilzulieferindustrie vergleicht nicht Produkte als Bündel bestimmter Eigenschaften zu einem bestimmten Preis, um nach einem Kosten-Leistungsurteil das für ihn passende Bündel auszuwählen, sondern er vergleicht weitgehend identische Produkte und kann so die Preise nahezu eins zu eins vergleichen.

Hinzu kommt die eingangs geschilderte Tatsache, daß der Preis bei der Auswahl des Zulieferers eine äußerst bedeutende Rolle spielt, wenn nicht sogar die bedeutendste. (Deutlich) Höhere Preise als die der Konkurrenz haben in den meisten Fällen den Verlust des Auftrags oder zumindest das Abrutschen in niedrigere Quotenränge zur Folge (vergleiche hierzu die eingangs aufgestellte Treppenfunktion). Aus diesen Gründen gewinnt der Marktpreis für die weiteren Kostenmanagementaktivitäten absolute Dominanz. Dies hat für die prinzipiell zur Verfügung stehenden Verfahren folgende Konsequenzen:

Die innenorientierten Verfahren verlieren für die Ableitung der Zielkosten für das Gesamtprojekt an Relevanz. Sie sind ausgerichtet an der vorhandenen Kostensituation und ignorieren die eben geschilderte Dominanz der Marktverhältnisse. Out of Company und Out of Standard Costs scheiden damit aus. Gleiches gilt für das Into and out of Company, das den Marktbezug durch einen Abgleich mit der eigenen Kostensituation aufweicht und die Gefahr einer Dominanz der eigenen Kosten gegenüber den Markterfordernissen mit sich zieht.

Es verbleiben die außenorientierten Verfahren. Das Market into Company wird definitionsgemäß dem Anspruch der Berücksichtigung der Marktverhältnisse, insbesondere der geschilderten Dominanz des Marktpreises gerecht. Dominanz des Marktpreises ist dabei nicht gleichzusetzen mit Diktat des Kunden. Seine Preisvorstellungen sind nur dann als Ausgangsbasis für die Zielkostenableitung heranzuziehen, wenn er sie auch am Markt durchsetzen kann, wenn er also einen Zulieferer findet, der bereit ist, zu diesem Preis zu liefern. Aus diesem Grund könnte man den Ansatz des Out of Competitor ins Spiel bringen, der sich am Kostenniveau des besten Wettbewerbers orientiert. Damit läßt sich zwar ein Gefühl für die derzeit erreichbaren Kosten für ein bestimmtes Produkt gewinnen, der Ansatz hat aber zwei gravierende Nachteile. Zum einen ist er in einem dynamischen Umfeld zu reaktiv, man eilt dem Kostenniveau des Wettbewerbers ständig hinterher, ohne ihn zu überholen. Zum anderen ist er extrem gefährlich: Das Kostenniveau des (kosten-)besten Wettbewerbers ist nur ein Parameter bei dessen Angebotspreisbildung und vor allem bei der Marktpreisbildung. Marktstrategische Überlegungen vor dem Hintergrund eines starken Preisdrucks von Abnehmern mit einer hohen Marktmacht führen zu zum Teil erheblichen Abweichungen des Marktpreises von einem Kostenpreis, für den zudem das Problem besteht, nach welchem Verfahren er ermittelt wird. Die Ableitung eines zukünftigen Marktpreises ist weit mehr als die Addition irgendwelcher Kostendaten des Wettbewerbs. Aus diesem Grund kann für den hier vorliegenden Fall der Automobilzulieferer nur das Konzept des Market into Company akzeptiert werden. Daten, wie sie dem Out of Competitor zugrunde liegen würden, können lediglich die Bestimmung des Marktpreises in Ansätzen unterstützen.

Man könnte den Einwand erheben, daß die hier zu untersuchende Frage nach der Preisuntergrenze durchaus auch mit einem innenorientierten Verfahren verträglich ist. So könnte man pauschal als Zielsetzung die derzeitigen Kosten z.B. halbieren, um herauszufinden, wo die „Schmerzgrenze" liegt. Dies würde bedeuten, nur einige nachgelagerte Rechenformalitäten aus dem Target Costing herauszugreifen, um auf den unteren Ebenen der Produktstruktur zu überprüfen, ob das wie auch immer abgeleitete Ziel erreichbar ist. Das unterstützt die Frage nach der Preisuntergrenze zweifelsohne. Mit Target Costing im hier definierten Sinn hat dieses Vorgehen allerdings nicht mehr viel zu tun, die Marktorientierung besonders zu den Kundenanforderungen tritt damit in den Hintergrund, die wettbewerbsfähige Gestaltung der Kosten-Leistungs-Situation ist damit ebensowenig sichergestellt wie eine langfristige Gewinnsicherung im Projekt und über die Projekte hinweg. Hinzu kommt, daß derart willkürlich gesetzte, vom Markt her nicht begründbare Ziele bei den Mitarbeitern regelmäßig abgelehnt und nicht intensiv angestrebt werden, so daß dieser Ansatz für das weitere Vorgehen nicht empfohlen wird.

Konsequenz dieser Entscheidung ist die Ableitung der Zielkosten aus dem strategischen Marktpreis über ein Subtraktionsverfahren, für das sich der Ausdruck retrograde Kalkulation durchgesetzt hat.[380] Dabei wird vom strategischen Markt- und damit Zielpreis der Zielgewinn abgezogen, man erhält die Allowable Costs. Im allgemeinen Verfahren wird vorgeschlagen, diesen die Drifting Costs gegenüberzustellen, um die endgültigen Zielkosten in diesem Intervall festzulegen, z.B. durch Halbierung des Intervalls. Die Folge dieses Vorgehens ist aber, sofern man sich bei der Festsetzung des Marktpreises nicht verschätzt hat, daß diese Aufweichung der Allowable Costs zu einer Verringerung des Zielgewinns führt. Es stellt sich daher die Frage, warum im ersten Schritt ein Zielgewinn festgelegt wird, dessen Erreichung als das Ziel des Target Costing zu sehen ist, wenn er im nächsten Schritt beschnitten wird, weil die Allowable Costs zu anspruchsvoll erscheinen. Dieser Weg wird im hier vorgestellten Konzept aus diesem Grund nicht unterstützt. Vielmehr werden die Zielkosten mit der Differenz aus Zielpreis und Zielgewinn gleichgesetzt. Die Höhe der Standardkosten ist somit für die Zielkostenableitung völlig unerheblich. Ihre Zusammensetzung besitzt aber durchaus Relevanz, weil retrograde und progressive Kalkulation zusammenpassen müssen. Dies wollen die folgenden Ausführungen verdeutlichen.

---

[380] Vgl. Männel, W. (1993), S. 108; Tani, T. et al. (1996), S. 81, siehe auch die Quellen der folgenden Fn.

4.3.2 Ermittlung der gesamten Zielkosten

Ausgangspunkt der retrograden Kalkulation ist der strategische Marktpreis;[381] die hierfür benötigten Daten sind aus dem Fragenkomplex 4 des Moduls 1 zu übernehmen. Dieser Preis bildet sich in einem Verhandlungsprozeß, der eingangs beschrieben worden ist. Auf eine Analyse der Preisbildung bei oligopolistischen Marktverhältnissen und submissionsähnlichen Angebotsprozessen wird hier verzichtet. Preisbildend auf der Nachfragerseite sind die Preisvorstellungen des Kunden, auf der Anbieterseite die Angebotspreise der potentiellen Lieferanten. Bei der Festlegung des Zielpreises ist die Einbeziehung einer entwicklungsbedingten Vorlaufzeit zu beachten, die produkt- und marktabhängig ist. In vielen Fällen des strategischen Target Costing kann dies allerdings bedeuten, daß die Preise von Produkten zu antizipieren sind, für die die Aufträge erst in zwei oder drei Jahren vergeben werden.

Im Rahmen des strategischen Target Costing sollten nicht zuletzt wegen der Marktmacht der Kunden deren Vorstellungen über die zukünftige Preisentwicklung in einem bestimmten Segment der erste Anhaltspunkt sein. Um diese Daten auf Plausibilität und Durchsetzbarkeit zu prüfen, sind sie mit der historischen Preisentwicklung abzugleichen, die aber nicht lediglich rein statistisch fortgeschrieben werden sollte, sondern unter Berücksichtigung der Wettbewerbssituation und des technologisch-innovativen Potentials bewertet. Eine fundierte Beobachtung und Antizipation des Wettbewerberverhaltens im Preisbereich ist elementar, vor allem auf instabilen Märkten, die sich durch hohe Wettbewerbsintensität und hohe Preisdynamik auszeichnen. Unter Umständen läßt sich bei diesem Vorgehen lediglich ein Zielpreiskorridor abstecken. Unter Risikoaspekten erscheint es zumindest für risikoscheue Entscheider angebracht, vom unteren Ende des Korridors auszugehen; dieses führt zu den anspruchsvollsten Zielkosten. Im Rahmen eines Angebotsprozesses (und damit des operativen Target Costing) konkretisieren sich die Preisvorgaben auf ein bestimmtes Projekt. Für erste Preisabschätzungen eignen sich nicht nur die Zielpreiskorridore des strategischen Target Costing, sondern vor allem Zielpreisäußerungen des Kunden, die mit den beschriebenen Änderungen der Beschaffungsphilosophie und dem Einsatz von Target Costing neuerdings von den Autoherstellern i.d.R. frühzeitig bekanntgegeben werden. Daraus könnte sich durchaus eine unternehmensübergreifende Target Costing-Hierarchie für das Gesamtsystem Automobil ergeben.[382] Ansonsten ist es Aufgabe des Vertriebs, unter Berücksichtigung der erwarteten Marktverhältnisse erste Prognosen in Form von „Schattenzielpreisen" abzugeben. Der endgültige Preis ist Ergebnis des Angebotsprozesses und kann daher zu seinem Beginn nicht mit Sicherheit angegeben werden, die Einbeziehung der Preisvorstellungen des Kunden sowie eine Abschätzung der Wettbewerbssituation lassen aber bei fundierter Marktkenntnis bereits zu Beginn des operativen Target Costing zuverlässige Aussagen zu. Diese Preisinformation ist notwendig, um bereits im Angebotsprozeß eine kundenprojektspezifische retrograde Kalkulation aufbauen zu können, die für eine Ermittlung der Preisuntergrenze mit Hilfe von Target Costing erforderlich ist. Die Preisabschätzungen werden während des Angebotsprozesses ständig aktualisiert und angepaßt. Auch hier ist eine wettbewerbsseitige

---

[381] Vgl. zum Grundprinzip der retrograden Kalkulation Seidenschwarz, W. (1994a), S. 75; Seidenschwarz, W. (1995), S. 109ff.; Seidenschwarz, W. et al. (1996), n.o.S.
[382] Vgl. auch Rösler, F. (1996), S. 177; Wullenkord, A. / Reichmann, T. (1995), S. 380ff.; Zahn, W. (1995), S. 148.

Absicherung erforderlich, die spätestens nach Abschluß der ersten Angebotsrunde einsetzen sollte.[383]

Auf überschaubaren Märkten wie dem der Automobilzulieferindustrie kommt der eigenen Preisstrategie häufig eine nicht zu unterschätzende Rolle zu, da sie durchaus marktpreisbeeinflussend wirken kann. Hierbei wird klassischerweise zwischen einer Skimming- und einer Penetrationsstrategie unterschieden.[384] Die Skimmingstrategie versucht, durch einen Markteintritt auf hohem Preisniveau in den frühen Phasen des Lebenszyklus relativ sichere kurzfristige Erträge abzuschöpfen, um das Preisniveau abzusenken, sobald die Konkurrenten imitatorisch aufgeholt haben und der Wettbewerb sich intensiviert. Die Penetrationsstrategie hingegen versucht, durch den Markteintritt auf niedrigem Preisniveau Marktanteile zu steigern und Erfahrungskurven- und Economies-of-Scale-Effekte auszunützen. Auch der genannte Aspekt der Preisbündelung kann die Preispolitik prägen.

Eine allgemeingültige Ableitung der zukünftigen Preisentwicklung sowie der zu wählenden Preisstrategie in Verbindung mit den Normstrategien aus dem Produktportfolio ist nicht möglich. Wesentlicher Einflußfaktor ist die allgemeine Wettbewerbsintensität sowie die Frage, inwieweit für das betrachtete Zulieferprodukt Differenzierungen möglich sind. In der Automobilzulieferindustrie sind Differenzierungsparameter im Bereich des Service - z.B. Unterstützung durch den Zulieferer am Ort des Kunden über resident engineers - schnell zu kompensieren. Echte Vorteile im perzipierten Kundennutzen sind allenfalls durch den Einsatz einer einzigartigen oder besseren Technologie oder durch die bessere Beherrschung der gleichen Technologie möglich. Doch auch diese Wettbewerbsvorteile halten i.d.R. nur kurze Zeit.[385] Solange ein derartiger Vorsprung besteht, kann eine Höherpreispolitik, wie sie die Skimmingstrategie vorschlägt, greifen. Ist ein technologische Differenzierung nicht möglich, herrscht i.d.R. hohe Preisaggressivität auf dem Markt. Im Bereich der Automobilzulieferindustrie immer wieder beobachtbar ist der Einsatz neuer Technologien, die zu Kostenvorteilen führen. Neue Technologien können also auch dazu dienen, nicht einen höheren Preis wegen eines höheren Kundennutzens zu rechtfertigen, sondern eine weitere Preissenkung und damit eine Erhöhung der Preisaggressivität zu ermöglichen. Beide Faktoren erschweren die Preisprognose.

Zu beachten sind Preisveränderungen über den Lebenszyklus eines Projektes hinweg. Im Bereich der Automobilzulieferindustrie häufig zu beobachten sind vereinbarte jährliche Preisdegressionen, durch die Produktivitätssteigerungen beim Zulieferer an den Kunden teilweise weitergegeben werden sollen.

Die ermittelten Preise sind zu kürzen um Erlösschmälerungen wie Skonti oder Rabatte, um Transparenz über den tatsächlichen Erfolg bzw. die tatsächlich zugeflossenen Einzahlungsüberschüsse zu gewährleisten. Im Bereich der Automobilzulieferindustrie fallen Erlösschmälerungen relativ selten an, weil Preise ohnehin individuell vereinbart werden.

Der Preis für ein Produkt ist zu sehen als Gegenleistung für die Umsetzung bestimmter Kundenanforderungen, so daß er auch nicht losgelöst von den Produktfunktionen betrachtet werden kann. Für die retrograde Kalkulation ist es daher wichtig festzuhalten, auf welche

---

[383] Vgl. in Ansätzen Seidenschwarz, W. (1994a), S. 75; Ehrlenspiel, K. et al. (1994), S. 248.

[384] Vgl. Simon, H. (1992), S. 293ff. Siehe auch das Beispiel zur Zielpreisfestlegung bei Cibis, C. / Niemand, S. (1993), S. 200ff.

[385] Vgl. Fouquet, K.P. (1997), S. 422.

Produktfunktionen sich der Preis bezieht.[386] Im Bereich der Automobilzulieferindustrie werden häufig vom Kunden definierte Basisversionen angeboten, die Preissteigerungen bei Zusatzfunktionen werden extra ausgewiesen. Beispiele für derartige Zusatzfunktionen wären im Fall der Motorsteuerungen die Geschwindigkeitsregelanlage oder die Berücksichtigung strengerer Abgasvorschriften. Das genaue Festhalten der einbezogenen Produktfunktionen ist nicht zuletzt deshalb wichtig, weil die Zielkostenerreichung ansonsten durch einfaches „Abspecken" eines Produktes, also durch Weglassen von Funktionen, möglich wäre, und so der eigentliche Kundenwunsch nicht erfüllt würde. Zu beachten bleibt, daß vielfach eine Reihe von Leistungen der Zulieferer extra abgerechnet werden. Dies gilt insbesondere für bestimmte Entwicklungsleistungen, den Einsatz von Werkzeugen, die nur für diesen Auftrag verwendet werden können („Spezialinvestment") oder zur Verfügung gestellte Muster. Diese Aspekte sind bei der Festsetzung des Preises und der späteren Gegenrechnung der eigenen Kosten zu berücksichtigen.

Jeder Preis steht vor einem bestimmten Volumen. Während im Rahmen des strategischen Target Costing strategische Zielsetzungen in Form von Marktanteils- und Volumensplanungen für die einzelnen Marktsegmente konkretisiert werden, handelt es sich bei der Volumensplanung im operativen Target Costing um einen vergleichsweise reaktiven Akt. Hier ist abzuschätzen, welches Volumen vom Abnehmer zugeteilt wird. Zielvorstellungen können sich dabei allenfalls auf bestimmte Quoten beziehen. Kundenabhängig ist festzuhalten, inwieweit Volumensschwankungen zu Preiskorrekturen führen. Dem Charakter der Nachfrage nach Zulieferprodukten als derivative Nachfrage entsprechend, empfiehlt es sich, vom Kunden weitergegebene Volumensabschätzungen durch eigene Recherche zu überprüfen. So kann verhindert werden, daß der Zulieferer Opfer einer Strategie wird, die durch zu hoch vorgegebene Volumina einen günstigeren Preis fixieren möchte. Das der Kalkulation zugrundeliegende Volumen ist festzuhalten, nicht zuletzt auch deshalb, weil die einem Projekt oder Auftrag zugerechneten stückzahlunabhängigen Kostenblöcke (vgl. die folgenden Überlegungen zur Overhead-Steuerung) auf die Stückzahl zu verteilen sind. Je höher diese Deckungsbudgets sowie die stückzahlunabhängigen Vorlaufkosten sind, desto sensibler reagiert der Projekterfolg auf Volumensschwankungen.

Existieren für das betrachtete Projekt verschiedene Varianten, so sind sie an dieser Stelle zu erfassen und in die retrograde Kalkulation zu integrieren. Dazu gibt es verschiedene Möglichkeiten:[387]

- Es werden alle Varianten explizit betrachtet und zu einer Projektgesamtrechnung verknüpft. Dieses Vorgehen ist nur dann möglich bzw. sinnvoll, wenn die Zahl der Varianten vergleichsweise gering ist.
- Die Variante mit dem höchsten Volumen rückt in den Fokus der Betrachtungen,[388] davon abweichende Varianten werden in fallweisen Sonderrechnungen berücksichtigt. Dieses Vorgehen ist nur dann akzeptabel, wenn die Grundvariante volumensmäßig absolut dominiert, so daß die weiteren Varianten unbedeutend werden. In den Sonderrechnungen muß den komplexitätserhöhenden Wirkungen der Variantenbildung explizit Rechnung getragen werden, z.B. unter Verwendung von Prozeßkosteninformationen.

---

[386] Vgl. die Überlegungen von Tanaka, T. (1993), S. 6.
[387] In grober Anlehnung an Lackes, R. (1991), S. 89ff.
[388] Vgl. Kieninger, M. (1994), S. 542.

- Es wird eine merkmalsbezogene Variantenkalkulation eingeführt, bei der Ausstattungs- merkmale als (sekundäre) Kostenträger fungieren. Dem primären Kostenträger Produkt- variante werden die Kosten über die enthaltenen Produktmerkmale zugeordnet.[389] Der Ansatz erscheint interessant, vor dem Hintergrund einer entscheidungstheoretisch einwandfreien und der Variantenkomplexität gerecht werdenden Zuordnung von Kosten auf die einzelnen Merkmale aber noch etwas unausgereift. Vor allem bei der Zuordnung von Zielkosten auf die Merkmale auf Basis ihrer Wichtigkeit aus Kundensicht in den einzelnen Varianten dürfte er vergleichsweise komplex werden. Auch bei dieser Möglichkeit müssen zur Verrechnung ausbringungsmengenunabhängiger Kosten die Volumina der einzelnen Varianten festgehalten werden.

Da bei der Formulierung dieser Ausgangsparameter häufig eine Reihe von Unsicherheiten mitschwingt, ist es empfehlenswert, die denkbaren Entwicklungen in Szenarien zusammen- zufassen. Wesentliche Parameter sollten dabei sein das Wettbewerberverhalten, die Volumensentwicklung und vor allem die Preisentwicklung. Die Auswahl des Szenarios für die Basisüberlegungen kann konservativ oder risikoreich gestaltet werden.[390] Eine vorsichtige Betrachtung wählt jeweils den worst case aus und gelangt so zu den vergleichsweise anspruchsvollsten Zielkosten. Üblich ist die Auswahl des Szenarios, das für am wahrscheinlichsten gehalten wird, (Trendszenario) unter Beachtung dabei bestehender Chancen und vor allem Risiken. In Fortsetzung der Überlegungen zur Berücksichtigung des Risikos im investitionstheoretischen Ansatz ist die Errechnung von Erwartungswerten mit der folgenden Verdichtung durch einen risikoangepaßten Zinssatz möglich. Damit ist auch der Weg zu einem **stochastischen Target Costing** nicht mehr weit. Die genannten Inputfaktoren müssen nicht einwertig festgelegt werden, sie können durchaus einer Wahrscheinlichkeitsverteilung unterworfen werden. Dies gilt auch für die im folgenden Abschnitt fortgesetzte Ableitung der direkt beeinflußbaren Zielkosten. Neben der Handhabung dieses Risikos in verschiedenen Szenarien bei Verdichtung über einen risikoangepaßten Zinssatz ist an den Einsatz der übrigen risikoorientierten Instrumente zu erinnern: Sensitivitäts- und Risikoanalyse bis zur Simulation. Das stochastische Target Costing läßt sich in den übrigen Modulen fortsetzen, worauf an entsprechender Stelle eingegangen wird. Die Ansätze werden aber nicht weiter vertieft: Die Kenntnis und Berücksichtigung von Unsicherheit ist zwar elementar, das Durchziehen von Wahrscheinlichkeitsverteilungen durch alle Target Costing-Module auch möglich, der entstehende Ansatz aber zu komplex und nicht handhabbar. Aus diesem Grund muß es hier genügen, den Weg aufzuzeigen.

Der so ermittelte Zielpreis ist zu kürzen um einen Zielgewinn, der eine Quantifizierung der strategischen Stoßrichtung des betrachteten Objekts darstellt. Er ist eine unverrückbare Vorgabe, die nicht aufgeweicht oder unterwandert werden darf. Die Ableitung des Zielgewinns knüpft an die Normstrategien aus dem Geschäftsfeldportfolio unter Berücksichtigung der gewählten Wettbewerbsstrategie und der Wettbewerbssituation in der betrachteten Branche an. Für die Automobilzulieferindustrie wurde bereits auf die hohe Wettbewerbsintensität, die Schwierigkeiten beim Versuch der Differenzierung und die

---

[389] Vgl. Lackes, R. (1991), S. 90ff.
[390] Vgl. Seidenschwarz, W. (1993a), S. 122.

herausragende Bedeutung des Preises und damit im Endeffekt auch der Kosten als Wettbewerbsfaktor hingewiesen. Exemplarisch für den Fall der BCG-Matrix sei die Umsetzung der Normstrategien in Zielgewinnvorgaben kurz erläutert.[391] Im Bereich der Question Marks wird selektiert: Ein Teil der Produkte (oder Geschäftseinheiten) wird aus dem Programm herausgenommen und nicht weiter betrachtet, ein Teil soll zu Stars aufgebaut werden. Hierzu sind i.d.R. Anstrengungen notwendig, die die Geschäftsleitung dazu veranlassen, diese Produkte aus strategischen Gründen ergebnisseitig zu entlasten, sozusagen in sie zu investieren. Konsequenz ist die Vorgabe niedriger Zielgewinne, bei hoher Wettbewerbsintensität kann der Zielgewinn sogar negativ sein. Ähnliches gilt für Stars in frühen Stadien des Produktlebenszyklus, sofern die Position weiter gefestigt werden soll. Befinden sich die Stars in einer stabilen Position, müssen sie verstärkt zur Sicherung des Ergebnisses beitragen. Cash Cows werden definitionsgemäß gemolken, so daß sie sich durch einen hohen Zielgewinn auszeichnen. Gewinne bei Poor Dogs werden abgeschöpft, bis sie aus dem Programm entfernt werden.[392]

Die Umsetzung der strategischen Zielsetzungen im Rahmen der retrograden Kalkulation erfolgt also über den vorgegebenen Zielgewinn und nicht über Verschiebung von Kostenblöcken. Dadurch wird eine wesentlich höhere Transparenz über die Profitabilität einzelner Projekte erreicht, die bei einer kostenseitigen Entlastung von z.B. Question Marks bei einer gleichzeitigen kostenseitigen Belastung bei den Cash Cows verloren ginge. Die Ableitung des Zielgewinns für die einzelnen Projekte wird allerdings etwas erschwert: Soll bspw. für ein Geschäftsfeld ein Zielgewinn von 10% vom Umsatz erreicht werden, würde es bei gleichmäßiger Verteilung auf die Projekte des Geschäftsfeldes genügen, allen Projekten eine Umsatzrendite von 10% vorzugeben. Wird die strategische Positionierung der Projekte im Zielgewinn berücksichtigt, so müssen die Elemente des Portfolios in ihrer Gesamtheit den Zielgewinn des hinter dem Portfolio stehenden Objekts erreichen, wobei ein Ausgleich zwischen den Projekten zu erreichen ist.

Dieser Gewinn des Geschäftsfelds ist wiederum abgeleitet aus einem übergeordneten Portfolio. Da der Markt und die Marktsegmente wie dargestellt hierarchisiert werden können, ergibt sich auch für die Gewinnvorgaben eine hierarchische Struktur: Die Gewinnvorgaben für das Gesamtunternehmen lassen sich unterteilen in Gewinnvorgaben für die einzelnen Märkte, auf denen das Unternehmen tätig ist, diese wiederum in Vorgaben für einzelne Marktsegmente, die wiederum unterteilt sein können in Kunden oder konkrete Projekte. Da in dieser Hierarchie die Erlöse und damit die (operativen) Gewinne strenggenommen nur auf der untersten Ebene realisiert werden, sind die Gewinnvorgaben der oberen Ebenen, insbesondere der obersten Ebene, dem Gesamtunternehmen, auf die unterste Ebene herunterzubrechen. Es entsteht dadurch eine durchgängige Zielgewinn-Hierarchie, die prinzipiell sowohl auf Absolutbeträgen als auch auf Renditeziffern beruhen kann.

Die Höhe des Zielgewinns korrespondiert mit der gewählten Preisstrategie, da beide die strategische Stoßrichtung unterstützen sollen: Gilt es einen Markt zu erobern, werden niedrige Preise gewählt und geringe oder gar negative Gewinne in Kauf genommen. Wird eine Skimmingstrategie gefahren, so sollen die hohen Preise der frühen Phasen auch hohe Gewinne

---

[391] Der Autor ist sich des Unterschiedes von Cashflow und Gewinn durchaus bewußt. Der hier formulierte Ansatz spricht zwar von Gewinn, meint aber strenggenommen Einzahlungsüberschüsse, die dem Cashflow-Begriff schon sehr nahe kommen. Die folgende Begriffsungenauigkeit wird daher akzeptiert.

[392] In Ansätzen auch bei Kato, Y. (1993), S. 40; Lee, J.Y. (1994), S. 68; Seidenschwarz, W. et al. (1996), n.o.S.

zur Folge haben usw. Auf diese Weise entstehen politische Preise, die bewußt losgelöst sind von der eigenen Kostensituation. Bei hoher Wettbewerbsintensität und daher auch in der Automobilzulieferindustrie häufig zu beobachten sind Preise, die die Konkurrenz verdrängen sollen in der Hoffnung, durch aus einer gestärkten Position resultierende Folgeaufträge kurzfristige Defizite zu überkompensieren. Derartige Strategien müssen sich im Zielgewinn niederschlagen und dort transparent gemacht werden: Das bedeutet niedrigere Zielgewinne aufgrund politischer Preise, gefolgt von höheren Zielgewinnen für die Folgeaufträge zur Kompensation.

Durch dieses Vorgehen des Strategieanschlusses durch Fixierung eines strategischen Zielgewinns vor expliziter Gegenrechnung der eigenen Kostensituation werden aber auch „pseudostrategische" Produkte enttarnt. Dabei handelt es sich um Produkte, die hinter den ursprünglichen Gewinnerwartungen zurückbleiben und dann als strategisch deklariert werden. Der Zielgewinn kann auf verschiedene Arten formuliert werden. Empfehlenswert erscheint die Verwendung der Umsatzrentabilität (Return on Sales).[393] Für sie spricht - z.B. im Vergleich zu Kapitalrentabilitäten - die einfache und transparente Errechnung, gerade in diesem Stadium der retrograden Kalkulation, die eingängige Aussagekraft im praktischen Einsatz sowie die Tatsache, daß die Kapitalrendite von der Umsatzrendite wesentlich abhängt: Die Kapitalrentabilität ergibt sich durch Multiplikation der Umsatzrentabilität mit der Umschlagsgeschwindigkeit des Kapitals, sofern beiden Rentabilitätsgrößen die gleiche Erfolgsgröße zugrundegelegt wird.[394] Wird die Umsatzrentabilität als Zielgewinnmaß verwendet, so kann die Umschlagsgeschwindigkeit des Kapitals über eigene Verfahren gesteuert und damit die gewünschte Kapitalrentabilität über zwei Wege angestrebt werden. Zudem paßt die Umsatzrentabilität gut in den Kontext einer marktorientierten Unternehmenssteuerung.

Diese Rentabilitätsgröße darf nicht verwechselt werden mit der geforderten Rendite, die als Kalkulationszinsfuß bei der investitionsrechnerischen Verdichtung heranzuziehen ist. Der Zielgewinn determiniert den Gewinn pro Periode, der unter Beachtung der diskutierten Voraussetzungen als Einzahlungsüberschuß der Periode herangezogen werden kann. Werden die Anschaffungs- und Vorlaufauszahlungen nicht annuitätisch oder auf sonstige investitionsrechnerische Weise auf die Perioden umgelegt, sind sie über diese Einzahlungsüberschüsse noch nicht abgedeckt. Ob die Einzahlungsüberschüsse ausreichen, damit das Investitionsobjekt gegenüber der Alternativanlage vorteilhaft ist, wird über die Ermittlung des (Netto-) Kapitalwerts geprüft. Basis hierfür ist die geforderte Rendite als Kalkulationszinssatz. Eine positive Umsatzrendite pro Periode stellt damit nur sicher, daß der Ertragswert (Bruttokapitalwert) positiv ist, Aussagen über den Nettokapitalwert sind nicht möglich. Werden alternativ die Anschaffungs- und Vorlaufauszahlungen über die Laufzeit verteilt, so ist hierzu die geforderte Rendite als Kalkulationszinsfuß zu verwenden. Es

---

[393] Vgl. Sakurai, M. (1989), S. 43; Sakurai, M. (1990), S. 50, 54ff.; Seidenschwarz, W. (1993a), S. 122; Tanaka, T. (1993), S. 7; Gaiser, B. / Kieninger, M. (1993), S. 64; Buggert, W. / Wielpütz, A. (1995), S. 79; Kieninger, M. (1994), S. 544; Zillmer, D. (1992), S. 286; Männel, W. (1994), S. 108; Horváth, P. et al. (1996b), S. 134f.; Hieke, H. (1994), S. 498.

[394] Dies ist für die Gesamtkapitalrendite regelmäßig der Fall, da sie wie die Umsatzrentabilität Erfolgsgrößen vor Zinsen heranzieht. Beide Renditegrößen können vor und nach Steuern formuliert werden. Für die Eigenkapitalrentabilität ist der Erfolg vor Zinsen relevant, so daß die (erzielte) Umsatzrendite gegebenfalls zu korrigieren ist. Vgl. hierzu Drukarczyk, J. (1996a), S. 146ff.

entstehen in den einzelnen Perioden Residualgewinne[395] (nach Eigenkapitalkosten): Sind diese durchgängig positiv, ist das Projekt vorteilhaft, wechseln sie das Vorzeichen, müssen sie mit der geforderten Rendite verdichtet werden, z.B. zu einem (Netto-) Kapitalwert. Ein Vergleich von geforderter Rendite und Umsatzrentabilität ist damit aufgrund der unterschiedlichen Basis nicht zulässig. Zulässig wäre allenfalls ein Vergleich von geforderter Eigenkapitalrendite und erzielter Eigenkapitalrentabilität, deren Ermittlung aufgrund von Zurechnungsproblemen beim für das Projekt eingesetzten Eigenkapital in der Praxis aber problematisch werden kann. Die Verwendung der periodischen Umsatzrentabilität hat damit den Vorteil der leichteren Ermittelbarkeit und etwas höheren Eingängigkeit im praktischen Einsatz, sie hat aber den wesentlichen Nachteil, daß mit ihrer Verwendung keine direkten Aussagen über die Vorteilhaftigkeit des Projektes möglich sind. Diese sind erst möglich durch Einführung der gezeigten barwertorientierten Umsatzrentabilität.

Zusätzlich zum Zielgewinn kann ein Risikoabschlag abgezogen werden, „der einen evtl. Wandel im Kundenverhalten oder Überraschungen aus dem Markt berücksichtigen soll."[396] Dieser kann aber auch bereits im Zielgewinn enthalten sein oder durch das Aufstellen verschiedener Szenarien überflüssig werden.

4.3.3 Ermittlung der direkt beeinflußbaren Zielkosten

Die sich als Differenz ergebenden vom Markt erlaubten Kosten (= Allowable Costs) stimmen im vorliegenden Fall nach obiger Empfehlung mit den Zielkosten überein. Mit diesen Zielkosten müssen auch Gemeinkostenbestandteile abgedeckt werden, damit sich der gewünschte Unternehmenserfolg einstellt. Die Zielkosten sind in diesem Sinne Vollkosten.[397] Sie enthalten Kostenbestandteile, die vom Projektteam, das die Zielkostenerreichung für das betrachtete Objekt anstrebt, nicht beeinflußt werden können. Die retrograde Kalkulation als Basis eines umfassenden und durchgängigen Zielkostenmanagements sollte versuchen, die Kostenbestandteile in Kongruenz von Kompetenz und Verantwortung so einzuteilen, daß die Ebene der Beeinflußbarkeit transparent wird. Dazu ist insbesondere eine Trennung in vom Projektteam beeinflußbare und nichtbeeinflußbare Kostenkategorien erforderlich.[398] Dadurch wird auch im Kalkulationsaufbau der Eindruck vermieden, das Projektteam könne durch seine Kostengestaltungsmaßnahmen an allen Kostenschrauben drehen. Das Projektteam wird insofern auch in der Kalkulation entlastet von der Verantwortung für von ihm nicht beeinflußbare Kosten, muß aber trotzdem einen Beitrag zur Abdeckung dieser Kosten aus den Zielkosten leisten.[399]

Der Charakter der Zielkosten als Vollkosten wirft damit ein Problem auf, das beim Aufbau des Preisschwellenkonzeptes diskutiert wurde, nämlich die Form der Verrechnung der Gemeinkosten. Die Verrechnung über prozentuale Zuschlagssätze, wie z.B. im System der klassischen Zuschlagskalkulation, basiert auf einem proportionalen Zusammenhang zwischen

---

[395] Vgl. hierzu die Einführung bei Drukarczyk, J. (1996a), S. 170ff.

[396] Claassen, U. / Hilbert, H. (1994), S. 151. Siehe auch Claassen, U. / Hilbert, H. (1993), S. 151.

[397] Vgl. Horváth, P. / Seidenschwarz, W. (1992), S. 144; Niemand, S. (1992), S. 123; Götze, U. (1993), S. 383; Seidenschwarz, W. (1994c), S. 37; Hieke, H. (1994), S. 499.

[398] So auch Reckenfelderbäumer, M. (1995), S. 179; Seidenschwarz, W. et al. (1996), n.o.S.; Seidenschwarz, W. et al. (1997), S. 109f.; Zehbold, C. (1996), S. 235f.; Brühl, R. (1996), S. 329f.

[399] Einen empirischen Überblick über die in das Target Costing einbezogenen Kostenblöcke geben Tani, T. et al (1996), S. 83f. sowie Sakurai, M. / Keating, P.J. (1994), S. 88.

Zuschlagsbasis und zu verrechnender Größe, der häufig nicht gegeben ist. Aus diesem Grund wurde beim Aufbau der progressiven Komponente des hier vorgestellten Ansatzes in Form des Preisschwellenkonzeptes als Alternative die Einführung eines Topfmodells begründet und erläutert. Quintessenz des Konzeptes ist die Verteilung der Gemeinkosten in Form von Absolutbeträgen, die den Fehler verrechnungsbedingter Über- oder Unterdeckungen vermeidet.

Hieraus lassen sich auch in die retrograde Kalkulation Absolutbeträge in Form von Deckungsbudgets zur Abdeckung der Gemeinkosten einstellen und von den (Voll-) Zielkosten abziehen. Über das dargestellte Topfmodell läßt sich eine Gemeinkostensteuerung aufbauen, die die für eine retrograde Projektkalkulation erforderlichen Daten liefert, so daß die Synthese zwischen Zielkostenableitung und Deckungsbudgets geschaffen ist.[400] Da dieser Steuerungs-mechanismus durch eine Multi-Projekt-Betrachtung die Berücksichtigung der Gemeinkosten in der Zielerreichung und damit den Zielgewinn auf Gesamtunternehmensebene sicherstellt, scheint sich hierfür der Begriff **Multi-Target Costing** durchzusetzen.[401]

Um die Kongruenz zwischen Verantwortung und Kompetenz in der retrograden Kalkulation deutlicher zum Ausdruck zu bringen, ist der üblicherweise als Gemeinkostenblock betrachtete Kostenanteil etwas genauer zu beleuchten. Zu kurz greift eine Orientierung am klassischen Deckungsbeitragsbegriff, der an dieser Stelle zwischen wie auch immer ermittelten fixen und variablen Kosten unterscheiden würde.[402] Sinnvoll erscheint eine Abstufung nach der Nähe zum Produkt, das das Endglied in der Kette der retrograden Kalkulation darstellt, in produktunabhängige, produktferne und produktnahe Gemeinkosten. Produktunabhängige Kosten fallen unabhängig von der konkreten Ausgestaltung einzelner Produkte an. Hierzu gehören z.B. Kosten für eine evtl. bestehende Konzernleitung, allgemeine Verwaltungs-aufgaben oder die Sozialeinrichtungen. Hierbei sind Ausnahmen oder Extremfälle denkbar, die die Beispiele für Produktunabhängigkeit relativieren. Wird bspw. an einem Standort nur ein Produkt gefertigt und wird der Standort aufgelöst, wenn die Produktion des Produktes ins Ausland verlagert wird, so sind die Kosten für die Kantine nicht produktunabhängig. Produktferne Kosten fallen an für Prozesse, die konkret auf den Erfolg der Produktgesamtheit eines Unternehmens ausgerichtet sind, ohne daß sie aus den Produktteams heraus gesteuert werden könnten. Hierzu gehört die Grundlagenforschung oder allgemeine Vorentwicklung, der Aufbau einer allgemeinen, nicht auf ein konkretes Produkt bezogenen Fertigungsinfrastruktur, umfassende PR-Maßnahmen u.ä. Produktnahe Kosten sind die Kosten, die üblicherweise dem Gemeinkostenbereich zugerechnet werden, die aber von der Produktgestaltung im weitesten Sinne beeinflußt werden. Beispiele hierfür sind Kosten für Produktentwicklung, Eingangslogistik, Ausgangslogistik, Fertigungsplanung und -durch-führung u.ä.[403] Diese Definition mit ihren Beispielen zeigt, daß es sich bei den produktnahen Gemeinkosten tendenziell um Auftragseinzelkosten im hier verstandenen Sinne handelt. Die wesentlich einschränkende Bedingung dabei ist, daß die Kosten in diesen Bereichen von der Entscheidung der Auftragsannahme und der daraus folgenden Entscheidungskette abhängen, in diesem Sinne also beeinflußbar sind. Es darf also unter entscheidungstheoretischen Aspekten kein an die Kostenkategorie geknüpfter Automatismus einsetzen. Bei der Bestim-

---

[400] Ähnlich Männel, W. (1994), S. 109 oder Brühl, R. (1996), S. 329f.
[401] Vgl. Seidenschwarz, W. (1995), S. 112; Seidenschwarz, W. et al. (1996), n.o.S.
[402] So auch Fröhling, O. (1995), S. 516; Zehbold, C. (1996), S. 236.
[403] Vgl. zu diesen Beispielen auch Horváth, P. / Renner, A. (1990), S. 104ff.

mung dieser Kosten können allerdings erhebliche Probleme auftreten, die im wesentlichen auf die beschränkte Teilbarkeit der betrachteten Ressourcen zurückzuführen sind. Die daraus resultierenden Probleme, Lösungsansätze und denkbaren Vereinfachungen mit den damit verbundenen Gefahren sind bereits in hinreichender Genauigkeit diskutiert worden.

Der hier vorgestellte Ansatz unterscheidet sich damit ganz rudimentär von dem von BERENS ET AL., die den Anspruch erheben, in ihrem Beitrag „Das Management von Gemeinkosten im Target Costing-Prozeß"[404] vorzustellen. Ihr naheliegender Vorschlag besteht im Endeffekt darin, die verwendete Zuschlagskalkulation auf Vollkostenbasis umzudrehen:[405] Es werden die Standardwerkskosten (= volle Herstellkosten + Werksverwaltungsgemeinkosten) den Zielkosten gegenübergestellt, die sich dort aus dem Marktpreis abzüglich eines geplanten Gewinns sowie geplanter Entwicklungs-, Vertriebs- und Verwaltungsgemeinkosten ergeben, um daraus den prozentualen Kostensenkungsbedarf abzuleiten. Die Kostenstruktur wird dann eingefroren, das heißt alle Zuschlagssätze konstant gehalten, und: „Ausgehend von den aktuellen Standardkosten werden alle in das Produkt eingehenden Wertkomponenten *linear* um den ermittelten Kostensenkungsprozentsatz *gekürzt*."[406] Dieser Vorschlag darf sowohl vom theoretischen wie auch vom praktischen Standpunkt als ein Weg beschrieben werden, den man gerade **nicht** gehen darf: Warum sollten die Kosten für eine in Anspruch genommene Werkshalle, die Werksleitung, die Kantine, die gesamte Infrastruktur usw. plötzlich um diesen anteiligen Satz sinken? Warum bleiben die Entwicklungs- und Vertriebskosten pauschal außen vor? BERENS ET AL. stellen selbst fest, daß die Kapitalkosten für vorhandene Anlagen nicht gesenkt werden können, sie suchen eine Kompensation in neuen Anlagen. Der Ansatz kann also nur funktionieren, wenn sich zufälligerweise die Bemessungsgrundlagen aller Projekte auf dem Planungsniveau bei Erstellung des BAB einpendeln. Diese Aussage gilt für alle projektunabhängigen Gemeinkosten. Eine „kostensatzneutrale Fixkostenanpassung"[407] kann das (zufällige) Ergebnis des Gemeinkostenmanagements sein, nicht Ausgangspunkt einer angemessenen Berücksichtigung der Gemeinkostenproblematik im Target Costing. Die Lösung des Problems kann also nur im oben vorgeschlagenen Ansatz einer durchgängigen Trennung in beeinflußbare und nicht beeinflußbare Kostenbestandteile liegen bei Verrechnung von Absolutbeträgen oder, wie hier ebenfalls angedeutet, in einer Anpassung der Zuschlagssätze. Es darf nicht nur vor dem theoretischen Hintergrund verwundern, daß dieser Ansatz von BERENS ET AL. angeblich in der Praxis so eingesetzt wird. Mitautor ZAHN selbst erwähnt wohl aus diesem Grund an anderer Stelle die Möglichkeit der Berücksichtigung absoluter Größen.[408] Trotz großen Entsetzens der beteiligten Praktiker hat der Autor dieses Beitrags selbst eine Modellrechnung mit obigem Charakter durchgeführt mit dem (erwarteten) erschreckenden Ergebnis, daß eine empfindliche Lücke zwischen verrechneten und geplanten Gemeinkosten eintrat. Der Vorschlag von BERENS ET

---

[404] Berens, W. et al. (1995), S. 261. In ähnlicher Form auch Mitautor Zahn, W. (1995), S. 149ff.
[405] Vgl. Berens, W. et al. (1995), S. 262ff.
[406] Berens, W. et al. (1995), S. 265.
[407] Stahl, H.-W. (1995), S. 115.
[408] Vgl. Zahn, W. (1995), S. 152.

AL. wird daher explizit nicht empfohlen. Er provoziert in dieser Form, um in den Worten von MÄNNEL zu sprechen, existenzgefährdende vollkostenrechnerische Fehlentscheidungen.[409]

Der Einsatz der Prozeßkostenrechnung kann durchaus zu einer transparenteren und einfacheren Analyse und Trennung der aus dem Projektteam nicht beeinflußbaren und der beeinflußbaren Kosten führen, da das Aufzeigen der Wirkungen von Produktgestaltungsmaßnahmen auf die Kosten der indirekten Bereiche dort explizit als Zielgröße in die Gestaltung des Kostenrechnungssystems eingeht.[410] Vorteilhaft erscheint außerdem der klare Kostentreiberbezug, der Ansätze des Kostenmanagements in den indirekten Bereichen erleichtert. Besonders für die produktnahen Bereiche erscheint der Einsatz der Prozeßkostenrechnung geeignet. Dies gilt allerdings nur für die Art der betrachteten Prozeßkosten. Eine betragsmäßige Nutzung der Prozeßkostensätze ist dann problematisch, wenn sie proportionalisierte Fixkostenanteile enthalten. Diese besitzen keine Entscheidungsrelevanz, wenn die hinter den Fixkosten stehenden Ressourcen von den Entscheidungen des Projektteams unabhängig sind. Es besteht auch hier wieder das Problem beschränkt teilbarer Ressourcen, sprungfixer Kosten und Kostenremanenzen. In diesen Fällen sind Grenzkosten-Prozeßkostensätze heranzuziehen und „im Einzelfall Überlegungen anzustellen, um welchen Betrag die Fixkosten dispositiv abbaubar sind"[411]. Dazu können Schwellenwerte hilfreich sein, die für die in Anspruch genommenen Ressourcen die kleinste abbaubare Einheit und die jeweilige Auslastung angeben.[412] In die gleiche Richtung geht die Forderung nach einer Fixkostenobligorechnung, die die mengenmäßige und zeitliche Disponierbarkeit von Fixkosten verdeutlichen soll,[413] oder die Ermittlung von betriebsbereitschaftsgradabhängig abbaufähigen Fixkostenbestandteilen im Rahmen einer fixkostenmanagementorientierten Plankostenrechnung, die um Informationen zur zeitlichen Abbaufähigkeit ergänzt werden können.[414] Dies hängt auch wesentlich vom Planungshorizont ab. Die durchgängige Verwendung der üblichen vollkostenorientierten Prozeßkostensätze mag allenfalls für ein erstes, robustes Kostenmanagement der frühesten Phasen akzeptabel sein; für eine Entscheidungsunterstützung, z.B. über eine Preisuntergrenze, sind sie ungenau und vom theoretischen sowie anspruchsvollen praktischen Standpunkt nicht akzeptabel. Fehlentscheidungen aufgrund eines nicht realisierbaren, aber durch Voll-Prozeßkostensätze suggerierten Kostensenkungspotentials sind auf jeden Fall zu vermeiden.[415]

Mit dem geschilderten Überbau läßt sich damit ein an der Beeinflußbarkeit der Kosten orientiertes, differenziertes Kalkulationsschema aufbauen. Der Meinung von FREIDANK kann hier ausdrücklich *nicht* gefolgt werden, wenn er meint: „Da das neue Produkt darüber hinaus (neben einem Zielgewinn) auch seine leistungsmengenneutralen Gemeinkosten erwirtschaften soll, kommen für eine produktbezogene Kalkulation neben den Plan-Einzelkosten und den

[409] Vgl. Männel, W. (1993), S. 71. Ähnlich sehen diese Problematik Franz, K.-P. (1993), S. 127; Dittmar, J. (1996), S. 187f.; auch Stahl, H.-W. (1995), S. 114f. bemüht sich in seinem Fixkosten-Simulationsmodell um eine differenziertere Betrachtungsweise.

[410] So auch Gaiser, B. / Kieninger, M. (1993), S. 64f.; Seidenschwarz, W. et al. (1997), S. 110; Seidenschwarz, W. et al. (1996), n.o.S.

[411] Franz, K.-P. (1990), S. 133.

[412] Vgl. Horváth, P. / Lamla, J. (1996), S. 339.

[413] Vgl. Männel, W. (1993), S. 71.

[414] Vgl. Reichmann, T. et al. (1990), S. 61ff.; Fröhling, O. (1994b), S. 249ff.

[415] Vgl. hierzu auch Fröhling, O. (1992), S. 726f.; Kloock, J. (1995), S. 592ff.; Schellhaas, K.-U. / Beinhauer, M. (1992), S. 306f.; Männel, W. (1994), S. 109; Fischer, T.M. (1993c), S. 250f.

Plankostenverrechnungssätzen des Fertigungsbereiches nur die Gesamtprozeßkostensätze der Teil- bzw. Hauptaktivitäten in Betracht. Eine künstliche Proportionalisierung der leistungsmengenneutralen Gemeinkosten muß deshalb für Zwecke der Ermittlung der Plan-Standardkosten in Kauf genommen werden."[416]

Das System des Multi-Target Costing läßt sich auf dieser Basis derart gestalten, daß die Transparenz in der Kostenstruktur der Gemeinkostenbereiche, insbesondere bezüglich der bestehenden Verantwortlichkeiten für die Kostenverursachung, auch kalkulationsseitig geschaffen wird. Es bildet damit die Basis für ein schnelles Feedback zwischen retrograder Kalkulation der Projekte und dem Kostenmanagement in den indirekten Bereichen. Das Kostenmanagement in den indirekten Bereichen steuert die Höhe der Gemeinkosten und damit der Deckungsvorgaben in den retrograden Kalkulationen der Projekte. Methodisch unterstützend wirken können in diesem Bereich Prozeßkostenmanagement und Benchmarking. Da die Thematik für das weitere Vorgehen zur Ermittlung der Preisuntergrenze mit Hilfe von Target Costing nur im eben dargelegten Sinne relevant ist, darf bezüglich weiterer Methoden auf die entsprechende Literatur verwiesen werden.[417]

Ergebnis der retrograden Kalkulation sind die vom Projektteam verantwortbaren Zielkosten, die auch als modifizierte Zielkosten bezeichnet werden.[418] Im Rahmen der Entwicklungstätigkeiten nimmt der disponierbare Anteil an diesen Zielkosten, die „Kostenknetmasse", sukzessive ab, der Spielraum zur Erreichung von Zielkosten wird daher tendenziell kleiner. Dies läßt sich in einer mitlaufenden retrograden (und der parallel laufenden progressiven) Kalkulation zum Ausdruck bringen durch Isolation der bereits irreversibel vordisponierten oder gar schon angefallenen Zielkostenbestandteile.

Der hierarchische Aufbau der Unternehmensstruktur spiegelt sich somit im Aufbau der retrograden Kalkulation wider. Diese ist den Anforderungen von Target Costing und dem Charakter einer Automobilzulieferung entsprechend als Lebenszykluskalkulation aufzubauen. Einen vor dem Hintergrund der internen und externen Ergebnisrechnung sinnvollen und überschaubaren Abrechnungsabschnitt bildet das Geschäftsjahr, so daß die retrograde Kalkulation das betrachtete Projekt in Jahren über seinen Lebenszyklus darstellen sollte, auch wenn jede Trennung in Zeitabschnitte als willkürlich angesehen werden kann. Exemplarisch könnte sich folgender Aufbau ergeben.[419]

---

[416] Freidank, C.-C. (1993), S. 396.

[417] Vgl. Jehle, E. (1982), S. 59ff.; Jehle, E. (1992), S. 1506ff.; Burger, A. (1994), S. 217ff.; Roolfs, G. (1996), S. 47ff.; Seicht, G. (1990), S. 488ff.; Hitschler, W. (1990), S. 287ff.

[418] Vgl. Seidenschwarz, W. (1994a), S. 75; Seidenschwarz, W. (1996), S. 755.

[419] Mittlerweile ähnlich bei Seidenschwarz, W. et al. (1997), S. 110; Seidenschwarz, W. et al. (1996), n.o.S.

Retrograde Kalkulation

./.	Zielpreis x Zielvolumen = Zielumsatz Zielgewinn
= ./.	**Zielkosten** Deckungsbudgets für produktunabhängige Gemeinkosten z.B. Konzernumlagen
./.	Deckungsbudgets für produktferne und nicht-beeinflußbare produktnahe Prozesse z.B. Grundlagenforschung
= ./.	vom Projektteam verantwortbare Zielkosten (inkl. beeinflußbare Kosten für produktnahe Prozesse) z.B. Material, Lohn, neue Fertigungsanlagen, Werkzeuge, Projektentwicklung, Eingangslogistik, Ausgangslogistik, Vertriebskosten .... davon irreversibel vordisponierte oder schon angefallene Anteile: z.B. Marktforschung, Angebotsvorbereitung
=	aktuelle "Kostenknetmasse"

Abbildung 4-10: Retrograde Kalkulation

Preisstrategische Überlegungen auf Basis der Skimming-, der Penetrations- oder anderer Strategien oder Vereinbarungen zwischen Kunden und Zulieferern wie jährliche Preisdegressionen, aber auch Veränderungen in der Konkretisierung der Wettbewerbsstrategie in Form des Zielgewinns führen dazu, daß die Zielkosten über den Lebenszyklus hinweg nicht konstant sind. Diese Schwankungen gilt es über die Laufzeit hinweg auszugleichen. Es erscheint nicht immer sinnvoll oder gar möglich, eine parallele Entwicklung von Zielpreis oder Zielkosten und erreichten Kosten anzustreben: Wird bspw. die Skimmingstrategie verfolgt, so fällt der Zielpreis oft so stark, daß eine entsprechende Kostenreduktion unrealistisch erscheint. Über die Laufzeit zurückgehende Gewinnforderungen können diesen Effekt nur schwach abdämpfen. Umgekehrt gilt im Fall der Penetrationsstrategie, daß eine Vorgabe steigender Zielkosten zwar Spielraum zur Abfederung von Kostensteigerungen schaffen kann, insgesamt aber im Normalfall unsinnig erscheint. Die anfallenden Vorlaufkosten für Entwicklung, Werkzeuge u.ä., denen keine Umsätze gegenüberstehen und die nur zum Teil auf den Kunden weiterverrechnet werden können, stellen ein weiteres Problem dar. Zur „Lösung" wird vorgeschlagen, Durchschnittspreise anzusetzen.[420] Um auch die Vorlaufkosten und eventuelle Zielgewinnverschiebungen einzubeziehen, müßte der Vorschlag auf Durchschnittswerte für die Kostendaten ausgeweitet werden.[421] Dieser Ansatz vernachlässigt allerdings jegliche Zinseffekte, so daß hierin allenfalls eine second best Lösung gesehen werden kann. Korrekt, wenn auch in der praktischen Anwendung (noch) nicht flächendeckend umgesetzt, ist die Ermittlung von Barwerten und die Umrechnung in stückbezogene Annuitäten. Das Rechenvorgehen wurde bereits bei der Vorstellung des

---

[420] Vgl. Seidenschwarz, W. (1993a), S. 119ff.
[421] So Kieninger, M. (1994), S. 542.

174

Preisschwellenkonzeptes demonstriert. Der hier vorgestellte Target Costing-Ansatz bedient sich damit als Rechenrahmen einer Lebenszyklusrechnung auf investitionstheoretischer Basis. Obwohl in der Target Costing-Literatur wie gezeigt der Lebenszyklusbezug ständig betont wird, wird die Forderung nicht adäquat umgesetzt.[422] Gleicher Meinung ist hier ALTENBURGER: „Bei der Entscheidung über die Einführung eines Produktes, d.h. über einen Produktlebenszyklus, ist auch dann eine Investitionsrechnung erforderlich, wenn dabei nicht über die Schaffung von Kapazitäten entschieden wird. Das sogenannte Target Costing impliziert eine Investitionsrechnung."[423] Oder RIEZLER: „Zum anderen erfordert gerade die lebenszyklusorientierte Perspektive des Target Costing eine **dynamische Sicht** der Kosten. [...] Das geschieht aber am zweckmäßigsten im Rahmen einer auf das gesamte Produktprojekt bezogenen dynamischen Investitionsrechnung."[424] Diesen Vorschlag greift BRÜHL auf, der nach Kenntnis des Autors als erster etwas konkreter versucht, eine investitionstheoretisch fundierte Lebenszyklusbetrachtung in das Target Costing zu integrieren, ohne allerdings den wichtigsten Schritt zu tun, nämlich stückbezogene (annuitätische) Zielkosten zu ermitteln.[425] Eine Einbeziehung von Diskontierungsfaktoren wird erstaunlicherweise ansonsten nicht gefordert, teilweise sogar explizit als komplexitätstreibend abgelehnt.[426] Die wahrhaft simple Umsetzung in der gezeigten Form widerspricht diesem „Argument" eindeutig. Ein Erklärungsbedarf über Bedeutung und Hintergrund der Diskontierung im praktischen Einsatz muß allerdings durchaus eingeräumt werden.

Die ermittelten vom Projektteam beeinflußbaren Zielkosten bestehen in ihrer Gesamtheit aus laufenden Kosten (für Material und verschiedene Prozesse), aber auch aus Vorlaufkosten. Dazu gehören im wesentlichen die für das Projekt benötigten Anlagen und Entwicklungskosten aller Art. Ein möglicher trade-off zwischen Vorlauf- und laufenden Kosten kann damit problemlos abgebildet werden. Über die investitionstheoretisch geprägte retrograde Kalkulation werden für diese Auszahlungskategorien implizit - da im Gesamtblock enthalten -, anschließend über die Zielkostenspaltung explizit Zielwerte abgeleitet. In Anlehnung an erste Ansätze in der Literatur wird im folgenden von **Target Investment** und **Target Budgeting** gesprochen. Als Target Investment wird die marktorientierte Ableitung von Zielwerten für Investitionsauszahlungen gesehen, als Target Budgeting analog die Ableitung von F&E-Budgets (daher auch Target Engineering Expense).[427] Beides ist ein integraler Bestandteil der hier vorgestellten Target Costing-Konzeption.

Über das angesprochene Multi-Target Costing wird ein zweidimensionaler Beurteilungsraum für die Ergebnissituation eines Unternehmens aufgespannt. Die lebenszyklusorientierte Kalkulation für ein bestimmtes Projekt bildet die Basis, indem sie ein Projekt über die „Jahresscheiben" hinweg verfolgt. Das Multi-Target Costing verdichtet diese Daten

---

[422] Den gleichen Eindruck gewinnt Riezler, S. (1996), S. 93. Auch in den jüngst erschienenen Fallstudien von Horváth et al. wird zwar die Investitionsrechnung angewandt, allerdings lediglich zur Überprüfung der Vorteilhaftigkeit verschiedener Investitionsalternativen nach Abschluß des Target Costing, nicht als integraler Bestandteil desselben z.B. im Rahmen der Zielkostenableitung (vgl. Horváth, P. et al. (1996b), S. 57ff.). Das Problem statischer Betrachtungen wird erkannt, eine Übertragung auf das Target Costing fehlt.

[423] Altenburger, O. (1994), S. 701.

[424] Riezler, S. (1996), S. 93.

[425] Vgl. Brühl, R. (1996), S. 319ff.

[426] Vgl. Horváth, P. / Mayer, R. (1994), S. 704.

[427] Diese Ansätze finden sich bei Claassen, U. / Hilbert, H. (1994), S. 151ff.; Hilbert, H. (1995), S. 354ff., auch beschrieben bei Dittmar, J. (1996), S. 188ff. und erwähnt bei Listl, A. (1996), S. 137.

jahresscheibenweise über die Projekte hinweg bezogen auf Projekteinzelkosten, auf als Deckungsbudgets zugeteilte Projektgemeinkosten und auf die Projektergebnisse. Der Ansatz wird damit der Forderung von MÄNNEL gerecht, die periodenbezogenen Betrachtungen nicht abzulösen, sondern zu ergänzen.[428] Dabei ist ein projektübergreifender Abgleich von Zielgewinn und erreichtem Gewinn sowie von Zielkosten und erreichten Kosten möglich und darauf aufbauend wiederum der Abgleich von zugeteiltem Deckungsbudget und erreichtem Deckungsbeitrag. Der Overhead ist damit aus den Projekten heraus dem gleichen Zielkostenabgleich zu unterwerfen wie die Projekteinzelkosten im späteren Prozeß der Zielkostenerreichung. Die jahresbezogene Verdichtung der Projektzahlen kann einer Liquiditäts- und Finanzplanung ebenso dienen wie der Periodenerfolgsrechnung des internen und externen Rechnungswesens.

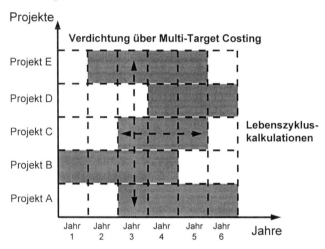

Abbildung 4-11: Zusammenhang Lebenszykluskalkulationen - Multi Target Costing [429]

4.3.4 Kompatibilität von retrograder Kalkulation und Preisschwellen

Der Aufbau der retrograden Kalkulation ist damit komplett, die Herkunft der einzelnen Inputfaktoren erläutert. Es bleibt die Frage, ob und wenn ja wie diese retrograde Kalkulation im Rahmen einer Preisuntergrenzenermittlung mit Hilfe von Target Costing eingesetzt werden kann. Voraussetzung für den Einsatz ist die bereits mehrfach angesprochene Kompatibilität retrograder und progressiver Kalkulation. Ein vergleichender Blick auf das hier vorgestellte Preisschwellenkonzept und die retrograde Kalkulation in der eben beschrieben Form zeigt, daß diese Kompatibilität hier voll gegeben ist: Die beiden Konzepte sind gerade spiegelbildlich aufgebaut, die retrograde Kalkulation stellt die Preisschwellensystematik sozusagen auf den Kopf.

---

[428] Vgl. Männel, W. (1994), S. 110.

[429] Den Zusammenhang von projekt- und periodenbezogener Betrachtungsweise zeigt in ähnlicher Form, aber nicht vor dem Hintergrund des Target Costing, Bröker, E.W. (1993), S. 37.

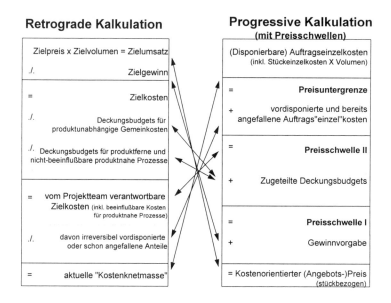

Retrograde Kalkulation

| Zielpreis x Zielvolumen = Zielumsatz |
| ./.   Zielgewinn |
| =   Zielkosten |
| ./.   Deckungsbudgets für produktunabhängige Gemeinkosten |
| ./.   Deckungsbudgets für produktferne und nicht-beeinflußbare produktnahe Prozesse |
| =   vom Projektteam verantwortbare Zielkosten (inkl. beeinflußbare Kosten für produktnahe Prozesse) |
| ./.   davon irreversibel vordisponierte oder schon angefallene Anteile |
| =   aktuelle "Kostenknetmasse" |

Progressive Kalkulation
(mit Preisschwellen)

| (Disponierbare) Auftragseinzelkosten (inkl. Stückeinzelkosten X Volumen) |
| =   **Preisuntergrenze** |
| +   vordisponierte und bereits angefallene Auftrags"einzel"kosten |
| =   **Preisschwelle II** |
| +   Zugeteilte Deckungsbudgets |
| =   **Preisschwelle I** |
| +   Gewinnvorgabe |
| = Kostenorientierter (Angebots-)Preis (stückbezogen) |

Abbildung 4-12: Kompatibilität von retrograder Kalkulation und progressivem Preisschwellensystem

Die Übersicht zeigt „nur" den Zusammenhang der einzelnen Stufen der Kalkulationen. Daraus kann nicht auf eine betragsmäßige Gleichheit geschlossen werden: Die linke Seite beinhaltet Zielgrößen, die rechte tatsächliche Größen (im Sinne von derzeit geplanten bzw. geschätzten). Hervorgehoben sei die Korrespondenz von aktueller Preisuntergrenze und aktueller Kostenknetmasse. Die Preisuntergrenze wird gebildet durch die Auftragseinzelkosten inklusive der Stückeinzelkosten. Das sind die Kosten, die dem Auftrag im Sinne des Identitätsprinzips zuzuordnen sind, die also auf den identischen dispositiven Ursprung, auf die gleiche Entscheidung zurückgehen - gegebenenfalls über eine Entscheidungskette - wie der Auftrag selbst. Ohne organisatorische Implikationen von Target Costing vorwegzunehmen, sollten diese auftrags- oder projektbezogenen Entscheidungen vom Projektteam getroffen werden. Die daraus folgenden Kosten sind daher vom Projektteam zu verantworten, so daß Preisuntergrenze und vom Projektteam verantwortbare Zielkosten zunächst aus den gleichen Kostenbestandteilen bestehen. Beide Größen sind aber zu aktualisieren und zu korrigieren um die irreversibel vordisponierten und bereits angefallenen Kostenbestandteile. Werden die beeinflußbaren Zielkosten unter Einsatz von Grenz-Prozeßkostensätzen wie oben erläutert ermittelt, entsteht bei Übertragung auf die progressive Kalkulation eine **prozeßorientierte Preisuntergrenze**, wie sie auch von FRÖHLING kurz angerissen wird.[430]

Die Übersicht beantwortet auch die Frage, warum eine retrograde Kalkulation im Rahmen der Preisuntergrenzenermittlung überhaupt einen Zielgewinn und die Auftragsgemeinkosten beinhaltet. Man könnte doch argumentieren, daß diese Bestandteile nicht zur Preisuntergrenze gehören, so daß es genügte, einen bestimmten, entsprechend niedrigen Preis als Ziel vorzugeben und zu prüfen, ob dieses Ziel mit den noch beeinflußbaren Auftragseinzelkosten

---

[430] Vgl. Fröhling, O. (1994b), S. 199ff.

177

zu erreichen ist. Dieses Vorgehen würde zu einem Ausloten der Preisuntergrenze führen, greift aber zu kurz:

1. Es läßt keinerlei Aussagen über das Unterschreiten bestimmter Preisschwellen zu, deren Wichtigkeit oben ausführlich erläutert worden ist. Die Deckung der Gemeinkosten und die Erzielung eines Gewinns treten völlig in den Hintergrund.

2. Die Einbeziehung der Faktoren Gewinn und Gemeinkosten schmälert die Zielvorgabe für die Auftragseinzelkosten, erhöht den Kostendruck und beschleunigt damit die Ermittlung der „echten" Preisuntergrenze, ohne auf willkürliche Festsetzungen eines nicht aus dem Markt heraus begründbaren Preises angewiesen zu sein.

3. Die Zielsetzung des Target Costing einer langfristigen Gewinnsicherung wird mit diesem Vorgehen nicht verfolgt. Es tritt damit neben den eigentlichen Target Costing-Prozeß statt in ihn integriert zu sein. Es wird - wie bei obigem Einwand einer innenorientierten, pauschalen Kostenkürzung - ein Rechenwerk aus dem Target Costing herausgenommen, ohne Target Costing anzuwenden. Das ist nicht Ziel dieser Arbeit.

4.4 Die Durchführung der Zielkostenspaltung

4.4.1 Was ist zu spalten?

Ergebnis der Zielkostenableitung im Modul 2 sind die modifizierten Zielkosten, die vom Projektteam beeinfluß- und daher verantwortbaren Zielkosten. Diese sind in diesem Stadium auf ein Produkt als Ganzes bezogen. Darin enthalten sind neben stückbezogenen Kosten Vorlaufkosten, die nur deshalb auf die Stückebene bezogen wurden, weil die Erlösseite an ein Stück gebunden ist, sofern die Kosten nicht separat an den Kunden weiterverrechnet werden können.

Diese Zielkosten sind vom Projektteam zu erreichen, bilden also die Vorgabe für alle weiteren projektbezogenen Kostenmanagementaktivitäten. Sie sind allerdings zu pauschal bzw. undifferenziert, als daß sie als Kostenvorgabe in den Entwicklungsprozeß eingespeist werden könnten.[431] Aus diesem Grund wird im Modul 3 versucht, diese summarischen Zielkosten aufzuspalten. Ziel dabei ist, alle projektbezogenen Entscheidungen kostenseitig an Zielkosten messen zu können. Da aber die Entscheidungen i.d.R. nicht auf Gesamtproduktebene getroffen werden, sondern immer nur einen bestimmten Teilaspekt betreffen, ist auch für jeden dieser Teilaspekte eine Zielkostenvorgabe erforderlich. Vor allem in den Fällen, in denen der Entwicklungsprozeß von einer zumindest zeitweisen organisatorischen Trennung geprägt ist, in dem also bestimmte Entwicklungstätigkeiten von bestimmten Personen oder Personengruppen isoliert vollzogen werden, ist es unerläßlich, als Parameter dieser Tätigkeiten auch Zielkosten vorzugeben. Nur so ist eine schnelle und unmittelbar maßnahmenbezogene Rückkopplung zur Zielkostenerreichung für das Gesamtprojekt möglich. Die Zielkostenspaltung bildet dadurch die Verbindung zwischen externer, marktorientierter Zielkostenableitung und internen, unternehmensbezogenen Denk- und

---

[431] Vgl. Horváth, P. / Seidenschwarz, W. (1992), S. 145; Seidenschwarz, W. et al. (1996), n.o.S.; Buggert, W. / Wielpütz, A. (1995), S. 89.

Maßnahmenkategorien bei der Zielkostenerreichung.[432] Um dieses Herunterbrechen der Zielkosten auf Maßnahmenebene zu ermöglichen, sind die bereits formulierten drei zentralen Fragen der Zielkostenspaltung zu beantworten: Was ist worauf und wie zu spalten? (Teil-)Frage 1 sucht nach der zu spaltenden Größe (Verrechnungsobjekt), Frage 2 nach den Zuordnungsobjekten und Frage 3 nach den Spaltungsmechanismen.

Da die modifizierten vom Markt erlaubten Kosten den Zielkostenrahmen bilden, der vom Projektteam zu erreichen ist, sollten sie auch die zu spaltende Größe in der Zielkostenspaltung darstellen. Weitere Modifikationen, wie sie zum Teil vorgeschlagen werden, erscheinen vor dem Hintergrund obiger Ausführungen nicht sinnvoll:
Der Vorschlag von FRÖHLING[433] einer Bereinigung der Zielkosten um phasenverschobene Kostenelemente (Vorlauf- und Folgekosten) sowie um herstellkostenfremde Kostenelemente ist unverständlich: Die Trennung in periodisch und einmalig anfallende Kostenbestandteile ist für das Zielkostencontrolling wichtig und daher absolut sinnvoll. Die *Bereinigung* der Zielkosten um diese Größen vermindert aber unnötigerweise das Beeinflussungspotential im Target Costing, weil Kosten aus der Verantwortung derer gezogen werden, die sie determinieren. Die Bereinigung um herstellkostenfremde Kostenelemente ist bei weitem zu undifferenziert; sie knüpft an an einer Einteilung aus dem klassischen Schema der Zuschlagskalkulation, die nicht notwendigerweise mit der Beeinflußbarkeit der Kosten zusammenfällt. Man denke hier, um nur zwei kleine Beispiele zu nennen, an Kosten für den strategischen Einkauf oder Umlagen für allgemeine Materialprüfungen, die über die Materialgemeinkosten in den Herstellkosten enthalten, vom Target Costing-Team aber nicht beeinflußbar sind. Oder umgekehrt an Kosten für Marktuntersuchungen oder produktbegleitende Dienstleistungen, die über die Vertriebskosten verrechnet werden, damit nicht in den Herstellkosten enthalten sind, aber dennoch vom Team beeinflußt werden. Die Betrachtung der Kosten der indirekten Bereiche verdient in den meisten Fällen eine differenziertere Berücksichtigung als die Trennung in Herstell- und Nicht-Herstellkosten. Für eine entscheidungsorientierte Betrachtung, vor dem Hintergrund von Preisuntergrenze und Preisschwellen, ist diese ohnehin nötig.
FRÖHLING schlägt außerdem vor, die Herstellstückkosten (die pauschale Verwendung dieser Größe wurde bereits kritisiert) um Fremdleistungskostenelemente zu bereinigen. Wie er selbst korrigiert, sind damit nur die Fremdleistungskostenelemente gemeint, die kurzfristig nicht disponierbar sind.[434] In dieser Form ist der Vorschlag mit den obigen Ausführungen zur Ziel-kostenableitung konform. Wichtig dabei ist aber, ob die Kostenelemente (irreversibel) vordisponiert sind oder nicht, ob es sich um Fremdleistungen oder interne Leistungen handelt ist per se sekundär, wenngleich die Fälle einer frühzeitig irreversiblen Disposition durchaus eher im Zulieferbereich liegen. Eine pauschale Bereinigung um Fremdleistungkostenelemente ist indiskutabel, da damit einem wesentlichen Aspekt der Zielkostenerreichung der Boden entzogen würde, nämlich der Beeinflussung der Materialkosten über das Zulieferer-management.

Vor dem Hintergrund dieser Argumentation erscheint auch der Vorschlag RÖSLERs unverständlich: „Die im folgenden dargestellte Methodik berücksichtigt daher im Rahmen der

---

[432] Vgl. Fröhling, O. (1994a), S. 421.
[433] Vgl. Fröhling, O. (1994a), S. 423f.
[434] Vgl. Fröhling, O. (1994a), S. 424.

Zielkostenspaltung lediglich die Einzelkosten. Produktspezifische Entwicklungskosten und Investitionen sind aufgrund ihrer Produktnähe zwar im Rahmen des Zielkostenmanagements abzubilden und in den Gesamtzielkosten zu berücksichtigen, jedoch macht eine marktorientierte Zielkostenspaltung für diese Kosten wenig Sinn."[435] RÖSLER läßt dabei im Unklaren, was er unter Einzelkosten versteht, er scheint sich aber dem traditionellen Begriffsverständnis anzuschließen statt einem entscheidungstheoretischen und lediglich Materialeinzelkosten und Fertigungslöhne in die Zielkostenspaltung einfließen lassen zu wollen. Damit vernachlässigt er nicht nur die Wirkungen in den indirekten Bereichen, er erschwert auch unnötig den Weg zu einem Target Investment und Target Budgeting; wie die von ihm geforderte Abbildung dieser Vorlaufkosten konkret zu bewerkstelligen ist, läßt er völlig unbeantwortet. Daß RÖSLER diese Kosten aus der Zielkostenspaltung ausklammert, darf vor allem deshalb verwundern, weil er selbst auf Substitutionswirkungen im Rahmen von Iso-Renditelinien hinweist (Auf der Iso-Renditelinie befinden sich diejenigen Kombinationen aus produktspezifischen Investitionen und Produkteinzelkosten, die zur gleichen Rendite des Objektes führen).[436]

Es bleibt aber festzuhalten, daß nicht alle Kosten auf die gleiche Ebene der Zuordnungsobjekte, wie auch immer sie definiert seien, heruntergebrochen werden können: Kosten der Ausgangslogistik bspw. beziehen sich auf das gesamte Produkt und können nicht auf einzelne Baugruppen bezogen werden (außer es erfolgt eine Montage der Baugruppen am Einsatzort), anders hingegen Materialeinzelkosten für bestimmte Teile, die in eine Baugruppe eingehen. Daraus wird ersichtlich, daß die Frage nach der zu spaltenden Kostengröße für jede Ebene der Zuordnungsobjekte neu gestellt werden muß, da bestimmte Kostenbestandteile auf oberen Ebenen „hängenbleiben". Die auf der „Makroebene" der Projekte in einem Unternehmen vorgenommene Strukturierung in eine der RIEBELschen Bezugsobjekthierarchie ähnliche Form wird daher auf der „Mikroebene", der Struktur eines Produktes, fortgesetzt. Die Struktur des Produktes determiniert die Bezugsobjekte der Zielkostenspaltung. Dies wird die Fallstudie am Ende der Arbeit exemplarisch verdeutlichen. Der Vorwurf von BETZ, die Zielkostenspaltung bedeute eine Fixkostenproportionalisierung,[437] ist damit zumindest für den hier vorgestellten Ansatz haltlos.

Es wird deutlich, daß auf die tieferen Ebenen des physischen Produktes nicht nur Materialkosten heruntergebrochen werden, sondern auch die Kosten, die zur Entwicklung, Beschaffung, Verarbeitung u.ä. der einzelnen Komponenten entstehen. Der Umfang der prozeßorientiert spaltbaren Kosten hängt wie bei der Spaltung der Kosten für die produktbegleitenden Dienstleistungen davon ab, ob entsprechende Prozeßkosteninformationen zur Verfügung stehen.[438] Prozesse sollten ebenfalls nur dann als Zuordnungsobjekte gewählt werden, wenn diese Voraussetzung erfüllt ist. Ansonsten ist kein sinnvolles Zielkostencontrolling möglich.

---

[435] Rösler, F. (1996), S. 116.
[436] Vgl. Rösler, F. (1996), S. 53ff.; 161, 176.
[437] Vgl. Betz, S. (1995), S. 622.
[438] Vgl. zum Target Costing für Dienstleistungen unter der dabei herausragenden Rolle der Prozeßkostenrechnung Cibis, C. / Niemand, S. (1993), S. 200ff.; Niemand, S. (1994), S. 66ff.; Reckenfelderbäumer, M. (1995), S. 183ff.; Niemand, S. (1996), S. 27ff., insb. S. 70ff.

4.4.2 Worauf ist zu spalten?

SEIDENSCHWARZ nennt eine Reihe von Inhaltskategorien, die als Ebenen der Zielkostenspaltung dienen können, ohne allerdings auch nur anzudeuten, ob diese alternativ, nebeneinander oder in einer hierarchischen Struktur herangezogen werden sollten.[439] Teilweise erscheinen die Vorschläge etwas theoretisch und nicht unbedingt am Maßnahmenbezug orientiert. Konkreter erscheint sein Vorschlag, der Vorgehensweise in japanischen Unternehmen entsprechend die Zielkosten über die Ebenen Produktmerkmale, Produktfunktionen, Produktkomponenten und Produktteile herunterzubrechen:[440] Betrachtet man ein Produkt als das Zusammenwirken einzelner technischer Elemente, die unter Einbeziehung bestimmter Zusatzleistungen ein Bündel an Kundenanforderungen erfüllen, so läßt sich daraus die Forderung erheben, daß der Startpunkt einer marktorientierten Zielkostenspaltung die Kundenanforderungen im Sinne von Produktmerkmalen und -funktionen sein sollten; sie werden damit Zielkostenträger. Dies entspricht der schon älteren Forderung von EHRLENSPIEL, für jede Forderung, die an das betrachtete Produkt gestellt wird, auch die dafür zulässigen Kosten vorzugeben.[441] Die Zielkostenspaltung knüpft damit an an das Modul 1 mit der dort formulierten und ermittelten Struktur der Kundenanforderungen. Die Funktionen beinhalten sowohl Funktionen des physischen Produkts (Objektfunktionen) als auch Anforderungen an Zusatz- oder Serviceleistungen (Verrichtungsfunktionen).[442] Die Zielkostenspaltung darf Dienstleistungen, die zusammen mit dem physischen Produkt vielfach erst das vom Kunden gewünschte Leistungsbündel ausmachen, daher nicht unberücksichtigt lassen. In solchen Fällen bietet es sich an, auf der ersten Ebene die Kosten auf das physische Produkt und die produktbegleitenden Dienstleistungen zu spalten. Die Wirkung der Ausgestaltung technischer Baugruppen auf die Erfüllbarkeit der Dienstleistung (z.B. Wartung) läßt sich trotz dieser Trennung problemlos auf nachgelagerten Stufen über Wirkungsmatrizen auffangen.[443] Die Serviceleistungen lassen sich u.U. aufspalten in dafür erforderliche Hauptprozesse, Teilprozesse und/oder Tätigkeiten. Eine prozeßorientierte Aufspaltung der Zielkosten ist allerdings nur sinnvoll, wenn entsprechende Prozeßkosteninformationen zur Verfügung stehen.[444] Das physische Produkt läßt sich aufspalten in seine physischen Bestandteile: Hauptbaugruppen, Baugruppen und Teile.[445] An dieser Stelle wird auch deutlich, daß der vorgestellte Ansatz problemlos im für die Automobilzulieferindustrie besonders bedeutsamen Systemgeschäft einsetzbar ist. Wie bei der Zielkostenableitung bereits angedeutet, wird die retrograde Kalkulation vom Systemverantwortlichen für das gesamte System erstellt. Bei den Spaltungsobjekten erscheint nun eine zusätzliche Ebene: Zwischen die Ebene der Funktionen und die Ebene der Hauptbaugruppen schiebt sich nun zusätzlich die Ebene der einzelnen Komponenten des Systems. Die Ableitung von Komponentenzielkosten ist dann besonders

---

[439] Vgl. Seidenschwarz, W. (1993a), S. 156. Ohne Quelle wiederholt bei Burger, A. (1994), S. 53
[440] Vgl. Seidenschwarz, W. (1993a), S. 157, dort zeigt er auch verschiedene Arten, wie diese Ebenen in den Spaltungsprozeß eingebunden sein können; ähnlich Seidenschwarz, W. (1991b), S. 200.
[441] Vgl. Ehrlenspiel, K. (1985), S. 78.
[442] Vgl. Horváth, P. / Seidenschwarz, W. (1992), S. 145; Jakob, F. (1993), S. 168.
[443] Vgl. Niemand, S. (1996), S. 49ff.
[444] Vgl. zu diesem Ansatz z.B. Reckenfelderbäumer, M. / Paul, M. (1994), S. 149f. oder Roolfs, G. (1996), S. 235ff.
[445] Vgl. Tanaka, M. (1989), S. 52; Seidenschwarz, W. (1993a), S. 154; Kammermayer, W. (1992), S. 266; Claassen, U. / Hilbert, H. (1993), S. 162.

wichtig, wenn diese von unterschiedlichen organisatorischen Einheiten entwickelt und gefertigt werden, die damit als interne Lieferanten des Systemverantwortlichen fungieren. Wichtig erscheint die Zusammenfassung solcher Elemente, die durch die später im Zielkostenerreichungsprozeß betrachteten Maßnahmen gleichzeitig beeinflußt werden. Diese und nur diese sollten zusammengefaßt werden. Wird der Kreis zu weit gefaßt, geht der unmittelbare Maßnahmenbezug verloren, werden in diesem Sinn zusammengehörende Elemente getrennt, ist eine Beurteilung von entgegenwirkenden Kosteneffekten nicht möglich. Aus diesem Grund kann z.B. eine Trennung in Funktionsbereiche oder Hardware vs. Software allenfalls zur Strukturierung der modifizierten Zielkosten dienen, sinnvolle Spaltungsebenen können darin in den meisten Fällen nicht gesehen werden: Eine isolierte Optimierung der Fertigungskosten ohne Rücksicht auf die Materialkosten ist ebenso als klassischer Fehler im Kostenmanagement anzusehen wie die starre, funktionsunabhängige Trennung in Hardware und Software. Kostenoptimale Lösungen und die Erreichung der Zielkosten sind nur durch simultane Betrachtung möglichst aller Kostenwirkungen, vor allem auch der Interdependenzen und Substitutionswirkungen zwischen den Kostenarten anzustreben. Dies gilt auch für die Substitution von Vorlauf- und laufenden Kosten. Die retrograde Kalkulation in der hier vorgestellten Form bereitet hierfür den Boden, indem sie nur beeinflußbare und nicht beeinflußbare Kostenbestandteile trennt. Die Zielkostenspaltung sollte dies unterstützen und nicht durch falsche Kategorisierungen verhindern. Es wird daher vorgeschlagen, möglichst funktions- und produktnah über alle relevanten Kostenkategorien zu spalten.

Da die Zielkostenspaltung die Zielkosten auf die Maßnahmenebene herunterbrechen will, und sich diese Maßnahmenebene im Entwicklungsprozeß verschiebt, verändern sich auch die Zuordnungsobjekte im Zeitablauf. Es ergibt sich folgender prinzipieller Aufbau: In der Planungsphase wird in Produktmerkmalen und -funktionen gedacht, so daß diese die ersten Zuordnungsobjekte bilden. Im Anschluß daran ist in der Konzeptphase ein Grobentwurf für das Produkt zu erarbeiten. Erst dann bestehen Hauptbaugruppen, denen Zielkosten zugeordnet werden können und auch müssen. Schreitet die Detaillierung der Entwicklung voran, so werden Baugruppen gebildet und schließlich Teile, denen jeweils Zielkosten zugeordnet werden. Dieser prinzipielle Ablauf ist i.d.R. kein geradliniger. Vielmehr werden Rückkoppelungsschleifen und Wiederholungen zu beobachten sein, die daraus resultieren können, daß bestimmte Ideen technisch nicht machbar sind, oder daß mit einem vorgesehenen Design die ermittelten Zielkosten nicht erreicht werden. In diesem Fall ist im Rahmen der Zielkostenerreichung (Modul 4) nach alternativen Lösungskonzepten zu suchen, woraus sich neue Zuordnungsobjekte ergeben. Die Zielkostenspaltung ist damit ein iterativer Prozeß, der zudem eng und kontinuierlich mit dem Zielkostencontrolling im Modul 4 verwoben ist.

Es ergibt sich insgesamt eine hierarchische Produktstruktur, die die physischen und die Dienstleistungskomponenten des angebotenen Produktes enthält. In diese Bezugsobjekthierarchie sind die anfallenden Kostenbestandteile, für die die Zielwerte abgeleitet werden sollen, einzuordnen. Der Forderung nach einer am Identitätsprinzip ausgerichteten Zuordnung entsprechend sind die verschiedenen Kostenkategorien in verschiedene Ebenen einzuordnen; die Fallstudie wird dies wie angekündigt verdeutlichen. Damit wird im Endeffekt für alle Kostenkategorien - verteilt über die verschiedenen Ebenen und Zuordnungsobjekte - die Ableitung von Zielvorgaben möglich, auch für alle Vorlaufkosten, womit der Bezug zu Target Investment und Target Budgeting hergestellt wäre.

4.4.3 Wie ist zu spalten?

4.4.3.1 Funktionsorientierte Zielkostenspaltung

Diskutiert sind damit die Fragen „Was ist worauf zu spalten?". Es verbleibt die Frage nach dem „Wie?", den Mechanismen der Zielkostenspaltung. Dem Charakter des Target Costing als marktorientiertem Zielkostenmanagement entsprechend sollte auch die Zielkostenspaltung marktorientiert sein. Dies bedeutet - nach japanischem Vorbild - die Zielkosten im ersten Schritt auf die Produktfunktionen (oder auf die -merkmale) zu spalten, und zwar im gleichen Verhältnis wie die Teilgewichte der Produktfunktionen. „Ein idealer Ressourceneinsatz ist deshalb der, Ressourcen so einzusetzen, wie dies den vom Kunden gewünschten Produktwertrelationen entspricht."[446] Die Grundidee dieser Vorgabe besteht darin, daß den Funktionen, die dem Kunden besonders wichtig sind, auch kostenseitig eine größere Aufmerksamkeit geschenkt werden soll, während unwichtige Funktionen auch kostengünstig zu realisieren sind. Diese Vorgehensweise kann als der Basismechanismus der Zielkostenspaltung angesehen werden.[447]

Um die Zielkostenspaltung in dieser Form durchführen zu können, müssen die Teilgewichte der Kundenanforderungen, also der einzelnen Eigenschaften oder Funktionen, bekannt sein. Dies wurde als Aufgabe des Moduls 1 bereits formuliert. Dort wurden, neben einer direkten Kundenbefragung, die Conjoint-Analyse sowie der paarweise Vergleich, eingebettet in den Analytic Hierarchy Process, vorgestellt, der hier als sinnvolle, praktikable und kostengünstige Ergänzung oder Alternative gesehen wird.

Mit zunehmendem Fortschreiten im Entwicklungsprozeß ist die Zielkostenspaltung auf die physische Produktstruktur (und die produktbegleitenden Dienstleistungen) vorzunehmen und damit die Stimme des Kunden in die Stimme des Entwicklers zu übertragen. Hierzu wird vorgeschlagen, marktorientierte Gewichte für die Komponenten, die hinter dem betrachteten Rohentwurf stehen und die Funktionen umsetzen sollen, abzuleiten. Dazu wird untersucht, inwieweit die einzelnen Komponenten zur Realisierung der einzelnen Funktionen beitragen. Unter Berücksichtigung der Teilgewichte der Funktionen werden durch Matrizenmultiplikation die Teilgewichte der Komponenten ermittelt. Die Zielkosten werden diesen Gewichten entsprechend gespalten. Durch dieses Vorgehen, das als *Funktionsbereichs-methode* bezeichnet wird, soll die Maxime, die Ressourcen und damit Kosten so einzusetzen, wie es dem Kundenwunsch entspricht, umgesetzt werden. Die Wirkungszusammenhänge zwischen den Funktionen und den technischen Komponenten werden in einer Funktionskostenmatrix dargestellt und erarbeitet, wie sie aus der Wertanalyse bekannt ist.[448] Als Beispiel diene die folgende Matrix, wie sie für ein Automobil der Mittelklasse ermittelt wurde:[449]

---

[446] Horváth, P. / Seidenschwarz, W. (1992), S. 145.

[447] Vgl. Horváth, P. / Seidenschwarz, W. (1992), S. 145ff.; Seidenschwarz, W. (1993), 180ff.; Horváth, P. et al. (1993d), S. 13ff.; Buggert, W. / Wielpütz, A. (1995), S. 89ff.

[448] Vgl. Horváth, P. / Seidenschwarz, W. (1992), S. 146; Seidenschwarz, W. (1993a), S. 173f.; Seidenschwarz, W. et al. (1996), n.o.S.; Jehle, E. (1995), S. 157; Jehle, E. (1991), S. 290; Bucksch, R. / Rost, P. (1985), S. 355; Kieninger, M. (1994), S. 546ff.; Burger, A. (1994), S. 86ff.

[449] Nach Deisenhofer, T. (1993), S. 104.

%	Fahrzeug-Eigenschaften	Aggregate		Elektrik		Karosserie		Fahrwerk		Ausstattung	
		Hauptbaugruppen									
19,5	Qualität/Zuverlässigk.	20%	3,9	18%	3,5	30%	5,9	15%	3,0	17%	3,3
11,3	Fahreigenschaften	21%	2,4	9%	1,0	12%	1,4	51%	5,7	7%	0,8
9,0	Komfort	8%	0,7	8%	0,8	17%	1,5	5%	0,5	62%	5,6
4,5	Raumangebot	5%	0,2	5%	0,2	58%	2,6	20%	0,9	13%	0,6
7,5	Styling/Prestige	8%	0,6	11%	0,9	44%	3,3	15%	1,2	21%	1,6
6,0	Bedienung	-	-	51%	3,0	3%	0,2	10%	0,6	36%	2,2
4,5	Preiswürdigkeit	15%	0,7	25%	1,1	23%	1,0	13%	0,6	25%	1,1
6,8	Agilität	45%	3,1	13%	0,9	18%	1,2	15%	1,0	10%	0,7
6,0	Alltagstauglichkeit	27%	1,6	4%	0,2	39%	2,3	24%	1,4	7%	0,4
3,2	Dauer-/Reisegeschw.	20%	0,6	20%	0,6	20%	0,6	20%	0,6	2%	0,6
3,5	Wiederverkaufswert	10%	0,4	5%	0,2	50%	1,8	5%	0,2	30%	1,1
3,9	Insassensicherheit	5%	0,2	5%	0,2	50%	2,0	10%	0,4	30%	1,2
3,9	Lebensdauer Motor	95%	3,7	5%	0,2	-	-	-	-	-	-
3,6	umweltfr. Technik	30%	1,1	15%	0,5	20%	0,7	20%	0,7	15%	0,5
3,3	fortschrittl. Technik	20%	0,7	20%	0,7	20%	0,7	20%	0,7	20%	0,7
3,5	Rep.-/Wartungskosten	15%	0,5	15%	0,5	45%	1,6	20%	0,7	5%	0,2
100	Summe in %	20		14		27		18		20	

Tabelle 4-1: Funktionskostenmatrix für ein Automobil

Ein Beispiel zur Lesart der Tabelle: Die Aggregate tragen 20% zur Realisierung der Funktion Qualität/Zuverlässigkeit bei, also 20% dieser Funktion werden von den Aggregaten geleistet. Multipliziert mit dem Teilgewicht dieser Funktion von 19,5% (gewonnen aus einer Conjoint-Analyse) ergibt sich ein Beitrag zum Gewicht der Aggregate von 3,9%. Wird für die übrigen Funktionen analog verfahren, so ergibt sich in Summe ein Gewicht und damit Zielkostenanteil für die Aggregate von 20%. Bezeichnet g den Gewichtsvektor der Hauptbaugruppen, M die Wirkungsmatrix und f den Teilgewichtsvektor der Funktionen, so ergibt sich g gemäß:

$$g = f' \times M.$$

Beim Aufbau eines *stochastischen Target Costing* wäre es denkbar, die Funktionsgewichte und die Wirkungsmatrix nicht einwertig vorzugeben, sondern eine Wahrscheinlichkeitsverteilung zu hinterlegen.[450] Dabei sind die Funktionsgewichte und die Beiträge der Komponenten zu einer bestimmten Funktion jeweils ein Vektor, für den verschiedene Ausprägungen mit bestimmten Wahrscheinlichkeiten bestehen. Neben der akzeptabel erscheinenden Möglichkeit der Ermittlung und Verwendung von Mittelwerten ist es möglich, nicht einwertige Teilgewichte der Komponenten anzugeben, sondern hierfür aus den gegebenen Wahrscheinlichkeitsverteilungen ebenfalls eine Wahrscheinlichkeitsverteilung herzuleiten. Dies hätte zur Konsequenz, daß der Zielkostenindex und die Zielkostenzone neu definiert werden müssen, wie der folgende Abschnitt zeigen wird. Die Überlegungen ließen sich ausdehnen auf den Fall partieller Information, bei dem lediglich gewisse Restriktionen für die Wahrscheinlichkeitsverteilung bekannt sind.

---

[450] Vgl. zu diesem Vorschlag Abel, P. et al. (1995), S. 161ff.

Während sich die Teilgewichte der Funktionen aus der Einbindung der Marktinformationen ergeben, bleibt die Ermittlung der Prozentzahlen in obiger Wirkungsmatrix methodisch offen. Diese Lücke kann mit dem Quality Function Deployment (QFD) geschlossen werden, das zunehmend als Alternative zur Funktionskostenmatrix bei der funktionsorientierten Zielkostenspaltung gesehen wird. Beim QFD handelt es sich um ein Planungsinstrument mit dem Ziel der Qualitätssicherung, das 1966 von YOJI AKAO in Japan entwickelt und erst 1984 durch CLAUSING in den USA bekannt wurde. Qualität ist dabei als Erfüllung der Kundenanforderungen zu verstehen. Es wird daher versucht, in einem interdisziplinären Expertenteam die Kundenanforderungen in Vorgaben für alle Unternehmensbereiche umzusetzen, die am Entstehungsprozeß des Produktes beteiligt sind. SEIDENSCHWARZ spricht von einer **„Straßenkarte für die Produktumsetzung entsprechend den Marktanforderungen."**[451] Dazu bedient sich QFD sogenannter Qualitätstableaus, auch Houses of Quality, die folgenden prinzipiellen Aufbau aufweisen.[452]

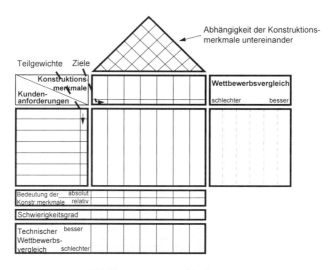

Abbildung 4-13: House of Quality I

Die Graphik zeigt das House of Quality I. Darin werden die Kundenanforderungen, die dem Funktionsbaum entsprechend in primäre, sekundäre usw. untergliedert sein können, zu den technischen Konstruktionsmerkmalen in Beziehung gesetzt. Im Dach des Hauses sind die Wechselwirkungen zwischen den Konstruktionsmerkmalen abzubilden, die wichtige Hinweise für die weiteren Umsetzungsschwierigkeiten im Entwicklungsprozeß geben. Für die einzelnen Konstruktionsmerkmale ist als Vorabhinweis auf die Produktspezifikation anzugeben, ob das Merkmal vor dem Hintergrund eines Minimierungsziels, eines

---

[451] Seidenschwarz, W. (1994b), S. 169.
[452] Vgl. zum Aufbau des QFD und zur Beziehung zu Target Costing Brunner, F. (1992), S. 43ff.; Hartung, S. (1993), S. 121ff.; Seidenschwarz, W. (1994b), S. 169; Buggert, W. / Wielpütz, A. (1995), S. 115ff.; Fischer, T.M. / Schmitz, J. (1995), S. 122ff.; Niemand, S. (1996), S. 42ff.

Maximierungszieles oder eines konkreten Zielwertes steht. Das Gewicht der Konstruktions-merkmale (Kritizität) ergibt sich dabei durch Matrixmultiplikation der Gewichte der Kundenanforderungen mit den Werten der Wirkungsmatrix. In diese sind Symbole oder Zahlen entsprechend der Wichtigkeit des betrachteten Konstruktionsmerkmals zur Erfüllung der Kundenanforderungen einzutragen. Bspw. könnte bedeuten: 9 = starker Einfluß, 3 = mittlerer Einfluß, 1 = schwacher Einfluß, 0 = kein Einfluß. Wie bei allen Punktbewertungs-verfahren kann auch hier das Ergebnis durch die Wahl der Skala wesentlich beeinflußt werden. Die Matrix zeigt außerdem den Schwierigkeitsgrad, der für die einzelnen Konstruktionsmerkmale gesehen wird. Besondere Erwähnung verdient der Wettbewerber-vergleich, sowohl hinsichtlich der Kundenanforderungen also auch hinsichtlich der Konstruktionsmerkmale, durch den in Form von Vergleichsprofilen wichtige Wegweiser in die „Straßenkarte" mit eingezeichnet werden. Es ist möglich, die Teilgewichte der Kunden-anforderungen vor der Matrixmultiplikation zu korrigieren. Anforderungen, die den Verkaufsschwerpunkt bilden sollen, können dabei ebenso stärker gewichtet werden wie Anforderungen, bei denen ein Nachteil im Vergleich zum Wettbewerber besteht, der durch erhöhte Anstrengungen geschlossen werden soll.[453]

QFD arbeitet mit einer Kette derartiger Qualitätstableaus. Die Konstruktionsmerkmale mit ihren Gewichten können wiederum Input sein für das House of Quality II, in dem sie zu den technischen Komponenten (Hauptbaugruppen, Baugruppen) in Beziehung gesetzt werden. Mit diesem Haus ist die oben geforderte Basis für eine marktorientierte Zielkostenspaltung auf technische Komponenten geschaffen. Für einen Zielkostenspaltungprozeß genügt es daher i.d.R., die ersten beiden Häuser des QFD aufzustellen. Darüber hinaus ist es möglich, die technischen Komponenten auf die wesentlichen Prozesse (key process operations, entsprechend dem Vorschlag des American Supplier Institute) zu beziehen (House of Quality III), diese wiederum auf die Fertigungsplanung (House of Quality IV). Andere weitere Vorgehensweisen sind durchaus denkbar. Die Vorspalte stellt aber immer das „Was?" dar, während die Kopfzeile das „Wie?" zeigt.[454]

Neben den im Rahmen des QFD erarbeiteten Zusatzinformationen sind die Vorteile in der Form der Ableitung der Komponentengewichte aus den Funktionsgewichten zu sehen. Zum einen fällt es den Mitarbeitern aus den beteiligten Disziplinen leichter, die Wirkungs-zusammenhänge zwischen Funktionen und Komponenten in einer vier- oder fünfstufigen Skala anzugeben als direkt in prozentualen Beiträgen der Komponenten für eine bestimmte Funktion. Zum anderen werden die Zusammenhänge über den Zwischenschritt der technischen Konstruktionsmerkmale hergestellt, was den Entwicklern entgegenkommt, da es eher ihrem Denken bei der Umsetzung des Kundenwunsches entspricht.

4.4.3.2 Notwendige Ergänzungen zur funktionsorientierten Zielkostenspaltung

Bei einer markt- da funktionsorientierten Zielkostenspaltung herrscht bis zu diesem Stadium ein absolutes Diktat des Marktes über die Kostenanteile der einzelnen Komponenten. Diese

[453] Vgl. Hauser, J. R. / Clausing, D. (1988), S. 68ff.; Brunner, F. (1992), S. 44ff.; Seidenschwarz, W. (1994b), S. 168ff.; Seidenschwarz, W. (1993a), S. 178f.; Akao, Y. (1992), S. 30ff.
[454] Vgl. Buggert, W. / Wielpütz, A. (1995), S. 116ff.; Hauser, J. R. / Clausing, D. (1988), S. 71ff.; Akao, Y. (1992), S. 19f.; Brunner, F. (1992), S. 46; Brunner, F. (1995), S. 132ff.

sind allerdings im weiteren Verlauf der Zielkostenspaltung mit der technischen Realisierbarkeit abzugleichen. So ist es denkbar, daß Funktionen, die der Kunde erfüllt haben möchte, die ihm aber von untergeordneter Bedeutung sind, mit großem technischen Aufwand (und damit annahmegemäß mit tendenziell hohen Kosten) verbunden sind, während eine andere Funktion, die dem Kunden sehr wichtig ist, unter Umständen vergleichsweise einfach realisierbar ist. Die Methode einer marktorientierten Zielkostenspaltung muß daher ergänzt werden, um die Realitätsnähe der über die Funktionsgewichte abgeleiteten Zielkostenanteile zum Ressourcenverbrauch herzustellen. Restriktionen in der technischen Realisierbarkeit und aus dem Beschaffungsmarkt sind einzuarbeiten. Außerdem bietet die funktionsorientierte Zielkostenspaltung i.d.R. keine Möglichkeit zur Ableitung von Zielwerten für bestimmte Kostenblöcke oder -kategorien. Dies ist allerdings erforderlich, wenn bestimmte Kostenbestandteile in der Produkthierarchie hängenbleiben. Läßt sich bspw. eine bestimmte Hauptbaugruppe in mehrere Baugruppen unterteilen, die dann in einem Montageprozeß zusammengefügt werden müssen, stellt sich die Frage, welcher Anteil der Zielkosten auf die Baugruppen und welcher auf den Montageprozeß zugeordnet wird. Gerade für die angesprochenen Bereiche des Target Investment und Target Budgeting ist diese Frage von besonderem Interesse. Hierzu sind verschiedene Methoden denkbar, die im folgenden als Hilfsmechanismen bezeichnet werden.[455]

Hierzu gehört die Komponentenmethode. Im Unterschied zur Funktionsbereichsmethode, die die Produktfunktionen als erste Stufe der Zielkostenspaltung wählt, werden bei der Komponentenmethode die Zielkosten im ersten Schritt sofort auf die technischen Komponenten gespalten. Da dadurch die Kundengewichtungen außen vor bleiben und der explizite Marktbezug verloren geht, sollte dieses Verfahren allenfalls bei Weiterentwicklungen von Produkten mit geringem Innovationsgrad und gleichbleibenden Kundenanforderungen verwendet werden, da hier eine material- und technologieorientierte Entwicklung akzeptiert werden kann. Weil bei der Komponentenmethode die Gewichte der Komponenten nicht über eine Wirkungsmatrix zu den Funktionen und deren Gewichten ermittelt werden können, ist auf ein anderes Verfahren zurückzugreifen. Da die Komponentenmethode nur angewandt werden sollte, wenn ein bestehendes Modell weiterentwickelt wird, wird empfohlen, sich an der Kostenstruktur des Vorgängermodells und an den absoluten Kosten seiner Komponenten zu orientieren. Dieses Verfahren wird auch ohne Rückgriff auf den Begriff der Komponentenmethode als Möglichkeit zur Zielkostenspaltung erwähnt.[456] Da die Gefahr besteht, daß bei der Komponentenmethode durch eine alleinige Konzentration auf Fertigungsmaterial und -verfahren die Kundenwünsche nur suboptimal umgesetzt werden, sollte eine Marktsicherung durch Produktfunktionsgegenprüfung eingebaut sein.[457]

Gleiches gilt für ein weiteres, sehr einfaches Verfahren: Dieses löst sich vom Vorgänger, orientiert sich vielmehr an der Kostenstruktur erster Konzepte für das betrachtete Produkt. Die Vorgaben von Vorgängern oder zwischenzeitlichen Weiterentwicklungen werden dabei an die

---

[455] Vgl. hierzu Seidenschwarz, W. et al. (1997), S. 111f.; Dittmar, J. (1996), S. 185; Heßen, H.-P. / Wesseler, S. (1994), S. 151f.; Löffler, F. (1995), S. 145; Gaiser, B. / Kieninger, M. (1993), S. 65f.

[456] Vgl. Seidenschwarz, W. (1993a), S. 220f.; Buggert, W. / Wielpütz, A. (1995), S. 98; Dittmar, J. (1996), S. 185.

[457] Vgl. Tanaka, M. (1989), S. 52f.; Seidenschwarz, W. (1993a), S. 24, 157f.; Buggert, W. / Wielpütz, A. (1995), S. 90f.; Kieninger, M. (1994), S. 551.

Anforderungen des konkreten Projektes angepaßt. Übersteigen die sich ergebenden erwarteten Kosten für dieses Konzept die Zielkosten um einen Prozentsatz x, so werden die Kosten aller Komponenten um diesen Prozentsatz pauschal gekürzt, die Kostenstruktur bleibt erhalten.[458] Dieses Verfahren ist einfach und gefährlich: Es ist nämlich erst dann einsetzbar, wenn die Produktgestalt hinreichend konkretisiert ist. Für die dazu erforderlichen Schritte liegen bei diesem Verfahren keine Zielkosten vor, so daß nicht zielkostenadäquate Lösungen bereits vorfixiert sein können. Der Entwicklungsprozeß wird unter Umständen in den erfolgskritischen Phasen nicht durch Zielkosten begleitet.

Das Verfahren kann „verfeinert" werden, indem berücksichtigt wird, daß über die Laufzeit des Projektes das Ausmaß realisierbarer Erfahrungskurveneffekte zwischen den Komponenten stark variieren kann, wenn diese in unterschiedlichen Quantitäten in das Produkt eingehen.[459] Dem Vorschlag von BETZ, die Zielkosten auf Basis der Erfahrungskurve zu spalten, kann hier allerdings nicht gefolgt werden, da ihm ein essentieller Mangel anhaftet: BETZ „löst" das Problem der Zielkostenspaltung durch Errechnung einer Zielherstellungsmenge des Endproduktes. Diese ist so zu wählen, daß über den unterstellten Erfahrungskurveneffekt bei den eingesetzten Bauteilen die Zielkosten des Gesamtproduktes erreicht werden, ohne an dessen Struktur oder anderen Kostenparametern irgend etwas zu verändern. Die Zielkosten für die Komponenten ergeben sich gemäß der über die Erfahrungskurveneffekte dynamisierten Standardkostenstruktur des Gesamtproduktes.[460] Damit wird die Erreichung der Zielkosten durch Variation der Eingangsparameter sichergestellt. Preis, Volumen und Zielgewinn sind aber Vorgaben für die Zielkostenspaltung, sie können nicht für die Zielkostenspaltung und -erreichung (diese beiden Aspekte verschwimmen bei BETZ völlig) nach Belieben variiert werden. Dies scheint auch BETZ zu erkennen, wenn er als Ergänzung des Modells Absatzrestriktionen einführt. Er beschreibt damit das dargelegte Problem, bietet aber keine Lösung an und stellt damit seinen eigenen Ansatz in Frage. Die wechselseitige Abhängigkeit von Preis und Volumen über die Preisabsatzfunktion (nicht über die Preiswirkungen des Erfahrungskurveneffektes im Zeitablauf) ist im Ansatz von BETZ ohnehin nicht enthalten.

In der praktischen Anwendung als hilfreich erwiesen hat sich der Einbezug eines internen Referenzproduktes.[461] Darunter ist ein aktuelles Produkt des gleichen Unternehmens zu verstehen, das im Prinzip die gleichen Funktionen zu erfüllen hat, aber z.B. für einen anderen Kunden im gleichen Marktsegment oder für ein anderes Marktsegment gefertigt wird. Die Idee ist abgeleitet aus den Ansätzen des internen Benchmarking. Vor allem der Vergleich der Kostenstrukturen, also der relativen Kostenanteile, ist eine geeignete Richtschnur für die kostenseitige Absicherung der Zielkostenspaltung. Der Vergleich der absoluten Kostenanteile kann ebenfalls hilfreich sein, wird i.d.R. aber erst im Rahmen der Zielkostenerreichung und der damit verbundenen Dynamisierung der Zielkostenspaltung relevant.

Als vierter Hilfsmechanismus kann die Absicherung über ein externes Benchmarking gesehen werden. Hierzu sind insbesondere Daten aus dem beschriebenen Product Reverse Engineering mit dem Produktführer im Marktsegment erforderlich. Zusätzlich sind aber alle Informationen mit zu verarbeiten, die Auskunft geben über die Erfüllung bestimmter Funktionen oder die

---

[458] Dieses Verfahren beschreiben auch Claassen, U. / Ellßel, R. (1997), S. 131f.

[459] Vgl. hierzu ausführlich Betz, S. (1995), S. 613ff.

[460] Vgl. Betz, S. (1995), S. 615ff.

[461] Für das Beispiel AUDI siehe Heßen, H.-P. / Wesseler, S. (1994), S. 151, für OPEL Löffler, F. (1995), S. 143f.

Realisierung bestimmter technischer Komponenten durch den besten Wettbewerber oder den Branchenfremden, der als führend in diesem Bereich gilt. Zu suchen sind dabei Kosteninformationen über die Leistungen des externen Vergleichspartners, die in Zielkostenvorgaben für das eigene Unternehmen überführt werden können. Eine vollständige Übertragung der Zielkostenstruktur auf Komponentenebene ist nur dann möglich, wenn Konzeptgleichheit zum Wettbewerb besteht. Ein Wettbewerbervergleich kann also die Qualität der Zielkostenspaltung verbessern, sollte aber keinesfalls die einzige Basis sein. Eine entsprechende Vorstellung, wie sie den knappen Ausführungen von FRÖHLING zugrundezuliegen scheint,[462] kann vor dem Hintergrund dieser Ausführungen auf keinen Fall befürwortet werden. Im Unterschied zum Vergleich mit einem internen Referenzprodukt wird beim externen Benchmarking eine Absicherung durch externe Daten und eine ansatzweise Marktabsicherung geschaffen; die erforderlichen Daten sind allerdings in der erforderlichen Detailliertheit deutlich schwieriger zu eruieren.[463]

Für das operative Target Costing ergibt sich eine weitere Methode, nämlich die Anlehnung an die Ergebnisse des strategischen Target Costing, die aufgrund ihrer herausragenden Bedeutung ebenfalls als Basismechanismus angesehen werden kann. Im strategischen Target Costing wird versucht, kundenprojektübergreifende und zielkostenadäquate Lösungen für die Funktionen zu finden, die (weitgehend) kundenunabhängig sind. Dadurch ist nicht nur eine an den Marktanforderungen (nicht zuletzt in Form der Funktionsgewichte) orientierte Zielkostenstruktur vorhanden, sondern eine Zielkostenspaltung, bei der die beschriebenen Korrekturen und Absicherungen bereits vorgenommen sind (bzw. sein sollten). Diese Zielkostenspaltung, vor allen Dingen das im Rahmen des strategischen Target Costing durchgeführte QFD, kann als Basis für die projektspezifische Zielkostenspaltung dienen, indem insbesondere die Gültigkeit der verwendeten Funktionen und Funktionsgewichte überprüft und gegebenenfalls angepaßt wird. Neben der Übernahme einer evtl. korrigierten Zielkostenstruktur ist weiterhin zu beachten, daß im Rahmen des Zielkostenerreichungsprozesses im strategischen Target Costing technische (Teil-) Lösungen für ein bestimmtes Marktsegment und damit auch für das betrachtete Projekt vorab fixiert sind. Damit sollen Synergiepotentiale über die Produkte hinweg genutzt und isoliert optimale, insgesamt aber suboptimale Lösungen vermieden werden. Um Details der Zielkostenerreichung nicht vorwegzunehmen, seien hier nur Gleichteilekonzepte oder einheitliche technisch-strategische Stoßrichtungen genannt. Mit der Fixierung der Lösung sind häufig auch die zugehörigen Kosten fixiert. Diese dürfen bei der Zielkostenspaltung nicht ignoriert werden, sondern sind zu Korrekturen der funktionsorientierten Zielkostenspaltung heranzuziehen.

Die folgende Abbildung faßt die verschiedenen Verfahren zusammen. Damit stehen verschiedene Möglichkeiten der Zielkostenspaltung nebeneinander. Es bleibt zu beachten, daß die Gesamtsumme der Zielkosten sozusagen einen Käfig darstellt, aus dem nicht ausgebrochen werden kann. Wird die funktionsorientierte Zielkostenspaltung als Basis genommen, so dürfen die Korrekturen unter Berücksichtigung der tatsächlichen Realisierbarkeit nur so vorgenommen werden, daß diese Summe erhalten bleibt. Werden also die Zielkosten für eine bestimmte Komponente erhöht, weil bspw. die Vorgaben des

---

462 Vgl. Fröhling, O. (1994a), S. 421f.
463 Vgl. Seidenschwarz, W. (1993a), S. 219ff.; Gaiser, B. / Kieninger, M. (1993), S. 66; Franz, K.-P. (1993), S. 130; Claassen, U. / Hilbert, H. (1993), S. 163.

strategischen Einkaufs dies erfordern, so müssen die Zielkosten der übrigen Komponenten, für die keine ähnlichen Restriktionen gelten, um diesen Betrag in Summe (z.B. proportional) gekürzt werden. Diese Wechselwirkungen verdeutlichen noch einmal die Dynamik der Zielkostenspaltung. Insgesamt muß somit im interdisziplinären Team auf Basis der funktionsorientierten Spaltung ein Abgleich der verschiedenen Ergebnisse aus den einzelnen Methoden vorgenommen und die Zielkosten angepaßt werden, HILBERT spricht hier von „Target-Synthese"[464].

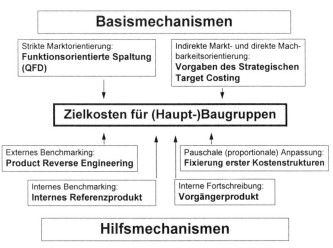

Abbildung 4-14: Mechanismen der Zielkostenspaltung

Diese Verfahren sind ebenso anzuwenden im Rahmen des Target Investment und Target Budgeting. Die von CLAASSEN und HILBERT vorgeschlagenen Verfahren[465] lassen sich in diese Systematik einordnen und werden durch diese ergänzt. Besonders betont wird dabei die Orientierung an Kostenstrukturen der Wettbewerber und der eigenen Standard-Kostenstruktur, die sich durch Modifikation aus einem internen Referenzprodukt bzw. Produkten hausinterner Wettbewerber ergibt. Die dort angedeutete Berücksichtigung investitionstheoretischer Ansätze ist im hier vorgestellten Verfahren ohnehin durchgängig realisiert.

Bei Betrachtung dieser Methoden wird eine Analogie zu den vorgestellten Methoden der Zielkostenableitung für das Gesamtprojekt erkennbar: Das Analogon zum Verfahren des Market into Company bildet die marktorientierte Zielkostenspaltung über die funktionsorientierte Spaltung mit Festlegung der Zielkosten für technische Komponenten auf Basis der bestehenden Wirkungszusammenhänge. Dem Out of Competitor entspricht die Zielkostenspaltung auf Basis der Kostenstrukturen und/oder absoluten Kostenanteile des besten Wettbewerbers (oder des Funktionsführers). Das Verfahren des Out of Company findet sich wieder in den Methoden, die sich an den Vorgaben des strategischen Target Costing oder

---

[464] Hilbert, H. (1995), S. 361.
[465] Vgl. Claassen, U. / Hilbert, H. (1994), S. 154ff.; ausführlich Hilbert, H. (1995), S. 357ff. Siehe auch Claassen, U. / Ellßel, R. (1997), S. 132ff.

an Absolutwerten des Vorgängermodells orientieren. Die Übernahme der Kostenstruktur des Vorgängermodells in die Zielkostenspaltung kann als Analogon zum Out of Standard Costs gesehen werden, da auch hier die Zielkostenanteile linear mit den Veränderungen (i.d.R. der Senkung) der Zielkosten variiert werden. Noch deutlicher ist dies bei der Übernahme erster geschätzter Kostenstrukturen des betrachteten Produkts. Die hier vorgeschlagene Vorgehensweise ähnelt dem Into and Out of Company: Der marktorientierte Zielkostenspaltung wird die interne Kostensituation in Form des technisch und damit kostenmäßig Machbaren gegengespielt, um die Realitätsnähe der Zielkostenspaltung sicherzustellen.

Während also bei der Zielkostenableitung die Empfehlung abgegeben wurde, das Verfahren des Market into Company zu wählen, wird bei der Zielkostenspaltung ein dem Into and Out of Company ähnliches Verfahren vorgeschlagen. Das ist weder inkonsequent noch nicht marktorientiert. Die Zielkostenableitung muß streng marktorientiert sein, sonst kann der Markterfolg nicht gesichert werden. Für den vorliegenden Fall wurde bereits begründet, warum aus diesem Grund sogar Target und Allowable Costs identisch zu wählen sind. Marktpreise sind definitionsgemäß nicht unrealistisch, lediglich die Gewinnvorgaben können zu Verzerrungen führen. Diesen strengen Marktbezug gilt es auch bei der Zielkostenspaltung beizubehalten; deshalb wurde die funktionsorientierte Spaltung als Basismechanismus vorgestellt. Das mögliche Auseinanderklaffen von Kundenwunsch und technischer Realisierbarkeit kann aber zu unrealistischen Kostenrelationen führen, die vermieden werden müssen, um den weiteren Target Costing-Prozeß nicht zu gefährden, so daß mit Hilfsmechanismen korrigierend eingegriffen werden muß. Die Gesamtzielkosten bleiben dadurch unangetastet, die Dominanz des Kundenwunsches bleibt erhalten.

Abschließend einige Anmerkungen zu dem bereits angesprochenen Ansatz von RÖSLER auf Basis des Kano-Modells.[466] Es wird ein fiktives Basismodell kreiert, das lediglich die Basisanforderungen erfüllt. Die Kosten dieses Basismodells werden von den Zielkosten abgezogen. Vom verbleibenden Zielkostenbudget wird ein bestimmter Anteil - Maßstäbe für die Höhe dieses Anteils bleiben unklar - für das Innovationsprogramm reserviert, mit dem die Begeisterungsanforderungen geschaffen werden sollen. Der Rest wird gemäß den Teilgewichten der Leistungsanforderungen und über die Funktionskostenmatrix auf die Komponenten verteilt.

Dieses Verfahren setzt *erstens* voraus, daß eine klare Trennung zwischen den Anforderungskategorien möglich ist. Das dürfte i.d.R. schon der erste Stolperstein für den Ansatz sein, weil sich die Funktionen bei der Zielkostenspaltung auf einem so hohen Aggregationsniveau befinden, daß sie in sich vielschichtig und heterogen sind, also in Abhängigkeit des Erfüllungsgrades durchaus ihren Charakter wechseln können. Die wenigen von RÖSLER genannten Beispiel (wie TÜV-Geprüftheit eines Neuwagens (Basisanforderung) oder automatisch abblendender Rückspiegel (Leistungsanforderung)) dürften gar nicht explizit in der Zielkostenspaltung erscheinen. Das Argument von RÖSLER, wonach der Kunde der Existenz zahlreicher Bauteile keinen Nutzen beimessen kann und daher eine undifferenzierte Berücksichtigung von Kundenanforderungen abzulehnen sei,[467] greift völlig ins Leere, weil der Kunde niemals direkt Komponenten oder Bauteilen Gewichte zuordnen soll, sondern Funktionen, die dann in Komponentengewichte transformiert werden. *Zweitens*

---

466 Vgl. Rösler, F. (1995), S. 217ff.; Rösler, F. (1996), S. 113ff.
467 Vgl. Rösler, F. (1996), S. 97.

erscheint die Bestimmung des Basismodells sehr fraglich. Sie dürfte technisch und unter Bewertungsgesichtspunkten sehr problematisch sein, vor allem aber auch in der Abgrenzung der in dieses Basismodell zu integrierenden Anforderungen bzw. deren Ausprägungen - das Basismodell darf nur Basisanforderungen erfüllen, dürfte also ein sehr theoretisches Konstrukt sein. *Drittens* besteht die Gefahr, daß das definierte Basismodell nicht die kostenoptimale Lösung darstellt, die ermittelten Basiskosten entziehen sich aber dem folgenden Target Costing-Prozeß. Dies erkennt auch RÖSLER, er fordert die Absicherung über ein Benchmarking bzw. Product Reverse Engineering.[468] Es wird *viertens* lediglich für den verbleibenden Rest, nach Abzug der Kosten des Basismodells und dem Anteil für das Innovationsprogramm, - im Beispiel von RÖSLER nur 30% der betrachteten variablen Gesamtzielkosten - eine funktionsorientierte Zielkostenspaltung durchgeführt und damit der Target Costing-Prozeß fortgesetzt. Die Ergebnisse der funktionsorientierten Zielkosten- spaltung werden *fünftens* abgeglichen mit den Kosten des Vorgängermodells, den Ergebnissen der Bottom-up-Planung und den Ergebnissen des Benchmarking.[469] RÖSLER landet damit trotz seines äußerst aufwendigen und problematischen Verfahrens bei einem Teil der Methoden, die im hier vorgestellten Ansatz verwendet werden, ohne sich allerdings um eine umfassende funktionsorientierte Zielkostenvorgabe zu bemühen. Der Ansatz RÖSLERs erscheint damit unter theoretischen wie auch unter praktischen Aspekten dem hier vorgestellten Ansatz generell und insbesondere für die Automobilzulieferindustrie klar unterlegen.

Vier Konsequenzen können allerdings aus dem Ansatz von RÖSLER gezogen werden. Es wurde *erstens* wieder deutlich, daß die Ausgangsprämisse, die Zielkosten für eine Funktion oder Komponente dem funktionsorientierten Teilgewicht entsprechend festzulegen, ein wichtiger kundenorientierter Startpunkt ist, aber durch weitere Verfahren zu ergänzen ist. Dies liegt *zweitens* vor allem daran, daß bestimmte Bestandteile eines Produktes Kosten verursachen, aber nicht in entsprechendem Maß Nutzen stiften. Sollte es *drittens* für ein Unternehmen wichtig sein, sich durch Begeisterungsanforderungen zu differenzieren - die Automobilzulieferindustrie ist hierfür kein gutes Beispiel - kann es durchaus sinnvoll sein, ein Budget für ein Innovationsprogramm zu reservieren, dessen Höhe sich nach der Wichtigkeit der Begeisterungsanforderungen für den Produkterfolg richtet. *Viertens* ist zu beachten, daß jeder Kunde bei den Kundenanforderungen von einem zu erfüllenden Mindestniveau ausgeht, dessen Unterschreiten für ihn inakzeptabel ist. Dies ist in der Befragung klarzustellen und zu berücksichtigen (dies zeigte auch die Erfahrung des Autors bei selbst durchgeführten Gewichtungen von Kundenanforderungen): Ein bestimmtes Mindestniveau steht nicht zur Disposition, es geht um die Frage, wie wichtig ein Überschreiten dieses Mindestniveaus bei den einzelnen Anforderungen ist.

4.4.4 Übergang zur Zielkostenerreichung: Zielkostenkontrolldiagramm

4.4.4.1 Möglichkeiten und Gefahren ursprünglicher Ansätze

Anhand dieses Vorgehens wird der enge Kontakt zum Modul 4 spürbar, das ständig in den Zielkostenspaltungprozeß eingreift und die Zielkostenvorgaben auf den unteren Ebenen der Produktstruktur korrigiert. Dieser dynamische Prozeß der Zielkostenspaltung wird ebenfalls

---

[468] Vgl. Rösler, F. (1995), S. 217; Rösler, F. (1996), S. 119, 164.
[469] Vgl. Rösler, F. (1996), S. 174f.

deutlich an einer Methode, die häufig mit zu den Kernmethoden des Target Costing gezählt wird: das Zielkostenkontrolldiagramm[470]. Dazu ist es zunächst erforderlich, für jede Komponente deren Zielkostenindex ZI zu ermitteln. Dieser errechnet sich als Quotient aus dem funktionsorientierten Teilgewicht der Komponente (TG) und dem Kostenanteil auf Basis erster Kostenschätzungen (KA):[471]

$$ZI = \frac{TG}{KA}$$

Entsprechen sich Teilgewicht und Kostenanteil für jede Komponente, so wird dies als höchste Produktintegrität angesehen; der Zielkostenindex nimmt in diesem Fall für alle Komponenten den Wert 1 an. Die Visualisierung der Zielkostenindizes sowie das Streben nach diesem Zustand höchster Produktintegrität erfolgt im Zielkostenkontrolldiagramm:[472]

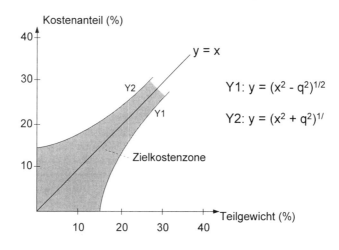

Abbildung 4-15: Zielkostenkontrolldiagramm

Die Winkelhalbierende bildet die Gerade höchster Produktintegrität. Durch die Einführung einer Zielkostenzone wird der Toleranzbereich für das anzustrebende Verhältnis von Teilgewicht und Kostenanteil ausgedehnt, da der Wert 1 als zu enger Standard anzusehen ist. Der Parameter q, der die Abweichungsbandbreite bestimmt, ist vom Management individuell festzulegen, in obigem Diagramm wurde der Wert 15 gewählt. Die Wahl der unteren und oberen Toleranzgrenze bewirkt, daß der Toleranzbereich mit zunehmender Bedeutung der Komponente abnimmt. Die Optimierung des Zielkostenindex wird dadurch auf die wesentlichen Komponenten konzentriert.

In Fortsetzung der oben angerissenen Ansätze eines *stochastischen Target Costing* sind hierfür einige Modifikationen erforderlich.[473] Da die Teilgewichte $\widetilde{TG}$ der Komponenten und

---

[470] Erstmals bei Tanaka, M. (1989), S. 67ff.
[471] Vgl. Horváth, P. / Seidenschwarz, W. (1992), S. 147.
[472] Vgl. Seidenschwarz, W. (1993a), S. 180ff.; Buggert, W. / Wielpütz, A. (1995), S. 95ff.
[473] Vgl. hierzu Abel, P. et al. (1995), S. 161ff.

möglicherweise auch die Kostenanteile $\tilde{KA}$ (siehe hierzu die Fortsetzung des stochastischen Target Costing bei der Kostenschätzung) Zufallsvariablen sind, kann die deterministische Zielkostenzone ersetzt werden durch eine α-optimale Zielkostenzone. Eine Komponente i liegt innerhalb dieser Zone, wenn gilt (in Anlehnung an die Begrenzungslinien der deterministischen Zielkostenzone, P: Wahrscheinlichkeit):

$$P\left(\left|\tilde{TG_i^2} - \tilde{KA_i^2}\right| \leq q^2\right) \geq \alpha$$

Die weiteren Aussagen lassen sich analog zum deterministischen Fall ableiten.

Auf der deterministischen Basis läßt sich die Vorgehensweise der Funktionsbereichsmethode bis zum Übergang zur Zielkostenerreichung - auf Basis eines fünfstufigen Modells von TANAKA[474] - in folgendem Ablaufschema zusammenfassen:[475]

1. Funktionsstruktur des Produktes bestimmen
2. Produktfunktionen gewichten
3. Grobentwurf des Produktes entwickeln
4. Kostenschätzung der Produktkomponenten vornehmen
5. Produktkomponenten gewichten (mit Funktionskostenmatrix)
6. Zielkostenindex der Produktkomponenten errechnen
7. Zielkostenindex mit Hilfe des Zielkostenkontrolldiagramms optimieren
8. Weitere Kostensenkungen vornehmen

Liegt eine Komponente über der Winkelhalbierenden im Zielkostenkontrolldiagramm, so ist der Kostenanteil größer als das Teilgewicht, der Zielkostenindex daher kleiner 1, die Komponente in diesem Denken zu teuer. Eine Optimierung des Zielkostenindex erforderte hier eine Verringerung des Kostenanteils und/oder eine Erhöhung des Teilgewichts durch eine Verbesserung des Funktionsbeitrags der Komponente. Liegt die Komponente unter der Winkelhalbierenden, ist das Teilgewicht größer als der Kostenanteil, der Zielkostenindex größer 1, die Komponente „zu billig" bzw. „zu einfach". Hier werden Potentiale für Funktionsverbesserungen gesehen, da in dieser Denkweise noch Kostenspielraum besteht.[476]

Bei der Interpretation des Zielkostenkontrolldiagramm ist zu beachten, daß Kostenveränderungen bei einer Komponente nicht nur den Punkt dieser Komponente im Zielkostenkontrolldiagramm verschieben, sondern alle anderen Punkte auch. Ein einfaches Beispiel, das im weiteren Verlauf nochmals angesprochen wird, möge diesen Rückkopplungseffekt verdeutlichen:

Beispiel:
Ein Produkt bestehe aus vier Komponenten. Die Teilgewichte der Komponenten, die absoluten Komponentenzielkosten bei modifizierten Zielkosten von DM 1000,-, die geschätzten Kosten sowie die sich ergebenden Kostenanteile sind der folgenden Tabelle zu entnehmen:

---

[474] Vgl. Tanaka, M. (1989), S. 49ff.

[475] Vgl. Horváth, P. / Seidenschwarz, W. (1992), S. 145ff., darauf basierend Buggert, W. / Wielpütz, A. (1995), S. 91; Hieke, H. (1994), S. 499ff. sowie weitere Beispiele bei Rummel, K.D. (1992), S. 235ff., Niemand, S. (1993), S. 328ff.; Müller, H. / Wolbold, M. (1993), S. 123ff.; Jakob, F. (1993), S. 169ff.; Niemand, S. (1994), S. 70ff. oder Horváth, P. et al. (1996b), S. 137f.

[476] Vgl. Horváth, P. / Seidenschwarz, W. (1992), S. 147; Fischer, T.M. / Schmitz, J.A. (1994), S. 428.

Komponente	Teilgewicht	modifizierte Zielkosten	geschätzte Kosten	Kostenanteil
A	25%	250	200	17%
B	35%	350	460	38%
C	30%	300	430	36%
D	10%	100	110	9%
Summe	100%	1000	1200	100%

Tabelle 4-2: Angaben zum Zielkostenkontrolldiagramm (Beispiel)

Durch Konstruktionsverbesserungen gelingt es, die Kosten von Komponente C von 430,- auf 300,- zu reduzieren, die Gesamtkosten sinken damit auf DM 1070,-. Ceteris paribus ergeben sich damit die folgenden Kostenanteile: 19% (A), 43% (B), 28% (C), 10%(D).

Der Kostenanteil von Komponente C sinkt damit um 8 Prozentpunkte, um die die anderen Komponenten in Summe steigen. Das folgende Zielkostenkontrolldiagramm verdeutlicht diese Verschiebungen:

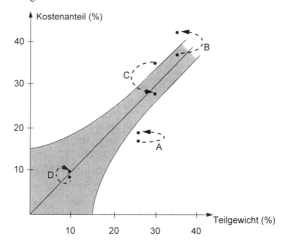

Abbildung 4-16: Wirkungen im Zielkostenkontrolldiagramm

Die Graphik zeigt, daß Komponente C durch die Maßnahme in die Zielkostenzone hineinwandert, während die anderen Komponenten nach oben wandern. Komponente B liegt sogar nicht mehr in der Zielkostenzone, obwohl sich an ihr nichts verändert hat.

In den beschriebenen Interpretationen („zu teuer" bzw. „zu billig") und Verhaltensanweisungen aus dem Zielkostenkontrolldiagramm heraus liegt eine wesentliche Gefahr. Anders als der Name an sich vermuten läßt, gibt das Zielkostenkontrolldiagramm überhaupt keinen Aufschluß über die Erreichung der Zielkosten. Es visualisiert „lediglich" die Zielkostenindizes und läßt Mißverhältnisse von Teilgewicht und Kostenanteil erkennen. Wie sich leicht nachweisen läßt, bewirkt die Verwendung von prozentualen Teilgewichten und Kostenanteilen, daß ein Produkt mit allen Komponenten auf der Winkelhalbierenden liegen kann, die Zielkosten aber bei weitem überschritten werden. Eine „graphische Darstellung des

195

Zielkostenerreichungsgrades"[477], wie von SEIDENSCHWARZ ursprünglich behauptet, liefert das Zielkostenkontrolldiagramm gerade nicht. Es birgt also eine latente Gefahr der Mißinterpretation in sich. Die absoluten Zielkosten gehen in den Zielkostenindex und damit in das Zielkostenkontrolldiagramm nicht direkt ein. Die Anweisung „Nehmen Sie weitere Kostensenkungen vor!"[478] ist zu pauschal, hat keinen Orientierungspunkt und hilft daher in einem konsequenten Target Costing nicht weiter. Umgekehrt ist es möglich, daß die Zielkosten durchgängig erreicht sind, die Komponenten aber nicht in der Zielkostenzone liegen.[479]

Das Zielkostenkontrolldiagramm weist folglich in dieser Form drei Nachteile auf: Zum einen läßt es keine Aussagen über die Erreichung der Zielkosten zu, zum anderen visualisiert es eine zu starre Form der Zielkostenspaltung, da es nur die funktionsorientierten Teilgewichte zeigt, und zum dritten leidet es an den beschriebenen Rückkopplungseffekten. Verbesserungen erscheinen daher angebracht.

4.4.4.2 Modifikationen des Zielkostenkontrolldiagramms

Soll das Zielkostenkontrolldiagramm Auskunft geben über den Stand der Zielkostenerreichung, so sollten Zielkosten und geschätzte Kosten je Komponente gegenübergestellt werden. Da dabei zwischen den Komponenten sehr hohe Abweichungen in den Absolutbeträgen auftreten können, ist eine Normierung sinnvoll. Dazu eignen sich die modifizierten Zielkosten, da sie relativ stabil sein sollten. Außerdem ergeben sich angenehm interpretierbare Ergebnisse, wie die folgenden Ausführungen zeigen. Die Normierung erfolgt durch Division der Zielkosten und der geschätzten Kosten je Komponente durch die gesamten modifizierten Zielkosten.[480] Gegenüber dem beschriebenen Zielkostenkontrolldiagramm herkömmlicher Prägung ergeben sich daraus zwei Veränderungen: Zum einen ist die Betrachtung auf der Abszisse an die Dynamisierung der Zielkostenspaltung angepaßt, da sie sich von der starren Verwendung der funktionsorientierten Teilgewichte löst und jede Form der Zielkostenspaltung abbilden kann. Zum anderen werden die Aussagen der Position auf der Ordinate verändert. Sie geben nicht mehr den Anteil der geschätzten Kosten einer Komponente an den gesamten geschätzten Kosten, sondern an den gesamten modifizierten Zielkosten wieder. Die folgende Abbildung verdeutlicht dies.

Beispiel (Fortführung):
Die Überlegungen für das obige Beispiel werden auf das neue Zielkostenkontrolldiagramm übertragen. Die Betrachtungen gehen davon aus, daß die Zielkosten je Komponente beibehalten wurden. Die Anteile der geschätzten Kosten je Komponente an den gesamten (modifizierten) Zielkosten von DM 1000,- ergeben sich zu: 20% für Komponente A, 46% für B, 43% für C vor und 30% nach Kostenreduktion, 11% für D. Die Punkte beschreiben zum Vergleich noch einmal den Fall des „alten" Zielkostenkontrolldiagramms, die Rauten das „neue", modifizierte. Die Achsenbeschriftungen beziehen sich auf das modifizierte Zielkostenkontrolldiagramm.

---

[477] Seidenschwarz, W. (1993a), S. 181, ebenso Seidenschwarz, W. (1994a), S. 80.
[478] Horváth, P. / Seidenschwarz, W. (1992), S. 149.
[479] Siehe auch Betz, S. (1995), S. 613.
[480] Diesen Weg gehen auch Fischer, T.M. / Schmitz, J.A. (1994), S. 428f.

Da die Annahme getroffen wurde, daß die Zielkosten pro Komponente gleich bleiben, liegen alle Punkte und Rauten einer Komponente auf einer Parallelen zur Ordinate. Veränderungen in der Zielkostenspaltung würden zu horizontalen Bewegungen führen.[481]

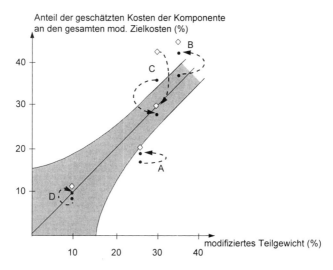

Abbildung 4-17: Modifiziertes Zielkostenkontrolldiagramm

Es wird deutlich, wie die Modifikation des Zielkostenkontrolldiagramms eine Überprüfung der Zielkostenerreichung ermöglicht: Alle Komponenten, für die die Zielkosten noch nicht erreicht sind, liegen über der Winkelhalbierenden, die nun die Menge der Komponenten verkörpert, für die geschätzte und Zielkosten übereinstimmen. Durch die Kostenreduktionsmaßnahme werden für die Komponente C die Zielkosten erreicht. Sie (bzw. ihre Raute) wandert daher auf die Winkelhalbierende. Die Position der übrigen Komponenten wird durch diese Maßnahme *nicht* berührt. Das Zielkostenkontrolldiagramm alter Prägung zeigte für die Komponente C nach der Kostenreduktion einen Kostenspielraum zur Funktionsverbesserung, der nicht gegeben ist. Für die Komponente D zeigte es höchste Produktintegrität, nur die Modifikation macht aber deutlich, daß die Zielkosten noch nicht erreicht sind.

Mit dem „neuen" Zielkostenkontrolldiagramm sind nicht nur qualitative Tendenzaussagen über die Zielkostenerreichung möglich. Der vertikale Abstand zur Winkelhalbierenden gibt auch das Ausmaß der Zielkostenabweichung an: Er entspricht der prozentualen Abweichung der geschätzten Kosten von den Zielkosten. Für Komponente B bspw. beträgt der Abstand 11 Prozentpunkte (46 - 35) und damit 0,11 x DM 1000,- = DM 110,-. (DM 1000,- = gesamte modifizierte Zielkosten). Dieser Kostenreduktionsbedarf ist auch aus obiger Tabelle ablesbar: 110 = 460 - 350.[482] Für das gesamte Produkt ergibt sich die prozentuale Zielkosten-

---

[481] Vgl. Fischer, T.M. / Schmitz, J.A. (1994), S. 431f., die sich aber nur auf die Veränderung funktionaler Teilgewichte beziehen!

[482] Vgl. hierzu auch das Beispiel bei Fischer, T.M. / Schmitz, J.A. (1994), S. 429.

abweichung durch Addition der Einzelabweichungen. Liegen die geschätzten Kosten unter den Zielkosten, geht die Abweichung mit negativem Vorzeichen ein: (20-25)+(46-35)+(30-30)+(11-10) = -5+11+0+1 = 7. Dies entspricht einem Absolutbetrag von DM 70,-, der aktuellen Zielkostenabweichung gemäß obiger Tabelle (nach Kostenreduktion bei Komponente C).

Bei der dargestellten Version des Zielkostenkontrolldiagramms ist die Zielkostenabweichung in Absolutbeträgen nicht direkt ablesbar. Es ist alternativ denkbar, das Diagramm auf Basis von Absolutbeträgen zu erstellen: Die Abszisse würde dann die Zielkosten je Komponente zeigen, die Ordinate die geschätzten Kosten.[483] Die Werte sind dann aber nicht auf ein bestimmtes Intervall normiert, bei großer Streuung der Werte kann es zu unübersichtlichen Diagrammen kommen.

Das Zielkostenkontrolldiagramm genügt damit den oben formulierten Anforderungen: Es ist offen für jede Form der Zielkostenspaltung, es ermöglicht Aussagen über den Zielkostenerreichungsgrad der einzelnen Komponenten und des Produktes insgesamt und es ist frei von Rückkopplungseffekten bei Veränderungen der geschätzten Kosten.

4.5 Überprüfen und Sicherstellen der Zielkostenerreichung

4.5.1 Funktion im Rahmen der Preisuntergrenzenermittlung mit Target Costing

Der letzte Abschnitt zur methodischen Ausgestaltung von Target Costing zur Unterstützung der Preisuntergrenzenermittlung beschäftigt sich mit der Zielkostenerreichung. Für die Zielkostenerreichung ist es erforderlich und damit methodisch sicherzustellen, daß ein ständiger Abgleich von Zielkosten und tatsächlichen i.S.v. geschätzten tatsächlichen Kosten möglich ist. Dieser Abgleich muß an der Maßnahmenebene ansetzen und baut damit auf den Ergebnissen der Zielkostenspaltung auf. Der interaktive Ablauf von Zielkostenspaltung und Zielkostenerreichung in einem fortlaufenden Prozeß ist einzubauen in den Entwicklungsprozeß, der vorab im Überblick dargestellt wird. Dabei ist zu zeigen, wie sich die eingesetzte Methodik im Entwicklungsablauf ändern wird. Der Abgleich von Ziel- und geschätzten Kosten erfordert zweierlei: Zum ersten ist die Methodik zur Verfügung zu stellen, die die frühzeitige Abschätzung der eigenen Kosten ermöglicht. Dabei ist zu unterscheiden zwischen Instrumenten, die die Wirkungen eigener Maßnahmen auf die Kosten aufzeigen, und solchen, deren Prognose sich auf die externen Parameter richtet. Vor allem zum ersten Aspekt werden Verfahren zur entwicklungsbegleitenden Kalkulation zu diskutieren sein. Mit diesen Verfahren kann die Prognosebasis zur Zielkostenerreichung geschaffen werden.

Übersteigen aber die geschätzten Kosten die Zielkosten, sind kostensenkende Maßnahmen zur Zielkostenerreichung einzuleiten. Die zu beantwortende Frage lautet, wie die ermittelten Zielkosten erreicht werden können. Dieser Abschnitt muß daher zum zweiten Methoden vorstellen, mit Hilfe derer Kosten gesenkt werden können. Dabei sind allerdings zwei Einschränkungen zu beachten. Zum einen kann in keinster Weise der Anspruch auf

---

[483] Diese Vorgehensweise wählen mittlerweile Seidenschwarz, W. et al. (1996), n.o.S.; Seidenschwarz, W. et al. (1997), S. 118ff. Im Ergebnis ebenso bei Rösler, F. (1996), S. 148 - allerdings aufgrund der Tatsache, daß RÖSLER lediglich für die Leistungsanforderungen relative Bedeutungsgrade für Komponenten ermittelt.

Vollständigkeit erhoben werden. Zu groß und vielfältig ist die Zahl der verschiedensten Vorschläge, die zu diesem Thema unterbreitet werden. Eine überblickartige Strukturierung und eine wohldosierte Auswahl sind hier vonnöten. Zum anderen beschränken sich die gezeigten Ansätze auf Kostenmanagementaktivitäten für die aus der Produktentwicklung heraus beeinflußbaren Kostenbestandteile, die dem Inhalt nach den modifizierten Zielkosten entsprechen. Die produktfernen und produktunabhängigen Gemeinkosten werden nicht weiter betrachtet. Die Begründung hierfür liegt in der hier untersuchten Ermittlung der Preisuntergrenze. Die obigen Ausführungen haben die Kongruenz von Preisuntergrenze und modifizierten Zielkosten gezeigt. Im beschriebenen Gegenstromverfahren soll die Preisuntergrenze ausgelotet werden, die sich unter Ausnutzung aller denkbaren Kosten-senkungspotentiale ergibt bei Wahrung des definierten Kundenwunsches. Die Preisuntergrenze entspricht in diesem Sinne den niedrigsten erreichbaren modifizierten Zielkosten. Ziel des Moduls 4 ist es zum Zwecke einer Ermittlung der Preisuntergrenze, dieses niedrigste Niveau der erreichbaren modifizierten Zielkosten zu ermitteln. Eine Reduzierung der übrigen Kostenbestandteile, also der produktfernen und produktunab-hängigen Gemeinkosten, schafft bei gegebenen Gesamtzielkosten größeren Spielraum für die modifizierten Zielkosten und senkt das Gesamtkostenniveau. Für die Frage der Preisuntergrenze ist diese an sich wichtige Problematik aber uninteressant und liegt damit nicht im Fokus dieser Arbeit. Die im Rahmen der retrograden Kalkulation gemachten Andeutungen müssen daher genügen. Die aktuellen Ergebnisse des Moduls 4 können zusammenfassend in der Preisschwellensystematik dargestellt und der retrograden Kalkulation gegenübergestellt werden.

4.5.2 Zielkostencontrolling während des Entwicklungsprozesses

Der Zielkostenerreichungsprozeß durchzieht den gesamten Entwicklungsprozeß. Dieser läßt sich - in Anlehnung an die VDI-Richtlinie 2222 - wie folgt beschreiben:[484]

Entwicklungsphasen	Gestaltungsobjekte
Planung	Gesamtfunktion, Leistungsparameter
Konzeption	Funktionen, Produktgrobstruktur (Haupt-baugruppen), Fertigungstechnologien
Entwurf	Baugruppen in Relation zu den Teil-funktionen, Fertigungsverfahren
Ausarbeitung (Detailkonstruktion)	Gestaltungsdetails auf Teileebene, Stück-listenfixierung, Fertigungsschritte, Kapazi-tätsplanung
Fertigungsplanung	Arbeits- und Prozeßplan, Kapazitäts-freigabe

Tabelle 4-3: Entwicklungsphasen in Anlehnung an VDI-Richtlinie

---

[484] Vgl. Link, H.-D. et al. (1994), S. 348; Gleich, R. (1994), S. 49, Gröner, L. (1990), S. 374; Gröner, L. (1991), S. 9ff.

Die bereits mehrfach angesprochene 80/20-Regel zeigt, daß ein Kostenmanagement so früh wie möglich ansetzen sollte. Es sind daher alle Phasen des Entwicklungszyklus, vor allem aber die frühen Phasen auf die Zielkostenerreichung auszurichten, es ist von Anfang an der Abgleich zwischen Zielkosten und geschätzten Kosten vorzunehmen. Es ist durch Kostenforechecking ständig vorab zu prüfen, ob die Konzeptionen und Maßnahmen im Entwicklungsprozeß zielkostenadäquat sind. Damit sollen von vornherein durch Bewertung alternativer Konzepte und Entwürfe der „zielkostenrichtige" Weg eingeschlagen und nachträgliche aufwendige Korrekturen und Änderungen vermieden werden. Dadurch wird nicht nur die Zielkostenerreichung frühzeitig sichergestellt, sondern auch der Entwicklungsprozeß insgesamt beschleunigt, weil unwirtschaftliche Alternativen frühzeitig erkannt und ein häufiges Durchlaufen einzelner Entwicklungsphasen vermieden wird. Trotzdem kommt es immer wieder vor, daß selbst mit der kostengünstigsten der betrachteten Alternative die Zielkosten nicht sofort erreicht werden. In diesen Fällen ist nach weiteren Verbesserungen dieser Alternative oder nach gänzlich neuen Möglichkeiten zu suchen. Es setzt ein Prozeß des intensiven Kostenknetens ein, der durch kostensenkende Maßnahmen die Zielkostenerreichung sicherstellen soll. Das Auffinden verschiedener Alternativen zur Lösung technischer Probleme erfordert ebenso wie das Aufdecken von Kostensenkungspotentialen schöpferische Leistungen, die durch die bekannten Kreativitätstechniken angeregt und gefördert werden können. Zu diesen Methoden gehören Brainstorming, Brainwriting, Methode 635, Ideen-Delphi, Analogien-Methode, Synektik, Bionik, Morphologischer Kasten und mindestens 100 andere.[485]

Sowohl der Prozeß des Kostenforechecking zur Auswahl des über den gesamten Produktlebenszyklus kostengünstigsten Konzeptes und Entwurfs unter Beachtung technischer und zeitlicher Aspekte als auch das Kostenkneten während des gesamten Entwicklungszyklus sind zu strukturieren und zu dokumentieren. Dies kann auf Softwarebasis erfolgen oder in Papierform. Zu beachten sind aber einige Grundanforderungen, denen diese Instrumente zu genügen haben:[486]

Den in obiger Abbildung bereits angedeuteten Phasen des Entwicklungszyklus entsprechend ist die Alternativenbewertung stufenweise aufzubauen. Wesentlich erscheinen insbesondere eine System- oder Konzeptalternativenbewertung, die verschiedene Systemkonzepte unter Gesamtsystemausrichtung beleuchtet, sowie eine darauf folgende Baugruppenalternativen-bewertung, die die Detailentwicklung auf Baugruppenebene, also eine Ebene unter dem Gesamtsystem, unterstützt. Zur Gewährleistung der Kompatibilität sind beide Alternativen-kalküle analog aufzubauen, beziehen sich aber auf unterschiedliche Entwicklungsstufen. Folgende Kerninformationen sollten enthalten sein:

1. Bezeichnung der betrachteten Alternativen: Insbesondere Standardnutzungen, eigene Innovationen und Wettbewerberkonzepte sollten hier explizit abgefragt werden. Der Zwang zur Betrachtung von mindestens drei grundsätzlichen Alternativen ist hier erfolgskritisch.

2. Kostenwirkungen: Neben den laufenden direkten Kosten wie Material- und Fertigungs-kosten sowie den Vorlaufkosten für Entwicklung und Werkzeuge ist die Gemeinkosten-

---

[485] Vgl. zum Einstieg Schlicksupp, H. (1989), Sp. 930ff.mit der dort angegebenen Literatur.
[486] Vgl. zu den folgenden Ausführungen auch Seidenschwarz, W. (1994a), S. 79f.; Seidenschwarz, W. (1995), S. 114ff.; Seidenschwarz, W. et al. (1996), n.o.S.; Seidenschwarz, W. et al. (1997), S. 115ff.

wirkung explizit zu berücksichtigen. Hierbei ist der Anschluß an die Instrumente der entwicklungsbegleitenden Kalkulation zu sichern.

3. Technik- und Zeitrisiken: Hier ist dem Erfüllungsgrad bezüglich der Kundenanforderungen bzw. Gefahren bei deren Erfüllung Rechnung zu tragen.

4. Beachtung der technischen Zielwerte: Diese ergeben sich aus gesetzlichen Vorgaben oder - häufiger - aus einem QFD-Prozeß, der die vom Kunden geäußerten Wünsche in technische Merkmale übersetzt.

5. Explizite Darstellung der für die betrachtete Hauptbaugruppe oder Baugruppe ermittelten Zielkosten. Diese sind den geschätzten Kosten gegenüberzustellen.

Unter Beachtung dieser Aspekte kann auf den jeweiligen Entwicklungsstufen im interdisziplinären Team die optimale Entscheidung getroffen werden.[487] Für die Bewertung von neuen, innovativen Alternativen kann es sinnvoll oder gar notwendig sein, eine eigene Neuvariantenbewertung vorzuschalten, da hier vor allem die Gemeinkostenwirkungen zu analysieren sind. Sie ist notwendig zur Eruierung der Kosten für die Qualifizierung und Verwaltung neuer Teile, evtl. neuer Lieferanten, für die komplette Neuentwicklung einzelner Komponenten, die Verträglichkeit mit dem internen Gleichteilekonzept oder den vorhandenen Fertigungstechnologien.

Die Alternativenkalküle strukturieren und systematisieren die Suche und Auswahl der besten Alternative im Hinblick auf Zielkostenerreichung und Erfüllung der Kundenanforderungen bezüglich Technik, Funktionalität usw., das Zielkostenkontrolldiagramm gibt Hinweise zur Verbesserung der Kostenstruktur eines Produktes vor dem Hintergrund der Kundengewichtung, in seiner modifizierten Form zeigt es auch den Stand der Zielkostenerreichung im Überblick, es fehlt ein Instrument zur detaillierten komponentenbezogenen Verfolgung der Zielkostenerreichung. Erforderlich ist der permanente Abgleich von geschätzten Kosten und Zielkosten und das frühzeitige Erkennen von Zielkostenabweichungen bzw. des Zielkostenerreichungsgrades. Denkbar zur Erfüllung dieser Aufgabe ist z.B. ein Zielkostenblatt, das für jede Komponente erstellt wird.[488] Ist die Konzeptentscheidung gefallen, so kann für jede Hauptbaugruppe ein Zielkostenblatt erstellt werden. Sind für jede Hauptbaugruppe die Baugruppen fixiert, so können Zielkostenblätter für die Baugruppen erstellt werden. Es können dabei auch jeweils die Zielkostenwerte eingespielt werden, da die Objekte der Zielkostenspaltung definiert sind.

Um die Aufgabe eines durchgängigen Zielkostencontrolling erfüllen zu können, sind bei der Ausgestaltung der Zielkostenblätter einige Punkte zu beachten:

1. Das Zielkostenblatt muß den Stand der Zielkostenerreichung aufzeigen. Dazu sind aktuell geschätzte Kosten und Zielkosten der (Haupt-)Baugruppe gegenüberzustellen. Es empfiehlt sich, die Gegenüberstellung in laufende Kosten und einmalige Vorlaufkosten, insbesondere für Entwicklung und Spezialwerkzeuge, zu trennen. Diese Gegenüberstellung ist ständig auf dem aktuellen Stand zu halten. Gründe für Veränderungen sind zu dokumentieren, insbesondere allen Teammitgliedern zu erläutern.

---

[487] Auf die hier u.U. auftretende Problematik der Gruppenentscheidungen wird nicht weiter eingegangen, vgl. hierzu Saliger, E. (1993), S. 179ff.; Bamberg, G. / Coenenberg, A.G. (1996), S. 204ff.

[488] Vgl. als Alternative mit gleicher Intention die Produkt Business Pläne und das folgende Maßnahmencontrolling bei Claassen, U. / Ellßel, R. (1997), S. 137f.

2. Bei Nichterreichung der Zielkosten sind die wesentlichen Barrieren, die die Erreichung verhindern, aufzuzeigen. Die Arten der Barrieren sind vielfältig. Sie können

- produkttechnischer Natur sein, bspw. weil einem Technologiesprung der Konkurrenz hinterhergeeilt wird,
- fertigungstechnischer, weil z.b. ein Fertigungsprozeß nicht beherrscht wird,
- personalpolitischer, weil die Ressourcen für eine softwaretechnische Umsetzung oder die Verbesserung einer Technologie nicht gewährt werden,
- strategischer, weil man aus „politischen", z.B. produktübergreifenden Gründen eine unter Umständen kostengünstigere Lösung meidet oder in bestimmten Bereichen auf Lizenzen statt Eigenentwicklung setzt,
- organisatorischer, weil Entwicklungs- und Fertigungsstrategien und -interessen sich reiben,
- standortbezogener, weil im vorhandenen (high cost) Standort die Lohn- und Lohnnebenkosten zu hoch sind oder weil im vorhandenen (low cost) Standort ein komplizierter Prozeß zu inakzeptablen Qualitätsproblemen führt,
- im Zulieferbereich liegen, weil der Einkauf auf das Einholen mehrerer Angebote verzichtet, technische Gespräche mit dem Zulieferer zur Gesamtoptimierung des Zulieferprozesses verhindert oder die Einkaufsmacht zu gering ist,
- aber auch beim Kunden liegen, der mit überzogenen Anforderungen oder einer veralteten Systemstruktur eine kostengünstigere Lösung verhindert.

Wie bei der ABC-Analyse genügt es i.d.R., wenige Barrieren und die wesentlichen Parameter der Kostenverursachung zu identifizieren, um den Durchbruch zur Zielkostenerreichung zu schaffen.[489] Dazu sind aber auch Verantwortliche zu benennen, die bis zu einem bestimmten Termin die Beseitigung der Barriere übernehmen.

3. Jede (Haupt-)Baugruppe ist nicht nur vor dem Kostenhintergrund zu sehen, sondern vor den technischen Anforderungen, die sich für die betrachtete Baugruppe aus den Kundenanforderungen - z.B. über QFD - ergeben. Aus diesem Grund sind die wesentlichen technischen Anforderungen wenn möglich mit konkreten technischen Zielwerten anzugeben, da die Kostenreduktionsmaßnahmen sonst am Kundenwunsch vorbeilaufen.

4. Das Zielkostenblatt dient auch dem Maßnahmencontrolling, konkrete Maßnahmen zur Kostenreduktion bilden daher einen wesentlichen Bestandteil. Neben der technischen oder inhaltlichen Beschreibung müssen vor allem auch ein konkretes Zeitziel sowie der für die Durchführung Verantwortliche benannt sein. Die im Rahmen der durchzuführenden Ideengenese auftauchenden Ideen, die im Unterschied zu den Maßnahmen noch unausgereift sind oder von derzeit noch nicht vorliegenden Voraussetzungen abhängig scheinen, sollten ebenfalls dokumentiert werden, um nicht in Vergessenheit zu geraten. So kann ein umfassender Verbesserungspool aufgebaut werden, auf den bei weiteren Kostensenkungs- bedarfen schnell zurückgegriffen werden kann.

5. Die beschriebenen Maßnahmen sind explizit zu bewerten. Zur Bewertung gehört zum einen die Ermittlung der Kosteneinsparung, die durch die Maßnahme erwartet wird. Dazu sind die betroffenen Kostenarten aufzuführen, wobei Wirkungen in den indirekten Bereichen gesondert hervorzuheben sind. Hier ist analog zu den Alternativenbewertungsblättern der Anschluß an die Informationsinstrumente herzustellen. Zur Bewertung gehören auch die Risiken, die mit der Maßnahme verbunden sind. Hierzu gehören technische Risiken, die die

---

[489] Vgl. Ehrlenspiel, K. (1997), S. 179f.

Umsetzung der Maßnahme gefährden, zeitliche Risiken, die die Maßnahme zu spät greifen lassen, qualitative Risiken, die eine Nichterfüllung der Kundenwünsche oder produkt- oder prozeßtechnisch bedingte Fehler bedingen können, oder Kostenrisiken, die das geplante Einsparungspotential gefährden.

4.5.3 Rolle und Verfahren der entwicklungsbegleitenden Vorkalkulation

4.5.3.1 Überblick über Ziele und Systematisierung der Ansätze

Beide Aspekte der Zielkostenerreichung, Kostenforechecking wie Kostenkneten, sind durch Methoden zu unterstützen, die den Entscheidenden schnell, in kurzen Feedback-Schleifen die Informationen zur Verfügung stellen, die sie für die Alternativenwahl und die Alternativenverbesserungen benötigen. Dauert die Kosteninformationsversorgung zu lange, verzögert sich der Entwicklungsprozeß, Methoden werden nicht akzeptiert und damit nicht angewandt, und die gesamte Zielkostenerreichung gerät in Gefahr. Hierzu ist auf Kosteninformationshilfsmittel zurückzugreifen, wie sie im Rahmen der entwicklungs- begleitenden Vorkalkulation diskutiert werden. Dies sind überwiegend Methoden, die auf einer relativ schmalen Datenbasis aufsetzen, da sie eingesetzt werden, wenn Stücklisten und Arbeitspläne noch nicht vorliegen. Das Dilemma der entwicklungsbegleitenden Vorkalkulation besteht darin, daß in den Phasen, in denen der Gestaltungsspielraum noch sehr groß ist, eine Kostenprognose sehr schwierig ist. Damit können diese Verfahren nicht zu so genauen Ergebnissen führen wie die Methoden der klassischen Kalkulation. Diese setzt erst ein, wenn Stückliste und Arbeitsplan erstellt und der Konstruktionsprozeß damit weitestgehend abgeschlossen ist. Während die Konstruktion die technische Lösung vom Gesamtobjekt (z.B. dem Produkt) ausgehend in immer detaillierter werdenden Untergruppen sucht und damit top down die oben definierte Produktstruktur durchläuft, geht die herkömmliche Kalkulation den umgekehrten Weg: Sie sammelt bottom up die einzelnen Daten, z.B. Materialpreise für die verwendeten Teile, und addiert sie auf, um die Kosten für Baugruppen und schließlich das gesamte Produkt zu erhalten. Eine Kostenbeeinflussung ist in diesem späten Stadium allerdings nur sehr eingeschränkt möglich, die Kalkulation verkäme damit zur Darstellung von Gegebenheiten, die nicht mehr geändert werden können, so daß die Maxime angebracht erscheint: „Lieber mit 70-80 %iger Sicherheit möglichst früh die richtigen Dinge beeinflussen, als später mit 100 %iger Sicherheit die falschen Dinge kontrollieren."[490] Der zu lange Regelkreis aus Entwurf - Konstruktion - Stücklistenerstellung - Arbeitsplanerstellung - Kalkulation, der bei Nichterreichung der Zielkosten mehrmals durchlaufen werden muß, ist durch eine ständige Rückkopplung zwischen technischer Entwicklung und kostenseitiger Bewertung, damit durch eine mitlaufende Kalkulation abzulösen.[491]

Die Diskussion der Verfahren der entwicklungsbegleitenden Vorkalkulation beschränkte sich lange Jahre auf die ingenieurwissenschaftliche Literatur und hat erst in den letzten Jahren Eingang in die betriebswirtschaftliche Literatur gefunden. Es lassen sich dabei zwei

---

[490] Seidenschwarz, W. (1991a), S. 201.
[491] Vgl. Becker, J. (1990), S. 353; Becker, J. (1992), S. 552; Buggert, W. / Wielpütz, A. (1995), S. 119ff.; Becker, J. (1996), S. 82; Gröner, L. (1991), S. 116f.; König, T. (1995), S. 2.

verschiedene Gruppen von Verfahren unterscheiden: die qualitativen und die quantitativen. Die folgende Abbildung gibt einen Überblick über die dahinterstehenden Verfahren, wobei die Einteilung und Bezeichnung der Verfahren in der Literatur keineswegs einheitlich ist.[492] Als Vorstufe dieser Verfahren können die Expertenschätzungen aufgefaßt werden, die sich empirischen Untersuchungen zufolge großer Beliebtheit in der Praxis erfreuen, auch wenn ihr Genauigkeitsgrad als vergleichsweise gering eingestuft wird. Im Unterschied zum Raten werden dabei Experten herangezogen, die auf Basis der konkreten Hintergrundinformationen, der Besonderheiten des Kalkulationsobjekt und ihres Erfahrungswissens aus vergangenen oder laufenden Projekten eine Kostenabschätzung vornehmen. Dadurch können nicht zuletzt Lücken, die bei Anwendung der im folgenden beschriebenen Verfahren bleiben, geschlossen werden. Die Schätzungen lassen sich unter Umständen verfeinern, in dem versucht wird, die Kosten des betrachteten Objekts aus einem bestehenden durch eine Veränderungsbetrachtung überzuleiten. Die Expertenschätzungen können auch in Gruppen durchgeführt werden, wobei die Kosten entweder in der Gruppe gemeinsam abgeschätzt werden (Konferenzverfahren) oder über die Delphimethode.[493]

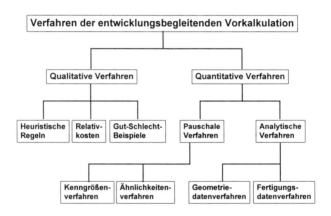

Abbildung 4-18: Verfahren der entwicklungsbegleitenden Vorkalkulation

Die qualitativen Verfahren kommen dann zum Einsatz, wenn die Datenbasis noch vergleichsweise ungenau ist. Dies ist vor allem in den frühen Phasen des Konstruktionsprozesses der Fall. Die quantitativen Verfahren lassen sich untergliedern in pauschale (= summarische = synthetische) und analytische (= differenzierte) Verfahren. Die Trennung erfolgt in Abhängigkeit davon, ob die Verfahren auf technische Details zurückgreifen (analytische Verfahren) oder nicht (pauschale Verfahren).[494] Während quantitative Verfahren als geeignet angesehen werden, den Konstruktionsprozeß in der Analyse kostenseitig zu unterstützen, wird das Einsatzfeld der qualitativen Verfahren in der Synthese gesehen. Letztere kommen damit bei der Vorauswahl im Rahmen der Lösungssuche

---

[492] Vgl. Gleich, R. (1994), S. 49; Gröner, L. (1990), S. 375; Gröner, L. (1991), S. 41f.; Männel, W. (1994), S. 107; Franz, K.-P. (1992a), S. 130f.; Franz, K.-P. (1992b), S. 1498f.

[493] Vgl. Funke, S. (1995), S. 83; Lowka, D. (1996), S. 64.

[494] Vgl. Gleich, R. (1994), S. 49, Gröner, L. (1990), S. 375; Funke, S. (1995), S. 83.

zum Einsatz und sollen den Konstrukteur auf den Weg zu einem kostengünstigen Entwurf führen. Die quantitativen Verfahren dienen der Quantifizierung der Kostenwirkungen, um bei der Analyse zwischen verschiedenen Alternativen auswählen zu können.[495]

Heuristische Regeln sollen auf Basis von Erfahrungswissen einfache und grobe Zusammenhänge zwischen durch die Konstruktion festgelegten technischen Produktmerkmalen und dadurch ausgelösten Kosten vermitteln. Dem Charakter der qualitativen Verfahren entsprechend soll dadurch die Stoßrichtung für eine möglichst kostengünstige Gestaltung des Produktes festgelegt werden. Beispiele für derartige Regeln wären „Zahl der Neuteile möglichst gering halten" oder „Möglichst eine Materialart verwenden". Derartige Regeln werden besonders einprägsam, wenn sie durch Gut-Schlecht-Beispiele konkretisiert und ergänzt werden.

Relativkosten sind Kosten eines Kalkulationsobjektes, die zu den Kosten eines Bezugsobjektes in Beziehung gesetzt werden durch Division der beiden Kostenbeträge. Relativkosten sind somit Bewertungszahlen, Äquivalenzziffern zum schnellen Vergleich verschiedener Lösungsalternativen. Die daraus ableitbaren Relativkostenkataloge geben dem Konstrukteur schnell Auskunft über das Kostenverhältnis technologisch unterschiedlicher Lösungen zu einem bestimmten technischen Problem. Es ist dabei jeweils mit anzugeben, auf welchen Kosteninhalt sich die Angaben beziehen. Zu empfehlen ist eine möglichst differenzierte Kostenaussage nach Kostenarten, die auch Wirkungen in den indirekten Bereichen, z.B. in Form von Prozeßkosteninformationen, enthält. Als Objekte der Relativkostenermittlung kommen Teile, insbesondere Normteile, ebenso in Frage wie Fertigungsverfahren. Die Relativkostenkataloge sind zu unterteilen in einen Zugriffsteil, über den der Suchalgorithmus läuft, und einen Beschreibungsteil, der für die verschiedenen Möglichkeiten die Relativkosten beinhaltet.[496] Eine Reihe von Beispielen zu Relativkosten in verschiedenen Darstellungsformen findet sich bei MÄNNEL, bei SCHUPPAR und bei EBERLE / HEIL. [497]

Die pauschalen Verfahren als eine Form der quantitativen Verfahren berücksichtigen nicht alle produkt- oder fertigungstechnischen Einzelheiten, sondern bedienen sich eines Parameters oder weniger Parameter, um die Kosten zu prognostizieren. Sie versuchen damit, dem beschriebenen top-down-Prozeß der Konstruktion kalkulationsseitig zu folgen. Zur Ableitung der Beziehung der Kosten zu diesen Parametern werden unter Zuhilfenahme mathematisch-statistischer Verfahren Vergangenheitsdaten ausgewertet. Zu diesen Verfahren zählen die (einfache oder multiple) Regressionsanalyse oder die Optimierungsrechnung. Neben diesem empirischen Weg wird vorgeschlagen, die Kostenentstehung durch Modellbildung darzustellen und daraus Gesetze der Kostenverursachung abzuleiten. Ergebnis dieses Weges sind z.B. summarische Kostenwachstumsgesetze.[498]

Die analytischen Verfahren bemühen sich um eine detailliertere Prognose, indem sie die Kosten nach einzelnen Tätigkeiten, Fertigungsschritten oder Bauteilen getrennt abschätzen. Sie bauen damit auf einem konkreten Mengen- und Zeitgerüst auf. Mit dem Genauigkeitsgrad

---

[495] Vgl. Gröner, L. (1990), S. 375, Link, H.-D. et al. (1994), S. 348.

[496] Vgl. hierzu Schuppar, H. (1977), S. 67ff.; Hoffmann, H. (1979), S. 114ff.

[497] Vgl. Männel, W. (1996), S. 78ff.; Schuppar, H. (1977), S. 95ff.; Eberle, P. / Heil, H.G. (1989), S. 55ff.; Eberle, P. / Heil, H.G. (1992), S. 784ff.

[498] Vgl. Link, H.-D. et al. (1994), S. 349f.; Gröner, L. (1990), S. 375; Gröner, L. (1991), S. 53ff.; Funke, S. (1995), S. 83.

der Verfahren steigt auch deren Datenbedarf. Im Aufbau sind die Verfahren i.d.R. stark am verwendeten Kalkulationsschema orientiert. Im Unterschied zum top-down-Vorgehen der pauschalen Verfahren ist hier ein starker Trend zum bottom up der Kostenprognose erkennbar.[499]

Wenn allgemein von „Kosten" gesprochen wird, stellt sich die Frage, welche Kosten damit gemeint sind. Die Ausführungen zu den einzelnen Verfahren sind dabei i.d.R. relativ undifferenziert. Dies liegt aber auch daran, daß die Verfahren offen sind für verschiedene Kosteninhalte und insofern frei gestaltbar. Trotzdem wird bei den Ausführungen in der Literatur deutlich, daß sich viele Verfahren auf die Materialeinzelkosten oder die Fertigungseinzelkosten beziehen, der Großteil aber die Herstellkosten insgesamt - dabei bleibt die Frage, ob es sich um volle oder Teil-Herstellkosten handelt, i.d.R. offen - beschreiben möchte, ohne damit verbundene entscheidungstheoretische Probleme bei der Gemeinkostenbehandlung zu berücksichtigen. Eine differenziertere Behandlung der Gemeinkosten ist bei den eben strukturierten Verfahren nach derzeitigem Stand nicht zu beobachten.[500]

4.5.3.2 Die Ansätze der Kurzkalkulationen

Neben dieser Einteilung wird im Rahmen der quantitativen Verfahren auch von Kurzkalkulationen gesprochen, für die folgende Untergliederung gesehen werden kann:[501]

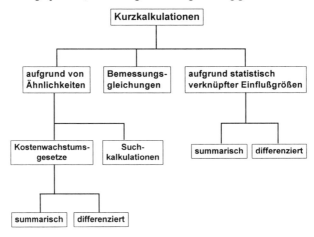

Abbildung 4-19: Kurzkalkulationen

Der Begriff Kurzkalkulation soll dabei alle Verfahren repräsentieren, mit Hilfe derer in kurzer Zeit eine Kostenermittlung möglich ist. Da daraus ein gewisser Anspruch an die Einfachheit der Verfahren gestellt wird, ist eine gewisse Nähe zu den pauschalen Verfahren und damit eine Parallelität zu obiger Einteilung erkennbar. Analytische Kurzkalkulationen, bei denen die Kostenbestandteile getrennt ermittelt werden, sind selten.

---

[499] Vgl. Funke, S. (1995), S. 83, 85; Lackes, R. (1991), S. 98ff.
[500] Vgl. König, T. (1995), S. 21ff.
[501] Vgl. Gleich, R. / Scholl, K. (1994), S. 10.

Kurzkalkulationen auf Basis statistisch verknüpfter Einflußgrößen zählen zu den am häufigsten erwähnten Verfahren. Wie bei den pauschalen Verfahren bereits erwähnt, werden auf Basis statistischer Verfahren Kenngrößen gebildet. Als Einflußgrößen kommen dabei Abmessungen, Gewicht oder Leistungsdaten in Frage. Es ergeben sich Kennzahlen für die Herstellkosten pro Tonne Tragkraft eines Krans, pro PS-Zahl eines Motors, pro m^3 umbauten Raumes bei Gebäuden, pro Bruttoregistertonne eines Schiffes, pro Kilogramm eines Satelliten usw. Diese Verfahren werden häufig unter dem Begriff Kilokostenmethode zusammengefaßt. Es wird damit ein einziger Parameter als globaler Maßstab für die Herstellkosten angesehen, wobei von einem proportionalen Zusammenhang zwischen Einflußgröße und Herstellkosten ausgegangen wird. Daneben wird das Verfahren der Materialkostenmethode diskutiert, das auf der Annahme der Konstanz der Kostenaufteilung aufbaut. Es wird dabei davon ausgegangen, daß der Anteil der einzelnen Bestandteile der Herstellkosten für ähnliche Produkte oder Baugruppen annähernd konstant ist. Damit genügt es, einen dieser Bestandteile (z.B. die Materialkosten, daher der Begriff) abzuschätzen und über die starren Kostenrelationen die übrigen Bestandteile und damit die Herstellkosten abzuleiten.[502]

Bemessungsgleichungen entstehen durch die Zusammenfassung einer Beanspruchungs- und einer Kostengleichung. Eine Beanspruchungsleistung ist eine physikalische Gleichung, die die von dem betrachteten Objekt (Produkt oder Bauteil) zu erbringende physikalische Leistung oder Funktion beschreibt. Die Kostengleichung stellt die Kosten (i.d.R. die Herstellkosten) des Objektes in Abhängigkeit der physikalischen Parameter der Beanspruchungsgleichung dar. Voraussetzung für die Anwendung von Bemessungsgleichungen ist somit, daß sich sowohl die Kosten als auch die physikalischen Zusammenhänge durch die gleichen Variablen beschreiben lassen.[503]

In Anlehnung an die VDI-Richtlinie 2225 beschreibt LOWKA das folgende Beispiel:[504]

Es sollen die Herstellkosten für eine elektrische Leitung abgeschätzt und über die physikalischen Parameter minimiert werden. Der Leitungsquerschnitt A errechnet sich für den quasistationären Zustand (die abgegebene thermische Leistung entspricht der elektrischen Verlustleistung) wie folgt:

$$A = \frac{I^2 l}{\kappa} \cdot \frac{l}{\alpha 2(b+h)l\Delta\vartheta}$$

mit: I = zu übertragender Strom

κ = elektrische Leitfähigkeit

l = Übertragungslänge der Leitung

b = Leiterbreite

h = Leiterhöhe

α = Wärmeübergangszahl zwischen Leiteroberfläche und Umgebung

$\Delta\vartheta$ = Temperaturdifferenz zwischen Leiteroberfläche und Umgebung

Die Herstellkosten *HK* werden näherungsweise ermittelt über die Werkstoffkosten pro Volumeneinheit (*k*) multipliziert mit dem Volumen des Leiters (*A l*) und erhöht um einen mittleren Gemeinkostenfaktor g. Es ergibt sich folgende Kostengleichung:

$$HK = (1+g)Alk$$

---

[502] Vgl. Funke, S. (1995), S. 84; Becker, J. (1990), S. 354; Lowka, D. (1996), S. 64f.
[503] Vgl. Gleich, R. / Scholl, K. (1994), S. 13; Gröner, L. (1991), S. 45.
[504] Vgl. Lowka, D. (1996), S. 65f.

Wird der Faktor A gemäß der Beanspruchungsgleichung ersetzt, so ergibt sich folgende Bemessungsgleichung:

$$HK = (1+g)\frac{I^2 l}{\Delta \vartheta} \cdot \frac{l}{\alpha} \cdot \frac{i}{2(b+h)} \cdot \frac{k}{\kappa}$$

Durch Variation der geometrischen Parameter lassen sich die Herstellkosten für verschiedene Abmessungen simulieren. Über die Differentialrechnung läßt sich das Optimum bestimmen.

Die Verfahren auf Basis von Ähnlichkeiten sind zunächst die Kostenwachstumsgesetze, die i.d.R. bei geometrisch ähnlichen Baureihen Anwendung finden. Das Verhältnis aller Längen von kleineren oder größeren Folgeentwürfen zum Grundentwurf ist dabei konstant. Dieses Längenverhältnis wird in einer Maßstabszahl (z.B. λ) ausgedrückt. Es wird untersucht, welche Kostenbestandteile sich in Abhängigkeit vom Volumen, welche sich in Abhängigkeit von der Oberfläche und welche sich in Abhängigkeit von der Länge verändern. Zur Ermittlung der volumenabhängigen Kostenbestandteile ist die Maßstabszahl mit dem Exponenten 3 zu versehen, der Anteil dieser volumenabhängigen Kosten an den Herstellkosten sei a_3. Analog ergibt sich für die flächenabhängigen Kosten ein Exponent 2 und ein Kostenanteil von a_2 und für die längenabhängigen Kosten ein Exponent 1 und ein Kostenanteil von a_1. Außerdem lassen sich noch die längenunabhängigen Kosten berücksichtigen (mit Exponent 0 und Kostenanteil a_0). Die Herstellkosten für den Folgeentwurf (HK_F) ergeben sich auf dieser Basis aus den Herstellkosten des Grundentwurfes (HK_G) wie folgt:

$$HK_F = HK_G(a_3\lambda^3 + a_2\lambda^2 + a_1\lambda^1 + a_0)$$

Etwaige Rüstkosten sind bei dieser Berechnung u.U. an die neue Losgröße anzupassen. Zudem wurde gezeigt, daß Rüstkosten näherungsweise mit dem Faktor $\lambda^{0,5}$ zunehmen. Derartige Kostenwachtumsgesetze sind verallgemeinerbar auf die Fälle, in denen die Kosten von mehreren geometrischen Parametern abhängen, die sich vom Grund- zum Folgeentwurf mit unterschiedlichen Maßstabszahlen, die sich nicht über einen ganzzahligen Exponenten verbinden lassen, verändern.[505]

Suchkalkulationen sind die zweite Form der Kalkulation auf Basis von Ähnlichkeiten. Dabei werden aus einem Lösungsspeicher mit konstruierten oder gar schon produzierten Objekten und deren Kosten diejenigen herausgesucht, die dem Kalkulationsobjekt ähnlich sind. Die gespeicherten Objekte können dabei - analog den oben definierten Spaltungsebenen - Produkte, Funktionen, Baugruppen oder Teile sein, so daß sich dieses Verfahren anwenden läßt, sobald eine Form der Baukastenkonstruktion vorliegt. Neben den Kosteninformationen sind technische Informationen, wie Stücklisten oder Arbeitspläne, mitzuführen. Aus dem Lösungsspeicher werden die Objekte ausgewählt, die dem Kalkulationsobjekt in seiner Beschreibung auf Basis eines oder mehrerer Merkmale am nächsten kommen. Dabei kommen als Suchmerkmale, die zur Beschreibung der Ähnlichkeiten dienen, geometrische, fertigungs- technische, funktionale oder physikalische Parameter in Frage. Bei der Ermittlung der Kosten können drei verschiedene Wege eingeschlagen werden: Bei der einfachen Suchkalkulation werden die Kosten des Objektes übernommen, das den Merkmalen des Kalkulationsobjektes am nächsten liegt. Bei der erweiterten Suchkalkulation werden die Kosten durch Inter- oder Extrapolation aus mehreren naheliegenden Objekten ermittelt. Beim dritten Weg wird eine einfache Kostenfunktion gesucht mit den Merkmalen als unabhängige Variable, z.B. über die

---

[505] Vgl. Gröner, L. (1991), S. 46ff.; Pickel, H. (1989), S. 51.

Regressionsanalyse. Anschließend wird aus dem Merkmalsraum das ähnlichste Objekt ermittelt, um die Kostenfunktion in dieses Objekt zu verschieben und in Richtung des Ähnlichkeitsvektors die Kosten des Suchobjekts zu ermitteln.[506]

4.5.3.3 Ausbau und Ergänzung der traditionellen Verfahren

Die gezeigten Verfahren sind zunächst ausgerichtet auf physische Produkte. Sie sind zu ergänzen und zu modifizieren für Kostenschätzungen von (internen) Dienstleistungen. Dies sei am Beispiel der Schätzung von Software-Kosten erläutert. Dabei werden zur Kostenschätzung aufgrund der hohen Personalintensität i.d.R. die zur Programmierung erforderlichen Mannmonate herangezogen. Erschwert wird die Kostenschätzung durch unsichere Input-Output-Beziehungen aufgrund unterschiedlicher Fähigkeiten der Programmierer und der vergleichsweise hohen Wahrscheinlichkeit von Fehlern.[507] Für die Software-Kostenschätzung werden folgende Möglichkeiten gesehen:[508] zum einen die Expertenschätzung, wie sie bereits dargestellt wurde, dann die Prozent-Methode, bei der zunächst die Kosten für die erste Phase der Software-Entwicklung explizit bestimmt werden. Über die üblichen Anteile der einzelnen Phasen der Software-Entwicklung wird auf die Kosten der restlichen Phasen geschlossen (man beachte die Analogie zur Materialkostenmethode). Die top-down-Methode zerlegt die Gesamtaufgabe in Teilaufgaben, bis für diese eine Kostenschätzung möglich erscheint. Die Lines-Of-Code-Methode schätzt (programmiersprachenabhängig) die Anzahl der zu programmierenden Code-Zeilen und multipliziert diese mit dem üblichen Aufwand an Mannminuten pro Zeile. Neben den Lines of Code können noch andere Maßgrößen wie Zahl der Testfälle, Zahl der Schnittstellen u.ä. herangezogen werden. Die Function-Point-Methode schließlich ermittelt für jede der zu programmierenden Funktionen ihre Basispunkte. Dazu wird die Funktion in Standardleistungen zerlegt, für die Standardbasispunkte aus der Auswertung fremder oder früherer Projekte ermittelt worden sind. Diese Basispunkte werden mit einem Einflußfaktor multipliziert, der die besonderen Schwierigkeiten bei der Umsetzung der Funktion berücksichtigen soll. Die Summe der angepaßten Basispunkte sind die Function-Points. Multipliziert mit den erforderlichen Mannmonaten pro Function Point und den Kosten pro Mannmonat ergeben sich die geschätzten Gesamtkosten.

In Ergänzung zu den gezeigten „traditionellen" Verfahren wird neuerdings der Einsatz neuronaler Netze für die entwicklungsbegleitende Vorkalkulation vorgeschlagen. Sie sind eine gute Methode zum Umgang mit wirkungsdefekten Problemstellungen, also zur Bestimmung eines nicht bekannten algorithmischen Zusammenhangs zwischen bekannten Inputgrößen und Zielgrößen. Im Unterschied zur häufig verwendeten linearen Regression zeichnen sie sich dadurch aus, daß sie auch nicht-lineare Zusammenhänge abbilden können und auch bei korrelierten Daten noch zu guten Ergebnissen führen. Es ist hier kein Platz für

---

[506] Vgl. Pickel, H. (1989), S. 45ff.; Becker, J. (1990), S. 354.; eine ausführliche Darstellung der Möglichkeiten und Probleme von Kalkulationsmodellen auf der Basis von Ähnlichkeitsvergleichen findet sich bei König, T. (1995), S. 47ff.

[507] Vgl. Sakurai, M. (1990), S. 51f.

[508] Vgl. z.B. Moll, K.-R. (1994), S. 100ff.; Berkhoff, H. / Blumenthal, P. (1983), S. 413ff.

eine gründliche Beschreibung und Analyse der Systematik neuronaler Netze und ihres Einsatzes für dieses Problem; einige grundlegende Bemerkungen müssen genügen.[509] Neuronale Netze wollen die Informationsverarbeitung durch Nervensysteme von Lebewesen auf moderne Rechensysteme übertragen. Deshalb werden kleine Verarbeitungseinheiten (Neuronen oder Netzknoten) kreiert, die für sich nur kleine, durch ein geordnetes Miteinander aber schwierige Probleme lösen können. Dazu werden die Neuronen z.b. in drei Schichten eingeteilt: Eingabeschicht, Schicht der internen Neuronen und Ausgabeschicht. Im vorliegenden Problemkreis werden in der Eingabeschicht alle Produktparameter eingegeben (z.B. Gewicht, Breite Materialart o.ä.), die Ausgabeschicht liefert die Kostenschätzung. Die Knoten der Eingabeschicht geben die einkommenden Werte an die nächste Schicht weiter, die diese gewichtet und an die Ausgabeschicht weitergibt.

Es müssen nun eine Reihe von Vergangenheitsfällen herangezogen werden, mit denen das Neuronale Netz trainiert werden kann. Dazu sind in diesem Fall die Eingangsparameter (die Merkmale der Produkte) und die sich ergebenden Kosten einzugeben. Mit Hilfe eines Lernverfahrens sucht das neuronale Netz in einem iterativen Verfahren die Verbindungsgewichte, die zu einer bestmöglichen Abbildung der Eingangsgrößen auf die Ausgabewerte führen. Diese erlernten funktionalen Zusammenhänge lassen sich auf ähnlich gelagerte Fälle anwenden. Die Zusammenhänge lassen sich auch visualisieren, um dem Konstrukteur in Form von Kostenfunktionen den Zusammenhang zwischen den von ihm determinierten geometrischen Parametern und den Kosten zu verdeutlichen.[510]

Das Konzept ist erweiterbar durch Vorschalten eines zweiten neuronalen Netzes, das bei Fehlen bestimmter Daten plausible Ergänzungen aus den Vergangenheitsfällen in Form von Default-Werten vornimmt, bis die tatsächlichen Daten vorliegen.

Als Fortführung der analytischen quantitativen Verfahren werden von verschiedenen Autoren diverse Kostenmodelle vorgestellt, die zum Teil aus der Kombination verschiedener Kurzkalkulationen entstehen, überwiegend aber auf einer ausführlicheren und genaueren Kalkulationsmethodik aufbauen. Diese besteht zum Teil in der Zuschlagskalkulation, zum Teil in einer prozeßorientierten Kalkulation. Die Verfahren sind durchweg EDV-unterstützt, zum Teil als Expertensystem ausgestaltet und direkt mit anderen DV-Systemen verbunden, in denen produkttechnische (CAD-System), fertigungstechnische Daten (z.B. Fertigungszeiten) oder Materialpreise hinterlegt sind. Es wird damit versucht, die vielfach bestehende Trennung von technischen und betriebswirtschaftlichen Systemen aufzuheben, die (Daten-) Integration in einen umfassenden CIM-Ansatz zu finden und eine durchgängige, nicht nur punktuelle Konstruktionsbegleitung zu ermöglichen.[511] Zu diesen Verfahren gehören das Modell von FISCHER ET AL.[512], von EVERSHEIM ET AL.[513], von EHRLENSPIEL ET AL.[514], von HUBKA ET AL.[515], von SCHEER ET AL.[516], von GRÖNER ET AL.[517] oder das von PICKEL[518]. Ein genauerer

[509] Vgl. hierzu Becker, J. / Prischmann, M. (1994), S. 168ff.; Becker, J. (1996), S. 84f.; König, T. (1995), S. 188ff.

[510] Siehe hierzu das Beispiel bei Becker, J. / Prischmann, M. (1994), S. 170.

[511] Vgl. hierzu auch Becker, J. (1990), S. 355ff.; Becker, J. (1992), S. 553ff.

[512] Vgl. Fischer, J. et al. (1992), S. 60ff.

[513] Vgl. Eversheim, W. et al. (1989), S. 57ff.; Eversheim, W. / Kümper, R. (1996), S. 45ff.

[514] Vgl. Ehrlenspiel, K. (1992), S. 289ff.; Ehrlenspiel, K. et al. (1996), S. 73ff.; Ehrlenspiel, K. (1997), S. 180ff.

[515] Vgl. Hubka, V. (1988), S. 391ff.

[516] Vgl. Scheer, A.-W. et al. (1991), S. 50ff.; Berkau, C. et al. (1996), S. 86ff.

Überblick findet sich bei GLEICH / SCHOLL,[519] eine weitere Untersuchung bei SCHMIDT / EITRICH.[520]

Mit diesen Kostenmodellen wird der Kreis der einfachen Verfahren, die vor Stückliste und Arbeitsplan eingesetzt werden, schon verlassen, sie nähern sich in ihrem Charakter stark den Verfahren der Kostenplanung, wie sie in der betriebswirtschaftlichen Literatur schon seit längerem diskutiert werden. Umfangreiche Ausführungen hierzu finden sich bspw. bei KILGER[521] oder SCHERRER[522].

Neben diesen Verfahren wird als Ergänzung der Einsatz von Kostentableaus (Cost Tables) empfohlen.[523] Sie dienen dem schnellen Überblick über die Kostenwirkungen verschiedener technischer Alternativen oder Konstruktionsvarianten. Dazu werden die Kosteninformationen aus der Vergangenheit gesammelt, ausgewertet, strukturiert und dem Konstrukteur in Form einer i.d.R. computergestützten Datenbank zur Verfügung gestellt. Er wird damit in die Lage versetzt, die unter Abwägung von technischen und kostenmäßigen Aspekten günstigste Alternative auszuwählen. Darüber hinaus können in Cost Tables auch best practice-Varianten mit abgelegt werden. Der Ursprung von Kostentableaus in dieser durchgängigen Form liegt wohl in Japan. Dort ist dieses Instrument weit verbreitet, während sich deutsche Unternehmen auf Grund des gesehenen hohen Erstellungs- und Aktualisierungsaufwandes zurückhaltender zeigen.[524] Die Kostentableaus einfacherer Prägung ähneln den pauschalen quantitativen Verfahren der konstruktionsbegleitenden Vorkalkulation, da auch hier versucht wird, Kostenwirkungen auf Basis weniger Variablen abzuschätzen. Der Unterschied liegt in einer expliziten Gegenüberstellung verschiedener bereits bewerteter Alternativen, für die zudem angegeben wird, wie die Erfahrungen mit diesen Alternativen im eigenen Unternehmen aussehen. Mit diesen Eigenschaften können sie sowohl in der Synthese bei der Auswahl der kostengünstigsten Lösung als auch in der Analyse bei der Bewertung einzelnen Alternativen eingesetzt werden. Für eine zukunftsorientierte Kostenbeeinflussung wird aber die Dynamisierung der Kostentableaus bedeutsam, so daß sie sich von ihrer ursprünglichen Konzeption, der Darstellung historischer Kosten, hin zu einem echten Prognoseinstrumentarium entwickeln müssen. Damit wird auch eine problemlose Integration oder Überführung in zukunftsorientierte Projektkalkulationen möglich.

Die folgende Abbildung zeigt ein Beispiel eines Kostentableaus für die Tätigkeit Schweißen:[525]

---

[517] Vgl. Gröner, L. (1991), S. 186ff.; Gröner, L. (1993), S. 566ff.

[518] Vgl. Pickel, H. (1989), S. 85ff.

[519] Vgl. Gleich, R. / Scholl, K. (1994), S. 13ff.; fast wortgleich bei Horváth, P. et al. (1996a), S. 57ff. ähnlich Gleich, R. (1996), S. 44ff.

[520] Vgl. Schmidt, J. / Eitrich, O. (1995), S. 26ff.

[521] Vgl. Kilger, W. (1993), S. 231ff.

[522] Vgl. Scherrer, G. (1991), S. 183ff.

[523] Vgl. Seidenschwarz, W. (1993a), S. 187; Seidenschwarz, W. (1994a), S. 81f.; Tanaka, T. (1993), S. 10; Gleich, R. (1994), S. 49f.; Gleich, R. (1996), S. 48ff.; Gaiser, B. / Krause, G. (1995), S. 29f.; Tani, T. et al. (1996), S. 86ff.; Horváth, P. et al. (1993c), S. 14f.; Kieninger, M. (1994), S. 556f.; Horváth, P. et al. (1996b), S. 140.

[524] Vgl. Yoshikawa, T. et al. (1990), S. 30ff.; Tani, T. et al. (1996), S. 86.

[525] In enger Anlehnung an Gaiser, B. / Krause G. (1995), S. 29.

Arbeitsvorgang Schweißen			
Minutensätze der Kostenstellen			verantwortlich:
CNC-Laser .... DM/min.	Laser .... DM/min.	Konvention. Schw. .... DM/min.	Datum:

Pro 10 Stück	Schweißlänge (Standard)	Zuschlag Schutzgas	Zuschlag tiefer Querschnitt	Zuschlag aufwendige Justierung	Benchmark
CNC- Laserschweißen .... min/mm	Länge: .... mm Kosten: ...DM	+ .... % Kosten: ...DM	+ .... % Kosten: ...DM	+ .... % Kosten: ...DM	Kosten: ...DM
Laserschweißen .... min/mm	Länge: .... mm Kosten: ...DM	+ .... % Kosten: ...DM	+ .... % Kosten: ...DM	+ .... % Kosten: ...DM	Kosten: ...DM
Konventionelles Schweißen .... min/mm	Länge: .... mm Kosten: ...DM	+ .... % Kosten: ...DM	+ .... % Kosten: ...DM	+ .... % Kosten: ...DM	Kosten: ...DM

Abbildung 4-20: Beispiel für ein Kostentableau

Da sich vor allem die herkömmlichen Verfahren der entwicklungsbegleitenden Vorkalkulation auf die Herstellkosten konzentrierten unter einer sehr pauschalen und rudimentären Berücksichtigung der Gemeinkostenbestandteile, erscheint eine gezielte Ergänzung der Verfahren durch Ansätze der Prozeßkostenrechnung sinnvoll. Es soll dadurch sichergestellt werden, daß sich die fundierte Abbildung der Kostenwirkungen nicht auf die Einzelkosten und die Fertigungsgemeinkosten beschränkt. Insbesondere die produktnahen Prozeßkosten sind hier von Relevanz, da sie im Entwicklungsprozeß determiniert werden.[526] Dies zeigt folgendes Beispiel:

Die Entwickler einer Flachbaugruppe sehen die Möglichkeit, eine diskrete Schaltung mit 30 Bauelementen durch einen in einem Bauelement integrierten Schaltkreis (IC) zu ersetzen. Folgende Kostenbestandteile sollten sie dabei in ihr Kostenkalkül einbeziehen, um die Kostenwirkungen vollständig abzubilden:

- Materialeinzelkosten im Sinne von Materialeinstandspreisen
- Fertigungskosten für die Bestückung und das Löten der Bauelemente (z.B. auf Basis von Fertigungszeiten unter Beachtung vorhandener Kapazitäten)
- Kosten der Funktionsprüfung des diskreten Schaltkreises
- Entwicklungskosten zur Erstellung des Lastenheftes für den neuen Baustein
- Entwicklungskosten zur Umstellung der technischen Zeichnungen
- Kosten für die Qualifizierung des neuen Bauelements
- Kosten für die Freigabe des Bauteils beim Kunden
- Kosten für die Einführung des neuen Teils in die Teilestammdatei
- Kosten für die EDV-technische Pflege dieses Teils
- Kosten für die Beschaffung und die Bereitstellung der Teile am Band
- Kosten für die Abrechnung der gelieferten Teile

---

[526] Vgl. Franz, K.-P. (1992a), S. 129f.; Franz, K.-P. (1992b), S. 1497.

Es sollte daher ein Instrumentenkasten aufgebaut werden, mit Hilfe dessen die gesamten vom Projektteam beeinflußbaren Zielkosten im obigen Sinne abgebildet werden können. Eine unvollständige Abbildung der gesamten Kostenwirkungen kann zu fatalen Wirkungen führen. Es darf aber nochmals betont werden, daß der Einsatz bzw. die Einführung von Prozeßkostensätzen gezielt unter fallweiser Abwägung von zusätzlichem Nutzen und Erstellungs- und Pflegeaufwand zu erfolgen hat.[527] Fehlen entsprechende Kosteninformationen, so sollten zumindest die Gemeinkostenwirkungen in ihrer Tendenz abgebildet werden. Bei der Darstellung der Pflichtbestandteile der Alternativenkalküle ist auf diesen Punkt bereits hingewiesen worden. Fundierte Aussagen über Gemeinkostenwirkungen werden erleichtert, wenn z.B. in Form einer Checkliste Wirkungen auf Faktoren abgefragt werden, von denen das Gemeinkostenvolumen abhängt: Teileanzahl, Anzahl Neuteile, Variantenzahl, Lieferantenzahl, Lagerbedarf, innerbetriebliche Logistik, Fertigungssteuerung, Arbeitsvorbereitung, Qualitätssicherung, Vertriebswege, Kundenbetreuung etc.

Die Checkliste ist an den üblicherweise identifizierten Kostentreibern in den indirekten Bereichen orientiert. Eine genaue Quantifizierung der Kostenwirkungen ist über diese Checkliste allerdings nicht möglich. Im japanischen Rechnungswesen wird daher vielfach versucht, in Form von Strafkosten die Gemeinkosten auf Basis derartiger Bezugsgrößen umzulegen, um positive Wirkungen im Gemeinkostenbereich auszulösen, allerdings weitgehend unabhängig von der tatsächlichen Kostenverursachung.[528] Dazu ist das Kalkül auszubauen zu einem Prozeßkostenblatt, das durch Multiplikation der benötigten Kostentreibermenge mit dem Prozeßkostensatz die verursachten Prozeßkosten angibt.[529] Das folgende Beispiel ist ergänzt durch die Überprüfung einiger Kennzahlen. Diese sollen als heuristische Regeln eine Kostenexplosion in indirekten Bereichen verhindern. Derartige Prozeßkostenkalküle können damit sowohl als qualitative Hilfsmittel Hinweise auf die kostengünstigere Lösung geben als auch als quantitative Hilfsmittel bei der Ermittlung der Kosten einer Alternative behilflich sein.

---

[527] So auch Scholl, K., et al. (1996), S. 343.
[528] Vgl. Hiromoto, T. (1989), S. 130f.; Fröhling, O. / Wullenkord, A. (1991), S. 70f.
[529] Vgl. Mayer, R. (1993), S. 89.

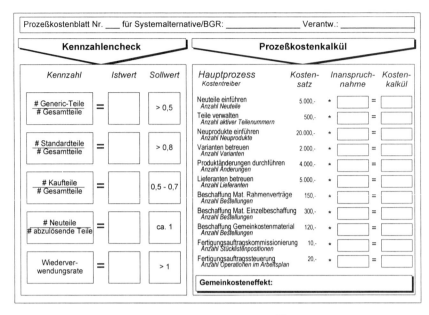

Abbildung 4-21: Prozeßkostenblatt[530]

Die Kostenschätzung muß nicht einwertig erfolgen. Das *stochastische Target Costing* kann über eine stochastische Kostenschätzung im Modul 4 fortgesetzt werden. SCHULTZ zeigt exemplarisch den Prozeß der stochastischen Kostenschätzung auf Komponenten- und die Verdichtung auf Produktebene für Dreiecksverteilungen.[531] Analog zu den Aussagen einer stochastischen Zielkostenspaltung können auch im stochastischen Modul 4 „nur" Wahrscheinlichkeiten für das Erreichen der Kostenziele abgeleitet werden.

4.5.3.4 *Anforderungen an das Instrumentarium der Vorkalkulation*

Im praktischen Einsatz wird eine Reihe von Anforderungen an die Verfahren zur Unterstützung des Kostenforecheckings und des Kostenknetens gestellt. Es sollen abschließend zu diesem Punkt einige dieser Anforderungen etwas näher beleuchtet werden, um die Einsatzfähigkeit der beschriebenen Verfahren besser beurteilen und den Aufbau eines geeigneten Instrumentenkastens entsprechend einleiten zu können:[532]

1. **Durchgängige und breite Anwendbarkeit:** Die eingesetzten Verfahren der entwicklungsbegleitenden Vorkalkulation müssen in der Lage sein, alle im Unternehmen ablaufenden Entwicklungsprozesse durchgängig zu unterstützen. Dies bedeutet zum einen,

---

[530] Entnommen aus Siemens (1996), S. 6-94, siehe auch Seidenschwarz, W. et al. (1996), n.o.S.

[531] Vgl. Schultz, V. (1996), S. 25ff.

[532] Vgl. Gleich, R. / Scholl, K. (1994), S. 30ff.; wortgleich Horváth, P. et al. (1996a), S. 61f.; außerdem Gleich, R. (1996), S. 58ff. Eine ansatzweise in diese Richtung gehende Gegenüberstellung von multipler linearer Regression, neuronalem Netz und Ähnlichkeitskalkulation findet sich bei König, T. (1995), S. 200ff.

daß alle auftretenden Konstruktionsarten unterstützt werden können, zum anderen, daß der Konstruktionsprozeß vom Anfang bis zum Schluß unterstützt wird. Anpassungs- oder Variantenkonstruktionen sind prädestiniert für den Einsatz von Verfahren, die auf Vergangenheitsfälle zurückgreifen und Kosteninformationen von dort her übertragen. Schwieriger ist die Prognose bei innovativen Entwicklungen, bei denen häufig auf Analogien oder die Überleitung aus bekannten Situationen zurückgegriffen werden muß. Da Kenngrößen in diesen Fällen häufig nicht existieren (können), ist auf differenziertere Verfahren oder Kostenmodelle zurückzugreifen, die die Kostenwirkung in den verschiedenen Bereichen simulieren. Die durchgängige Anwendbarkeit bedeutet aber vor allem, daß auch Verfahren eingesetzt werden, die in den frühen Phasen Kostenunterstützung geben. Insbesondere die beschriebenen Kurzkalkulationen sollten aus diesem Grund nicht vernachlässigt werden, auch wenn ihr Genauigkeitsgrad aufgrund der Datensituation im Vergleich zu später einsetzbaren Verfahren geringer ausfällt.

2. **Differenzierte Kostenschätzung:** Der Genauigkeitsgrad der Verfahren ist dem Entwicklungsstand anzupassen. Dies bedeutet, daß die Objekte der Kostenschätzung mit den Entwicklungsobjekten übereinstimmen müssen (vgl. hierzu den beschriebenen Verlauf des Entwicklungsprozesses). Eine Möglichkeit ist die inhaltliche Neufokussierung des gleichen Verfahrens, d.h. daß in den frühen Phasen z.B. Kennzahlen für das ganze Produkt herangezogen werden, während später Kennzahlen für Baugruppen oder Teile verwendet werden. Die andere Möglichkeit ist die Ablösung durch neue Verfahren. Dies ist zum einen die Ablösung qualitativer Verfahren nach Abschluß der Synthesephase durch quantitative Verfahren in der Analysephase. Dies ist aber auch die Ablösung pauschaler Verfahren bei Konkretisierung der Datenstruktur durch differenzierte Verfahren. Vor allem die Kostentableaus zeigen in dieser Beziehung große Flexibilität. Kostenmäßig gewichtige Teile oder Baugruppen (nach ABC-Analyse) sind frühzeitig genau zu kalkulieren, unwichtige können geschätzt werden.[533]

3. **Umfassende Darstellung der Kostenwirkungen:** Die Verfahren dürfen nur die Kostenwirkungen zeigen, die durch die Aktionen, die sie bewerten, ausgelöst werden. Dies bedeutet zum einen, daß die Kostenwirkungen in den indirekten Bereichen nicht vergessen werden dürfen, zum anderen, daß eine pauschale Berücksichtigung von Gemeinkostenwirkungen dort vermieden werden soll, wo sie zu Fehlinformationen führt. Dies ist immer dann der Fall, wenn der Maßstab für die Gemeinkostenverrechnung und der tatsächliche Kostentreiber auseinanderfallen. In diesem Punkt zeigen sich die Defizite pauschaler Verfahren.

4. **Anpassung an das Kalkulationsschema:** Die Kosteninformationen müssen vom Umfang, die differenzierten Verfahren auch vom Aufbau her zu dem Kalkulationsschema passen, das zur vollständigen Abbildung der Kostensituation verwendet wird. Dies dient nicht nur der intertemporalen Vergleichbarkeit der Kostenschätzungen, sondern sichert auch die kalkulationsseitige Konsistenz: So führt es bspw. zu Verwirrung und Unverständnis auf Entwicklerseite, wenn die heuristische Regel zu beachten ist, möglichst wenig neue Teile zu verwenden, in einem Prozeßkostenkalkül dieser Aspekt z.B. einen höheren Materialpreis der Standardteile überkompensiert, die Produktkalkulation aber diese Aktion „bestraft", weil sie einen auf (höhere) Materialeinzelkosten bezogenen Materialgemeinkostenzuschlag verwendet.

---

[533] Vgl. Ehrlenspiel, K. (1997), S. 177.

5. **Lebenszyklusorientierung:** Entsprechend dem hier vorgestellten lebenszyklusbezogenen Target Costing-Ansatz sind die Kostenschätzungen zu dynamisieren, d.h. Kostenentwicklungen über die Laufzeit hinweg sind explizit aufzuzeigen. Für die wesentlichen Kostenparameter (z.b. alle A-Teile) sollte wiederum eine explizite differenzierte Abschätzung versucht werden, alternativ können summarische Verfahren eingesetzt werden. Als solches darf in diesem Zusammenhang die Erfahrungskurve gesehen werden, auch wenn sie nicht als Kostenprognoseinstrument geschaffen worden ist. Bei entsprechender empirischer Überprüfung durch mehrperiodige Kostenverfolgung kann die Kernaussage der Erfahrungskurve (Mit jeder Verdopplung der im Zeitablauf kumulierten Ausbringungsmenge besteht ein Kostensenkungspotential von 20 bis 30 % der realen Stückkosten, bezogen auf den Wertschöpfungsanteil der Produktkosten) durchaus zu einer Dynamisierung der Kostenprognose beitragen. Zu beachten bleibt, daß sich dieser Effekt nur zum Teil automatisch einstellt (z.B. über Lerneffekte), überwiegend aber das beschriebene Potential erst aktiv ausgenutzt und damit entsprechender Maßnahmenanschluß geschaffen werden muß.[534]

6. **Verhaltensbeeinflussung:** Die Verfahren sollten nicht nur der Abbildung der Kosten dienen, sie sollten auch deren Beeinflussung ermöglichen. Dazu sind sie so zu gestalten, daß sie dem Entwickler die Parameter aufzeigen, mit denen er die Kosten beeinflußt. Das zeigt Ansatzpunkte zur Kostensenkung, steigert das Kostenbewußtsein und dient der Verhaltensbeeinflussung.

7. **Erstellungs- und Pflegeaufwand:** Unter dem Aspekt der Wirtschaftlichkeit der Verfahren muß der Erstellungs- und Pflegeaufwand möglichst gering gehalten werden. Dieser Aufwand ist bei den beschriebenen Verfahren nicht zu unterschätzen. Bei der Beurteilung des Aufwandes ist zu beachten, daß die Verfahren zu erheblichen zeitlichen und personellen Einsparungen bei der Kostenschätzung führen (im Vergleich zu einem mühsamen Versuch, in den frühen Phasen eine Kalkulation auf Basis von Stücklisten und Arbeitsplänen zu kreieren) und sie ein wirksames Mittel darstellen, nachträgliche zeit- und personalintensive Änderungen zu verhindern. Auf die Aktualität der verwendeten Daten ist dabei höchstes Augenmerk zu legen.

8. **Einfachheit und Transparenz:** Das beste Verfahren zur Kostenabschätzung hilft nichts, wenn es vom Entwickler nicht angewandt wird, weil er es nicht akzeptiert. Aus diesem Grund müssen die Verfahren in ihrer Bedienbarkeit einfach gehalten sein. Zudem müssen die Verfahren transparent sein und Transparenz schaffen. Sie müssen dem Entwickler direkt die Wirkungen seiner Entscheidungen zeigen und plausibel machen, damit er daraus Konsequenzen für seine Tätigkeit ziehen und einen Kostenerfahrungsschatz aufbauen kann.

4.5.4 Quantifizierung externer Parameter und Risikomanagement

Im vorangegangenen Abschnitt wurden Verfahren vorgestellt, die eine Kostenschätzung während der Entwicklung ermöglichen sollten, um in den Phasen den Weg der Zielkostenerreichung zu beschreiten, in denen die Kosten determiniert werden. Dazu wurde ein Zusammenhang hergestellt zwischen produkt-, fertigungs- und abwicklungstechnischen Parametern und der Ausprägung eines zu definierenden Kostenspektrums. Der Fokus lag damit auf intern festzulegenden Größen mit dem Ziel der Verhaltenssteuerung im Sinne einer kosten-

---

[534] Vgl. hierzu Männel, W. (1993), S. 74; Zehbold, C. (1996), S. 240ff.

bewußten Entwicklung. Was dabei nicht explizit Gegenstand der Untersuchung war, ist die Abschätzung von außen bestimmter Parameter, die erlös- oder kostenseitig auf das Projekt wirken.

Bei der eingangs durchgeführten Analyse der Geschäftssituation, vor der diese Arbeit steht, wurden als derartige Parameter allgemeine volkswirtschaftliche sowie von den Kunden abhängige Unsicherheiten identifiziert und ausführlich erläutert. Die vom Kunden ausgehenden Unsicherheiten (technische Änderungen im Entwicklungs- und Produktionszyklus, Quoten- und Ausstattungspolitik des Kunden, Preisvorstellungen des Kunden als wesentlicher Marktteilnehmer) sind im Modul 1, der Markt- und Strategieeinbindung, sowie in den Ausgangsparametern von Modul 2 weitestgehend diskutiert und aufgefangen. Es verbleiben im wesentlichen die „allgemeinen volkswirtschaftlichen Faktoren". Dies sind die an erwähnter Stelle als Economics bezeichneten Preisentwicklungen in der Landeswährung im Bereich Beschaffung, Produktion und Absatz (man beachte hierzu die Verbindung zu den Preisvorstellungen des Kunden) und Veränderungen der Währungsrelationen sowie auf konjunkturelle Entwicklungen zurückgehende Mengeneffekte. Bei den Preiseffekten geht es an dieser Stelle nicht um Erfolge eigener Preisverhandlungen, sondern um Markttrends. Die beschriebenen Mengeneffekte sind wegen des Vorliegens einer im wesentlichen derivativen Nachfrage im Automobilzulieferbereich relevant. Es geht dabei nicht nur um die Entwicklung des Autoabsatzes als solchem, sondern auch um Strukturverschiebungen im Kaufverhalten bezüglich bestimmter Marken, Marktsegmente oder Ausstattungsvarianten.

Um die Ausprägungen derartiger Parameter zu prognostizieren, wurden eine Reihe von Verfahren entwickelt, die im folgenden allerdings nur im Überblick dargestellt werden können. Bezüglich einer eingehenderen Beschreibung darf auf die Fachliteratur verwiesen werden.[535]

Prognosen basieren auch auf Beobachtungen der Vergangenheit. Sie versuchen, die Beobachtungen strukturell zu erklären, und übertragen die Erklärungszusammenhänge auf die zukünftige Entwicklung. Quantitative Prognoseverfahren verwenden dazu mathematischstatistische Operationen.

Bei konstantem Datenverlauf in der Vergangenheit, also bei horizontalem Datenmuster, lassen sich Durchschnittsverfahren einsetzen. Das einfache arithmetische Mittel als Prognosewert läßt sich verfeinern durch den gleitenden Mittelwert, bei dem ältere Vergangenheitsdaten durch die Festlegung der Anzahl einbezogener Werte sukzessive eliminiert werden. Beim gewichteten gleitenden Mittelwert werden die einzelnen Eingangsdaten zudem gewichtet. Die Gewichtung kann durch adaptives Filtern verbessert werden, indem für jeden neuen Beobachtungswert der Fehler der Prognose auf Basis einer bestimmten Gewichtung errechnet wird, um schließlich die Gewichte so zu korrigieren, daß der Fehler vermindert wird. Beim exponentiellen Glätten werden zufallsbedingte Prognosefehler der Vorperiode ausgeglichen, indem als Prognosewert die mit einem Glättungsfaktor ermittelte Summe aus Prognosewert und tatsächlichem Wert der Vorperiode herangezogen wird.

Auch für andere Datenverläufe existieren statistische und ökonometrische Verfahren, die aus der Beobachtung der Vergangenheitswerte eine funktionale Beschreibung ableiten. Bei

---

[535] Vgl. hierzu und zu den folgenden Ausführungen Bea, F. X. / Haas, J. (1995), S. 254ff.; Makridakis, S. et al. (1980), S. 42ff.; Welge, M. K. / Al-Laham, A. (1992), S. 132ff.; Brockhoff, K. (1977), S. 93ff.

Trendverläufen sind dies Verfahren der Trendextrapolation, die z.B. unter der Annahme eines linearen Trendverlauf nach der Methode der kleinsten Abweichungsquadrate eine Trendgerade ermitteln. Ansonsten versuchen Dekompositionsverfahren, durch Zeitreihen-zerlegung in mehrere Faktoren den Datenverlauf zu zerlegen. Derartige Faktoren lassen sich klassifizieren in einen Trendfaktor, einen zyklischen Faktor und einen saisonalen Faktor, die üblicherweise noch durch einen Zufallsfaktor ergänzt werden, um schließlich multiplikativ (teilweise auch additiv oder additiv-multiplikativ) miteinander verknüpft zu werden. Für komplexe Datenstrukturen besonders geeignet erscheint die Box-Jenkins-Prognosemethode. Wie das adaptive Filtern ist dies in der Grundform (also für stationäre Datenreihen) ein ARMA-Verfahren (ARMA = auto-regressive moving average). In einem iterativen Prozeß wird zunächst ein Probemodell ausgewählt und dessen Parameter an den Datenverlauf angepaßt, wobei die Analyse der Autokorrelation der Daten für die Modellauswahl von zentraler Bedeutung ist. Über den Prognosefehler wird überprüft, ob das Probemodell adäquat ist oder ob es durch ein anderes Modell zu ersetzen ist, für das die gleiche Prüfung durchgeführt wird. Das Verfahren endet in einer Prognosemethode, die die Prognosefehler minimiert. Darüber hinaus lassen sich auch die angesprochenen Neuronalen Netze zur Prognose von Datenverläufen einsetzen.[536]

All diesen Verfahren der Trendanalyse ist gemeinsam, daß sie von der Hypothese der Zeitstabilität ausgehen. Es wird also unterstellt, daß der bisherige Verlauf der Daten sich aufgrund der Konstanz der Bedingungskonstellationen in der Zukunft entsprechend fortsetzt, so daß es im Prinzip genügt, den funktionalen Zusammenhang zwischen Zeit und Datenverlauf abzubilden. Beim Auftreten jeder Form von Unstetigkeit im Datenverlauf werden diese Prognosen daher ungenau oder sogar obsolet. Vor allem Diskontinuitäten im Sinne von völlig neuartigen, kaum vorhersagbaren Umweltveränderungen mit wesentlicher Bedeutung für das Unternehmen[537] erfordern zumindest die Ergänzung dieser Verfahren.

Es ist dabei eine stärkere Abstraktion von den Vergangenheitsdaten anzustreben, was nicht bedeutet, die historische Entwicklung zu vernachlässigen, als vielmehr vor dem Hintergrund dieser Vergangenheitsdaten eine vorausschauende Betrachtung vorzunehmen. Dies kann versucht werden durch die Identifikation kausaler statt rein zeitlicher Zusammenhänge, z.B. im Rahmen der bereits erwähnten (einfachen oder multiplen) Regressionsanalyse oder der Lebenszyklus-Analyse. Strukturbrüche können damit aber auch nicht prognostiziert werden. Eine andere Möglichkeit bilden qualitative Verfahren (im Sinne einer explorativen qualitativen Prognose), die auf subjektiv begründeten Beurteilungen der zu prognosti-zierenden Situation beruhen. Es handelt sich damit um die ebenfalls bereits angesprochenen Expertenschätzungen, die sich wiederum auf ausgewählte Indikatoren stützen und in Gruppenverfahren eingebettet werden können. Diese Verfahren sind zudem auch dann einsetzbar, wenn die Datenbasis für eine quantitative Analyse nicht ausreicht. Dies mündet wiederum in die Projektionsverfahren, die bereits im Rahmen des Moduls 1 bei der Analyse der Markteinbindung besprochen worden sind: die Szenariotechnik und die Früherkennungs-

---

[536] Vgl. Makridakis, S. et al. (1980), S. 115ff. und S. 147ff.; Brockhoff, K. (1977), S. 95ff. und 104ff.; Hansen, K. (1994), S. 235ff.
[537] Vgl. Bea, F. X. / Haas, J. (1995), S. 253.

systeme. Methodisch schließt sich damit der Kreis, auch wenn sich die Inhalte verschoben haben.[538]

Ergänzend sei in diesem Zusammenhang auf ein Feld hingewiesen, das hier nicht genauer untersucht werden kann, das aber durchaus eine Rolle spielt beim Umgang mit den bestehenden Planungsunsicherheiten: das Risikomanagement.[539] Ohne auf mögliche Risikobegriffe und die vielfältigen Dimensionen des Risikomanagements genauer einzugehen, kann Risiko in diesem Zusammenhang (als Pendant zur Chance) als die Gefahr verstanden werden, daß die sich tatsächlich einstellende Ausprägung eines Parameters von der geplanten zum Nachteil des Unternehmens abweicht. Zielsetzung des Risikomanagements ist die Bewältigung dieser Risiken. Das bedeutet nicht automatisch die vollständige Beseitigung eines Risikos, Risikomanagement dient auch dem zweckmäßigen Eingehen von Risiko sowie dem Bewußtmachen von Risiken im Gesamtzusammenhang. Dazu sind die Risiken zu erkennen, zu bewerten und zu analysieren, um dann mit risikopolitischem Instrumentarium eingeschränkt oder beseitigt zu werden. Eine Strukturierung dieser Instrumente fällt der Literatur schwer, folgende Aufzählung soll einen allgemeinen Überblick geben:[540]

1. *Risikomeidung*: Auf risikoträchtige Aktionen, z.B. den Export in ein bestimmtes Land, wird verzichtet.
2. *Schadenverhütung*: Die Eintrittswahrscheinlichkeit eines Schadens (oder auch sein Ausmaß) soll verringert werden.
3. *Risikobegrenzung* durch
   a) Risikoabwälzung: Die bestehenden Risiken sollen auf einen Vertragspartner übertragen werden.
   b) Risikostreuung: Die risikomindernde Wirkung der Diversifikation wird genützt.
   c) Risikokompensation: Negativ korrelierte Risiken, die sich gegenseitig aufheben, werden genützt.
4. *Finanzielle Vorsorge* durch Rücklagebildung
5. *Versicherung* als Spezialfall der Risikoabwälzung

Eine denkbare Klassifizierung der verschiedenen Risiken teilt diese in reine und spekulative ein. Bei reinen Risiken besteht nur die Möglichkeit einer negativen Abweichung, bei den spekulativen zusätzlich die Möglichkeit einer positiven. Reine Risiken sind z.B. Gefahr von Brandfällen, Maschinenschäden, Haftungsverpflichtungen u.ä. Diese Schäden sind regelmäßig versicherbar. Die in diesem Abschnitt angesprochenen Risiken bei den Preiskomponenten verschiedener Produktionsfaktoren sowie bei den Preis- und Mengenkomponenten auf der Absatzseite sind spekulative Risiken. Diese *Risiken zu meiden*, käme der Unterlassungsalternative für das gesamte Projekt gleich. Denkbar ist eine Verminderung von Fehleinschätzungen durch äußerst pessimistische Ansätze bei den einzelnen Parametern im Sinne einer extremen worst case Betrachtung. Dies kann aber zu einer völligen Verzerrung der tatsächlichen Situation führen, so daß zumindest das Aufzeigen von Chancenpotentialen

---

[538] Vgl. Mauthe, K. D. (1984), S. 272ff.; Welge, M. K. / Al-Laham, A. (1992), S. 135ff.; Bea, F. X. / Haas, J. (1995), S. 261ff.
[539] Vgl. hierzu und zur folgenden Zusammenfassung ausführlich z.B. Haller, M. (1984), S. 7ff.; Hoffmann, K. (1985); Braun, H. (1984); Brühwiler, B. (1980), S. 40ff.; Karten, W. (1978), S. 308ff.; Lindeiner-Wildau, K. (1986), S. 27ff.
[540] Vgl. Karten, W. (1978), S. 318ff.

einhergehen muß, damit das Vorgehen nicht völlig an der Schaffung einer Entscheidungs-grundlage vorbeiführt. Erhöhen sich die Faktorkosten oder vermindern sich die Erlöse, wirkt dies direkt auf die Zielgröße Gewinn; eine *Schadensverhütung* im Sinne einer Verhinderung oder Einschränkung dieser Wirkung ist damit nicht möglich. Theoretisch möglich ist es allerdings, das *Risiko* (und damit auch die Chance) auf den Lieferanten oder Kunden *abzuwälzen* durch vertragliche Vereinbarungen. Werden z.B. mit den eigenen Lieferanten die Preise über einen längeren Zeitraum festgelegt, so trägt der Lieferant das Risiko, daß er zum Beispiel an Preissteigerungen im Markt nicht partizipieren kann, er hat aber auch die Chance, Preissenkungen nicht weitergeben zu müssen. Gleiches gilt für eine längerfristige Fixierung des Arbeitsentgeltes, wobei tarif- und arbeitsrechtliche Regelungen zu beachten sind.[541] Entsprechende Vereinbarungen sind mit den eigenen Kunden denkbar: Es lassen sich theoretisch nicht nur Absatzpreise, sondern auch Absatzmengen fixieren. Es ist auch denkbar, daß der Kunde Veränderungen der Economics trägt. Inwieweit aber derartige Vorschläge durchsetzbar sind, hängt stark von den Machtverhältnissen auf den Märkten ab. Während in der Automobilzulieferindustrie längerfristige Preisvereinbarungen mit Materiallieferanten durchaus möglich sind, gestalten sich starre Fixierungen auf der Abnehmerseite als schwierig: Es wurde bereits erläutert, daß die Garantie bestimmter Abnahmemengen i.d.R. nicht gegeben wird, auch die Durchsetzung von Preissenkungen trotz anderslautender Vertragsvereinbarungen ist beobachtbar. Eine einseitige Flexibilisierung der Vertrags-gestaltung zu Lasten des Abnehmers, der bei Kostenproblemen des Zulieferers Preisauf-schläge zugesteht, dürfen i.d.R. als utopisch angesehen werden. Vertragsabschlüsse unter Weitergabe der Economics sind selten. Ausnahme bildet z.B. die häufig beobachtbare Vereinbarung, daß der Abnehmer von Bordnetzen (Kabelbäumen) das in den Kabeln enthaltene Kupfer nach der aktuellen Börsennotierung bezahlt. Kupferpreisschwankungen gehen damit voll zu Lasten oder Gunsten des Abnehmers. Währungskursrisiken lassen sich zumindest zum Teil überwälzen, wenn in der Währung fakturiert wird, mit der auch der Großteil der Produktionsfaktoren bezahlt wird, der Abnehmer seine Erlöse aber in einer anderen Währung erzielt. Eine *Streuung des Risikos* ist nicht nur über mehrere Produkte und damit einer marktseitigen Diversifikation möglich, sondern auch über die Streuung der Beschaffungsquellen für das Material oder verschiedene Produktionsstandorte. Regional oder lokal begrenzte Risiken können damit zum Teil ausgeglichen werden. Diese Beispiele zeigen aber auch, daß das Ziel der Riskostreuung durchaus konfliktär zu anderen sein kann, wie Bündelung der Fertigungskapazitäten zur Fixkostendegression, Ausnutzung von besonderen Lohn- oder Mengenvorteilen oder geringerem administrativen Aufwand bei der Materialbeschaffung, wie der Trend zum single sourcing auch zeigt. Ein Standardbeipiel für den Fall der *Risikokompensation* ist das Devisentermingeschäft, bei dem durch Grund- und Gegengeschäft ein Währungsrisiko vollständig aufhebbar ist. Das Währungsrisiko-management hat sich ohnehin zu einer eigenständigen Disziplin entwickelt, auf die hier nur verwiesen werden kann.[542] Neben der *eigenen finanziellen Vorsorge* bleibt die Möglichkeit der *Versicherung*, wobei die genannten Absatz- oder Preisrisiken i.d.R. typische Beispiel für nicht versicherbare allgemeine Unternehmerrisiken darstellen.

---

[541] Vgl. hierzu Löwisch, M. (1989), S. 317ff.; Richardi, R. (1991), S. 168ff. sowie §77(3) und §87(1) Zi. 10 und Zi. 11 BetrVG.

[542] Vgl. hierzu ausführlich z.B. Eilenberger, G. (1990); Mayrhofer, H.H. (1992); Scharrer, H.-E. et al. (1978), S. 304ff.

4.5.5 Kostensenkende Maßnahmen zur Zielkostenerreichung

4.5.5.1 Einsatzfelder der kostensenkenden Maßnahmen

Mit Hilfe der vorgestellten Verfahren ist es möglich, zumindest näherungsweise die Projektkosten unter Beachtung gegebener Rahmenbedingungen abzuschätzen und sie den Zielkosten gegenüberzustellen. Damit kann die Zielkostenerreichung vorab geprüft werden. Diese soll durch zwei Maßnahmenbündel gesichert werden. Zum einen durch ein aggressives Kostenforechecking, das sicherstellen soll, daß der kostengünstigste Weg eingeschlagen wird, zum anderen ein Kostenkneten, das die Lösungen auf den eingeschlagenen Wegen kostenseitig weiter verbessern soll. Dadurch können noch bestehende Kostenlücken geschlossen oder im Rahmen der Preisuntergrenzenermittlung der „Anschlagpunkt" auf den einzelnen Spaltungsebenen bestimmt werden. Die gezeigten Verfahren leisten damit nicht nur einen ganz entscheidenden Beitrag zur Prognose von Kosten, sie bilden auch die Basis für eine kostengünstige Produkt- und Verfahrensgestaltung, weil sie Alternativen aufzeigen und die Ansatzpunkte für Kostensenkungen benennen.

Um den zur Verfügung stehenden kostenmäßigen Gestaltungsspielraum möglichst voll ausnutzen zu können, müssen die Bereiche der Kostenbeeinflußbarkeit bekannt sein. Es ist nach Möglichkeiten zu suchen, die gleichen Ressourcen günstiger oder günstigere Ressourcen einzusetzen, also eine Faktorsubstitution unter Einhaltung des geforderten Outputs vorzunehmen. Hierzu werden in der Literatur u.a. drei Bereiche identifiziert, die in folgender Übersicht näher untergliedert sind.[543]

1. Rationalisierung beim Design
   - Einsatz von kostengünstigen Materialien, Teilen und Technologien
   - Einfach zu produzierende Struktur/Form
   - Rationelle Struktur/Form ohne Abfall
2. Rationalisierung in der Produktion
   - Verbesserung des Produktionsprozesses
   - Verbesserung des Fabriklayouts
   - Minimierung von Nacharbeiten aufgrund von Fehlern
   - Arbeitsgestaltung ohne Wartezeiten
3. Rationalisierung in der Beschaffung
   - Rationalisierung bei den Bezugsquellen
   - Senkung der Einkaufspreise
   - Rationalisierung beim Transport
   - Rationalisierung bei der Verpackung

Hierzu drei Anmerkungen:
Die vorgenommene Aufzählung ist erstens keineswegs frei von Interdependenzen, wie die drei folgenden Beispiele zeigen:

Eine Leiterplatte enthält aufgrund des Produktdesigns SMD-Bauteile (surface mounted device), die automatisch bestückt werden, und manuell zu bestückende Bauteile. Solange die manuell zu bestückenden Teile nicht ersetzt werden, kann auch der Fertigungsprozeßschritt „Manuelles Bestücken" nicht entfallen. In einem Gesamtkalkül ist unter Beachtung der tech-

---

[543] In Anlehnung an Peemöller, V.H. (1993), S. 379.

nischen Beherrschbarkeit das Gesamtoptimum zu bestimmen (Interdependenz Bereiche 1 und 2). Die Rationalisierung beim Design durch kostengünstige Teile und Materialien hängt eng mit der Beschaffung zusammen. „Kostengünstig" darf sich nicht auf den Einstandspreis beschränken, sondern muß die übrigen Beschaffungskosten für Transport, Wareneingang usw. mit berücksichtigen. Die Art der eingesetzten Materialien und Teile determiniert wiederum die Rationalisierungsansätze im Beschaffungsbereich (Interdependenz Bereiche 1 und 3). Das Fabriklayout wird von der Art und der Frequenz der Beschaffung und Anlieferung wesentlich beeinflußt. Umgekehrt kann eine bestehende Fabrikinfrastruktur die Art der Anlieferung festlegen. Durch Fehler in den angelieferten Teilen induzierte Nachbesserungen hängen von der Art der Qualitätsvereinbarungen mit dem Zulieferer ab. Diese hängen wiederum davon ab, ob es insgesamt günstiger ist, dem Lieferanten mehr zu bezahlen und 100%ige Qualität zu verlangen oder Fehler selbst zu eliminieren bei einem günstigeren Einstandspreis (Interdependenz Bereiche 2 und 3).

In der dargestellten Aufzählung werden zweitens die Gemeinkostenwirkungen nicht deutlich genug hervorgehoben. Allenfalls in den Bereichen Beschaffung und Fertigung inklusive Qualitätssicherung werden sie angedeutet. Ein umfassendes Kostenmanagement hat allerdings alle Kostenbereiche zu berücksichtigen, die in den oben abgegrenzten Projektkosten identifiziert wurden. Insbesondere die Entwicklungskosten sollten dabei nicht vergessen werden.

Die Übersicht zeigt drittens durchaus Bereiche der Kostensenkung, die der Reihe nach überprüft werden können. Dies ist möglich, entspricht aber häufig nicht den Denkkategorien der am Projekt Beteiligten - sollte dies vor allem wegen der angedeuteten Interdependenzen auch nicht tun - und damit auch nicht den Kategorien der Zielkostenspaltung. Dieses Verfahren erscheint außerdem vergleichsweise unsystematisch und ohne weitere Handlungsanweisungen, so daß eine Ergänzung durch konkrete Methoden der Kostensenkung angebracht erscheint.[544]

4.5.5.2 Überblick über einige Methoden zur strukturierten Kostensenkung

4.5.5.2.1 Kostengünstige Konstruktion nach EHRLENSPIEL und Design to Cost

Dieser Abschnitt versucht daher, einen Überblick über verschiedene Ansätze zur Kostensenkung zu geben. Die dabei angedeuteten Methoden zielen auf eine Beeinflussung aller Projektkosten ab. Sie vernachlässigen aus den erläuterten Gründen die übrigen Gemeinkostenbereiche.

Der erste methodische Ansatzpunkt zur Kostenbeeinflussung findet sich in der „Kostengünstigen Konstruktion", wie sie von EHRLENSPIEL vorgestellt wird.[545] Schwerpunkte des Ansatzes liegen dabei zum ersten in der Ableitung von Hilfsmitteln zum kostengünstigen Konstruieren. Dies entspricht im wesentlichen den bereits ausführlich erläuterten Methoden zur entwicklungsbegleitenden Vorkalkulation, wobei EHRLENSPIEL dabei weniger den Prognoseeffekt an sich betont als vielmehr die damit verbundene Verhaltenssteuerung, um daraus einen umfangreichen Katalog an Maßnahmen zur Kostenbeeinflussung unter expliziter Betonung der frühen Phasen zu schaffen. Entscheidend ist dabei die mit der Konstruktion

---

[544] Vgl. zur folgenden Auswahl auch Seidenschwarz, W. (1991a), S. 201; Seidenschwarz, W. (1993a), S. 227ff.; Buggert, W. / Wielpütz, A. (1995), S. 99ff.
[545] Vgl. Ehrlenspiel, K. (1985); Ehrlenspiel, K. (1997), S. 164ff.

mitlaufende Kalkulation, die kostenbedingte Änderungen nach Abschluß der Konstruktion verhindert. Die bei EHRLENSPIEL abgebildeten Kosten sind die Herstellkosten, wobei die darin enthaltenen Gemeinkostenbestandteile sehr pauschal verrechnet werden. Ein gezieltes Gemeinkostenmanagement aus den Projekten heraus ist damit nur sehr eingeschränkt möglich. Zum zweiten betont EHRLENSPIEL die herausragende Bedeutung eines interdisziplinären Ansatzes, der im Rahmen der aufbauorganisatorischen Implikationen von Target Costing noch zu diskutieren sein wird. Unter dem Aspekt der Zielkostenerreichung kann der Ansatz von EHRLENSPIEL als der erste Versuch eines deutschen Target Costing interpretiert werden. Zu einem umfassenden und durchgängigen Konzept fehlt allerdings die Markt- und Strategieeinbindung (Modul 1), eine marktorientierte Zielkostenableitung (Modul 2) und eine konsequente Zielkostenspaltung (Modul 3).

Der Ansatz scheint dem Konzept des Design to Cost nahe verwandt, wenn auch aufgrund der unterschiedlichen historischen Entwicklung das eine nicht als Übersetzung des anderen angesehen werden darf. Das Design to Cost entstammt dem Bereich der Einzelprojekte und Kleinserien aus dem staatlichen, insbesondere Verteidigungsbereich und betont dabei das gemeinsame Vorgehen von Auftraggeber und Auftragnehmer. Dabei wird ein Kostenziel festgelegt, das fortlaufend überwacht wird und nicht überschritten werden darf. Methodisch bringt der Ansatz gegenüber dem bereits Gesagten nichts Neues.[546]

4.5.5.2.2 Fertigungsgerechte Konstruktion

Die Prädeterminierung der Fertigungskosten in der Konstruktion rückt der Ansatz des Design for Manufacturability and Assembly in den Mittelpunkt, wenn er eine fertigungs- und montagegerechte Konstruktion verlangt. Der Ansatz trägt dem Gedanken Rechnung, daß die Konstruktion durch die Wahl der Technologie, der verwendeten Teile und Materialien und der Produktform die Kosten in der Fertigung zu einem Großteil festlegt. So wird für elektronische Steuergeräte berichtet: „Durch die Vorarbeit der Entwickler und Konstrukteure über Layout der Leiterplatte, Anzahl und Art der Bauelemente, Kühlkonzept, Prämissen der Qualitätsprüfung usw. werden bereits rund 90% der Fertigungskosten vorgegeben."[547] Als konkrete Maßnahmen zur Reduzierung der Fertigungskosten aus der Konstruktion heraus wird u.a. vorgeschlagen:[548]

- Einsatz von Standardkomponenten über Produktfamilien hinweg
- Teilereduktion
- Produktionsmethoden, die möglichst wenig Spann- und Justiervorgänge erfordern
- möglichst einfache Testmöglichkeiten zur Vermeidung komplizierter Testprozeduren
- Einfachheit des Montageprozesses, um Fehler zu vermeiden
- Vermeidung von Demontagevorgängen
- „Poke-a-yoke"-Konstruktion, d.h. daß für ein bestimmtes Teil nur eine Verbauart möglich ist; eine falsche Montage ist damit ausgeschlossen
- Orientierung an den vorhandenen Produktionsmöglichkeiten, um Neuinvestitionen, Umrüstungen und Umschulungen zu vermeiden, ohne technologische Neuerungen zu vernachlässigen

---

[546] Vgl. Madauss, B.J. (1994), S. 284ff.
[547] Fouquet, K.P. (1997), S. 426.
[548] Vgl. z.B. Walleigh, R. (1989), S. 37ff.; Gleich, R. (1996), S. 27ff.

Zu begrüßen ist die Forderung nach frühzeitiger und expliziter Berücksichtigung der Effekte konstruktiver Entscheidungen auf die Fertigung. Es fällt allerdings auf, daß der Ansatz die Forderung nach kostengünstiger Fertigung und Montage sehr einseitig betont. Die gezeigten Maßnahmen sind vielfach mit Folgekosten oder Kostennachteilen in anderen Bereichen verbunden. Im Sinne einer Gesamtkostenoptimierung sind diese Verbundwirkungen zu berücksichtigen und in ein Gesamtkalkül zu integrieren. Dies ist auch ein wesentlicher Grund dafür, die Zielkosten eben nicht nach Funktionsbereichen, sondern nach Funktionen und Baugruppen zu spalten. Im Sinne eines simultaneous engineering sind Produktdesign- und Fertigungsaspekte parallel, also nicht sukzessive, und wechselseitig zu berücksichtigen.[549]

4.5.5.2.3 Wertanalyse

Die Wertanalyse gehört zu den Klassikern der Methoden zur Kostenbeeinflussung, wenngleich sie nicht als reine Kostensenkungsmethode mißverstanden werden darf; ihr Arbeitsplan ist in DIN 69910 festgelegt. Sie versucht, durch systematische Analyse der Funktionsstrukturen eines Produktes die Abstimmung von Kosten und Nutzen zu verbessern und in Richtung einer Wertsteigerung zu beeinflussen. Dabei sind unnötige Kosten zu eliminieren. Unnötig sind Kosten dann, wenn sie durch eine Übererfüllung der gewünschten Funktionen entstehen. Die Funktionen sind damit mit den niedrigsten Kosten zu realisieren, ohne die Funktionalität, also Qualität und Marktfähigkeit, zu beeinflussen. In ihrer ursprünglichen Ausgestaltung ist die Wertanalyse ausgerichtet auf schon existierende Produkte (Wertverbesserung, value analysis). Soll wie im Rahmen des Target Costing an in der Entwicklung befindlichen Produkten angesetzt werden, so wird von Wertanalyse im Sinne der Wertgestaltung (value engineering) gesprochen, die aber die gleiche Vorgehensweise wie die Wertanalyse klassischer Prägung verkörpert. Diese läßt sich in Anlehnung an DIN 69910 im Kern wie folgt beschreiben:[550]
- Analyse der Ist-Situation: Darstellung der Funktionen, Ermittlung der Funktionskosten, Zuordnung der Funktionskosten auf die Komponenten
- Beschreibung des Soll-Zustandes: Soll-Funktionen, Kostenziele für die Soll-Funktionen
- Entwicklung von Lösungsmöglichkeiten durch Ideensammlung und Ideengenese in interdisziplinärer Gruppenarbeit
- Festlegung und Verwirklichung der Lösungen

Bezüglich der Ermittlung der Funktionsstruktur darf auf die Ausführungen zum Modul 1 verwiesen werden, die auch auf wertanalytisches Gedankengut eingegangen sind. Die Verbindung von Funktionen und Komponenten erfolgt in der Funktionskostenmatrix, die im Rahmen der Zielkostenspaltung bereits vorgestellt wurde.

Die Wertanalyse zeigt damit einige Parallelen zum Target Costing, die praktizierte Anwendung der Wertanalyse erleichtert die Einführung von Target Costing wesentlich. Target Costing geht aber konzeptionell und methodisch über die Wertanalyse bzw. Wertgestaltung hinaus: Die Wertgestaltung knüpft zwar an den Funktionen an, ist in deren Ermittlung und Gewichtung aber stark intern ausgerichtet. Es fehlt ihr zudem ein umfassender

---

[549] Vgl. Dean, J.W. / Susman, G. (1989), S. 28ff.
[550] Jehle, E. (1991), S. 288ff.; Schanz, G. / Stange, J. (1979), Sp. 2251ff.; Coenenberg, A.G. et al. (1994), S. 18f.; Müller, H. / Wolbold, M. (1993), S. 143ff.; Ehrlenspiel, K. (1992), S. 303f.; Emmerling, G. (1986), S. 45ff.; Bucksch, R. / Rost, P. (1985), S. 358ff.; Riffner, B. (1995), S. 17ff.; Hollender, G. (1991), S. 40ff.

Strategieeinbezug und die Berücksichtigung der übrigen beschriebenen Marktfaktoren, insbesondere der elementare Wettbewerbseinbezug. Sie ist primär auf die Herstellkosten ausgerichtet, eine retrograde Kalkulation zur Zielkostenermittlung ist ihr fremd. Eine Zielkostenspaltung ist nur in Ansätzen vorhanden.[551]

Die Wertanalyse in der Form der Wertgestaltung sollte eine wesentliche Rolle im Rahmen der Zielkostenerreichung spielen. Sie paßt sich hervorragend in die Denkweise des Target Costing ein und wird durch die marktorientierte Zielableitung und funktionsorientierte Zielkostenspaltung, die die für die Wertgestaltung erforderlichen quantitativen Zielvorgaben liefern, sinnvoll ergänzt. Dies zeigt sich auch in den japanischen Target Costing-Projekten, von denen berichtet wird, daß 80 bis 90 Prozent aller im Entstehen befindlichen Produkte mindestens einmal wertanalytisch untersucht werden. Dabei wird unterschieden zwischen einem Zero Look VE (VE = Value Engineering) oder Marketing VE in der Konzeptionsphase, einem First Look VE (oder Development VE) in der Entwurfphase und einem Second Look VE in der Testproduktionsphase. In Deutschland liegt der Schwerpunkt der Wertanalysetätigkeiten nach wie vor bei der Wertverbesserung, obwohl der Kostenspielraum bei der Wertgestaltung größer wäre und hohe Änderungskosten vermieden werden könnten. Das Verhältnis der Nutzung der Wertanalyse insgesamt zwischen Deutschland und Japan beträgt etwa 1 zu 10, obwohl die Einsparungen bei den Herstellkosten empirischen Untersuchungen zufolge im Schnitt bei 20 bis 30 Prozent liegen und obwohl schon seit Längerem gefordert wird, die wesentlichen Merkmale der Wertanalyse zum integralen Bestandteil jedes Konstruktionsvorgangs zu machen.[552]

Die Wertanalyse versucht, Kosten, die durch eine Übererfüllung der gewünschten Funktionen entstehen, zu eliminieren. In Ausbau dieses Gedankens ist ein weiterer Aspekt zu beachten, der gerade in Branchen mit engem Kontakt zwischen Hersteller und Abnehmer, wie er in der Automobilzulieferindustrie vorliegt, relevant ist. Der Zulieferer kennt, zumindest wenn er nicht nur Produktions- sondern auch Produkt-Know-how besitzt, die Anforderungen, die ein bestimmtes Produkt besonders teuer machen, also bestimmte Anforderungen an die Toleranzen, an die Temperaturbeständigkeit usw. Er sollte den Abnehmer auf diese Zusammenhänge aufmerksam machen und, wenn möglich, auf Einsparungspotential bei Abmilderung der Anforderungen hinweisen. Besonderes Gewicht erhalten derartige Vorschläge, wenn z.B. durch eigene Laboruntersuchungen, Erfahrungen bei anderen Projekten o.ä. die Unnötigkeit bestimmter Anforderungen nachgewiesen werden kann. Der Zulieferer greift damit aktiv in die Lastenheftgestaltung des Abnehmers mit ein und wird seiner Rolle als kompetenter Entwicklungspartner und Kostenberater gerecht.

Die Ansätze der Wertanalyse können ergänzt und vertieft werden durch das Quality Function Deployment, wie es bereits ausführlich vorgestellt worden ist.

---

[551] Vgl. Seidenschwarz, W. (1993a), S. 175ff.; Claassen, U. / Hilbert, H. (1993), S. 141ff.

[552] Vgl. Ehrlenspiel, K. (1980), S. 173ff.; Seidenschwarz, W. (1993a), S. 171; Tani, T. / Kato, Y. (1994), S. 206; Kato, Y. (1993), S. 42; Müller, H. / Wolbold, M. (1993), S. 143; Jehle, E. (1991), S. 287ff.; Jakob, F. (1993), S. 181f.; Horváth, P. et al. (1993c), S. 14f.; Tanaka, T. (1993), S. 10.

4.5.5.2.4 Zulieferer-Cost-Engineering

Die bisherigen Ausführungen haben die Beziehung zu den Zulieferern außen vor gelassen. Da dem Material(einzel)kostenanteil eine große Bedeutung zukommt, ist sie aber von entscheidender Bedeutung bei den Kostensenkungsbemühungen, und zwar in dreierlei Hinsicht:

Zum einen ist zu entscheiden, welche Hauptbaugruppen, Baugruppen oder Teile selbst erstellt und welche fremdbezogen werden. Neben Kostenüberlegungen unter Berücksichtigung transaktionskostentheoretischer Aspekte spielen die im Modul 1 diskutierten Aspekte der Technologiestrategie unter Konzentration auf die Kernkompetenzen eine wesentliche Rolle. Auch die bei der eingangs analysierten Situation der Automobilzulieferindustrie angesprochenen „Konzepte" single und modular sourcing sind hierbei zu berücksichtigen.

Es verbleiben zwei weitere Möglichkeiten zur Reduzierung der Materialeinstandspreise: die Senkung der Einstandspreise des gleichen Produkts durch Preisverhandlungen oder Substitution der Beschaffungsquelle oder eine kostengünstigere Gestaltung des zu beschaffenden Objekts, die sich in einem niedrigeren Preis niederschlägt.

Die Erfolge im ersten Punkt sind abhängig von Markttransparenz und Marktverhältnissen, insbesondere von der Marktmacht und dem weltweiten Marktüberblick des beschaffenden Unternehmens, und vom Geschick der Einkäufer. Die Abwicklung sind Standardaufgaben des Einkaufs, die hier nicht weiter diskutiert werden. Erwähnenswert erscheint allerdings die Ausnützung von Volumenseffekten, die vom Einkauf aus zu steuern ist. Es geht dabei um Rabatte und Preisdegressionen, die dadurch entstehen, daß von einem bestimmten Teil größere Mengen eingekauft werden. Es ist wesentliche Aufgabe des Einkaufs, gemeinsam mit den Entwicklern Standard- und Gleichteilekataloge zu definieren und auf „Exoten" im Teilekatalog hinzuweisen, um derartige Effekte ausnützen zu können. Die Verwendung von Gleichteilen zeigt nicht nur positive Effekte im Gemeinkostenbereich, sie bedeutet auch eine Erhöhung des Beschaffungsvolumens und damit die Möglichkeit von Einkaufspreissenkungen.[553]

Der letzte Punkt, die kostensenkende (Neu-)Gestaltung des zu beschaffenden Objekts, gewinnt im Target Costing eine besondere Bedeutung. Er mündet in ein umfassendes Zulieferermanagement, ein Zulieferer-Cost-Engineering, wie es von SEIDENSCHWARZ und NIEMAND vorgestellt wird.[554] Dieses geht über das traditionelle Einkaufsverständnis hinaus und hat sich von pauschalen Preissenkungsforderungen zu lösen, indem

- in Abnehmer und Zulieferer umfassenden Teams während der Entwicklung auf technischer Basis über Verbesserungsmöglichkeiten diskutiert wird[555] und
- der Anschluß an die eigene Zielkostenspaltung und in einem iterativen Prozeß realistische und nachvollziehbare Zielkostenvorgaben gesucht werden, die nicht über der best-practice-Variante liegen sollten.

Der Abnehmer greift damit beratend in den Entwicklungsprozeß des Zulieferers mit ein und kann sogar mit in eine kundenorientierte Zielkostenspaltung beim Zulieferer integriert werden. Auf der anderen Seite ist er offen für Probleme des Zulieferers, die aus bestimmten funktionalen Anforderungen resultieren. Der Abnehmer kann daraus aus seinen

---

[553] Vgl. Traudt, H.G. (1997), S. 318f.

[554] Vgl. zu den folgenden Ausführungen Seidenschwarz, W. / Niemand, S. (1994), S. 263ff.; Seidenschwarz, W. (1993b), S. 49f.; Seidenschwarz, W. (1994a), S. 82; Seidenschwarz, W. (1994c), S. 35; Seidenschwarz, W. (1991b), S. 196f.; Buggert, W. / Wielpütz, A. (1995), S. 107ff.

[555] Vgl. hierzu auch Horváth, P. et al. (1993b), S. 79f.

Anforderungen diejenigen erkennen, die besonders kostentreibend sind. Er kann auf dieser Basis prüfen, wo er Anforderungen niedriger ansetzen kann, um Kosteneinsparungen zu realisieren. Der Abnehmer setzt bei der Kostenreduktion auf das Know-how des Zulieferers. Dies funktioniert nur dann, wenn der Zulieferer an den Einsparungen partizipiert. Das Streben nach absoluter Kostentransparenz mit dem Ziel eines sofortigen Absaugens jeglicher Einsparungen beschränkt den Anreiz auf die Angst vor dem Auftragsverlust und ist allenfalls bei gleichwertigen Beschaffungsalternativen denkbar. Ziel sollte aber die Schaffung einer Kostentransparenz zum Zwecke der Identifikation der wahren Kostentreiber sein. Dadurch kann eine langfristige Beziehung aufgebaut werden, in der die Zielkostenvorgaben an die vom Endkunden erlaubten Kosten (über eine kundenorientierte Zielkostenspaltung) und das Preisniveau des Wettbewerbs (über ein kontinuierliches Benchmarking) angepaßt werden.

Der Fokus des Zulieferer-Cost-Engineering ergibt sich aus der traditionellen ABC-Analyse, die die Kostenschwerpunkte identifiziert, sowie dem Zulieferertypus. Dabei lassen sich - analog zu den Ausführungen aus der Sicht des betrachteten Unternehmens als Zulieferer - drei Arten von Zulieferern unterscheiden. Black-Box-Zulieferer übernehmen Fertigungs- und Entwicklungsaufgaben, so daß sie möglichst früh in den Produktentstehungsprozeß einzubeziehen sind. Für das beschriebene Zulieferer-Cost-Engineering ergibt sich hier das größte Kostenreduktionspotential. Detailvorgabezulieferer fertigen nach vom Abnehmer vorgegebener Zeichnung. Mit der Zeichnung sind die wesentlichen Kostenparameter festgelegt, das Kostenreduktionspotential entsprechend geringer. Die gemeinsame Kostenberatung setzt dann ein, wenn die Zeichnungen ausgearbeitet werden, also in der Entwurfphase. Katalogzulieferer produzieren Standardteile, die an Abnehmer unterschiedlicher Branchen geliefert werden. Kostensenkungsmöglichkeiten sind hier allenfalls über die üblichen Einkaufsaktivitäten zu sehen, nicht aber über ein Zulieferer-Cost-Engineering.[556]

Die verschiedenen Beziehungen zu den Zulieferern lassen sich in den QFD-Prozeß integrieren. Die einzelnen Komponenten im Haus II oder gar Teile im Haus III lassen sich entsprechend ihrem Charakter als Eigenerstellung, Zulieferung von einem Black-Box-Lieferanten usw. markieren. Das Dach des Hauses zeigt die Zusammenhänge zwischen den Komponenten, was den zuliefererübergreifenden Koordinationsbedarf verdeutlicht. Eine Visualisierung des Zielkostenerreichungsgrades ist möglich, wird aber im vorgestellten erweiterten Zielkostenkontrolldiagramm flexibler und transparenter.

4.5.5.2.5 Benchmarking und Prozeßkostenmanagement

Die Rolle von Benchmarking und Prozeßkostenmanagement wurde bereits ausführlich erläutert. Wegen der Wichtigkeit der beiden Konzepte gerade im eben betrachteten Modul 4 werden sie nochmals kurz aufgegriffen. Die methodischen Aspekte lassen sich wie folgt zusammenfassen.

Im Rahmen der Zielkostenerreichung ist Benchmarking in der Form des Cost Benchmarking von besonderer Bedeutung. Die Objekte sind dabei die eigenen Produkte (über das Product Reverse Engineering) und Dienstleistungen, aber auch interne Prozesse und verwendete Technologien. Nicht nur gesamte Produkte, auch einzelne zu erfüllende Funktionen oder im Produkt enthaltene Baugruppen können einem Benchmarking unterzogen werden. Der

---

[556] Vgl. zur Lieferantenkategorisierung im Rahmen des Supply Managements bei BMW Traudt, H.G. (1997), S. 319ff.

Vergleich kann sich auf interne Vergleichspartner beziehen, auf den besten Wettbewerber oder, im generischen Benchmarking, auf den branchenunabhängig Besten. Über die Einbeziehung eines Prozeßkostenmanagents soll die Berücksichtigung von Gemeinkostenwirkungen in den indirekten Bereichen sichergestellt werden. Kostensenkungen sind möglich durch die verminderte Inanspruchnahme von Prozessen oder die Substitution teurer durch billige Prozesse. Dies ist auch wesentliches Ziel der vorgestellten Prozeßkostenblätter, der als Vorstufe gedachten Gemeinkostencheckliste sowie der Integration von Prozeßkostensätzen in die Kostentableaus. Zu beachten ist, daß bei den durch die Prozeßkostensätze gezeigten Einsparungen die Entscheidungsrelevanz der Kosten beachtet und keine Scheineinsparungen aufgrund von Fixkostenproportionalisierungen gezeigt werden. Eine Senkung der Prozeßkostensätze ist aus den Projekten heraus schwierig, wenn die Prozesse projektübergreifend gesteuert werden. Wird ein Prozeß nur von einem Projekt in Anspruch genommen, so ist eine Verrechnung über Prozeßkostensätze unnötig, es kann eine direkte Kostensteuerung vorgenommen werden. Ansonsten können aus den Projekten heraus häufig nur Impulse und Ideen zur Kostensenkung an die Prozeßverantwortlichen weitergegeben werden, die in ein projektübergreifendes Kostenmanagement des jeweiligen Prozesses münden sollten, um im Endeffekt eine Senkung des Prozeßkostensatzes zu erreichen.

4.5.5.2.6 Wertzuwachskurve

Während Benchmarking und Prozeßkostenmanagement Möglichkeiten zur Kostensenkung durch die Produktgestalt und die Produktrealisierung suchen, ist die Wertzuwachskurve ein Hilfsmittel zum Erkennen von Rationalisierungsmöglichkeiten im Bereich der betrieblichen Leistungserstellung. Dazu werden in einem zweidimensionalen Diagramm auf der Abszisse die Herstellungszeit eines bestimmten Produktes abgetragen, auf der Ordinate die Kumulierung der Herstellkosten.[557]

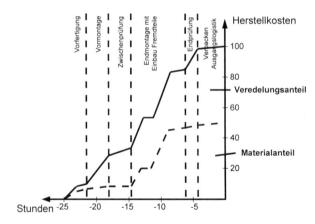

Abbildung 4-22: Beispiel für eine Wertzuwachskurve

[557] Vgl. Fischer, T.M. (1993b), S. 367ff.; Fischer, T.M. (1993c), S. 154ff.; Coenenberg, A.G. et al. (1994), S. 22ff.; Fischer, T.M. (1995), S. 21f.

Damit ist es möglich, in für die frühen Phasen geeigneter Aggregation Schwächen im logistischen System und im Produktionsablauf auszumachen. Das sind Zeiträume, in denen das Produkt nicht bearbeitet wird, sondern lagert, transportiert wird usw. Diese Zeiträume sind erkennbar durch einen horizontalen Verlauf der Wertzuwachskurve. Besonders teuer sind horizontale oder nur schwach ansteigende Kurvenverläufe in späten Phasen des Produktionsprozesses, da dann bereits viel Kapital in den Produkten gebunden ist. Dies sind, außer in technologisch bedingten Ausnahmefällen wie nötige Kühlzeiten, zu eliminierende Ineffizienzen im Fertigungsablauf. Die Fläche unter der Wertzuwachskurve bildet einen Maßstab für das während der Durchlaufzeit gebundene Kapital, so daß die Kurve dem Management der Kapitalbindung dienen kann. An dieser Wertzuwachskurve können auch Rationalisierungsmaßnahmen sichtbar gemacht werden: Verkürzungen der Durchlaufzeit zeigen sich in einer Rechtsverschiebung der Kurve, Einsparungen bei Herstellkostenbestandteilen verringern zum entsprechenden Zeitpunkt die Steigung der Kurve. Ziel der Kostensenkungsbemühungen sollte damit eine Kompression der Kurve sein, also ein Zusammenpressen zum Ursprung des Koordinatensystems hin.[558]

4.5.5.2.7 Präventives Qualitätsmanagement

Neben den eigentlichen Kosten der Fertigung sind im Bereich der Fertigung noch die Kosten relevant, die für Fehlerverhütung, Prüfvorgänge und Fehler (interne Fehlerkosten: Nacharbeit, Ausschuß, Stillstandszeiten; externe Fehlerkosten: Gewährleistung, Kulanz, Erlösminderungen) anfallen.[559] Diese hängen zumindest zu einem großen Teil von der gewählten Produkt- und Produktionstechnologie und dem Produktdesign ab, werden damit in der Entwicklung mit vordeterminiert. Damit ist ein präventives Qualitätsmanagement als Kostensenkungsmöglichkeit von Bedeutung, wobei Qualität in diesem Zusammenhang als die Abwesenheit von Fehlern zu sehen ist. Ein Fehler ist die Über- oder Unterschreitung (je nach Parameter) der zulässigen Toleranzen beim zu prüfenden Produktmerkmal. Neben der bereits angesprochenen Beachtung von Fertigungsaspekten während der Konstruktion (Design for Manufacturability) spielen dabei folgende Methoden eine besondere Rolle: Eine Fehlermöglichkeits- und -einflußanalyse (FMEA, auch für Failure Mode and Effects Analysis) untersucht alle denkbaren Ausfallarten einer Komponente und deren Wirkungen auf das Gesamtsystem. Es geht dabei um eine systematische Analyse und Bewertung aller zuverlässigkeits- und fehlerrelevanten Informationen, um präventiv mögliche Fehlerquellen in Produkt (Entwicklungs- oder Konstruktions-FMEA) und Prozeß (Prozeß-FMEA) zu beseitigen.[560] Zusätzlich können während der Entwicklung Aufgaben sogenannter Qualitätszirkel übernommen werden. Dabei werden unter Leitung der Mitarbeiter der Qualitätssicherung mit den Entwicklern und Fertigungsplanern aus Qualitätssicht möglicherweise problematische Teile der Produktgestalt oder der Fertigungsgestaltung diskutiert. Zu beachten ist dabei auch die Qualität der angelieferten und verarbeiteten Teile, so daß in diesen Phasen auch die Einkäufer wegen einer entsprechenden Qualifizierung der Lieferanten und Gestaltung der Zulieferverträge hinzuzuziehen sind. Dies kann eingebunden sein in die

[558] Vgl. Fischer, T.M. (1993b), S. 367ff.; Fischer, T.M. (1993c), S. 171ff.; Coenenberg, A.G. et al. (1994), S. 22ff.; Fischer, T.M. (1995), S. 21f.; Schulte, K. (1996), S. 835ff.
[559] Vgl. Enßlin, W. (1994), S. 54; Neubauer, C. (1993), S. 133f.
[560] Vgl. zur FMEA ausführlich Niemand, S. et al. (1990), S. 63ff.

Design-Reviews, bei denen an festgelegten Meilensteinen der derzeitige Entwicklungsstand systematisch überarbeitet wird. Dabei sind neben den Entwicklungsverantwortlichen unter dem Aspekt der Suche nach Verbesserungsmöglichkeiten auch Entwickler aus anderen, artverwandten Bereichen mit heranzuziehen, die die bisherigen Entwicklungsergebnisse beurteilen. Durch diese präventive Qualitätssicherung steigen zwar die Fehlerverhütungskosten, wegen der verringerten Fehler- und Fehlerfolgekosten sowie Prüfkosten sinken aber i.d.R. die Qualitätskosten insgesamt.[561]

4.5.5.2.8 Logistikgestaltung

Einer umfassenden Analyse der Möglichkeiten zur Kostensenkung durch eine **logistikoptimale Materialflußgestaltung** widmet sich RIEKEN.[562] Dadurch sollen insbesondere Lager-, Transport-, Rüst- und Abwicklungskosten gesenkt werden. Er unterscheidet dabei zwischen inter- und intralogistischen Möglichkeiten. Erstere beziehen sich auf die unternehmensübergreifenden Schnittstellen, damit die Zulieferer-Abnehmer-Beziehung, zweitere auf die Schnittstellen innerhalb eines Unternehmens, also zwischen den Elementen der eigenen Organisation im logistischen Gesamtprozeß.

Im Bereich der interlogistischen Möglichkeiten sind zunächst Ansätze in der Gestaltung des logistischen Informations- und Kommunikationssystems zu sehen. Hierzu gehören die Synchronisation und Beschleunigung des Datenaustausches, z.B. in Form der Datenfernübertragung unter Verwendung einheitlicher Nummernsysteme, oder die Verkettung der PPS-Systeme. Daneben sind Verbesserungen durch Gestaltung des logistischen Objektsystems möglich, das die physischen Schnittstellen beschreibt. Ansätze liefern hier Überlegungen zur fertigungssynchronen Belieferung, die Gestaltung der Transporthilfsmittel (insbesondere Verpackung und Transportbehälter) und des Transportprozesses, aber auch Fragen der Standortwahl (vgl. hierzu den letzten Abschnitt dieses Kapitels).

Die intralogistischen Möglichkeiten lassen sich aufteilen nach Subsystemen, die im wesentlichen an den betrieblichen Funktionsbereichen ausgerichtet sind, wobei RIEKEN teilweise etwas zwanghaft versucht, Maßnahmen zur Verbesserung des Materialflusses ausfindig zu machen. Die vielversprechendsten Ansätze zur Kostenverbesserung bei der Intralogistik liegen im Bereich der Fertigungsplanung, hier insbesondere in der Wahl der innerbetrieblichen Standorte im Rahmen der Layoutplanung. Weitere Möglichkeiten bietet die Gestaltung des Fertigungssystems durch Flexibilisierung und Segmentierung, auch das System der Produktionsplanung und -steuerung (z.B. die Steuerung nach dem Kanban-Prinzip) zeigt Wirkungen auf den Materialfluß und damit die Logistikkosten. Neben diesen funktionsbereichsbezogenen Maßnahmen können subsystemübergreifende gesehen werden, die sich im wesentlichen auf eine informatorische und physische Integration des gesamten Produktentstehungsprozesses konzentrieren. Schwerpunkt bildet die Vereinheitlichung und Durchgängigkeit des Kommunikations-, Informations-, Lager- und Transportsystems. Auf eine Wiedergabe der angeführten Maßnahmen bzw. eine weitergehende Analyse wird verzichtet, da dies offensichtlich den Rahmen der Arbeit sprengen und deren Fokus verlassen würde.

---

[561] Vgl. Seidenschwarz, W. (1993a), S. 227ff.; Wildemann, H. (1992a), S. 21ff., Niemand, S. / Ruthsatz, O. (1990), S. 53. Zu Aspekten der Qualitätskostenrechnung: Diebel, A. et al. (1990), S. 115ff.
[562] Vgl. Rieken, L. (1995), S. 81ff. mit weiteren Nachweisen.

4.5.5.2.9 Cost Kaizen

Während Target Costing in der (frühen) Entwicklungsphase ansetzt, liegt der Schwerpunkt des Einsatzes von Cost Kaizen in der Produktionsphase. Kaizen beinhaltet die kontinuierliche Verbesserung der bestehenden Abläufe und Strukturen in vielen kleineren Schritten. Kaizen baut dabei auf die Ideen, die Kreativität und die Kommunikation der eigenen Mitarbeiter und arbeitet häufig mit nichtmonetären Steuerungsgrößen. Cost Kaizen konzentriert sich dabei, analog zum Cost Benchmarking, auf die Verbesserung unter Kostengesichtspunkten.[563]

Der Zusammenhang zum Modul 4 des Target Costing liegt darin, daß bei der Beurteilung der Zielkostenerreichung die Ergebnisse späterer Verbesserungsschritte zu antizipieren sind. Dies kann nur in den Fällen eines bereits zu Beginn geplanten, aber aus technischen Gründen erst später realisierten Redesigns konkretisiert werden. Ansonsten können die Wirkungen der Maßnahmen nicht quantifiziert werden, da sie in der Entwicklungsphase gar nicht bekannt sind. Direkte Abschätzungen kostenmäßiger Wirkungen sind besonders deshalb schwierig, weil im Rahmen des Cost Kaizen vielfach mit nichtfinanziellen Maßgrößen gearbeitet wird.[564]

Um diese kontinuierlichen Verbesserungen nicht zu vernachlässigen, bleibt als „Notlösung", pauschale Ansätze für Produktivitätsfortschritte in den Fertigungskosten oder anderen Prozeßkosten zu berücksichtigen und diese dann sukzessive zu verifizieren. Gerade eine Integration aus diesem Vorgehen entspringender Erfahrungswerte in die Ermittlung evtl. produktübergreifender Erfahrungskurven, die dann wie erwähnt in die Kostenprognose integriert werden können, erscheint zu deren fundierten Verifizierung empfehlenswert. Diese Vorgehensweise kann abgesichert werden durch die Vorgabe expliziter jährlicher und unterjähriger Ziele für schrittweise Kostensenkungen.[565] Es erscheint allerdings nicht empfehlenswert, die Zielkostenerreichung und die Frage der Preisuntergrenze nur an der ersten Periode zu prüfen in der Hoffnung, über Cost Kaizen eventuell auftretende jährliche Senkungen der Zielkosten auffangen zu können. Die Annahme, daß die Preisdynamik am Markt oder - wie im Fall der Automobilzulieferindustrie - die vom Kunden explizit geforderte „Weitergabe von Produktivitätsverbesserungen beim Zulieferer" tatsächlich mit den eigenen kontinuierlichen Einsparungen parallel laufen wird, ist zu unsicher - da von zu vielen Parametern abhängig - als daß sie als Basis für eine fundierte Entscheidung getroffen werden könnte. Aus diesem Grund wird hier versucht, die Erlös- und Kostendynamik explizit darzustellen und sich bei der Zielkostenerreichung darauf einzustellen.

4.5.5.2.10 Standortverlagerungen

Die Verlagerung des Produktionsstandortes vom ursprünglichen in einen anderen, neuen, vielleicht ausländischen Standort sei als letzte Maßnahme angeführt. Die Berücksichtigung im Rahmen dieser Methoden zur Kostensenkung erscheint gerechtfertigt, da vielfach gerade in der Standortverlagerung in low-cost-Länder ein umfassender Beitrag zur Kostensenkung gesehen wird. KLUGE nennt exemplarische Rechnungen, die für das Jahr 1995 für

---

[563] Vgl. Tanaka, T. (1993), S. 4, 11; Gleich, R. (1996), S. 139ff.; Horváth, P. et al (1993c), S. 12f.; Kieninger, M. (1994), S. 557f.; Einige Autoren sprechen von Kaizen Costing: vgl. Horváth, P. / Lamla, J. (1996), S. 335ff.; Horváth, P. et al. (1993c), S. 16; Sakurai, M. / Keating, P.J. (1994), S. 86; Schimank, C. (1994), S. 25f.

[564] Vgl. Fröhling, O. / Wullenkord, A. (1991), S. 72; Horváth, P. et al. (1993b), S. 75ff.; Horváth, P. et al. (1993c), S. 16; Seidenschwarz, W. (1993b), S. 50f.

[565] Vgl. Horváth, P. / Lamla, J. (1996), S. 340; Männel, W. (1994), S. 108; Brühl, R. (1996), S. 321.

Automobilteile (leider ohne nähere Beschreibung) Herstellkostenvorteile von 38% für einen Standort in Tschechien und 28% für Mexiko zeigen im Vergleich zu einer Produktion in Deutschland. Der Grund liegt im um den Faktor 10 bis 5 niedrigeren Lohnniveau (inkl. Lohnnebenkosten), das andere Nachteile in diesen Fällen überkompensiert.[566] Mit einer derartigen Verlagerung können gerade bei lohnintensiven Produkten durchaus Kosten gesenkt werden. Die Unternehmen der Automobilzulieferindustrie werden, wie eingangs angerissen, darüber hinaus durch local content-Forderungen gegenüber den Autoherstellern oder durch deren logistische Forderungen teilweise gezwungen, ins Ausland zu verlagern.

Es wäre heroisch, hier die Diskussion um den Standort Deutschland entfachen, wiedergeben oder zusammenfassen zu wollen. Es seien allerdings einige Aspekte aus der Standortfaktoren- lehre angeführt, die zeigen, daß eine Fülle von Punkten bei der Gründung eines neuen Standorts und auch bei der Auswahl eines bestehenden Fertigungsstandortes für ein bestimmtes Produkt zu beachten ist.[567] Folgt man aus der Reihe von Vorschlägen zur Strukturierung dieser Faktoren dem von HANSMANN,[568] so ist zwischen quantitativen und qualitativen Standortfaktoren zu unterscheiden. Der Beitrag der quantitativen Faktoren zur Erfolgsgröße kann direkt gemessen werden, der der qualitativen nicht direkt. Zu den quantitativen Faktoren zählt HANSMANN: Transportkosten, Anschaffungsauszahlungen für Grundstücke und Gebäude, Lohn- und Lohnnebenkosten unter Beachtung der Produktivität, Materialkosten (wobei sich dieser Aspekt im Rahmen des global sourcing relativiert), standortabhängige Finanzierungsauszahlungen, staatliche Fördermaßnahmen, Steuer- und Zollvorschriften. Die qualitativen Faktoren sind im wesentlichen: Ausbildungsstand und Verfügbarkeit der erforderlichen Arbeitskräfte, Bauvorschriften und Genehmigungsverfahren, Verkehrslage und Infrastruktur, Nähe zum Abnehmer. Hinzu kommen spezielle Länderrisiken wie die Entwicklung volkswirtschaftlicher Rahmenparameter (Inflation, Wechselkurse, Zinsen) oder die politische Stabilität. Nicht zu vergessen sind auch die Anlaufkosten eines neuen Standortes, die sich in Schulungs- und Anlernmaßnahmen, Ausschuß oder auch einer verstärkten Präsenz deutscher Mitarbeiter im Ausland zeigt. Diese Faktoren sind insgesamt durch eine quantitative Analyse (z.B. investitionsrechnerische Ansätze oder Kostenvergleichs- rechnungen) oder durch qualitative Methoden wie Punktbewertungsverfahren abzuwägen. Dabei zeigt sich häufig, daß die Verlagerung nicht den gewünschten Kostenvorteil bringt.[569] Der Grund liegt darin, daß die Kostennachteile zum Weltklasse-Niveau nur zu einem geringen Teil in höheren Faktorkosten liegen. Erinnert man sich an die Treppe des Product Reverse Engineering, so liegen die wesentlichen Kostennachteile in der Produktkonstruktion und in der Effizienz der Prozesse liegen. Eine Kopie der Verhältnisse ins Ausland ändert an diesen Nachteilen nichts, wenn auch ein Neubeginn - egal ob im In- oder Ausland - durchaus eingefahrene Strukturen aufbrechen kann. KLUGE faßt dies wie folgt zusammen: „Wer zuerst das Produktdesign auf Weltklasse-Standard bringt und das operative Potential voll ausschöpft, wird nur noch marginale Verbesserungen durch Verlagerungen sehen, die wahrscheinlich

---

[566] Vgl. Kluge, J. (1997), S. 298.
[567] Auf verschiedene Ansätze von Standortmodellen auf Basis von Operations Research-Verfahren wird hier nicht weiter eingegangen, vgl. hierzu z.B. Zäpfel, G. (1989), S. 148ff.; Hansmann, K.-W. (1974), S. 23ff. oder Heinen, E. (1991), S. 225ff.
[568] Vgl. Hansmann, K.-W. (1992), S. 90ff.; Hansmann, K.-W. (1974), S. 139ff. Siehe auch Zäpfel, G. (1989), S. 145ff.; Heinen, E. (1991), S. 219ff.
[569] Vgl. z.B. Kluge, J. (1997), S. 298ff.

durch Fracht und Zoll kompensiert werden."[570] Eine fundierte Analyse der Standortwahl unter Beachtung aller genannten Parameter unter Kenntnis der Ursachen für Kostenprobleme ist also einem evtl. vordergründigen Kostenargument vorzuziehen.

---

[570] Kluge, J. (1997), S. 299.

5 Organisatorische Aspekte und die Anreizkomponente im Target Costing

5.1 Aufgabe und Aufbau des Kapitels

Der konzeptionelle Rahmen des dritten Kapitels ist durch die im vierten vorgestellten Instrumente methodisch ausgestaltet. Damit kann Target Costing generell und speziell zur Unterstützung der Preisuntergrenzenermittlung in der Automobilzulieferindustrie eingesetzt werden. Aufgabe dieses Kapitels ist zunächst die zeitliche Strukturierung der vier Target Costing-Module und der gezeigten Methoden. Auf dieser Basis läßt sich eine Input-Output-Darstellung erarbeiten, die Grundlage für eine strukturierte informationstechnische Unterstützung des Target Costing-Prozesses bieten kann. Diese Ausführungen fassen zugleich die Methoden und ihr Zusammenwirken zusammen. Nach diesen ablauforganisatorischen Ausführungen folgen Überlegungen zu den aufbauorganisatorischen Voraussetzungen für einen erfolgreichen Einsatz von Target Costing, die in Überlegungen zur Anreizkomponente im Target Costing münden. Den Abschluß bilden Empfehlungen für die Organisation der Implementierung dieser Target Costing-Konzeption und -Methoden.

5.2 Ablauforganisatorische Aspekte des vorgestellten Ansatzes

5.2.1 Der Target Costing-Prozeß

Die zeitliche Strukturierung der methodischen Ansätze zur Preisuntergrenzenermittlung mit Target Costing ist im folgenden zweigeteilt. Zum ersten werden die Methoden über den gesamten Entwicklungszyklus mit dem anschließenden Produktionsprozeß durchgängig dargestellt, ohne auf die spezielle Situation der Automobilzulieferindustrie und die zeitliche Einordnung der Frage nach der Preisuntergrenze einzugehen. Eine Unterscheidung in strategisches und operatives Target Costing wird in diesem Stadium nicht vorgenommen. Im zweiten Schritt erfolgt die Darstellung einer zeitlichen Abfolge der einzelnen Schritte in einer Art Ablaufdiagramm, das speziell auf die Automobilzulieferindustrie zugeschnitten ist und die Preisuntergrenzenermittlung mit einschließt. Dieser Weg wird gewählt, um eine höhere Transparenz und Übersichtlichkeit in diese komplexe Aufgabe zu bringen.

Die zeitliche Strukturierung der Module und Methoden orientiert sich an den Phasen eines weitgefaßten Entwicklungszyklus, da Target Costing aus Sicht des Kostenmanagements diesen Prozeß begleiten soll. Es werden dabei die Phasen Strategische Produktplanung, Produktplanung, Vorkonzeption, Produktkonzeption, Produktentwurf, Detailkonstruktion, Serienanlauf, Fertigung und Auslauf betrachtet. Der sich anschließende Produktionsprozeß wird also in die Betrachtung mit einbezogen, obwohl dort Kostenmanagementaktivitäten eine untergeordnete Rolle spielen, da die Kosten während der Produktrealisierung anfallen und damit die tatsächliche Zielkostenerreichung dort zu verfolgen ist. Die folgenden Tabellen geben einen umfassenden Überblick über die in den einzelnen Phasen zu bearbeitenden Aufgabengebiete und die einsetzbaren Instrumente in den vier Target Costing-Modulen.

Sie beginnen mit einer Erläuterung der genannten Phasen durch Beschreibung der jeweiligen Produkt- und Prozeßsicht. Das Modul 1 wird dreigeteilt eingebracht: Zum einen wird die Form der Markteinbindung inklusive der Dimensionen des Zielpreises gezeigt, zum zweiten das Stadium der Strategieeinbindung inklusive des Zielgewinns, und schließlich die Form des Wettbewerbereinbezugs als bedeutender Faktor der Marktsicht. Die Module 2 und 3

(Zielkostenableitung und Zielkostenspaltung) sind wegen ihrer zeitlichen Interaktionen zusammengefaßt. Ihnen vorgeschaltet sind die zeitlichen Ausprägungen des Multi Target Costing, um im Anschluß Ebenen und Instrumente der Zielkostenfindung vorzustellen. Das Modul 4 ist viergeteilt. Zunächst werden die vorgestellten Alternativenkalküle zeitlich eingeordnet, dann die Verfahren einer weit gefaßten entwicklungsbegleitenden Vorkalkulation. Exemplarisch für die Maßnahmen zur Zielkostenerreichung wird ein umfassendes Zulieferermanagement mit den Dimensionen der Zuliefereinbindung dargestellt, um schließlich mit einem zeitlich durchgängigen Zielkostencontrolling zu enden. Auf Basis dieser Einteilung ergibt sich die folgende Übersicht. Auf eine Erläuterung der einzelnen Punkte wird verzichtet, weil diese bereits in den vorhergehenden Ausführungen umfassend erfolgte.[571]

---

[571] Alternative Darstellungen des allgemeinen Target Costing-Prozesses unterschiedlichen Umfangs finden sich bei Sakurai, M. (1989), S. 42; Seidenschwarz, W. (1991b), S. 201; Horváth, P. / Seidenschwarz, W. (1992), S. 149; Horváth, P. et al. (1993d), S. 11; Niemand, S. (1996), S. 54 und v.a. Seidenschwarz, W. (1993a), S. 147ff.; Seidenschwarz, W. (1993b), S. 36; Seidenschwarz, W. (1996), S. 756.

Produktent- stehungsphasen	Dimensionen der Produkt- und Prozeßsicht	Form der Markteinbindung (inkl. Zielpreis)	Strategieein- bindung
Strategische Produktplanung	Produktidee	Produktdefinition Marktdefinition Strategischer Markt- preis Gesamtmarktvolumen	Geschäftsfeldportfolio mit Ableitung der strategischen Stoßrichtung
Produktplanung	Produktmerkmale Infrastrukturelle Prozesse	Produkteigenschaften aus Kundensicht Gewichtung der Kundenanforderungen Marktsegmentierung	Zielmarktfestlegung Marktsegment- / evtl. Kundenportfolio Zielmarktsegmente Marktanteilsplanung
Vorkonzeption	Produktfunktionen	Produktfunktionen mit technischen Zielwerten Kundenzielpreis	Kundenranking Produktportfolio Marktszenarien
Produktkonzeption	Funktionskomponen- ten / Hauptbaugruppen Fertigungstechnologie	Antizipierter Markt- preis	Strategischer Zielge- winn aus einer Ziel- gewinn-Hierarchie Technologieportfolio
Produktentwurf	Produktkomponenten / Baugruppen Fertigungstechnische Umsetzung	Änderungscontrolling bzgl. Produktmerkma- len und -funktionen	Preisstrategie
Detailkonstruktion	Produktteile, Prototy- pen, Muster Logistik	Überprüfung der technischen Zielwerte	Markteinführungs- strategie
Serienanlauf	Nullserie gesamter Produktions- prozeß	Einleitung Absatz- / Lieferprozeß	
Fertigung	Serienprodukt produktbegleitende Dienstleistungen	Gezieltes Beobachten von Verschiebungen in den Marktanforderun- gen (inkl. Frühwarnsy- stem)	Überprüfung der stra- tegischen Position
Auslauf	Produktdegeneration mit Übergabe zum Nachfolger	Aktualisierung der geforderten Produktei- genschaften	Ablösestrategie

Tabelle 5-1: Zeitliche Strukturierung der Target Costing-Module (1)

Produktent-stehungsphasen	Wettbewerberein-bezug	Multi Target Costing	Zielkostenableitung und -spaltung
Strategische Produktplanung	Branchenstrukturana-lyse	Gesamtoverheadpla-nung	
Produktplanung	Festlegung der Wett-bewerbsstrategie	Marktsegmentspezifi-sche Overheadplanung	Marktsegmentbezo-gene Zielkostenablei-tung für das Gesamtprodukt (lebenszyklusbezogen)
Vorkonzeption	Stärken-Schwächen-Analysen Analyse der Wettbe-werberstrategien (technologisch, produkt- und preisseitig)	Einbringen der Ziel-vorgaben aus dem Kostenmanagement für die indirekten Bereiche	Zielkosten für Funk-tionen über Conjoint Analyse oder paar-weisen Vergleich
Produktkonzeption	Product Reverse Engineering	Overheadverteilung auf die Produkte über Deckungsbudgets	Zielkosten für Funki-onskomponenten, funktionsorientiert über QFD oder Funk-tionskostenmatrix
Produktentwurf	Prozeßbenchmarking		Zielkosten für Haupt-baugruppen, funktionsorientiert und über Anschluß an Reverse Engineering
Detailkonstruktion	Verarbeitung von Wettbewerberlösungen	Rückkopplung der erwarteten Overhead-deckung	Zielkosten für Bau-gruppen unter zusätzli-cher Verwendung interner Referenzpro-dukte und Vorgänger-produkte
Serienanlauf		Aktualisierung der Deckungsbudgets	Zielkosten für Anlauf-kosten
Fertigung	Überprüfung der Wettbewerbsposition	Ermittlung Deckungs-beitrag und Abgleich Deckungsbudget - tatsächlicher Dek-kungsbeitrag	Ziel für Kostenreduk-tionen durch KVP / Kaizen
Auslauf		Lebenszyklus-Produktergebnis	

Tabelle 5-2: Zeitliche Strukturierung der Target Costing-Module (2)

Produktentstehungsphasen	Alternativenkalküle	Verfahren der entwicklungsbegleitenden Kalkulation	Zulieferermanagement	Zielkostencontrolling
Strategische Produktplanung			Analyse Beschaffungsmarkt	
Produktplanung		Expertenschätzungen	Vordefinition Zulieferstruktur und Kernkompetenzen	
Vorkonzeption	Einbringen der Vorentwicklung	Gut-Schlecht-Beispiele, Heuristische Regeln	Strategische Make-or-Buy-Entscheidungen Einbindung Black-Box-Zulieferer	Aufbau von QFD Haus I: Beziehung von Produktfunktionen und technischen Merkmalen
Produktkonzeption	Systemalternativenbewertung und Fixierung der Systemlösung	Relativkosten, Kenngrößen, Ähnlichkeiten, Kostentableaus, Prozeßkostenblätter	Zielkostenableitung mit Black-Box-Zulieferern	Aufbau QFD Haus II oder Funktionskostenmatrix und damit Zielkostenkontrolldiagramm
Produktentwurf	Baugruppenalternativenbewertung	Berücksichtigung erster Geometrie- und Fertigungsdaten, Kostentableaus	Einbindung Detail-Vorgabe-Zulieferer Kostenreduktionsberatung	Zielkostenblätter zur Verfolgung der Zielkostenerreichung Evtl. Zielkostenkontrolldiagramm auf Baugruppenebene
Detailkonstruktion	Maßnahmenblätter zur Baugruppenverbesserung	Kalkulationen über Stückliste und Arbeitsplan	Einbindung der Katalog-Zulieferer Definition der Beschaffungsprozesse	Maßnahmencontrolling: Zusammenspiel von Zielkosten- und Maßnahmenblättern
Serienanlauf		Planung der Anlaufkosten		
Fertigung	Alternativen für Redesign	Mitkalkulation	Optimierung der Beschaffungsprozesse	Mitlaufende Zielkostenkontrolle
Auslauf		Nachkalkulation		Nachkalkulation

Tabelle 5-3: Zeitliche Strukturierung der Target Costing-Module (3)

Nach dieser zeitlichen Strukturierung der vier Target Costing-Module und der dabei eingesetzten Methoden im Überblick soll im folgenden versucht werden, diesen Prozeß auf die hier zu bearbeitende Fragestellung zu übertragen. Das bedeutet zum einen, die Frage nach der Preisuntergrenze zeitlich einzuordnen, zum anderen, die speziellen Anforderungen des Geschäftes der Automobilzulieferindustrie an einen Target Costing-Prozeß zu berücksichtigen. Dies wurde im konzeptionellen Teil der Arbeit getan, indem eine Zweiteilung des gesamten Target Costing-Prozesses in ein strategisches und ein operatives Target Costing vorgeschlagen und eine Einordnung derselben in den Entwicklungsprozeß aufgezeigt wurde. Diese Zweiteilung schlägt sich in der folgenden Prozeßübersicht nieder. Die Definition der Schnittstelle sowie die zeitliche Einordnung der Preisuntergrenzenermittlung in den Entwicklungsprozeß ist produkt- und situationsabhängig. Die folgende Darstellung ist insofern als exemplarisch anzusehen, aus der empirischen Absicherung des Konzeptes heraus kann sie aber als für einen Großteil der Projekte repräsentativ angesehen werden. Auf eine Erläuterung der einzelnen Schritte wird aus dem besagten Grund verzichtet.

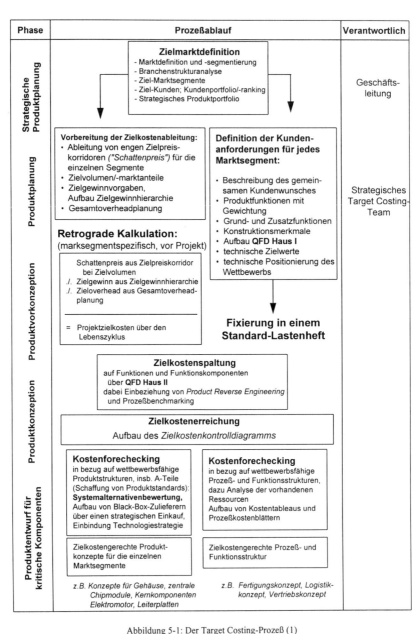

Phase	Prozeßablauf	Verantwortlich
Strategische Produktplanung	**Zielmarktdefinition** - Marktdefinition und -segmentierung - Branchenstrukturanalyse - Ziel-Marktsegmente - Ziel-Kunden; Kundenportfolio/-ranking - Strategisches Produktportfolio	Geschäfts-leitung
Produktplanung	**Vorbereitung der Zielkostenableitung:** • Ableitung von engen Zielpreis-korridoren *("Schattenpreis")* für die einzelnen Segmente • Zielvolumen/-marktanteile • Zielgewinnvorgaben, Aufbau Zielgewinnhierarchie • Gesamtoverheadplanung	**Definition der Kunden-anforderungen für jedes Marktsegment:** • Beschreibung des gemein-samen Kundenwunsches • Produktfunktionen mit Gewichtung • Grund- und Zusatzfunktionen • Konstruktionsmerkmale • Aufbau **QFD Haus I** • technische Zielwerte • technische Positionierung des Wettbewerbs	Strategisches Target Costing-Team
Produktvorkonzeption	**Retrograde Kalkulation:** (marksegmentspezifisch, vor Projekt) Schattenpreis aus Zielpreiskorridor bei Zielvolumen ./. Zielgewinn aus Zielgewinnhierarchie ./. Zieloverhead aus Gesamtoverhead-planung = Projektzielkosten über den Lebenszyklus	**Fixierung in einem Standard-Lastenheft**	
Produktkonzeption	**Zielkostenspaltung** auf Funktionen und Funktionskomponenten über **QFD Haus II** dabei Einbeziehung von *Product Reverse Engineering* und Prozeßbenchmarking	
	Zielkostenerreichung Aufbau des *Zielkostenkontrolldiagramms*	
Produktentwurf für kritische Komponenten	**Kostenforechecking** in bezug auf wettbewerbsfähige Produktstrukturen, insb. A-Teile (Schaffung von Produktstandards): **Systemalternativenbewertung,** Aufbau von Black-Box-Zulieferern über einen strategischen Einkauf, Einbindung Technologiestrategie	**Kostenforechecking** in bezug auf wettbewerbsfähige Prozeß- und Funktionsstrukturen, dazu Analyse der vorhandenen Ressourcen Aufbau von Kostentableaus und Prozeßkostenblättern	
	Zielkostengerechte Produkt-konzepte für die einzelnen Marktsegmente	Zielkostengerechte Prozeß- und Funktionsstruktur	
	z.B. Konzepte für Gehäuse, zentrale Chipmodule, Kernkomponenten Elektromotor, Leiterplatten	*z.B. Fertigungskonzept, Logistik-konzept, Vertriebskonzept*	

Abbildung 5-1: Der Target Costing-Prozeß (1)

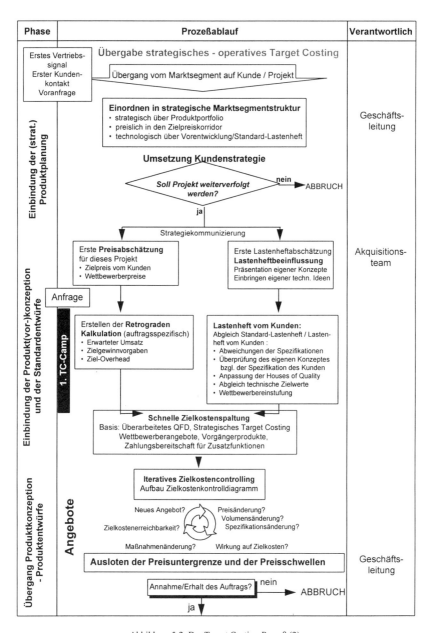

Abbildung 5-2: Der Target Costing-Prozeß (2)

241

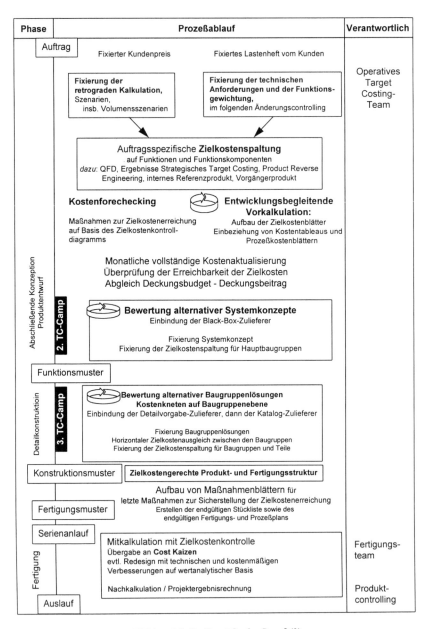

Abbildung 5-3: Der Target Costing-Prozeß (3)

In Bezug auf diese Übersicht seien die darin enthaltenen „Target Costing (TC)-Camps" angesprochen. Damit gemeint sind intensive Teamsitzungen oder Workshops, in denen sich die Verantwortlichen den angesprochenen Themen widmen. Aufgrund der Wichtigkeit dieser Aufgaben erscheint es angebracht, sich ihnen mit besonderer Aufmerksamkeit zu widmen und in derartige Intensivphasen zu treten, bei bewußter, vielleicht sogar räumlicher Trennung vom „Alltagsgeschäft".

Die Abbildungen zeigen in der rechten Spalte die Verantwortlichkeiten für die einzelnen Schritte in den einzelnen Phasen. Dabei ist die organisatorische Verbindung zwischen den einzelnen Phasen sicherzustellen, um einen organisatorisch bedingten Know-how-Bruch zu verhindern. Es ist auf jeden Fall sicherzustellen, daß das operative Target Costing-Team in die Zieldefinition der frühen Phasen eingebunden ist, um Akzeptanzprobleme zu vermeiden. Unter Umständen ist es empfehlenswert, die Verbindung zwischen strategischem und operativem Target Costing über das Akquisitionsteam durch personelle Verknüpfungen sicherzustellen. So könnte bspw. das Akquisitionsteam einen Mitarbeiter aus dem strategischen Target Costing und den für den Fall der Auftragserlangung vorgesehenen Projektleiter des operativen Target Costing enthalten. Damit werden aufbauorganisatorische Fragen angeschnitten, die Gegenstand eines folgenden Abschnitts sein werden.

5.2.2 Input-Output-Beziehungen im Target Costing

Zuvor seien aber die Input-Output-Beziehungen in dem beschriebenen Target Costing-Prozeß dargestellt. Damit soll der Ablauf der Target Costing-Aktivitäten in seinen inhaltlichen Zusammenhängen in Form von Informationsflüssen verfeinert werden. Diese Beziehungen sind notwendig, damit Target Costing in der beschriebenen Form funktionieren kann. Auch wenn eine entsprechende Übersicht wegen der hohen Informationsdichte schnell auf den ersten Blick unübersichtlich wird, ist sie aus zwei weiteren Gründen sehr wichtig. Sie zeigt nicht nur, was zum Funktionieren von Target Costing zu tun ist, sie bildet auch die Diskussionsbasis zur Beantwortung der Frage, wer welche Aufgaben im Rahmen der interdisziplinären Aktivitäten zu übernehmen hat. Durch eine derartige Aufgabenbeschreibung wird verhindert, daß sich bei falschverstandener Interdisziplinarität für eine bestimmte Aufgabe keiner zuständig fühlt und diese in Vergessenheit gerät. Zum zweiten bildet eine derartige Übersicht die Basis für eine EDV-technische Abbildung des Target Costing-Prozesses, wie in späteren Ausführungen noch verdeutlicht wird.

Die folgende Darstellung zeigt die intermodularen Informationsströme: In Form von Pfeilen werden die Input-Output-Beziehungen zwischen den vier Target Costing-Modulen - Modul 1 wurde der Übersichtlichkeit wegen in zwei Module aufgeteilt - und den angrenzenden Bausteinen verdeutlicht.

Neben diesen intermodularen Informationsströmen sind die intramodularen zu beachten. Diese sind in den konzeptionellen und methodischen Ausführungen ausführlich erörtert worden, so daß eine Wiederholung hier überflüssig erscheint. Wesentlich sind dabei vor allem alle informationsverarbeitenden Prozesse, die zum Erstellen der Zielgewinnhierarchie, des Kundenrankings, der retrograden Kalkulation, der fixierten Zielkostenspaltung, des Zielkostenkontrolldiagramms, der Alternativenkalküle usw. erforderlich sind.

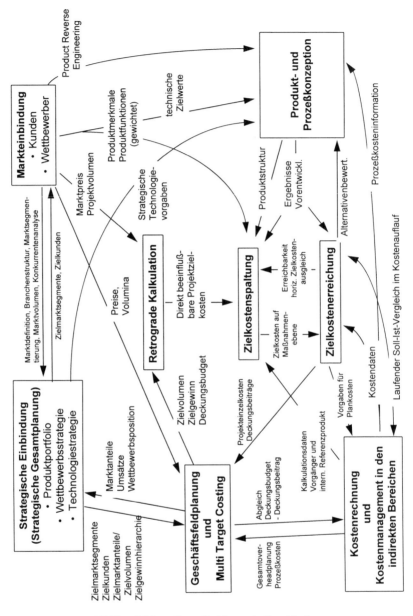

Abbildung 5-4: Input-Output-Beziehungen im Target Costing

5.2.3 EDV-technische Unterstützung des Target Costing-Prozesses

Auf der Suche nach einer Software-Unterstützung des Target Costing-Prozesses wurde auch ein japanischer Target Costing-Experte zu diesem Thema befragt. Dieser verstand zunächst das Anliegen nicht, um dann verwundert festzustellen, daß eine Target Costing-Software völlig überflüssig sei, man solle lieber versuchen, Target Costing zu verstehen und zu leben. Diese kleine Anekdote mag zeigen, daß im Ursprungsland von Target Costing eine (durchgängige) Softwareunterstützung nicht üblich ist. Nach Ansicht des Verfassers kann sie aber die stets aktuelle Verarbeitung und Betreuung der gezeigten Informationsströme deutlich vereinfachen und beschleunigen und zudem bei der Implementierung der Konzeption und der Methoden wertvolle Unterstützung leisten. Auch die nur ansatzweise Umsetzung eines *stochastischen Target Costing*, z.B. in Form von Sensitivitätsanalysen oder Simulationen, ist nur auf EDV-Basis denkbar. Eine umfassende Software-Unterstützung geht dabei über die vergleichsweise einfach zu realisierende Unterstützung der kalkulatorischen Seiten auf Basis eines Tabellenkalkulationsprogramms - siehe hierzu das Beispiel der Fallstudie - hinaus. Aus diesem Grund wird in dieser Arbeit keine Target Costing-Software entwickelt. Dies hätte nicht nur den Rahmen der Arbeit gesprengt, sondern auch den Zeitrahmen dieses Forschungsvorhabens, da für die Durchführung eines derartigen Projektes mehrere Mannjahre anzusetzen wären, wie vergleichbare Projekte in der Programmierungspraxis zeigen. Die wissenschaftliche Basis für ein derartiges Unterfangen wurde in dieser Arbeit allerdings in praktikabler Form gelegt:

Auf Basis der umfassenden Darstellung der inter- und intramodularen Informationsströme ist es möglich, die EDV-technische Umsetzung des Target Costing-Prozesses konzeptionell und methodisch einzuleiten. Auch hier bewährt sich der modulare Aufbau des vorgestellten Konzeptes. Details, vor allem methodische, können den Ausführungen der vorangegangenen Kapitel entnommen werden. Das erarbeitete Input-Output-Diagramm bildet die Grundlage für die Abbildung und Umsetzung der intermodularen Informationsströme und Verknüpfungen sowie der herzustellenden Schnittstellen. Sobald einer der gezeigten Pfeile (oder gar ein ganzes Modul) fehlt oder unzureichend ausgearbeitet ist, führt dies zu einem softwareseitigen Stottern des Target Costing-Motors.

Das Input-Output-Diagramm wurde als Diskussionsforum für die Regelung von Zuständigkeiten und Verantwortlichkeiten innerhalb des interdisziplinären Teams sowie in seiner Relation zu den übrigen am Target Costing-Prozeß Beteiligten vorgestellt. Auf dieser Basis ist es ein Leichtes, die Zugangsberechtigung zu den einzelnen Target Costing-Modulen abzuleiten.

5.3 Aufbauorganisatorische Überlegungen zum Target Costing

5.3.1 Überblick

Spricht dieser Beitrag aufbauorganisatorische Implikationen von Target Costing an, so muß dies sofort mit einer Einschränkung beginnen. Es kann hier nicht der Anspruch erhoben werden, die organisationstheoretische Diskussion der letzten Jahre kurzerhand im Eiltempo zu überholen. Es kann auch nicht Aufgabe des Beitrags sein, diese Diskussion wiederzugeben. Vielmehr sollen die wesentlichen Anforderungen, die Target Costing prinzipiell an die aufbauorganisatorischen Rahmenbedingungen stellt, beschrieben werden. Der Autor ist der

Ansicht, daß keine Organisationsform Target Costing unmöglich macht. Er ist aber genauso der Ansicht, daß bestimmte organisatorische Voraussetzungen die Durchführung von Target Costing wesentlich erleichtern. Diese sollen dargestellt und in den Rahmen der traditionellen Organisationsansätze eingeordnet werden. Als Ausblick und Anregung für intensivere Forschungsbemühungen werden einige Aspekte neuerer Entwicklungen eingeworfen.

5.3.2 Voraussetzungen für den erfolgreichen Einsatz von Target Costing

5.3.2.1 Aufbau und Aufgaben eines interdisziplinären Teams

Vor dem Hintergrund der beschriebenen Konzeption wird deutlich, daß Target Costing ein hohes Maß an intensiver interdisziplinärer Zusammenarbeit sowie starke Marktorientierung (d.h. Ausrichtung am Kundennutzen und den vom Markt erlaubten Kosten) aller Unternehmensbereiche beinhaltet bzw. verlangt. „It requires extensive interactions among the production, engineering, R&D, marketing, and accounting departments."[572] Dies liegt an den Informationen und dem Detailwissen, das in den einzelnen Disziplinen vorhanden ist, an den Wirkungen, die die getroffenen Entscheidungen in die verschiedenen Bereiche aufweisen, und schließlich an dem Ziel, durch frühzeitiges Einbindung aller betroffenen Bereiche und die soweit als möglich parallele Erledigung aller Aufgaben im Entwicklungsprozeß einen schnellen und schleifenfreien Target Costing-Prozeß zu erhalten.

Daraus lassen sich drei Hauptanforderungen an den organisatorischen Rahmen erheben, die auch in der bis dato sehr oberflächlichen Behandlung der organisatorischen Seite von Target Costing in der Literatur angedeutet werden.

Interdisziplinäre, crossfunktionale Zusammenarbeit läßt sich nur schwer durch Reglementierung des Kommunikationsverhaltens, Aufbau bürokratischer Kommunikationsmedien oder Installation „kommunikativer" Softwarepakete alleine sicherstellen. Sie kann nur wirklich funktionieren, wenn sie auch mit personellen Zuständigkeiten konkretisiert und damit durch Namen und Gesichter belebt wird. Dies liegt nicht nur daran, daß wohl der Mensch (nach wie vor) eines gewissen Maßes an persönlicher Kommunikation bedarf, es beschleunigt und erleichtert auch die Abstimmung der Aktivitäten, das gegenseitige Austauschen aktueller und vor allem auch nichtstandardisierter Informationen, die in einer Software nur schwierig abbildbar und die gerade für Target Costing von außerordentlicher Bedeutung sind (vgl. hierzu die Beispiele in der Fallstudie), und den Entscheidungsprozeß. Vor allem der horizontale Zielkostenausgleich und der Prozeß der Zielkostenerreichung mit der Sammlung und Bewertung alternativer Lösungen erfordern ein hohes Maß an direkter Kommunikation. Aus diesen Gründen empfiehlt sich die Einsetzung eines interdisziplinären Teams,[573] in dem jede am Target Costing-Prozeß beteiligte Funktion genau einmal vertreten ist. Mit der Forderung „Target Costing ist Teamwork!"[574] schließt sich der Ansatz sozusagen seiner historischen Quelle, der Wertanalyse an, die ebenfalls als teamorientiertes Vorgehen

---

[572] Sakurai, M. (1990), S. 48.
[573] Vgl. Seidenschwarz, W. et al. (1997), S. 121ff.; Seidenschwarz, W. (1996), S. 754ff.Seidenschwarz, W. (1994a), S. 74; Franz, K.-P. (1993), S. 129; Becker, W. (1993b), S. 281; Fröhling, O. / Wullenkord, A. (1991), S. 72; Horváth, P. et al. (1993b), S. 74; Krogh, H. (1992), S. 267; Horváth, P. et al. (1996b), S. 136, 190; Löffler, F. (1995), S. 139f.
[574] Gaiser, B. / Krause, G. (1995), S. 26.

konzipiert ist, und paßt sich ein in die Überlegungen des simultaneous engineering.[575] Die zahlenmäßige Beschränkung (auf i.d.R. maximal acht Personen) soll die Arbeitsgruppe handlungsfähig erhalten und die Interaktionen auf den interdisziplinären Austausch konzentrieren, intradisziplinäre Diskussionen aber fernhalten. Lediglich in den beschriebenen Intensivphasen, die sich bspw. in den eingesetzten Target Costing-Camps manifestieren können, sollte dieses Kernteam erweitert werden, um kurze Feedback-Zyklen bei technischen Entscheidungen zu ermöglichen und langes Nachfragen zu vermeiden. Generell sollte dieses Team aus je einem Mitarbeiter folgender Aufgabengebiete bestehen:[576]

• Projektleitung	• Marketing/Vertrieb	• Entwicklung/Konstruktion
• Generic-Entwicklung	• Controlling	• Einkauf/Zulieferer-management
• Fertigungsplanung und -betreuung	• Qualitätsmanagement	• Produktbegleitende Dienstleister

Tabelle 5-4: Zusammensetzung des Target Costing-Teams

Zu diesem intern gebildeten Team können fallweise Vertreter des Kunden oder Vertreter von Zulieferern hinzugezogen werden.[577]

Im Rahmen dieser interdisziplinären Arbeit kommt jedem Gruppenmitglied eine spezifische Aufgabe zu, die es zu erfüllen hat und deren Lösung es in das Team hineinträgt. SEIDENSCHWARZ schildert hierzu ein Beispiel aus einem japanischen Unternehmen, das auf Stellenbeschreibungen oder ähnliches im Target Costing-Prozeß verzichtet, weil „*Es könnte jemand auf die Idee kommen, für etwas nicht verantwortlich zu sein!*"[578] Diese Einstellung oder Vorgehensweise erscheint nur verständlich vor dem speziellen Hintergrund der philosophischen und kulturellen Rahmenbedingungen des Target Costing in Japan, die u.a. von einer extremen Gruppenorientierung geprägt sind.[579] Diese Definitionsleere in der Aufgabenverteilung erscheint für die Übertragung von Target Costing auf deutsche oder europäische Unternehmen gefährlich: „*Es könnte passieren, daß sich für eine bestimmte Aufgabe keiner verantwortlich fühlt!*" Aus diesem Grund wird hier empfohlen, auf Basis des Input-Output-Diagramms und einer Kurzbeschreibung der intramodularen Prozesse eine grundsätzliche Aufgabenverteilung im Target Costing-Prozeß zu erarbeiten. Diese ließe sich exemplarisch wie folgt skizzieren (auf die Rolle der Projektleitung wird gesondert eingegangen):

• Marketing/Vertrieb: Der Vertreter dieser Funktion hat die Aufgabe, das Kundengewissen in das Team zu tragen und diesem alle aktuellen Markt- und Kundeninformationen zur Verfügung zu stellen. Diese beziehen sich im wesentlichen auf die (gewichteten) Kundenanforderungen, die Terminvorgaben, den Zielpreis vom Kunden (oder frühe Abschätzungen desselben), erwartete Volumina (evtl. mit Szenarien hinterlegt) und die Wettbewerbssituation. Darüber hinaus unterstützt er vor allem im Rahmen des strategischen

---

[575] Vgl. Ehrlenspiel, K. (1992), S. 290ff.; Ehrlenspiel, K. (1997), S. 172ff.; Bucksch, R. / Rost, P. (1985), S. 357f.; Groth, U. / Kammel, A. (1994), S. 177ff.
[576] Vgl. Seidenschwarz, W. (1995), S. 121; Jakob, F. (1993), S. 177f.; Gleich, R. (1996), S. 157.
[577] Vgl. Gaiser, B. / Krause, G. (1995), S. 26. Zu einer empirischen Untersuchung bzgl. der Teamzusammensetzung in Deutschland und Japan vgl. Tani, T. et al. (1996), S. 82.
[578] Seidenschwarz, W. (1995), S. 118.
[579] Vgl. Buggert, W. / Wielpütz, A. (1995), S. 150ff.

Target Costing die Marktdefinition, die Analyse der Branchenstruktur und die Markt-segmentierung und löst durch seine Informationen über Vorhaben der verschiedenen Kunden das operative Target Costing aus.

• Aufgabe von Entwicklung/Konstruktion ist die zielkostengerechte Umsetzung der Kundenwünsche in einem physischen Produkt. Dies beginnt mit der Übernahme der geforderten Produktfunktionen und der Ableitung technischer Zielwerte. Die folgende Ausarbeitung alternativer Produktstrukturen und deren Bewertung mit der damit mitlaufenden Zielkostenspaltung ist inhaltlich stark von den Entwicklern geprägt, an ihr zeigt sich aber aufgrund der zahlreichen Schnittstellen das Erfordernis interdisziplinärer Arbeit. Die Erleichterung produktbegleitender Dienste (z.B. Systemtests, Logistik) ist gegebenenfalls durch einen eigenen Vertreter sicherzustellen.

• Über einen Vertreter der Generic-Entwicklung (im operativen Target Costing) soll die Schnittstelle zwischen strategischem und operativem Target Costing überwunden werden. Seine Aufgabe ist das Einbringen aller projektrelevanten Vorarbeiten der Generic-Entwicklung inklusive der Kommunikation der dabei festgelegten Technologiestrategie. Dies beginnt bei einem Abgleich der Produktfunktionen, einer Unterstützung bei der Zielkostenspaltung und dem Einbringen bereits vorhandener technischer Lösungen, vor allem vor dem Hintergrund von Baukastenprinzip und Gleichteilekonzept. Auch die Ergebnisse von QFD und Product Reverse Engineering können von ihm eingebracht werden,

• Die Aufgaben des Einkaufsvertreters geht über das Zur-Verfügung-Stellen von Materialpreisen über den Produktlebenszyklus hinaus. Es umfaßt die Unterstützung bei der Zielkostenspaltung durch Informationen über Materialpreisspielräume und vor allem bei der Zielkostenerreichung durch den Verweis auf funktionsverwandte, anderswo im Einsatz befindliche Materialien, den Aufbau von bewerteten Gleichteilekatalogen bis hin zur Federführung beim beschriebenen Zulieferer-Cost-Enginering in allen gezeigten Facetten. Derartige externe und interne Kostenberatung ist nur bei entsprechendem technischen Sachverstand des Einkäufers denkbar.

• Im Bereich Fertigungsplanung und -betreuung ist auf das Design for Manufacturability zu achten. Darüber hinaus liegen die Aufgaben in der Bewertung alternativer Fertigungs-technologien und der Erarbeitung und Verbesserung des Fertigungs- und Logistikprozesses inklusive der Evaluierung verschiedener Standortalternativen.

• Der Mitarbeiter aus dem Bereich Qualität versucht, die Erfüllung der Kundenan-forderungen an die Qualität im engeren Sinne während der Entwicklung im Sinne eines präventiven Qualitätsmanagements sicherzustellen. Dazu gehören Teile- und Lieferanten-qualifizierung, FMEA und Prüfkonzepte für die Fertigung.

• Die produktbegleitenden Dienstleister sind für den Fall der Automobilzulieferindustrie weniger relevant. Generell haben sie dafür zu sorgen, daß bei der Konzeption des Produktes und seiner entwicklungstechnischen Umsetzung der Blick über das physische Produkt hinaus auf das gesamte Produktbündel gerichtet wird. Die spätere Kosten für Montage, Wartung, Instandhaltung usw. werden ebenfalls in den frühen Phasen der Entwicklung determiniert.

Besonders erwähnt sei die Rolle des Controllers: Er hat die zentrale Unterstützungsfunktion der Versorgung mit Kosteninformationen zu übernehmen. Dazu gehört zunächst die Ableitung der vom Projektteam beeinflußbaren Zielkosten, also der Aufbau einer lebenszyklus-orientierten retrograden Kalkulation. Dies beinhaltet den Aufbau eines Multi Target Costing zur Ableitung der Deckungsbudgets und zum späteren Abgleich von Deckungsbudgets und Deckungsbeitrag. Dem schließt sich die Moderation und Zusammenfassung der Zielkostenspaltung an, die er mit Daten aus anderen Projekten unterstützt. Es folgt im Rahmen der Zielkostenerreichung der ständige Abgleich von Zielkosten und aktuell geschätzten Kosten - beides ist von ihm (mit Unterstützung der übrigen Teammitglieder) zu ermitteln - die sich im laufenden Soll-Ist-Vergleich während der Produktionsphase fortsetzt. Vor allem bei der Abschätzung der Kostenwirkungen in den indirekten Bereichen hat er die relevanten (Prozeß-) Kosteninformationen zur Verfügung zu stellen. Im Prinzip ist jede Maßnahme von ihm auf seine Kostenwirkung hin zu überprüfen. Zielkostenkontrolldiagramm, die beschriebenen Arbeitsblätter zur Alternativenbewertung und das Zielkostenblatt zur ständigen Verfolgung des Grades der Zielkostenerreichung sollten zu seinem Rüstzeug gehören, er wird damit zum Inhaber des Target Costing-Werkzeugkastens. Von ihm ist auch die Frage nach der Preisuntergrenze zu beantworten. Insgesamt fungiert der Controller damit als „Moderator, Katalysator und Integrator"[580] im Target Costing-Prozeß, die Funktion entwickelt sich vom Kalkulator zum Kostenberater. Er behält zwar eine Reihe kaufmännisch geprägter Aufgaben, sollte aber ein hohes Maß an technischem Verständnis mitbringen, kann aus diesem Grund auch ein Ingenieur mit besonderem Kostenwissen sein, ein „Cost Engineer"[581]. Im Prinzip ist es denkbar, wie auch viele japanische Beispiele zeigen, daß die beschriebenen Funktionen des Controllers, im wesentlichen die Koordination von Planung und Kontrolle sowie die Informationsversorgung, vom Team selbst übernommen werden und somit ein Selbstcontrolling entsteht. Dies setzt voraus, daß von Seiten des Controllers auch eine gewisse Trainingsfunktion für die Nicht-Controller übernommen wird, die ihn im Endeffekt überflüssig macht.[582]

Entgegen der Tendenz zu einem dezentralen (Selbst-) Controlling läuft der Ansatz, eine eigene Zielkostenberatungsstelle einzurichten. Diese Stelle könnte wesentliche Controllingfunktionen in den frühen Phasen übernehmen und, organisatorisch entsprechend aufgehängt, eine sinnvolle Know-how-Klammer über die Projekte oder die Geschäftseinheiten hinweg bilden. Die Unterstützung könnte stattfinden bei der Institutionalisierung der Markt- und Strategieeinbindung, dem Aufbau der retrograden Kalkulation, den Methoden zur Zielkostenspaltung (inklusive der Einbeziehung von Wettbewerberinformationen) bis zum Aufbau der Alternativenkalküle oder von Anregungen zur Zielkostenerreichung, also insgesamt durchgängig durch den gesamten Target Costing-Prozeß. Diese Form der Beratungsfunktion kann zu einem schnellen Weitergeben von Erfahrungswissen und damit zu einem breiten Einsatz der Target Costing-Ansätze generell führen.[583] Damit werden Aufgaben von Fachpromotoren angesprochen, wie sie bei der Diskussion um die Organisation der Implementierung dieses Ansatzes wieder auftauchen.

Es bleibt aber noch einmal festzuhalten, daß trotz dieser formulierbaren Aufgabenverteilung das Team nicht nur die Funktion hat, als Forum zum Austausch isoliert erarbeiteter Lösungen der Gruppenmitglieder zu dienen. Gerade im Bereich der Zielkostenspaltung und der

---

[580] Seidenschwarz, W. (1995), S. 126.

[581] Horváth, P. et al. (1993c), S. 16.

[582] Vgl. Seidenschwarz, W. (1993a), S. 270f.; Seidenschwarz, W. (1995), S. 125ff.; Horváth, P. et al. (1993c), S. 16f.; Groß, J. / Kammermayer, W. (1994), S. 92ff.

[583] Vgl. Seidenschwarz, W. (1993a), S. 271f.; Seidenschwarz, W. (1991b), S. 205f.

Zielkostenerreichung, insbesondere der Alternativenbewertung, wird deutlich, daß eine gemeinsame Erarbeitung von Lösungen elementarer Bestandteil im Target Costing-Prozeß ist. Hinter diesen Teammitgliedern steht die Geschäftsleitung, die im wesentlichen den strategischen Vorbau sicherstellen muß. Dies umfaßt die Festlegung der Zielmarktsegmente, der Zielkunden, der Zielmarktanteile, der Zielgewinnhierarchie sowie schließlich die Gesamtoverheadplanung im Rahmen des Multi Target Costing. Vor allem in den ersten Phasen des Target Costing-Prozesses sollte daher die Geschäftsleitung in das Team integriert sein. Dies gilt auch im hier betrachteten Fall für die frühen Phasen des operativen Target Costing, die sich ziemlich mit der Angebotsphase decken. In kleineren Unternehmen mit flachen Hierarchien ist es für besonders wichtige Projekte sogar denkbar, daß die Funktion des Projektleiters von der Geschäftsleitung übernommen wird.[584]

Auch wenn das gebildete Team im Kern durch den ganzen Prozeß hindurch in dieser Form erhalten werden sollte, verschieben sich dennoch die Schwerpunkte innerhalb dieses Teams.[585]

Abbildung 5-5: Schwerpunktverschiebungen innerhalb des Target Costing-Teams

Zu klären bleibt die Frage, wie hochkarätig die Teams besetzt, welchen Ranges also die Teammitglieder sein sollten. Hierzu hat jedes Unternehmen vor dem speziellen Personalhintergrund seine eigene Balance zu finden. Zu beachten bleiben zwei Punkte: Die Teammitglieder dürfen erstens nicht so hochrangig sein, daß sie nicht über spezielles Projekt-Detailwissen verfügen. Die Teammitglieder müssen zweitens so selbständig entscheiden dürfen und damit so hochrangig sein, daß im Team Entscheidungen getroffen werden können. Das ständige Rückversichern beim Vorgesetzten kann die Projektarbeit ganz wesentlich

---

[584] Vgl. Gleich, R. (1996), S. 157.
[585] Nach einer Idee von Deisenhofer, T. (1993), S. 108f.

behindern.[586] Entscheidungen mit Wirkungen über das Projekt hinaus sollten allerdings mit den Fachvorgesetzten (sofern es diese gibt) abgestimmt sein. Die seriellen Entscheidungsketten sind aber grundsätzlich außer Kraft zu setzen und durch einen entsprechenden Leitungskreis oder ähnliches simultan abzufangen.[587] Dazu ist auch erforderlich, daß die Teammitglieder von ihrer fachlichen und persönlichen Qualifikation her dazu in der Lage sind. Dies stellt nicht zu unterschätzende Anforderungen an Personalauswahl und -entwicklung. Es ist zu vermeiden, daß ein Projektteam der gezeigten Prägung mit Mitarbeitern besetzt wird, die deshalb verfügbar sind, weil sie anderweitig nicht eingesetzt werden können.

5.3.2.2 *Bedeutung und Funktion eines Projektleiters*

Da über das Target Costing die Kosten neben Qualität (im Sinne von Funktionalität) und Zeit zum integralen und gleichberechtigten Zielparameter während des Entwicklungsprozesses werden sollen, drängt es sich förmlich auf, die Verantwortung für diese drei Faktoren - Erfüllung der Kundenanforderungen im (extern oder intern) vorgegebenen Zeitrahmen unter Einhaltung der Zielkosten - auch in einer Person zu vereinigen. Damit lassen sich diese zum Teil konfliktären Ziele internalisieren, Konflikte zwischen dem technisch Verantwortlichen und dem Kostenverantwortlichen werden vermieden, damit u.U. aber auch konstruktive Konflikte. Im Sinne der Kongruenz von Kompetenz und Verantwortung kann diese umfassende Verantwortung nur der Projektleiter übernehmen. Nur er bildet die Projektklammer über die Disziplinen hinweg und hat die Möglichkeiten, über sein Team die drei Parameter zu beeinflussen. Bisher ist häufig zu beobachten, daß ein Projektleiter existiert, der aber „nur" für Technik und Termine verantwortlich ist, die Ergebnis- und damit Kostenverantwortung liegt bei der Geschäftsleitung. Damit liegt die Kostenverantwortung in einem Bereich (außer im beschriebenen Fall der Übereinstimmung von Geschäfts- und Projektleitung), der von wenigen Maßnahmen abgesehen (z.B. Anordnung eines Gleichteilekonzeptes, Stärkung des strategischen Einkaufs, Einkauf externen Know-hows) durch pauschale Anweisungen, nicht aber durch konkrete Maßnahmen zur Zielkostenerreichung beitragen kann. Häufig wird in diesen Fällen aus dem Team heraus die Nichterreichbarkeit der Zielkosten gemeldet und damit Ergebnis abgemeldet, ohne daß dies das Team weiter belastet oder tieferschürfende Konsequenzen hätte.

Der Projektleiter kann diese Funktion nur wahrnehmen, wenn die ihm aufgrund seiner fachlichen Kompetenz (der Kostenbeeinflußbarkeit) übertragene Verantwortung auch mit einer Kompetenz im Sinne von Entscheidungsbefugnis einhergeht. Darüber hinaus muß der Projektleiter auch die persönlichen und organisatorischen Kompetenzen besitzen, um dieser Verantwortung gerecht zu werden. Es bedarf insgesamt eines starken Projektleiters, eines „heavyweight product managers". Dies manifestiert sich in zwei Aspekten: in einer teaminternen Stärke und in einer teamexternen Stärke. Die interne Stärke zeigt sich überwiegend in persönlichen Eigenschaften, mit denen der Projektleiter in der Lage ist, das Synergiepotential des interdisziplinären Teams zu nutzen: Fach-, Sozial-, Koordinations-,

---

[586] Vgl. zum Konflikt zwischen Linien- und Projektaufgaben im Target Costing ausführlicher Seidenschwarz, W. et al. (1997), S. 122ff.
[587] Vgl. Jakob, E. (1993), S. 177.

Moderations-, Methoden- und Marktkompetenz. Diese geforderte Methoden- und Interaktionskompetenz zeigt, daß sich ein derartiger Produktmanager von technischer Detailarbeit zu lösen und umfassenden Produktmanagementaufgaben zu widmen hat: technik-, zeit- und kostenbezogen. Dazu ist teamexterne Stärke im Sinne von Durchsetzungskraft und Durchsetzungskompetenz (persönlich wie auch organisatorisch) erforderlich. Er wird damit zu einem Unternehmer auf Zeit mit einem breiten Anforderungsprofil, was erhebliche Anforderungen an die Personalbeschaffung und -entwicklung im Unternehmen stellt. Daran schließt sich eine mögliche Weisungsbefugnis gegenüber den Teammitgliedern an, die ebenso wie die Stärke gegenüber dem Teamumfeld Gegenstand der Diskussion verschiedener Organisationsformen sein wird.[588]

Eine derivative Anforderung aus der Forderung nach Teams mit einem starken Projektleiter ist die Forderung nach einer Aufbauorganisation, die dieses interdisziplinäre und team-orientierte Arbeiten nicht behindert, vielmehr fördert. SEIDENSCHWARZ sieht vor diesem Hintergrund große Unternehmenseinheiten als einen natürlichen Feind des Target Costing, da sie aufgrund des häufig zu beobachtenden bürokratischen Arbeitsstils, man könnte ergänzen: aufgrund bisweilen verkrusteter Hierarchien, gerade diese Voraussetzung nicht bieten. Gerade Großunternehmen sind von dieser Gefahr betroffen. Hinzu kommt der damit häufig verbundene Verlust an Marktorientierung in den eigenen Aktivitäten. Daraus läßt sich die Forderung nach der Bildung kleinerer, marktnaher Einheiten erheben.[589]

5.3.3 Abgleich mit verschiedenen Möglichkeiten der aufbauorganisatorischen Gestaltung

5.3.3.1 Traditionelle Organisationsformen

Es stellt sich damit die Frage, wie diese Forderungen in einer bestehenden Organisation umgesetzt werden können bzw. wo dabei Probleme auftauchen können. Dazu werden zunächst die traditionellen Organisationsformen funktionale, divisionale und Matrixorganisation[590] unter diesem Aspekt kurz beleuchtet.

Die innerhalb eines Unternehmens zu erfüllenden Aufgaben werden organisatorischen Einheiten zugeordnet, woraus eine bestimmte Aufbauorganisation entsteht. In Abhängigkeit davon, welches Grundprinzip bei der Bildung organisatorischer Einheiten gewählt wird, entstehen verschiedene hierarchische Strukturen. Wird das Verrichtungsprinzip herangezogen, entsteht eine funktionale Organisationsstruktur. Neben den sich ergebenden Spezialisierungs- und Größenvorteilen (z.B. Mengenvorteile im Einkauf) entstehen aber Abteilungen im strengen Sinn des Wortes oder gar Barrieren, die dem Target Costing sehr hinderlich sind. Die geforderte interdisziplinäre Arbeit und die durchgängige Ausrichtung aller Funktionen am Kundenwunsch wird wesentlich erschwert. Hinzu kommen funktionale Grabenkämpfe, die eine interdisziplinäre Optimierung der Querschnittsaufgabe „Optimale Produktgestaltung"

---

[588] Vgl. Clark, K.B. / Fujimoto, T. (1991), S. 43ff.; Streich, R. (1992), S. 16f.; Seidenschwarz, W. (1993a), S. 269f.; Seidenschwarz, W. (1995), S. 119; Seidenschwarz, W. et al. (1996), n.o.S.; Schelle, H. (1996), S. 24, 39ff.; Gaiser, B. / Krause, G. (1995), S. 26.

[589] Vgl. Seidenschwarz, W. (1995), S. 117 sowie Seeberg, T. / Seidenschwarz, W. (1993), S. 156ff. für das Beispiel Siemens.

[590] Vgl. z.B. Grochla, E. (1982), S. 130ff.; Frese, E. (1995), S. 193ff.

behindern. Im weiteren Verlauf sind Ansätze zu zeigen, die zur Lösung dieser Situation beitragen können.

Eine divisionale Organisation entsteht bei Anwendung des Objektprinzips, wobei als Objekt - neben Käufersegmenten oder geographischen Regionen - überwiegend Produkte oder Produktgruppen zur Anwendung kommen. Dabei gehen zwar Spezialisierungs- und Größenvorteile verloren, es entstehen aber marktorientierte Einheiten (Divisionen), in denen erst auf tieferen Ebenen der Organisation unter funktionalen Aspekten strukturiert wird.[591] Die Leiter der Divisionen können mit einer weitreichenden Entscheidungskompetenz für ihren Bereich ausgestattet werden, womit die Ergebnisverantwortung für die Division verbunden sein kann. In diesem Fall mündet die divisionale Organisation in das Profit-Center-Konzept. Die kurzen Ausführungen zeigen die prinzipielle Target Costing-Freundlichkeit dieser Organisationsform: Marktnähe, starke Produktorientierung, interdisziplinäre Ausrichtung. U.U. entstehen aber in den angesprochenen Funktionsbereichen auf den tieferen Ebenen der Organisation die gleichen Probleme wie bei einer durchgängig funktionalen Organisation. Zudem ist zu klären, wie weit die Dezentralisation der Entscheidungen und damit die Gliederungstiefe in der Organisation reicht. Einige abschließende Bemerkungen greifen diese Frage noch einmal auf.

Die Matrixorganisation zeichnet sich dadurch aus, daß sie auf das Mehrliniensystem zurückgreift, indem sie funktionale und objektorientierte Gliederungen überlagert, damit die Gesamtschau auf ein bestimmtes Produkt mit dem Spezialwissen der Funktionen kombiniert werden kann. Dadurch, daß jede Organisationseinheit mehr als einer Organisationseinheit unterstellt ist, können Weisungskonflikte entstehen, denen z.T. produktiver Charakter zugesprochen wird. Im Unterschied zur funktionalen Organisation ist hier der Versuch erkennbar, die interdisziplinäre Zusammenarbeit auch organisationsseitig zu untermauern. Trotzdem bleiben funktionale Grenzen, die es im Rahmen von Target Costing zu überwinden gilt.

Gemeinsame Aufgabe für alle Organisationsformen bleibt, die interdisziplinäre Zusammenarbeit über mehr oder weniger stark und institutionalisiert existierende Funktionsgrenzen hinweg aufbauorganisatorisch zu bewältigen. Hierzu sind drei Ansätze denkbar, die im folgenden in der gebotenen Kürze angerissen seien.

5.3.3.2 *Produktmanagement-Organisation*

Der erste ist die Produktmanagement-Organisation, die die marktorientierte Unternehmensführung institutionalisieren möchte. Dieser Anspruch kommt dem Target Costing-Gedanken sehr entgegen, denn „Ziel ist eine Produkt-Markt-Querschnittskoordination über funktional ausgerichtete Organisationsbereiche hinweg."[592] Es handelt sich im wesentlichen um eine funktionale Organisation, in der die spezifischen Koordinationsbelange der Produkte ergänzt werden, eine Übertragung auf die übrigen Organisationsformen bzw. die auch dort bestehenden funktionalen Barrieren erscheint allerdings unproblematisch. Diese Koordinationsfunktion soll ein Produktmanager (manchmal auch ein Kunden- oder ein Marktmanager) einnehmen, wobei als Voraussetzung gilt, daß ein relativ dauerhaftes

---

[591] Vgl. hierzu auch die Ausführungen zur Vertikalisierung der Organisation von Siemens bei Seeberg, T. / Seidenschwarz, W. (1993), S. 157f.

[592] Bühner, R. (1996), S. 190, im Original fett.

Koordinationsbedürfnis besteht. Innerhalb der Produktmanagement-Organisation sind verschiedene Ausgestaltungsmöglichkeiten denkbar: Dem Produktmanager ist ein funktionales Kompetenz- und Weisungsrecht zugestanden. Dies kann verschiedene Abstufungen einnehmen. Bei einem einfachen Informationsrecht hat der Produktmanager lediglich das Recht, Informationen aus den Funktionen zu erhalten. Nach der Ausgestaltungsform als Mitsprache- und Mitwirkungsrecht ist als letzte Form der Kompetenzzuweisung ein fachgebundenes Entscheidungs- und Weisungsrecht vorgesehen. Dieses umfaßt absatz- und marketingbezogene Entscheidungen sowie Weisungen an nachgeordnete Mitarbeiter im Rahmen der Marketingaktivitäten. Eine Gewinnverantwortung ist aus Gründen der Fachgebundenheit der Kompetenz nicht vorgesehen. Die Funktionsverantwortlichen behalten in dieser Konzeption nach wie vor eine sehr starke Stellung, so daß es sehr stark auf die persönlichen Eigenschaften des Produktmanagers bei der Durchsetzung seiner Vorstellungen ankommt.[593] Die oben formulierte Forderung nach einem heavyweight product manager geht insofern über diese Kompetenzen sogar hinaus, als sich zum einen die Kompetenzen, wie intensiv auch immer ausgestaltet, nicht auf den Marketingbereich beschränken, sondern die gesamte Wertschöpfungskette umfassen und zum anderen aus diesem Grund die Ergebnisverantwortung dem Produktmanager übertragen werden sollte. Die angesprochene teamexterne Stärke des Produktmanagers zeigt sich in dieser Konzeption in einer durchgängigen Durchsetzungskompetenz und Weisungsbefugnis des Produktmanagers, es gilt damit „Produkt vor Funktion".[594]

Bezüglich der organisatorischen Einbindung sind ebenfalls verschiedene Ansätze denkbar, die sich in bereichsintegrierte und bereichsunabhängige unterteilen lassen. Bei der bereichsintegrierten Produktmanagement-Organisation kommt die Grundidee dieser Organisationsform zum Tragen, indem der Produktmanager als Teil der Marketingabteilung gesehen wird. Drei Möglichkeiten sind dabei denkbar:

- der Produktmanager nimmt eine Stabsfunktion ein, wobei dem Leiter der Marketingabteilung die Annahme und Durchsetzung der Vorschläge des Produktmanagers obliegt,
- er bildet neben den Teilbereichsleitern in der Marketingabteilung eine eigene Instanz, wobei die Disziplinarbefugnis über die Mitarbeiter den Teilbereichsleitern vorbehalten bleibt, oder
- es wird eine Matrixorganisation innerhalb der Marketingabteilung aufgebaut mit Kompetenzüberschneidungen zwischen Produktmanagern und Teilbereichsleitern.

Diese Lösungen entsprechen nicht den formulierten, funktionsumfassenden Anforderungen des Target Costing an den Produktmanager. Diese sind nur dann zu erfüllen, wenn die Produktmanager bereichsunabhängig, also gelöst von der Marketingabteilung in die Organisation eingefügt und direkt der Unternehmensleitung unterstellt werden.[595] Außer für den (aufgrund des fehlenden Durchgriffs nicht zu empfehlenden) Fall eines Produktmanagements als Stabsstelle der Unternehmensleitung entsteht eine Matrix-Produktmanagement-Organisation mit Kompetenzüberschneidungen zwischen Produktmanagement und Funktionen.[596]

---

[593] Vgl. Bühner, R. (1996), S. 191f.
[594] Vgl. Seidenschwarz, W. (1995), S. 119; Seidenschwarz, W. (1994c), S. 37.
[595] So auch Jakob, F. (1993), S. 177.
[596] Vgl. Bühner, R. (1996), S. 194f.; Frese, E. (1995), S. 222ff.

5.3.3.3 Projektorientierte Organisation

Der zweite Ansatz ist der von projektorientierten Organisationsformen. Dabei widmen sich Projektgruppen permanent einer einmaligen und temporären Projektaufgabe. Die Projektleitung oder der Projektleiter hat dabei die Aufgabe, die Arbeit der interdisziplinär besetzten Arbeitsgruppe zu koordinieren und zu kontrollieren bei voller Kompetenz und Verantwortung für die Aufgabenerfüllung. Auch die Entwicklung und Vermarktung eines Produktes unter Anwendung von Target Costing kann als Projektaufgabe definiert werden. Dabei lassen sich wiederum verschiedene Formen des Projektmanagements unterscheiden. Beim *reinen Projektmanagement* erhält der Projektleiter volle Weisungsbefugnis über ihm zugeteilte Mitarbeiter, die aber disziplinarisch i.d.R. ihren Linienvorgesetzten unterstellt bleiben, nicht zuletzt um die Wiedereingliederung nach Abschluß des Projektes zu erleichtern. Eine Leistungsbeurteilung sollte für diesen Zeitraum sowohl vom Projektleiter als auch vom Linienvorgesetzten erfolgen. Der Projektleiter ist direkt der Unternehmensleitung unterstellt und bildet damit neben den Linienverantwortlichen eine neue Organisationseinheit, die volle Verantwortung für die Erreichung der Sach-, Zeit- und Kostenziele trägt. Diese Organisationsform erscheint im Rahmen von Target Costing vor allem für größere Projekte geeignet, bei denen eine Vollzeitabstellung bestimmter Mitarbeiter aus den verschiedenen Disziplinen für dieses Produkt/Projekt vorgenommen wird. In diesem Sinne gewinnt dann der Projektleiter die allgemein geforderte Stellung eines heavyweight product managers, auch wenn eine begriffliche Unsauberkeit sofort ins Auge fällt.[597] Beim *Matrix-Projektmanagement* ist die Kompetenz des Projektmanagers insofern eingeschränkt, als er keine Weisungsbefugnis über die Mitarbeiter aus den Funktionsbereichen hat, aber für die Planung und Kontrolle der Projektaufgabe zuständig ist. Die Projektleiterstruktur und die Funktionshierarchie werden übereinandergelegt, woraus wiederum eine Matrixorganisation entsteht. Zu beachten bleibt, daß der Projektleiter genausowenig dem Entwicklungsleiter unterstellt sein sollte wie der Produktmanager dem Marketingleiter.[598] Wie beim Produktmanagement ist es auch hier als dritter Ansatz möglich, den Projektleiter in Form eines Stabs mit Beraterfunktion einzurichten (*Einfluß-Projektorganisation*), was aus den oben genannten Gründen als für Target Costing ungeeignet abgelehnt wird.[599]

Die Teamworkorganisation ist hierarchiefrei, d.h. sie verzichtet im Unterschied zur Projektorganisation auf eine Projektleitung. Damit fehlt diesem Ansatz die interdisziplinäre, produktorientierte Klammer im Team und der umfassend kompetente Vertreter der Projektinteressen nach außen, d.h. gegenüber dem Kunden und innerhalb der eigenen Organisation, insbesondere den Funktionsverantwortlichen, der auch die Umsetzung der Teamlösung vorantreiben kann.[600] Diese Organisationsform scheint daher der Projektorganisation vor dem Target Costing-Hintergrund unterlegen.

---

[597] Vgl. hierzu als Beispiel die Organisation bei Volkswagen: vgl. Claassen, U. / Hilbert, H. (1994), S. 148ff.; Claassen, U. / Hilbert, H. (1993), S. 133, 156.

[598] So auch Seidenschwarz, W. (1995), S. 119.

[599] Vgl. Heeg, F.-J. (1992), S. 76ff.; Kraus, G. / Westermann, R. (1995), S. 39ff.; Frese, E. (1995), S. 477ff.; Bühner, R. (1996), S. 203ff.; Grün, O. (1992), Sp. 2107ff.; Rösler, F. (1996), S. 191.

[600] Vgl. Bühner, R. (1996), S. 217, zu den umfassenden Aufgaben des Projektleiters vgl. Kraus, G. / Westermann, R. (1995), S. 35f.

5.3.3.4 Prozeßorganisation

Der dritte Ansatz ergibt sich aus den immer noch umfassend diskutierten Ansätzen der Prozeßorganisation, die durch eine durchgängige Prozeßorientierung in der Aufbauorganisation die negativen Auswirkungen von Abteilungsgrenzen überwinden möchte. Dabei verselbständigen sich die Geschäftsprozesse und führen zur Bildung einer eigenen Organisationseinheit, für die der jeweilige Prozeßeigner (process owner) verantwortlich ist. Aufgrund des interdisziplinären Ansatzes kann der Vorschlag als Target Costing-geeignet angesehen werden, wenn sich dabei der Target Costing-Prozeß bzw. der dahinterstehende Entwicklungsprozeß (im umfassendsten Sinne) als organisatorische Einheit festsetzt, die in einzelne Subprozesse untergliedert oder durch diese unterstützt wird. Die durchgängige Prozeßorientierung in der Organisation kann zudem die Durchführung des Prozeßkostenmanagement wesentlich vereinfachen und über diesen Weg Target Costing zusätzlich unterstützen.[601]

5.3.3.5 Synthese der 3Pro-Ansätze

Was ergibt sich aus der Synthese dieser drei Ansätze für die aufbauorganisatorische Gestaltung von Target Costing?[602] Den drei gezeigten Ansätzen Produkt-, Projekt- und Prozeßmanagement liegt ein gemeinsames Anliegen zugrunde, nämlich die Kompensation der bestehenden Integrationsdefizite zwischen den betrieblichen Funktionsbereichen. Dabei bleiben doch einige prinzipielle Unterschiede zwischen den Ansätzen. Bei Projekten geht es im wesentlichen um außergewöhnliche Aufgaben, um Sonderaufgaben, die eine Anpassung an neuartige Gegebenheiten erfordern. Die Einführung der hier vorgestellten Target Costing-Konzeption wäre z.B. eine derartige Sonderaufgabe.[603] Das Prozeßmanagement befaßt sich mit der qualitativ hochwertigen, schnellen und kostengünstigen Prozeßdurchführung. Und Produktmanagement schließlich bemüht sich dauerhaft um die interdisziplinäre Schaffung eines am Markt erfolgreichen Outputs, impliziert damit unternehmerisches Handeln, das über die Schaffung technisch funktionstüchtiger Projektergebnisse hinausgeht. Diese drei Konzeptionen weisen wegen des gemeinsamen Grundanliegens eine große konzeptionelle Schnittmenge auf. Gerade vor dem Hintergrund einer Produktentwicklung mit Target Costing werden diese Gemeinsamkeiten deutlich. Werden diese Gemeinsamkeiten besonders betont, so ließe sich ein *3Pro-Kurzschlußmodell* aufbauen, das die drei Konzepte gleichsetzt. Der Projektleiter wäre damit zugleich Prozeßeigner und Produktmanager, damit ein 3Pro-Allroundmanager.[604] Das *3Pro-Isolationsmodell* rät, die drei Konzepte strikt zu trennen, damit sich die durch die jeweiligen Schwerpunkte entstehenden Schwächen nicht auf die anderen Konzepte übertragen. Eine strikte Trennung erscheint für den Fall des Target Costing unnötig, doch müssen die Defizite der Konzepte beachtet werden. Bei einer Überbetonung des Projektcharakters ist zu vermeiden, daß die gesamte Entwicklungsaufgabe als improvisierte Sonderaktion gesehen wird, die keine Rücksicht auf die Unternehmensstrukturen und die laufenden projekt- bzw. produktübergreifenden Kostenverbesserungsaktionen nehmen muß.

---

[601] Vgl. Gaitanides, M. (1983); Striening, H.-D. (1988), insb. S. 157ff.

[602] Vgl. zu dieser Synthese allgemein Reiß, M. (1992), S. 25ff.

[603] Vgl. hierzu die Ausführungen zur Implementierung des Ansatzes.

[604] So der Vorschlag von Deisenhofer, T. (1993), S. 111.

Eine ausschließlich extern geprägte Produktorientierung kann bei falscher Interpretation eigenes Innovationspotential unterdrücken und die Handelnden in eine zu passive Rolle drücken. Die einseitige Betonung des Prozeßgedankens wiederum kann zu kontraproduktiver und unflexibler Überstandardisierung führen. Die drei Konzeptionen müssen daher zu einem Verbund gebracht werden, um ihre Defizite zu umgehen und ihre Vorteile zu nützen.[605]

Dieser könnte für eine Entwicklungsaufgabe in der Automobilzulieferindustrie mit Target Costing wie folgt aussehen: Es wird eine produktorientierte Organisationsform gewählt, die erst auf tieferen Ebenen der Organisation nach Funktionen gliedert. Dabei ist eine Balance zu finden zwischen produktbezogenen Gemeinsamkeiten und funktionsbezogenen Größen- und Spezialisierungsvorteilen. Unter Umständen werden Funktionen, bei denen die Zentralisation wichtig erscheint, z.B. Einkauf oder produktübergreifende Entwicklung gemeinsamer Komponenten, nicht in die unterste divisionale Ebene gezogen. Innerhalb der produktnahen Einheiten erfährt jede kundenspezifische Anfrage und jeder Auftrag eine besondere Betonung. Wie stark diese ist, hängt von der strategischen Bedeutung und dem Neuigkeitsgrad der Aufgabe ab.

Bei Existenz einer dauerhaften Kundenbeziehung, die sich durchaus in parallelen und einander ablösenden Aufträgen zeigen kann, ist der Einsatz eines Kundenmanagers denkbar, der bei umfassenderen Kundenaufträgen und der Existenz gleichzeitig laufender Aufträge von Produktmanagern unterstützt werden kann. Für die organisatorische Umsetzung sollte unter den obigen Angeboten die Matrixorganisation gewählt werden, weil sie die Bedeutung des Produktes am stärksten betont. Ob dabei den Produktmanagern volle Weisungsbefugnis übertragen wird, hängt wiederum vom Gewicht des Produkts und der Neigung der Organisationsgestalter zu produktiven Konflikten ab. Soll ein heavyweight product manager geschaffen werden, so muß dieser vollen Durchgriff auf die Funktionsbereiche erlangen.

Die im Target Costing-Prozeß beschriebenen Camps nehmen dabei stark den Charakter einer temporären Projektarbeit an. Eine durchaus denkbare Konstellation ist vor diesem Hintergrund folgende: In der Entstehungsphase (und damit dem Kern des Target Costing-Prozesses) wird ein Projektleiter definiert, der das Projekt nach Abschluß der Entwicklung an den Produkt- (oder Kunden-) Manager übergibt, der die Gesamtverantwortung für das Produkt innehat:

> „Die angesprochenen starken *Projektleiter* übernehmen im Target Costing praktisch die Funktion des *Produktmanagements der frühen Phasen*, die sie dann auch üblicherweise bis kurz nach dem Markteintritt (nach Fertigungsanlauf und Markteinführung) beibehalten. Von besonderer Bedeutung ist dann im Übergang, daß eine *bündige Übergabe* der Produktverantwortung erfolgt, um keinen Bruch im Produktlebenszyklusmanagement zu bekommen."[606]

Der Vorschlag, ein eigenes Projekt ins Leben zu rufen, erscheint vor allem dann denkbar, wenn für das Unternehmen eine besonders neuartige Aufgabe, für die noch keine dauerhafte Kundenbeziehung besteht, entsteht. Diese Aufgabe kann ein technisch völlig neuartiger Auftrag, die Akquisition eines neuen Kunden oder, besonders für die Automobilzulieferindustrie relevant, ein zu lieferndes System sein, das mehrere Produkte umfaßt, für die es keinen gemeinsamen Produktmanager gibt. Dabei sollte dem Charakter derartiger Aufgaben

---

[605] Vgl. hierzu ausführlich Reiß, M. (1992), S. 27ff.
[606] Seidenschwarz, W. (1995), S. 120.

entsprechend bei entsprechendem Zeitbedarf ein reines Projektmanagement im obigen Sinne oder zumindest eine Matrix-Projektorganisation gewählt werden. Die Gedanken des Prozeßmanagements müssen dabei als flankierende Maßnahmen einfließen zur Straffung des gesamten Entwicklungsprozesses und zur schlanken Gestaltung des Target Costing-Prozesses. Der dargestellte Target Costing-Prozeß mit den dahinterstehenden Phasen des Entwicklungsprozesses erscheint hierzu als guter Ansatzpunkt, als sinnvoller Weg in Richtung „flexible Disziplinierung"[607]. Insbesondere bei der Gestaltung funktionsübergreifender Routineprozesse sind Anleihen aus dem Prozeßmanagement zu nehmen. Man denke hier als Beispiel an die Durchführung eines Quality Function Deployment oder eines Product Reverse Engineering oder auch an die Erstellung und Abgabe eines Angebotes an den Kunden.

5.3.3.6 *Zentralisation versus Dezentralisation*

Folgt ein Unternehmen prinzipiell dem Vorschlag, eine marktnahe Organisation und den „Projektleiter" als heavyweight product manager einzurichten, so steht es schnell vor dem Problem, wie tief es seine Organisation vertikalisieren und bis zu welcher Ebene in der Organisation es die Entscheidungsbefugnisse aufteilen und delegieren möchte. Derartige Fragen sind in obigen Ausführungen immer wieder angeklungen: Welche Entscheidungsbefugnisse sollen gebündelt bleiben, welche produktgruppenorientierten Organisationseinheiten sind zu bilden, wann ist innerhalb der Produktgruppe ein Kundenmanager einzurichten, für welche Aufträge ist ein eigenverantwortlicher Produktmanager einzusetzen usw.? Dies ist die nahezu schon klassische Frage nach dem optimalen Grad der Dezentralisation.[608] Die Lösung zu diesem Problem kann keine generelle sein. Sie hängt ab von der Art der Produkte, der Kundenstruktur, der Innovationsgeschwindigkeit, damit der Veränderlichkeit und dem Innovationsgrad der Aufgaben, der strategischen Bedeutung des Produktes im gesamten Produktspektrum, der technischen und Marktinterdependenz zwischen den Produkten, von der Verfügbarkeit geeigneter Produktmanager usw., wobei hier wiederum keine eindeutigen Korrelationen zum Dezentralisationsgrad bestehen. Eine Handlungsempfehlung kann hier, wo nur an den gegenwärtigen Stand der Diskussion angeknüpft wird, nicht erarbeitet werden. Es darf ohnehin Skepsis angebracht sein, ob dieses Unterfangen überhaupt von Erfolg gekrönt sein würde, betrachtet man die jahrelange im wesentlichen vergebliche Diskussion zur optimalen Mischung von Dezentralisation und Zentralisation. „Überzeugende Lösungen stehen jedoch noch immer aus."[609] Einige neuere Ansätze, die DRUMM unter dem Paradigma der neuen Dezentralisation zusammenfaßt, können nach derzeitigem Stand der Diskussion auch keine Hilfe bieten, da sie (zumindest) in diesem Bereich einer genaueren Exploration und theoretischen Fundierung bedürfen.[610] Auch die Transaktionskostentheorie tut sich schwer mit einer operationalen Empfehlung, da sie zwar zu einer kostenorientierten Strukturierung des Problems und der wesentlichen Einflußparameter beitragen kann, aber nach wie vor mit dem Problem der Quantifizierung der Transaktionskosten kämpft,

---

[607] Reiß, M. (1992), S. 28.
[608] Vgl. Beuermann, G. (1992), Sp. 2615ff.
[609] Drumm, H.J. (1996), S. 9.
[610] Vgl. zu einer umfassenden Analyse dieses Problemkreises Drumm, H.J. (1996), S. 8ff. mit der folgenden Diskussion in der DBW.

wenngleich i.d.R. die relative Transaktionskostenvorteilhaftigkeit als Maßstab betont wird.[611] Auf diesem Gebiet müssen somit alle, die sich mit der organisatorischen Seite von Target Costing - praktisch wie theoretisch - beschäftigen, noch auf Hilfe seitens der Organisationstheorie hoffen.

5.4 Die Unterstützung von Target Costing durch leistungsfördernde Maßnahmen

5.4.1 Rahmen der Leistungsbeeinflussung

Die Erreichung der im Rahmen der retrograden Kalkulation aus dem Markt heraus ermittelten und in der Zielkostenspaltung auf Maßnahmenebene heruntergebrochenen Zielkosten stellt i.d.R. eine anspruchsvolle Aufgabe für das Projektteam dar. Es stellt sich die Frage, welche organisatorischen Maßnahmen und Voraussetzungen und vor allem welche Anreizkomponenten die dazu erforderliche Leistung sicherstellen oder fördern können.

Leistung ist ein Produkt aus Können, Wollen und Dürfen. Hinter dem Können steht die Leistungsfähigkeit, hinter dem Wollen die Leistungsbereitschaft und hinter dem Dürfen der nötige Handlungsspielraum.[612]

Leistungsfähigkeit ist durch entsprechende Schulung und problembezogene Unterstützung bei der Durchführung der Aufgabe zu vermitteln. Dabei genügt es nicht, nur die Philosophie des Target Costing darzulegen, sondern den Projektteams sind auch die nötigen Instrumente und Werkzeuge an die Hand zu geben, die dann selbst angewendet, gegebenenfalls angepaßt und verbessert werden können. Sind die Mitarbeiter mit dem nötigen Know-how ausgestattet, gehen sie auch viel motivierter an die gestellten Aufgaben heran. Wollen oder gar Müssen ohne Können führt zu Frustration. Der Aufbau der Leistungsfähigkeit ist ein wichtiger Punkt bei der Implementierung des vorgestellten Ansatzes.

Das Wollen, also die Leistungsbereitschaft, wird durch Motivation gefördert. Dabei wird zwischen der intrinsischen Motivation, die durch die Arbeitstätigkeit und die Arbeitsinhalte selbst entsteht (Sachmotivation), und der extrinsischen, die durch Faktoren erzeugt wird, die außerhalb der eigentlichen Arbeitsinhalte liegen, unterschieden.[613]

Neben den extrinsischen Aspekten, die im folgenden gesondert angesprochen werden, ist die intrinsische Wirkung von Target Costing ganz wesentlich; diese wird gerade für den Einsatz im japanischen Umfeld besonders betont.[614] Target Costing kann als intrinsisch motivierend angesehen werden, da das jeweilige Tun selbst unmittelbar einen hohen Bedürfniswert aufweist. Dies mögen die folgenden Punkte verdeutlichen, die auch die motivierende Wirkung der teamorientierten Organisation hervorheben:[615]

- Projektleiter und Projektteam haben im Target Costing die volle Verantwortung für den Gesamterfolg eines Produktes - technisch und finanziell - und vollziehen damit quasiunternehmerisches Handeln.

---

[611] Vgl. zur Beurteilung des Dezentralisationsgrades aus transaktionskostentheoretischer Sicht Picot, A. (1993), S 222ff. Eine Anknüpfung des Transaktionskostenansatzes an die Prozeßkostenrechnung findet sich bei Reckenfelderbäumer, M. (1995), S. 237ff.

[612] Im Sinne einer groben Zusammenfassung z.B. der Ausführungen bei Schanz, G. (1993), S. 81ff.

[613] Vgl. Bühner, R. (1996), S. 84; Schanz, G. (1993), S. 102.

[614] Vgl. Hiromoto, T. (1989), S. 130f.

[615] Vgl. Seidenschwarz, W. (1995), S. 123; Kraus, G. / Westermann, R. (1995), S. 146ff.; Heeg, F.-J. (1992), S. 115; Schanz, G. (1991), S. 15.

- Die interdisziplinäre Komplettbearbeitung eines Produktes über den gesamten Lebens-zyklus, zumindest den Entwicklungszyklus, sichert den Ganzheitscharakter und die volle Identifizierung mit dem Produkt.
- In dem Team wird jeder benötigt, weil automatisch die beschriebenen Aufgaben auf ihn zukommen.
- Durch die Verschiebung der Aufgabenschwerpunkte im Target Costing-Prozeß und den freien Einsatz verschiedener Fähigkeiten und Ideen zur Zielkostenerreichung ist die Varietät der Arbeit gegeben.
- Target Costing sorgt über den ständigen Zielkostenabgleich für schnelles Feedback der eigenen Arbeitsergebnisse.
- Das Market-In-Prinzip ist zwar ein top-down-Ansatz, aber ein objektiver und realistischer, da vom Markt vorgegeben und nur eingeschränkt intern manipulierbar.
- Die eigene Tätigkeit hat ein klares Ziel, in dessen Ableitung die Teammitglieder integriert sind.

Der letzte Punkt verdeutlicht, daß Target Costing unter diesem Gesichtspunkt zur Umsetzung des Management by Objectives[616] beiträgt:[617] Es werden klar quantifizierte Ziele, die in direktem Zusammenhang zu den Unternehmenszielen stehen, aus dem Markt abgeleitet, mit den Beteiligten vereinbart und auf Maßnahmenebene heruntergebrochen. SEIDENSCHWARZ betont die Tatsache, daß Target Costing im Unterschied zu ursprünglichen Ansätzen des Management by Objectives keiner langwierigen Abstimmprozesse bei der Zielvereinbarung bedarf, da die Ziele vom Markt festgelegt werden.[618] Die gezeigten Spielräume bei der Zielkostenfindung und -spaltung relativieren aber diese Aussage. Insgesamt wird die Rolle von Target Costing als Instrument der Personalführung deutlich, vor allem vor dem Hintergrund der formulierten Grundsätze zur Zielkostenspaltung. Diese erfüllt die von KÜPPER formulierten Anforderungen:

„So sind quantitative Größen wie Kosten und Leistungen für die Vorgabe besser geeignet als qualitative. Die *Präzision der Vorgaben* erhöht deren motivierende Wirkung. Diese hängen auch von der *Beeinflußbarkeit* durch den Ausführenden ab. [...] Ferner beeinflußt die *Mitwirkung an der Festlegung der Vorgabewerte* deren Akzeptanz."[619]

KÜPPER knüpft damit an die bisher wenigen konkreten Ergebnisse des behavioral accounting an. Dazu gehört auch die Erkenntnis, daß ein Vorgabewert, der leicht über einem als mittel empfundenen Schwierigkeitsgrad liegt, anreizfördernd wirkt, während zu niedrige oder unerreichbar erscheinende Vorgaben demotivierend wirken.[620] Dem versuchen die ursprünglichen Ansätze des Target Costing Rechnung zu tragen, indem sie die Target Costs aus dem Intervall von Allowable und Drifting Costs wählen. Um die Marktrealität voll ins Unternehmen zu tragen, hat der hier vorgestellte Ansatz von dieser Vorgehensweise Abstand genommen. Aus diesem Grund ist darauf zu achten, gerade beim Ausloten der Preis-

---

[616] Vgl. Drumm, H.J. (1995), S. 443, Bühner, R. (1996), S. 78ff.; Weinert, A.B. (1992b), Sp. 1441f.; Frese, E. (1995), S. 159ff.

[617] Dies bestätigt für den japanischen Kontext Sakurai, M. (1989), S. 40.

[618] Vgl. Seidenschwarz, W. (1991b), S. 198; Seidenschwarz, W. (1991c), S. 61.

[619] Küpper, H.-U. (1990), S. 84.

[620] Vgl. Küpper, H.-U. / Weber, J. (1995), S. 23; Schweitzer, M. / Küpper, H.-U. (1995), S. 566ff.

untergrenze, daß die Entstehung der anspruchsvollen Ziele und die Bedeutung der Erreichung für den Markterfolg allen Beteiligten transparent wird.

Darüber hinaus ist eine Förderung der Leistungsbereitschaft durch Anreize möglich, die zu einer essentiellen Voraussetzung für eine erfolgreiche Anwendung von Target Costing werden können, vor allem bei einem steten Bemühen um die Erreichung der Zielkosten. In diesem Überblick können nur ein paar Probleme angerissen werden, wenn auch eine Fülle von Fragen und Problemen in diesem Feld besteht, die noch einer eingehenderen Untersuchung bedarf. Dies zeigt schon allein die Existenz eines eigenen, mittlerweile abgeschlossenen Forschungsvorhabens von RIEGLER, das aber auch nur einige rudimentäre Ansätze zu diesem Problem hervorbrachte. Für eine Wiedergabe allgemeiner Motivationstheorien und formaler Führungsmodelle ist an dieser Stelle kein Platz.[621]

Leistungsfähigkeit und Leistungsbereitschaft greifen aber ins Leere, wenn dem Target Costing-Team die Hände gebunden sind. Der Handlungsspielraum wird dadurch nahezu zum K.O.-Kriterium bei der Zielkostenerreichung. Fehlender Handlungsspielraum verhindert großenteils die intrinsische Wirkung von Target Costing, kann durch Abblocken von Ideen und Maßnahmen aus dem Team die Zielerreichung verhindern und damit die Anreize zu einem Bumerang machen.

5.4.2 Der Aufbau eines Target Costing-bezogenen Anreizsystems

5.4.2.1 Probleme und Gestaltungsmöglichkeiten

Einige bei der Einrichtung eines Target Costing-bezogenen (extrinsischen) Anreizsystems zu beantwortende Fragen seien kurz diskutiert. Im Prinzip können sie mit fünf W-Fragen beschrieben werden: Warum, wer, wann, was, wieviel? Es kann zu diesen Fragen keine allgemeingültigen Antworten geben. Diese hängen stets von den speziellen Gegebenheiten sowie Philosophie und Kultur des Unternehmens ab. Es können somit im folgenden nur einige Anregungen gegeben werden.

Die Frage nach dem Warum ist eine grundsätzliche. Zwei Gründe sprechen für eine Unterstützung des Target Costing-Prozesses durch Anreize. Zum einen ist dies die hohe Herausforderung, die die Erreichung der Zielkosten häufig stellt und die dann eine besondere Leistung erfordert, zeitlich, persönlich und intellektuell, zu der die Mitarbeiter u.U. erst angestoßen werden müssen. Ihre Ziele der subjektiven Nutzenmaximierung müssen komplementär werden zum Ziel der Zielkostenerreichung. Das Instrument der direkten Anordnung oder Androhung von Sanktionen bei Nichterfüllung erscheint aufgrund der (zumindest in größeren Unternehmen bestehenden) Informationsnachteile der Geschäftsleitung in weiten Teilen unbrauchbar. Zum anderen ist es gerade für die Beurteilung der Preisuntergrenze entscheidend, die Teammitglieder während der Angebotsphase aus ihren Reserven zu locken.

Die zweite Frage befaßt sich mit der Zielgruppe des Anreizsystems. Dazu kommen prinzipiell alle während des Target Costing-Prozesses am Projekt Beteiligten in Frage. Es sind dies die Geschäftsleitung, der Projektleiter (bzw. Produktmanager), die Teammitglieder, die fallweise

---

[621] Vgl. hierzu z.B. die detaillierte Darstellung bei Drumm, H.J. (1995), S. 373ff. oder den Überblick bei Bühner, R. (1996), S. 81ff., Weinert, A.B. (1992b), Sp. 1430ff. oder Heeg, F.-J. (1992), S. 110ff.

hinzugezogenen Mitarbeiter sowie alle, die den Teammitgliedern zugearbeitet haben. Von einem Anreizsystem sollte auf jeden Fall derjenige erfaßt werden, der die volle Verantwortung für das Projekt trägt: Dies sollte der Projektleiter sein. Da dieser aber ohne sein Team im wahrsten Sinne des Wortes auf sich alleine gestellt ist, erscheint eine Ausdehnung auf die Teammitglieder sinnvoll.[622] Dabei ist es möglich, die Teammitglieder direkt einzubeziehen, indem die Anreizkomponente von der vergebenden Stelle (der Geschäftsleitung) auf die Teammitglieder verteilt wird, oder indirekt, indem der Projektleiter für die Verteilung verantwortlich ist. Welcher Weg eingeschlagen wird, hängt im wesentlichen von der Position des Projektleiters in der Organisation und gegenüber den Teammitgliedern ab, da bei jeder Verteilung das subjektive Gerechtigkeitsempfinden der Teammitglieder zu sozialen Spannungen führen kann. Bei nichtteilbaren Gruppenanreizen, z.B. in Form eines gemeinsamen Abends oder Ausfluges mit Familie oder einer Veröffentlichung des Teamerfolges in der Firmenzeitschrift, entfällt das Problem der Verteilung, das Problem des Gerechtigkeitsempfindens bleibt wegen einer impliziten Gleichverteilung. Das Anreizsystem kann ausgedehnt werden auf die ganze Organisation, verläßt damit aber die Aufgabenstellung dieser Arbeit.

Für die Frage nach dem Wann der Anreizfestlegung und -verteilung sind die Zeitpunkte heranzuziehen, zu denen eine Beurteilung der Zielerreichung möglich ist. Hierzu erscheinen drei Zeitpunkte denkbar: der Abschluß der Entwicklungsarbeiten, der Beginn des eingeschwungenen Fertigungsprozesses nach Serienanlauf sowie der Ablauf des Lieferzeitraumes. Zum Abschluß der Entwicklungsarbeiten ist zwar ein Abgleich von Zielkosten und eigenen Kosten möglich, die eigenen Kosten basieren aber auf einem *geplanten* Konzept. Wird die Belohnung zum Abschluß der Entwicklungsarbeiten, also vor Serienanlauf vergeben, besteht die Gefahr, daß ein kostengünstiges Konzept entwickelt wird, um eine Anreizausschüttung zu genießen, daß dieses Konzept aber zu fertigungstechnischen oder qualitativen Problemen führt. Zudem ist es denkbar, daß während der Entwicklungsphase das Projekt bewußt „schöngerechnet" wird, um während der Produktion auf dem Boden der Realität zu landen. Diese Risiken können nur ausgeschaltet werden, wenn die ganze Produktionsphase abgewartet wird, um die Anreize an eine Kostennachbetrachtung zu knüpfen. Die Produktionsphase kann sich aber über mehrere Jahre hinziehen. Dies verhindert ein schnelles Feedback und eine schnelle Belohnung der eigenen Leistung, wirkt damit für Folgeprojekte nur stark eingeschränkt motivierend. Das Lebenszyklusergebnis wird beeinflußt von Störgrößen, die außerhalb des Einflußbereiches des Teams liegen, für die es aber bei Anknüpfung an das Lebenszyklusergebnis „bezahlen" muß. Schließlich hat u.U. ein Großteil der Mitarbeiter zu diesem Zeitpunkt die Position oder das Unternehmen bereits gewechselt, so daß erhebliche Probleme in der Abwicklung und durch die Offenlegung von Lebenszyklusergebnissen an Externe hinzukommen. Aus diesen Gründen erscheint es sinnvoll, einen Kompromiß zu fahren und nicht die ganze Produktionsphase abzuwarten, sie aber beginnen zu lassen. Dies hat drei Vorteile: Die verstrichene Zeit zwischen Abschluß des Target Costing-Projektes und der Vergabe der Belohnung ist kurz, die Informationsbasis über die Realisierbarkeit der geplanten Kosten ist deutlich besser und das gesamte Team hat ein hohes Interesse an der Vermeidung und Beseitigung von Problemen im Serienanlauf.

---

[622] So auch Gaiser, B. / Krause, K. (1995), S. 26.

Die Frage nach dem Was wird hier nicht genauer erörtert. Zu umfassend sind die denkbaren Möglichkeiten der materiellen und immateriellen Anreize. Ein Punkt sei aber besonders hervorgehoben: Ein Anreizsystem kann nur dann seine volle Wirkung entfalten, wenn Anreiz- und individuelle Bedürfnisstruktur zusammenpassen. Die Unterschiede in der Bedürfnisstruktur der Individuen und ihre unterschiedliche Versorgungslage sowie die ständige Dynamik dieser beiden Faktoren zwingen das Unternehmen zu einer flexiblen Lösung, wie sie bspw. Cafeteria-Systeme durch die Schaffung eines breiten aber begrenzten Spektrums spezialisierter Anreize bieten können, aus der sich der Mitarbeiter die für ihn passende Form auswählen kann, wobei allerdings Probleme bei der Festlegung der Austauschrelationen zwischen den verschiedenen Möglichkeiten auftreten können.[623] Alternativ ist die Wahl eines weitgehend generalisierten Anreizes möglich, dem auch die Rolle der Befriedigung immaterieller Bedürfnisse zukommen kann. Auch wenn die Rolle direkter materieller im Sinne monetärer Anreize vor dem Hintergrund sozialer Bedürfnisse diffizil und umstritten ist, kann Geld diese Funktion nach häufiger Meinung und empirischer Beobachtung übernehmen.[624] Damit wird aber in die Entlohnung des Arbeitnehmers eingegriffen, arbeitsrechtliche Regelungen werden berührt (im Geltungsbereich des Betriebsverfassungsgesetzes), die eine freie unternehmerische Gestaltung ohne Einbeziehung des Betriebsrates verhindern.[625] Entscheidend ist die Frage des Wieviel. Zuviel ist unnötig, i.d.R. sogar schädlich, da sättigend oder eine überhöhte Anspruchshaltung generierend. Zuwenig führt u.U. zu Unzufriedenheit und nicht zur gewünschten Leistung. Die Frage nach dem Wieviel wird im folgenden anhand der Anreizkomponente Geld in Form von Prämien verdeutlicht. Zwei Dinge sind zu klären: An welcher Bemessungsgrundlage knüpft die Prämie an und wie verläuft die Prämienfunktion.[626] Der Verlauf der Prämienfunktion ist eine allgemeine Frage der Anreizgestaltung, die hier zu weit führen würde. Interessanter erscheint hier die Frage nach der Bemessungsgrundlage vor dem speziellen Target Costing-Hintergrund. Werden die Zeitvorgaben und die technischen Anforderungen als Rahmenbedingungen gesehen (eine Integration in die Anreizgestaltung ist grundsätzlich möglich), so muß der Anreiz in irgendeiner Form am finanziellen Erfolg des Produktes anknüpfen. Der Umsatz ist im vorliegenden Fall der Automobilzulieferindustrie derivativ und daher grundsätzlich ungeeignet. Ausnahmen bilden spezielle Anreize für Vertriebsmitarbeiter, die einen möglichst hohen Preis erzielen sollen, oder die Honorierung der Auftragserlangung als solcher. Der erzielte Gewinn ist zwar die Maßgröße für den finanziellen Erfolg, hat aber den Nachteil, daß der erzielte Gewinn (z.B. eine bestimmte Umsatzrendite) als solcher auch von den erzielten Preisen und damit der allgemeinen Wettbewerbssituation und -position abhängt. Die „Schwierigkeit", einen bestimmten Gewinn zu erzielen, spiegelt sich im festgelegten Zielgewinn wider, der damit eine sinnvolle Meßlatte für den erzielten Gewinn darstellt. Gleichbedeutend damit wäre ein Vergleich von erreichtem Kostenniveau und vom Markt erlaubten Kosten. Das Problem bei diesen beiden Vorschlägen besteht darin, daß die gesamten

[623] Vgl. Drumm, H.J. (1995), S. 369, 494ff. mit weiteren Nachweisen.
[624] Vgl. Ackermann, K.-F. (1974), Sp. 159; Weinert, A.B. (1992a), Sp. 131f.; Staudt, E. et al. (1990), S. 1195; Schanz, G. (1991), S. 14ff.
[625] Gem. §87(1) Zi. 10 BetrVG hat der Betriebsrat bei Fragen der betrieblichen Lohngestaltung sowie gem. Zi. 11 bei der Festsetzung leistungsbezogener Entgelte mitzubestimmen. Hinzu kommen tarifrechtliche Regelungen, die gem. §77(3) BetrVG bei der Anreizgestaltung beachtet werden müssen.
[626] Vgl. Laux, H. (1992), Sp. 113f.

Kosten Bestandteile enthalten, die vom Projektteam nicht beeinflußt werden können. Weichen ex post diese Kostenbestandteile von den bei der Zielkostenableitung im Rahmen der retrograden Kalkulation eingesetzten Zielgemeinkosten ab (nach oben oder unten), entstehen (negative oder positive) Nebeneffekte auf die Anreizhöhe, die nicht vom Team ausgehen. Aus diesen Gründen erscheint es sinnvoll, als Meßlatte die direkt vom Projektteam beeinflußbaren Zielkosten anzusehen und daran die erreichten Kosten zu spiegeln. Der Grad der Zielkostenerreichung erfüllt die üblicherweise an eine Bemessungsgrundlage gestellten Anforderungen:[627] Er ist eine steigende Funktion der Güte der Aufgabenerfüllung, er ist eine leicht und intersubjektiv nachprüfbare Größe, da er während des gesamten Target Costing-Prozesses ohnehin ermittelt wird. Dabei ist an prognostizierte Lebenszyklusergebnisse anzuknüpfen, die gemäß vorgestelltem Ansatz investitionsrechnerisch zu verdichten sind. Möchte man die unterschiedliche Ausgangssituation in den Projekten berücksichtigen, so ist es denkbar, den Anreiz an die Veränderung des Zielkostenerreichungsgrades zu knüpfen. Dabei ist aber zu beachten, daß über die Formulierung der Ausgangssituation, also z.B. die Kostensituation des ersten Konzeptes, ein erhebliches Manipulationspotential besteht.

Auch bei diesem Ansatz ist zu beachten, daß die erreichten Kosten von diversen Rahmenbedingungen abhängen können, die sich z.B. in insgesamt vorteilhaften, für das betrachtete Produkt aber suboptimalen Entscheidungen manifestieren (z.B. Gleichteilekonzept). Es ist denkbar, diese „negativen externen Effekte" durch entsprechende Gutschriften bei der Anreizbemessung aufzufangen. Es besteht dabei allerdings die Gefahr, ein zu komplexes und nicht handhabbares System aufzubauen, das zudem vor der Forderung der intersubjektiven Nachprüfbarkeit fragwürdig erscheint. Zudem ist grundsätzlich fraglich, ob diese externen Parameter überhaupt identifizierbar und deren Wirkungen quantifizierbar sind. Wer sich aus diesem Grund von einer übergeordneten Bezugsgröße lösen möchte, mit dem Argument, daß Teamleistung und Zielkostenerreichung wegen der zahlreichen sonstigen Einflüsse in einem ungenügenden ursächlichen Zusammenhang stünden, der muß die Anreize eine Ebene tiefer an konkrete Sub-Ziele knüpfen. Dazu kann er die Ergebnisse der Zielkostenspaltung heranziehen und bspw. die zielkostengerechte Neuentwicklung einer bestimmten Baugruppe oder den an den Zielkosten gemessenen Erfolg eines Zulieferer-Cost-Engineering honorieren. Dies hätte zudem den Vorteil, bereits während der Entwicklungsphase und damit vor Abschluß des Target Costing-Prozesses Erfolg zu honorieren, was sich sofort in einer höheren Leistung bei der weiteren Abwicklung des gleichen Projektes niederschlagen kann, sofern nicht gewisse Sättigungsgrenzen überschritten worden sind.

Dieses System setzt an dem Fall an, daß der Auftrag auch tatsächlich angenommen oder erlangt wird bzw. das Produkt auf den Markt gebracht wird. Daher erscheinen einige Ergänzungen für den hier besonders untersuchten Fall der Ermittlung der Preisuntergrenze angebracht. Zunächst gilt es herauszustellen, daß das beschriebene System durchaus für diese Frage geeignet ist: Die Anreizhöhe für den Projektleiter und das Projektteam hängt davon ab, inwieweit die Zielkosten erreicht werden. Es besteht daher von ihrer Seite großes Interesse daran, nur die Annahme der Aufträge zu empfehlen, bei denen sie die Zielkosten für erreichbar halten. Das bedeutet auch, daß sie von sich aus an dem erreichbaren Kostenniveau interessiert sind, weil sie ansonsten u.U. einen Auftrag ablehnen (oder dies empfehlen), der ihnen eine positive Prämie eingebracht hätte, oder einen annehmen, der am Ende keine oder

---

[627] Vgl. Laux, H. (1992), Sp. 117.

gar - bei Verlustbeteiligung - eine negative Prämie bringt. Zwei Aspekte sind jedoch zu beachten: Erstens können die Beteiligten zu Spekulanten in dem Sinne werden, daß sie auf ein anderes Projekt hoffen, bei dem die Zielkosten leichter erreichbar scheinen, und damit ein „positives" Projekt verwerfen. Zweitens bedeutet die Nichterreichung der Zielkosten nicht die Unterschreitung der Preisuntergrenze, da bei Erreichung der Zielkosten Gewinne und Beiträge zu den nicht beeinflußbaren Gemeinkosten erzielt werden. Es müßte also auch ein minimaler Anreiz für die Erwirtschaftung von Deckungsbeiträgen ausgelobt werden, der aber im Unterschied zur Erreichung der Zielkosten deutlich geringer ausfallen muß, um das Gewinnziel des Unternehmens nicht zu gefährden. Diese Ergänzung stellt aber sicher, daß die Ermittlung der Preisuntergrenze auch für die Beteiligten von Bedeutung ist, da ihre Ziele und die der Unternehmensleitung komplementär werden. Diese Vorgehensweise setzt starkes antizipatives, unternehmerisches Denken bei den Beteiligten voraus. Ist dieses nicht vorhanden, so ist u.U. auf Ersatzanreize zurückzugreifen. Diese könnten, analog der oben vorgeschlagenen Anknüpfung an die Zielkostenspaltung oder gar die Ausgangskosten-situation, das Aufdecken und Aufzeigen bisher nicht gekannter Einsparungspotentiale honorieren. Damit nimmt der „Unternehmer" Projektleiter mit seinem Team das Ausloten der Preisuntergrenze insgesamt nicht selbst vor, er hat aber ein anreizinduziertes Interesse daran, einen möglichst umfassenden Beitrag dazu zu leisten. Gerade in den Fällen, in denen auch größte Bemühungen nicht zur Auftragserlangung führen, kann diese Ergänzung ein kontra-produktives Frustrationspotential egalisieren. Sie kann auch dann erhöhten Einsatz induzieren, wenn die Senkung der Preisuntergrenze auf das (vom Markt) geforderte Niveau, also die Erreichung der Zielkosten aussichtslos erscheint.

5.4.2.2 Der Ansatz von RIEGLER

RIEGLER widmet sich in seinem Buch „Verhaltenssteuerung durch Target Costing" umfassend diesem Problemkreis. Er zieht dazu aber nicht verhaltenswissenschaftliches Instrumentarium heran, sondern greift auf den von der Agency-Theorie zur Verfügung gestellten Modellrahmen zurück, indem er die Interessengegensätze der an der Entwicklung Beteiligten unter Beachtung der asymmetrischen Informationsverteilung in einem Modell abbilden und über ein ökonomisches Anreizsystem modellhaft lösen möchte. Dazu untersucht er zunächst ausführlich verschiedene Ansätze aus dem Themenkreis „Innovation und Agency Theorie", die er dann zu einem eigenen Modell verschmilzt. Dieser Ansatz erscheint interessant und lohnend, wird von RIEGLER gründlich erarbeitet, kann an dieser Stelle aber nicht wiederholt werden. Anhand der oben aufgeworfenen Fragen sei er aber abgetastet, damit mögliche Unzulänglichkeiten und getroffene Annahmen deutlich werden und ein Abgleich mit obigen Ausführungen erfolgen kann.
Der Ansatz wird zunächst in einem Grundmodell vorgestellt, das dann zwei Modifikationen erfährt. Im folgenden wird zunächst das Grundmodell analysiert, dann die Modifikationen.
Das Modell ist ausgerichtet auf die in der japanischen Target Costing-Praxis übliche Form des schwergewichtigen Produktmanagers, des „susha"[628], ist damit nur für eine bestimmte Organisationsform gedacht. RIEGLER geht davon aus, daß zwischen Geschäftsleitung und susha eine asymmetrische Informationsverteilung vorliegt, zwischen susha und Projektteam

---

[628] Bisweilen auch „shusa", vgl. Hiromoto, T. (1989), S. 131; Reiß, M. (1993), S. 551.

hingegen nicht; der susha könne aufgrund seines umfassenden Fachwissens und seiner vollen Weisungsbefugnis über Anordnungen auf das Team durchgreifen, ein Anreiz für das Team entfällt. RIEGLERs Anreizsystem bezieht sich somit nur auf den Produktmanager, damit ein unternehmenszieladäquates Verhalten des susha garantiert werden kann. Diese Annahme ist im Rahmen eines Modells durchaus legitim, sie sollte aber nicht als der Realität entsprechend dargestellt, sondern eben als Annahme akzeptiert werden. Zum einen bestehen grundsätzlich Zweifel am umfassenden Wissen des susha, da dieser aus der japanischen Praxis heraus oftmals als Beliebtheitsführer beschrieben wird,[629] zum anderen erscheinen erhebliche Zweifel angebracht, ob überhaupt jemand diesem umfassenden Anspruch gerecht werden kann: soziale Kompetenzen, Methodenwissen und nun nicht nur allgemeines Fachwissen, sondern ebenso detailliertes wie jedes Teammitglied. Eine Ausklammerung des Teams aus dem Anreizsystem ist auch bei einem schwergewichtigen Produktmanagement als sehr zweifelhaft anzusehen, bei anderen Organisationsformen ohnehin.

Bezüglich des Zeitpunktes der Anreizbestimmung und Vergabe unterscheidet RIEGLER ebenfalls verschiedene Zeitpunkte. Dabei betont auch er die zeitbedingten Probleme bei einer Anknüpfung des Anreizes an das Lebenszyklusergebnis. Er empfiehlt dann aber im Grundmodell lediglich die Beurteilung anhand des Entwicklungsergebnisses, also der Differenz aus Vorlauferlösen und Entwicklungskosten.[630] Dieser Ansatz wird bei Betrachtung der Bemessungsgrundlage noch zu diskutieren sein, erscheint aber bereits hier der oben vorgeschlagenen Vorgehensweise deutlich unterlegen.

Als Anreizform zieht RIEGLER eine Geldzahlung heran. Dies erscheint sinnvoll, nicht nur vor dem Hintergrund obiger Ausführungen zur Wahl der Anreizform, sondern auch unter Berücksichtigung seines Ziels eines agencytheoretischen Modells. Es darf aber nochmals betont werden (auch RIEGLER weist darauf hin), daß Geld nicht die einzige, wenn auch eine sehr wichtige Anreizform darstellt.[631]

Breiten Raum widmet RIEGLER zurecht der Frage nach dem Wieviel. Dazu prüft er zum einen verschiedene Bemessungsgrundlagen, zum anderen die Prämienhöhe. Bezüglich der Bemessungsgrundlage zieht RIEGLER den Arbeitseinsatz heran. Diesen sieht er als die eigentlich richtige Beurteilungsgröße an und beurteilt ein optimales Anreizsystem bei Beobachtbarkeit des Arbeitseinsatzes als first best Lösung. Dieser Ansatz erscheint sehr problematisch: DRUMM weist darauf hin, daß die Bezugsgröße ein Output oder ein Output/Input-Quotient sein sollte; Inputgrößen alleine führten zur Belohnung falschen Sparverhaltens.[632] Für den Vorschlag des Arbeitseinsatzes bedeutet dies: Je mehr sich der susha mit dem Projekt beschäftigt, desto höher ist für ihn die Belohnung. Dabei spielt es keine Rolle, welches Ergebnis dabei herauskommt, ob der susha die richtigen Dinge tut und ob er die Dinge richtig tut (Effektivität versus Effizienz). Zudem stellt sich die Frage, wie der Arbeitseinsatz quantifiziert werden sollte, wie intensives und extensives Arbeiten zueinanderstehen. Selbst bei Beantwortung dieser Fragen wird bei diesem Vorschlag lediglich das Bemühen bewertet, nicht der Erfolg und damit der Beitrag zum Unternehmensziel. Dies schaltet zwar externe Störgrößen weitgehend aus, ist aber vor dem Aspekt der Zielerreichung sehr unbefriedigend. Lediglich wegen der nicht möglichen oder schwierigen Beobachtbarkeit

---

[629] Vgl. Seidenschwarz, W. (1995), S. 119.
[630] Vgl. Riegler, C. (1996), S. 160f.
[631] Vgl. Riegler, C. (1996), S. 178f.
[632] Vgl. Drumm, H.J. (1995), S. 448.

des Arbeitseinsatzes weicht RIEGLER auf ergebnisorientierte Surrogatgrößen aus: Entwicklungsergebnis (Entwicklungskosten und Vorlauferlöse) und laufendes Ergebnis (Kosten und Erlöse des Produktions- und Nachsorgezykluses), die Summe beider Größen bildet das Lebenszyklusergebnis. Damit entzieht sich der Ansatz dem formulierten Vorwurf insofern, als er auf Größen zurückgreift, die hier als geeigneter angesehen werden, wenngleich der Bezug zu Zielgewinn und Zielkosten bei RIEGLER in den Hintergrund tritt. Der Ansatz lebt aber nach wie vor von einem funktionalen Zusammenhang zwischen Arbeitseinsatz und Ergebnis (in Form einer Wahrscheinlichkeitsfunktion), woran konzeptionelle Kritik zu üben ist. Daß bei der Ermittlung des Ergebnisses Verzinsungseffekte beachtet werden müssen, wird von RIEGLER erkannt, über die Modellannahmen aber hinausdefiniert, eine Lösung nicht erarbeitet. Völlig zurecht weist RIEGLER darauf hin, daß die Kosten des Anreizsystems in Form der gewährten Prämie das finanzielle Ergebnis des Projektes belasten und in der Lebenszyklusbetrachtung zu berücksichtigen sind.[633]

Im Grundmodell[634] geht RIEGLER davon aus, daß der Arbeitseinsatz lediglich das Entwicklungsergebnis beeinflußt - dieses liegt jeweils in Form einer Wahrschein-lichkeitsverteilung vor -, das laufende Ergebnis ist nur von Zufallsgrößen der Umwelt abhängig. Dieser Ansatz ist zwar zum Testen des Modells interessant, Target Costing-Relevanz besitzt er aber nicht: Weder die von RIEGLER verwendete susha-Konzeption mit der umfassenden Verantwortung und umfassenden Beeinflussungsmöglichkeiten noch die gesamte Target Costing-Konzeption einer frühzeitigen Beeinflussung der späteren (laufenden) Kosten paßt zu diesem Ansatz. Ein Ausloten der Preisuntergrenze ist mit diesem Anreizsystem nicht möglich. Da RIEGLER in seinem Modell von einer dichotomen Ausprägung des Arbeitseinsatzes (niedrig und hoch) ausgeht, muß die Prämienhöhe so hoch gewählt werden, daß der susha hohen Arbeitseinsatz auf sich nimmt, sofern der zusätzliche Erfolg die Höhe der Anreizzahlung übersteigt. Die Diskussion der Prämienfunktion ist sehr modelltheoretisch und würde hier zu weit führen. Eine Übertragung auf ein kontinuierliches Spektrum des Arbeitseinsatzes (vor allem die in diesem Modell nötige Aufstellung einer funktionalen Beziehung zwischen Arbeitseinsatz und (Entwicklungs-) Ergebnis) dürfte schwierig werden. In der ersten Modifikation dieser Modellstruktur[635] ändert RIEGLER die Wirkung des Arbeitseinsatzes. Nun wirkt der Arbeitseinsatz auf das laufende Ergebnis - die Modifikation beseitigt damit eine Grundschwäche des Grundmodells -, aber nicht mehr das Entwicklungs-ergebnis. Diese Einschränkung ist per se unverständlich, vielleicht mit der resultierenden Modellkomplexität erklärbar. Insgesamt ist diese Modifikation etwas stärker auf die Erreichung der Zielkosten ausgerichtet, auch wenn dies in den Ausführungen von RIEGLER nie explizit zum Ausdruck kommt. In der zweiten Modifikation wirkt der Arbeitseinsatz weder auf das Entwicklungs- noch auf das laufende Ergebnis, sondern auf die Beurteilungsfähigkeit des Markterfolges.[636] Damit verläßt RIEGLER zwar den Bereich des Target Costing im hier verstandenen Sinne, sein Ansatz ist aber interessant vor der hier untersuchten Frage nach der Preisuntergrenze. RIEGLER stellt sich folgendem Problem: Der Markterfolg kann hoch oder niedrig sein, für beide Fälle ergeben sich unterschiedliche Wahrscheinlichkeitsverteilungen. Es können die a priori

---

[633] Vgl. Riegler, C. (1996), S. 178.
[634] Vgl. Riegler, C. (1996), S. 115ff.
[635] Vgl. Riegler, C. (1996), S. 161ff.
[636] Vgl. Riegler, C. (1996), S. 180ff.

Wahrscheinlichkeiten für die beiden Wahrscheinlichkeitsverteilungen angegeben werden. Der Arbeitseinsatz hat damit keinen Einfluß auf den Markterfolg, bei erhöhtem Arbeitseinsatz gewinnt der susha aber neue Erkenntnisse, die die Einschätzung der Marktentwicklung verbessern; es entstehen a posteriori Wahrscheinlichkeiten. Die Frage ist nun, wie das Unternehmen auf kostengünstigste Weise den susha dazu bringt, erstens den für das Unternehmen günstigeren (sofern der Wert der Information die Anreizhöhe übersteigt) hohen Arbeitseinsatz zu wählen und zweitens die gewonnenen Erkenntnisse im Sinne der Unternehmensleitung einzusetzen, d.h. die a posteriori Wahrscheinlichkeiten preiszugeben. Man könnte die beiden Fragen trennen und sagen: Um das zweite Ziel zu erreichen, muß das Unternehmen lediglich den susha (z.B. linear) am erwarteten Ergebnis beteiligen. Die Ergebnisse in den einzelnen Umweltzuständen sind im Modell von RIEGLER bekannt, können also vom susha nicht beeinflußt werden, es besteht lediglich Informationsasymmetrie bezüglich der Wahrscheinlichkeiten. Bei einer Ergebnisbeteiligung des susha wird dieser die gleiche Entscheidung treffen wie die Unternehmensleitung bei Kenntnis der a posteriori Wahrscheinlichkeiten. Für die erste Frage muß die Geschäftsleitung dem susha lediglich die Kosten des Disnutzens für den hohen Arbeitseinsatz ersetzen, wenn sie diesen beobachten kann. Das Problem ist aber deutlich komplizierter: Zum einen kann es möglich sein, daß der susha auch ohne Anreiz einen hohen Arbeitseinsatz wählt, wenn nämlich der Erkenntnisgewinn seinen Anteil am erwarteten Ergebnis so stark erhöht, daß der Disnutzen des hohen Arbeitseinsatzes kompensiert wird (dies kann zu einer kostengünstigeren Lösung für das Unternehmen führen). Zum anderen wird (wie in den vorhergehenden Modellen) davon ausgegangen, daß der Arbeitseinsatz nicht beobachtbar ist. Die im Modell entwickelte Prämie knüpft am Lebenszyklusergebnis an. Die Ermittlung der Prämienhöhe ist komplex und umfangreich. Sie wird hier nicht nachvollzogen oder wiederholt.

Was ist aus den interessanten Ausführungen von RIEGLER als Fazit zu ziehen? Die Einbeziehung des Teams in das Anreizsystem ist grundsätzlich ein elementarer Punkt, der im Modell nicht abgebildet wird. Die in dieser Arbeit vorgeschlagene Bezugsgröße wird im Modellrahmen nicht verwendet, sie scheint aus den genannten Gründen den im Modell vorgeschlagenen überlegen. Das gleiche gilt für den hier vorgeschlagenen Zeitpunkt der Anreizermittlung und -vergabe, der vor dem Modellrahmen ebenfalls seine Bestätigung findet. Vor dem Hintergrund der Preisuntergrenze interessant ist die zweite vorgenommene Modifikation. Die Ermittlung der Prämienhöhe wird von RIEGLER für alle Modelle umfassend und konsequent vorgestellt. Sie ist aber bereits unter den äußerst restriktiven Annahmen (Wirkung des Arbeitseinsatzes, dichotome Ausprägung des Arbeitseinsatzes, Kenntnis des Disnutzens des Arbeitseinsatzes, Bekanntheit aller zukünftigen Ergebnisse sowie aller Wahrscheinlichkeitsverteilungen über diese Ergebnisse, bis zur letzten Modifikation inklusive deren Eintrittswahrscheinlichkeiten usw.) kompliziert und in dieser Form für den praktischen Einsatz nicht geeignet. Eine zunehmende Aufhebung der Annahmen würde diesen Effekt wohl bis zur Unbrauchbarkeit des Modells verstärken. Eine Übertragung der Ergebnisse auf reale Verhältnisse z.B. in Form von Tendenz- oder wenn-dann-Aussagen wird von RIEGLER kaum versucht und bleibt auf sehr rudimentärer, stark modellorientierter Ebene.[637]

---

[637] Vgl. Riegler, C. (1996), S. 175ff.

5.5 Die Organisation der Implementierung

5.5.1 Problemstellung

Der vorgestellte Ansatz führt zu Veränderungen in den betrieblichen Abläufen, die zum Teil strukturelle Dimensionen annehmen können. Sein Erfolg hängt ganz wesentlich davon ab, inwieweit es gelingt, ihn in diese Abläufe zu integrieren, einzuführen, ihn damit zu realisieren und umzusetzen, ihn zur Anwendung zu bringen. Die Implementierung wird daher zum wesentlichen Erfolgsfaktor neben der Qualität des Ansatzes. Entscheidend ist die Überwindung potentieller personaler Barrieren, die häufig dann bestehen, wenn für die Mitarbeiter die durch ein Verfahren hervorgerufenen Veränderungen nicht eindeutig prognostizierbar sind, so daß sie danach trachten, den status quo aufrechtzuerhalten. Hauptaufgaben der Implementierung sind damit die Verschmelzung mit den bestehenden Abläufen sowie der Aufbau von Verständnis und Akzeptanz bei den Anwendern.[638]

Als Akzeptanz läßt sich „die Zustimmung des Nutzers zur und die sich daraus ergebende Verwendung"[639] einer neuen Konzeption oder Methode verstehen. Akzeptanz und Implementierung hängen damit so eng zusammen, daß deren Realisation als einheitliches Problem verstanden werden kann. Probleme bei der Implementierung entstehen dadurch, daß eine der oben angedeuteten Aufgaben bzw. Bedingungen nicht oder unzureichend erfüllt ist.[640] Unter ergänztem Fokus lassen sich die Wirkungstendenzen wie folgt zusammenfassen:[641]

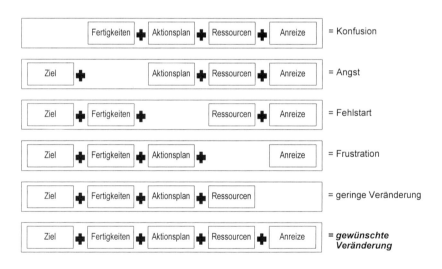

Abbildung 5-6: Fünf Bausteine für gewünschte Veränderungen

---

[638] Vgl. Marr, R. / Kötting, M. (1992), Sp. 827, 831; Reiß, M. (1993), S. 551.

[639] Drumm, H.J. (1995), S. 352.

[640] Vgl. Drumm, H.J. (1995), S. 352; Marr, R. / Kötting, M. (1992), Sp. 829.

[641] Entnommen aus Seidenschwarz, W. (1995), S. 126 nach einer Quelle der Motorola University.

In Anlehnung an das Akzeptanztheorem für formale Personalplanungsmethoden von DRUMM/SCHOLZ (in seiner deterministischen Grundform)[642] lassen sich fünf Bedingungen formulieren, die vollständig erfüllt sein müssen, um Akzeptanz zu schaffen:

1. *Es herrscht spürbarer Leidensdruck in den operativen Einheiten.* Die eigene empirische Erfahrung hat gezeigt, daß spürbarer Ergebnisdruck die Suche nach einem unterstützenden Gewinnsicherungsinstrumentarium provoziert und die Offenheit für entsprechende Anregungen spürbar steigert. Ausnahmen bestätigen die Regel: Es gibt Fälle, in denen diese Instrumentarien eingeführt werden, bevor der Druck entsteht, weil er absehbar ist, und es gibt Fälle, in denen „Feuerwehreinsätze" die Implementierung neuer Verfahren blockieren und damit unter Umständen eine mittel- und langfristige Ergebnissicherung verhindern.[643] In der Automobilzulieferindustrie dürfte dieser Leidensdruck regelmäßig gegeben sein.

2. *Das einzuführende Verfahren bietet effektive und effiziente Lösungsvorschläge.* Daß der hier vorgestellte Ansatz diese Anforderung erfüllt, davon hat der Autor auszugehen. Entscheidend ist aber, daß den Anwendern die Vorteilhaftigkeit des Ansatzes einleuchtet.

3. *Es werden Promotoren eingesetzt.* WITTE unterscheidet in seinem Promotoren-Modell[644] zwischen Fach- und Machtpromotoren. Der Fachpromotor ist fachlicher Spezialist im einzuführenden Verfahren, der Machtpromotor ist teilweise fachkompetent und befindet sich in einer gehobenen Position im Unternehmen mit entsprechender Sanktionsmacht.

4. *Die Nutzer des Verfahrens werden sukzessive mit ihm vertraut gemacht.* Dazu gehört auch, daß die Nutzer bei der Anpassung an die bei ihnen vorherrschenden Rahmenbedingungen mitgewirkt haben.

5. *Es besteht kein Kompetenzangstsyndrom.* Fürchtet ein am neuen Verfahren Beteiligter die Beschneidung seiner Kompetenz, so führt dies i.d.R. zur Methodenablehnung. Diese Kompetenzangst entsteht häufig durch Unwissenheit oder Unverständnis über die Methode. Kann sie durch Beseitigung derselben nicht abgebaut werden, wird die Implementierung blockiert. Diese Gefahr kann beim Target Costing dann entstehen, wenn die technisch orientierten Beteiligten einen unerlaubten kaufmännischen Eingriff in ihre Sphäre befürchten. Aus diesem Grund darf Target Costing nicht als kaufmännisches, sondern muß von Anfang an als interdisziplinäres Thema vermittelt werden, das alle Beteiligten unterstützt. Damit nicht gelöst werden können allerdings Probleme, die bei der Einführung eines schwergewichtigen Produktmanagers entstehen, da diese tatsächlich einen Eingriff in die Kompetenzen der Linienverantwortlichen darstellt. Die oben angesprochene Möglichkeit, daß sich der Controller im Endeffekt selbst überflüssig macht, ist zumindest in der deutschen Unternehmenskultur eine theoretische, da hier das Thema Target Costing nach wie vor stark Controlling-getrieben scheint,[645] so daß hieraus keine Kompetenzangst entstehen dürfte.

5.5.2 Unterstützende Basisinstrumentarien der Implementierung

Die beschriebenen fünf Bedingungen des Akzeptanztheorems sowie die fünf Bausteine zum Herbeiführen einer gewünschten Veränderung richteten den Blick bereits auf zu beachtende Faktoren und implizierten damit bereits zu ergreifende Maßnahmen. Diese Forderungen mit

---

[642] Vgl. Drumm, H.J. (1995), S. 352f.; ausführlich: Drumm, H.J. / Scholz, C. (1988), S. 34ff.
[643] Vgl. Reiß, M. (1993), S. 554f.
[644] Vgl. Witte, E. (1973), S. 14ff.
[645] Vgl. die empirischen Ergebnisse bei Tani, T. et al. (1996), S. 81ff.

den ihnen inhärenten Konsequenzen für die Implementierung seien ergänzt um hier als wesentlich erachtete Basisinstrumentarien der Implementierung, die diese wesentlich unterstützen bzw. eigentlich erst ermöglichen können.

Die oben als erforderlich beschriebene Überzeugungsarbeit bezüglich Effizienz und Effektivität des Verfahrens darf sich nicht auf die Nutzer beschränken. Letztenendes ist ein Großteil der Einführungsförderung von den Führungskräften in den operativen Einheiten zu tragen, die im Falle einer einheitenübergreifenden Einführung des Ansatzes die Rolle von Sub-Machtpromotoren übernehmen sollten. Fehlt bei diesen die Akzeptanz des Verfahrens, wird eine Ausbreitung wesentlich erschwert, es greifen wiederum die fünf Bedingungen des Akzeptanztheorems. Ein wesentlicher Schritt zur Schaffung dieser Akzeptanz ist eine umfassende Information über das Verfahren in Form von Managementpräsentationen. Fruchtbar erweist sich hierzu eine gründliche Analyse der Probleme, die das allgemein als Leidensdruck empfundene Phänomen von Ergebnisproblemen genauer beschreiben. Es ist auf derartigen Problemlandkarten aufsetzend aufzuzeigen, inwieweit die vorgestellte Target Costing-Konzeption in Verbindung mit den erläuterten Methoden Lösungen bietet. Zu dieser Informationsfunktion gehört aber auch die Unterstützung bei der Anpassung des Verfahrens an die Spezifika der einzelnen Einheiten. Die Implementierung enthält damit eine wichtige Marketing-Komponente, die sich bis auf die Anwender erstrecken muß.[646] Auf diese Weise kann der Boden für eine fruchtbare Implementierung des Ansatzes bereitet werden, implementiert ist er damit aber noch nicht.

Dazu ist er den Nutzern zu vermitteln, d.h. in ihnen sind vier Eigenschaften zu entwickeln: Kennen, Können, Wollen und Sollen.[647] Die Nutzer müssen über die Existenz des Ansatzes und seine Einordnung in die übrigen betrieblichen Ansätze informiert werden. Darüber hinaus müssen sie diesen Ansatz beherrschen lernen, damit sie ihn selbst anwenden können. Es muß ihnen deutlich werden, inwieweit er ihnen bei den übertragenen Aufgaben und Zielen behilflich sein kann, damit sie ihn ein- und umsetzen wollen. Schließlich sollte ihnen auch klar werden, daß sie diesen Ansatz auch anwenden sollen, womit wiederum die Rolle der Machtpromotoren angesprochen ist. Zur Schaffung dieser Eigenschaften, insbesondere der des Könnens und Wollens, sind Schulungen des Personals erforderlich. Soll der Ansatz in einer größeren Organisation verbreitet werden, so wird es schwierig, alle Nutzer und damit alle an einem Entwicklungsprozeß Beteiligten in die Schulungen einzubeziehen. In diesen Fällen erscheint es sinnvoll, Multiplikatorenschulungen durchzuführen. Als Multiplikatoren werden dabei Mitarbeiter gesehen, die selbst Anwender des Verfahrens sind, ihr Know-how aber an andere weitergeben und so einen Schneeballeffekt bei der Verbreitung herbeiführen. Werden die Target Costing-Fähigkeiten auf diese Weise gestreut, müssen sie erst in konkrete Projektarbeit eingebracht werden. Um eine Versandung der Implementierung beim üblichen Auftreten von Umsetzungsproblemen vor Ort zu vermeiden, empfiehlt es sich, derartige Pilotprojekte durch einen Fachpromotor zu begleiten, der zudem bei der Anpassung des Ansatzes an die Spezifika der Einheit unterstützen kann. Damit sollte es gelingen, das Konzept einer Einheit nicht „überzustülpen", sondern durch ständige Kommunikation und Partizipation Betroffene zu Beteiligten zu machen und dadurch erhebliche Qualifikations- und

---

[646] Vgl. Marr, R. / Kötting, M. (1992), Sp. 831; Reiß, M. (1993), S. 553.
[647] Vgl. Reiß, M. (1993), S. 552.

Motivationspotentiale zu erschließen.[648] Derartige Pilotprojektunterstützung erhöht damit die Chance eines erfolgreichen Projektabschlusses. Dieser ist nicht nur Voraussetzung für die weitere Anwendung des Verfahrens in der betreffenden Einheit, von ihm geht auch eine enorm wichtige Signalfunktion für die Verbreitung in anderen Einheiten aus. Damit daß Pilotprojekt ein Erfolg wird, sind die oben angesprochenen Bedingungen zu erfüllen: zunächst die fünf Bedingungen des Akzeptanztheorems sowohl beim Management, hauptsächlich den Linienverantwortlichen, als auch bei den eingesetzten Mitarbeitern; außerdem die fünf Bausteine zur Erreichung der gewünschten Veränderungen. Das Pilotprojekt muß sich in einer sehr frühen Entwicklungsphase befinden, da Target Costing der 80/20-Regel entsprechend sonst ins Leere stößt. Schließlich sollten Projektleiter und Projektteam mit weitreichenden Kompetenzen ausgestattet sein, um eine organisatorische Blockade zu verhindern. Nach Abschluß der Pilotprojektphase sollte zum Fachpromotor eine Hotline aufgebaut werden, über die Fragen und Probleme beim weiteren Einsatz geklärt werden können.

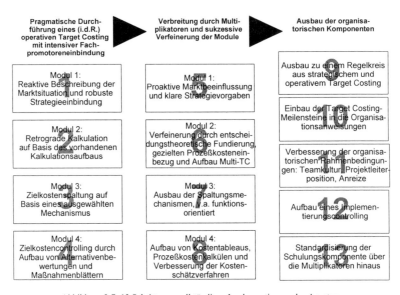

Abbildung 5-7: 13 Schritte zur vollständigen Implementierung des Ansatzes

Der vorgestellte Ansatz ist umfassend und formuliert ein breites und tiefes Spektrum an Anregungen und Veränderungen, mit den vier Modulen, einer Reihe von Methoden und auch organisatorischen Aspekten. Auch wenn der ein oder andere Punkt in der betreffenden Einheit bereits eingesetzt wird, erscheint eine Einführung aller Aspekte des Ansatzes in einem Schritt zu komplex. Sinnvoller erscheint eine schrittweise Einführung, die die Wichtigkeit der einzelnen Module berücksichtigt, eine Überbeanspruchung der Nutzer aber vermeidet.[649] „Die Implementierung von Target Costing ist ein Prozeß, der auch vom continuous improvement

---

[648] Vgl. Reiß, M. (1993), S. 553.
[649] Vgl. zu solchen Ansätzen Gaiser, B. / Kieninger, M. (1993), S. 56ff.; Seidenschwarz, W. (1995), S. 130; Seidenschwarz, W. et al. (1997), S. 104f.

lebt. Also: Sofort starten und dann laufend verbessern!"[650] Eine derartige step-by-step-Einführung könnte wie in der obigen Abbildung dargestellt aussehen, wobei vor allem in der zweiten und dritten Ebene nicht eine strenge Chronologie der Schritte ausgedrückt werden soll. Überlappungen oder Vertauschungen müssen nicht vermieden werden, ein gezieltes Parallelisieren der Schritte erscheint für eine zügige Einführung sogar angebracht.

Die Geschäftsleitung hat nicht automatisch den Überblick über den Stand der Implementierung, sie muß sich diesen verschaffen. Es bietet sich an, das erforderliche Implementierungscontrolling möglichst schlank zu gestalten, damit es zwar einen steuernden Eingriff ermöglichen kann, die Beteiligten aber möglichst wenig belastet. Eine Möglichkeit, neben Berichten in den üblichen Informationsrunden, ist der Aufbau eines bescheidenen Kennzahlensystems, das folgende Daten für die einzelnen Einheiten abfragen könnte: Anteil der geschulten Multiplikatoren an der gesamten Mitarbeiterzahl, Anteil der mit Target Costing Vertrauten, Anteil der neuen Projekte mit retrograder Kalkulation an der Gesamtzahl an neuen Projekten, Anteil der Projekte mit Zielkostenspaltung, Anteil der Projekte ohne TC-Camp (o.ä.), Zeitpunkt des Beginns der Target Costing-Aktivitäten im Entwicklungszyklus, Ausgestaltungsgrad der Module im strategischen Target Costing, Zufriedenheitsgrad der Anwender mit dem Verfahren. Derartige Kennzahlen können allerdings täuschen und sind daher mit Vorsicht zu genießen. Sie sind zum einen nicht manipulationsfrei und geben zum anderen vielfach keine Auskunft über die Qualität oder den Umfang der Ausprägungen. Aus diesem Grund erscheint zumindest für bedeutende Projekte - die Bedeutung kann sich äußern in einer geschäftspolitisch definierten strategischen Bedeutung oder in bestimmten Umsatzzahlen - das Abfragen der einzelnen Modulsausprägungen empfehlenswert. Diese Form des Implementierungscontrolling würde damit in ein übergeordnetes Projektcontrolling münden. Es müßte dem formulierten Anspruch entsprechend folgende Bestandteile aufweisen:

- Eine Projektübersicht, die neben den Projektcharakteristika (Projektname, Kunde, erwarteter Umsatz etc.) vor allem die strategische Positionierung und die Wettbewerbssituation beschreibt. (Modul 1)
- Die retrograde Kalkulation des Projektes (Modul 2)
- Eine Übersicht über die Ergebnisse der Zielkostenspaltung (Modul 3)
- Den Stand der Zielkostenerreichung, im Aufbau analog zur retrograden Kalkulation, sowie eine Übersicht über die Systemalternativenbewertung (Modul 4)

---

[650] Listl, A. (1996), S. 138.

6 Fallstudie

6.1 Überblick

Die konzeptionellen und methodischen Ausführungen seien anhand einer Fallstudie verdeutlicht. Dabei können nicht alle angesprochenen Aspekte in Beispiele überführt werden. Trotzdem wird der Versuch eines durchgängigen Fallbeispiels unternommen. Es ist angelehnt an die Erfahrungen des Autors bei der Erarbeitung und Umsetzung der vorgestellten Konzeption und Methoden bei einem Automobilzulieferer. Das Fallbeispiel ist demnach realistisch, mußte aus diesem Grund aber zur Wahrung des Betriebsgeheimnisses an einigen Stellen verfremdet und verfälscht werden. Die Ausführungen sind bisweilen bewußt etwas oberflächlich. Zudem sind zu Demonstrationszwecken einige nichtreale Aspekte eingeflochten worden. Die Modifikation der Beispiele erfolgte in einer Form, die Rückschlüsse auf die tatsächliche Unternehmenssituation nicht zulassen.

Der beschriebenen Konzeption entsprechend ist der gesamte Target Costing-Prozeß zweigeteilt in strategisches und operatives Target Costing. Dabei sind jeweils die Module 1 bis 4 zu durchlaufen. Diese Fallstudie möchte die Ermittlung der Preisuntergrenze mit Hilfe von Target Costing verdeutlichen. Diese vollzieht sich in der Akquisitionsphase, also beim Übergang von strategischem und operativem Target Costing. Aus diesem Grund sind die folgenden Ausführungen grundsätzlich nicht zweigeteilt, sondern beschreiben die Ausgestaltung der vier Module während der Angebotsphase. Dabei wird das Zusammenschmelzen der beiden konzeptionellen Teile in dieser Phase deutlich. Eine Ausnahme bildet die Darstellung der Markt- und Strategieeinbindung im strategischen Target Costing, die in dem Umfang eingebunden wird, der für das Verständnis der weiteren Ausführungen hilfreich oder erforderlich erscheint.

6.2 Modul 1: Markt- und Strategieeinbindung

6.2.1 Markt- und Strategieeinbindung im strategischen Target Costing

Zunächst zum angekündigten Markt- und Strategievorbau im strategischen Target Costing. Mit der betrachteten Produktgruppe, die in einer eigenen strategischen Geschäfteinheit geführt wird, möchte das Unternehmen in der ANSOFFschen Formulierung die vorhandenen Märkte durchdringen und neue entwickeln. Dies soll gelingen durch eine Kostenführerschaft bei gleichzeitiger Erfüllung und technisch innovativer und proaktiver Beeinflussung der Kundenanforderungen. Der dazu erforderliche Markt- und Strategievorbau orientiert sich nicht an einem konkreten Kunden, sondern zunächst am ganzen Markt. Für ein proaktives Zielkostenmanagement sind dabei im vorliegenden Fall nur Zukunftsdaten interessant, da die Vorentwicklung entsprechenden Vorlauf benötigt. Aus diesem Grund wird im ersten Schritt eine umfangreiche Marktstudie durchgeführt, die Transparenz über die Marktverhältnisse in drei Jahren schaffen soll. Sie beginnt mit einem Überblick über die gesamten Marktdimensionen, also die potentiellen Absatzzahlen, differenziert nach den Märkten Europa, Nordamerika und Asien. Damit ist der Großteil des Weltmarktes erfaßt. Südamerika wird in einer Sonderstudie nachgezogen. Derartige Daten sind über empirische Datenbanken oder Forschungsinstitute erhältlich. Dabei orientiert man sich an der gesamten erwarteten

Automobilproduktion und untersucht den Anteil der Fahrzeuge, die das betrachtete Produkt in verschiedenen Varianten voraussichtlich beinhalten. Dies ist insofern vergleichsweise unproblematisch, als das Produkt zunehmend zur Standardausstattung in den Fahrzeugen gehört. Zudem wird untersucht, welche potentiellen Kunden, im betrachteten Fall Auto-hersteller, hinter diesem Volumen stehen und mit welchen Marktanteilen der einzelnen Kunden zu rechnen ist. Die Volumensabschätzungen werden durch direkte Kunden-befragungen verifiziert. Derartige quantitativen Prognosen werden über Datenbankanschluß regelmäßig aktualisiert, um schnell auf Marktverschiebungen reagieren zu können.

Um eine gezielte Marktbearbeitung vornehmen zu können, wird der gesamte Markt in Marktsegmente unterteilt. Dies geschieht auf der Basis verschiedener technischer Kriterien. Die so gebildeten Marktsegmente werden gefüllt mit konkreten Modellreihen der einzelnen Kunden und den dahinterstehenden Volumina. Im Rahmen der Zielmarktdefinition wird festgelegt, daß alle Kunden und alle Größensegmente bearbeitet werden sollen. Es wird also von einer vollständigen Marktabdeckung ausgegangen. Dabei sind allerdings einige Restrik-tionen zu beachten. Zum einen verfügen einige Automobilhersteller über zum eigenen Kon-zern gehörende inhouse-Lieferanten, so daß sie für das betrachtete Produkt gar nicht auf dem Zuliefermarkt als Nachfrager auftreten. Hier wird aufmerksam beobachtet, wann diese Zwangskontrakte liberalisiert werden. Zum anderen hat sich die Bearbeitung des ostasiati-schen Raumes als sehr problematisch erwiesen. Zum Aufbau funktionierender und anerkann-ter Vertriebswege wird ein joint venture mit einem ostasiatischen Zulieferer eingegangen.
In den einzelnen Segmenten werden funktionale Gemeinsamkeiten gesucht, erwartete Verschiebungen in den technischen Anforderungen sowie denkbare technische Optionen festgehalten. Es stellt sich dabei heraus, daß in jedem Marktsegment das betrachtete Produkt zu 70/80% projektunabhängig beschreibbar ist, der Rest kunden- und projektspezifisch entwickelt werden muß. Bezüglich der technischen Entwicklung der Kundenanforderungen wird von einem eher evolutionären Prozeß ausgegangen, in dem größere Strukturbrüche fehlen. Dabei spielen zusätzliche Anforderungen an das betrachtete Gerät eine wesentliche Rolle, z.B. die umfassende Diagnosefähigkeit des gesamten Systems in der Servicewerkstatt, die eine steigende Anzahl an Eingängen und Ausgängen, mehr Endstufen und eine höhere Rechnerleistung bedingt. Da das Unternehmen nicht auf einem anonymen Markt operiert, ist die Eruierung der relevanten Kundenanforderungen und deren Bedeutung über eine direkte Befragung der potentiellen Kunden vergleichsweise einfach. Hinzu kommt die technische Versiertheit und die technisch-funktionale Orientierung der Kunden, die auch eine Unterscheidung in harte und weiche Funktionen (oder Geltungs- und Gebrauchsfunktionen) überflüssig macht.[651] Verschiebungen im relevanten rechtlichen Rahmen (insbesondere Abgasregelungen) sind seit längerem in der politischen Diskussion. Das Unternehmen ist technisch darauf vorbereitet, so daß plötzliche Änderungen unproblematisch wären. Trotzdem wird im Rahmen eines environmental scanning vertriebsseitig Ausschau gehalten nach Anzeichen für neue Anforderungen, die im Moment nicht in Sicht sind.
Als einschränkende Rahmenbedingungen werden die erwarteten gesetzlichen Bestimmungen, insbesondere die Abgasvorschriften der einzelnen regionalen Märkte, untersucht. Als Beispiel diene hier die sog. CARB-Lamp. Dies ist ein Lämpchen im Cockpit eines Fahrzeugs, das vom

---

[651] Gleiche Erfahrungen machte NIEMAND im Anlagengeschäft, vgl. Niemand, S. (1993), S. 331f.

System ausgelöst aufleuchtet, wenn die Abgase des Fahrzeugs nicht den gesetzlichen Vorschriften entsprechen. Ausgehend vom Gesetzgeber (CARB = Californian Air Resource Board) werden damit technische Anforderungen an das Produkt, hier regional abhängig, beeinflußt.

Ein mit entscheidender Schritt in dieser Marktstudie ist aber die Ermittlung der Preisvorstellungen, die die einzelnen Kunden in den einzelnen Segmenten hegen, verbunden mit einer Untersuchung der Preissensitivität. Nur so kann eine retrograde Kalkulation aufgebaut und ein strategisches Target Costing durchgeführt werden. Preisstrategische Überlegungen werden dabei explizit mit eingebaut, wenn sie auch eine eher untergeordnete Rolle spielen: Die Verhandlungsmacht der Autohersteller und die allgemeine Marktsituation des Verdrängungswettbewerbs lassen ein Überschreiten der vom Kunden gewünschten Preise i.d.R. nicht zu. Gegen ein deutliches Unterschreiten spricht die hohe Aggressivität dieser Preise.

Marktsegment	1	2	3	4	5
Typischer Zylinder **Motor** Hubraum	3,4 <1,2 ccm	4 ≥1,2 <1,8 ccm	4 ≥1,8 ccm	5, 6	8
Zielkunden und Fahrzeugmodelle	...	...	...	...	...
Funktionalität	gering	mittel	hoch	sehr hoch	sehr hoch
Anzahl techn. Optionen	gering	hoch	sehr hoch	mittel	gering
Einheitlichkeit der Software im Segm.	mittel	hoch	hoch	mittel	gering
Zielvolumen pro Jahr	100.000	560.000	820.000	370.000	210.000
davon Europa:	-	400.000	630.000	240.000	80.000
Variantenzahl	gering	hoch	hoch	gering	gering
Marktpreis in DM	70 - 80	80 - 110	110 - 140	160 - 190	200 - 300
Preissensitivität	sehr hoch	sehr hoch	hoch	mittel	hoch

Tabelle 6-1: Ergebnisse der Marktsegmentierung

Die zweite Dimension des Marktes neben den Kunden bilden die Wettbewerber. Daher wird untersucht, welche Wettbewerber zu erwarten sind und wo deren Stärken und Schwächen liegen. Eine möglichst genaue Kenntnis der Wettbewerbssituation ist für eine strategische Positionierung unabdingbar, die Position des stärksten Wettbewerbers wird in die späteren Portfoliobetrachtungen explizit integriert.

Produktseitig erfolgt ein Vergleich mit dem jeweils stärksten Wettbewerber in einem Marktsegment im Rahmen des *Product Reverse Engineering*. Die folgende Übersicht zeigt einige konkrete Ergebnisse eines status-quo-Vergleichs im Rahmen des strategischen Target Costing:

• Auf Stufe 1 sind zunächst die Leistungen zu identifizieren, die erbracht werden, obwohl sie der Kunde nicht (im Lastenheft) fordert, und für die der Kunde deshalb auch nicht bereit ist zu bezahlen. Dabei werden zwei Arten von Sicherheitstoleranzen identifiziert: die, derer man sich bewußt ist, und die, die durch eine Kette zu hoher worst-case-Aufschläge entstehen. Erstere sind z.B. zu gute Innenwiderstände bei Endstufen, zweitere zu pessimistische Verlustleistungsabschätzungen, weil auf jeder Stufe mit dem worst case gerechnet wird, anstatt eine „intelligent worst case analysis" zu betreiben.

Darüber hinaus können hier aber auch Leistungen eine Rolle spielen, die das Lastenheft zwar fordert, die bei realistischer Betrachtung aber überzogen sind. Beispiele hierfür können Widerstandsfähigkeiten gegenüber Belastungen aller Art sein (wie Vibrations- oder Temperaturbeständigkeit), bei denen der Kunde sich - teilweise aufgrund technischer Unwissenheit - auf die sichere Seite begibt.

• Kostenunterschiede auf Stufe 2 (vom Kunden honorierte Leistungen) sind durchaus positiv einzuordnen, weil mit diesen Leistungen dem Kunden eine echte Hilfe gegeben wird. Dabei kann es sich auch um Dienstleistungskomponenten handeln, wie z.B. die technische Kundenbetreuung vor Ort.

• In konstruktiver Hinsicht (Stufe 3) können sowohl Vor- als auch Nachteile identifiziert werden. Nachteile entstehen bspw. durch einen vergleichsweise geringeren Grad der Integration der elektronischen Schaltungen oder durch das Fehlen eines eigenen und produktübergreifenden Mechanikkonzeptes (z.B. für das Gehäuse). Zudem werden für eine bestimmte Technologie Nachteile bei den Verbindungstechniken und im Thermomanagement aufgedeckt.

• Die Faktorpreisnachteile (Stufe 4) im Lohnbereich sind im vorliegenden Fall eines vergleichsweise geringen Lohnanteils von untergeordneter Bedeutung. In einigen Punkten werden Materialpreisnachteile aufgedeckt, die zum Teil durch ein schlechteres Zulieferer-Cost-Engineering entstehen oder aus Volumenseffekten resultieren.

• Prozeßnachteile (Stufe 5) zeigten sich in einigen Prozeßschritten in geringerem First Pass Yield sowie einer teilweise höheren Anzahl an Prüfschritten aufgrund unsicherer Fertigungsprozesse.

Auf Basis dieser Marktdaten läßt sich die Strategie entwickeln, mit der dem Markt begegnet werden soll. Dazu werden die Zielmarktanteile und damit Zielvolumina in den einzelnen Marktsegmenten festgelegt (vgl. dazu die Angaben in der obigen Marktsegmentierung). Für die Zielkunden, mit denen diese Marktanteile realisiert werden sollen, wird ein Kundenportfolio aufgebaut, das vor dem Hintergrund der Kunden- und Wettbewerberstrategien zu sehen ist. In dieses Portfolio werden daher - analog den Geschäftsfeldportfolios - die Strategien zur Veränderung der eigenen Position eingetragen. Dabei läßt sich folgendes System von Kundenportfolios aufbauen:

• ein übergeordnetes Portfolio über alle Segmente und alle Kunden
• ein Portfolio für jeden Kunden über alle Segmente
• ein Portfolio für jedes Segment über alle Kunden

Die folgende Abbildung zeigt in Ausschnitten ein Beispiel für die letztgenannte Kategorie, und zwar für das Segment 2. Dabei wird die eigene Postion in Form des absoluten Marktanteils der des besten Wettbewerbers gegenübergestellt. Die Bedeutung des Kunden ergibt sich vor allem aus dessen Marktposition, aber auch aus technologischen Überlegungen und erwarteten Erfahrungs- und Imageeffekten.

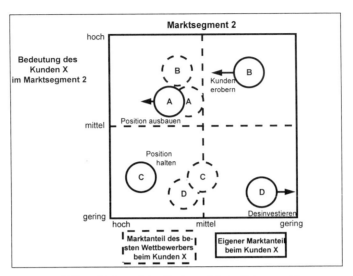

Abbildung 6-1: Strategisches Kundenportfolio im Marktsegment 2

6.2.2 Markt- und Strategieeinbindung im operativen Target Costing

Das strategische Target Costing geht in ein konkretes Kundenprojekt über, sobald von der Vertriebsstelle, die direkt am Standort des Kunden positioniert ist, ein frühes Signal für das Anstehen einer Anfrage übermittelt wird. Es erfolgt zunächst eine strategische und technische Einordnung des Projekts in die getroffene Marktsegmentierung durch die Geschäftsleitung und die Verantwortlichen des strategischen Target Costing. Damit wird für das Projekt festgelegt, wie stark aus strategischen Gründen das Interesse an der Erlangung des in Aussicht stehenden Auftrags ist. Das betrachtete Projekt betrifft den Kunden B mit hoher Bedeutung im Marktsegment 2, das wiederum hohe Bedeutung im gesamten Markt besitzt. Beim Vorgängerprodukt hatte das Unternehmen einen Lieferanteil von 30%, der Rest war an den größten Konkurrenten vergeben. Für das betrachtete Projekt denkt der Autohersteller an einen single sourcing-Vertrag. Der völlige Verlust des Auftrags würde zu einschneidenden Umsatzverlusten in der Geschäftseinheit führen. Aus diesem Grund wird versucht, den Kunden zu erobern und den kompletten Auftrag zu gewinnen.

In Ergänzung zu obigem Kundenportfolio wird ein Kundenranking aufgestellt, in das alle Kunden aus der Erfahrung früherer Projekte heraus eingeordnet sind. Dabei werden (auszugsweise) folgende Beurteilungsgrößen und Ausprägungen für den betrachteten Kunden festgehalten:

- Der Kunde zeichnet sich aus durch extrem langwierige Angebotsprozesse, in denen viele Verhandlungsrunden gefahren werden.
- Während der Angebotsphase und in der anschließenden Fortsetzung der Entwicklung kommt i.d.R. eine Reihe von technischen Änderungen auf den Zulieferer zu.
- Die Lastenhefte sind teilweise technisch überzogen, um sich auf Abnehmerseite auf die sichere Seite zu legen.

- Die vom Kunden genannten Preise haben nicht das Ziel einer realistischen Preisabschätzung, sondern sollen die Zulieferer auf ein möglichst niedriges Preisniveau drücken.
- Die Volumensangaben des Kunden haben sich regelmäßig als unrealistisch herausgestellt.
- Der Kunde legt Wert auf eine intensive technische Betreuung.
- Die Lieferabrufe unterliegen nur geringen Schwankungen.

Dieses Kundenranking wird ergänzt durch Einordnung in die Kundenprofitabilitätsmatrix zur weiteren Beurteilung der Attraktivität des Kunden: Der betrachtete Kunde ist im Volumengeschäft tätig, damit grundsätzlich attraktiv, zeichnet sich aber durch eine aggressive Preispolitik und hohe kundenspezifische Kosten aus, worunter die Profitabilität bisher deutlich gelitten hat.

Die Folgen aus diesen Überlegungen werden in die Module des Target Costing eingearbeitet, einige Stichworte müssen an dieser Stelle genügen: Ausarbeiten einer kundenorientierten Angebotsstrategie, Aufbau eines technischen Änderungscontrolling (hinterlegt mit robusten Prozeßkosteninformationen) während der Entwicklung, Hinterfragen der vom Kunden im Lastenheft vorgegebenen technischen Zielwerte, wettbewerbsseitige Absicherung der vom Kunden genannten Zielpreise, Überprüfung der Volumensangaben und Aufbau von Volumensszenarien, Aufbau einer technischen Betreuung vor Ort durch einen resident engineer, Annahme einer gleichmäßigen Verteilung der Stückzahlen und damit Verzicht auf „Ausreisserkapazität".

Solange das Lastenheft des Kunden noch nicht fixiert ist, wird für Anfragen, an denen man ernsthaft interessiert ist, versucht, im Rahmen von technischen Präsentationen durch eigene technische Vorschläge das Lastenheft aktiv zu beeinflussen, um bereits dadurch einen technischen Wettbewerbsvorteil zu erzielen.

Legt der Kunde dann mit der Anfrage (Request for quote) sein Lastenheft vor, wird das 1. Target Costing-Camp einberufen. In einem "Lastenheftcheck" wird untersucht, inwieweit dieses Lastenheft "Überraschungen" enthält und wie man technisch dafür gerüstet ist, wo die größten technischen Risiken liegen. Wichtig ist in dieser Phase zu erkennen, was der Kunde mit dem Lastenheft eigentlich wirklich will. Nur so ist es möglich, ihm kostengünstigere Alternativvorschläge zu unterbreiten, die zwar dem Wortlaut des technisch vielleicht übergenauen Lastenheftes widersprechen können, den eigentlichen Kundenwunsch aber erfüllen. Erinnert sei hier an die im Product Reverse Engineering aufgedeckten überzogenen Anforderungen bei der Vibrations- und Temperaturbeständigkeit, ein weiteres Beispiel wird folgen im Rahmen der Zielkostenerreichung.

Über den Vertrieb wird die Wettbewerbssituation eruiert: Es zeigt sich im vorliegenden Fall, daß nach den technischen Studien noch drei technisch gleichwertige Anbieter verbleiben. Es wird vermutet, daß die Auftragsvergabe nach dem günstigsten Preis erfolgt. Auch die QFD-Überlegungen zeigen, daß eine technische Differenzierung aufgrund der hohen Leistungsdichte der Konkurrenten sehr schwierig ist, lediglich im Dienstleistungsbereich (insb. der Unterstützung vor Ort) werden Möglichkeiten gesehen. Das Produkt befindet sich also in einer typischen Outpacing-Situation.

6.3 Modul 2: Zielkostenableitung

Auf Basis der verfügbaren Marktdaten wird eine retrograde Kalkulation aufgebaut. Der Kunde hat den Anbietenden Zielpreise genannt, die mit Vorsicht zu genießen sind und vom Vertrieb auf ihre Plausibilität überprüft werden. Dies erfolgt neben einem Abgleich mit dem Kostenniveau bei vergleichbaren Projekten in erster Linie dadurch, daß versucht wird, die Angebotspreise der Konkurrenz herauszufinden. Die Zielpreise des Kunden liegen im unteren Bereich des Preiskorridors, der im strategischen Target Costing in diesem Segment zugrundegelegt wird. Die Schattenzielpreise, die aus den übrigen Projekten und dem Preisniveau der Konkurrenz abgeleitet werden, liegen über den Zielpreisen des Kunden. Es wird nicht davon ausgegangen, daß die Zielpreise des Kunden bei Auftragsvergabe unterschritten werden. Der Kunde erwartet, daß der Zulieferer einen Teil seiner Produktivitätsfortschritte in Form einer jährlichen Preisdegression von 4% weitergibt. Die Wettbewerbssituation zwingt im vorliegenden Fall zu einem passiven Preisverhalten, Preisstrategien werden daher nicht entwickelt. Die Preisdegressionen werden in der retrograden Kalkulation durch die Bildung eines annuitätischen Preises (hilfsweise eines Durchschnittspreises) aufgefangen und nicht - wie im theoretischen Teil bereits erläutert - mit vermuteten kontinuierlichen Kostenverbesserungen aufgerechnet.

Im Rahmen der Anfrage werden vom Kunden Absatzzahlen über den gesamten life cycle von fünf Jahren genannt, die angeblich seiner eigenen Absatzprognose entstammen. Der Vertrieb hält diese Zahlen nach intensiver Überprüfung der Marktentwicklung für zu optimistisch, so daß entschieden wird, die retrograde Kalkulation auf Basis einer korrigierten Stückzahlabschätzung durchzuführen. Produktionsbeginn (SOP = Start of Production) wird in zwei Jahren sein.

Insgesamt werden zwei Umsatzszenarien entwickelt. Das eine (realistic case) basiert auf den Schattenzielpreisen und den vom Vertrieb korrigierten Stückzahlen, das andere (worst case) auf den Zielpreisen des Kunden und den korrigierten Stückzahlen. Es wird im weiteren mit dem worst case-Szenario gearbeitet. Damit werden vergleichsweise anspruchsvollere Zielkosten gewählt, um sich zum einen nicht den Weg zur Auftragserlangung zu verbauen und um das Ausloten der Preisuntergrenze einzuleiten. Bei diesem Produkt gibt es keine Varianten. Es besteht die Möglichkeit, daß das Produkt mit einigen Veränderungen in andere Modellreihen übernommen wird, woraus sich für das Unternehmen wesentliche Vorteile bei der Verteilung von Entwicklungs- und Investmentkosten ergäben. Diese Möglichkeit wird als Potential festgehalten, aber nicht explizit in der projektbezogenen Kalkulation berücksichtigt.

Der Zielgewinn ergibt sich aus der mittelfristigen Erfolgsplanung. Diese knüpft an an den Kundenportfolios der einzelnen Marktsegmente, den daraus abgeleiteten Normstrategien sowie an übergeordneten Portfolios. Es wird eine durchgängige Zielgewinnhierarchie auf-gebaut, die das Unternehmensziel (in Form der Umsatzrendite) portfolioorientiert auf die Unternehmensbereiche, Produktgruppen und Marktsegmente herunterbricht. Die vorliegende Produktgruppe befindet sich in der Zone der Selektionsstrategien, sie soll den Sprung von der Mittelbindung zur Mittelfreisetzung schaffen, es wird eine Investitions- und Wachstums-strategie gewählt. Dazu soll im wachsenden Marktsegment 2 die Position gefestigt und aus-gebaut werden. Da es sich um ein allgemein begehrtes Volumensegment handelt, wird ein harter Preiskampf befürchtet - Berichte des Vertriebs, die Konkurrenzangebote und die Ziel-preise des Kunden bestätigen dies -, weshalb bescheidene Umsatzrenditen akzeptiert werden.

Auf Basis dieser Überlegungen und des Ziels, den Kunden B für sich zu gewinnen, wird eine verbindliche Umsatzrendite von 2% angestrebt, was unter dem durchschnittlichen Anspruchs-niveau der Geschäftseinheit liegt, aber hier als sehr anspruchsvoll angesehen wird. Diese Form der Vorgabe birgt folgende Gefahr in sich: Die geforderte Umsatzrendite während der

Lieferphase sichert zwar jährliche Einzahlungsüberschüsse, deren Barwert (oder auch Summe) kann aber von den Anschaffungsauszahlungen, die vor Beginn der Lieferung anfallen, aufgezehrt werden. Aus diesem Grund müssen die Vorlauf- und Anschaffungsauszahlungen in dem gesamten Zielkostenbudget enthalten sein, sie müssen damit durch entsprechend niedrigere laufende Kosten ausgeglichen werden, um die Zielkosten zu erreichen. Die zu erreichenden Zielkosten werden hier in Form von Barwerten (bzw. Annuitäten) vorgegeben, was einer impliziten, investitionstheoretisch korrekten, nicht genauer spezifizierten Verteilung auf die Laufzeit entspricht. Die barwertorientierte Umsatz-rentabilität, wie sie beim vorgestellten Schema der Angebotskalkulation errechnet worden ist, ist gleich der vorgegebenen jährlichen, hier 2%. Es ist damit sichergestellt, daß bei Erreichen dieser Zielkosten eine positive (barwertorientierte) Umsatzrentabilität entsteht, der Nettokapitalwert ist damit positiv und das Projekt vorteilhaft. An dieser Stelle wird wieder deutlich, welchen Fehler eine (statische) Durchschnittsbetrachtung gegenüber einer dynamischen Investitionsrechnung begeht: Sie führt zu einer Überbewertung späterer Einzahlungsüberschüsse, damit zu einer zu positiven Darstellung des Projekterfolgs und sie kann damit eine Vorteilhaftigkeit vortäuschen, wo sie im Vergleich zur Alternativanlage nicht gegeben ist.

Wie die Ausführungen zum Aufbau der retrograden Kalkulation gezeigt haben, ist es logisch nicht möglich und daher nicht sinnvoll, alle Kosten der Produktebene zuzuordnen. Die erforderliche Trennung der üblicherweise als "Overhead" bezeichneten Kosten wird wie folgt vorgenommen:

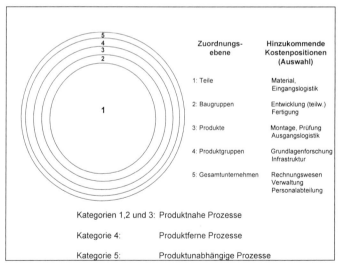

Abbildung 6-2: Kostenzuordnungsanalyse

Dabei wird zugleich untersucht, bis auf welche Ebene die einzelnen Kostenpositionen im Rahmen der Zielkostenspaltung heruntergebrochen werden können. Um eine umfassende Kostenbeeinflussung sicherzustellen, sind die kostenrechnerischen Voraussetzungen dafür zu schaffen, daß hierzu die richtigen Kosteninformationen vorliegen. Richtig heißt, daß keine Scheinzusammenhänge in Form von Zuschlägen ohne Verursachungszusammenhang dargestellt, vielmehr die eigentlichen Kostentreiber transparent gemacht werden. Aus diesem Grund wird hier in den Bereichen Eingangs- und Ausgangslogistik ein idealer Ansatzpunkt für das Prozeßkostenmanagement gesehen, das als Aufbaustufe des ersten Schrittes in Richtung umfassendes Zielkostenmanagement angegangen wird. Erste prozeßorientierte Richtgrößen sind bereits ermittelt und in den Prozeß der Zielkostenerreichung eingearbeitet.

Die produktunabhängigen und produktfernen Prozeßkosten im Bereich Verwaltung (im weiteren Sinne, also inklusive z.b. Rechnungswesen und Personalabteilung) werden im Rahmen des Multi-Target Costing gesteuert. Dabei wird wie folgt vorgegangen: Die Kosten der obigen Kategorie 5 werden über Schlüssel auf die Geschäftseinheiten (Produktgruppen) verteilt. Häufig ist dieser Schlüssel der Umsatz, zum Teil werden aber auch andere Schlüssel herangezogen, wie z.B. die Mitarbeiterzahl für die Kosten der Personalabteilung. Die Kosten der Kategorie 4 werden ebenfalls verteilt, wobei sich die Produktgruppenverantwortlichen an der Inanspruchnahme der relevanten Abteilungen orientieren. Die zu verteilenden Kosten ergeben sich aus einer langfristigen Gemeinkostenplanung auf Basis der prognostizierten Geschäftsentwicklung. Es ergeben sich Absolutbeträge, die im Rahmen einer rollierenden Planung jährlich überprüft werden. Im Unterschied zur bisher im Unternehmen üblichen Vorgehensweise ergeben sich drei Veränderungen:

1. Es werden Absolutbeträge verteilt und festgeschrieben, die sich nicht aufgrund von Scheinzusammenhängen (z.b. zu den Materialeinstandspreisen) in Form von Zuschlagssätzen ändern.

2. Die auf das nächste Jahr bezogenen, im Rahmen eines Plan-BAB ermittelten Zuschlagssätze werden abgelöst von einer expliziten mehrjährigen Overheadplanung. Man sieht keinen Grund mehr darin, die Materialkosten auf das Genaueste bis zum kleinsten Widerstand über einen Zeitraum von fünf Jahren und mehr zu verfolgen und dies bei den produktfernen Gemeinkosten mit einem Gesamtkostenanteil von 20% nicht zu tun.

3. In diese mehrjährige Betrachtung werden Benchmarking-orientierte Zielvorgaben für die Gemeinkostenbereiche eingearbeitet. Es ergibt sich ein wirkungsvolles Kontrollinstrument für den Erfolg von Gemeinkostenprojekten. Außerdem erfolgt ein ständiger Abgleich zwischen Deckungsvorgaben und „Deckungsbeitrag" im hier beschriebenen Sinne, um Über- und Unterdeckungen zu vermeiden.

Auslöser dieser Vorgehensweise war eine Gegenüberstellung der (relativ robust) fortgeschriebenen Gemeinkosten über mehrere Jahre hinweg und der aus den gewonnenen und erwarteten Aufträgen resultierenden Beiträge zu diesen Gemeinkosten. Dabei stellte man bei der alten Vorgehensweise ein zunehmendes Auseinanderklaffen der beiden Größen fest, die in eine empfindliche Unterdeckung mündeten. Ursache war das Dahinschmelzen der Zuschlagsbasen über die Jahre hinweg (aufgrund intensiver Kostensenkungsbemühungen), ein Konstanthalten der Zuschlagssätze auf Basis des nächsten Jahres und ein kontinuierlicher Anstieg im Gemeinkostenbereich, der aus wachsendem Volumen resultiert.

Das Ergebnis dieses Verteilungsprozesses zeigt sich in der folgenden lebenszyklusorientierten retrograden Kalkulation. Die Jahreswerte werden unter Berücksichtigung der jährlichen Stückzahlen verdichtet zu annuitätischen Werten. Da die Berücksichtigung von Zinseffekten bislang nicht üblich war, werden zu Informationszwecken zusätzlich die Durchschnittswerte angegeben. Dieses Vorgehen hat in der praktischen Anwendung den Nachteil, daß Zielkostenvorgaben für die einzelnen Jahre fehlen. Diese Lücke ist leicht zu schließen, indem die Zielkosten durch einfache Subtraktion jahresscheibenweise errechnet werden, wobei ggf. zugeteilte, angefallene oder irreversibel vordisponierte Vorlaufkosten annuitätisch auf die Folgejahre verteilt werden müßten. Es entstünde ein Kostenbild, das der Kostendynamik i.d.R. nicht gerecht werden kann, so daß in der folgenden Abbildung darauf verzichtet wird. Zielkosten für die Vorlaufphasen ließen sich damit ohnehin nicht ermitteln.

Der Umfang der direkt vom Target Costing-Team beeinflußbaren Kosten nimmt auf Projektebene im Vergleich zur retrograden Kalkulation des strategischen Target Costing ab, da bestimmte Positionen nur projektübergreifend gesteuert werden können. Dies gilt bspw. für die produktbezogene Grundlagenforschung oder die Schaffung der Fertigungsinfrastruktur (vgl. Kategorie 4 in obiger Zuordnungsanalyse). Die „aktuelle Kostenknetmasse" beinhaltet die Kostenkategorien 1 bis 3, sofern die Kosten nicht schon angefallen oder irreversibel vordisponiert sind.

Projekt Steuergerät XY

Stand: 31.05.1997 **KZF (in %):** 10

Alle Wertangaben in DM

Jahr	Vorlauf	97	98	99 (Lieferbeginn)	2000	2001	2002	2003	Summe	Barwert	Annuität	%
Stück (in Tsd.)				50	100	100	120	110	480			
Preis (realistic case)				110,00	105,60	101,40	97,30	93,40		388,84	89,95	
Preis (worst case)				98,00	94,00	90,30	86,70	83,20				
Umsatz (TDM) (worst case)				4.900,00	9.400,00	9.030,00	10.404,00	9.152,00	42.886,00	34.975,88		
J. Zielgewinnrate (% vom Umsatz):			2,00	98,00	188,00	180,60	208,08	183,04	857,72	699,52	1,80	
Zielkosten									**42028,28**	**34276,37**	**88,15**	**100%**

J. Zugeteilte Deckungsbudgets (TDM)

	Vorlauf	97	98	99	2000	2001	2002	2003	Summe	Barwert	Annuität	%
für produktunabhängige Gemeinkosten:												
Verwaltung				300,00	300,00	300,00	300,00	300,00	1.500,00	1.250,96	3,22	4%
für produktferne Prozesse:												
Forschung				100,00	100,00	100,00	100,00	100,00	500,00	416,99	1,07	1%
Anl./Infrastr.				400,00	400,00	400,00	400,00	400,00	2.000,00	1.667,95	4,29	5%
Vertrieb		50,00	50,00	100,00	100,00	100,00	100,00	100,00	600,00	532,49	1,37	2%
Summe		50,00	50,00	900,00	900,00	900,00	900,00	900,00	4.600,00	3.868,38	9,95	11%

Vom Projektteam verantwortbare Zielkosten:									37.428,28	30.407,99	78,20	89%

J. davon irreversibel vordisponierte und bereits angefallene Kosten (TDM)

	Vorlauf	97	98	99	2000	2001	2002	2003	Summe	Barwert	Annuität	%
Fert./Qual.	20,00								20,00	26,62	0,07	0%
Logistik												
Entwicklung	500,00	100,00							600,00	786,50	2,02	2%
Vertrieb	30,00								30,00	39,93	0,10	0%
Kalkulation												
Summe	550,00	100,00							650,00	853,05	2,19	2%

Aktuelle Kostenknetmasse									**36.778,28**	**29.554,94**	**76,01**	**86%**

6.4 Modul 3: Zielkostenspaltung

6.4.1 Was wird worauf gespalten?

Die vom Target Costing-Team verantwortbaren Zielkosten gehen ein in die Zielkostenspaltung. Dabei sind drei Fragen zu beantworten: Was ist zu spalten? Worauf ist zu spalten? Wie ist zu spalten? Die drei Fragen werden wie folgt beantwortet. Auf Basis der obigen Zuordnungsanalyse und der sich daraus ergebenden retrograden Kalkulation wird der zu spaltende Betrag ermittelt. Um einen direkteren Anschluß an die Maßnahmenebene zu bekommen, erfolgt dies im Rahmen der aufgezeigten Stückbetrachtung. Vorlaufkosten werden damit über die geplanten Stückzahlen umgerechnet unter Verwendung der gezeigten investitionsrechnerischen Ansätze.

Die Spaltung erfolgt zunächst auf die Produktfunktionen, dann auf die Hauptbaugruppenebene. Die Formulierung der Hauptbaugruppen ist im vorliegenden Fall unabhängig vom gewählten technischen Konzept, so daß bereits in den frühen Phasen eine Spaltung auf Hauptbaugruppen möglich ist. Eine Spaltung auf Baugruppen erfolgt erst nach der Systemalternativenbewertung. Die folgende Abbildung zeigt ausschnittsweise die sich dann ergebende Produktstruktur.[652] Auf eine Spaltung auf organisatorische Funktionsbereiche wird aus den erläuterten Gründen bewußt verzichtet.

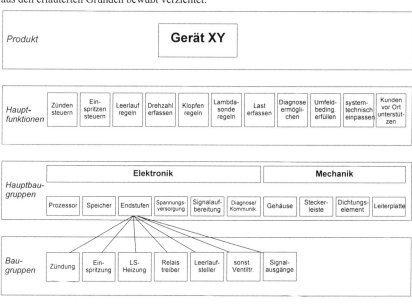

Abbildung 6-3: Produktstruktur bis auf Baugruppenebene (Ausschnitt)

Die verschiedenen Kostenarten sind gemäß obiger Zuordnungsanalyse nur bis auf bestimmte Ebenen in der Produktstruktur spaltbar: Die Materialeinzelkosten können bis auf die Teileebene gespalten werden. Grundsätzlich bis auf Teileebene spaltbar sind außerdem

---

[652] In Anlehnung an Siemens (1996), S. 5-69.

Kosten für Eingangslogistik, Neuteilequalifizierung, Neulieferantenqualifizierung u.ä., wobei zu beachten ist, daß die Kosten eigentlich für eine größere Menge oder die Gesamtheit eines bestimmten Teiletyps entstehen und damit u.U. künstlich auf ein einzelnes Stück bezogen werden. Im vorliegenden Fall wird eine Spaltung bis auf Teileebene nur für A-Teile und die entwicklungsintensiven B-Teile vorgenommen. Die Kosten für Endmontage, Endprüfung und Ausgangslogistik bleiben auf der Produktebene hängen, sie werden also nicht auf Funktionen oder Hauptbaugruppen gespalten. Die Gesamtmontage und -prüfung einer Hauptbaugruppe kann nur der Hauptbaugruppe zugeordnet werden, nicht den enthaltenen Baugruppen. Das Einbringen eines bestimmten Teiles in die Baugruppe hingegen kann dem Teil zugeordnet werden. Die Kosten für Entwicklung lassen sich häufig bis auf Baugruppenebene zuordnen. Ausnahmen bilden z.B. die Entwicklungskosten für IC's (integrated circuits), die direkt diesem Teil zugeordnet werden können, oder Kosten für die Gesamtkonzeption des Produktes, die wiederum nicht auf Komponenten des Produktes spaltbar sind. Die Kosten für Softwareentwicklung können zum überwiegenden Teil relativ einfach einzelnen Funktionen, teilweise bestimmten (Haupt-) Baugruppen zugeordnet werden. Projektspezifische Vertriebs-kosten (für Kundenverhandlungen, Präsentationen, Angebote u.ä.) lassen sich nur dem Gesamtprojekt zuordnen. Wie die Entwicklungskosten und andere Vorlaufkosten sind sie nicht einmal einem einzelnen Stück, sondern nur dem gesamten Projekt zuzuordnen. Sie bleiben damit auf der obersten Ebene, nämlich dem Gesamtprodukt, hängen, sind diesem aber nur über eine (investitionstheoretisch korrekte) Zuteilung auf Basis bestimmter Stückzahlen zugerechnet, dürfen damit nicht mit den laufenden Kosten vermischt werden.

Bei dieser Form der Zielkostenspaltung, die die Funktionen als Spaltungsobjekte mit einbezieht, kann folgender Fall auftreten: Es gibt Kosten, die zwar einer Funktion zugeordnet werden können, nicht aber einer bestimmten Hauptbaugruppe. Zu denken ist hier an bestimmte Funktionssoftwarekosten oder an Kosten für produktbegleitende Dienstleistungen (hier die Unterstützung des Kunden vor Ort). Derartige Kosten können nicht auf die Hauptbaugruppen zugeordnet werden, da es sich um logische, nichtphysikalische Einheiten handelt, die (kostenseitig) völlig unabhängig vom physikalischen Produkt sind oder das Zusammenspiel mehrerer Hauptbaugruppen sicherstellen. Nach obigem Prinzip ist es nicht zulässig, diese Kosten der Funktion auf die Hauptbaugruppen zu verteilen, z.B. anteilig auf Basis der in Wirkungsmatrizen ermittelten Zusammenhänge.

Umgekehrt ist es sehr häufig der Fall, daß eine Hauptbaugruppe zur Erfüllung mehrerer Funktionen beiträgt.[653] Bei der Kostenzuordnung muß dann die Funktionsebene übersprungen werden, die Kosten sind den Hauptbaugruppen direkt zuzuordnen. Dieser Fall ist für die Ziel-kostenspaltung unproblematisch, da diese in der Produktstruktur von oben nach unten wandert. Bei der Zielkostenspaltung auf Funktionen werden also nur die Kosten isoliert, die nur dem Gesamtprodukt zugeordnet werden können. Auf eine Verdichtung der Werte von unten (Hauptbaugruppen) nach oben (Funktionen) kann für die Zielkostenspaltung verzichtet werden. Bei einer Gegenüberstellung von Ziel- und Standardkosten kann sie aber durchaus interessant sein. Die Ermittlung von Funktionskosten ist gerade einer der Kernpunkte der Wertanalyse, dessen Umkehrung die funktionsorientierte Zielkostenspaltung prägt. Bei der

---

[653] Wird die Struktur des physischen Produktes in der Form eines Baumes dargestellt, so kann sich dieses Problem auf den unteren Spaltungsebenen nicht wiederholen, da dort dann jedes Element von genau einem Element der übergeordneten Ebene ausgeht.

Interpretation dieser Funktionskosten ist aber zu beachten, daß sie nicht einer direkten Zuordnung entspringen, sondern einer über die aufgestellte Funktionskostenmatrix plausibilisierten. Die gezeigte Produktstruktur ist aufgrund des Hängenbleibens zu ergänzen um Angaben über die Spaltungsebenen einzelner Kostenbestandteile.[654] Dies sei auszugsweise verdeutlicht:

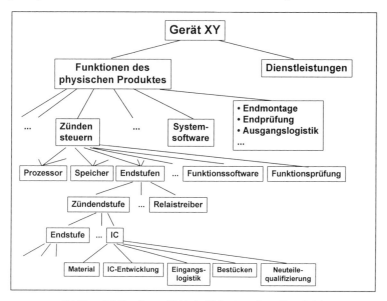

Abbildung 6-4: Zuordnungsobjekte der Zielkostenspaltung (Ausschnitt)

6.4.2 Wie wird gespalten?

Um diese Zielkosten zu erhalten, wird auf die oben beschriebenen Basis- und Hilfsmechanismen zurückgegriffen. Ausgangspunkt ist dabei das im Rahmen des strategischen Target Costing durchgeführte QFD. Die folgende Abbildung gibt einen Überblick über dabei gewonnene Ergebnisse:

---

[654] Vgl. Seidenschwarz, W. (1995), S. 115.

287

Haus I

Kundenanforderungen	Zünden	Z-Ausgang	Kurzschlußfestigkeit	Diagnosefähigkeit	Schließzeit	Zündwinkel	Verteilung	Einspritzen	Nockenwellen-Geber	Clamp-Spannung	Ventil-Strom	Kurzschlußfestigkeit	Diagnosefähigkeit	dynamische Funktionen	Sekundärluft	Kraftstoffversorgung	Einspritzart	Gewicht Kundenanford. in %	Rangfolge
Zünden steuern		●	●	○	●	●	●	●								▲		22	1
Einspritzen steuern									●	●	●	○	●	●	●	●	●	22	1
Leerlauf regeln		▲			○									●	▲	▲	▲	10	4
Drehzahl erfassen					○	○	▲		○					○			●	15	3
Klopfen regeln		▲				●		●										3	9
Lambda regeln										▲		○	●	●		○		7	6
Last erfassen		▲				●								●				10	4
Diagnose ermöglichen	○	●	●		▲	▲		▲	▲	▲	○	▲	▲	▲	▲			1	11
Temp./Dichtigk. erfüllen	○						▲			▲	▲	○	▲					2	10
systemtechn. einpassen	○	▲	▲	●	●	●		○	●	○	▲	○	○	○	●			4	8
Vor Ort unterstützen							▲						●	▲				5	7
Gewicht techn. Merkm. absolut		125	96	52	134	212	120		229	112	97	52	50	252	140	129	189		
Rangfolge		13	26	32	9	4	16		3	20	25	32	35	1	7	11	5		

Wettbewerbervergleich (eigenes Produkt ●●●●, Konkurrenzprod.): -- - 0 + ++

● starker Einfluß (Gewicht 4)
○ mäßiger (Gewicht 2)
▲ schwacher (Gewicht 1)

Abbildung 6-5: QFD Haus I

Haus II

Technische Merkmale	Prozessor	Speicher	Endstufen	Signalaufbereitung	Klopfregelung	Lambdaregelung	Drehzahlerfassung	Leerlaufsteller	sonstige	Diagnose	Gehäuse	Stecker	Gewicht techn. Merkm. absolut	Rangfolge
Zünden														
Z-Ausgang	▲	▲		●									125	13
Kurzschlußfestigkeit										●			96	26
Diagnosefähigkeit	▲	▲		●						●			52	32
Schließzeit	●	▲		●	●					●			134	9
Zündwinkel	●	▲		▲	●	○							212	4
Verteilung	▲				○					●	●		120	16
Einspritzen														
Nockenwellen-Geber	▲				●					●		▲	229	3
Clamp-Spannung													112	20
Ventil-Strom	▲									▲	▲		97	25
Kurzschlußfestigkeit	▲				●					●			52	32
Diagnosefähigkeit	▲									●			50	35
dyn. Fkt.	●	▲						●					252	1
Sekundärluft	▲									▲	▲	▲	140	7
Kraftstoffversorgung	○				●	○				○	▲	▲	129	11
Einspritzart	▲				●						▲	▲	189	5
Gewicht techn. Merkm. absolut														
in %	10,05015	3,21582		1,7827	2,91451	12,26088	8,64294	3,41708		10,55259	5,62778	5,72834		

● starker Einfluß (Gewicht 4)
○ mäßiger (Gewicht 2)
▲ schwacher (Gewicht 1)

Abbildung 6-6: QFD Haus II

Die Gewichte der einzelnen Funktionen (Kundenanforderungen) im Haus I werden über einen paarweisen Vergleich gewonnen, der im Rahmen eines AHP durchgeführt wird. Dies erfolgt in folgenden Schritten:

1. Erstellen einer Matrix der n Kundenanforderungen mit identischer Randspalte und Kopfzeile, in der der Vergleich durchgeführt wird.
2. Durchführung des paarweisen Vergleichs mit einer 9-Punkte-Skala. Dabei bedeutet 1: gleiche Bedeutung beider Elemente, 3: das Zeilenelement hat etwas größere Bedeutung als das Spaltenelement bis 9: das Zeilenelement ist gegenüber dem Spaltenelement absolut dominierend. Die geraden Zahlen sind Zwischenwerte. Aufgrund der reziproken Eigenschaft der nxn-Matrix sind nur ½n(n-1) Vergleiche erforderlich, im vorliegenden Fall also 55.
3. Ergänzung der übrigen Werte a_{ij} durch den Kehrwert des Elements a_{ji}
4. Bei einer vollständig konsistenten im Sinne von kardinal transitiven Matrix würde es für die Ermittlung der Gewichte genügen, einen beliebigen Spaltenvektor auf die Gewichtssumme 1 zu normieren, d.h. jeden Spaltenwert durch die Spaltensumme zu dividieren. Da diese Konsistenz hier nicht gesichert ist, werden alle Spalten normiert.
5. Es ergeben sich unterschiedliche Gewichte der einzelnen Anforderungen, so daß sich die Vermutung bestätigt, daß die Matrix nicht konsistent ist. Da in jeder Spalte die Rangfolge der einzelnen Anforderungen aber die gleiche ist, ist der paarweise Vergleich transitiv.
6. Als endgültiges Gewicht wird der einfache Durchschnitt der Spaltenwerte verwendet.
7. Es ist ein Konsistenztest durchzuführen.[655]

Die folgenden Matrizen zeigen das Ergebnis dieses Vorgehens:

	Zünden	Einspr.	Leerlauf	Drehzahl	Klopfen	Lambda	Last	Diagnose	Temp.	System	Support
Zünden	1	1	3	2	7	4	3	9	8	6	5
Einspritzen	1	1	3	2	7	4	3	9	8	6	5
Leerlauf	1/3	1/3	1	1/2	5	2	1	7	5	4	3
Drehzahl	1/2	1/2	2	1	6	3	2	8	7	5	4
Klopfen	1/7	1/7	1/5	1/6	1	1/4	1/5	3	2	1/2	1/3
Lambda	1/4	1/4	1/2	1/3	4	1	1/2	6	5	3	2
Last	1/3	1/3	1	1/2	5	2	1	7	5	4	3
Diagnose	1/9	1/9	1/7	1/8	1/3	1/6	1/7	1	1/2	1/4	1/5
Temperatur	1/8	1/8	1/5	1/7	1/2	1/5	1/5	2	1	1/3	1/4
System	1/6	1/6	1/4	1/5	2	1/3	1/4	4	3	1	1/2
Support	1/5	1/5	1/3	1/4	3	1/2	1/3	5	4	2	1
Summe	4,16	4,16	11,63	7,22	40,83	17,45	11,63	61,00	48,50	32,08	24,28

	Zünden	Einspr.	Leerlauf	Drehzahl	Klopfen	Lambda	Last	Diagnose	Temp.	System	Support	Gewicht in %
Zünden	24	24	26	28	17	23	26	15	16	19	21	22
Einspritzen	24	24	26	28	17	23	26	15	16	19	21	22
Leerlauf	8	8	9	7	12	11	9	11	10	12	12	10
Drehzahl	12	12	17	14	15	17	17	13	14	16	16	15
Klopfen	3	3	2	2	2	1	2	5	4	2	1	3
Lambda	6	6	4	5	10	6	4	10	10	9	8	7
Last	8	8	9	7	12	11	9	11	10	12	12	10
Diagnose	3	3	1	2	1	1	1	2	1	1	1	1
Temperatur	3	3	2	2	1	1	2	3	2	1	1	2
System	4	4	2	3	5	2	2	7	6	3	2	4
Support	5	5	3	3	7	3	3	8	8	6	4	5
Summe	100	100	100	100	100	100	100	100	100	100	100	100

Tabelle 6-2: Durchführung des AHP

---

[655] Die Durchführung des Konsistenztests erläutert z.B. Weber, K. (1993), S. 95ff. Der Test zeigt die akzeptable Konsistenz der vorliegenden Matrix, auf eine Wiedergabe wird verzichtet.

289

Es wird erwogen, den Wettbewerbervergleich des QFD in die Funktionsgewichte zu integrieren. Es bestehen aber unterschiedliche Meinungen in der Frage, in welcher Richtung die Funktionsgewichte korrigiert werden sollten. Während die einen empfehlen, die Gewichte zu erhöhen, wenn der Wettbewerber überlegen ist, um den Rückstand aufzuholen, befürchten die anderen die Vernachlässigung der eigenen Stärken und die Konfrontation mit dem Wettbewerber in einem Gebiet, in dem man ohnehin unterlegen ist. Sie wollen das Gewicht erhöhen, wenn das eigene Unternehmen dem Wettbewerber überlegen ist. Auf eine Korrektur der Gewichte wird schließlich zugunsten folgender Vorgehensweise verzichtet: Man untersucht die Funktionen in fallender Bedeutung und berücksichtigt bei der Konzeption des Produkts die Wettbewerbsposition: Bei Wettbewerbsnachteilen wird überlegt, ob diese aufgeholt werden sollten, wenn ja, wie dies geschehen könnte. Bei Wettbewerbsvorteilen wird überlegt, wie man die Position halten kann. Dazu ist es erforderlich, die Strategien und Verhaltensweisen der Wettbewerber zu berücksichtigen, so daß der Ansatz insgesamt zu einer dynamischen Stärken-Schwächen-Analyse ausgebaut wird. Die Maßnahmen müssen dabei im Rahmen der funktionsorientierten Zielkostenspaltung bleiben.

Im ersten Target Costing-Camp des operativen Target Costing wird überprüft, inwieweit die projektunabhängig ermittelten Gewichte für das vorliegende Projekt Gültigkeit besitzen. Dazu werden die erstellten Houses of Quality projektspezifisch korrigiert. Die sich ergebende funktionsorientierte Zielkostenspaltung bildet den Fixpunkt und die Basis für folgende Modifikationen. Im nächsten Schritt wird die Vorarbeit des strategischen Target Costing und der damit eingeleiteten Vorentwicklungen eingebunden. Dadurch wird der rein funktionsorientierte Ansatz an das technisch Machbare angepaßt, die sich ergebenden Zielvorgaben in Absolutwerten entsprechend korrigiert. Beispielsweise wurde im Rahmen des strategischen Target Costing ein für die gesamte Produktgruppe geeigneter Prozessor entwickelt, für den unter Ausnutzung entsprechender Volumenseffekte ein Rahmenvertrag über mehrere Jahre abgeschlossen wurde. An die dabei festgelegten Preise kommt auch die Zielkostenspaltung nicht vorbei, unabhängig von den Gewichten aus QFD.

Hilfsmechanismen sind zunächst die Orientierung an Wettbewerberkonzepten, an technisch verwandten Produkten fremder Branchen oder an internen Referenzprodukten (sowohl solche der gleichen als auch solche anderer, aber technologieverwandter Produktgruppen). Dabei werden sowohl die Kostenstrukturen als auch die absoluten Kostenwerte zu Rate gezogen. Bei der Orientierung an Kostenstrukturen von Produkten anderer Marktsegmente ist zu beachten, daß diese an das betrachtete Marktsegment anzupassen sind, da aufgrund der unterschiedlichen Anforderungen in den einzelnen Segmenten bestimmte Funktionen und damit Komponenten anders dimensioniert sind. Vor allem bei der Festlegung der Zielkosten für die Prozesse, die auf den verschiedenen Ebenen der Produktstruktur „hängenbleiben", werden - neben den Vorgaben des strategischen Target Costing - Benchmarkingergebnisse herangezogen. Kostenstrukturen oder Kostenwerte von Vorgängermodellen dienen generell nur als erste Anhaltspunkte, vor allem in den meist kundenspezifischen Anforderungen, die dem strategischen Target Costing entzogen wurden, eine vollständige Zielkostenspaltung wird auf ihnen nicht aufgebaut. Gleiches gilt für die Übernahme erster projektspezifischer Kostenstrukturen. Ansonsten werden die Hilfsmechanismen simultan herangezogen, um die Vorgaben aus dem QFD und dem strategischen Target Costing zu überprüfen, technisch und wettbewerbsorientiert zu aktualisieren oder Lücken des strategischen Target Costing zu schließen. Ergänzt werden diese Mechanismen durch explizite Hinweise des Kunden über seine Zahlungsbereitschaft bei bestimmten technischen Zusatzfunktionen. So gibt bspw. der Kunde im konkreten Fall an, wieviel er für die Zusatzfunktionen "Motorschlepp-momentenregelung" oder "Geschwindigkeitsregelanlage" bereit ist zu bezahlen. Basis der genannten Prozessor-Vorentwicklung im Rahmen des strategischen Target Costing ist - neben einer fundierten technischen Funktionsanalyse - ein ausführlicher Benchmarking-prozeß, der die schärfsten Wettbewerber ebenso einschließt wie Elektronikhersteller außerhalb der Branche. Außerdem werden alle verwendeten und geplanten Prozessoren des eigenen Unternehmens in die Analyse einbezogen. Zielkostenseitig wird der Entwicklungsprozeß begleitet von den Zielkostenvorgaben aus dem QFD. Diese werden korrigiert durch die Ergebnisse des internen und vor allem externen Benchmarking. Die Verwendung von Vorgängerwerten ist in diesem Fall überflüssig. Die genannten Hilfsmechanismen sind damit alle im strategischen Target Costing angewandt worden und erübrigen sich für das operative Target Costing.

6.4.3 Übergabe an die Zielkostenerreichung

Als Übergang zur Zielkostenerreichung wird der "Drei-Farben-Check" gesehen, der auch der vorläufigen Fixierung der Zielkosten und damit der Auswahl aus den Ergebnissen der verschiedenen Spaltungsmethoden dient. Komponenten in der Produktstruktur, für die das Team im Rahmen der Kostengestaltung keinen Spielraum sieht, werden mit rot gekennzeichnet. Gründe für diese restriktiven Vordefinitionen können z.B. im Rahmen der Vorentwicklung abgeschlossene Verträge mit eigenen Zulieferern sein (vgl. das Prozessor-Beispiel) oder strikte Vorgaben des Kunden, in denen er nicht nur eine bestimmte Lösung fordert, sondern hierzu auch den Lieferanten auswählt und den Preis mit diesem vereinbart. Derartige Restriktionen sind auch dominant bei der Zielkostenfestlegung. Besteht noch ein Spielraum unter gewissen Einschränkungen, so erfolgt eine gelbe Markierung, während Komponenten mit umfassendem Spielraum grün markiert werden. Auf diese Art und Weise wird auf einen Blick ersichtlich, wie gut die Chancen für eine Zielkostenerreichung stehen. Dies ist insbesondere in der Akquisitionsphase bei der Ermittlung des Preisspielraums von Bedeutung. Je mehr Komponenten rot markiert sind, desto größer wird der Zielkostendruck auf die übrigen Komponenten. Wichtig ist es in dieser Phase zu vermeiden, daß voreilig rote Markierungen vorgenommen werden, ohne gründlich nach Möglichkeiten der Kostenbe-einflussung zu suchen. Um den vollen Kostenspielraum erkennen zu können, muß im Prinzip alles hinterfragt werden. Auch im genannten Prozessor-Beispiel wurde mit dem Lieferanten geprüft, ob nicht die im betrachteten Projekt gegenüber dem Rahmenvertrag gelockerten Qualitätsanforderungen zu einer Kostensenkung beim Lieferanten und damit zu einem Preisnachlaß führen könnten.

Der Prozeß der Zielkostenerreichung schließt sich der ersten (funktionsorientierten) Zielkostenspaltung an. Den ermittelten Zielkosten wird der aktuelle Kostenstand gegenüber-gestellt, der sich ergibt, wenn das derzeit angedachte Konzept realisiert würde. Über die QFD-Daten lassen sich Nutzengewichte, über den aktuellen Kostenstand derzeitige Kostenanteile der einzelnen Komponenten an den gesamten geschätzten Kosten ermitteln. Es ergibt sich das folgende Zielkostenkontrolldiagramm (konventioneller Prägung):

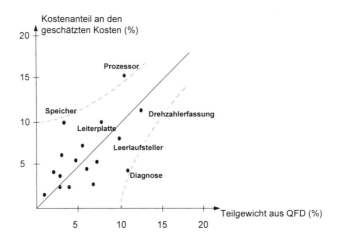

Abbildung 6-7: Konventionelles Zielkostenkontrolldiagramm

Dieses in der Literatur übliche Zielkostenkontrolldiagramm wird aus den genannten Gründen überführt in ein modifiziertes, aus dem der tatsächliche Zielkostenerreichungsgrad komponentenweise ersichtlich ist. Dazu sind zwei Veränderungen nötig. Zum einen werden die geschätzten Komponentenkosten auf die gesamten modifizierten Zielkosten bezogen. Da im vorliegenden Fall die Zielkosten unter den geschätzten Kosten liegen, führt dies zu einer vertikalen Wanderung aller Punkte des gezeigten Zielkostenkontrolldiagramms nach oben. Zweitens löst sich das neue Zielkostenkontrolldiagramm von den starren QFD-Gewichten, indem es diese mit der technischen Realisierbarkeit abstimmt. Dies sei für den Prozessor verdeutlicht. Aus den genannten Gründen ist er mit rot gekennzeichnet, das bedeutet, daß die aktuellen Kosten bindend sind für die Zielkostenspaltung, die Zielkosten für den Prozessor werden entsprechend erhöht. Die Zielkosten der übrigen Komponenten müssen entsprechend gesenkt werden, um die Erreichung der gesamten Zielkosten nicht zu gefährden. Dies erfolgt durch proportionale Verteilung des Betrages auf die gelb oder grün markierten Komponenten. Der Punkt für den Prozessor wird damit horizontal nach rechts verschoben, bis er auf der Winkelhalbierenden liegt, die übrigen (nicht-roten) Punkte werden horizontal nach links verschoben. Außerhalb der Zielkostenzone liegen die Komponenten, für die eine Zielkostenerreichung besonders gefährdet ist. Aus Gründen der Übersichtlichkeit enthält das folgende modifizierte Zielkostenkontrolldiagramm nicht alle Komponenten. Es ließen sich noch andere Beispiele anführen, bei denen etwa eine wettbewerberorientierte Kostenvorgabe den QFD-Wert ablöst und zu ähnlichen Bewegungen im Diagramm führt.

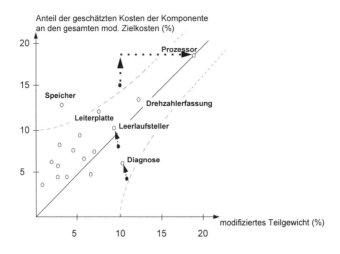

Abbildung 6-8: Modifiziertes Zielkostenkontrolldiagramm

6.5 Modul 4: Zielkostenerreichung

6.5.1 Alternativenbewertung

Der Zielkostenerreichungsprozeß beginnt mit der Bewertung verschiedener System-alternativen, wie sie im folgenden Systemalternativenblatt dargestellt ist.[656] Dabei wird in jeder Kategorie nur die jeweils beste Alternative gezeigt, die sich im Vorfeld in einem ähnlichen Alternativenvergleich ergeben hat. Sie findet ihren Höhepunkt und Abschluß im zweiten Target Costing-Camp.

Mit dem Abschluß der Systemalternativenbewertung werden die Zielkosten für die Baugruppen festgelegt und in die Baugruppenalternativenbewertung überführt. Das hierzu verwendete Baugruppenalternativenblatt ist analog zum Systemalternativenblatt aufgebaut und voll kompatibel.

---

[656] Im Aufbau in enger Anlehnung an Siemens (1996), S. 6-87. Ähnliche Alternativenkalküle bei Seidenschwarz, W. et al. (1997), S. 115.

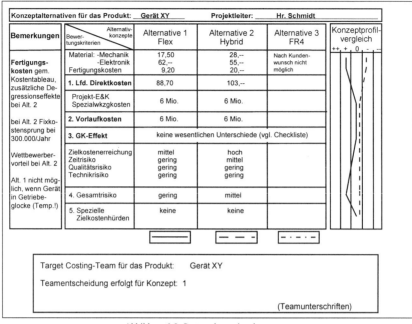

Abbildung 6-9: Systemalternativenbewertung

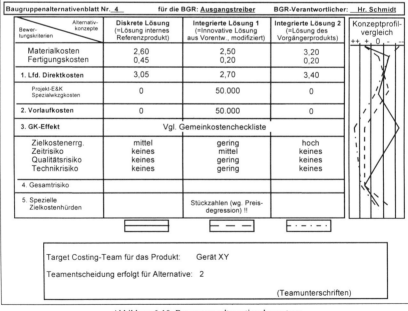

Abbildung 6-10: Baugruppenalternativenbewertung

Da während der Angebotsphase extremer Zeitdruck besteht, müssen bezüglich der Intensität der Bewertungskalküle Abstriche in Kauf genommen werden. Der Fokus der Betrachtungen richtet sich auf die wesentlichen Kostenverursacher (A- und B-Baugruppen) und Positionen, für die besondere Unsicherheit über die Kostenhöhe besteht.

Besondere Erwähnung verdient bei beiden Alternativen Kalkülen der explizite Einbezug von Gemeinkosteneffekten in das Entscheidungskalkül. Im vorliegenden Fall liegen (noch) keine durchgängigen Prozeßkosteninformationen vor, so daß man zunächst "nur" die tendenziellen Wirkungen erfassen und bewerten kann. Damit wird vermieden, daß eine aufgrund von Material- und Fertigungskosten günstig erscheinende Alternative bevorzugt wird, obwohl sie zu enormen Kostenwirkungen in den indirekten Bereichen führt. Die folgende Abbildung zeigt ein Beispiel für eine derartige Gemeinkostencheckliste.[657]

Gemeinkosteneffekt: Wirkungen einer integrierten Lösung im Vergleich zu einer diskreten Lösung		+ +	+	o	-	- -
Teileanzahl	1 Teil statt 28	X				
Standardteilverwendung	IC kein Standardteil				X	
Variantenzahl	kein Einfluß auf Produktvarianten			X		
Lieferantenzahl	1 Lieferant statt mehrere Standardteileliefer.		X			
Lagerbedarf	geringer (weniger Teile)		X			
innerbetriebliche Logistik	geringer (weniger Teile)		X			
Fertigungssteuerung	weniger Unterbrechungen z. Magazinfüllen		X			
Arbeitsvorbereitung	weniger Teilebänder		X			
Qualitätssicherung	IC: Einführungstest, weniger Bandausfälle				X	
Vertriebswege	kein Einfluß			X		
...						
...						
...						
		stark kosten-senkend	kosten-senkend	kosten-neutral	kosten-steigernd	stark kosten-steigernd

Abbildung 6-11: Beispiel für die Gemeinkostencheckliste

Teilweise werden bereits robuste Prozeßkosteninformationen über Logistikkosten in die Alternativenkalküle eingebracht, die nicht einer flächendeckenden Prozeßanalyse und Bewertung im gesamten Unternehmen entspringen, sondern einer gezielten Analyse in dem Bereich, in dem es am effektivsten erschien. So wurde z.B. ermittelt, daß

- für die Pflege der Teilestammdatei pro Teil und Jahr DM 500,- anfallen,
- für die Betreuung eines Lieferanten pro Jahr DM 4500,-,
- für die Qualifizierung eines neuen Lieferanten DM 20.000,-,
- für die Einführung eines Neuteils (inklusive Qualifizierung) DM 6.000,-,

---

[657] Im Aufbau entnommen aus Siemens (1996), S. 6-92, siehe auch Seidenschwarz, W. et al. (1996), n.o.S.

- für die Beschaffung von Material (inkl. Wareneingangsprüfung) DM 200,- pro Bestellung bei Beschaffung über Rahmenverträge und DM 400,- bei Beschaffung über Einzelbestellungen.

Außerdem wird versucht, Prozeßkostenwirkungen in anderen Bereichen im Entwicklungsbudget des Projektteams zu berücksichtigen. So wird zum Beispiel für jede vom Projektteam ausgestellte Änderungsmeldung das Entwicklungsbudget mit einem Betrag von DM 12.000,- belastet. Diese Maßnahme ist Bestandteil eines durchgängigen Änderungscontrolling, das Ursachen für Änderungen aufzeigt und dokumentiert, Gründe analysiert und den Verursachern, das kann auch der Kunde sein, die Wirkungen aufzeigt und wenn möglich in Rechnung stellt.[658] Wie bereits erläutert ist bei Verwendung der Prozeßkosteninformationen darauf zu achten, daß keine Kosteneinsparungen gezeigt werden, die aufgrund von Kostenremanenzen nicht realisierbar sind. Aus diesem Grund werden i.d.R. langfristig orientierte Grenzkostensätze verwendet. Den Prozeß- oder Kostenstellenverantwortlichen werden die Informationen über das auf sie zukommende Prozeßvolumen übermittelt, damit diese ihre Kapazitäten entsprechend gestalten und damit z.B. auch Kostenremanenzschwellen überspringen können.

Beide Alternativenbewertungen werden unterstützt von Kostentableaus, die Kosteninformationen über aktuelle und Standardlösungen zur Verfügung stellen. Dies ist gerade in der Angebotsphase von entscheidender Bedeutung, wenn unter Zeitdruck Kostenkalküle aufgestellt werden müssen. Es werden dabei verschiedene Arten dieser Kostentableaus eingesetzt: Die betrachteten technischen Alternativen können sein reine Materialalternativen, Software- und Hardwarealterativen, kombinierte Material- und Fertigungsalternativen oder rein fertigungstechnologische Alternativen. Ein Beispiel für den letztgenannten Typ ist das folgende Kostentableau. Bei der Erstellung und Aktualisierung ist die Angabe der Volumina, die den Kostenangaben zugrunde liegen, von entscheidender Bedeutung. Dies nicht nur bei Materialkosten, die vom Beschaffungsvolumen abhängen, sondern auch bei den Angaben über Fertigungskosten pro Stück, Fertigungszeit o.ä., da es dabei regelmäßig zu Fixkostenproportionalisierungen kommt. Hilfreich sind Angaben über den derzeitigen Stand der Kapazitätsauslastung, die Probleme der Kapazitätsplanung vorwegnehmen. Bei Kostenveränderungen im Zeitablauf werden die Kostentableaus dreidimensional aufgebaut (Alternativen-Kosten-Zeit), um die Veränderungen explizit zu zeigen.

---

[658] Vgl. zum Änderungsmanagement Bröker, E.W. (1993), S. 60ff.; Schelle, H. (1996), S. 115ff.

Kostentableau Fertigung (Kosten pro Stück)

Standardprozeß	Flex	Flex (gefaltet)	FR4 (zweiseitig)	Hybrid
1. Leiterplattenkenn-zeichnung	0,14	0,45	0,48	0
2. Automatisches SMD-Bestücken (Oberseite) inkl. Siebdruck, Löten	4,20	3,40	4,30	7,10
3. Automatisches SMD-Bestücken (Unterseite)	0	0	3,00	0
4. Steckermontage	0,70	0,70	0,60	0,80
. . .				
10. Endprüfung	0,50	0,50	0,70	0,50
11. Etikettierung	0,10	0,10	0,10	0,10
12. Verpackung mit Typ-Separierung	0,21	0,95	0,10	0
13. Reparatur	1,85	0,80	1,75	0,40
Summe	9,14	11,77	13,01	24,56

Abbildung 6-12: Kostentableau für Fertigungsalternativen

Nach Abschluß der Alternativenbewertung bestehende Zielkostenlücken werden im Zielkostenblatt verdeutlicht, das beim Schließen dieser Lücken unterstützen soll. Die dazu bereits formulierten Anforderungen werden im folgenden Beispiel umgesetzt (vgl. die folgende Abbildung).

Das Beispiel zeigt als Barrieren technische Kundenanforderungen, die zu einer bestimmten technischen Lösung zwingen, für die eine günstigere Alternative gesehen wird. Um diese realisieren zu können, sind die aufgeführten Maßnahmen zu ergreifen, für die eine Risikoabschätzung vorgenommen wird. Diese würden zu einer Kosteneinsparung von DM 0,48 pro Stück führen und die derzeit geschätzten Kosten von DM 0,55 auf DM 0,07 senken, die Zielkosten von DM 0,44 würden damit bei weitem unterschritten.

Zielkostenblatt für Funktionsbaugruppe: _Aufbereitung Signal X_   BGR-Verantwortlicher: _Hr. Meier_

Systemalternativenblatt erstellt?   ja ☒ nein☐   Anschluß an Baugruppenalternativenblatt Nr.: _3_

Wichtigste technische Anforderungen (techn. Zielwerte)	Zielkostenbarrieren (80%)	Barrierenbrecher
1. Externer Massebezug des Sensors	1. Kundenforderung: Sensor mit externem Massebezug →	Hr. Müller
2. Signalgenauigkeit +/- 10 mV	2. fehlende Personalressourcen für Realisierung →	Hr. Huber
3._____	3. überhöhte techn. Anforderungen an Signalgenauigkeit →	Hr. Müller
4._____	4._____ →	

Stand der Zielkostenerreichung

Material & Fertigung
0,55 DM
0,44 DM
Material — Material
Fertigung — Fertigung
geschätzte Kosten in t₀ — Zielkosten
Zielkosten

Datum	Verantw	Idee	Maßn.	Idee/Maßnahme zur Zielkostenerreichung	DM	betroffene Kostenarten	GK	K	T	Z	Q
M 4/97	Hr. Müller		X	Durchsetzung des Alternativsensors beim Kunden			1	1	1	0	0
M 04/97	Hr. Schmid		X	Vereinfachung der Schaltung	0,48	Material Fertigung	1	1	1	2	0
M 04/97	Hr. Müller		X	Korrekturen im Lastenheft (bzgl. Signalgenauigkeit)			1	1	1	2	0

Kostenreduktion
GK = Gemeinkosteneffekt
1 = gemeinkostenverringernd
2 = gemeinkostenneutral
3 = gemeinkostentreibend

Risiko
K = Zielkostenerreichung
T = Technik
Z = Zeit
Q = Qualität

0 = kein Risiko
1 = geringes Risiko
2 = mittleres Risiko
3 = hohes Risiko

Begründung: 3 statt 7 Teile, variantenneutral, in allen anderen Geräten der Produktgruppe einsetzbar

Abbildung 6-13: Beispiel für ein Zielkostenblatt[659]

6.5.2 Verfahren der Kostenschätzung

In der Angebotsphase wird verstärkt auf analytische Verfahren der Kostenschätzung zurückgegriffen, also auf die Bewertung von Stücklisten und Arbeitsplänen. Dies ist möglich und sinnvoll, weil diese Informationen aufgrund der umfangreichen Vorarbeiten des strategischen Target Costing, insbesondere der erarbeiteten Baukästen und Standardmodule, zum Großteil bereits vorliegen. Auf Basis dieser Vorarbeiten können die grundsätzlichen technischen Alternativen (vgl. das gezeigte Systemalternativenblatt) gegeneinander abgewogen werden. Die Stücklisten werden über eine Datenbank automatisch bewertet, in der Datenbank nicht enthaltene Positionen werden bei den potentiellen Lieferanten angefragt (A- und wenige B-Teile) bzw. über Ähnlichkeiten geschätzt. In der Datenbank werden die Materialeinstandspreise über mehrere Jahre hinweg dynamisiert. Die dabei abzugebenden Prognosen sind zum Teil vertraglich (i.d.R. über Rahmenverträge) abgesichert, zum Teil stellen sie echte Prognosen dar. Dabei spielen Auswertungen der Preisentwicklungen in der Vergangenheit eine wesentliche Rolle, die dann in die Zukunft - meist auf Basis einfacher Durchschnitte - fortgeschrieben werden. Es wird aber auch versucht, Preisverschiebungen oder Strukturbrüche möglichst früh zu erkennen und in die Prognosen zu integrieren. Derartige Verschiebungen können resultieren aus technischen Neuerungen, die auf dem Beschaffungsmarkt erscheinen (dieser Punkt ist auch im Investitionsgütereinkauf von

---

[659] In Anlehnung an Siemens (1996), S. 6-95.

erheblicher Bedeutung), oder aus marktprozeßbedingten Verschiebungen, wie sie immer wieder auf dem Halbleitermarkt beobachtbar sind. Die für die Bewertung der Arbeitspläne bis dato üblichen Minutensätze auf Vollkostenbasis werden für die vorliegende Fragestellung analysiert und entscheidungstheoretisch wie im theoretischen Teil ausführlich erläutert korrigiert, d.h. sunk costs werden isoliert und Kapitalkosten investitionsrechnerisch korrigiert. Außerdem werden sie gemeinsam mit den Fertigungslöhnen dynamisiert, indem Produktivitätsverbesserungen und die Entwicklung der Lohnkosten eingearbeitet werden. Es wird dabei von der Hypothese ausgegangen, daß die Lohnsteigerungen die Kostensenkungen durch Produktivitätsverbesserungen aufzehren. Diese Annahme wurde durch eine Analyse der vergangenen Jahre überprüft, sie stellte sich als sehr pessimistisch heraus, wird aber zur Risikominimierung beibehalten.

Mit den Informationen aus dem strategischen Target Costing kann aber nur ein (großer) Teil der gesamten Kosten geschätzt werden, da die tatsächlich kundenspezifischen Funktionen erst umgesetzt werden müssen. Der Prozeß der Zielkostenerreichung muß daher auf weitere der beschriebenen Verfahren zurückgreifen, die eine frühzeitige Kostenschätzung und ein kostengünstiges Konstruieren ermöglichen. Eine der dabei im Einsatz befindlichen Heuristiken ist die Vorgabe, möglichst auf SMD-Bauteile (surface mounted device) zurückzugreifen. Damit soll nicht nur eine Vorgabe aus der Technologiestrategie umgesetzt, sondern auch eine Verringerung der Fertigungskosten herbeigeführt werden. Gegenläufige Effekte wie z.B. eine potentielle Erhöhung der Materialkosten werden fallweise bewertet. Eine weitere Devise lautet: „Möglichst auf Vorhandenes zurückgreifen". Diese Vorgabe kann bei falscher Anwendung stark innovationshemmend sein. Sie muß eigentlich ergänzt werden um den lapidaren, aber wichtigen Teilsatz „sofern nichts Besseres in Aussicht steht". Damit soll verhindert werden, daß Innovation um der Innovation willen betrieben wird ohne Rücksicht auf die qualitativen und kostenseitigen Konsequenzen. Dazu gehört vor allem die Vermeidung von Doppelarbeit, des bekannten „Das Rad neu erfinden", so daß dieser Grundsatz gerade im Bereich der Software-Entwicklung von besonderer Bedeutung wurde, aber auch die Vermeidung einer Komplexitätsexplosion im indirekten Materialbereich.[660] Auf der anderen Seite aber gilt es vor allem zu vermeiden, daß Innovationen, die technisch-qualitative und kostenmäßige Verbesserungen bieten, verhindert werden. Der Einsatz einer innovativen Idee muß sich daher den gleichen Bewertungskriterien unterwerfen wie die übrigen technischen Alternativen. Bewertungskriterien sind neben den laufenden Direktkosten für Material und Fertigung die Entwicklungskosten, die hier besondere Bedeutung haben, und die Risikokategorien, wie sie bereits bei den Alternativenkalkülen verwendet werden. Als entscheidende Faktoren kommen hinzu der Bezug zur Technologiestrategie sowie das Komplexitätskostenkalkül. Der erste Punkt wird überprüft anhand der Verträglichkeit mit der gewählten technologischen Stoßrichtung oder mit den Ablösestrategien. Dazu erfolgt ein expliziter Abgleich mit den Vorarbeiten der Generic-Entwicklung. Außerdem wird überprüft, ob die Innovation in mehreren Produkten innerhalb der Produktgruppe oder gar über die Produktgruppe hinaus Verwendung finden könnte. Unter dem Stichwort Komplexitätskosten werden die Wirkungen in den indirekten Bereichen untersucht, die dadurch entstehen, daß ein

---

[660] Vgl. auch Fouquet, K.P. (1997), S. 426f.

neues Objekt in die Unternehmensstrukturen eindringt.[661] Diskussionsforum kann sein eine Gemeinkostencheckliste oder ein Prozeßkostenblatt, wie sie oben vorgestellt worden sind. Häufig zum Einsatz kommen Ähnlichkeitsvergleiche. Diese können sich auf Funktionen und auf Baugruppen beziehen. Es werden dabei zur Kostenabschätzung die Vergleichsobjekte ähnlicher Produkte der gleichen Produktgruppe oder verwandter Produktgruppen herangezogen. Die Kosten werden dabei i.d.R. nicht eins zu eins übernommen, sondern an die evtl. unterschiedliche Leistungsfähigkeit der betrachteten Objekte angepaßt. Im vorliegenden Fall sind die Anforderungen an die Diagnosefähigkeit der verglichenen Systeme völlig unterschiedlich, so daß die Funktion Diagnose in Teilfunktionen eingeteilt und nur die relevanten Teilfunktionen bzw. deren Kosten übernommen werden. Neben diesen Ähnlichkeitsvergleichen werden eine Reihe von Kenngrößen herangezogen, wie z.b. Kosten pro weiterem Pin eines Steckers oder Kosten pro cm^2 Leiterplatte.

6.5.3 Beispiele für Kostensenkungen

Im Rahmen des Kostenforechecking wird im betrachteten Projekt bereits ein technischer Weg eingeschlagen, der das Kostenniveau gegenüber dem Vorgängermodell und den ersten Kostenschätzungen deutlich reduzieren konnte. Für jede Hauptbaugruppe wird ein Zielkostenblatt angelegt (vgl. das obige Beispiel), das den im theoretischen Teil formulierten Anforderungen entspricht. In einem Kostenknetprozeß werden verschiedene Maßnahmen ergriffen, um dabei erkennbare Zielkostenlücken zu schließen und die Preisuntergrenze auszuloten. Ideen im Rahmen dieses Zielkostenerreichungsprozesses werden in erster Linie gewonnen aus Quellen, die bereits bei der Zielkostenspaltung als Spaltungsmechanismen gedient haben: Generic-Entwicklung, externes Benchmarking inklusive Wettbewerbervergleich und internes Referenzprodukt. Außerdem wird geschäftseinheitenübergreifend ein umfangreicher Katalog an Vorschlägen zur Kostenverbesserung erarbeitet, der die oben formulierten Bereiche umfaßt und diese durch konkret im Unternehmen durchgeführte Fälle exemplifiziert. Im folgenden einige Beispiele für Kostenverbesserungen, die an die obigen Ausführungen anknüpfen:

Bezüglich der elektronischen Komponente Endstufen wird auf neue Bausteine zurückgegriffen, die im Rahmen des strategischen Target Costing entwickelt worden sind. Anlaß für diese Neuentwicklung waren die Tatsachen, daß zum einen die alten Endstufen einen wesentlichen Kostenfaktor darstellen und als nicht zielkostengerecht erkannt wurden und zum anderen deren technologische Leistungsfähigkeit im Sinne der S-Kurve erreicht war und sie durch eine neue Technologie zu ersetzen waren. Die im Rahmen der Vorentwicklung determinierten Kosten sind bindend für die Zielkostenspaltung, da sie fertig entwickelt, die Preise mit den Lieferanten bereits in Rahmenverträgen fixiert sind. Dies führt zu einer Anpassung der funktionsorientierten Zielkostenspaltung. Im konkreten Fall liegen die tatsächlichen Kosten unter den ursprünglichen Zielkosten, es kommt damit zu einer Entlastung der übrigen Komponenten.

In einer anderen Geschäftseinheit ist soeben eine umfassende wertanalytische Studie zu allen denkbaren Leiterplattenkonzepten abgeschlossen worden. Die dabei gewonnenen Ergebnisse

---

[661] Vgl. zum Begriff der Komplexitätskosten auch Renner, A. (1994), S. 16ff.; Männel, W. (1993), S. 76; Neubauer, C. (1993), S. 69ff.

werden auf den betrachteten Fall übertragen und bilden eine wesentliche Basis für die Systemalternativenbewertung (siehe Systemalternativenblatt) und das entsprechende Kostentableau (siehe oben).

Die Zielkostenspaltung weist auf Kostenprobleme bei der Spannungsversorgung des Gerätes hin. Es werden aus diesem Grund im Rahmen eines internen Benchmarking alle im Unternehmen existierenden Spannungsversorgungen zusammengetragen und technisch sowie kostenseitig miteinander verglichen. Die günstigste Spannungsversorgung muß nur geringfügig modifiziert werden und erbringt Einsparungen, die über die Zielkostenlücke hinausgehen.

Hauptdiskussionspunkt ist der Integrationsgrad der elektronischen Schaltungen, zumal aufgefallen ist, daß der des besten Wettbewerbers deutlich höher liegt. Im ersten Schritt wird aus diesem Grund gemeinsam mit der geschäftseinheitenübergreifenden Grundlagenentwicklung überprüft, welche IC's (integrated circuits) im Unternehmen bereits existieren und inwieweit sie für das vorliegende Problem einsatzfähig sind. Zum zweiten wird überprüft, welche Funktionen der Konkurrent über IC's abdeckt. Im dritten und letzten Schritt wird in ausführlichen Alternativenbewertungen überprüft, welche Schaltungen diskret und welche integriert gelöst werden sollen (vgl. hierzu obiges Kalkül zur Baugruppenalternativenbewertung). Besonderer Schwerpunkt ist dabei die Beachtung von Kostenwirkungen in indirekten Bereichen, die in der dargestellten Gemeinkostencheckliste abgebildet werden.

Unter dem Aspekt des „Design for Manufacturability and Assembly" sind bereits große Fortschritte durch den im vorliegenden Fall vollständigen Einsatz von SMD-Bauteilen erzielt worden. Trotzdem bleiben Faktoren in der Produktgestalt, die zu umständlichen Fertigungsprozessen führen. So ist zunächst vom Vorgängermodell das Konzept übernommen worden, das Gerät in der Endmontage zu verschrauben. Dies ist nicht nur materialseitig sehr aufwendig, sondern vor allem fertigungstechnisch. Aus diesem Grund wird - intern wie extern - nach alternativen Verbindungstechniken für diesen Problemfall gesucht: Nieten, Verschweißen, Bördeln (Verstanzen), Vergießen, Verschmelzen, Klammern, Kleben u.ä. Bei der kostenmäßigen und qualitativen Bewertung muß beachtet werden, inwieweit die Kundenanforderungen hier restriktiv wirken. Problematisch ist hierbei insbesondere die Frage, ob der Kunde in der Lage sein muß, das Gerät zu öffnen und zu schließen. Dies wird nach Gesprächen mit dem Kunden verneint, da das Öffnen und Schließen die geforderte Dichtigkeit des Gerätes möglicherweise beeinträchtigt hätte, so daß ein im Einsatz befindliches Gerät nie geöffnet werden darf (dies wird durch die Einbauart sichergestellt). Es kann damit die billigste Lösung gewählt werden, die die qualitativen Anforderungen an die Dichtigkeit erfüllt, im vorliegenden Fall das Kleben.

Das mit der Anfrage vorgelegte Lastenheft ist nicht funktional geprägt, sondern stark auf die technische Ausführung ausgerichtet. Das schränkt den Kostenspielraum erheblich ein. Aus diesem Grund wird das Lastenheft kritisch hinterfragt unter zwei Gesichtspunkten: Zum einen sollen technisch überzogene Anforderungen gesammelt und mit dem Kunden diskutiert werden. Ein Beispiel hierfür ist die im vorliegenden Fall geforderte Vibrationsbeständigkeit von 30g, die die bei Raketenstarts auftretenden Beschleunigungskräfte um ein Vielfaches übersteigt und zu überhöhten Kosten durch höhere Bauteil- und Verarbeitungsqualität führt. Diese Anforderung wird in Extremtests im Labor überprüft und mit dem Kunden auf ein mit erheblichem Risikozuschlag versehenes Maß von 10g reduziert. Zweitens werden die technischen Ausführungsbestimmungen herausgearbeitet, die zu einer teuren Lösung zwingen, obwohl günstigere bekannt sind. Ein Beispiel hierfür zeigt das obige Zielkostenblatt.

Dem Kunden wird hier eine technische Lösung vorgeschlagen, die zu deutlichen Kosten-verringerungen bei der entsprechenden Baugruppe führen würde, wenn der Kunde sein Lastenheft entsprechend anpaßte. Dazu wären aber geringfügige Modifikationen in der Systemkonfiguration erforderlich, die vom Kunden erst zu prüfen sind, schließlich aber akzeptiert werden.

Rund die Hälfte der Gesamtkosten (inkl. Deckungsbudgets) des betrachteten Produktes sind Materialeinzelkosten. Dem Zulieferer-Cost-Engineering kommt daher herausragende Bedeutung zu. Auf klassische Einkaufsthemen wie Beschaffungsmarktanalysen, sourcing committees und Strategie bei Preisverhandlungen wird hier nicht eingegangen. Interessanter erscheinen die Punkte, bei denen mit dem Lieferanten gemeinsam die vom eigenen Kunden geforderten Funktionen diskutiert und nach geeigneten Lösungen unter Einhaltung der der Zielkostenspaltung entspringenden Vorgaben gesucht wird. Dies wird für jedes A-Teil des Gerätes durchgeführt, sowohl Mechanik als auch Elektronik. Der hierzu erforderliche Zeit-aufwand überschreitet aber häufig die Angebotsphase. Zum Teil sind die Aktivitäten aber schon vor dem Angebot begonnen worden, nämlich im Rahmen des strategischen Target Costing, und zwar z.B. für verschiedene Gehäuse, den Prozessor, Endstufen u.ä. Zum Teil werden die Diskussionen aber auch in der Angebotsphase geführt, z.B. für diverse IC's oder Sensoren.

Im Rahmen des präventiven Qualitätsmanagements wird versucht, Probleme, die bei anderen Geräten aufgetreten sind, zu vermeiden. Hierzu werden die umfangreichen Analysen aller Qualitätszirkel zusammengetragen. Diese enthalten Auswertungen über die beim jeweiligen Gerät aufgetretenen Qualitätsprobleme und deren Ursachen. Das erarbeitete Konzept wird daraufhin untersucht, ob es diese Fehlerquellen in sich birgt oder nicht. Zum Teil werden sie umgangen, z.B. durch den Wechsel auf ein anderes Bauteil oder die Umstellung der Materialversorgung, zum Teil werden weitere Maßnahmen geplant, um sie zu reduzieren, z.B. entsprechende Mitarbeiterschulungen oder -belehrungen beim Umgang mit empfindlichen Materialien, z.B. Steckverbindungen. Der Schwerpunkt dieser Aktivitäten liegt allerdings nicht in der Angebotsphase.

Neben dem Ziel einer Verbesserung der Basis für die Angebotskalkulation sowie für den Fall der Auftragserlangung einer frühzeitigen Gewinnsicherung ist es explizit Aufgabe dieses Vorgehens, eine differenzierte Preisschwellenübersicht aufzustellen. Diese ergibt sich wie auf der folgenden Seite dargestellt. Sie ist ermittelt im Zuge eines Target Costing-Prozesses, der von einem sehr pessimistischen Umsatzszenario (worst case) ausgeht. Aus diesem Grund wird auf die Durchführung weiterer Gegenstrombewegungen im erläuterten Sinne verzichtet. Daß der Druck auf das Projektteam groß genug gewesen ist, zeigt schon die Tatsache, daß die abgeleiteten Zielkosten bislang nicht erreicht werden konnten, die Preisuntergrenze liegt über den beeinflußbaren Zielkosten. Dies bedeutet, wie bereits erläutert, **nicht automatisch**, daß der angesetzte Preis die Preisuntergrenze unterschreitet und das Projekt somit zu verwerfen ist! Es bedeutet aber, daß der Preis den (vollen) Selbstkostenpreis, möglicherweise die Selbstkosten, möglicherweise die Preisschwelle 1, möglicherweise die Preisschwelle 2 und ebenfalls möglicherweise gar die Preisuntergrenze unterschreitet. Ein Blick auf die entsprechende Kalkulationsübersicht klärt dies. Die folgende Preisschwellenübersicht erinnert im Aufbau an die zum Abschluß der Preisschwellendiskussion exemplarisch erarbeitete Angebotskalkulation, beide beschreiben zudem das gleiche Zahlenbeispiel. Die folgende

Übersicht zeigt aber nur die Preisuntergrenze und die Preisschwellen sowie deren Zusammensetzung, nicht aber die Deckungsbeiträge bei einem bestimmten Preis. Dies erfüllt das Kalkulationsblatt, das damit einen umfassenden Einblick in die eigene Kosten- und Ergebnissituation gewährt und dem fortlaufenden Zielkostenabgleich auf Projektebene dienen kann. In puncto Umsatz baut das Kalkulationsblatt auf dem realistic case auf, was ein beschriebenes Umsatzrisiko in sich birgt; es kann daher auch ergänzend auf Basis des worst case erstellt werden. Dies wird im betrachteten Projekt getan, auf eine Wiedergabe wird hier aber verzichtet. Zur Vereinfachung wird für jedes Szenario der gleiche risikoangepaßte Zinssatz verwendet. Dies ist korrekt, solange die Szenarien nur eine Verschiebung des Erwartungswertes bei gleichem Risiko bedeuten. Stellt das pessimistische Szenario aber den Umweltzustand mit den schlechtesten denkbaren Einzahlungsüberschüssen dar, wäre der sichere Zinssatz zu verwenden. Die Kalkulationsübersicht ist für den internen Gebrauch gedacht und weniger als offene Argumentationshilfe gegenüber dem Kunden. Hierzu sind häufig vom Kunden vorgegebene Kalkulationsschemata heranzuziehen. Außerdem spielen vertriebstaktische Aspekte eine Rolle, die zu einer Abweichung der dem Kunden gezeigten zur hier hergeleiteten Kalkulation führen.

Projekt	**Steuergerät XY**									Stand:	31.05.1997	KZF (in %)	**10**

Alle Wertangaben in DM

Jahr	Vorlauf	97	98	Lieferbeginn 99	2000	2001	2002	2003	Summe	Barwert	Annuität	%
Stück (in Tsd.)				50	100	100	120	110	480	388,84		

(1) Stückeinzelkosten

	Vorlauf	97	98	99	2000	2001	2002	2003	Summe	Barwert	Annuität	%
Material, elektr.				60,00	55,00	50,00	45,00	44,00	23.740,00	19.495,12	50,14	53,41%
Material, mech.				6,00	6,00	5,00	5,00	5,00	2.550,00	2.085,12	5,36	5,71%
Material pro Stück				66,00	61,00	55,00	50,00	49,00	26.290,00			
Materialausz. gesamt (TDM)				3.300,00	6.100,00	5.500,00	6.000,00	5.390,00	26.290,00	21.580,24	55,50	59,13%

(2) Projekt-/Auftragseinzelkosten (TDM)

	Vorlauf	97	98	99	2000	2001	2002	2003	Summe	Barwert	Annuität	%
Material				15,00	30,00	30,00	25,00	20,00	120,00	99,51	0,26	0,27%
Fertig./Qual.			1.500,00	300,00	500,00	400,00	500,00	400,00	3.600,00	3.383,99	8,70	9,27%
Logistik				200,00	200,00	200,00	200,00	200,00	1.000,00	833,97	2,14	2,28%
Werkzeuge		100,00	200,00						300,00	341,00	0,88	0,93%
Entwicklung		2.000,00	2.000,00	500,00	300,00	100,00			4.900,00	5.475,37	14,08	15,00%
Vertrieb		10,00	10,00						20,00	23,10	0,06	0,06%
Kalkulation		15,00	15,00	5,00					35,00	39,65	0,10	0,11%
Summe		2.125,00	3.725,00	1.020,00	1.030,00	730,00	725,00	620,00	9.975,00	10.196,59	26,22	27,94%

Preisuntergrenze: 81,72

(3) Vordisponierte und bereits angefallene Projektkosten (TDM)

	Vorlauf	97	98	99	2000	2001	2002	2003	Summe	Barwert	Annuität	%
Fert./Qual.	20,00								20,00	26,62	0,07	0,07%
Logistik												
Entwicklung	500,00	100,00							600,00	786,50	2,02	2,15%
Vertrieb	30,00								30,00	39,93	0,10	0,11%
Kalkulation												
Summe	550,00	100,00							650,00	853,05	2,19	2,34%

Preisschwelle II: 83,92

(4) Zugeteilte Deckungsbudgets (TDM) für produktferne und -unabhängige Prozesse

	Vorlauf	97	98	99	2000	2001	2002	2003	Summe	Barwert	Annuität	%
Anl./Infrastr.				400,00	400,00	400,00	400,00	400,00	2.000,00	1.667,95	4,29	4,57%
Forschung				100,00	100,00	100,00	100,00	100,00	500,00	416,99	1,07	1,14%
Verwaltung				300,00	300,00	300,00	300,00	300,00	1.500,00	1.250,96	3,22	3,43%
Vertrieb			50,00	100,00	100,00	100,00	100,00	100,00	600,00	532,49	1,37	1,46%
Summe			50,00	900,00	900,00	900,00	900,00	900,00	4.600,00	3.868,38	9,95	10,60%

Preisschwelle I: 93,86

6.6 Organisatorische Umsetzung

Das gezeigte Fallbeispiel steht vor einer divisionalen Organisationsstruktur. Im Rahmen einer Umorganisation wurde versucht, möglichst marktnahe Einheiten zu schaffen unter Wahrung einiger offensichtlicher Synergiepotentiale. Dabei wurde insbesondere auf das angestrebte Systemgeschäft Rücksicht genommen. Dies heißt im vorliegenden Fall konkret, daß eine eigene organisatorische Einheit geschaffen wurde, die als Profit Center geführt nur für diese Produktgruppe verantwortlich ist. Innerhalb dieser Einheit werden alle Marktsegmente und Kunden weltweit eigenständig betreut. Die Einheit selbst ist funktional gegliedert mit den allgemein üblichen Funktionsbereichen. Die genannten Synergiepotentiale liegen im wesentlichen im Bereich der Grundlagenentwicklung von Technologien oder Komponenten, die von mehreren Produktgruppen benötigt werden, und bei einigen infrastrukturellen Diensten. Diese sind in die nächsthöhere Ebene eingegliedert. Der Einkauf ist zweigeteilt: Um Synergien zu nutzen, ist der strategische Einkauf, in dem sich Spezialisten bestimmter Teilegruppen um Beschaffungsmarktanalysen, Lieferantenqualifizierungen u.ä. kümmern, ebenfalls auf der nächsthöheren Ebene aufgehängt. Daneben wirken Mitarbeiter des Einkaufs als Bindeglied zwischen diesem strategischen Einkauf und den Projektteams, indem sie diese über die vorhandenen Möglichkeiten beraten und neue Anforderungen an den strategischen Einkauf weitergeben.[662] Die Aufgaben des strategischen Target Costing und der Generic-Entwicklung werden einem Kernteam aus Marketing-, Technik- und Controllingspezialisten übertragen, das direkt der Geschäftsleitung der Einheit unterstellt ist, Vollzeit an diesem Thema arbeitet und auf Weisung der Geschäftsleitung Spezialisten aus den Funktionen für einen begrenzten Zeitraum rekrutieren darf.

Möglichst vor Beginn der Angebotsphase wird generell und so auch im beschriebenen Beispiel ein Akquisitionsteam tätig, das für eine strategische Einordnung der potentiellen und später tatsächlichen Anfrage, den Aufbau der projektspezifischen Target Costing-Bausteine sowie den technischen Übergang von der Generic- zur Projektentwicklung verantwortlich ist. Das Akquisitionsteam besteht aus Vertretern der Geschäftsleitung, des strategischen Target Costing (nicht zuletzt um die Ergebnisse der Generic-Entwicklung einzubringen und so die oben geforderte Verbindung zwischen strategischem und operativem Target Costing sicherzustellen), des Vertriebs, des Controlling und zumindest dem Projektleiter des späteren Projektteams (ebenfalls um einen organisatorischen Bruch zu vermeiden). Bei erfolgreichem Abschluß der Akquisitionsphase geht die Verantwortung über auf das Projektteam, das wie oben beschrieben interdisziplinär besetzt ist. Die Art der organisatorischen Einbindung hängt ab von der Bedeutung des Projektes, die sich insbesondere in der strategischen Einordnung und dem Neuigkeitsgrad zeigt. Für bedeutende Projekte wird ein Projektleiter und ein technisch geprägtes Kernteam installiert, das der Geschäftsleitung unterstellt wird und ausschließlich für dieses Projekt arbeitet. Die übrigen Funktionen werden zeitweise eingebunden; die jeweiligen Mitarbeiter sind immer für eine Mehrzahl von Projekten zuständig. Unbedeutendere Projekte verfügen zwar auch über einen Projektleiter, um über einen Ansprechpartner für alle Beteiligten zu verfügen. Sowohl Projektleiter als auch alle Teammitglieder bleiben aber den Funktionsverantwortlichen unterstellt.

---

[662] Vgl. zum klassischen Dilemma des Einkaufs zwischen Nutzung von Synergiepotentialen und Projektnähe z.B. Kalbfuß, W. (1996), S. 28ff.; Droege, W.P.J. / Eger, M. (1997), S. 26ff.

Das betrachtete Projekt wird als bedeutend angesehen mit den entsprechenden organisatorischen Konsequenzen im Falle der Auftragserlangung. Um die Auftragserlangung und die Erreichung der Zielkosten sicherzustellen, wird ein zweistufiger Anreiz gemäß obigem Vorschlag ausgelobt. Zum einen soll ein festgelegter Geldbetrag an jedes Mitglied des Akquisitionsteams (exklusive der Geschäftsleitung, die einem separaten Anreizsystem unterliegt) und des strategischen Target Costing-Teams vergeben werden, wenn der Auftrag erlangt wird. Die Entscheidung, bis zu welchem Preis der Auftrag angenommen wird, trifft die Geschäftsleitung auf Basis der Ergebnisse des Akquisitionsteams. Dieses hat damit einen Anreiz, die Preisuntergrenze zu erarbeiten und diese auch der Geschäftsleitung mitzuteilen. Die zweite Anreizkomponente betrifft das Projektteam, wenn es die Zielkosten (unter Beachtung des festgelegten Zielgewinns) erreicht oder unterschreitet. Die Höhe der Belohnung hängt vom Grad der Kostenunterschreitung ab. Sie wird ergänzt um eine vergleichsweise geringe Belohnung für den Fall, daß ein festgelegter Teil der zugeteilten Gemeinkosten gedeckt, also Deckungsbeiträge erwirtschaftet werden. Damit soll ein motivatorischer Zwischenschritt geschaffen werden, da die Erreichung der Zielkosten im vorliegenden Fall als sehr anspruchsvoll angesehen wird. Bezüglich der Art der Belohnung wird ein Cafeteria-System aufgebaut, das monetäre und nichtmonetäre Komponenten kombiniert, um auf die individuelle Bedürfnisstruktur einigermaßen Rücksicht zu nehmen.

Der im gezeigten Beispiel angewandte Ansatz wurde für das betrachtete Unternehmen zentral erarbeitet und in die operativen Einheiten weltweit verbreitet. Der Grund für dieses Vorgehen lag in den Zielen einer Vermeidung von Doppelarbeit, Nutzung von Synergiepotentialen zwischen den Einheiten, Erarbeitung einer einheitlichen und umfassenden Konzeption und Schaffung eines zentralen Know-how-Pools, den alle Anwender nutzen können. Wesentliche Aufgabe nach der Erarbeitung des Konzeptes war die Implementierung.

Dazu war im ersten Schritt die Akzeptanz beim Management der operativen Einheiten zu schaffen. Dies wurde versucht unter Beachtung der fünf Bedingungen des Akzeptanztheorems: Mehr oder weniger großer *Leidensdruck* war in allen Einheiten des Unternehmens spürbar, die Vorzeichen damit günstig. Wie erwähnt bestätigte sich im betrachteten Unternehmen, daß die Offenheit mit dem Leidensdruck anstieg. Die Überzeugung von der Tatsache, daß das Instrument einen *effektiven und effizienten Lösungsvorschlag* darstellt, wurde angestrebt durch umfassende Informationen in Managementpräsentationen, in die so früh wie möglich erfolgreiche interne Beispiele eingearbeitet wurden. Dazu wurde ein Pilotprojekt in einer repräsentativen Einheit durchgeführt, für das eine Problemlandkarte erarbeitet und die Target Costing-Konzeption mit ihren Methoden auf ihre Tauglichkeit bei der Lösung dieser Probleme getestet wurden. Die Schaffung der Akzeptanz begann damit bereits mit der Erarbeitung des Konzeptes, weil diese erst intensiviert wurde, als die Branchen- und Unternehmensspezifika eingearbeitet und mit den Beteiligten diskutiert waren. Es wurde damit eine Partizipation von Anfang an angestrebt, um den Eindruck eines theoretischen, fremdbestimmten Gebildes zu vermeiden. Bei der Implementierung wurden verschiedene *Promotoren* eingesetzt: Der Machtpromotor für die Gesamtimplementierung war der kaufmännische Leiter des Unternehmens. Er wurde unterstützt von Sub-Machtpromotoren vor Ort, den kaufmännischen Leitern der einzelnen operativen Einheiten. Daneben wurden drei zentrale Fachpromotoren aufgebaut, durch die das Verfahren *sukzessive an die Einheiten weitergegeben* werden sollte. Besonderes Augenmerk wurde auf die

Überwindung des Kompetenzangstsyndroms gelegt. Seine Beachtung erwies sich als schwierig, da es subjektiv unterschiedlich ausgeprägt ist und häufig nicht offen zu Tage tritt. Durch die frühzeitige Partizipation vor allem der Linienverantwortlichen in Form der angesprochenen Präsentationen, eine Kurzinfo-Broschüre über die Ziele und die Vorgehensweise des Verfahrens, problemorientiert und nicht methodisch tiefschürfend, die Einbeziehung in die Ausarbeitung der Module und in die Pilotprojekte wurde versucht, dieses eventuell bestehende Syndrom zu überwinden. Das Verfahren mußte als Lösungsvorschlag für erkannte Probleme der Beteiligten verstanden werden und nicht als Kompetenzoffensive.

Die Verbreitung des Verfahrens erfolgte zunächst über die Fachpromotoren in i.d.R. zweitägigen Multiplikatorenschulungen und, teils sukzessive teils parallel, in Pilotprojekten. Zudem wurden fallbezogen weitere Projekte unterstützt, insbesondere bei methodischen Problemen in der Umsetzung. Die Verbreitung wurde erleichtert durch ein selbsterstelltes umfangreiches Anwenderhandbuch.

Die Ausgestaltung des Implementierungscontrolling entspricht in weiten Teilen den Ausführungen des theoretischen Teiles, so daß auf eine Wiederholung verzichtet werden kann.

7 Zusammenfassung

Zum Abschluß der Arbeit werden die wesentlichen Ergebnisse und Inhalte im Überblick zusammengefaßt.

Die Literatur zur Preisuntergrenze unterscheidet zwischen erfolgs- bzw. kosten- und liquiditätsorientierter Preisuntergrenze, die z.T. durch absatzwirtschaftliche Aspekte ergänzt werden. Die kostenorientierte Preisuntergrenze muß - will sie entscheidungsbezogen sein - alle Kosten umfassen, die durch das Objekt zusätzlich entstehen oder ansonsten wegfielen. Es finden sich erste Ansätze zu einer investitionstheoretischen Ausrichtung der Preisuntergrenze, die allerdings durch eine fundiertere Analyse auszubauen sind. Die Automobilzulieferindustrie, die als Anwendungsfall für diese Arbeit dient, ist ein Konglomerat aus verschiedenen Wirtschaftszweigen, für das verschiedene Systematisierungsansätze denkbar sind. Obwohl eine statistische Standarderhebung zur Automobilzulieferindustrie fehlt, wird deren volkswirtschaftliche Bedeutung gezeigt. Mit den Automobilherstellern sieht sich die Automobilzulieferindustrie insgesamt einem abgegrenzten und beschränkten Kundenkreis mit großer Marktmacht gegenüber. Es ist eine allgemeine Veränderung der Beschaffungsphilosophien beobachtbar, hin zu modular, single und global sourcing mit zunehmender Verringerung der Fertigungstiefe. Außerdem wird die Einbindung der Lieferanten in den Entwicklungsprozeß des Gesamtfahrzeugs intensiviert und damit auch die Entwicklungstiefe bei den Autoherstellern verringert. Bei der Auswahl der Lieferanten vor Entwicklungsbeginn spielt der spätere Lieferpreis eine entscheidende Rolle, wobei auf den Zulieferern ein enormer Preisdruck lastet. Es werden zunehmend life time contracts mit jährlich sinkenden Preisen abgeschlossen. Die Preisuntergrenzen-Ermittlung muß vor diesem Hintergrund folgenden Anforderungen genügen: Es muß erstens ein Entscheidungsmodell geschaffen werden, das insbesondere die Mehrjährigkeit der Entscheidungssituation berücksichtigt. Zweitens sind externe Parameter, die die Höhe der Preisuntergrenze beeinflussen, zu quantifizieren, und drittens sind aufgrund der Beeinflußbarkeit der Kosten während der Entwicklung Aspekte des Kostenmanagements zu integrieren.

Diese Anforderungen werden in folgendem Rahmenkonzept umgesetzt: Die Mehrjährigkeit erfordert den Einsatz der Investitionsrechnung, die wiederum auf Zahlungen aufsetzt. Da kein Totalmodell geschaffen werden kann, ist zur Verdichtung der aufzustellenden Zahlungsreihe, die zur Vereinfachung in Jahreszeiträume eingeteilt wird, ein Kalkulationszinsfuß erforderlich, der der Rendite der besten verdrängten Alternative entspricht. Es wird gezeigt, wie steuerliche Aspekte und der (realistische) Fall der Unsicherheit berücksichtigt werden können. Dazu wird auf die MODIGLIANI/MILLER-Thesen und das CAPM zurückgegriffen und auf weitere Verfahren wie Sensitivitätsanalysen und Simulationen verwiesen. Auch Inflation kann im Modell berücksichtigt werden - was im Fall konstanter Inflationsrate unproblematisch ist - sowie nichtflache Zinsstrukturen über die Marktzinsmethode, wobei hierzu noch Forschungsbedarf besteht. Diese investitionstheoretisch geprägte Preisuntergrenze umfaßt alle zahlungsorientierten Kosten, die dem Projekt nach dem Identitätsprinzip zugerechnet werden können und müssen. Dazu gehören auch die Opportunitätskosten, die im Partialmodell immer dann entstehen, wenn Engpässe in Anspruch genommen werden. Es wird eine Verdrängungsrechnung vorgestellt, die zeigt, ob eine Eliminierung des Engpasses - wenn möglich - einer Verdrängung von Alternativen vorzuziehen ist. Zur Ermittlung der

Opportunitätskosten sind in realistischen Fällen Vereinfachungen erforderlich, wie sie z.b. die Revisionshypothese darstellt. Damit insgesamt eine umfassende und differenzierte Entscheidungsgrundlage geschaffen wird, wird die Preisuntergrenze um zwei Preisschwellen erweitert: Preisschwelle 2 umfaßt zusätzlich zur Preisuntergrenze diejenigen ursprünglichen Projekt- oder Auftragseinzelkosten, die mittlerweile angefallen oder irreversibel vordisponiert sind, die Preisschwelle 1 zusätzlich zugeteilte Deckungsbudgets für Gemeinkosten. Die Deckungsbudgets entstammen einem einfachen Topfmodell, das die wesentlichen Nachteile einer prozentualen Gemeinkostenverteilung vermeidet. Die verschiedenen Kostenarten werden in dieses Preisschwellensystem eingeordnet. Abschließend wird ein Angebotskalkulationsschema vorgestellt, das auf diesem System aufsetzend eine annuitätische Preisuntergrenze bei beliebigen Mengen- und Zahlungsschwankungen errechnet.

Target Costing ist marktorientiertes Zielkostenmanagement, das sich in vier Kernmodule einteilen läßt: Markt- und Strategieeinbindung, Zielkostenableitung, Zielkostenspaltung, Zielkostenerreichung. Der Zusammenhang von Target Costing und Preisuntergrenze wird in der Literatur bisher nur angedeutet. Fälschlicherweise werden dabei die vom Markt erlaubten Kosten des Target Costing als Preisuntergrenze interpretiert. Dies kann definitionsgemäß nicht sein: Die Preisuntergrenze ist eine Summe ausgewählter interner Kostengrößen, die bei den vom Markt erlaubten Kosten in ihrer Ausprägung gar nicht von Bedeutung sind. Die vom Markt erlaubten Kosten sind vielmehr eine Kostenobergrenze, die der Markt dem Unternehmen vorgibt. Wird sie durch die eigenen Kosten überschritten, heißt das nicht, daß der Preis die Preisuntergrenze unterschreitet, da die vom Markt erlaubten Kosten im Unterschied zur Preisuntergrenze einen Gewinn sicherstellen und Gemeinkosten beinhalten. Target Costing kommt top down aus dem Markt, die Preisuntergrenze bottom up aus dem Unternehmen, so daß eine Verknüpfung über einen Gegenstromansatz naheliegt. Dieser setzt das Target Costing ein zum Ausloten einer Preisuntergrenze (und parallel der Preisschwellen), die damit zur absoluten Schmerzgrenze unter Kostengesichtspunkten wird, die unter Ausschöpfung aller Maßnahmen der Kostengestaltung nicht unterboten werden kann. Dazu wird über sinkende Preise sukzessive Druck auf die eigene Kostensituation aufgebaut, bis keine weiteren Spielräume mehr gesehen werden. Dominanz in diesem Ansatz behält aber das Ziel eines marktorientierten Zielkostenmanagements, in das die Ermittlung der Preisuntergrenze eingeordnet wird; es erfolgt keine Beschränkung von Target Costing auf Rechenmechanismen. Anhand der Charakteristika des Target Costing und der speziellen Situation der Automobilzulieferindustrie kann gezeigt werden, daß Target Costing hervorragend zur Automobilzulieferindustrie paßt, generell wie auch zur Ermittlung der Preisuntergrenze. Um aber die Möglichkeiten des Target Costing voll ausschöpfen zu können, ist eine Aufteilung in strategisches und operatives Target Costing erforderlich. Nur so kann der Forderung der 80/20-Regel nach einer möglichst frühzeitigen Kostengestaltung entsprochen werden. Das strategische Target Costing setzt kundenprojektübergreifend, marktsegmentspezifisch an, also vor einem konkreten Angebotsprozeß, das operative kundenprojektspezifisch, so daß sich methodische Unterschiede vor allem im Modul 1 ergeben. Die Ermittlung der Preisuntergrenze erfolgt an der Schnittstelle zwischen beiden. Der in der Literatur angerissene Zusammenhang von Target Costing zu Benchmarking und Prozeßkostenrechnung/-management wird ausführlich analysiert: Er liegt im wesentlichen im Bereich der Zielkostenerreichung, kann aber auf die übrigen Module ausgeweitet werden.

Die methodische Ausgestaltung erfolgt anhand der vier Kernmodule. Dabei werden erste Ansätze eines stochastischen Target Costing eingearbeitet, das sich von einwertigen Parametern löst und auf Zufallsvariable übergeht.

Im Rahmen der Markt- und Strategieeinbindung ist zunächst die Markt- und Wettbewerbssituation zu beschreiben, wozu bspw. die Branchenstrukturanalyse von PORTER herangezogen werden kann. Für die gebildeten Marktsegmente ist die zukünftige Entwicklung zu antizipieren, wobei die Szenariotechnik und Frühaufklärungssysteme zum Einsatz kommen können. Für die Zielmarktsegmente wird über die PORTERschen Wettbewerbsstrategien hinaus der Anschluß an den Outpacing-Ansatz und das Time-Cost-Quality-Leadership gesucht und die Einbindung in Portfolioansätze angestrebt. Die Umsetzung der Kundenanforderungen wird mit der eigenen Technologiestrategie abgeglichen. Die Übergabeparameter an die Zielkostenableitung, insbesondere Mengen- und Preisentwicklungen, sind zu quantifizieren.

Die Zielkostenableitung ist lebenszyklusbezogen und wird - analog zur bottom-up-Rechnung - investitionsrechnerisch verdichtet. Sie basiert auf dem Konzept des Market into Company. Nach Abzug des Zielgewinns, der aus dem Produktportfolio abgeleitet wird, entstehen die gesamten Zielkosten. Aus diesen sind die nicht beeinflußbaren Bestandteile vorzugsweise über Absolutbeträge herauszulösen, um eine sinnvolle Zielvorgabe für das Projektteam zu erhalten. Es entsteht eine retrograde Kalkulation, die voll kompatibel zum Preisschwellensystem ist. Die Gesamtsicht über die Projekte hinweg wird über ein Multi-Target Costing hergestellt.

Die Zielkostenspaltung wird methodisch anhand von drei Fragen untersucht: Das „Was" der Spaltung sind die beeinflußbaren Zielkosten, beim „Worauf" wird auf hierarchische Struktur des Produktes inklusive der produktbegleitenden Dienstleistungen zurückgegriffen. Zum „Wie" wird ein Methodenbündel geschaffen: Basis ist eine funktionsorientierte Spaltung über die Funktionskostenmatrix oder QFD. Die dazu nötigen Funktionsgewichte entstammen einem Analytic Hierarchy Process oder der Conjoint-Analyse. Flankiert wird dieses Verfahren - zum Abgleich mit der technischen Realisierbarkeit - von den Ergebnissen des strategischen Target Costing. Als Hilfsmechanismen kommen zum Einsatz der Rückgriff auf Daten des Wettbewerbs (Product Reverse Engineering), eines internen Referenzproduktes, des Vorgängers oder eines ersten Prototypen. Es entsteht daraus ein Gegenstromprinzip der Zielkostenspaltung. Als Übergang zur Zielkostenerreichung wird das Zielkostenkontrolldiagramm gesehen, das aber modifiziert wird, um Schwächen und mögliche Fehlinterpretationen der gängigen Fassung - Aussagen über die Zielkostenerreichung sind dort bspw. nicht möglich - zu vermeiden.

Im Rahmen der Zielkostenerreichung werden durchgängige Alternativenkalküle und ein umfassendes Instrumentarium zur entwicklungsbegleitenden Vorkalkulation vorgestellt, inklusive neuerer Verfahren wie neuronale Netze, Kostentableaus und Prozeßkostenkalküle, sowie Methoden zur Quantifizierung externer Parameter unter Einbeziehung des Risikomanagements. Den Abschluß bildet eine Reihe von Methoden, die das Auffinden kostensenkender Maßnahmen ermöglichen sollen: kostengünstige und fertigungsgerechte Konstruktion, Wertanalyse, Zulieferer-Cost-Engineering, Benchmarking und Prozeßkostenmanagement, Wertzuwachskurve, präventives Qualitätsmanagement, Logistikgestaltung, Cost Kaizen und - mit Abstrichen - Standortverlagerungen.

Den Beginn der ablauforganisatorischen Ausführungen machen eine modular-strukturelle und eine zeitliche Darstellung des Target Costing-Prozesses. Die Erarbeitung einer Input-Output-Darstellung zeigt die Gesamtzusammenhänge und die Basis für eine EDV-technische Unterstützung des Target Costing. Als aufbauorganisatorische Voraussetzungen für den erfolgreichen Einsatz von Target Costing werden die Installation eines interdisziplinären Teams, eines Projektleiters mit weitreichenden persönlichen und organisatorischen Kompetenzen sowie die Existenz marktnaher Einheiten identifiziert und ausgeführt. Dazu ist eine Überwindung funktionaler Abteilungsgrenzen erforderlich, wie sie die 3Pro-Ansätze zum Ziel haben. Bei der Frage nach der optimalen Aufbauorganisation, insbesondere dem optimalen Grad an Dezentralisation, ist das Target Costing auf weiterreichende Untersuchung der Organisationstheorie angewiesen. Auch wenn gezeigt wird, daß Target Costing intrinsisch motivierend ist, kann eine extrinsische Motivation den Erfolg von Target Costing steigern und die Preisuntergrenze weiter senken. Aus diesem Grund wird ein Anreizsystem erarbeitet, das das Bemühen der Beteiligten steigert, Kostensenkungspotentiale aufzudecken, um die Zielkosten zu erreichen. Es ist zudem so gestaltet, daß Projektleiter und Projektteam selbst einen Anreiz haben, während der Angebotsphase die Preisuntergrenze auszuloten und diese auch dem Entscheidungsträger mitzuteilen. Der Vorschlag wird abgeglichen mit dem agency-theoretischen Ansatz von RIEGLER. Bezüglich der Implementierung des Ansatzes werden die Voraussetzungen für den Implementierungserfolg aufgezeigt und eine schrittweise Implementierung vorgeschlagen.

Den Abschluß der Arbeit bildet eine umfassende Fallstudie. In Anlehnung an einen realen Fall wird gezeigt, wie Target Costing für einen Automobilzulieferer ausgestaltet und wie es damit möglich wurde, die Ermittlung der Preisuntergrenze zu unterstützen. Dazu wird die Umsetzung der einzelnen Module sowie der organisatorischen Komponente einschließlich der Implementierung ausführlich aufgezeigt.

Insgesamt dürfen die einleitend formulierten Fragen als beantwortet angesehen werden. Die Frage nach der Preisuntergrenze ist entscheidungsorientiert gelöst, Target Costing ist konzeptionell und methodisch allgemein und vor dem speziellen Hintergrund der Automobilzulieferindustrie durchgängig ausgestaltet, die Unterstützung der Preisunter-grenzen-Ermittlung mit Target Costing aufgezeigt und ausgearbeitet. Damit wurde zweierlei geschaffen: ein kostenmanagementbasiertes Entscheidungsmodell und ein entscheidungs-orientiertes Kostenmanagement.

Literaturverzeichnis

Abel, Peter / Niemand, Stefan / Wolbold, Markus (1995): Target Costing: The Data Problem. In: Marty, K. / Kall, P. (Hrsg.): Stochastic Programming - Numerical Techniques and Engineering Application. Berlin / Heidelberg 1995, S. 142 - 176.

Abell, Derek F. (1980): Defining the business. Englewood Cliffs 1980.

Abend, Jens M. (1992): Strukturwandel in der Automobilindustrie und strategische Optionen mittelständischer Zulieferer. München 1992.

Ackermann, Karl-Friedrich (1974): Anreizsysteme. In: Grochla, Erwin / Wittmann, Waldemar (Hrsg.): Handwörterbuch der Betriebswirtschaft. 4., völlig neu gestaltete Auflage, Stuttgart 1974, Sp. 156 - 163.

Adam, Dietrich (1994): Investitionscontrolling. 2. Auflage, München / Wien 1997.

Adam, Dietrich / Schlüchtermann, Jörg / Hering, Thomas (1994): Zur Verwendung marktorientierter Kalkulationszinsfüße in der Investitionsrechnung. In: ZfB, Heft 1/1994, S. 115 - 119.

Adam, Dietrich / Schlüchtermann, Jörg / Utzel, Christian (1993): Zur Eignung der Marktzinsmethode für Investitionsentscheidungen. In: ZfbF, Heft 1/1993, S. 3 - 18.

Adelberger, Otto (1981): Das "capital asset pricing model" - eine Lösung des Kalkulationszinsfußproblems für die betriebliche Praxis? In: Rühli, Edwin / Thommen, Jean-Paul (Hrsg.): Unternehmungsführung aus finanz- und bankwirtschaftlicher Sicht. Stuttgart 1981, S. 99 - 119.

Akao, Yoji (1992): Eine Einführung in Quality Function Deployment. In: Akao, Yoji (Hrsg.): QFD - Quality Function Deployment. Landsberg/Lech 1992, S. 15 - 34.

Altenburger, Otto A. (1994): Prozeßkostenrechnung - wie die Theorie die Praxis befruchten muß. Stellungnahme zu Horváth et al.: Prozeßkostenrechnung - oder wie die Praxis die Theorie überholt. In: DBW, Heft 5/1994, S. 697 - 704.

Ansoff, Harry I. (1957): Strategies for Diversification. In: Harvard Business Review, Heft 5/1957, S. 113 - 124.

Ansoff, Harry I. (1976): Managing Surprise and Discontinuity - Strategic Response to Weak Signals. In: ZfbF, Heft 2/1976, S. 129 - 152.

Arnold, Ulli (1982): Strategische Beschaffungspolitik. Frankfurt/Main 1982.

Arthur Andersen & Co. / Wildemann, Horst (1988): Die deutsche Automobilindustrie - Ein Blick in die Zukunft. Frankfurt/Main 1988.

Back-Hock, Andrea (1992): Produktlebenszyklusorientierte Ergebnisrechnung. In: Männel, Wolfgang (Hrsg.): Handbuch Kostenrechnung, Wiesbaden 1992, S. 703 - 714.

Backhaus, Klaus / Erichson, Bernd / Plinke, Wulff / Weiber, Rolf (1994): Multivariate Analysemethoden. 7., vollständig überarbeitete und erweiterte Auflage, Berlin usw. 1994.

Bamberg, Günter / Coenenberg, Adolf Gerhard (1996): Betriebswirtschaftliche Entscheidungslehre. 9., überarbeitete Auflage, München 1996.

Bauer, Hans H. / Herrmann, Andreas (1993): Preisfindung durch „Nutzenkalkulation" am Beispiel einer Pkw-Kalkulation. In: Controlling, Heft 5/1993, S. 236 - 240.

Bauer, Hans H. / Herrmann, Andreas / Mengen, Andreas (1994): Eine Methode zur gewinnmaximalen Produktgestaltung auf der Basis des Conjoint Measurements. In: ZfB, Heft 1/1994, S. 81 - 94.

Baur, Cornelius (1990): Make-or-Buy-Entscheidungen in einem Unternehmen der Automobilindustrie. München 1990.

BCG (The Boston Consulting Group) (1993): The Evolving Competitive Challenge for the European Automotive Components Industry - Executive Summary. o.O. 1993.

Bea, Franz Xaver / Haas, Jürgen (1995): Strategisches Management. Stuttgart / Jena 1995.

Becker, Jörg (1990): Entwurfs- und konstruktionsbegleitende Kalkulation. In: krp, Heft 6/1990, S. 353 - 358.

Becker, Jörg (1992): Konstruktionsbegleitende Kalkulation als CIM-Baustein. In: Männel, Wolfgang (Hrsg.): Handbuch Kostenrechnung, Wiesbaden 1992, S. 552 - 562.

Becker, Jörg (1996): DV-Verfahren zur Unterstützung frühzeitiger Kosteneinschätzungen. In: Männel, Wolfgang (Hrsg.): Frühzeitiges Kostenmanagement. Wiesbaden, krp, Sonderheft 1/1996, S. 81 - 85.

Becker, Jörg / Prischmann, Martin (1994): Konstruktionsbegleitende Kalkulation mit Neuronalen Netzen. In: krp, Heft 3/1994, S. 167 - 171.

Becker, Wolfgang (1993a): Entwicklungslinien der betriebswirtschaftlichen Kostenlehre. In: Becker, Wolfgang / Warnick, Bernd (Gasthrsg.): Kostenpolitik und Controlling. krp, Sonderheft 1/1993, S. 5 - 18.

Becker, Wolfgang (1993b): Frühzeitige markt- und rentabilitätsorientierte Kostensteuerung. In: krp, Heft 5/1993, S. 279 - 287.

Bedacht, Franz (1995): Global Sourcing. Wiesbaden 1995.

Berens, Wolfgang / Hoffjan, Andreas / Kopplin, Wolfgang / Zahn, Wolfgang (1995): Das Management von Gemeinkosten im Target Costing-Prozeß am Beispiel eines Automobilzulieferers. In: krp, Heft 5/1995, S. 261 - 267.

Berger, Roland / Hirschbach, Otto (1993): „Time-Cost-Quality Leadership". In: Seghezzi, Hans Dieter / Hansen, Jürgen Rolf (Hrsg.): Qualitätsstrategien. München 1993, S. 129 - 147.

Berkau, Carsten / Hirschmann, Petra / Scheer, August-Wilhelm (1996): Kostengerechte Produktentwicklung mit Expertensystemen. In: Männel, Wolfgang (Hrsg.): Frühzeitiges Kostenmanagement. Wiesbaden, krp, Sonderheft 1/1996, S. 86 - 95.

Berkhoff, Horst / Blumenthal, Peter (1983): Kostenrechnung und Kalkulation für Software. In: ZfB, Heft 4/1983, S. 407 - 419.

Bertsch, Ludwig H. (1990): Kostenbasierte Bestimmung situativer Preisuntergrenzen für Luftfrachttransportleistungen. In: Zeitschrift für Verkehrswissenschaft, Heft 4/1990, S. 237 - 253.

Betge, Peter (1995): Investitionsplanung. 2., aktualisierte und erweiterte Auflage, Wiesbaden 1995.

Betz, Stefan (1995): Die Erfahrungskurve als Instrument der Zielkostenspaltung. In: BFuP, Heft 6/1995, S. 609 - 625.

Bickel, Günter (1966): Die Preisuntergrenze unter besonderer Berücksichtigung der Sorge um die Liquidität. In: ZfB, Heft 8/1966, S. 527 - 543.

Black, Fischer (1972): Capital Market Equilibrium with Restricted Borrowing. In: Journal of Business, Heft 3/1972, S. 444 - 455.

Bliesener, Max-Michael (1977): Die Bestimmung von Preisuntergrenzen unter Berücksichtigung der Lagerhaltung. Dissertation, Essen 1977.

Blohm, Hans / Lüder, Klaus (1995): Investition. 8., aktualisierte und ergänzte Auflage, München 1995.

Bohr, Kurt (1988): Zum Verhältnis von klassischer Investitions- und entscheidungsorientierter Kostenrechnung. In: ZfB, Heft 11/1988, S. 1171 - 1180.

Bohr, Kurt / Schwab, Hermann (1984): Überlegungen zu einer Theorie der Kostenrechnung. In: ZfB, Heft 2/1984, S. 139 - 159.

Bollmann, Peter (1983): Mit der Grenzkostenrechnung aus der Krise? In: io Management Zeitschrift, Heft 12/1983, S. 475f.

Bosse, Andreas (1991): Langfristige Preiskalkulation auf Basis von dynamischen Investitionskalkülen. In: krp, Heft 2/1991, S. 103 - 106.

Böttcher, Helmut D. (1990): Instrumente zur Fertigungsstrategiebildung. Bergisch Gladbach / Köln 1990.

Braun, Herbert (1984): Risikomanagement - Eine spezifische Controllingaufgabe. Darmstadt 1984.

Braun, Stephan (1994): Die Prozeßkostenrechnung. Ludwigsburg / Berlin 1994.

Brealey, Richard A. / Myers, Stewart C. (1996): Principles of Corporate Finance. 5th edition, New York usw. 1996.

Brockhoff, Klaus (1977): Prognoseverfahren für die Unternehmensplanung. Wiesbaden 1977.

Bröker, Erich W. (1993): Erfolgsrechnung im industriellen Anlagengeschäft. Wiesbaden 1993.

Brösse, Ulrich (1997): Einführung in die Volkswirtschaftslehre: Mikroökonomie. München / Wien 1997.

Brühl, Rolf (1996): Die Produktlebenszyklusrechnung zur Informationsversorgung des Zielkostenmanagements. In: Zeitschrift für Planung, Heft 7/1996, S. 319 - 335.

Brühwiler, Bruno (1980): Risk Management - eine Aufgabe der Unternehmungsführung. Bern / Stuttgart 1980.

Brunner, Franz J. (1992): Produktplanung mit Quality Function Deployment QFD. In: io Management Zeitschrift, Heft 6/1992, S. 42 - 46.

Brunner, Franz J. (1995): Produktplanung mit Quality Function Deployment QFD. In: Siegwart, Hans / Müller, Roland (Hrsg.): Gezielt Kosten senken. Zürich 1995, S. 131 - 138.

Bucksch, Rolf / Rost, Peter (1985): Einsatz der Wertanalyse zur Gestaltung erfolgreicher Produkte. In: ZfbF, Heft 4/1985, S. 350 - 361.

Bühner, Rolf (1996): Betriebswirtschaftliche Organisationslehre. 8., bearbeitete und ergänzte Auflage, München / Wien 1996.

Burckhardt, Werner (1995): Kunden begeistern, Mitarbeiter motivieren. In: Gablers Magazin, Heft 2/1995, S. 14 - 18.

Burger, Anton (1994): Kostenmanagement. München / Wien 1994.

Burt, David N. (1990): Hersteller helfen ihren Lieferanten auf die Sprünge. In: Harvard Manager, Heft 1/1990, S. 72 - 79.

Camp, Robert C. (1994): Benchmarking. München / Wien 1994.

Cervellini, Udo (1994): Marktorientiertes Gemeinkostenmanagement mit Hilfe der Prozeßkostenrechnung. In: Controlling, Heft 2/1994, S. 64 - 72.

Chmielewicz, Klaus (1983) (Hrsg.): Entwicklungslinien der Kosten- und Erlösrechnung. Stuttgart 1983.

Cibis, Claudius / Niemand, Stefan (1993): Planung und Steuerung funktioneller Dienstleistungen mit Target Costing - dargestellt am Beispiel der IBM Deutschland GmbH. In: Horváth, Péter (Hrsg.): Target Costing. Stuttgart 1993, S. 191 - 228.

Claassen, Utz / Ellßel, Rüdiger (1997): Produkt Business Pläne als operative Umsetzung von Target Costing und Target Investment. In: Franz, Klaus-Peter / Kajüter, Peter (Hrsg.): Kostenmanagement. Stuttgart 1997, S. 127 - 140.

Claassen, Utz / Hilbert, Herwig (1993): Target Costing als wichtiges Element der finanziellen Projektsteuerung. In: Der Controlling-Berater, Heft 5/1993, Gruppe 8, S. 133 - 174.

Claassen, Utz / Hilbert, Herwig (1994): Durch Target Costing und Target Investment zur kompromißlosen Kundenorientierung bei Volkswagen. In: Horváth, Péter (Hrsg.): Kunden und Prozesse im Fokus. Stuttgart 1994, S. 145 - 159.

Clark, Kim B. / Fujimoto, Takahiro (1991): Heavyweight product manager. In: The Mc Kinsey Quarterly, Heft 1/1991, S. 42 - 60.

Coenenberg, Adolf G. / Fischer, Thomas M. (1991): Prozeßkostenrechnung - Strategische Neuorientierung in der Kostenrechnung. In: DBW, Heft 1/1991, S. 21 - 38.

Coenenberg, Adolf Gerhard / Fischer, Thomas / Schmitz, Jochen (1994): Target Costing und Product Life Cycle Costing als Instrumente des Kostenmanagements. In: Zeitschrift für Planung, Heft 5/1994, S. 1 - 38.

Cooper, Robin (1990): Activity-Based-Costing - Was ist ein Activity-Based Cost-System? In: krp, Heft 4/1990, S. 210 - 220.

Cooper, Robin (1992): Activity-Based Costing. In: Männel, Wolfgang (Hrsg.): Handbuch Kostenrechnung, Wiesbaden 1992, S. 360 - 383.

Cooper, Robin / Kaplan Robert S. (1988): Measure Costs Right: Make the Right Decisions. In: Harvard Business Review, Heft September-Oktober 1988, S. 96 - 103.

Cooper, Robin / Kaplan, Robert S. (1991): Activity-Based Costing: Ressourcenmanagement at its best. In: Harvardmanager, Heft 1/1991, S. 87 - 94.

Dambrowski, Jürgen (1992): Wie man mit Lean Target Costing effizient arbeiten kann. In: Horváth, Péter (Hrsg.): Effektives und schlankes Controlling. Stuttgart 1992, S. 277 - 288.

Däumler, Klaus-Dieter (1991): Praxis der Investitions- und Wirtschaftlichkeitsrechnung. 3. Auflage, Herne / Berlin 1991.

Dean, James W. / Susman, Gerald I. (1989): Organizing for Manufacturable Design. In: Harvard Business Review, Heft 1/1989, S. 28 - 36.

Dean, Joel (1951): Capital Budgeting. New York 1951.

Deisenhofer, Thomas (1993): Marktorientierte Kostenplanung auf Basis von Erkenntnissen der Marktforschung bei der AUDI AG. In: Horváth, Péter (Hrsg.): Target Costing. Stuttgart 1993, S. 93 - 117.

Dellmann, Klaus / Franz, Klaus-Peter (1994): Von der Kostenrechnung zum Kostenmanagement. In: Dellmann, Klaus / Franz, Klaus-Peter (Hrsg.): Neuere Entwicklungen im Kostenmanagement. Bern usw. 1994, S. 15 - 30.

Demes, Helmut (1989): Die pyramidenförmige Struktur der japanischen Automobilindustrie und die Zusammenarbeit zwischen Endherstellern und Zulieferern. In: Altmann, Norbert / Sauer, Dieter (Hrsg.): Systematische Rationalisierung und Zulieferindustrie. Frankfurt/Main / New York 1989, S. 251 - 297.

Deutsch, Christian (1992): Unter Preisdruck. In: Wirtschaftswoche, Heft 16/1992 vom 10.04.1992, S. 63 - 67.

Diebel, A. / Niemand, Stefan / Renner, Andreas / Ruthsatz, Oliver (1990): Baustein des operativen Qualitätscontrolling. In: Horváth, Péter / Urban, Georg (Hrsg.): Qualitätscontrolling. Stuttgart 1990, S. 115 - 172.

Dittmar, Jutta (1996): Konzeptioneller Weiterentwicklungsbedarf bei der Zielkostenplanung. In: Zeitschrift für Planung, Heft 7/1996, S. 181 - 192.

Djebbar, Jan-Farid (1996): Zur Marktzinsmethode in der Investitionsrechnung. In: ZfB, Heft 3/1996, S. 353 - 370.

Doleschal, Reinhard (1989): Just-in-Time-Strategien und betriebliche Interessenvertretung in Automobil-Zulieferbetrieben. In: Altmann, Norbert / Sauer, Dieter (Hrsg.): Systematische Rationalisierung und Zulieferindustrie. Frankfurt/Main / New York 1989, S. 155 - 205.

Doleschal, Reinhard (1991): Daten und Trends der bundesdeutschen Automobil-Zulieferindustrie. In: Mendius, Hans Gerhard / Wendeling-Schröder, Ulrike (Hrsg.): Zulieferer im Netz - Zwischen Abhängigkeit und Partnerschaft. Köln 1991, S. 35 - 60.

Dreher, Carsten / Fleig, Jürgen / Harnischfeger, Monika / Klimmer, Matthias (1995): Neue Produktionskonzepte in der deutschen Industrie. Heidelberg 1995.

Droege, Walter P.J. / Eger, Martin (1997): Innovative Einkaufskoordination in dezentralen Strukturen. In: Beschaffung aktuell, Heft 5/1997, S. 26 - 28.

Drukarczyk, Jochen (1993): Theorie und Politik der Finanzierung. 2., völlig neugestaltete Auflage, München 1993.

Drukarczyk, Jochen (1996a): Finanzierung. 7., neubarbeitete und erweiterte Auflage, Stuttgart 1996.

Drukarczyk, Jochen (1996b): Unternehmensbewertung. Unter Mitarbeit von Bernhard Schwetzler. München 1996.

Drumm, Hans Jürgen (1995): Personalwirtschaftslehre. 3., neu bearbeitete und erweiterte Auflage, Berlin usw. 1995.

Drumm, Hans Jürgen (1996): Das Paradigma der Neuen Dezentralisation. In: DBW, Heft 1/1996, S. 7 - 20.

Drumm, Hans Jürgen / Scholz, Christian (1988): Personalplanung. 2., ergänzte Auflage, Bern / Stuttgart 1988.

Dunst, Klaus H. (1983): Portfolio Management. 2., verbesserte Auflage, Berlin / New York 1983.

Eberle, Peter / Heil, Hans Günter (1989): Relativkosten-Informationen für die Konstruktion. In: krp, Heft 2/1989, S. 53 - 59.

Eberle, Peter / Heil, Hans Günter (1992): Relativkosten-Informationen für die Konstruktion. In: Männel, Wolfgang (Hrsg.): Handbuch Kostenrechnung, Wiesbaden 1992, S. 782 - 790.

Edelmann, Franz (1974): Ein Verfahren der Preisbestimmung bei Submissionen. In: Weinberg, Peter / Behrens, Gerald / Kaas, Klaus P.: Marketingentscheidungen. Köln 1974.

Ehrlenspiel, Klaus (1980): Möglichkeiten zum Senken der Produktkosten - Erkenntnisse aus einer Auswertung von Wertanalysen. In: Konstruktion im Maschinen-, Apparate- und Gerätebau, Heft 5/1980, S. 173 - 178.

Ehrlenspiel, Klaus (1985): Kostengünstig Konstruieren. Berlin 1985.

Ehrlenspiel, Klaus (1992): Produktkosten-Controlling und Simultaneous Engineering. In: Horváth, Péter (Hrsg.): Effektives und schlankes Controlling. Stuttgart 1992, S. 289 - 309.

Ehrlenspiel, Klaus (1997): Kostenorientierte Produktentwicklung. In: Franz, Klaus-Peter / Kajüter, Peter (Hrsg.): Kostenmanagement. Stuttgart 1997, S. 163 - 184.

Ehrlenspiel, Klaus / Lindemann, Udo / Kiewert, Alfons / Steiner, Michael (1996): Konstruktionsbegleitende Kalkulation in der integrierten Produktentwicklung. In: Männel,

Wolfgang (Hrsg.): Frühzeitiges Kostenmanagement. Wiesbaden, krp, Sonderheft 1/1996, S. 69 - 76.

Ehrlenspiel, Klaus / Seidenschwarz, Werner / Kiewert, Alfons (1994): Target Costing - ein Rahmen für zielkostengesteuertes Konstruieren. In: Konstruktion im Maschinen-, Apparate- und Gerätebau. 1994, S. 245 - 254.

Eicke, Henning von / Femerling, Christian (1991): modular sourcing - Ein Konzept zur Neugestaltung der Beschaffungslogistik. München 1991.

Eilenberger, Guido (1990): Währungsrisiken, Währungsmanagement und Devisenkurs- sicherung von Unternehmungen. 3., überarbeitete und ergänzte Auflage, Frankfurt/Main 1990.

Emmerling, Günther (1986): Wertanalyse mit Geschäftspartnern: "Kosten senken muß als Projektziel stehen". In: Beschaffung aktuell, Heft 4/1986, S. 45 - 48.

Engeleiter, Hans-Joachim (1965): Die Bestimmung der Preisuntergrenze als investitionstheoretisches Problem. In: BFuP, Heft 7/1965, S. 566 - 581.

Enßlin, Wolfgang (1994): Wachsam auf allen Ebenen. In: Automobil-Produktion, Heft Juni 1994, S. 54 - 56.

Eversheim, Walter / Kümper, Ralf (1996): Prozeß- und ressourcenorientierte Vorkalkulation in den Phasen der Produktentstehung. In: Männel, Wolfgang (Hrsg.): Frühzeitiges Kostenmanagement. Wiesbaden, krp, Sonderheft 1/1996, S. 45 - 52.

Eversheim, Walter / Schuh, Günther / Caesar, C. (1989): Konventionelle Kostenkalkulation verursacht Varianten: Eine Methode zur Variantenbewertung. In: VDI-Zeitung, Heft 2/1989, S. 57 - 61.

Fieten, Robert (1991): Erfolgsstrategien für Zulieferer, Wiesbaden 1991.

Fischer, Joachim / Koch, Rainer / Schmidt-Faber, Bastian (1992): Konstruktions- begleitende Prozeßkostenprognose für den Produktlebenszyklus. In: CIM-Management, Heft 5/1992, S. 60 - 74.

Fischer, Regina / Rogalski, Marlies (1993): Preispolitik auf Grundlage eines entscheidungsorientierten Kosten- und Erlöscontrolling. In: ZfB, Heft 3/1993, S. 235 - 252.

Fischer, Regina / Rogalski, Marlies (1994): Deckungsbudgets als Grundlage der Preiskalkulation. In: krp, Heft 1/1994, S. 57 - 63.

Fischer, Regina / Rogalski, Marlies (1995): Datenbankgestütztes Kosten- und Erlöscontrolling. 2., überarbeitete Auflage, Wiesbaden 1995.

Fischer, Thomas M. (1993a): Life Cycle Costing. In: DBW, Heft 2/1993, S. 277f.

Fischer, Thomas M. (1993b): Die Wertzuwachskurve als Instrument der Produktkostenplanung. In: WiSt, Heft 7/1993, S. 367 - 370.

Fischer, Thomas M. (1993c): Kostenmanagement strategischer Erfolgsfaktoren. München 1993.

Fischer, Thomas M. (1995): Kosten frühzeitig erkennen und beeinflussen. In: Siegwart, Hans / Müller, Roland (Hrsg.): Gezielt Kosten senken. Zürich 1995, S. 18 - 26.

Fischer, Thomas M. / Schmitz, Jochen (1995): Marktorientierte Kosten- und Qualitätsziele gleichzeitig erreichen. In: Siegwart, Hans / Müller, Roland (Hrsg.): Gezielt Kosten senken. Zürich 1995, S. 121 - 130.

Fischer, Thomas M. / Schmitz, Jochen A. (1994): Informationsgehalt und Interpretation des Zielkostenkontrolldiagramms im Target Costing. In: krp, Heft 6/1994, S. 427 - 433.

Fouquet, Klaus Peter (1997): Kostenmanagement in der Elektronikindustrie - Dargestellt am Beispiel der Fertigung elektronischer Steuergeräte bei der Robert Bosch GmbH. In: Franz, Klaus-Peter / Kajüter, Peter (Hrsg.): Kostenmanagement. Stuttgart 1997, S. 421 - 434.

Francis, Jack C. / Alexander, Gordon J. (1986): Portfolio Analysis. 3. Auflage, Englewood Cliffs 1986.

Franke, Günther / Laux, Helmut (1968): Die Ermittlung der Kalkulationszinsfüße für investitionstheoretische Partialmodelle. In: ZfbF, 1968, S. 740 - 759.

Franz, Klaus-Peter (1990): Die Prozeßkostenrechnung. In: Ahlert, Dieter / Franz, Klaus-Peter / Göppl, Hermann (Hrsg.): Finanz- und Rechnungswesen als Führungsinstrument. Wiesbaden 1990, S. 109 - 136.

Franz, Klaus-Peter (1992a): Moderne Methoden der Kostenbeeinflussung. In: krp, Heft 3/1992, S. 127 - 134.

Franz, Klaus-Peter (1992b): Moderne Methoden der Kostenbeeinflussung. In: Männel, Wolfgang (Hrsg.): Handbuch Kostenrechnung, Wiesbaden 1992, S. 1492 - 1505. (wortgleich mit Franz, K.-P. (1992a))

Franz, Klaus-Peter (1993): Target Costing. In: Controlling, Heft 3/1993, S. 124 - 130.

Freidank, Carl-Christian (1993): Die Prozeßkostenrechnung als Instrument des strategischen Kostenmanagements. In: Die Unternehmung, Heft 5/1993, S. 387 - 405.

Freidank, Carl-Christian (1994): Unterstützung des Target Costing durch die Prozeßkostenrechnung. In: Dellmann, Klaus / Franz, Klaus-Peter (Hrsg.), Neuere Entwicklungen im Kostenmanagement. Bern usw. 1994, S. 223 - 259.

Frese, Erich (1995): Grundlagen der Organisation. 6., überarbeitete Auflage, Wiesbaden 1995.

Fröhling, Oliver (1992): Thesen zur Prozeßkostenrechnung. In: ZfB, Heft 7/1992, S. 723 - 741.

Fröhling, Oliver (1994a): Zielkostenspaltung als Schnittstelle zwischen Target Costing und Target Cost Management. In: krp, Heft 6/1994, S. 421 - 425.

Fröhling, Oliver (1994b): Dynamisches Kostenmanagement. München 1994.

Fröhling, Oliver (1995): Conjoint Costing. In: Reichmann, Thomas (Hrsg.): Handbuch Kosten- und Erfolgscontrolling. München 1995, S. 499 - 534.

Fröhling, Oliver / Spilker, Dirk (1995): Life Cycle Costing. In: Siegwart, Hans / Müller, Roland (Hrsg.): Gezielt Kosten senken. Zürich 1995, S. 101 - 110.

Fröhling, Oliver / Wullenkord, Axel (1991): Das japanische Rechnungswesen ist viel stärker markt- und strategieorientiert. In: io Management Zeitschrift, Heft 3/1991, S. 69 - 73.

Funke, Stephan: Angebotskalkulation bei Einzelfertigung. In: Controlling, Heft 2/1995, S. 82 - 89.

Gaiser, Bernd / Kieninger, Michael (1993): Fahrplan für die Einführung des Target Costing. In: Horváth, Péter (Hrsg.): Target Costing. Stuttgart 1993, S. 53 - 73.

Gaiser, Bernd / Krause, Georg (1995): Kostenbeeinflussung in der Produktentwicklungsphase. In: Wirtschaftsingenieur, Heft 1/1995, S. 24 - 30.

Gaitanides, Michael (1983): Prozeßorganisation. München 1983.

Gälweiler, Aloys (1986): Unternehmensplanung. Neuausgabe, Frankfurt/Main / New York 1986.

Geschka, Horst / Hammer, Richard (1992): Die Szenario-Technik in der strategischen Unternehmensplanung. In: Hahn, Dietger / Taylor, Bernard (Hrsg.): Strategische Unternehmungsplanung - Strategische Unternehmungsführung. 6., aktualisierte Auflage, Heidelberg 1992, S. 311 - 336.

Gilbert, Xavier / Strebel, Paul J. (1985): Outpacing Strategies. In: IMEDE (International Management Development Institute) - Perspectives for Managers, Heft 2/1985, S. 33 - 36.

Gilbert, Xavier / Strebel, Paul J. (1987): Strategies to Outpace the Competition. In: The Journal of Business Strategy, Heft 1/1987, S. 28 - 36.

Gilbert, Xavier / Strebel, Paul J. (1989): From Innovation to Outpacing. In: Business Quarterly, Summer 1989, S. 19 - 22.

Glaser, Horst (1992): Prozeßkostenrechnung - Darstellung und Kritik. In: ZfbF, Heft 3/1992, S. 275 - 288.

Glaser, Horst (1995): Zur Entscheidungsrelevanz prozeßorientierter Stückkosten. In: Männel, Wolfgang (Hrsg.): Prozeßkostenrechnung. Wiesbaden 1995, S. 115 - 123.

Gleich, Ronald (1994): Kostenforechecking. In: Controlling, Heft 1/1994, S. 48 - 50.

Gleich, Ronald (1996): Target Costing für die montierende Industrie, München 1996.

Gleich, Ronald / Scholl, Kai (1994): Kostengünstig Konstruieren - State-of-the-Art der Kalkulationsmethoden. Controlling Forschungsbericht Nr. 42 des Lehrstuhls Controlling der Universität Stuttgart, Stuttgart 1994.

Goeudevert, Daniel (1991): Die Rolle der Zulieferindustrie angesichts der weltweiten Wettbewerbsverschärfung. In: Mendius, Hans Gerhard / Wendeling-Schröder, Ulrike (Hrsg.): Zulieferer im Netz - Zwischen Abhängigkeit und Partnerschaft. Köln 1991, S. 99 - 110.

Götze, Uwe (1993): ZP-Stichwort: Target Costing. In: Zeitschrift für Planung, Heft 4/1993, S. 381 - 389.

Grob, Heinz Lothar (1982): Periodenspezifische Mischzinsfüße als theoretisch richtige Kalkulationszinsfüße. In: ZfB, Heft 4/1982, S. 381 - 395.

Grochla, Erwin (1982): Grundlagen der organisatorischen Gestaltung. Stuttgart 1982.

Gröner, Lothar (1990): Entwicklungsbegleitende Vorkalkulation. In: krp, Heft 6/1990, S. 374f.

Gröner, Lothar (1991): Entwicklungsbegleitende Vorkalkulation. Berlin usw. 1991.

Gröner, Lothar (1993): Konstruktionsbegleitende Kalkulation innerhalb Target Costing. In: Betrieb und Wirtschaft, Heft 17/1993, S. 565 - 570.

Groß, Jo / Kammermayer, Wolfgang (1994): Der Transparenz-Manager - Vom Kalkulator zum Kostenberater. In: Controlling, Heft 2/1994, S. 92 - 98.

Groth, Uwe / Kammel, Andreas (1994): Simultaneous Engineering auf der Basis ressortübergreifender Projektteams. In: Zeitschrift für Organisation, Heft 3/1994, S. 177 - 182.

Grün, Oskar (1992): Projektorganisation. In: Frese, Erich (Hrsg.): Handwörterbuch der Organisation. 3., völlig neugestaltete Auflage, Stuttgart 1992, Sp. 2102 - 2116.

Gutenberg, Erich (1983): Grundlagen der Betriebswirtschaftslehre, Band 1: Die Produktion. 24. Auflage, Berlin usw. 1983.

Haack, Alexandra (1993): Machtkämpfe. In: mot, Heft 19/1993, S. 60 - 63.

Haedrich, Günther / Kuß, Alfred / Kreilkamp, Edgar (1986): Der Analytic Hierarchy Process - Ein neues Hilfsmittel zur Analyse und Entwicklung von Unternehmens- und Marketingstrategien. In: WiSt, Heft 3/1986, S. 120 - 126.

Hahn, Dietger (1992): Zweck und Entwicklung der Portfolio-Konzepte in der strategischen Unternehmungsplanung. In: Hahn, Dietger / Taylor, Bernard (Hrsg.): Strategische Unternehmungsplanung - Strategische Unternehmungsführung. 6., aktualisierte Auflage, Heidelberg 1992, S. 221 - 253.

Hahn, Dietger (1993): Target Costing - ein überlebenswichtiges Konzept. In: Controlling, Heft 2/1993, S. 110f.

Haller, Matthias (1986): Risiko-Management - Eckpunkte eines integrierten Konzepts. In: Jacob, Herbert (Hrsg.): Risiko-Management. Wiesbaden 1986, S. 7 - 43.

Hamann, Klaus (1980): Preisuntergrenzen in der kurzfristigen Planung. Frankfurt/Main 1980.

Hammer, Richard (1988): Strategische Planung und Frühaufklärung. München / Wien 1988.

Hammer, Richard (1995): Unternehmungsplanung. 6., durchgesehene Auflage, München / Wien 1995.

Hanke, Jürgen (1993): Hybride Koordinationsstrukturen. Bergisch Gladbach / Köln 1993.

Hansen, Klaus (1994): Lineare Filter und integrierte autoregressive Prozesse. In: Mertens, Peter (Hrsg.): Prognoserechnung. 5., neu bearbeitete und erweiterte Auflage, Heidelberg 1994, S. 229 - 246.

Hansmann, Karl-Werner (1974): Entscheidungsmodelle zur Standortplanung der Industrieunternehmen. Wiesbaden 1974.

Hansmann, Karl-Werner (1992): Industrielles Management. 3., völlig überarbeitete und wesentlich erweiterte Auflage der Industriebetriebslehre, München / Wien 1992.

Harker, Patrick T. (1989): The Art and Science of Decision Making: The Analytic Hierarchy Process. In: Golden, B. L. et al. (Hrsg.): The Analytic Hierarchy Process - Applications and Studies. Berlin usw. 1989, S. 3 - 36.

Hartung, Stefan (1993): Der Kunde muß König bleiben. In: Automobil-Produktion, Heft November 1993, S. 121 - 123.

Hasenbeck, Manfred (1988): Wann, wenn nicht jetzt. In: Wirtschaftswoche, Heft 4/1988 vom 22.01.1988, S. 120 - 125.

Hauer, Georg (1994): Hierarchische kennzahlenorientierte Entscheidungsrechnung. München 1994.

Hauser, John R. / Clausing, Don (1988): The House of Quality. In: Harvard Business Review, Heft May-June 1988, S. 63 - 73.

Hax, Herbert (1961): Preisuntergrenzen im Ein- und Mehrproduktbetrieb. In: Zeitschrift für handelswissenschaftliche Forschung, 1961, S. 424 - 449.

Hax, Herbert (1973): Preisuntergrenzen bei Ungewißheit über den Auftragseingang. In: Koch, Helmut (Hrsg.): Zur Theorie des Absatzes. Wiesbaden 1973, S. 61 - 80.

Hax, Herbert (1974): Die Bestimmung von Preisuntergrenzen bei Zusatzaufträgen. In: Weinberg, Peter / Behrens, Gerald / Kaas, Klaus Preisuntergrenze. (Hrsg.): Marketingentscheidungen. Köln 1974, S. 59 - 70.

Hax, Herbert (1984): Überkapazitäten als betriebswirtschaftliches Problem. In: ZfbF, Sonderheft 18/1984, S. 22 - 31.

Hax, Herbert (1993): Investitionstheorie. 5., bearbeitete Auflage, Heidelberg 1993.

Hedley, B. (1977): Strategy and the „Business Portfolio". In: Long Range Planning, Heft 1/1977, S. 9 - 15.

Hedley, B. (1992a): A Fundamental Approach to Strategy Development. In: Hahn, Dietger / Taylor, Bernard (Hrsg.): Strategische Unternehmungsplanung - Strategische Unternehmungsführung. 6., aktualisierte Auflage, Heidelberg 1992, S. 176 - 190.

Hedley, B. (1992b): Strategy and the „Business Portfolio". In: Hahn, Dietger / Taylor, Bernard (Hrsg.): Strategische Unternehmungsplanung - Strategische Unternehmungsführung. 6., aktualisierte Auflage, Heidelberg 1992, S. 191 - 202. Nachdruck aus Long Range Planning, Heft 1/1977, S. 9 - 15.

Heeg, Franz-Josef (1992): Projektmanagement. München 1992.

Heinen, Edmund (1972): Kosteninformation und Preisuntergrenzen. In: Festschrift Held und Francke Bauaktiengesellschaft. München 1972, S. 109 - 136.

Heinen, Edmund (1991): Industriebetriebslehre. 9., vollständig neu bearbeitete und erweiterte Auflage, Wiesbaden 1991.

Heinrich, Detlef (1989): Deckungsbeitragsrechnung als Instrument der Entscheidungsfindung. In: Der Betriebswirt, Heft 3/1989, S. 14 - 16.

Hellwig, Klaus (1979): Zur Ermittlung kritischer Preise für Zusatzaufträge. In: ZfbF, Heft 4/1979, S. 255 - 262

Hentze, Joachim / Brose, Peter / Kammel, Andreas (1993): Unternehmungsplanung. 2. Auflage, Bern usw. 1993.

Herter, Ronald N. (1992): Weltklasse mit Benchmarking. In: Fortschrittliche Betriebsführung / Industrial Engineering, Heft 5/1992, S. 254-258.

Hess, Josef (1992): Hersteller und Zulieferer müssen die Japaner gemeinsam kontern. In: Handelsblatt vom 27.2.1992, Nr. 41, S. 15.

Heßen, Hans-Peter / Wesseler, Stefan (1994): Marktorientierte Zielkostensteuerung bei der Audi AG. In: Controlling, Heft 3/1994, S. 148 - 154.

Heyder, Bernhard / Werther, Knut (1996): PIMS-Konzept. In: Schulte, Christof (Hrsg.): Lexikon des Controlling. München 1996, S. 568 - 573.

Hieke, Hans (1994): Rechnen mit Zielkosten als Controllinginstrument. In: WiSt, Heft 10/1994, S. 498 - 502.

Hilbert, Herwig (1995): Target Budgeting in Forschung und Entwicklung bei Volkswagen. In: Controlling, Heft 6/1995, S. 354 - 364.

Hinterhuber, Hans H. (1996): Strategische Unternehmungsführung, Band I: Strategisches Denken. Berlin / New York 1996.

Hiromoto, Toshiro (1989): Das Rechnungswesen als Innovationsmotor. In: Harvardmanager, Heft 1/1989, S. 129 - 133.

Hitschler, Werner (1990): Verwaltungsgemeinkostenplanung mit Zero-Base Budgeting (ZBB). In: krp, Heft 5/1990, S. 287 - 293.

Hoffjan, Andreas (1995): Cost Benchmarking als Instrument des strategischen Kostenmanagements. In: Zeitschrift für Planung, Heft 6/1995, S. 155-166.

Hoffmann, Heinz (1979): Wertanalyse, Berlin 1979.

Hoffmann, Klaus (1985): Risk Management, Karlsruhe 1985.

Hoffmann, Klaus / Linden, Frank A. (1997): Ancien régime. In: manager magazin, Heft 3/1997, S. 55 - 65.

Hollender, Gottfried (1991): Wertanalyse: ein aktuelles und wirksames Management-Instrument. In: io Management Zeitschrift, Heft 7,8/1991, S. 39 - 42.

Holzapfel, Andreas (1994): Grundprobleme kollektiver Steuerplanung, Frankfurt/Main usw. 1994.

Holzwarth, Jochen (1993): Strategische Kostenrechnung? Stuttgart 1993.

Homburg, Christian / Demmler, Wolfgang (1995): Die 7 Todsünden beim Sparen. In: Siegwart, Hans / Müller, Roland (Hrsg.): Gezielt Kosten senken. Zürich 1995, S. 9 - 17.

Horváth, Péter (1990): Revolution im Rechnungswesen: Strategisches Kostenmanagement. In: Horváth, Péter (Hrsg.): Strategieunterstützung durch das Controlling: Revolution im Rechnungswesen? Stuttgart 1990, S. 175 - 193.

Horváth, Péter (1991): Strategisches Kostenmanagement. In: Horváth, Péter / Gassert, Herbert / Solaro, Dietrich (Hrsg.): Controllingkonzeptionen für die Zukunft. Stuttgart 1991, S. 71 - 90.

Horváth, Péter / Gleich, Ronald / Scholl, Kai (Horváth et al. 1996a): Vergleichende Betrachtung der bekanntesten Kalkulationsmethoden für das kostengünstige Konstruieren. In: Männel, Wolfgang (Hrsg.): Frühzeitiges Kostenmanagement. Wiesbaden, krp, Sonderheft 1/1996, S. 53 - 62.

Horváth, Péter / Gleich, Ronald / Voggenreiter, Dieter (Horváth et al. 1996b): Controlling umsetzen. Stuttgart 1996.

Horváth, Péter / Herter, Ronald N. (1992): Benchmarking. In: Controlling, Heft 1/1992, S. 4 - 11.

Horváth, Peter / Kieninger, Michael / Mayer, Reinhold / Schimank, Christof (Horváth et al. 1993a): Prozeßkostenrechnung - oder wie die Praxis die Theorie überholt. In: DBW, Heft 5/1993, S. 609 - 628.

Horváth, Péter / Lamla, Joachim (1996): Kaizen Costing. In: krp, Heft 6/1996, S. 335 - 340.

Horváth, Peter / Mayer, Reinhold (1989): Prozeßkostenrechnung. In: Controlling, Heft 4/1989, S. 214 - 219.

Horváth, Peter / Mayer, Reinhold (1994): Prozeßkostenrechnung - Wer im Glashaus sitzt .... Replik zur Stellungnahme von Otto A. Altenburger. In: DBW, Heft 5/1994, S. 701 - 704.

Horváth, Péter / Mayer, Reinhold (1995): Konzeption und Entwicklungen der Prozeßkostenrechnung. In: Männel, Wolfgang (Hrsg.): Prozeßkostenrechnung. Wiesbaden 1995, S. 59 - 86.

Horváth, Péter / Niemand, Stefan / Wolbold, Markus (Horváth et al. 1993d): Target Costing - State of the Art. In: Horváth, Péter (Hrsg.): Target Costing. Stuttgart 1993, S. 1 - 27.

Horváth, Péter / Renner, Andreas (1990): Prozeßkostenrechnung. In: Fortschrittliche Betriebsführung / Industrial Engineering, Heft 3/1990, S. 100 - 107.

Horváth, Péter / Seidenschwarz, Werner (1992): Zielkostenmanagement. In: Controlling, Heft 3/1992, S. 142 - 150.

Horváth, Peter / Seidenschwarz, Werner / Sommerfeldt, Holger (Horváth et al. 1993b): Kostenmanagement - Warum die Schildkröte gewinnt. In: Harvard Business Manager, Heft 3/1993, S. 73 - 81.

Horváth, Peter / Seidenschwarz, Werner / Sommerfeldt, Holger (Horváth et al. 1993c): Von Genka Kikaku bis Kaizen. In: Controlling, 1/1993, S. 10 - 18.

Hubka, Vladimir (1988): Expertensystem zur Ermittlung der Herstellkosten einer Konstruktion. In: io Management Zeitschrift, Heft 9/1988, S. 391 - 395.

Hummel, Siegfried (1981): Relevante Kosten. In: Kosiol, Erich / Chmielewicz, Klaus / Schweitzer, Marcell (Hrsg.): Handwörterbuch des Rechnungswesen. 2., völlig neu gestaltete Auflage, Stuttgart 1981, Sp. 968 - 974.

Hummel, Siegfried (1992): Die Forderung nach entscheidungsrelevanten Kosteninformationen. In: Männel, Wolfgang (Hrsg.): Handbuch Kostenrechnung, Wiesbaden 1992, S. 76 - 86.

Huth, Wolf-Dietger (1994): Zu viele falsche Instrumente. In: Automobil-Produktion, Heft Juni 1994, S. 50f.

Jakob, Frank (1993): Target Costing im Anlagenbau - das Beispiel der LTG Lufttechnische GmbH. In: Horváth, Péter (Hrsg.): Target Costing. Stuttgart 1993, S. 155 - 190.

Jehle, Egon (1982): Gemeinkostenmanagement. In: Die Unternehmung, Heft 1/1982, S. 59 - 76.

Jehle, Egon (1991): Wertanalyse. In: WiSt, Heft 6/1991, S. 287 - 294.

Jehle, Egon (1992): Gemeinkostenmanagement. In: Männel, Wolfgang (Hrsg.): Handbuch Kostenrechnung, Wiesbaden 1992, S. 1506 - 1523.

Jehle, Egon (1995): Wertanalyse und Kostenmanagement. In: Reichmann, Thomas (Hrsg.): Handbuch Kosten- und Erfolgscontrolling. München 1995, S. 145 - 165.

Johnson, H. Thomas / Kaplan, Robert S. (1987): Relevance Lost - The Rise and Fall of Management Accounting. Boston 1987.

Kalbfuß, Werner (1996): Die Vorteile des zentralen und dezentralen Einkaufs vereint. In: Beschaffung aktuell, Heft 5/1996, S. 28 - 30.

Kammermayer, Wolfgang (1992): Produktkosten-Vorgabe abgeleitet vom Markt und dem geplanten Unternehmensergebnis. In: Horváth, Péter (Hrsg.): Effektives und schlankes Controlling. Stuttgart 1992, S. 261 - 276.

Kano, N. et al. (1984): Attractive quality and must be quality. In: Hinshitsu, Heft 2/1984, S. 39 - 48. Japanische Originalquelle, zitiert nach Rösler, F. (1996).

Karten, Walter (1978): Aspekte des Risk Managements. In: BFuP, Heft 4/1978, S. 308 - 323.

Kato, Yutaka (1993): Target costing support systems: lessons from leading Japanese companies. In: Management Accounting Research, Heft 4/1993, S. 33 - 47.

Keifer, Rüdiger (1970): Der Kalkulationsfuß und investitionstheoretische Entscheidungsmodelle. Dissertation, Mannheim 1970.

Keil, Andreas (1990): Liquiditätsorientierte Preisuntergenzenermittlung bei langfristiger Einzelfertigung. In: krp, Heft 1/1990, S. 67 - 71 und S. 128.

Kieninger, Michael (1994): Zielkostenmanagement: So bleiben die Kosten konkurrenzfähig. In: Praxis-Lexikon, Kostenrechnung und Kalkulation von A-Z. 1994, Gruppe 5, S. 539 - 558.

Kilger, Wolfgang (1993): Flexible Plankostenrechnung und Deckungsbeitragsrechnung. 10., vollständig überarbeitete und erweiterte Auflage, bearbeitet durch Kurt Vikas, Wiesbaden 1993.

Klausmann, Walter (1983): Betriebliche Frühwarnsysteme im Wandel. In: Zeitschrift für Organisation, Heft 1/1983, S. 39 - 45.

Kleinaltenkamp, Michael (1987): Die Dynamisierung strategischer Marketing-Konzepte. In: ZfbF, Heft 1/1987, S. 31 - 52.

Kleinfeld, Klaus (1994): Benchmarking für Prozesse, Produkte und Kaufteile. In: Marktforschung und Management, Heft 1/1994, S. 19 - 24.

Klien, Wolfgang (1995): Wertsteigerungsanalyse und Messung von Managementleistungen. Wiesbaden 1995.

Klingler, Bernhard F. (1993): Target Cost Management. In: Controlling, Heft 4/1993, S. 200 - 207.

Kloock, Josef (1995): Prozeßkostenmanagement zur Sicherung von Erfolgspotentialen. In: BFuP, Heft 6/1995, S. 582-608.

Kluge, Jürgen (1997): Standortverlagerungen als Maßnahme des Kostenmanagements. In: Franz, Klaus-Peter / Kajüter, Peter (Hrsg.): Kostenmanagement. Stuttgart 1997, S. 295 - 308.

König, Rolf (1997): Ungelöste Probleme einer investitionsneutralen Besteuerung. In: ZfbF, Heft 1/1997, S. 42 - 63.

König, Thomas (1995): Konstruktionsbegleitende Kalkulation auf der Basis von Ähnlichkeitsvergleichen. Bergisch Gladbach / Köln 1995.

Kotler, Philip / Bliemel, Friedhelm (1992): Marketing-Management. 7., vollständig neu bearbeitete und für den deutschen Sprachraum erweiterte Auflage, Stuttgart 1992.

Kraus, Georg / Westermann, Reinhold (1995): Projektmanagement mit System. Wiesbaden 1995.

Kreikebaum, Hartmut (1993): Strategische Unternehmensplanung. 5., überarbeitete Auflage, Stuttgart usw. 1993.

Kreilkamp, Edgar (1987): Strategisches Management und Marketing. Berlin / New York 1987.

Krogh, Henning (1992): Kunden im Visier. In: manager magazin, Heft 12/1992, S. 260 - 267.

Kruschwitz, Lutz (1995): Investitionsrechnung. 6., erweiterte Auflage, Berlin / New York 1995.

Kruschwitz, Lutz / Milde, Hellmuth (1996): Geschäftsrisiko, Finanzierungsrisiko und Kapitalkosten. In: ZfbF, Heft 12/1996, S. 1115 - 1133.

Kruschwitz, Lutz / Schöbel, Rainer (1987): Die Beurteilung riskanter Investitionen und das Capital Asset Pricing Model (CAPM). In: WiSt, Heft 2/1987, S. 67 - 72.

Krystek, Ulrich (1990): Controlling und Frühaufklärung. In: Controlling, Heft 2/1990, S. 68 - 75.

Krystek, Ulrich / Müller-Stewens, Günter (1992): Grundzüge einer Strategischen Frühaufklärung. In: Hahn, Dietger / Taylor, Bernard (Hrsg.): Strategische Unternehmungsplanung - Strategische Unternehmungsführung. 6., aktualisierte Auflage, Heidelberg 1992, S. 337 - 364.

Küpper, Hans-Ulrich (1985): Investitionstheoretische Fundierung der Kostenrechnung. In: ZfbF, Heft 1/1985, S. 26 - 46.

Küpper, Hans-Ulrich (1990): Entwicklungslinien der Kostenrechnung als Controllinginstrument. In: krp, Heft 1/1990, S. 11 - 16 (Teil 1) und Heft 2/1990, S. 83 - 91 (Teil 2).

Küpper, Hans-Ulrich (1991): Bestands- und zahlungsstromorientierte Berechnung von Zinsen in der Kosten- und Leistungsrechnung. In: ZfbF, Heft 1/1991, S. 3 - 20.

Küpper, Hans-Ulrich / Weber, Jürgen (1995): Grundbegriffe des Controlling. Stuttgart 1995.

Kurras, Klaus (1977): Zum Liquiditätsziel in der Kostenrechnung. Kritik des "Prinzips der ausgabenwirksamen Kosten" am Beispiel der liquiditätsorientierten Preisuntergrenze. In: krp, Heft 2/1977, S. 69 - 78.

Küting, Karlheinz / Lorson, Peter (1995): Stand, Entwicklungen und Grenzen der Prozeßkostenrechnung. In: Männel, Wolfgang (Hrsg.): Prozeßkostenrechnung. Wiesbaden 1995, S. 87 - 101.

Lackes, Richard (1991): Die Kostenträgerrechnung unter Berücksichtigung der Variantenvielfalt und der Forderung nach konstruktionsbegleitender Kalkulation. In: ZfB, Heft 1/1991, S. 87 - 108.

Laker, Michael (1993): Was darf ein Produkt kosten? In: Gablers Magazin, Heft 3/1993, S. 61 - 63.

Lamming, Richard (1994): Die Zukunft der Zulieferindustrie. Frankfurt/Main / New York 1994.

Langen, Heinz (1966): Dynamische Preisuntergrenzen. In: ZfbF, 1966, S. 649 - 659.

Langenegger, Ernst (1978): Liquiditätswirksame Preisuntergrenzen. In: Die Unternehmung, Heft 3/1978, S. 215 - 222.

Laßmann, Gert (Leitung) (1986): Podiums- und Plenumsdiskussion zu Fragen des Jahresabschlusses und der Projektkalkulation auf der Schmalenbach-Tagung 1986. In: Funk, Joachim / Laßmann, Gert (Hrsg.): Langfristiges Anlagengeschäft - Risiko-Management und Controlling. ZfbF, Sonderheft 20/1986, S. 123 - 139.

Laux, Helmut (1992): Anreizsystem, ökonomische Dimension. In: Frese, Erich (Hrsg.): Handwörterbuch der Organisation. 3., völlig neugestaltete Auflage, Stuttgart 1992, Sp. 112 - 122.

Layer, Manfred (1977): Die Erfassung vermeidbarer Fixkosten bei der Bestimmung der Preisuntergrenze. In: krp, Heft 5/1977, S. 205 - 210.

Lee, John Y. (1994): Use Target Costing to improve your bottom-line. In: The CPA Journal, Heft 1/1994, S. 68 - 70.

Lindeiner-Wildau, Klaus von (1986): Risiken und Risiko-Management im Anlagenbau. In: Funk, Joachim / Laßmann, Gert (Hrsg.): Langfristiges Anlagengeschäft - Risiko-Management und Controlling. ZfbF, Sonderheft 20/1986, S. 21 - 37.

Linden, Frank Andreas / Rüßmann, Karl Heinrich (1988): Die Faust im Nacken. In: manager magazin, Heft 8/1988, S. 88 - 109.

Link, Hans-Dieter / Schnell, Jutta / Niemand, Stefan (1994): Die entwicklungsbegleitende Kalkulation als Unterstützung eines Target Costing-Gesamtkonzeptes für die Schuhindustrie. In: Controlling, Heft 6/1994, S. 346 - 355.

Listl, Andreas (1996): Target Costing - Marktorientiert Zielkosten managen! In: Controlling, Heft 2/1996, S. 137f.

Lockert, Gerd (1996): Risikofaktoren und Preisbildung am deutschen Aktienmarkt. Heidelberg 1996.

Löffler, Ferdinand (1995): Die praktische Anwendung des Target Costing. In: Horváth, Péter (Hrsg.): Controlling-Prozesse optimieren. Stuttgart 1995, S. 133 - 147.

Löwisch, Manfred (1989): Taschenkommentar zum Betriebsverfassungsgesetz. 2., neubearbeitete Auflage, Heidelberg 1989.

Lowka, Dieter (1996): Methoden zum Abschätzen von Herstellkostenanteilen. In: Männel, Wolfgang (Hrsg.): Frühzeitiges Kostenmanagement. Wiesbaden, krp, Sonderheft 1/1996, S. 63 - 67.

Lücke, Wolfgang (1955): Investitionsrechnungen auf der Grundlage von Ausgaben oder Kosten? in: Zeitschrift für handelswissenschaftliche Forschung, 1955, S. 310 - 324.

Madauss, Bernd J. (1994): Handbuch Projektmanagement. 5., überarbeitete und erweiterte Auflage, Stuttgart 1994.

Makridakis, Spyros / Reschke, Hasso / Wheelwright, Steven C. (1980): Prognosetechniken für Manager (genehmigte Übersetzung der englischsprachigen Ausgabe durch Hasso Reschke), Wiesbaden 1980.

Männel, Wolfgang (1992): Kostenmanagement - Bedeutung und Aufgaben. In: krp, Heft 5/1992, S. 289 - 291.

Männel, Wolfgang (1993): Moderne Konzepte für Kostenrechnung, Controlling und Kostenmanagement. In: krp, Heft 2/1993, S. 69 - 78.

Männel, Wolfgang (1994): Frühzeitige Kostenkalkulation und lebenszyklusbezogene Ergebnisrechnung. In: krp, Heft 2/1994, S. 106 - 110.

Männel, Wolfgang (1996): Einsatz von Relativkostenkatalogen zur Kostensteuerung in der Konstruktion. In: Männel, Wolfgang (Hrsg.): Frühzeitiges Kostenmanagement. Wiesbaden, krp, Sonderheft 1/1996, S. 77 - 80.

Marr, Rainer / Kötting, Marcus (1992): Implementierung, organisatorische. In: Frese, Erich (Hrsg.): Handwörterbuch der Organisation. 3., völlig neugestaltete Auflage, Stuttgart 1992, Sp. 827 - 841.

Mauthe, Karl D. (1984): Strategische Analyse. München 1984.

Mayer, Elmar (1978): Erfolgswirksame Preisuntergrenzen. In: krp, Heft 6/1978, S. 277 - 283.

Mayer, Reinhold (1991): Prozeßkostenrechnung und Prozeßkostenmanagement: Konzept, Vorgehensweise und Einsatzmöglichkeiten. (Statt „Konzept" wird in der Gliederung der Begriff „Methodik" verwendet) In: IFUA Horváth & Partner (Hrsg.), Prozeßkostenmanagement. München 1991, S. 73 - 99.

Mayer, Reinhold (1993): Target Costing und Prozeßkostenrechnung. In: Horváth, Péter (Hrsg.), Target Costing. Stuttgart 1993, S. 75 - 92.

Mayer, Reinhold / Glaser, Horst (1991): Die Prozeßkostenrechnung als Controllinginstrument. In: Controlling, Heft 6/1991, S. 296 - 303.

Mayrhofer, Hans Helmut (1992): Methodenorientiertes Währungsrisikomanagement. Dissertation, St. Gallen 1992.

Meinig, Wolfgang (1994): Partnerschaft im Interaktionsfeld Automobilhersteller - Zulieferer. In: Meinig, Wolfgang (Hrsg.): Wertschöpfungskette Automobilwirtschaft. Wiesbaden 1994, S. 203 - 221.

Mellwig, Winfried (1989): Die Erfassung der Steuern in der Investitionsrechnung - Grundprobleme und Modellvarianten. In: WISU, Heft 1/1989, S. 35 - 41.

Miller, Jeffrey G. / Vollmann, Thomas E. (1985): The hidden factory. In: Harvard Business Review, Heft Oktober/September 1985, S. 142 - 150.

Modigliani, Franco / Miller, Merton H. (1958): The Cost of Capital, Corporation Finance, and the Theory of Investment. In: American Economic Review, 1958, S. 261 - 297.

Moll, Karl-Rudolf (1994): Informatik-Management. Berlin usw. 1994.

Müller, Hansjörg / Wolbold, Markus (1993): Target Costing im Entwicklungsbereich der „ElektroWerk AG". In: Horváth, Péter (Hrsg.): Target Costing. Stuttgart 1993, S. 119 - 153.

Müller, Heinrich (1994): Prozeßkonforme Grenzplankostenrechnung als Plattform neuerer Anwendungsentwicklungen. In: krp, Heft 2/1994, S. 112 - 119.

Myers, James H. / Shocker, Allan D. (1981): The nature of product-related attributes. In: Research in Marketing, Heft 4/1981, S. 211 - 236.

Nauck, Andreas (1983): Der Analytic Hierarchy Process - ein Entscheidungshilfsmittel für die Praxis - Theoretische Grundlagen, Anwendungsmöglichkeiten und Computerprogramm. Diplomarbeit, Berlin 1983.

Neubauer, Christian (1993): Strategisch orientierte Kostenrechnung. München 1993.

Niemand, Stefan (1992): Target Costing. In: Fortschrittliche Betriebsführung / Industrial Engineering, Heft 3/1992, S. 118 - 123.

Niemand, Stefan (1993): Target Costing im Anlagenbau. In: krp, Heft 5/1993, S. 327 - 332.

Niemand, Stefan (1994): Target Costing für industrielle Dienstleistungen. In: controller magazin, Heft 2/1994, S. 66 - 73.

Niemand, Stefan (1996): Target Costing für industrielle Dienstleistungen. München 1996.

Niemand, Stefan / Ruthsatz, Oliver (1990): Gestaltungsaspekte des Qualitätscontrolling. In: Horváth, Péter / Urban, Georg (Hrsg.): Qualitätscontrolling. Stuttgart 1990, S. 17 - 61.

Niemand, Stefan / Ruthsatz, Oliver / Habiger, G. (1990): Baustein des strategischen Qualitätscontrolling: FMEA. In: Horváth, Péter / Urban, Georg (Hrsg.): Qualitätscontrolling. Stuttgart 1990, S. 63 - 114.

Niemand, Stefan / Scholl, Kai (1995): Benchmarking und Target Costing. In: Fortschrittliche Betriebsführung / Industrial Engineering, Heft 3/1995, S. 100 - 105.

o.V. (1993): Weltweit einmalig. In: Automobil-Produktion, Heft September 1993, S. 36 - 38.

o.V. (1994a): Zuviel für zu wenige Schultern. In: Automobil-Produktion, Heft Juni 1994, S. 36 - 40.

o.V. (1994b): Nur die logistischen Kontakte sinken. In: Automobil-Produktion, Heft Juni 1994, S. 42f.

o.V. (1994c): Wege aus der Krise. In: Automobil-Produktion, Heft Juni 1994, S. 46 - 48.

o.V. (1995): Die Kostenlücke dramatisch verkleinert. In: Automobil-Produktion, Heft August 1995, S. 28 - 29.

o.V. (1996): Zeit der Kreativen. In: Automobilproduktion, Heft Juni 1996, S. 42 - 46.

o.V. (1997a): Mit Modelloffensive das Comeback geschafft. In: Mittelbayerische Zeitung vom 2.1.1997, S. W1.

o.V. (1997b): Autoindustrie steuert Produktionsrekord an. In: Mittelbayerische Zeitung vom 9.1.1997, S. W2.

o.V. (1997c): Inlandsaufträge: Autoindustrie. In: Mittelbayerische Zeitung vom 20.1.1997, S. W1.

o.V. (1997d): Mercedes-Benz wagt sich mit dem US-Werk in eine neue Welt. In: Mittelbayerische Zeitung vom 22.5.1997, S. W1.

Ossadnik, Wolfgang / Maus, Stefan (1995): Strategische Kostenrechnung? In: Die Unternehmung, Heft 2/1995, S. 143 - 158.

Otto, Wehrhart (1988): "Wenn Daimler pfeift, müssen wir springen". In: Metall, Heft 7/1988, S. 14f.

Pack, Ludwig (1973): Zum Problem statischer und dynamischer Preisuntergrenzen. In: Koch, Helmut (Hrsg.): Zur Theorie des Absatzes. Wiesbaden 1973, S. 301 - 379.

Peemöller, Volker H. (1993): Zielkostenrechnung für die frühzeitige Kostenbeeinflussung. In: krp, Heft 6/1993, S. 375 - 380.

Perridon, Louis / Steiner, Manfred (1995): Finanzwirtschaft der Unternehmung. 8., überarbeitete Auflage, München 1995.

Petzold, Inge (1968): Die Zulieferindustrie - eine betriebswirtschaftliche Untersuchung unter besonderer Berücksichtigung der industriellen Zulieferbetriebe zur Automobilindustrie. Dissertation, Berlin 1968.

Pfeiffer, Werner / Dögl, Rudolf (1992): Das Technologie-Portfolio-Konzept zur Beherrschung der Schnittstelle Technik und Unternehmensstrategie. In: Hahn, Dietger /

Taylor, Bernard (Hrsg.): Strategische Unternehmungsplanung - Strategische Unternehmungsführung. 6., aktualisierte Auflage, Heidelberg 1992, S. 254 - 282.

Pfeiffer, Werner / Metze, Gerhard / Schneider, Walter / Amler, Robert (1991): Technologie-Portfolio zum Management strategischer Zukunftsgeschäftsfelder. 6., durchgesehene Auflage, Göttingen 1991.

Pfohl, Hans-Christian (1981): Planung und Kontrolle. Stuttgart usw. 1981.

Pickel, Herbert (1989): Kostenmodelle als Hilfsmittel zum Kostengünstigen Konstruieren. München / Wien 1989.

Picot, Arnold (1993): Organisationsstrukturen im Spannungsfeld von Zentralisierung und Dezentralisierung. In: Scharfenberg, Heinz (Hrsg.): Strukturwandel in Management und Organisation. Baden-Baden 1993, S. 217 - 235.

Pieske, Reinhard (1994): Benchmarking: das Lernen von anderen und seine Begrenzungen. In: io Management Zeitschrift, Heft 6/1994, S. 19 - 23.

Pieske, Reinhard (1995): Den besten Wettbewerber finden. In: Gablers Magazin, Heft 2/1995, S. 24-28.

Plinke, Wulff (1985): Erlösplanung im industriellen Anlagengeschäft. Wiesbaden 1985.

Porter, Michael E. (1990): Wettbewerbsstrategie. 6. Auflage, Frankfurt/Main / New York 1990.

Porter, Michael E. (1992): Wettbewerbsvorteile. 3. Auflage, Frankfurt/Main / New York 1992.

Price Waterhouse (1993): Die deutsche Automobilzulieferindustrie. Frankfurt/Main 1993.

Radermacher, Karlheinz (1994): Strukturwandel in der Zulieferindustrie. In: Meinig, Wolfgang (Hrsg.): Wertschöpfungskette Automobilwirtschaft. Wiesbaden 1994, S. 107 - 141.

Raffée, Hans (1961): Kurzfristige Preisuntergrenzen als betriebswirtschaftliches Problem, Köln und Opladen 1961.

Raffée, Hans (1974): Preisuntergrenzen. In: WiSt, Heft 4/1974, S. 145 - 151.

Rau, Harald (1995): Das Original überflügeln. In: Gablers Magazin, Heft 2/1995, S. 19-23.

Rau, Harald (1996): Mit Benchmarking an die Spitze. Wiesbaden 1996.

Reckenfelderbäumer, Martin (1995): Marketing-Accounting im Dienstleistungsbereich. Wiesbaden 1995.

Reckenfelderbäumer, Martin / Paul, Michael (1994): Dilemma! Ein Fall für PTC. In: absatzwirtschaft, Sondernummer Oktober 1994, S. 146 - 152.

Reichmann, Thomas (1973): Kosten und Preisgrenzen. Wiesbaden 1973.

Reichmann, Thomas (1974): Die Berechnung von Preisuntergrenzen unter Berücksichtigung der zeitlichen Fixkostenstruktur. In: krp, Heft 1/1974, S. 21 - 26.

Reichmann, Thomas (1975): Die Bedeutung der Finanzplanung für die Bestimmung finanzwirtschaftlicher Preisuntergrenzen. In: ZfB, Heft 7,8/1975, S. 463 - 472.

Reichmann, Thomas (1995): Controlling mit Kennzahlen und Managementberichten. 4., überarbeitete und erweiterte Auflage, München 1995.

Reichmann, Thomas / Fröhling, Oliver (1994): Produktlebenszyklusorientierte Planungs- und Kontrollrechnungen als Bausteine eines dynamischen Kosten- und Erfolgscontrolling. In: Dellmann, Klaus / Franz, Klaus-Peter (Hrsg.): Neuere Entwicklungen im Kostenmanagement. Bern usw. 1994, S. 281 - 333.

Reichmann, Thomas / Schwellnuß, Axel G. / Fröhling, Oliver (1990): Fixkostenmanagementorientierte Plankostenrechnung. In: Controlling, Heft 2/1990, S. 60 - 67.

Reiff, Matthias / Listl, Andreas (1996): Analyse der Zulieferstruktur in der deutschen Automobilindustrie. Regensburg 1996.

Reiß, Michael (1992): Integriertes Projekt-, Produkt- und Prozeßmanagement. In: Zeitschrift für Organisation, Heft 1/1992, S. 25 - 31.

Reiß, Michael (1993): Führungsaufgabe „Implementierung". In: Personal, Heft 12/1993, S. 551 - 555.

Renner, Andreas (1994): Komplexität meistern, Gemeinkosten senken. In: Fortschrittliche Betriebsführung / Industrial Engineering, Heft 1/1994, S. 16 - 19.

Richardi, Reinhard (1991): Arbeitsrecht. 6., völlig neubearbeitete Auflage, Heidelberg 1991.

Riebel, Paul (1990): Einzelkosten- und Deckungsbeitragsrechnung. 6., wesentlich erweiterte Auflage, Wiesbaden 1990.

Riegler, Christian (1996): Verhaltenssteuerung durch Target Costing. Stuttgart 1996.

Rieken, Ludger (1995): Die situative Gestaltung des Materialflusses zwischen Zulieferer und Abnehmer. Köln 1995.

Riezler, Stephan (1996): Lebenszyklusrechnung. Wiesbaden 1996.

Riffner, Bernhard (1995): Wertanalyse im Einkauf. In: Beschaffung aktuell, Heft 6/1995, S. 17 - 22.

Rolfes, Bernd (1992): Moderne Investitionsrechnung. München / Wien 1992.

Rolfes, Bernd (1993): Marktzinsorientierte Investitionsrechnung. In: ZfB, Heft 7/1993, S. 691 - 713.

Roolfs, Gabriele (1996): Gemeinkostenmanagement unter Berücksichtigung neuerer Entwicklungen in der Kostenlehre. Bergisch Gladbach / Köln 1996.

Rösler, Frank (1995): Kundenanforderungen als Determinante des Kostenmanagements komplexer Produkte. In: krp, Heft 4/1995, S. 214 - 219.

Rösler, Frank (1996): Target Costing für die Automobilindustrie. Wiesbaden 1996.

Rückle, Dieter / Klein, Andreas (1994): Product-Life-Cycle-Cost Management. In: Dellmann, Klaus / Franz, Klaus-Peter (Hrsg.): Neuere Entwicklungen im Kostenmanagement. Bern usw. 1994, S. 335 - 367.

Rummel, Klaus D. (1992): Zielkosten-Management - der Weg, Produktkosten zu halbieren und Wettbewerber zu überholen. In: Horváth, Péter (Hrsg.): Effektives und schlankes Controlling. Stuttgart 1992, S. 221 - 244.

Saaty, Thomas L. (1980): The Analytic Hierarchy Process, New York usw. 1980.

Saaty, Thomas L. (1987): Concepts, Theory, and Techniques - Rank Generation, Preservation, and Reversal in the Analytic Hierarchy Process. In: Decision Sciences, Heft 2/1987, S. 157 - 177.

Saaty, Thomas L. / Vargas, Luis G. (1984): The Legitimacy of Rank Reversal. In: Omega, Heft 5/1984, S. 513 - 516.

Sakurai, Michiharu (1989): Target Costing and how to use it. In: Journal of Cost Management, Heft 2/1989, S. 39 - 50.

Sakurai, Michiharu (1990): The Influence of Factory Automation on Management Accounting Practices: A Study of Japanese Companies. In: Kaplan, R.S. (Hrsg..): Measures for Manufacturing Excellence. Boston/Massachusetts 1990, S. 39 - 62.

Sakurai, Michiharu / Keating, Patrick J. (1994): Target Costing und Activity-Based Costing. In: Controlling, Heft 2/1994, S. 84 - 91.

Saliger, Edgar (1993): Betriebswirtschaftliche Entscheidungstheorie. 3., verbesserte Auflage, München / Wien 1993.

Sauer, Konstantin (1990): Internationale Zulieferbeziehungen der deutschen Pkw-Hersteller. Dissertation, St. Gallen 1990.

Schäfter, Ulrich (1982): Die Gefahren der Deckungsbeitragsrechnung bei der Bestimmung der Preisuntergrenze. In: controller magazin, Heft 2/1982, S. 57 - 64.

Schanz, Günther (1991): Motivationale Grundlagen der Gestaltung von Anreizsystemen. In: Schanz, Günther (Hrsg.): Handbuch Anreizsysteme. Stuttgart 1991, S. 3 - 30.

Schanz, Günther (1993): Personalwirtschaftslehre. 2., völlig neubearbeitete Auflage, München 1993.

Schanz, Günther / Stange, Jürgen (1979): Wertanalyse. In: Kern, Werner (Hrsg.): Handwörterbuch der Produktionswirtschaft. Stuttgart 1979, Sp. 2251 - 2262.

Scharrer, Hans-Eckart / Gehrmann, Dieter / Wetter, Wolfgang (1978): Währungsrisiko und Währungsverhalten deutscher Unternehmen im Außenhandel. Hamburg 1978.

Scheer, August-Wilhelm / Bock, M. / Bock, R. (1991): Konzeption einer Expertensystem-Shell zur konstruktionsbegleitenden Kalkulation. In: Information Management, Heft 2/1991, S. 50 - 63.

Scheer, August-Wilhelm / Hirschmann, Petra / Berkau, C. (1995): Kostenmanagement von Geschäftsprozessen. In: io Management Zeitschrift, Heft 3/1995, S. 90 - 94.

Schelle, Heinz (1996): Projekte zum Erfolg führen. München 1996.

Schellhaas, Karl-Ulrich / Beinhauer, Manfred (1992): Entscheidungsrelevanz in der Prozeßkostenrechnung. In: krp, Heft 6/1992, S. 301 - 309.

Scherrer, Gerhard (1991): Kostenrechnung. 2., völlig neubarbeitete und erweiterte Auflage, Stuttgart / New York 1991.

Scherrer, Gerhard (1992): Erfassung und Kalkulation der Zinskosten bei langfristiger Fertigung von Produkten und Anlagen. In: Männel, Wolfgang (Hrsg.): Handbuch Kostenrechnung, Wiesbaden 1992, S. 1008 - 1016.

Schierenbeck, Henner (1993): Grundzüge der Betriebswirtschaftslehre. 11., völlig überarbeitete und erweiterte Auflage, München / Wien 1993.

Schierenbeck, Henner / Marusev, Alfred W. (1990): Margenkalkulation von Bankprodukten im Marktzinsmodell. In: ZfB, Heft 8/1990, S. 789 - 814.

Schimank, Christof (1994): Target-Costing (1). Die konsequente Marktorientierung. In Forschung, Entwicklung und Kostenstrukturen. In: INDEX Fachmagazin Betriebswirtschaft, Ausgabe 5-6 1994, S. 24 - 27.

Schlicksupp, Helmut (1989): Kreativitätstechniken. In: Szyperski, Norbert (Hrsg.): Handwörterbuch der Planung, Stuttgart 1989, Sp. 930 - 943.

Schmalen, Helmut (1995): Preispolitik. 2., neubearbeitete und erweiterte Auflage, Stuttgart / Jena 1995.

Schmidt, Jürgen / Eitrich, Oliver (1995): Realistisch Kosten erfassen - schon in der Entwicklung. In: Transfer, Heft 19/1995, S. 26 - 29.

Schmidt, Reinhard H. / Terberger, Eva (1996): Grundzüge der Investitions- und Finanzierungstheorie. 3., vollständig neu bearbeitete und wesentlich erweiterte Auflage, Wiesbaden 1996.

Schneider, Dieter (1992): Investition, Finanzierung, Besteuerung. 7., vollständig überarbeitete und erweiterte Auflage, Studentenausgabe, Wiesbaden 1992.

Schubert, Bernd (1991): Entwicklung von Konzepten für Produktinnovationen mittels Conjointanalyse. Stuttgart 1991.

Schulte, Katja (1996): Wertzuwachskurve. In: Schulte, Christof (Hrsg.): Lexikon des Controlling. München 1996, S. 833 - 838.

Schultz, Volker (1996): Stochastische Kostenschätzung bei Auftragsprojekten. In: krp, Heft 1/1996, S. 22 - 27.

Schulz, Carl E. (1927): Das Problem der Preisuntergrenzen. Teil I - IV in: Annalen der Betriebswirtschaft, Band 1. 1927, S. 347 - 377; Teil V in: Betriebswirtschaftliche Rundschau. 1927, S. 205 - 208.

Schuppar, Helmut (1977): Rechnerunterstützte Erstellung und Aktualisierung von Relativkosten-Katalogen. Dissertation, Aachen 1977.

Schweitzer, Marcell / Küpper, Hans-Ulrich (1995): Systeme der Kosten- und Erlösrechnung. 6., vollständig überarbeitete und erweiterte Auflage, München 1995.

Schwellnuss, Axel (1989): Preisuntergrenzen. In: Controlling, Heft 3/1989, S. 187.

Scientific Consulting Dr. Schulte-Hillen BDU (1995): Restrukturierungstrends in der deutschen Automobilzulieferindustrie im internationalen Vergleich. Köln 1995.

Seicht, Gerhard (1990): Moderne Kosten- und Leistungsrechnung. 6. Auflage, Wien 1990.

Seidenschwarz, Werner (1991a): Target Costing - Ein japanischer Ansatz für das Kostenmanagement. In: Controlling, Heft 4/1991, S. 198 - 203.

Seidenschwarz, Werner (1991b): Target Costing - Schnittstellenbewältigung mit Zielkosten. In: Horváth, Péter (Hrsg.): Synergien durch Schnittstellencontrolling. Stuttgart 1991, S. 191 - 209.

Seidenschwarz, Werner (1991c): Target Costing und Prozeßkostenrechnung. In: IFUA Horváth & Partner (Hrsg.): Prozeßkostenmanagement. München 1991, S. 47 - 70.

Seidenschwarz, Werner (1993a): Target Costing. München 1993.

Seidenschwarz, Werner (1993b): Target Costing - durch marktgerechte Produkte zu operativer Effizienz oder: Wenn der Markt das Unternehmen steuert. In: Horváth, Péter (Hrsg.): Target Costing. Stuttgart 1993, S. 29 - 52.

Seidenschwarz, Werner (1994a): Target Costing - Verbindliche Umsetzung marktorientierter Strategien. In: krp, Heft 1/1994, S. 74 - 83.

Seidenschwarz, Werner (1994b): Das Controlling der Markt- und Prozeßkette. In: Horváth, Peter (Hrsg.): Kunden und Prozesse im Fokus - Controlling und Reengineering, Stuttgart 1994, S. 161 - 183.

Seidenschwarz, Werner (1994c): Target Costing - Wenn der Wandel beginnt. In: Management & Computer, Heft 1/1994, S. 33 - 39.

Seidenschwarz, Werner (1995): Target Costing und die Rolle des Controlling darin. In: Horváth, Péter (Hrsg.): Controlling-Prozesse optimieren. Stuttgart 1995, S. 107 - 131.

Seidenschwarz, Werner (1996): Target Costing. In: Schulte, Christof (Hrsg.): Lexikon des Controlling. München 1996, S. 752 - 757.

Seidenschwarz, Werner / Esser, Joachim / Niemand, Stefan / Rauch, Michael (1997): Target Costing: Auf dem Weg zum marktorientierten Unternehmen. In: Franz, Klaus-Peter / Kajüter, Peter (Hrsg.): Kostenmanagement. Stuttgart 1997.

Seidenschwarz, Werner / Niemand, Stefan (1994): Zuliefererintegration im marktorientierten Zielkostenmanagement. In: Controlling, Heft 5/1994, S. 262 - 270.

Seidenschwarz, Werner / Niemand, Stefan / Esser, Joachim (1996): Target Costing und seine elementaren Werkzeuge. In: Reschke, Hasso / Schelle, Heinz / Schnopp, Reinhardt (Hrsg.): Handbuch Projektmanagement. Köln 1996, n.o.S.

Semlinger, Klaus (1989): Stellung und Probleme kleinbetrieblicher Zulieferer im Verhältnis zu großen Abnehmern. In: Altmann, Norbert / Sauer, Dieter (Hrsg.): Systematische Rationalisierung und Zulieferindustrie. Frankfurt/Main / New York 1989, S. 89 - 118.

Servatius, Hans-Gerd (1985): Methodik des strategischen Technologie-Managements. Berlin 1985.

Sharpe, William F. (1964): Capital Asset Prices: A Theory of Market Equilibrium under Conditions of Risk. In: Journal of Finance, 1964, S. 425 - 442.

Siemens AG (1996), Bereich Automobiltechnik: Target Costing bei Siemens AT. Regensburg 1996, Autoren: Stefan Niemand (Horváth & Partner GmbH), Andreas Listl, Werner Seidenschwarz (Horváth & Partner GmbH), Oliver Fröber und Hans Armbruster (beide Siemens AG).

Simon, Hermann (1992): Preismanagement: Analyse, Strategie, Umsetzung. 2. Auflage, Wiesbaden 1992.

Simon, Hermann (1995): Preismanagement kompakt. Wiesbaden 1995.

Sommerlatte, Tom / Deschamps, Jean-Philippe (1986): Der strategische Einsatz von Technologien. In: Arthur D. Little International (Hrsg.): Management im Zeitalter der strategischen Führung. 2. Auflage, Wiesbaden 1986, S. 38 - 76.

Stahl, Hans-Werner (1995): Target-Costing - Zielkostenmanagement mit Hilfe eines Fixkosten-Simulationsmodells. In: controller magazin, Heft 2/1995, S. 113 - 115.

Staudt, Erich / Bock, Jürgen / Mühlemeyer, Peter / Kriegesmann, Bernd (1990): Anreizsysteme als Instrument des betrieblichen Innovationsmanagements. In: ZfB, Heft 11/1990, S. 1183 - 1204.

Steiner, Jürgen (1983): Ertragsteuern in der Investitionsplanung: Zur Frage der Entscheidungsstabilität bei der Vorteilhaftigkeitsanalyse von Einzelobjekten. In: ZfbF, Heft 4/1983, S. 280 - 291.

Stolze, Jürgen (1993): Zielkosten-Management - wettbewerbsorientierte Kostenplanung. In: Office Management, Heft 6/1993, S. 24f.

Streich, Richard (1992): Wie Sie Fehler vermeiden. In: Gablers Magazin, Heft 3/1992, S. 16f.

Striening, Hans-Dieter (1988): Prozeß-Management. Frankfurt/Main usw. 1988.

Tanaka, Masayasu (1989): Cost Planning and Control Systems in the Design Phase of a New Product. In: Monden, Yasuhiro / Sakurai, Michiharu (Hrsg.): Japanese Management Accounting. Cambridge 1989, S. 49 - 71.

Tanaka, Takao (1993): Target Costing at Toyota. In: Journal of Cost Management, Frühjahr 1993, S. 4 - 11.

Tani, Takeyuki / Horváth, Péter / von Wangenheim, Sascha (1996): Genka Kikaku und marktorientiertes Zielkostenmanagement. In: Controlling, Heft 2/1996, S. 80 - 89.

Tani, Takeyuki / Kato, Yutaka (1994): Target Costing in Japan. In: Dellmann, Klaus / Franz, Klaus Peter (Hrsg.): Neuere Entwicklungen im Kostenmanagement, Bern usw. 1994, S. 191 - 222.

Theuerkauf, Ingo (1989): Kundennutzenmessung mit Conjoint. In: ZfB, Heft 11/1989, S. 1179 - 1192.

Traudt, Heinz G. (1997): Zuliefermanagement unter Kostenaspekten. In: Franz, Klaus-Peter / Kajüter, Peter (Hrsg.): Kostenmanagement. Stuttgart 1997, S. 309 - 325.

Tscheulin, Dieter K. (1992): Optimale Produktgestaltung - Erfolgsprognose mit Analytic Hierarchy Process und Conjoint-Analyse. Wiesbaden 1992.

Tscheulin, Dieter K. (1991): Ein empirischer Vergleich der Eignung von Conjoint-Analyse und "Analytic Hierarchy Process" (AHP) zur Neuproduktplanung. In: ZfB, Heft 11/1991, S. 1267 - 1280.

VDA (1996a): Auto 1996, Jahresbericht des VDA. Frankfurt am Main 1996.

VDA: Tatsachen und Zahlen aus der Kraftverkehrswirtschaft, Frankfurt/Main, verschiedene Jahrgänge.

Vikas, Kurt (1996): Neue Konzepte für das Kostenmanagement. 3., überarbeitete und wesentlich erweiterte Auflage, Wiesbaden 1996.

Walleigh, Richard (1989): Product Design for Low-Cost Manufacturing. In: The Journal of Business Strategy, Heft 4/1989, S. 37 - 41.

Warnick, Bernd (1992): Erfassung und Kalkulation der Materialgemeinkosten. In: krp, Heft 1/1992, S. 56 - 58.

Wäscher, Dieter (1991): CIM als Basis für ein prozeßorienteres Gemeinkostenmanagement. In: Controlling, Heft 2/1991, S. 68 - 75.

Watson, Gregory H. (1993): Benchmarking, Landsberg/Lech 1993.

Weber, Karl (1993): Mehrkriterielle Entscheidungen, München usw. 1993.

Weinert, Ansfried B. (1992a): Anreizsysteme, verhaltenswissenschaftliche Dimension. In: Frese, Erich (Hrsg.): Handwörterbuch der Organisation. 3., völlig neugestaltete Auflage, Stuttgart 1992, Sp. 122 - 133.

Weinert, Ansfried B. (1992b): Motivation. In: Gaugler, Eduard / Weber, Wolfgang (Hrsg.): Handwörterbuch des Personalwesens. 2., neubearbeitet und ergänzte Auflage, Stuttgart 1992, Sp. 1429 - 1442.

Welge, Martin K. / Al-Laham, Andreas (1992): Planung. Wiesbaden 1992.

Widl, Gerhard (1994): Potentiale für Effizienzsteigerungen in der Automobilzulieferindustrie. In: Meinig, Wolfgang (Hrsg.): Wertschöpfungskette Automobilwirtschaft. Wiesbaden 1994, S. 143 - 158.

Wildemann, Horst (1992a): Qualitätsentwicklung in F&E, Produktion und Logistik. In: ZfB, Heft 1/1992, S. 17 - 41.

Wildemann, Horst (1992b): Entwicklungsstrategien für Zulieferunternehmen. In: ZfB, Heft 4/1992, S. 391 - 413.

Wildemann, Horst (1993): Entwicklungsstrategien für Zulieferunternehmen. München 1993.

Wimmer, Konrad (1993): Marktzinsmethode und klassische Investitionsrechnung. In: ZfbF, Heft 9/1993, S. 780 - 785.

Winter, Hildegard (1994): Das im Markt Machbare ist der Maßstab. In: Gablers Magazin, Heft 2/1994, S. 47 - 49.

Witt, Frank-Jürgen (1993): Prozeßkostenmanagement statt Prozeßkostenrechnung. In: Technologie & Management, Heft 2/1993, S. 79 - 82.

Witte, Eberhard (1973): Organisation für Innovationsentscheidungen. Göttingen 1973.

Wolfrum, Bernd (1990): Strategisches Technologiemanagement. Dissertation, Bayreuth 1990.

Wolters, Heiko (1994): Die Effizienz der Beschaffung ist entscheidend für den Wettbewerb. In: Beschaffung aktuell, Heft 4/1994, S. 22 - 25.

Worthy, Ford S. (1991): Japan's Small Secret Weapon. In: FORTUNE, 12. August 1991, S. 48 - 51.

Wübbenhorst, Klaus L. (1992): Lebenszykluskosten. In: Schulte, Christof (Hrsg.): Effektives Kostenmanagement. Stuttgart 1992, S. 245 - 272.

Wullenkord, Axel / Reichmann, Thomas (1995): Target Costing: Das Managementkonzept für Kfz-Zulieferer. In: Reichmann, Thomas (Hrsg.): Handbuch Kosten- und Erfolgscontrolling. München 1995, S. 373 - 389.

Yoshikawa, Takeo / Innes, John / Mitchell, Falconer (1990): Cost Tables: A Foundation of Japanese Cost Management. In: Journal of Cost Management, Heft 3/1990, S. 30 - 36.

Zahedi, Fatemeh (1986): The Analytic Hierarchy Process - A Survey of the Method and its Applications. In: Interfaces, Heft 4/1986, S. 96 - 108.

Zahn, Erich (1989): Mehrebenenansatz der Planung. In: Szyperski, Norbert (Hrsg.): Handwörterbuch der Planung. Stuttgart 1989, Sp. 1080 - 1090.

Zahn, Wolfgang (1995): Target Costing bei einem Automobilzulieferer. In: Controlling, Heft 3/1995, S. 148 - 153.

Zäpfel, Günther (1989): Taktisches Produktions-Management. Berlin / New York 1989.

Zehbold, Cornelia (1996): Lebenszykluskostenrechnung. Wiesbaden 1996.

Ziegler, Hasso (1992): Prozeßorientierte Kostenrechnung im Hause Siemens. In: BFuP, Heft 4/1992, S. 304-318.

Zillmer, Detlev (1992): Target Costing - Japanische und amerikanische Erfahrungen. In: controller magazin, Heft 5/1992, S. 286 - 288.

Zoller, Horst (1988), Entscheidungsorientierte Preiuntergrenzenermittlung im Rahmen der baubetrieblichen Angebotskalkulation. Dissertation, München 1988.

Regensburger Beiträge zur betriebswirtschaftlichen Forschung

Herausgegeben vom Institut für Betriebswirtschaftslehre
an der Universität Regensburg

Manfred M. Gößl

Der westeuropäische Wirtschaftsraum im globalen Wettbewerb

Regionale Integration und Standortwettbewerbsfähigkeit

Frankfurt/M., Berlin, Bern, New York, Paris, Wien, 1997.
406 S., 21 Abb., 30 Tab.
Studien der Bremer Gesellschaft für Wirtschaftsforschung e.V.
Herausgegeben von Alfons Lemper und Rolf W. Stuchtey. Bd. 7
ISBN 3-631-31731-X · br. DM 98.–*

In den vergangenen fünfzig Jahren entwickelte sich Westeuropa zu einem hochintegrierten Wirtschaftsraum, der an die Spitze der Welteinkommenspyramide aufrückte. Daran anknüpfend will die Studie zwei Hauptsachverhalte näher ergründen. Erstens geht sie der Frage nach, welche politisch-ökonomischen „Mechanismen" im Hinblick auf den westeuropäischen Integrationsverlauf identifizierbar sind. Zweitens analysiert sie die relative Attraktivität des westeuropäischen Wirtschaftsstandortes für unternehmerische Aktivitäten und damit dessen Potential, das erreichte Wohlstandsniveau im globalen Standortwettbewerb um mobile Ressourcen auch zukünftig sichern und möglichst noch anheben zu können.

Aus dem Inhalt: Politisch-ökonomische Entwicklungslinien und -mechanismen der westeuropäischen Integration 1947-1996 · Theorie der relativen Standortattraktivität · Stärken-Schwächen-Profil Westeuropas im globalen Standortwettbewerb · Wirtschaftspolitische Reformempfehlungen Geoökonomische Megatrends und Weltwirtschaftsordnung

Frankfurt/M · Berlin · Bern · New York · Paris · Wien
Auslieferung: Verlag Peter Lang AG
Jupiterstr. 15, CH-3000 Bern 15
Telefax (004131) 9402131
*inklusive Mehrwertsteuer
Preisänderungen vorbehalten

Left margin: Peter Lang · Europäischer Verlag der Wissenschaften